湖北农村统计年鉴

2014

《湖北农村统计年鉴》编辑委员会 编

中国统计出版社
China Statistics Press

图书在版编目（CIP）数据

湖北农村统计年鉴. 2014 / 《湖北农村统计年鉴》编辑委员会编. -- 北京 : 中国统计出版社, 2014.11
ISBN 978-7-5037-7351-8

Ⅰ. ①湖… Ⅱ. ①湖… Ⅲ. ①农业统计－统计资料－湖北省－2014－年鉴 Ⅳ. ①F327.63-66

中国版本图书馆 CIP 数据核字(2014)第 266537 号

湖北农村统计年鉴-2014

作　　者/《湖北农村统计年鉴》编辑委员会
责任编辑/ 佘竞雄
封面设计/ 韩立友　朱　江
出版发行/ 中国统计出版社
地　　址/ 北京市丰台区西三环南路甲 6 号　邮政编码/100073
电　　话/ 邮购（010）63376909　书店（010）68783171
网　　址/ http://csp.stats.gov.cn
印　　刷/ 武汉市委印刷厂
经　　销/ 新华书店
开　　本/ 890mm×1240mm　1/16
字　　数/ 1100 千字
印　　张/ 34.5
版　　别/ 2014 年 11 月第 1 版
版　　次/ 2014 年 11 月第 1 次印刷
定　　价/ 198.00 元

编辑说明

一、《湖北农村统计年鉴》(2014)由湖北省统计局、农业厅、水利厅、林业厅、水产局、畜牧局、农机局、农垦总公司、监狱管理局等部门共同编辑。

本年鉴营林统计资料由省林业厅提供;畜食品种改良、畜牧兽医组织、畜产品加工企业及规模养殖情况统计资料,由省畜牧局提供;水产品加工等部分统计资料由省水产局提供;农业机械统计资料由省农机局提供;水利建设资料由省水利厅提供;农业技术推广、应用等统计资料由省农业厅提供;农垦和监狱系统农场资料由省农垦总公司和省监狱管理局提供;其余资料由省统计局提供。

二、2014年湖北农村统计年鉴文字资料主要反映2013年湖北省及各市州农业发展的成就。

三、“#”表示其中数。

四、本年鉴由于组稿、资料整理和编辑时间紧迫,难免有失误之处,敬请广大读者谅解,并欢迎指正。

《湖北农村统计年鉴》编辑委员会

目　　录

一、文字篇

2013年湖北省农村经济形势分析 …… 1
2013年湖北省水产业经济形势分析 …… 5
2013年武汉市农村经济形势分析 …… 9
2013年黄石市农村经济形势分析 …… 11
2013年十堰市农村经济形势分析 …… 14
2013年荆州市农村经济形势分析 …… 17
2013年宜昌市农村经济形势分析 …… 21
2013年襄阳市农村经济形势分析 …… 25
2013年鄂州市农村经济形势分析 …… 27
2013年荆门市农村经济形势分析 …… 32
2013年孝感市农村经济形势分析 …… 35
2013年随州市农村经济形势分析 …… 38
2013年黄冈市农村经济形势分析 …… 42
2013年咸宁市农村经济形势分析 …… 44
2013年恩施州农村经济形势分析 …… 47
2013年仙桃市农村经济形势分析 …… 50
2013年天门市农村经济形势分析 …… 53
2013年神农架林区农村经济形势简析 …… 56
荆州市生猪产业发展现状、问题与对策 …… 59

二、数据篇

1.农村基本情况

农村基本情况 …… 65
耕地情况 …… 69
农村劳动力文化程度和年龄状况 …… 71
农村劳动力外出渠道和从业时间 …… 73
农村劳动力转移地点及从事行业 …… 75
农村劳动力外出目的及培训情况 …… 77
农村劳动力劳务收入情况 …… 79
农村劳动力外出从业环境及社会保障情况 …… 81

2.农业产值

农林牧渔业总产值 …… 85
分县市农林牧渔业总产值 …… 87
分县市农林牧渔业增加值 …… 89
农林牧渔业中间消耗 …… 91

3.种植业

粮食作物生产情况 …… 95
经济作物生产情况 …… 96
农作物播种面积 …… 98
经济作物面积 …… 104
主要农产品产量 …… 110

4.林业和土特产

林业生产情况 …… 119
林产品产量 …… 120
茶叶、水果产量 …… 122
茶园、果园面积 …… 124
长江防护林工程建设情况 …… 126
天然林保护工程建设情况 …… 130
退耕还林工程建设情况 …… 133
野生动植物保护及自然保护区工程建设情况 …… 139

5.畜牧业

主要畜禽生产情况 …… 143

其他畜牧业生产情况 …… 144
牲畜禽存栏(笼) …… 145
牲畜禽出栏(笼) …… 149
主要畜禽产品产量 …… 151
畜禽品种改良情况(生猪) …… 157
畜禽品种改良情况(牛) …… 161
畜禽品种改良情况(家禽) …… 163
乡镇畜牧兽医站基本情况 …… 167
县以上畜牧三站一所机构和人员 …… 171
湖北省畜禽规模养殖情况 …… 173
畜产品加工企业情况(一) …… 189
畜产品加工企业情况(二) …… 190
畜牧兽医技术培训情况 …… 191
畜牧部门饲料加工企业情况表 …… 192
饲料及兽药流通龙头企业情况表 …… 193
畜禽规模饲养情况 …… 194

6.渔业

湖北省水产业主要指标表 …… 197
水产品总产量及捕捞产量 …… 198
水产品养殖产量(一) …… 200
水产品养殖产量(二) …… 202
水产品养殖产量(三) …… 204
水产品养殖产量(四) …… 206
主要名特优水产品养殖面积 …… 208
按水面分类养殖产量、面积、单产(一) …… 210
按水面分类养殖产量、面积、单产(二) …… 212
水产苗种生产投放 …… 214
水产加工业(一) …… 216
水产加工业(二) …… 218
渔业人口与从业人员 …… 220
渔业船舶拥有量(一) …… 222
渔业船舶拥有量(机动渔船中的生产渔船) …… 224
渔业工业和建筑业产值、增加值 …… 228
渔业流通和服务业产值、增加值 …… 232
湖北省 渔民家庭收入与支出情况 …… 236
渔业灾情(一) …… 237
渔业灾情(二) …… 238
渔业灾情(三) …… 239
可养水面分类 …… 240
全国主要渔业省份统计指标对比分析表(淡水) …… 241

7.农业机械化

农机拥有量 …… 245
农机化作业情况 …… 308
农机化系统机构及人员 …… 335
农机化管理服务情况 …… 353
农机化服务组织及人员 …… 359
经营效益 …… 377
农机化投入情况 …… 389
农业生产燃油消耗情况 …… 407

8.农村用电及化肥施用

农村电气化 …… 415
农村化肥施用 …… 417

9.农业技术推行及应用

全省耕作制度状况 …… 421
分县市耕作制度状况 …… 422
全省农业技术推广情况 …… 438
分县市农业技术推广情况 …… 440
全省经济作物技术推广情况 …… 492
分县市经济作物技术推广情况 …… 494
全省主要粮食作物良种面积 …… 502
分县市主要粮食作物良种面积 …… 506
全省主要油料作物良种面积 …… 526
分市州主要油料作物良种面积 …… 527
全省棉花良种面积 …… 529
分县市棉花良种面积 …… 530
全省经济作物良种面积产量 …… 534

主要经济作物良种 …………………………… 536
全省杂交生产情况 …………………………… 540
分县市杂交生产情况 ………………………… 541

10.水利建设

泵站工程 …………………………………… 547
除涝面积 …………………………………… 548
全省灌溉面积及灌区数量 …………………… 549
农村供水工程 ……………………………… 551
农村小水电工程数量 ………………………… 554
水土流失治理情况 …………………………… 555

11.农垦和监狱系统农场

农垦基本情况 ………………………………… 559
农垦种植业生产情况 ………………………… 561
农垦农作物播种面积 ………………………… 562
农垦畜牧、水产、林业生产情况 …………… 563
农垦主要工业产品产量 ……………………… 564
农垦产值、增加值、出口情况 ……………… 565
监狱系统农场基本情况 ……………………… 566
监狱系统农场农业总产值、增加值 ………… 567
监狱系统农场生产情况 ……………………… 568

2013年湖北省农村经济形势分析

朱 江

[内容提要]2013年，全省上下认真贯彻落实中央、省委一号文件精神，继续推进农业科技进步，加快培育规模经营主体，全面提升农业产业化水平，力促传统农业向现代农业转变。一年来，全省农业有力抵御了整体经济下行、H7N9禽流感疫情、干旱等多方因素影响，农业经济实现难中取进、稳中向好，成为全省经济平稳较快运行的重要支撑。全省粮食总产再次跨越500亿斤大关，并实现“十连增”；畜禽养殖行业在市场、疫情的双重考验下，综合生产能力不断增强；渔业生产实现质效提升，淡水产品第一大省地位更加巩固；农民增收实现“十连快”，增幅连续四年超过城镇居民收入增幅。

一、总体形势

（一）农业经济实现较快增长

2013年全省农林牧渔业增加值达到3098.16亿元，扣除价格因素，比上年增长4.7%，其中农业增长3.9%，林业增长7.0%，牧业增长4.3%，渔业增长7.7%，农林牧渔服务业增长8.0%。全省农林牧渔业增加值连续十年超过4%的增幅。

（二）主要农产品生产情况良好

1.粮食实现“十连增”。全省粮食种植面积4258.4千公顷，比上年增长78.35千公顷，增长1.9%，增幅高于全国1.2个百分点；产量2501.3万吨（500.26亿斤），比上年增加59.49万吨（11.9亿斤），增长2.4%，增幅高于全国0.3个百分点。其中，夏粮、早稻产量累计723.8万吨，比上年增产67.46万吨（13.5亿斤），增长10.3%；秋收粮食在前期苗情较好的情况下，遭遇7至8月份的高温干旱天气影响，产量1777.55万吨，比上年减少7.95万吨，下降0.44%。

2.棉花呈现“四下降”。种植面积下降。受近两年持续走弱的棉花市场影响，全年棉花种植面积415.59千公顷，比上年减少57.28千公顷，下降12.1%；单产下降。受7月下旬至8月中旬的高温干旱天气影响，棉花单产73.74公斤/亩，每亩比上年减少3.14公斤，单产下降4.1%；产量下降。全省棉花产量45.97万吨，比上年减少8.56万吨，下降15.7%。价格下降。棉花价格保持持续走弱格局，价格比上年下降0.54%。

3.油料作物较快增长。全省油料作物面积1539.09千公顷，增长2.5%，产量341万吨，增长6.7%。其中，油菜籽产量250.47万吨，增长8.9%，总产连续18年保持全国第一位；花生、芝麻等秋收油料作物遭遇高温干旱天气影响，产量分别较上年下降8.4%和5.4%。

4.特色农产品比重上升。随着农业结构不断调整优化，全省特色作物面积持续扩大，设施农业加快发展，茶叶、水果生产基地不断扩充，特色农产品比重大幅上升。其中蔬菜、中草药材面积分别比上年增长1.0%、4.0%，蔬菜、瓜果（果用瓜）、中草药材面积占经济作物面积的38.7%，比上年占比提高了3.6个百分点；全省茶园面积290.46千公顷，增长4.2%，茶叶产量23.65万吨，增长14.3%；园林水果面积、产量分别比上年增长0.7%、8.5%。

5.畜禽生产逆势增长。生猪生产能力稳步提高。全年生猪价格呈现“两头高，中间低”的变动趋势，猪价下跌和成本上升虽然削弱了养殖盈利能力，但生猪出栏仍然保持稳步增长，规模养殖企业表现出较强的稳定生产、抵御风险的能力。全年生猪出栏4356.43万头，增长4.2%，猪肉产量330.6万吨，增长4.2%。家禽养殖成功摆脱H7N9禽流感疫情影响。受国内H7N9禽流感疫情影响，4–5月份我省禽类产品流通基本停滞，肉鸡市场出现严重滞销。6月份以来，随着禽流感风波的平息，加上湖北疫情防控及时，未出现感染病例，大众恐慌心理逐渐淡化，市民消费信心恢复，市场行情趋稳好转。全年家禽出笼52210.11万只，增长4.7%。禽蛋产量145.05万吨，增长4.1%。牛羊出笼、价格双双走高。全年牛羊肉消费快速增长，全省牛出栏140.28万头，增长6.5%，羊出栏515.03万只，增长0.8%，牛、羊价格分别上涨20.5%和11.8%。

6.水产业质效提升。全省渔业以水产科技创新和技术服务为依托，狠抓名优品种繁养技术攻关，集成优化了一批名优水产品养殖模式，大力推广了河蟹池塘养殖、黄鳝网箱养殖、小龙虾池塘精养及稻田养殖技术，名特优水产品放养面积逐年扩大，特色水产品养殖明显增加，水产业实现质效提升。据统计，全省水产养殖面积达到863.4千公顷，增长2.4%，水产品产量,410.38万吨，增长5.5%。

（三）秋冬播面积平稳增长

继续坚持“南油北麦城郊菜”的工作思路，全省秋冬播农作物面积呈现蔬菜播种面积稳步增加，粮食、油菜籽面积持平略增，其他作物面积下降的“三增一减”趋势。截止2013年12月20日，全省农作物秋冬播面积达3400.88千公顷，比上年同期增长1.5%。其中粮食、蔬菜、油菜籽面积分别增长1.1%、4.9%、0.6%。

（四）农民增收实现“十连快”

全省农民人均纯收入8867元，比上年增加1015元，增长12.9%，增幅连续四年超过城镇居民收入增幅。全省农民人均纯收入保持了较快增长，但增速同比回落0.9个百分点。

（五）农产品价格增长平稳

受禽流感和生猪价格下跌的不利影响，农副产品价格虽保持上涨趋势，但涨幅较上年同期明显回落。全年农产品生产价格指数101.82,综合价格比上年同期上涨1.8%，涨幅比上年下降了1.45个百分点。其中农业产品(种植业)价格指数101.3,上涨1.3%；林业产品价格指数104.43,上涨4.4%；畜产品价格指数99.76,下跌0.2%；水产品价格指数109.14，上涨9.1%。

（六）农民外出务工稳步增长

2013年我省农民外出从业人员（不含乡镇内）1087.28万人，比上年增加11万人，增长1.0%，增幅比上年同期回落2个百分点，农村劳动力转移速度呈现逐年增长放缓趋势。县内就近就业人员增长较快。县内乡外从业人员达到175.09万人，比上年增加4.35万人，增长2.9%，省外从业人员达到625.56万人，比上年增加6.52万人，增长1.1%，省外就业增长趋于平稳。农民培训力度持续加大。全年参加职业技能培训的农民达到296.83万人，比上年增加13.5万人，增长4.7%。务工收入稳步增长。农民外出务工人员劳务经济收入达到2051.61亿元，增长5.6%，月收入3000元以上的农民外出务工人员已达到230.32万人，比上年增加36.82万人，增长19%。务工权益得到较好维护。与雇主签订劳动合同的人数达到413.83万人，增长5.0%，参与养老、医疗、失业保险人数分别达到424.72、553.13、63.96万人，分别增长4.2%、3.3%、16.8%。

二、主要特点

（一）种养结构调整调出新格局

从农林牧渔业看，种植业比重逐年下降，养殖业比重不断上升。2013年湖北种植业增加值1710.3亿元，占第一产业增加值的55.2%，比上年下降了0.78个百分点，而牧渔业增加值达到1261.87亿元，占第一产业增加值的40.7%，比上年上升了0.5个百分点。从粮食作物看，我省粮食种植主动适应气候影响，逐步向“宜水则水、宜旱则旱”转变。从经济作物看，蔬菜、瓜果（果用瓜）、中草药材等特色农产品种植面积不断增长，农民生产效益持续提高。从畜牧业看，在温氏、精武集团等龙头企业的带动下，标准化的养殖模式在全省遍地开花。从水产业看，名特优水产品放养面积持续扩大，虾蟹龟鳖蛙贝等高价值水产品比重不断上升，水产业实现质效提升。

（二）新型农业经营主体激发新活力

当前我省新型农业经营主体已进入增长加快、形式多样、塑造品牌的发展阶段，武汉市家庭农场成为全国示范样本，“春晖模式”、“华丰经验”已成为湖北新型农业经营主体的典型样板，为全省各类农业经营主体加快发展提供了可资借鉴的宝贵经验。据省农业部门统计，截止2013年9月底，全省经工商登记的农民专业合作社已达3.8万个，比2012年底增加8798个，增幅达31%。农户入社成员数达285万户，占全省乡村户数的26.2%，比上年增长36.6%。全省家庭农场已达到4.3万多个。

（三）农产品加工产业迈出新步伐

农业产业化水平大幅提高。随着农产品加工“四个一批”工程的深入推进，我省农业龙头企业加速发展。2013年全省规上农产品加工企业4538家，增长17.4%，农产品加工业产值突破万亿大关，达到11146.30亿元，增长19.3%。全年农产品加工业产值与农业产值之比达到2.16:1（2012年为2.08:1）。农产品市场竞争力不断提升。加快粮油、畜禽水产品、果茶等产业品牌培育，福娃、国宝、精武鸭脖、楚江红、采花毛尖、萧氏茶等品牌的知名度和美誉度不断提高，优势农产品竞争力得到大幅提升。

（四）现代农业发展实现新突破

农业机械化水平不断提升。全省全年新增农机35.1万台（套），新增农机总动力238.89万千瓦，预计2013年全省农作物综合机械化水平将达到61%。土地流转速度加快，规模经营面积稳步增长。全省适度规模经营耕地面积661.4万亩，增长5.4%。农业科技推广和应用步伐加快。推广了应用面广、增产增效明显的先进实用技术18项，普及测土配方施肥技术的面积达到9590万亩次，建立科技试验示范基地302个，培育国家级核心科技示范户10.8万户，培训农民23.4万人。

三、存在的问题

（一）生产成本增加，农业效益走低。2013年，全省农业生产资料价格持续高位运行。调查显示，中稻种子综合平均价格上涨7.5%，各类肥料平均上涨6%，农资价格的持续上涨，挤压了种粮的利润空间。同时，受高温干旱影响，广大农户积极开展农业自救，生产成本增加，种植收益下降，制约了农民收入实质性提高。

（二）养殖走势不稳，产销压力增加。近三年来，畜禽产品及饲料市场行情变化大，尤其是生猪市场最为突出，畜牧价格走势复杂多变，食品安全事件屡屡曝光，畜禽疫情频繁发生，给养殖户的生产和销售带来较大压力。

（三）青壮劳力流失，生产难度加大。由于种植生产周期长、收益低等多种因素影响，农村青壮年劳动力大量外出务工，农忙时节或气候异常年份，生产压力较大。同时，青壮年的大量流失，不利于农业科技的推广使用，影响了农业综合生产能力提高和现代农业进程，削弱农业增长的潜力。

四、对2014年农业形势的展望

宏观政策利好释放新活力。十八届三中全会提出了关于农村改革的指导意见，对释放农村经济发展活力起到了积极作用。近期召开的全国、全省农村工作会议提出了“最薄弱、最突出、最严重”这“三个最”，吹响了新一轮农村改革的号角，传递了强农惠农新信号。刚刚公布的中央1号文件，提出了全面深化农村改革，深入推进农业现代化，中央和地方将在更大格局内统筹协调解决"三农"问题，打通更多资源和要素壁垒，调动更多力量补齐农业短板，农业发展步伐将越走越快。不久的将来，必将有更多的资源要素向农业和农村集聚，更多的农民将享受到改革的红利，现代农业将迎来难得的发展机遇。

宏观经济形势催生新机遇、新挑战。受经济结构调整和国内外经济下行压力加大的影响，中国经济增速由高速增长向中速增长转变，二三次产业均受到一定程度冲击，市场投资风险加剧，不确定因素增多。而湖北农业由于农产品资源丰富，优势产业突出，市场需求庞大，发展潜力巨大，受到经济下行压力影响较小，农业庞大的消费需求和稳定的投资回报将在低迷的宏观经济中吸纳大量社会资本，助推现代农业提挡升级。不利的一面是，宏观经济的低迷将一定程度影响到农产品消费及农民增收。另外，中国经济向中速增长转变，势必对劳动力市场造成一定影响，农村劳动力外出就业面临更大的挑战。

基于未来农业面临的机遇和挑战，我们认为，如果不发生大的自然灾害，2014年湖北农业生产将继续保持较快速度的稳定增长。一是农产品综合价格将持续平稳增长。考虑近三年涨幅连续回落的农产品综合价格指数和短期内缺乏大幅上涨动力的生猪价格，预计2014年农产品综合价格指数涨幅或将持续平稳缓慢增长。二是粮食生产仍将保持稳定发展态势。从国家粮食安全层面、强农惠农政策和当前秋冬播情况来看，我省粮食种植面积平稳增长，只要气候正常，湖北粮食产量将继续保持稳定增长。三是畜牧业将呈现稳步发展。养殖企业去年被压抑的产能扩长愿景，将随着猪价回升、禽流感消退而反弹，2014年养殖企业补栏填槽的行为将增多，综合生产能力或将稳步提升。四是渔业将保持快速增长。随着我省精养鱼池面积的不断扩大和名优水产品养殖的快速发展，结合当前市民的消费偏好，预计2014年渔业将继续保持快速增长。

五、有关建议

*一是在深入推进土地制度改革上下功夫。*一方面，要认真细致做好农村承包土地的确权登记颁证工作，建立长效机制，稳定农民的心里预期，防范因监管不力损害农民权利。另一方面，要深化农地经营、集体股权等方面的改革，在全省范围内推广武汉农村产权综合交易市场的先进经验和做法，进一步健全土地流转公开交易平台，推动土地承包经营权有序转移，进一步调动农民积极性、挖掘农业自身潜力、激发农村发展活力。

*二是在农业农村基础建设上下功夫。*坚持不懈地开展农田水利基础建设，增强抗御旱、涝等自然灾害的能力。积极争取农业综合开发项目资金，结合新农村建设工作的开展，重点加强对农村道路、交通运输、电力、电信、商业网点设施等基础设施的投入，实现基础设施建设和公共服务城乡一体化。鼓励社会资本投向农村建设，允许企业和社会组织在农村兴办各类事业。深化农村金融改革，健全相关保护制度，确保农村存款主要用于农业农村。

*三是在构建新型农业经营体系上下功夫。*出台相应金融政策，支持新型农业经营主体贷款，推动新型农业经营组织加快发展；扩大政策性农业保险覆盖范围，适当提高保额标准和保费补贴比例，帮助新型农业经营主体分散风险；加大税收优惠、财政支持力度，建立扶持新型经营主体发展政策，形成财政项目资金直接扶持的工作机制；鼓励农村土地承包经营权在公开市场上向新型经营主体流转，发展多种形式规模经营。

*四是在推进城镇化上下功夫。*要坚持以人为核心的城镇化，推进农村劳动力转移就业。要加大统筹城乡发展力度，推进城乡公共服务均等化，逐步解决农民进城落户、平等就业、社会保障、住房租购、子女上学等方面的难题，为农民工市民化解决后顾之忧。要做好新型城镇的产业配套和融合发展，加强新型城镇的吸附能力，促进新型城镇化的有序推进，为农民工提供充裕的就业机会。

（作者单位：湖北省统计局）

2013年湖北省水产业经济形势分析

王勇　唐立

2013年是实施"十二五"规划承前启后的关键一年，是为全面建成小康社会奠定坚实基础的重要一年。全省各级水产部门全面贯彻党的十八大和全国两会精神，认真落实中央一号文件精神，以科学发展观为指导，以转变水产发展方式为主线，以科技创新为驱动，牢牢把握"双千亿"目标，着力抓好池塘改造、苗种投放、结构调整、健康养殖、加工增值、科技服务等重点工作，呈现出产能增强、结构趋优、质效提升、产销两旺的良好发展态势，加之没有出现大范围的疫情、灾情和质量安全事故，渔业主要发展指标均好于预期。

全省水产品总产量达410.4万吨，同比增21.4万吨，增幅5.51%；养殖总面积达683460公顷，同比增3393公顷，增幅0.5%；渔业产值（含苗种）达到800.17亿元，同比增93.25亿元（含苗种），增13.19%；鱼种投放量975357吨，同比增5234吨，增幅5.66%。渔民人均纯收入12107元，同比增2522元，增26.31%。

一、2013年渔业主要发展指标数据分析

（一）渔业产值

2013年我省渔业产值（含苗种）达800.17亿元，同比增93.25亿元（含苗种），增13.19%；其中，渔业产值710.11亿元，同比增83.89亿元，增幅13.4%；苗种产值90.06亿元，同比增9.36亿元，增幅11.6%。二是水产品市场需求旺盛，市场价格大幅上涨，加上鱼种、饲料、运输、用工、仓储等成本的增加直接推动整体价格大幅上涨；三是品牌打造对产业增值的影响作用不断放大，继三大品牌航母推行后，我省其他名特优品种也纷纷突起，宜昌的清江鮰鱼、仙桃的黄鳝、京山的龟鳖等价格居高不下，供不应求，畅销国内外，成为区域性、省际间的名优水产品牌；四是养殖结构进一步优化。名特优养殖面积进一步扩大，新增30万亩，达840万亩，占全省总面积的82%，推动了产值提升。

（二）淡水产品总产量

全省水产品总产量达410.4万吨，同比增21.4万吨，增幅5.51。其中：

1、淡水养殖：养殖产量达389.1万吨，比2012年增21.4万吨，增幅5.83%，增产原因主要是池塘改造工程、现代渔业建设项目促进了单产提高。全省主要养殖水面平均单产达5445公斤/公顷，同比2012年增283公斤/公顷，增5.48%；池塘养殖单产达8421公斤/公顷，同比2012年增387公斤/公顷，增4.81%。

2、淡水捕捞：捕捞产量为213035吨，同比减少45吨，减幅0.02%。

（三）淡水养殖总面积

全年水产养殖面积为683460公顷，同比2012年增3393公顷，同比增0.5%。

（四）淡水（分水面类型）养殖主要指标分析

1、池塘养殖：2013年池塘养殖产量达到316.6万吨，同比增21.3万吨，增幅7.22%；池塘养殖产量占淡水养殖总产量的81.3%；池塘养殖的增量占全省新增产量的99%，是增产增收的主力军；池塘养殖面积375953

公顷，同比增8441公顷，增幅2.3%。主要增产原因为“精养鱼池改造工程”、“万名干部进万村挖万塘”、“中央财政支持现代水产业发展专项”、“菜篮子工程”、“健康养殖示范场”、“科技进村入户”等一系列措施，有效地提高了单位养殖水体容积，提高了养殖设施装备水平，提高了养殖技术，使单产大幅提高。全年池塘养殖单产达8421公斤/公顷，同比增387公斤/公顷，增幅4.81%。

2、湖泊、水库养殖：2013年，我们继续贯彻“让千湖之省碧水长流”的战略决策，实行湖泊拆围，降低养殖对环境的污染。2013年湖泊养殖产量为33万吨，同比减少2127吨，减0.64%；养殖面积为192620公顷，同比减少3548公顷，减1.81%。养殖单产达1711公斤/公顷，同比增20公斤/公顷，增1.19%。

我省进一步实行“水库限养”，减少水库养殖面积，2013年水库养殖产量19.56万吨，同比减少199吨，减0.1%，养殖面积1811公顷，同比减少1467公顷，减1.34%；养殖单产达1811公斤/公顷，同比增22公斤/公顷，增1.26%。

3、稻田养殖：全年稻田养殖产量为16.88万吨，同比增3565吨，增幅2.16%；稻田养殖面积为185993公顷，同比增164公顷，增幅2.3%；稻田养殖单产为907公斤/公顷，同比增18公斤/公顷，增幅2.07%。我省稻田养殖主要以小龙虾为主，2013年以来，在引导农民在发展“虾稻连作”的同时，大力创新开展池塘养虾、虾鳅稻等多样化养殖模式，使虾农亩平纯利一度达2000–3000元，最终将“虾稻连作”模式的亩均收益成功提高3倍以上。作为小龙虾主产区的潜江市改进了虾稻连作，创新发展了虾稻共作模式，由过去“一稻一虾”，变为“一稻两虾”，此模式不仅有效提高了稻田的综合利用率，而且克服了原有“虾稻连作”模式商品虾规格小、产量低、效益不高的缺点。

（五）苗种投放：全年累计投放鱼种97.5万吨，同比增5.2万吨，增5.66%。

（六）渔船数量：2013年我省机动渔船“三证合一”实际办证数为50685艘，与2012年持平。

（七）2013年主要增产养殖品种分析

1、小龙虾：产量34.75万吨，同比增4.5万吨，增15%。我省高度重视小龙虾产业的发展，自2010年起，省政府出台《湖北省小龙虾产业发展专项规划》，省财政每年投入6000万元用于扶持小龙虾产业。我们采取了一系列的措施确保小龙虾产业可持续发展，实施为期4个月的禁捕，加强了对小龙虾野生资源的保护，加快种质资源修复；大力推广池塘养殖和稻虾轮（连）作模式，尤其是稻田养殖面积恢复到284.98万亩，为小龙虾养殖稳步增长奠定了良好基础。省级6000万元的小龙虾发展专项资金加大了对小龙虾苗种繁育基地建设、新技术的研发推广等方面的投入，为小龙虾恢复性增长起到关键作用。“虾稻共作”模式的创新，也进一步推进了稻田种养的单产水品，同时还衍生了池塘养虾和“油虾鱼”、“虾鳅稻”、“鱼虾蟹”、“虾蟹稻”、“虾蟹鳜”等多样化延展养殖模式。

2、河蟹：产量达13.14万吨，增1.59万吨，增13.75%。河蟹是我省倾力打造的百亿元产业之一，近年来，我省狠抓河蟹养殖技术推广、狠抓扣蟹培育、狠抓品牌建设和市场开拓，产业发展势头迅猛，养殖面积迅速扩大，养殖水平不断提高，全省河蟹养殖面积300万亩，同比增4.9%。我省依托湖北河蟹产业协会，建立了5家梁子湖大河蟹优质苗种培育基地，25个梁子湖大河蟹生态养殖示范基地，扣蟹培育产量实现突破性增长。同时加强与大专院校科研院所的联系，搞好技术创新、科技示范与推广，努力提升河蟹产业化水平，

3、黄颡鱼：产量8.1万吨，增1.1万吨，增15.85%。黄颡鱼是我省主打品种，市场行情一直非常好，2013年，我省大范围推广黄颡鱼主养、混养、套养等各种养殖模式，尤其是“18221”池塘高效养殖模式和全雄黄颡鱼的大面积推广，使产量大幅提高，其中：“18221”池塘高效养殖模式可在1亩养殖水面中实现黄颡鱼800斤、鳖200斤，产值2万元，利润1万元，是传统鱼鳖混养的2—3倍。全雄黄颡鱼技术的普及也是增产的重要

原因，利用鱼类性逆转技术使得在同样的养殖条件下，全雄黄颡鱼的单产可提高30%以上，养殖时间缩短1–2个月。

4、黄鳝：产量16.2万吨，增1.7万吨，增8.43%。2013年，网箱养鳝技术在全省得到大面积推广，由仙桃、监利、洪湖等传统主产区迅速辐射到全省，养殖面积大幅增加。尤其是黄鳝二年段养殖模式，有效提高了成鳝规格，提升了鳝鱼的利用品质和市场价值。

5、泥鳅：产量3.7万吨，增5020吨，增15.6%。主要增产原因为市场行情好、池塘泥鳅养殖和"稻鳅共生"模式的大面积推广，2012年全省"稻鳅共生"面积超过30万亩。

6、鲫鱼：产量42.4万吨，增2.5万吨，增6.31%。增产的主要原因是由中科院水生所研发的异育银鲫"中科3号"高效品种迅速在全省主产区大范围推广，全省现有国家级鲫鱼遗传育种中心1家、省级"中科3号"良种场2家。该品种的鲫鱼出生长速度快，抗病力强，单产比常规鲫鱼高20%以上。

7、大宗品种6种：青鱼10.33万吨，增3.64%；草鱼87.98万吨，增2.41%；鲤鱼17.48万吨，增2.78%；鲢鱼64.68万吨，增3.19%；鳙鱼41.07万吨，增3.4%；鳊鲂17.07万吨，增8.43%；主要原因为苗种投入增加、池塘养殖面积增加、单产水平提高。

二、我省渔业增产增收主要因素分析

（一）各级党委政府高度重视为产业发展提供了强有力的保障

今年初召开的全国现代渔业建设工作电视电话会议，是改革开放以来第一次以现代渔业建设为主题召开的全国性会议，汪洋副总理高度肯定了我省关于推进现代渔业建设的典型发言，对于当前和今后一段时期我省由渔业大省向现代渔业强省迈进具有重要的指导意义。省委、省政府一直高度重视湖北水产业的发展，始终坚持把渔业纳入全省经济社会发展全局中统筹谋划，强渔惠渔政策含金量之高、受惠面之广，前所未有，极大的调动了各地发展现代渔业的积极性，极大的促进了湖北水产业的健康、持续、快速发展。2013年，我省水产业共争取省级以上财政专项投入达61099万元,连续多年大幅增加。而且，水产业已成为社会资本投入的新热点，"政府主导、渔民主体、工商资本参与"的多元化投入格局已经形成。

（二）池塘改造力度空前，渔业生产能力不断提升

精养鱼池是我省水产业发展的"主阵地"。各地充分利用各级政府财政资金，广泛吸纳社会资金，大力开展池塘清淤护坡、池埂加固、进排水渠道改造、三机配套等基础设施建设，全面推进精养鱼池的提档升级。今年，全省共安排标准化鱼池改造专项资金4000万元，比上年增加了11.1%；利用中央现代农业发展专项资金1.2亿元，建设了高标准现代渔业基地7.2万亩，加上各级财政资金的投入，全省全年累计完成精养鱼池改造40万亩。

（三）加工出口和流通服务业的突破性发展有效地拉动了水产养殖生产

全省大力贯彻省委省政府关于加快农产品加工业发展的"四个一批"战略，全力打造潜江、洪湖、武汉、宜昌、仙桃、鄂东等6个水产加工园区，全省新增19家省级产业化龙头企业，规模以上加工企业达132家，其中国家级8家、省级50家，出口注册企业24家，水产品加工能力超过130万吨。截止目前，全省出口水产品1979批次，总量达2.92万吨，创汇3.22亿美元。潜江市华山公司投资4.15亿元的甲壳素深加工项目建设工程二期全面投产，甲壳素年产量将占全国30%。荆州大明公司推进"水产精深加工园"、"水产科技园"、"生物制剂厂"三大项目建设，集苗种繁育、养殖生产、加工出口的现代化渔业示范园区正在形成。武汉高龙公司新增淡水鱼加工综合利用项目和小龙虾深加工项目，鱼胶原蛋白肽加工能力达到2万吨、甲壳素及其衍生物加工能力达400吨。

同时，为了努力破解产业发展瓶颈，我省大力推进水产流通服务业建设，全省现有年交易额在1亿元以上的水产批发市场317个，年交易量近500万吨，年交易额近800亿元，其中农业部定点大型批发市场3个，水产流通专业合作组织1054个，水产经纪人7万余人，基本形成了省有区域性水产品市场、市县有骨干水产品市场、乡镇有产地市场的水产品市场体系，有效地实现了基地与企业的对接、产品与市场的对接，逐步破解了困扰我们多年的产品附加值不高、渔民闯市场难的问题。

（四）科技助力，渔业综合效益不断提升

各级渔业部门充分发挥我省水产科教优势，开展多层次、多渠道、多形式的培训，开展新型渔民的培养，提高了渔民科学文化素质和养殖水平。全省常年有1000多名渔技人员活跃在湖边池头，实现"科技人员直接到户、良种良法直接到池、技术要领直接到人"；同时充分发挥龙头企业和合作组织的平台作用，以龙头企业和合作组合为主体开展培训工作。主办了"渔业科技进渔家，助农增收奔小康"主题活动，发布了10大主推养殖品种和10大主推模式，培训渔民51.7万人次。构建"湖北渔业技术远程信息服务平台"，反响良好。开展稻田生态种养技术示范与推广，核心示范区面积达到20006亩，超额完成目标33.4%。省水产推广中心《黑尾近红鲌高效养殖技术集成与推广》获省政府科技成果推广一等奖，《稻田综合种养技术集成与示范》获全国农牧渔业丰收奖农业技术推广成果一等奖。

（五）创新机制，新型渔业经营主体不断发展壮大

一是大力培育专业大户和家庭渔场，提高生产经营的产业化水平。各地在充分保障渔民水面承包经营权的前提下，发展多种形式的适度规模经营，引导有文化、懂技术、善经营的农村致富带头人，通过推行"公司租赁"、"返租倒包"、"大户承包"、"水面入股"和"委托代养"等水面流转形式，大力培育联户经营、专业大户、家庭渔场，提高水产养殖集化、专业化水平。二是着力发展多种形式的新型渔民合作组织和多元服务主体，提高渔民的组织化程度。引导分散的渔民按照产业链、产品和品牌兴办生产、加工、销售等不同类型的合作组织，完善生产设施，扩大产销对接。三是水面流转有序推进，带动村集体、农户和承包户的"三赢"。机制体制的创新，为水产业的快速发展注入了新的活力，有效促进了水产业集化、专业化、组织化和社会化发展。

（六）品牌建设全力推进，市场占有率进一步提升

全省以产业协会和龙头企业为主体，通过电视台、报刊、户外广告牌、国内主流网站等新闻媒体，开展"楚江红"潜江小龙虾、"梁子"牌梁子湖大河蟹、"洪湖渔家"生态鱼三大主导品牌的强势宣传，带动长阳清江鱼、鄂州武昌鱼、仙桃黄鳝、京山龟鳖等地方特色品牌的推介，呈现"百花齐放"的新局面。6月12日的第四届湖北潜江龙虾节共签项目37个，合同引资总额159.57亿元。11月，第八届"梁子"牌梁子湖大河蟹文化旅游节启动仪式上，"梁子"牌梁子湖大河蟹获得34.1亿元的销售大单。在今年12月举办的第十一届农交会上，湖北水产展区创下"十一金两佳"的历史新纪录。贸易洽谈区交流活跃、交易火爆，现场签下巨额大单。"楚江红"小龙虾、"梁子"大河蟹、"洪湖渔家"醉鱼、"洪湖清水"大闸蟹、长阳清江鱼和"盛老汉"中华草龟等11个品牌产品荣膺组委会金奖，另有16个品牌产品获全国水产专业展区金奖。全省品牌水产品营销覆盖全国20多个省份、100多个直销点和1000多家连锁超市。"楚江红"获得省著名商标称号，"梁子"牌河蟹连续两年获港台地区最畅销品牌。

（作者单位：湖北省水产局）

2013年武汉市农村经济形势分析

陈业林

2013年，我市认真贯彻落实十八大和中央、省、市农业农村工作会议精神，紧紧围绕建设国家中心城市的宏伟目标，大力推进现代都市农业建设，农业经济实现了持续稳定发展。全年实现农业总产值530.27亿元，农业增加值335.4亿元，均比上年增长4.5%(按可比价格计算)。全年农业经济运行呈现如下七大特征。

一、粮食生产保持平稳。2013年，我市粮食生产呈现“面积减、单产增、总产稳”的态势。全年粮食总产量126.87万吨，增长0.8%。每公顷单产5703.3公斤，增长3.9%；种植面积222.45千公顷，减少3.1%。其中，夏粮种植面积33.91千公顷，总产量8.75万吨；秋粮种植面积188.54千公顷，总产量118.12万吨。

二、经济作物喜忧参半。2013年，我市经济作物播种面积为323.27千公顷，实现总产值267.27亿元，实际增长10.1%。棉花、油料、蔬菜、园林水果生产形势良好，增长较快。其中，棉花产量为3.32万吨，增长35.1%；油料产量为18.66万吨，增长3.6%；蔬菜产量为668.09万吨，增长4%。园林水果为8.48万吨，增长10.4%。而麻类、糖料、茶叶和果用瓜的产量下降，增速分别为-5.6%、-18.3%、-13.9%和-4.6%。

三、林业持续快速发展。2013年，我市以修复破损山体，积极筹备2015年第十届中国国际园林博览会为契机，推进生态武汉，美丽江城建设，林业经济总量保持快速增长态势。实现林业产值6.59亿元，实际增长22.9%，连续三年保持两位数的快速增长。年末，全市林地总面积达到165.02千公顷，当年新增荒山荒(沙)地造林面积4605公顷。

四、畜牧生产态势稳定。2013年，我市继续推进畜禽养殖小区标准化创建工作，完成24个畜禽标准化养殖小区创建，其中部级示范场1个，省级示范场11个，市级示范场12个；积极应对H7N9等动植物疫病的爆发，加强疫病防控，对种禽和订单家禽养殖进行了专项补贴，畜牧业主要产品产量保持稳定增长，全年出栏肉猪308.2万头，增长3.3%；出售和自宰的肉用家禽5802.05万只，增长4.5%；禽蛋产量21.49万吨，增长4.5%；牛奶产量7.14万吨，增长6.7%。但受畜禽产品价格下行影响，全年牧业经济总量118.67亿元，比去年减少2.63亿元，同时，养殖效益也明显下降。

五、渔业生产提质增效。2013年，我市水产品养殖面积104.79千公顷，比上年减少3.79千公顷，主要是全市加大湖泊生态保护力度，提高水产品健康养殖水平和质量，实施三环线内禁止养鱼的政策所至。全年水产品总产量49.02万吨，增长4.6%，其中，淡水捕捞产量2.86万吨，淡水养殖产量46.16万吨。全面推行了健康养殖模式，其中，达到部省级创建标准的水产健康养殖基地总面积26.55千公顷；名特优水产品苗种繁育规模继续扩大，苗种繁育量达到100多亿尾，其中，名特优苗种增加2.6亿尾，达到48亿尾。全市渔业产值达到83.66亿元，比上年增加4.8亿元。

六、农业产业化步伐稳健。2013年，我市继续推进“菜篮子”工程建设，新建设施蔬菜基地4.95千公顷，推行蔬菜社区直通车、社区便民店、电子菜箱等直销进社区模式，社区覆盖率达到30%以上；全年实现农产品加工产值2005亿元，增长32.8%；年末农业产业化农户覆盖率67%，提高2.0个百分点；我市249家农业产业化龙头企业实现销售收入710亿元，增长20%。

七、农民收入增速持续增加。2013年，我市农村居民人均纯收入12713.46元，增长13.6%，分别高于全国、全省农村居民人均纯收入1.2和0.7个百分点，高于武汉城市居民人均可支配收入3.4个百分点。城乡居民收入差距由上年的1.42倍缩小至本年的1.34倍。

二、存在问题

(一)农业生产抵御风险能力有待提高。2013年，农资市场化肥、农药等农业生产资料继续保持高位运行，燃油价格、人工成本持续上涨，使得种粮成本有明显增加。一方面种粮成本增加，另一方面农产品价格走低，一定程度上冲抵了增加粮补和提高保护价收购所带来的实惠，挫伤了种养户，特别是种养大户的生产积极性。而种粮和养猪收入在全市农民总收入中占较大比重，种粮成本高和生猪养殖市场波动频繁的形势，直接增加了农民增收的压力。

(二)新型农业经营主体融资较困难。金融机构对农村专业大户、家庭农场、农民专业合作社等新型农业经营主体认识和研究不足，大多数合作社管理松散，没有形成“利益共享、风险共担”的利益联结机制。农村金融生态环境滞后，部分农民金融意识淡薄，一些中小企业诚信意识有待加强，制约了金融服务的深化。

(三)舌尖上的安全须警惕。一是我市农作物病虫害呈连年重发态势，在防控中过多依赖化学农药，严重影响了农业生产安全、农产品质量安全和生态环境安全。二是农作物收获季节，在收购、运输、储备各项环节中，受季节性气候影响存在较高的霉烂变质和病虫鼠疫灾害的风险。

三、几点建议

(一)进一步加强对农业生产投入的力度。一要继续加强农基础设建设，不断完善农业水利工程，充分发挥农业基础设施防灾抗灾的能力，提高农业防范自然灾害的能力，保障农业生产安全稳定运行。二要制定切实可行的惠农措施，积极引导社会资金对农业生产的投入，大力加强农业生产服务体系建设，进一步提升全市农业生产综合能力。三要进一步加强农产品购销体系建设，加大对农产品的精、深加工企业的扶持力度，不断拓宽和延伸农业产业链，提升农产品附加值，提高农民收入。

(二)建立新型农业经营主体互助基金。运用“小微企业互助基金”办法，建立新型农业经营主体互助基金，以“自愿互助、风险共担、利益共享”为原则，从该基金开户银行提供的授信额度中获得纯信用贷款。同时支持符合条件的农业企业发行短期融资债券、中期票据、企业集合债等债券。鼓励农业企业上市融资。

(三)加强农产品安全生产流通环节监管。一是加强生产环节农产品安全监管，细化、完善各类农产品质量安全的标准和技术手段，不定期组织开展全市农产品农药残留检测，建立“黑名单”制度。二是加强政府指导，提高现有农田抵御自然灾害能力和生产水平。在确保耕地总量不出现大幅度减少的同时，努力提高耕地质量，挖掘土地的生产潜力。三是落实好对农民的直补政策，给农民吃上“定心丸”。对农民的直接补贴不能取代国家对“三农”支持的其他政策，不能因为实施直接补贴而削减其他方面对“三农”的支持和保护。

(作者单位：武汉市统计局)

2013年黄石市农村经济形势分析

董明媚

2013年以来，黄石市各级党委、政府按照“保粮食、强基础、兴加工、增收入、新农村”的总要求，认真贯彻落实中央1号文件精神，按照“生态立市产业强市”的战略部署，以粮食稳定增产、农民持续增收为目标，以加快农业转型升级为主线，以生态农业发展为主题，大力发展规模农业、科技农业和品牌农业，提高农业综合生产能力，克服各种不利因素影响，农业和农村经济保持了平稳增长。

一、农村经济总量保持增长

2013年全市农林牧渔业总产值达到133.76亿元，按可比价格计算(下同)，增长4.7%。农、林、牧、渔及其服务业全面增长，其中林业和农林牧渔服务业发展加快，分别增长31.1%和14.4%。全年农林牧渔业增加值达到95.21亿元，同比增长4.8%。增速较去年同期有所提高，农业（种植业）占比由上年的39.74%下降到39.29%，林牧渔及服务业占比由60.26%上升到60.71%。

	2013年		2012年		2013比2012	
	总量（万元）	构成(%)	总量（万元）	构成(%)	现价增幅(%)	可比价增幅(%)
农林牧渔业总产值（当年价）	133.76	100.00	122.85	100.00	8.9	4.7
农业产值	52.56	39.29	48.83	39.74	7.6	3.7
林业产值	1.55	1.16	1.16	0.94	34.4	31.1
牧业产值	42.08	31.46	40.17	32.70	4.8	4.2
渔业产值	36.19	27.06	31.52	25.66	14.8	5.5
农林牧渔服务业产值	1.38	1.03	1.18	0.96	17.3	14.4
农林牧渔业增加值（当年价）	95.21	100.00	85.89	100.00	10.9	4.8
农业增加值	38.85	38.78	35.35	41.16	9.9	3.8
林业增加值	1.21	1.21	0.83	0.97	45.8	31.8
牧业增加值	27.28	30.68	26.42	30.77	3.2	4.2
渔业增加值	26.99	28.44	22.59	26.30	19.5	5.7
农林牧渔服务业增加值	0.88	0.89	0.7	0.81	27.2	14.6

二、种植业生产形势看好、增长稳定

2013年我市种植业虽然遭受干旱及高温热害不利因素影响，但由于技术服务到位，病虫防控有力，依然保持了增产丰收的态势。

1、粮食总产稳定增长。由于政策好、人努力、气场足，粮食总产稳定增长。全年粮食总面积达到139.56千公顷，同比减少0.83%。其中夏粮播种面积20.11千公顷，减少5.41%。秋收粮食播种面积119.45千公顷，减少0.02%。全年粮食总产64.42万吨，同比增长2.2%。其中夏粮总产5.54万吨，增长7.4%；早稻产量17.2万吨，增长2.6%；中稻产量14.35万吨，增长9.3%；晚稻产量17.25万吨，下降1.5%；玉米产量4.74万吨，增长5.0%。

2、油料实现面积、产量“双增”。2013年全市油料作物播种面积56.96千公顷，比上年增长5.3%，总产9.38万吨，增长10.4%。其中：花生产量0.93万吨，增长10.0%；芝麻产量1.25万吨，增长2.1%。

2、蔬菜产量稳步增加。全年蔬菜播种面积32.63千公顷，同比增长4.8%，全年蔬菜产量66.21万吨，同比增长4.5%。高温干旱期间，我市加强水源调度，最大限度保证蔬菜种植大户的用水需求，将损失降到最小；利用大棚设施开展蔬菜秧苗培育，保证旱情解除时有苗可栽；抢播一批速生菜，加大外菜调入，确保了“菜篮子”供应充足。

三、畜牧业综合能力不断增强 标准化养殖势头良好

1、综合生产能力不断增强。2013年全市生猪出栏121.49万头，同比增长3.6%；家禽出笼3038.01万只，同比增长5.1%；牛出栏1.88万头，同比增长6.4%；羊出栏5.22万只，同比增长4.9%；禽蛋产量4.14万吨，同比增长5.6%；肉类总产量14.53万吨，同比增长6.5%。畜牧业综合生产能力呈现出产量增加、产值提高、产业增效的良好态势。

2、标准化养殖发展势头良好。为了加快畜牧业生产方式转变，促进畜牧业又好又快发展，2013年，我市继续深入开展畜禽标准化养殖“四级联创”活动，充分调动养殖业主的创建积极性，畜禽养殖标准化水平全面提升。全市新增部级标准化示范场1家，省级标准化示范场6家，市级标准化示范场36家，县级标准化示范场78家。全市万头猪场达到29家，新增2家；年出栏3000头以上猪场55家，年出栏1000头以上的猪场229家，新增44家；各类畜禽养殖规模场（户）1886家，新增147家；各类养殖合作社、协会达到150多个。以“150”、“153”“1235”等为代表的标准化养殖模式已被广大养殖户所接受，成为了全市畜牧业标准化发展的主要方向，标准化示范场带动作用显著增强，产业组织化水平不断提高。

四、水产业名特优品种保持快速发展

2013年全市淡水养殖面积扩大到47.48千公顷，比上年增长0.91%。全市水产品产量突破20万吨大关，达到20.24万吨，比上年增长5.1%，其中养殖产量19.68万吨，增长4.8%。一是大力实施水产倍增计划。我市制定了《黄石市水产业倍增计划实施方案》，明确了今后几年水产业发展的具体目标。为实现在2010年基础上的倍增，全市2013年已改造完成低产养殖水面6.17万亩。二是发展壮大渔业二、三产业。2013年全市水产加工品产量突破2万吨，湖北楚仙鱼面加工公司升级为省级龙头企业，生产的“楚仙鱼面”为湖北名牌产品。全市涉及休闲渔业的水面达27万亩以上，采取设立专项扶持资金、提供优惠政策等措施，加快培育一批休闲渔业示范基地。三是积极开展水产科技创新和技术服务。积极组织水产企业开展名优品种繁养技术攻关，集成优化了一批名优水产品养殖模式，大力推广河蟹池塘养殖、黄鳝网箱养殖、种青养殖、黑尾鱼白池塘养殖、小龙虾池塘精养及稻田养殖技术。实现了资金、品种、模式、技术、市场、品牌的共享。

五、农产品价格继续保持稳步上升。

据农产品价格调查网点汇总结果显示，今年生猪和家禽价格呈现“V”字形走势，养殖户收益较去年有所下降。其它农产品价格均有不同幅度上升。目前中晚稻市场收购价格为2.33元/公斤左右，比上年提高7.37%。芝麻价格11.4元/公斤，比上年提高16.6%；蔬菜价格2.79元/公斤，比上年提高5.68%，主要水产品价格稳中有涨，鱼类价格8.24元/公斤，比上年提高8.42%。

六、秋冬播生产形势向好。2013年秋冬播期间，我市采取超常规措施，坚持市场导向，以农业科技为支撑，以种植大户为主力军，强化政府引导，优化作物布局，主抓“两菜”（油菜蔬菜），全力提高秋播科技含量、提高秋播抗灾能力、提高秋播生产效益。

为加大油菜高产创建工作力度，积极推广万亩示范片的技术经验。以双低油菜品牌创建为核心，发挥专业合作社或种植大户作用，积极构建“龙头企业+基地（合作社）+农户”的产业开发模式，大力扶持油菜籽加工龙头企业，创建优质菜籽油品牌。秋冬播面积较去年有小幅增长，全市秋冬播面积123.7万亩，同比增长1.26%。

七、当前农业生产面临的主要问题及建议

1、农业基础设施脆弱。旱情让我们认识到农业基础设施与农业现代化的要求相距甚远，抵御自然灾害能力低，抗旱引水“最后一公里”的问题没有得到有效解决。

2、土地流转速度放缓。目前，我市交通畅达、水利设施完善、耕作条件较好的农村耕地流转面积已达85%，剩余的基本上是交通不便的低岗旱地和小块水田，要将其流转需要进行土地平整。

3、农业生产成本居高不下。畜禽原料及配合饲料价格全线上扬；种子、农药、化肥等生产资料价格比上年均有上涨，种子上涨6%、肥料上涨了10-13%；同时农机使用普遍上涨5%以上，农业用工一天达100元，同比上涨15-20%。农资、用工、农机使用价格常年高位运行，制约了农业节本增效，给农民增收带来不利影响。

建议：1、提高农业综合防灾减灾和应对市场风险的能力，保障农业生产安全。政府应该提供更多的政策倾斜和财力支持，帮助农民最大限度地降低农业自然风险。加快农业基础建设和生态环境建设，增强农业发展后劲；加大农业保险力度，扩大政策性农业保险范围。

2、加大对农业生产的支持力度，保护农民生产积极性。一是增加对农业的资金投入；二是进一步完善农产品直补政策；三是加强农资销售监控，抑制农资价格的过快上涨；四是完善农产品流通体系，适当提高生产者当前偏低的利益分配比例。

（作者单位：黄石市统计局）

2013年十堰市农村经济形势分析

杨静波

2013年，十堰市农业生产以科学发展观为指导，认真贯彻落实各项惠农政策，立足抗灾夺丰收，农村经济整体保持了较快发展势头。全年农业生产虽取得了一定的成绩，但也存在一些不容忽视的问题。

一、全年农村经济形势

全年农林牧渔及其服务业总产值（按现行价格计算，下同）达到250.15亿元，同比增长5%（按可比价格计算，下同）。其中，农业产值145.28亿元，同比增长5.2%；林业产值10.27亿元，同比增长5.9%；牧业产值80.25亿元，同比增长4.4%；渔业产值13.12亿元，同比增长5.2%；农林牧渔服务业产值1.23元，同比增长2.9%。

全年农林牧渔及其服务业增加值（按现行价格计算，下同）达到143.03亿元，同比增长5%（按可比价格计算，下同）。其中，农业增加值84.18亿元，同比增长5.5%；林业增加值5.05亿元，同比增长5.6%；牧业增加值45.14亿元，同比增长3.8%；渔业增加值7.98亿元，同比增长7.4%；农林牧渔服务业增加值0.68亿元，同比增长2.6%。

二、农业生产的主要特点

1、夏粮保持稳定增长态势。全市夏粮播种面积达到154.09万亩，比上年的152.64万亩增加1.45万亩，增幅0.95%；夏收粮食产量33.94万吨，比上年同期的31.41万吨增加2.52万吨，增幅8%。夏粮单产每亩220公斤，比上年每亩206公斤增加14公斤，增幅6.8%。

2、秋粮生产形势好于上年。秋收粮食播种面积260.51万亩，比上年的259.01万亩增加1.5万亩，增幅0.6%。秋收粮食产量82.12万吨，比上年的80.21万吨，增加1.91万吨，增幅2.4%。秋收粮食每亩单产315公斤，比上年每亩单产310公斤增产5公斤，增幅1.6%。全年粮食产量达116.06万吨，增幅3.98%。

3、油料产量稳步增长。油料面积120.29万亩，同比增长4.3%，油料产量13.2万吨，同比增长9.4%；其中：油菜籽播种面积69.42万亩，比上年的66.75万亩增加2.67万亩，增幅4%；油菜籽产量6.88万吨，比上年的5.8万吨，增产1.08万吨，增幅18.6%；花生产量4.49万吨，同比增长4.2%。

今年粮油增产的主要因素：一是农民种粮油积极性持续提高，粮油播种面积稳定增加。今年各级政府认真落实各项惠农政策，农民真正得到了实惠，增加了粮油种植面积。二是气候因素。自去年秋冬播以来，十堰市日照多于上年，风调雨顺，这对粮食生产比较有利。虽然出现了局部的干旱，但对粮油作物影响不大。三是价格因素。从去年以来，粮食价格持续在高位运行，并且稳中有涨，从而拉动了农民种植粮食的积极性。

4、经济作物产量呈稳定增长势头。棉花产量188吨，同比下降0.5%。秋油产量6.31万吨，同比增长

0.8%。花生产量4.49万吨，同比增长4.2%。芝麻产量1.65万吨，同比下降6.8%。烟叶产量2.04万吨，同比增长6.8%。糖料产量1.43万吨，同比增长36.2%。茶叶产量1.31万吨，比上年的1.24吨增加0.07万吨，增幅5.2%。全年水果产量40.37万吨，同比增长5%。药材产量17.02万吨，同比增长43.2%。蔬菜产量152.46万吨，同比增长6%。

5、畜牧业生产稳定增长。全年生猪出栏198.73万头，同比增长4.3%。牛出栏11.54万头，同比增长14.3%。羊出栏100.19万只，同比增长8%。家禽出笼3295.2万只，同比增长5.2%。猪牛羊禽肉产量23.13万吨，同比增长8.9%。其中：猪肉产量14.83万吨，同比增长4.3%。禽蛋产量4.96万吨，同比增长5%。年末生猪存栏216.89万头，同比增长3.8%。年末牛存栏40.32万头，同比增长9.8%。年末山羊存栏109.98万只，同比增长12.8%，年末家禽存笼2162.98万只，同比增长11.4%。猪牛羊家禽生产快速发展，一是受价格的拉动作用，养殖户的积极性提高；二是受政策的扶持，出现了一些养猪、养牛、养羊、养鸡规模养殖户；三是受畜牧业结构调整呈现的良性效应，发展由耗粮型的猪禽向节粮型的草食畜转变。猪、牛、羊、家禽存栏出现了不同程度的增长与有关扶持政策有直接关系。

6、渔业产量、养殖面积增幅较大。十堰市淡水资源丰富，而且水质好、无污染，在全省具有得天独厚的发展优质淡水鱼的良好条件，全市水产养殖面积达到22373公顷，比上年水产养殖面积16380公顷，增加5993公顷，增幅36.6%；全市水产品产量达到66108吨，同比增长5.2%。

渔业养殖面积、水产品产量增幅较大的有竹山县和竹溪县，竹山县水面总面积22.5万亩，宜养水面15.2万亩。其中潘口水库总面积9.2万亩，竹山县占有7.2万亩，竹溪县占2万亩。黄龙水库竹山水域1.65万亩，霍河、店坪、谭家河等中小型水库及池塘养殖面积0.9万亩，竹山县开展增殖放流投放鱼苗720吨（其中政府组织投放350吨，养殖户投放370吨）。养殖面积的扩大，增殖放流的落实，为竹山县渔业增产增收奠定了良好基础。

三、当前农业生产存在的突出问题

1、农业基础设施脆弱，农田抵御自然灾害的能力差，农民急盼有关部门加大农业基础设施的投入。

2、资金问题仍然是新农村建设的一大瓶颈。对于新农村建设，广大农民的积极性高，配合程度较高，但水、电、路等基础设施以及环境的改善需要大量的资金。新农村建设速度还很慢，建房占用耕地的情况时有发生。

3、秋冬农业开发力度较小，荒地面积较大。从近几年十堰市秋冬农业开发情况看，各地冬闲田面积较大，不利于农业增效、农民增收、农村稳定。一部分基层干部对秋冬农业开发缺乏组织督导、宣传动员、生产引导，导致冬闲田面积较大。

4、农民工返乡影响社会稳定。返乡农民工由于长期在异地务工，有较稳定的工资收入，部分农民工由于失去工作、收入减少，回家后普遍存在无所事事的情况，如不妥善处理好农民工失业返乡后的培训、就业、社保转移接续、子女入学、土地经营、权益维护、社会稳定等相关问题，将不利于农村经济社会稳定。

四、几点建议

1、加大对农村基础设施建设的投入力度。尽管近几年农村基础建设不断加强，极大地改善了农民生产生活条件，但由于山区自然灾害发生频率较高，对抗击灾害的能力仍然很脆弱。要进一步加大基础设施建设的投入力度，加强水库、塘堰、河堤、道路等农村基础设施建设，立足当前，着眼长远，增强灾害防御能力，确保旱涝保丰收。

2、要建立乡村农产品信息网络，定期发布农产品市场信息，促进农民增收，促进农村经济发展。要用城镇化的战略积极推进新农村建设。新农村建设要统一规划，合理布局，稳步推进，办好试点，推广经验。

3、各级农业部门要高度重视秋冬农业开发工作，切实把秋冬农业开发作为当前“三农”工作的重中之重来抓紧抓好；要充分开发利用冬闲田、撂荒田，力争在扩大种植面积上取得新突破，促农增收；当前，各地要以秋冬季农业开发为重点，以农业结构调整为主线，以市场需求为导向，抓好冬小麦、蚕豌豆、马铃薯、油菜及蔬菜的播种。千方百计保护和提高农业综合生产能力，确保今年秋冬季农业开发任务的完成，为明年的农民增收打好基础。

4、搭建平台，促进就业。一是积极开展职业介绍和就业信息服务。二是积极组织开展劳务输出。加强与输入地的劳务合作，要巩固已有的劳务基地，开辟新的劳务合作领域，开展有组织的劳务输出。三是积极培育劳务品牌，把劳务品牌做大，形成示范效应，带动农村劳动力转移就业。四是大力发展农产品精深加工、商贸流通、交通运输、餐饮服务等二、三产业，鼓励本地现有企业吸纳安置，促进农民工就地就近转移就业。

（作者单位：十堰市统计局）

2013年荆州市农村经济形势分析

张宗山

2013年荆州市经历了7–8月持续高温干旱、H7N9疫情及猪周期等不利因素的强烈影响，市委市政府采取有效的措施积极应对，有关部门及时组织全市干部、群众投身农业抗灾，粮、油、菜、水果全面增产，畜牧业稳定发展、渔业持续增产，农业生产保持了稳定发展态势。

一、全年主要生产情况

（一）农业增长速度加快 增幅高于全国全省平均水平

2013年全市实现农林牧渔业总产值578.34亿元，扣除价格影响因素后，比上年增长5.3％。从主要行业来看，呈现全面增长态势，农业、林业、牧业和渔业总产值分别为253.10亿元、6.48亿元、138.58亿元和173.20亿元，分别比上年增长3.7％、4.4％、4.8%和8.1%。

2013年全市实现农林牧渔业增加值319.09亿元，扣除价格影响因素后，比上年增长4.9%，比上年快0.2个百分点。2013年农林牧渔业增加值增长速度比全省同期平均增幅高0.2个百分点，比全国同期平均增幅高0.9个百分点。

（二）种植结构调整幅度大 粮油喜获丰收

1、粮食实现“十连增”

2013年荆州市把扩大早晚连作面积、提高复种指数、推广优良品种、提高亩产等作为粮食增产的主要要措施。全年粮食播种面积875.99万亩，比上年增加13.87万亩，增加1.6%。全年粮食总产达386.06万吨（77.21亿斤），比上年增加15.00万吨（3亿斤），增长4.0%。粮食产量增幅比同期全省平均增幅高1.6个百分点，比同期全国平均增幅高1.9个百分点。

粮食实现“十连增”来之不易，是大力推广农业生产新技术的结果，是与自然抗争的结果。2013年荆州市加大水稻新型生产技术的推广运用，促进了全市粮食生产能力的提高。2014年早稻工厂化育秧、机械插秧面积大幅增加，秧苗密度普遍增加。据有关部门统计，2013年全市建成水稻集中育秧大型基地13个、中型基地62个、小型基地172个。全市早稻集中育秧面积达275万平方米，栽插面积达到53万亩。水稻早晚连作面积扩大和再生稻面积扩大是荆州粮食增产的一个重要方面。2013年7、8两月高温天气持续时间长、强度大，影响程度为历史之最，尤其对中稻生产十分不利。面对严重的灾情，荆州市先后启动农业抗灾四级、三级响应，加大农业抗灾的投入，实行24小时值班，一日一调度，动员全市干部、农民积极与自然抗争。抗旱期间，全市共搬水12亿立方米，灌溉农田3000万亩次。全力抗灾是夺取全年粮食丰收的另一重要方面。

2、油料稳定增产

全年油料播种面积394.12万亩，比上年扩大5.54万亩，增长1.4%。总产62.75万吨，比上年增加5.20万吨，增加9.0%。在油料中，油菜籽播种面积383.65万亩，比上年增6.24万亩，增加1.7%；总产61.02万吨，比上年增加5.31万吨，增长9.5%。

3、棉花总产下降

棉花生产呈现播种面积、亩产、总产三减态势。全市棉花播种面积149.40万亩,比上年减少7.82万亩,减少5.0%。全年棉花产量达13.88万吨,比上年减1.48万吨,减9.6%。播种面积因结构性调整而减少,加之2013年7、8月持续高温,9月低温阴雨较多的天气条件对棉花生产相对不利,导致棉花减产幅度较大。

4、蔬菜保持平稳增长

全年蔬菜播种面积124.82万亩,比上年增加4.18万亩,增3.5%;蔬菜总产259.12万吨,比上年增加12.22万吨,增长4.9%。

5、水果产量获得好收成

全年果用瓜播种面积24.27万亩,比上年增加1.19万亩,增5.2%;果用瓜产量达63.67万吨,比上年增加2.96万吨,增4.9%。

全年园林水果产量达44.88万吨,比上年增加2.38万吨,增5.6%。在园林水果中葡萄产量达14.87万吨,比上年增加2.29万吨,增18.2%。葡萄种植面积扩大,亩产量增加是园林水果产量增长的主要方面。

(三)畜牧发展基础更好 产量平稳增长

荆州市人民政府加强推进畜牧业跨越式发展的组织领导,对2013–2015年畜牧业从生产发展到畜禽产品加工经营、粪污无害化处理等方面进行全面谋划,突出培育壮大龙头企业和生产经营主体,扎实推进畜牧业产业化经营,扩大规模化养殖水平、实行标准化养殖。2013年全市生猪出栏 499.15万头,比上年增加24.75万头,增5.2 %。家禽出笼7708.29万只,比上年增加416.03万只,增5.7%。禽蛋产量18.61万吨,比上年增0.97万吨,增5.5%。2013年畜牧业发展的主要特点是:

1、产业龙头发展壮大,带动力增强。在生猪生产方面,近年来,广东温氏集团松滋80万头生猪、广东温氏集团监利70万头生猪,湖北襄大集团松滋80万头生猪三大养殖项目进展顺利,2013年广东温氏集团在洪湖的60万头生猪养殖项目,已与洪湖市政府签约,并开始施工。生猪养殖的天牧公司、松滋市汇龙生猪集团专业合作社、监利县宏祥养猪专业合作社、监利兴发养猪合作社、新荥实业公司等养猪龙头不断发展壮大。2013年全市畜禽标准化部级示范场达到16个,比上年增加1个;省级示范场达到60个,比上年增加19个;市级示范场达到181个,比上年增加54个;县级示范场达到758个,比上年增加175个。2013年畜牧合作社达到512个、比上年增加93个。在家禽养殖方面,监利县的温氏畜禽公司、鸿翔公司、荆江蛋业、离湖禽蛋公司、新月水禽养殖合作社、佳贝斑嘴鸭养殖合作社,洪湖市的奥信集团、得记公司、云天鹅业公司,荆州区的荆州峪口、正康禽业、银信集团、宇祥公司、荆州富阳农业,江陵县的荆州天羽公司、荆州开发区的湖北大鹏、荆州市裕茂田园,沙市区湖北小胡鸭公司,石首湖北鑫盛农牧等禽业发展龙头不断发展壮大。

2013年出现了禽流感、猪周期,在畜禽稳定发展面临严峻挑战的关键时刻,畜禽养殖龙头企业坚守承诺,按合同价格回收签约养殖户的产品,有效减轻了市场不利变化带来的冲击,保障了养殖户的收益和积极性,增强了畜禽养殖稳定发展的基础。

2、规模养殖加快发展,标准化水平提高。据有关部门统计,2013年全市生猪、家禽规模化饲养率分别达到80%、90%以上。全市万头猪场达到58个,比上年增加3个,增5.5%。全市已建成生猪标准化“150”模式猪舍2666栋,比上年增加286栋,增12.0%;蛋鸡“153”模式鸡舍1184栋,比上年增加188栋,增18.9%;“1235”养羊模式611栋,比上年增加67栋,增12.3%;“165”养牛模式325栋,比上年增加43栋,增15.2%。

3、畜牧发展短板加长,快速发展基础更牢。种畜种禽存量上升、饲料工业加快发展,融资办法和生猪保险不断创新,为畜牧业快速发展奠定了良好的基础。一是种畜种禽发展短板加长。2013年末能繁母猪存栏达33.59万头，比上年增加1.66万头，增5.2%。年可自繁仔猪600万头以上。2013年全市规模养殖的种禽发展到99.23万套，年幼禽孵化量可超过1亿只。过去，仔猪生产和幼禽孵化能力低，曾是制约荆州畜牧业发展的因素，目前仔幼畜禽生产达到了自给有余的程度。据统计2013年末全市生猪存栏376.52万头，比上年增加3.2%；家禽存笼6858.91万只、比上年增加9.4%。生猪存栏、家禽存笼数量增加，为2014年畜牧生产打下了较好基础。二是饲料工业快速发展。2013年全市饲料企业总数达到74家，其中配合饲料生产企业44家，单一饲料企业29家，预混料企业1家。全市规模以上加工企业生产的饲料产量达167万吨、比上年增加32.4%。荆州生产的饲料品种齐全，主要有猪、鸡、鸭、鱼等系列配合饲料、氨基酸、微生物添加剂和预混料，品种繁多，门类齐全。荆州市饲料产品不仅数量增加，品种齐全，而且质量持续稳定提高。三是融资难的瓶颈得到突破。2013年通过创新解难，畜牧业发展过程中的融资、保险和粪污处理等瓶颈有所突破。据统计，2013年全市发放畜牧业贷款总额达5.71亿元。以汇龙生猪集团为主体，搭建了“一金一险三级联保”的融资平台，建立起畜牧业融资的新机制。他们的做法是：建立贷款偿还风险金、开展育肥猪保险、实行三级联保（担保公司、汇龙生猪集团和养殖户）的融资办法，拓宽金融资本支持养殖企业、养殖大户的渠道。育肥猪保险实现了历史性的突破，全市2013年参保育肥猪达到17.76万头。

（四）渔业生产市场环境改善 保持良好发展态势

2013全市水产品总产量122.40万吨，比上年增加6.71万吨，增长5.8%。水产放养面积又有扩大。2013全市水产品养殖面积达239.01万亩，比上年增加3.73万亩，增1.6%。全市渔业生产的主要特点：

1、创品牌、拓销路，优化水产发展市场环境。2013年出台了《荆州市水产品牌创建工作方案》，制定了未来五年全市水产品牌创建的目标任务、重点工作和具体推进措施。全市重点扶持、打造“洪湖清水”大闸蟹、“荆江”黄鳝和“陆逊湖”甲鱼三大品牌，辐射带动全市水产品牌创建工作。荆州市以“唱响精品名牌，打造淡水渔都”为主题，参加了第十一届中国国际农产品交易会，组织24家水产企业和专业合作社的200余种活鲜、加工产品参展，现场交易额356万元，签订合同金额4230万元，意向性合同13.5亿元。“洪湖清水”大闸蟹、“荆江”牌黄鳝、“陆逊湖”牌甲鱼和“洪湖渔家”醉鱼四个产品获得农交会组委会金奖(全国金奖共25个，荆州占4个)；大明公司“渔家故事”鱼松酱系列产品、兴兴公司“楚兴”牌荆州鱼糕等16个产品获得农交会水产展区金奖。第二次“洪湖清水”螃蟹节也喜获成功。荆州市着力推进农超对接，探索建立水产品质量安全追溯体系。已基本完成了洪湖市“洪湖清水”大闸蟹、监利县“荆江牌”黄鳝以及监利振华和华科两个合作社的产品质量安全可追溯信息体系建设，1000余户养殖户基本信息已全部入库。公安县“陆逊湖”甲鱼信息平台也在建设中。水产品质量安全追溯体系的建立，特色水产品将有对应的二维码，将促进全市水产品在超市、专卖店、批发市场等大型卖场的销售。国家级荆州淡水产品批发市场建设加快，将为荆州水产发展增添新动力。

2、加快培育新型经营主体，促进了现代渔业发展。2013年荆州市大力培育新型经营主体，全市新增水产专业合作社125家，生态鱼庄28个，创建家庭渔场66个。有13家水产合作社获“全市示范合作社”称号。

3、突出科技兴渔，苗种繁育技术取得突破。一是开展渔业技术培训。2013年全省市已进行渔业技术培训500余场，培训渔民13万人（次），发放技术资料15万余份。二是制定主推品种和主推技术。重点推广小龙虾、河蟹、黄鳝、黄颡鱼、鳜鱼、龟鳖等优良品种和水质在线监测、纳米微孔增氧、稻田生态综合种养等先进技术。三是开展高效渔业创建活动。全市优选多功能仿生态鱼池高产养殖技术等十多个高效养殖模式，开展高效模式创新和推广应用。优化模式养殖面积的占比上升到53.5%。水产品优质品率比上年又有新的提高。四是泥鳅人工繁育技术取得突破。2013年，开展了泥鳅良种选育、规模化人工繁育、设施池塘泥鳅规格苗种培育关键技术研究。项目攻关组通过创新泥鳅亲本培育技术、催产技术、孵化工艺等，全年繁殖泥鳅仔鱼5405万尾，平均催产率、受精率和孵化率分别达到了86.75%、87.99%和87.28%，这一项目已通过了专家鉴定。这一技术突破，解决了泥鳅养殖中鱼苗短缺的问题，将促进泥鳅养殖的快速发展。

二、主要问题

1、农产品价格下滑，对农民增收十分不利。2013年稻谷、棉花价格下跌，稻谷实际收购价格普遍低于国家规定的最低收购价，农民没有实现预期的收益目标。这对今后粮食生产存在一定的负面影响。2013年，各地早稻价格每公斤比上年低0.11元至0.20元，中稻每公斤比上年低0.15至0.24元；晚稻价格每公斤比上年低0.20元左右。棉花价格每公斤比上年低0.50–1.00元。

2、畜禽产品价格波动，不利于畜牧生产稳定发展。2013年，是个不寻常的年份，生猪价格一度波动，家禽也曾出现价格跳水行情。这一年，新年刚过，黄浦江死猪漂浮事件曝光，带动猪价一路下行，曾跌破生猪养殖的盈亏点，奠定全年弱势行情的基调。死猪漂浮事件同时暴露出有些区域生猪养殖规模太大，已远远超过环境的承载能力，存在养殖方式落后，养殖行为不规范等多种弊端。2013年年初禽业尚未走出"速生鸡"事件的阴影，再度遭受H7N9禽流感侵袭，养禽业全线亏损，元气大伤。2013年，畜牧行业整体景气度低迷，食品安全事件不断打击原本就已疲弱的终端消费，畜禽产品价格持续下滑，养殖亏损面加大，散户、小规模养殖场户加速退出。

2013年猪价不及预期，养殖户更忧2014年春季行情。据调查，荆州市2013年全年出售生猪平均价格14.97元/公斤，略低于上年水平。由于饲料价格在上涨，养猪的效益没有提高。进入12月份后，一方面毛猪出栏数量明显增加，另一方面政府反腐倡廉力度加大，餐饮消费受到制约，冬季猪市出现了旺季不旺的情况，不少养殖户担忧2014年的春季生猪价格行情。

3、规模养殖面临成本高、门槛高的"双高"压力。《畜禽规模养殖污染防治条例》自2014年1月1日起施行，条例的施行虽然有利于推动畜禽养殖业科学规划布局，适度规模化集约化发展；加强环保设施建设，推进种养结合，有利于提高废弃物利用率，提高畜禽养殖业可持续发展能力，提升产业发展水平。但是，畜禽养殖污染的防治，将使养殖的成本提高，规模养殖的门槛提高，"双高"对今后畜牧业发展将产生重大影响。不合规、不守规的散养户、小规模养殖场，甚至环保不达标的大型养殖场将被拒之门外，甚至受到相关处罚。中央农村工作会议提出要用最严谨的标准、最严格的监管、最严厉的处罚、最严肃的问责，确保广大人民群众"舌尖上的安全"，也预示着国家将加大对规模养殖标准化生产的监管力度。

三、建议

一是提高政策调控的时效，促进农业稳定增长。2013年主要粮食价格低于国家最低收购价，部分粮食品种高于国际价格，2014年粮食价格将面临新的考验。建议国家在启动最低收购价格的时点上更好把握，应根据国际国内市场行情，供需状况，在农产品大量上市前启动最低收购价，及时保障农民的生产积极性。同时加强收购资金调度，加强收购质量标准监管，改善收购网点布局，让国家惠农政策更好地保护农民的生产积极性。

二是针对防治污染条例出台，谋划畜牧发展的应对之策。《畜禽规模养殖污染防治条例》自2014年1月1日起施行，各地要高度重视，认真谋划，采取积极有效的应对策略。要按照布局合理、生态高效、环境可承载的要求，统筹生猪养殖密度和区域分布，制订并完善生猪养殖业发展规划，控制养殖总量，支持发展规模养殖，有计划限制低、小、散养殖，推动生猪养殖产业从低、小、散向规模化、集约化、生态化方向发展。各地在支持畜牧业发展的措施上要重点关注治污设施建设的投入，通过增加治污设施建设补贴，引导经营者采取有效措施做到达标排放，促进畜牧业可持续发展。

（作者单位：荆州市统计局）

2013年宜昌市农村经济形势分析

任先军　李祖群

今年是全面贯彻落实党的十八大精神的开局之年，全市上下认真贯彻落实中央、省委一号文件精神，加快转变农业发展方式，努力探索具有宜昌特色的现代农业发展路子。通过科学规划指导、强力投入建设、全方位高标准推进，并且战胜了长时间干旱对农业生产带来的不利影响，使农村经济社会得到了平稳健康发展。

一、农业生产情况

2013年实现宜昌市农林牧渔业产值（现价）555.6亿元，增长10.5%，按可比价速度计算增长4.8%；实现农林牧渔业增加值（现价）335.9亿元，增长10.1%，按可比价速度计算增长4.8%；粮食生产实现"十连增"，柑橘产量在全省市州排名第一，茶叶、畜牧等在全省位居前列。

1、*粮食产量实现十连增*。全年粮食面积达到329.3千公顷，比上年增1%；总产164.5万吨，比上年增加4.1万吨，增2.6%。其中夏收粮食面积98.5千公顷，比上年同期增加4.1千公顷，增4.3%；产量31.4万吨，比上年同期增加1.9万吨，增6.4%；秋粮面积230.8千公顷，比上年同期减少1.8千公顷，减1%；秋粮总产133.2万吨，比上年同期增加2.3万吨，增1.8%。

2、*油料作物实现"两增一减"*。油料面积111千公顷，比上年同期减少0.1千公顷，减0.1%；产量23.9万吨，比上年同期增加1.1万吨，增5%，单产143公斤/亩，比上年提高6公斤/亩。国家继续在主产区实行油菜籽临时收储政策，油菜籽收购价格为2.55元/斤，比去年提高0.05元/斤。

3、*棉花种植规模收缩*。全市棉花种植面积21.4千公顷，同比增0.3%；产量3.3万吨，同比减6%。今年7—8月持续干旱且37° C及以上高温天气达一月之久，由于棉花的植物特性，当最高温度达到37° C时，棉花停止光合作用，到8月22日开始下雨，造成了秋桃大量脱离，成桃单铃重降低，形成减产趋势；8月22日至9月初，持续阴雨，严重影响了棉花的生长。

4、*茶叶生产形势良好*。全市茶叶产量5.6万吨，比上年同期增加0.3万吨，增长6.5%，茶园采摘面积41.4千公顷，增长9%。今年开园较往年早10天左右，且春茶生产期间气温适宜，名优茶产量较上年大幅增加。通过近十年的标准高效茶园建设，全市茶园的园相，树势大大提升，既增加了茶叶亩产量又提升了茶叶品质，使得全市茶产品市场竞争力日益增强，经济效益显著提高。随着茶叶精品名牌战略的实施和茶叶市场网络不断健全，茶叶产业经济效益不断提高，茶叶企业不断开拓国内外市场，宜昌茶产品逐渐为国内外消费者接受，且价格逐年攀升。

5、*水果喜获丰收*。全市水果产量283.2万吨，比上年同期增加13.7万吨，增长5.1%。其主要品种柑橘产量达到275.9万吨，比上年同期增加12.8万吨，增4.9%。今年春季气温回升早而快，花期气温适宜，且晴雨相间，开花期较长，有利座果，加上各地加强标准果园建设，扩大了果园面积到132.4千公顷，比上年增加2.7千公顷，增长2.1%，并着力推广果园标准化栽培管理技术，大部分果园管理到位，部分宽皮柑橘主产区去年柑桔畅销价好调动了柑农管理积极性，加强了田间管理，投入增加，技术措施及时到位，为今年柑桔的丰收奠定了好的基础。

6、蔬菜产量稳定增长。全市蔬菜面积达到117.4千公顷，比上年同期增加4.8千公顷，增长4.3%；总产384.2万吨，比上年同期增加18.3万吨，增长5%。随着居民生活水平的不断提高，讲究膳食合理，居民对鲜菜的需求量不断增加，进一步激活了市场，助推了市场物价的快速上涨，带动了农民种植的积极性，农民种菜舍得投入，更加注重合理施肥、科学种菜，大棚、拱棚、地膜覆盖、露天种植等多种生产方式使夏收蔬菜单产增加、上市提前，为农民增收创造了有利条件。

7、畜牧业呈前低后高态势。全年生猪出栏623.4万头，增长3.5%；肉牛出栏5.7万头，增长8.3%；肉羊出栏147.5万只，同比增6.5%；家禽出笼3764.5万只，增长5%；禽蛋产量6.3万吨，增长4.8%；牛奶产量4万吨，增长4.5%。今年畜牧业生产特点：

生猪方面今年初全市价格逐步下行，由1—2月份的18元/公斤快速回落到3月中旬的13元/公斤，4月生猪价格最低时已下降到12元/公斤。为防止生猪价格过度下跌损害养殖户利益，4月份全国20多个省份同时启动了冻猪肉收储工作，生猪价格持续下跌局面得到有效遏制，开始出现企稳回升态势，5月以来全市生猪价格也有所回升，7月份开始生猪价格上升明显，直至9月，三元活猪收购均价15.68元/公斤，最高16.4元/公斤，二元活猪收购均价14.73元/公斤，最高15.8元/公斤。紧接着国庆节假日、进入秋冬寒冷季节之后猪肉消费会上升，猪肉价格将持续维持在目前的水平，到年底会有小幅上涨，下半年的生猪价格形势良好。

家禽方面今年一季度市内家禽价格总体保持稳定，同比略有上扬，养禽有利可图。养殖户出笼1只鸡可盈利3元，饲养1只蛋鸡可获利12元。二季度以来，受外省市人感染H7N9禽流感疫情突发事件影响，全国、全省包括我市家禽市场急转直下，禽类产品市场消费锐减，价格陡降，出现卖难，养殖户严重亏损。4-5月份，市内肉鸡均价4.6元/公斤，环比上月下跌50%，同比下跌46%；鸡蛋8元/公斤，环比下跌35%，同比下跌20%；鸡苗价格0.4元/只，环比下跌60%。4月我市家禽养殖业损失已超过3200万元。进入6月份，家禽价格有所回升，但相比去年同期还是大幅度下降。截止9月份，养殖场肉鸡平均销价10.3元/公斤，同比下跌6%；土鸡平均市场价28元/公斤，同比下跌3%。下半年H7N9禽流感负面影响已经消退，需求状况逐步增长。目前，肉鸡养殖户平均每只鸡平均盈利1-2元，这种持续上升的态势一直持续到下半年天气变冷以及农历春节的到来，养殖盈利空间进一步扩大。

牛、羊方面上半年持续表现出供需两旺势头，市场价格保持稳中有升，养殖效益大幅增长。据调查，市场上去骨牛肉价格今年以来一直维持在58-60元/公斤，羊肉价格今年以来一直维持在56-58元/公斤，据调查养殖场户出栏1头肉牛纯利润2400元以上；出栏1只肉羊纯利润约500元。受人们生活水平提高、全国牛羊种源紧张的影响，牛羊肉市场供应增长赶不上居民消费增长的格局仍将持续。根据秋冬进补，吃羊肉的传统习俗，进入秋冬季节之后，牛羊肉的价格继续坚挺，年底价格都有小幅上涨。在市场的拉动下，全市牛羊生产将保持加快发展态势。

8、渔业生产稳步发展。全市水产放养面积26千公顷，与去年基本持平；水产品产量18.8万吨，比上年同期增加0.9万吨，增长5.2%。今年水产养殖有以下特点：

一是水产品市场流通活、价格小幅上涨。大宗水产品价格都有不同程度上扬，其中白鲢8元/公斤、花鲢16元/公斤、鲫鱼16元/公斤、草鱼15元/公斤、鳊鱼14元/公斤，价格与去年同期上涨0.5-1元/公斤；鲶鱼18元/公斤，同比上涨2元/公斤；黄颡34元/公斤，上涨1.5元/公斤；肥鱼42元/公斤，上涨2元/公斤；鲟鱼24元/公斤，上涨4元/公斤；鮰鱼14元/公斤，比去年11元/公斤涨3元/公斤；小龙虾30元/公斤，上涨4元/公斤。综合比较,全市水产品总体均价比去年同期上涨5%。

二是结构调整力度进一步加大。宜东平原地区以扩大黄颡鱼、鳜鱼、青鱼等优质名贵鱼类的养殖比例为重点,降低传统品种鲢、鳙、鲤、鲫、鳊、草鱼的比重。枝江市重点推广黄鳝、黄颡鱼、匙吻鲟、异育银鲫、青鱼等品种,名优鱼类比重达到82.5%,比2012年上升0.5个百分点。当阳市主推鳜鱼、中华鳖、加洲鲈、湘云鲫、华丰高背鲫等名优品种,名优鱼类比重达到83%,比2012年上升1个百分点。

清江库区以应对市场风险、降低环境污染、控制总量为主题,鲟鱼、胖头、鮰鱼三个主导品种并驾齐驱,市场前景好、经济价值高。肥鱼、鳜鱼、黄颡鱼等高经济价值品种稳步发展,经济效益进一步显现。

三是水产品加工稳步发展。1–9月,宜都、枝江、长阳三个加工园区以提高产能、产品升级、培植品牌为重点,加工转化水产品5万吨,加工产值超过11亿元,继续向全省先进行列迈进。

二、农村劳动力外出务工情况

全市农村外出从业人员合计164.4万人,外出从业人员68.7万人,比上年同期增加1.1万人,增长1.7%。主要情况如下:

1、外出务工人数总量增加,其中在省外人数逐步增多

从外出务工地域看,在县内乡外人数为21万人,同比减少0.4万人,减2%;省内县外务工人数为20.8万人,同比增加1.2万人,增长5%;在省外打工人数27万人,同比增加0.4万人,增长1.4%。

2、农民打工积极性增强,自发外出就业人员稳增

从外出就业渠道看,自发外出就业人员仍旧占大多数,达到46.6万人,同比增加1.2万人,增长2.6%;政府组织农民工外出人数6.5万人,同比增加0.1万人,增长1%;中介组织介绍人员5.3万人,同比下降0.01万人,减1%;企业招收人员增幅较快为10万人,同比减少0.1万人,减0.9%。

3、务农人员呈逐步减少趋势

从外从业行业看,第一产业人员4.2万人,同比增加0.6万人,增长17%;第二产业呈快速增长态势,达到36.1万人,同比减少0.3万人,减0.9%;第三产业人员28.1万人,同比增加0.8万人,增长2.9%。

三、当前影响农业发展的几个问题

自然天气好坏直接影响了宜昌农业的发展趋势,目前政策扶持的空间越来越有限,农产品市场价格继续上升的余地也越来越狭窄,气候环境更是难以预料,宜昌农业要保持良好的发展态势,还有一系列的问题需要解决。

1、农民增收的长效机制还待进一步建立

农民增收的一个显著特点就是依靠政策、天气等外因促进农民增收,而起长期和决定作用的农业"内质",如结构优化、科技进步、基础设施建设、产业化经营、劳动力素质等并未发生突破性的变化。农民收入的增长要获得历史性的突破,如果仅仅局限于农业是根本不可能的,只有使大量的农村劳动力从根本上离开土地,离开第一产业,转移到二、三产业中,真正做到减少农民,农民收入的增长才可能有根本性的改观。进一步加快农村剩余劳动力的有序转移,在农村二、三产业仍有巨大的发展空间,区域经济的工业化水平不高,仍将是制约农民收入增长的根本矛盾。

2、农业基础设施薄弱,矛盾日益突出

宜昌是一个自然灾害频发的地区,农业基础设施的薄弱已成为制约宜昌农业发展的"瓶颈"。现有的农田水利设施大部分为上世纪70年代修建,年久失修,严重老化,有的完全损毁不能使用,有的勉强可用但其维护成本极高,有的排灌设施不配套,有的重建轻管,而且乡村两级无钱维修加固。乡村道路设施等级偏

低，部分山区乡村道路甚至没有等级，运输车辆难于进入，大量优质农产品不能及时运出去，不仅影响农民的增产增收，也严重制约了农业结构的进一步调整和农村经济的持续发展。

3、农资价格连续上涨，抵消了政策实惠

今年春季农资储备充足，农资价格基本平稳，市场规范有序，在供应和储备充裕的情况下，当前农资价格与去年同期相比，没有出现剧烈波动。据调查今年农资价格与去年相比逐步上升，购买力比去年同期相比略有减少。调查资料显示，今年户均预计购买农资数量889.21公斤，比上年863.43公斤增加25.78公斤，增幅3%；预计购买农资支出金额2478.10元，比上年2346.80元增加131.30元，增幅为6%。根据3月份数据，农用种子同比上涨8.5%，化学肥料价格同比上涨4.0%，农业用工价格同比上涨21.8%，比上月上涨11.9%。2012年小型农用车运输成本（以一天为一个劳工算）每天为200元，今年每天为300元，上涨50%。农机用油价格同比上涨2.3%。随着目前整体物价市场的上涨，农资价格不断攀升，直接增加了农民生产投入的成本，对农民增收极为不利。

四、几点建议

近年来，宜昌农业农村工作已经奠定了坚实的基础，进一步做好宜昌"三农"工作，对于我市建设省域副中心城市和现代化特大城市意义重大，对于带动全市经济社会发展实现新跨越的潜力巨大，对于实现城乡一体化功能互补的作用巨大。

1、进一步加快农业特色产业发展。一是在稳定和扩大宜昌的特色优势，加快多经产业和林果产业的快速发展；二是加快生猪、肉牛、山羊和家禽规模化、现代化养殖的发展；三是培育新的增长点，发展林产品和花卉园艺等具有山区地域特色的产业。

2、进一步加大"三农"投入。认真落实中央"财政用于三农的支出增量和比例均有提高"的要求，不断加大公共财政对"三农"的支持力度，扩大对农民补贴的范围和标准，完善补贴方式。进一步提高金融对"三农"的支持力度，引导更多的资金投向"三农"。

3、加快产业化发展，用工业化的方式来发展农业。通过土地流转把耕地集中，引进一些企业和种养能人投资甚至直接开展农业生产，鼓励发展企业农庄、家庭农场，提高农业产出效率，缓解宜昌耕地的不足。

（作者单位：宜昌市统计局）

2013年襄阳市农村经济形势分析

孙　俊

2013年,全市各地认真贯彻落实中央、省、市农村工作会议精神,以科学发展观指导农业和农村工作,全面落实党对农村的各项优惠政策,全市全年农村经济呈现平稳增长态势。

全市农林牧渔服务业实现总产值678.91亿元,同比增长5.8%(可比价,下同),其中农业产值为315.6亿元,同比增长3.3%;林业产值为7.4亿元,同比增长1.5%;牧业产值为300.7亿元,同比增长7.5%;渔业产值为28.1亿元,同比增长1.0%;服务业产值为27.1亿元,同比增长5.4%。农林牧渔服务业实现增加值386.4亿元,同比增长4.8%,其中农业增加值186.0亿元,同比增长3.0%;林业增加值4.9亿元,同比增长1.0%;牧业增加值165.8亿元,同比增长5.7%;渔业增加值14.6亿元,同比增长1.0%;服务业增加值为15.1亿元,同比增长4.4%。

一、全年农村经济运行特点

(一)全年粮食生产实现"十连增",百亿斤粮食大市地位得到巩固。全市粮食产量100.56亿斤,增长0.3%。其中,夏粮产量45.19亿斤,秋粮产量为55.37亿斤。2013年,我市夏秋季节虽然遭受了特大旱灾,对我市的粮食生产、特别是水稻产量产生了一定的影响。但我市各地干部群众,认真做好组织协调工作,科学调配水资源,提高水资源利用效率;加大抗旱投入,做好抗旱救灾和生产自救工作,把旱灾造成的损失降到了最低。同时,由于种植结构的调整,粮食种植面积较上年增加了8.22万亩,单产虽有所减产,但总产仍然增产。另外,我市夏粮实现丰收,全市夏粮总产达45.2亿斤,增产3.36亿斤,增长8.1%,为全年粮食增产奠定了基础。

(二)畜牧业、渔业生产稳步发展。全市全年生猪出栏626.06万头,同比增长3.90%;肉牛出栏66.65万头,同比增长6.03%;肉羊出栏161.62万只,同比增长5.34%;禽出笼9013万只,同比增长5.1%。全年水产品产量为18.91万吨,同比增长0.97%。

(三)蔬菜、茶叶、水果生产平稳增长。全年蔬菜、茶叶、水果产量分别为312.81万吨、1.09万吨、121.34万吨,同比分别增长4.5%、4.5%、4.0%。

(四)林业生态建设稳步推进。全市共完成荒山荒(沙)地造林面积18.9千公顷,其中:人工造林面积12.0千公顷。按林种用途分:用材林7.5千公顷,经济林4.1千公顷,防护林7.0千公顷,特种用途林0.3千公顷。

(五)外出劳动力基本稳定。全年累计转移农村劳动力100.3万人,同比增长1.1%,占农村劳动力资源数的42.3%。其中,县内乡外务工人数14.6万人,同比下降8.9%;省内县外务工人数25.9万人,同比增长24.2%;省外务工人数59.7万人,同比下降4.1%;港澳台境外务工人数0.03万人,同比下降50.0%。从就业的产业分布来看,三个产业的比重分别为:一产业为5.0%,二产业为53.0%,三产业为41.9%。农民工外出就业主要以从事制造业的人数为最多,其次是居民服务和其他服务业、住宿和餐饮业、建筑业。

（六）农产品加工业稳定增长。全年农产品加工业实现产值1638.6亿元，同比增长15.4%，占全市工业份额为34.65%。农产品加工业产值与农业总产值之比为2.41:1，比上年提高0.18个点。

二、当前农业生产中值得关注的问题

（一）农业基础设施薄弱。我市部分水库、引水渠和排灌设施年久失修，农田抵御自然灾害的能力差。虽然通过新"三万"活动，基础设施有所改善，但是现有的水利设施仍然满足不了农业生产发展和农民生活的需要，农民急盼有关部门加大农业基础设施的投入。

（二）种植业生产成本增加，影响农民增收的可持续性。种子、化肥农药、农业用工、机械施工价格平均上涨幅度分别为6%、10%、13%、5%，生产成本过高抵消了农副产品价格增长所带来的收益，成为制约农民增收的主要因素。

（三）养殖业生产抗风险能力弱。畜牧养殖自配饲料和购买饲料价格居高不下，人工成本继续上涨，加重了养殖户的负担，同时养殖户对市场前景信心不足，应对市场风险能力弱，缺乏营销中介组织，上档次的畜牧业龙头加工企业较少，产业链条短，受市场制约较大。渔业生态损害严重，水产养殖亩均产量下降，灾害、疫病预警机制不健全，灾害预警能力不足，是水产品生产过程中的短板。

三、几点建议

（一）加大对农村基础设施建设的投入力度。尽管近几年农村基础建设不断加强，极大地改善了农民生产生活条件，但农业整体对抗击自然灾害的能力仍然很脆弱。要进一步加大基础设施建设的投入力度，加强水库、塘堰、河堤、道路等农村基础设施建设，立足当前，着眼长远，增强灾害防御能力，确保旱涝保丰收。

（二）加强对农资价格的监管力度。加大对农资市场的价格进行合理的监管，抑制生产资料价格的非正常性上涨，将价格控制在合理的区间。继续加强农药、化肥、种子等农资市场的整顿和监管，严惩违法违规经营行为，建立农资储备制度，调控农资市场。

（三）增强养殖业抵御市场风险的能力。加强对养殖业生产流通形势监测和分析研判，指导广大养殖户适时调整养殖结构，合理安排生产和营销，促进养殖业可持续协调发展。科学引导调整生产布局，加快整合资源、打造加工集团企业、营销集团化、大力发展现代畜牧服务业，采取强有力地措施抵御市场风险。

（四）搭建平台，促进就业。积极开展职业介绍和就业信息服务，组织开展劳务输出，培育劳务品牌，把劳务品牌做大做强，形成示范效应，带动农村劳动力转移就业。大力发展农产品精深加工、商贸流通、交通运输、餐饮服务等二、三产业，鼓励本地现有企业吸纳安置，促进农民工就地就近转移就业。

（作者单位：襄阳市统计局）

2013年鄂州市农村经济形势分析

虞　红

农业是安天下之大产业，虽然农业在鄂州市经济总量比重不高，但对国民经济起着不可替代作用。今年鄂州以农村土地经营体制机制创新为主线，把加快农村土地流转作为破解“三农”瓶颈的突破口，围绕“两增同步”不断优化农村发展环境，激活农业发展潜力，大力发展家庭农场、龙头企业、农民专业合作社等新型主体，积极探索“流转搭台，合作唱戏，产业发展，农民增收”实现了稳中有进、质效提升的总目标。

一、农业和农村经济发展回顾

1、主要农产品产量再创历史新高。2013年粮食产量比上年增产1.02万吨，增长2.96%。其中：夏粮增产3044吨，增长2.33%；秋粮增产7194吨，增长2.25%。油料产量比上年增产1268吨，增长2.12%。其中：油菜籽增产2177吨，增长4.38%。生猪出栏120万头，比上年增6.73万头，增长5.94%。水产品总产量达42.8万吨，同比增3.14万吨，增长7.94%。蔬菜产量达到96.99万吨，比上年增产2.31万吨，增长2.4%。水果产量达到3.79万吨，比上年增产0.18万吨，增长5.0%。

2、主要农产品生产总量的比重显著提高。2013年全市农林牧渔业增加值达到78.51亿元，比上年增长4.9%，其中农业增长11.5%、林业增长13.6%、牧业增长5.6%、渔业增长15.3%，全市农林牧渔业总产值达到138.50亿元，比上年增长7.4%。粮食、生猪、水产品的增长幅度分别居全省市州第二位、第二位和第一位。

3、农业产业化带动作用明显增强。产业化经营是连接农民与市场的纽带，农业产业化带动效应作用，是农业转化增值的源泉。2013年全市农业产业经营组织为815个，重点龙头企业达84家，其中省级龙头企业11家。全市新建56个农业示范基地，省级休闲农业示范点达到3个，农民专业合作社113家，总数达到512家；家庭农场210户，全市创建省著名品牌商标4个，湖北名牌6个。全市农产品加工业产值达到192.15亿元，比上年增长18.15%，农产品加工产值与农业总产值之比1.39:1，比重比上年提高了26.4个百分点。实现销售收入86亿元，比上年提高5个百分点。

4、生态农业环境建设成效凸显。基地园区的建设是生态农业的基础。今年，鄂州重点建设梁子湖500平方公里有机产品示范区、长港线、樊寺线生态农业示范带，以市场需要为导向，建设了15个生态渔业示范场和6个生态畜牧乡镇，优质水稻和油菜分别稳定在60万亩、30万亩，水生蔬菜、特色出口蔬菜面积达到45万亩。生态农业品牌“三品”(无公害、绿色、有机农产品)认证总数达到126个。

5、农村劳动力外出就业和收入逐年提高。2013年农民人均纯收入达到10300元，同比增长13%。全市外出农民工从业人员达到15.35万人，增长0.46%。农民外出从业人数稳定性增强，从业时间在6个月以上的10.26万人，占66.84%，比上年提高了0.8个百分点；农民外出从业务工收入明显增长，外出农民工劳务经济总收入达到28.77亿元，增长0.75%，比上年提高0.2个百分点。月收入在2000-3000元的人数达4.64万人，占30.22%，比上年提高0.4个百分点；月收入在3000元以上的人数达2.17万人，占14.13%，比上年提高

0.3个百分点。

二、"三农"发展的新特点

2013年,鄂州市围绕农民增收农业增效和农村产业稳定两大目标,各级涉农部门积极调整农业和农村经济结构,实现了农村经济快速发展的良好势头。

1、优化农村发展环境,实现了涉农贷款发放量"一增长"。近年来,鄂州市各类金融机构对城乡一体化建设给予大力的资金和政策支持,其中最主要的表现为涉农贷款发放量持续增长。2013年,鄂州市金融机构涉农贷款余额为653104万元,同比增长31.24%,占各项贷款的16.86%。鄂州国有商业银行、邮政储蓄银行、股份制银行、国有农业政策性银行等涉农贷款余额显著增长,鄂州农村金融服务需求得到了更好地满足。

2、优化农村发展环境,实现了乡镇经济"二领先"。乡镇是农村经济社会发展的主体,是县域经济发展的支撑点和增长极,成为各地辐射带动乡村经济社会发展的重要平台,全市乡镇经济得到了飞跃式快速发展。2013年度湖北省乡镇综合实力评价结果显示:一是鄂州有4个乡镇跨入湖北省百强乡镇,百强乡镇占全市乡镇街总数1/16,高出全省百强乡镇比重2倍。二是从乡镇排位看:华容镇比上年前移2个位次,排名第58位、泽林镇比上年前移9个位次,排名第65位、汀祖镇比上年前移8个位次,排名第82位,花湖镇此次进入百强乡镇,排名第85位。

3、优化农村发展环境,实现了城乡一体化向纵深"三推进"。2013年城乡规划更趋完善,实现了城乡规划、国民经济和社会发展规划、土地利用规划"三规合一",加快了鄂州新型城镇化的建设。一是推进了七大新区开发建设步伐,投资1.4亿元完成10个特色镇建设基础设施项目55个。二是推进了汀祖镇"四化同步"示范镇试点工作。投资4.5亿元实施水利工程建设;新建通村公路200公里。投资5.25亿元实施国土整治23.5万亩。三是推进了农村新社区建设扩点强面,建成初具规模的农村新社区76个,打造了长港线、葛湖线、燕矶至杨叶、蒲团至庙岭等四条"一线串珠"的新社区示范带。

4、优化农村发展环境,实现了农村产权制度改革"四突破"。近年来,我市农村产权制度不断改革,一是对房屋所有权、宅基地使用权、集体土地所有权、集体建设用地使用权、承包土地经营权的"五权"权属确权进行颁证。二是深化改革"五权"到"八权"。即林地经营使用权、水域滩涂养殖权、水利设施使用权。三是规范了建设用地指标、迁村腾地指标交易管理办法,同时开展城乡集体建设用地增减挂钩指标和占补平衡指标的交易。四是成立了鄂州市农村综合产权交易所,加快了"武汉8+1城市圈农村产权交易平台"的对接,建立了交易价值评估、风险补偿规则和平台。

统计显示,一是农村房屋所有权。2013年农村房屋产权颁证1.49万栋,完成房屋颁证6.47%;农村房屋产权交易面积为0.16万平方米,交易金额106万元;农村房屋产权抵押贷款面积1663万平方米,贷款金额430万元。二是宅基地使用权颁证任务21.34万宗,宅基地面积为44803亩,完成宅基地颁证4.88%;三是集体土地所有权。集体土地所有权确权颁证完成了98.11%;确权面积为119338公顷;四是集体建设用地使用权。集体建设用地使用权确权完成100%;完成农村集体建设用地使用权交易土地面积53.06亩,交易金额达850.83万元。五是承包土地经营确权。承包经营耕地确权颁证完成100%,确权颁证面积为51.39万亩;土地流转面积16.15万亩,流转收入为4496万元。六是林地经营使用权权。集体林地确权颁证完成100%,确权颁证面积为40.42万亩;林地产权交易面积为13.58万亩,交易金额达2115.9万元;林地抵押贷款面积为1.7044万亩,抵押贷款金额为3905万元;七是水域滩涂养殖权。水域滩涂养殖确权颁证完成33.97%,确权颁证面积为16.84万亩;水域滩涂产权抵押贷款养殖面积为1220亩,抵押贷款金额90万元。八是水利设施使用权。水利设施有5148处，完成确权76处。“两指标”即建设用地挂钩交易指标面积为1321.24亩，交易金额达21137.42万元。实施迁村腾地交易指标面积达到616.45亩。

三、影响农村经济发展的制约因素

1、农业种植效益偏低，对秋冬播生产造成一定影响。尽管国家加大了对种粮农民的补贴力度，但部分农资价格上涨较快，劳动力成本持续增加，农民生产经营成本明显上升，加上油菜、小麦等秋冬播作物生长周期长，种植比较效益偏低，农民种植积极性难以调动，部分农户对秋冬作物疏于管理，既影响秋冬播作物种满种足的要求和秋冬播覆盖率，又不利于作物产量与品质的提高。

2、积极争取涉农贷款项目资金发放，总量仍然偏小。涉农贷款占比重与农林牧渔业总产值增长明显不相匹配。调查发现，2008-2013年，鄂州市农林牧渔业总产值呈逐年增长态势，平均以17.62%的幅度递增，而与此同时，与之形成鲜明对比的是农业贷款占鄂州市贷款总额的比重总体呈下降趋势，据统计，2008-2013年，鄂州市涉农贷款占同期鄂州市贷款总额的比例分别为24.32%、23.79%、22.45%、26.51%、23.62%和16.86%。显然，涉农贷款投入的走低与鄂州农林牧渔业总产值的持续攀升明显不相称。鄂州金融机构涉农贷款的绝对数额和相对数额较小，鄂州金融机构对“三农”的支持力度仍然不足。

3、龙头企业科技水平较低，研发投入低。从产品结构看，鄂州农业产业化龙头企业许多还停留在种植、养殖“第一车间”，初加工的产品比较多，深加工、精加工的比较少，有的甚至是出售原始初级产品。鄂州84家市级农业产业化龙头企业，一半以上是出售初加工的产品，进行一次增值，二次增值的很少，多次增值的几乎没有，农产品生产、加工的科技含量不高，产业链条短，产品附加值低，技术含量低。鄂州水产品加工以传统的腌熏制品、冷冻产品为主，粮油加工停留在“磨”、“碾”、“搓”的初级加工阶段，蔬菜加工主要是卖半成品、禽蛋多是粗加工，鄂州加工的农产品大多没按标准化生产，致使产品附加值和利润低，市场竞争力弱。鄂州的水产品、双低油菜、优质稻、畜禽等产品产量都较高，但在全省乃至全国有影响的加工企业较少。

4、农村产权改革不完善，影响改革效能的发挥。农村产权制度改革的本质是“还权赋能”从我市改革的情况看，“还权”还未到位，“赋能”作用没有很好地发挥出来。一是农民主体地位不明确。一些农民或因为流转费用低而不愿意将土地流转，宁可抛荒，而更多的农民则害怕土地一旦流转则失去了一个农民的根，失去了祖祖辈辈传下来的谋生工具。大多数农民处于“被改革、被办证”的状态；二是确权颁证进展不平衡。我市农村产权需要确权登记发证有11类，各部门工作进展不平衡，存在确权不彻底、评估不全面、颁证率不高等问题；三是农村产权流转不顺畅，部门协作机制不健全。除了集体建设用地使用权和林权交易相对规范外，现有的土地交易市场、房屋交易市场也没有对农村产权交易开放，农村产权交易大多是私下交易，主要是部门各自为政，相互配合不尽人意，死守条条框框，没有形成推进农村产权制度改革的合力，同时使农交所资源得不到有效利用。四是相关政策出台不完善。我市缺乏农村产权流转、抵押融资等方面配套改革的政策文件，当遇到法律、政策法规未作明令禁止的领域进行改革探索较少，进而阻碍和延缓了农村产权制度改革的进程。

四、2014年农业发展目标和工作思路

从当前农业的各项政策因素和主要农产品市场价格变动及农民外出务工的情况看，如果不发生大的自然灾害，2014年鄂州市农业生产将继续保持较高速度的稳定增长态势。

1、农产品综合价格将持续平稳增长。从近两年国家对物价特别是农产品价格的调控政策、决心和效果看，2011、2013年农产品综合价格指数的涨幅明显回落，因此，2014年农产品价格出现较快增长的可能性不大。如：生猪价格作为我市农产品综合价格上涨的重要推手，在经历了一年的低位徘徊后逐步恢复理性价

位，短缺内继续上涨的可能性很小，预计2014年农产品综合价格指数涨幅将持续平稳增长的态势。

2、粮食生产将保持稳定发展。在国家鼓励粮食生产的各项惠农政策的推动下，农民的种粮积极性将进一步提高，从当前秋冬播情况看，粮食种植面积比上年增加0.55万亩，增长4.6%。种植面积扩大，只要气候正常，鄂州粮食生产将继续保持稳定增长的态势。

3、畜牧业生产将保持较快发展。一是国家和市对生猪生产扶持的继续实施将使规模养殖成为畜牧增长的主导；二是在大丰、盛丰渔业等大集团的龙头带动作用将进一步显现；三是2013年新建的一批规模化生猪养殖场将在2014年投产盈利。2014年畜牧业将保持较快发展态势。

4、渔业生产将保持快速增长。2013年我市被命名为武昌鱼标准化养殖示范市，坚持以水产大县和板块基地为载体的规模渔业日益壮大、以鱼池改造为抓手，养殖面积比上年增长2.6%，扩大精养鱼池面积和名、特、优水产品养殖，结合当前较好的市场行情，2014年渔业将继续保持快速增长的态势。

综上所述，总体目标是：2014年农业总产值完成150亿元，增长9%；农业增加值完成83亿元，增长6%；粮食产量达到36.5万吨，增长3%；生猪出栏126万头，增长5%；水产品产量达到45.8万吨，增长7%。具体措施如下：

1、拓宽财政支农内涵，创新财政支农方式。一是设立耕地保护基金。以经济利益补和契约式管理的手段来实现耕地保护的新机制，确保在耕地流转的情况下保持耕地用途不变。二是设立农村产权抵押融资风险基金。由市、区财政按一定比例出资设立农村产权抵押融资风险基金，用于贷款补贴、融资担保、收购抵押资产，为农村产权流转融资风险提供担保。三是发挥农业发展投资公司重要平台作用。吸引和聚集社会资本和金融资本投入农业，引导农民盘好资产，直接将土地承包经营权流转给农业投资公司进行农业开发。

2、加大农村基础设施投入，增强农业发展后劲。农村各项基础设施建设滞后，是农业发展最突出的制约。必须要摆脱"靠天吃饭、出力挣钱"的困境，当务之急是抓好水利化、机械化、信息化三项重点建设。要以水源工程和小型水库除险加固工程为重点，加强农田水利配套设施维护；要以粮油增产行动为依托，实施中低产田改造、土地开发平整和测土配方施肥工程，提高耕地复种指数、扩大双季稻面积，积极发展管灌、滴灌等节水灌溉，扩大保护性耕地示范推广区；加快完善"三农"服务信息平台，提高农业机械化水平等措施，确保明年粮食稳定增产。

3、加大农产品加工园区建设力度。突破区域规划，注重农产品加工园区的建设，把整理好的土地包括基础设施配套完整后交给龙头企业，促进同类产业集聚和整合，实行集群式发展。当前，鄂州在搞好现有园区建设的同时，可充分利用鄂州"武昌鱼"中国驰名商标这块金字招牌和梁子湖渔港"一港两岸"加工企业集中、水产品市场繁荣的有利条件，依托市武昌鱼协会或重点龙头企业对现有水产品加工企业进行整合招商，力争尽快进入省级龙头企业序列，尽快谋划建成"中三角渔谷"。

4、提升产业化经营竞争力，为农业跨越发展提供动力。一是着力发挥龙头企业的带动作用，提高农业产业化水平。二是着力依托农技推广部门、村级支部、农产品加工企业、能人大户加快建立农村专业合作组织，让更多农民进入到农产品加工增值链条。三是着力打造一批特色农业板块。继续深化农业结构调整，建立一批"人无我有、人有我优"的特色板块基地，增强农业的产业优势和经济优势。

5、加大农村产权制度改革，提高土地利用率。在加快和完善农村产权制度改革力度的同时，要依靠制度的创新，严守耕地红线，一方面鄂州市可以继续实施土地流转制度，走市场化的路子，继续鼓励农民将不种的土地继续合理地流转，减少土地抛荒、闲置，将抛荒或利用率不高的土地并入农民专业合作社实行规模化经营，提高土地利用率。另一方面要把发展农业适度规模经营与转移农村剩余劳动力相结合，继续走农民专业合作社的路子，发展农业的规模经营，使土地相对集中，才能更好地向集约化、规模化、产业化发展。

6、加强监督管理，成立农村综合产权交易管理机构。建议市政府成立农村综合产权交易管理委员会，指导全市的改革工作，特别是要加强对法律法规未作明令禁止的领域进行研究探索，对农村综合产权交易市场进行监督管理，负责审批农村综合产权交易种类，制定资产资源评估方法及标准、交易规则和程序、产权抵押融资办法，对农村综合产权交易行为、中介服务机构的合法性、交易所的制度执行情况、一站式服务窗口的运行情况、交易市场秩序等进行监管，并对交易实施情况进行考核评价。

（作者单位：鄂州市统计局）

2013年荆门市农村经济形势分析

王 芹 魏云飞

2013年，荆门市农业经济经历了复杂的市场形势和较为严重的连旱灾害。全市各级政府以农业增效、农民增收为核心，继续增强支农力度，丰富"三农"服务措施，深化农业结构调整，全市农业农村经济继续保持平稳发展。

一、农业生产总体稳定

2013年，全市农林牧渔业总产值完成337.93亿元，按可比价格计算，比上年增长4.7%。其中：农业产值152.43亿元，增长3.3%；林业产值5.39亿元，增长3%；牧业产值109.92亿元，增长5.8%；渔业产值62.13亿元，增长6.2%；农林牧渔服务业产值8.06亿元，增长6.4%。全年实现农林牧渔业增加值190.55亿元，按可比价格计算，比上年增长4.8%。

二、主要农产品生产情况较好

1、粮食喜获丰收，实现十连增

全年粮食播种面积546.74万亩，比上年增加12.41万亩，增长2.32%；粮食总产量267.6万吨，比上年增加5.46万吨，增长2.08%。其中，夏粮总产52.71万吨，比上年增加3.84万吨，增长7.86 %；秋粮总产214.89万吨，比上年增加1.61万吨，增长0.75%。

2、棉花生产形势略逊上年，呈"三减"局面

全市棉花生产面积减、单产减、总产减。棉花种植面积52.77万亩，比上年减少0.36万亩，下降0.68%；皮棉单产90.37公斤/亩，比上年减少2.31公斤/亩，下降2.5%；皮棉总产47690吨，比上年减少1550吨，下降3.15%。减产原因除了受种植面积下降影响，7、8月持续高温、9月低温阴雨天气条件对棉花生产也产生了不利影响。

3、油料实现"三增"，蔬菜生产稳定增长

全市油料生产面积增、单产增、总产增，主要源于农民扩油稳粮意愿增强。全市油料面积216.93万亩，比上年增加14.55万亩，增长7.19%；油料单产178.85公斤/亩，增加1.2公斤/亩，增长0.68%；油料总产38.8万吨，增加2.84万吨，增长7.9%。

各地继续深入推进"菜蓝子"工程建设，加快发展城郊蔬菜和设施栽培。蔬菜播种面积69.66万亩，比上年增加3.44万亩，增长5.2%；蔬菜产量达197.83万吨，比上年增加7.54万吨，增长4%。

4、畜牧业生产稳中趋好，羊出栏全省排位前移

2013年全市主要畜禽产品生产保持稳定增长，标准化规模养殖加快发展，畜禽品种结构持续优化，牛羊等草食畜牧业逐渐发力，生态特色养殖影响力不断扩大。全市生猪出栏415.22万头，比上年增长3.8%；牛出栏15.37万头，比上年增长6.67%；羊出栏56.19万只，比上年增长11.44%，羊出栏总量居全省第六，位次较上年前进1位，增幅居全省前列；家禽出笼4994.85万只，比上年增长6.8%；禽蛋产量15.13万吨，比上年增长

5.5%。

2013年全市新建万头猪场12个、万只鸡场13个、万头牛场3个、万只羊场6个。全年创建畜禽标准化示范场106个，总数达到339个，其中部、省级示范场89个。

5. 渔业强化科技夺丰收，水产品产量实现进位

全市渔业生产以新品种、新技术、新模式的推广运用为抓手，以提升产量效益为目标，不断强化渔业科技的支撑作用；以池塘标准化改造为契机，大力建设精养、良种繁育两类核心基地；着力创建龟鳖、小龙虾、生态鱼三大精品名牌，全力主推虾稻共生、网箱养鳝、鱼鳖混养、虾鱼轮养等四大高效养殖模式，渔业生产又上新台阶。全年水产品产量达到49.17万吨，比上年增长5.9%。水产品总量超过武汉，居全省第二，位次较上年同期前进1位；增幅居全省第一。

三、农村劳动力外出务工情况平稳

全市农村外出（乡镇以外）务工51.08万人，比上年增长2.06%。外出务工人员略增，总体务工情况平稳。

外出务工人员从事第二三产业人数略增。外出劳动力从事第一产业的有3.17万人，与上年基本持平；从事第二产业的有29.44万人，增长1.87%；从事第三产业的有18.47万人，增长2.5%。从外出从业形式看，多以简单体力劳动为主并具有明显的兼业性，相当数量的农村劳动力在参与非农就业活动时并没有完全脱离农业、放弃土地经营活动，农忙务农，农闲外出务工经商。

四、制约农村经济发展的不利因素

1、农业科技化程度有待进一步提高。随着打工经济的迅猛发展和农村劳动力大量外流，留守种地的农民身体素质和文化水平偏低，农业生产和新农村建设面临劳动力结构性短缺的困境；农技推广体系有待进一步健全，基层农业科技推广力量有待进一步加强，机械化普及率有待进一步提高。

2、农业投入比重有待提高。2013年全市一产业固定资产投资52.15亿元，占总投资额的比例从2012年的5.58%下降为5.33%。与二、三产业投入相比，一产业投入力度有所不足，对全市农村经济发展造成一定的影响。

3、畜牧养殖污染防治工作有待进一步加强。近年来，全市畜牧养殖规模日益扩大，畜牧养殖污染已成为农村及城郊、镇村结合部环境污染的主要来源之一。虽然国家出台了防治畜禽养殖污染的管理办法、技术规范、排放标准等规定，但面广量大不属规模养殖范畴的微小型养殖场普遍存在选址不当、污染防治投入不足、环境管理不善的现象，畜牧养殖污染问题亟待解决。

五、建议

1、加强农田基础设施建设，增强农业防灾减灾能力

农田水利基础设施建设是提高农业综合生产能力的基础，要进一步加强基础设施建设，全力提升防害减灾能力。狠抓全市农村乡村道路、人畜饮水、电网改造、农田基建等基础设施建设，积极落实配套资金，不断改善农业发展条件。

2、加强农业科技投入，提高农民运用科技能力

一是增加农业科技投入。通过增加农业科技投入，鼓励有实力的农民专业合作组织和龙头企业进行农业科技研发和农产品深加工，创造附加值，走科技兴农的路子。二是加强与科研院校的合作，把转化农业科技成果作为现代农业示范区建设的重要内容，提高农业生产的标准化、规模化和集约化水平。?

3、规范合作经营，加快土地流转

按照十八届三中全会关于农村改革的相关政策，加快建立健全土地承包经营权流转服务体系。按照依

法自愿有偿的原则，鼓励农户采取转包、出租、互换、转让、股份合作等形式，自主流转土地承包经营权或委托发包方、土地流转服务机构流转土地承包经营权，发展多种形式的适度规模经营。

4、加强畜禽污染防治，保障畜牧养殖良性发展

宣传贯彻新颁布的《畜禽规模养殖污染防治条例》，提高全市生态养殖水平。提高养殖门槛，所有新建养殖场的污染防治配套设施必须与主体工程同步使用，打造"花园式"畜禽养殖场。

（作者单位：荆门市统计局）

2013年孝感市农村经济形势分析

程三清

2013年，在市委市政府的领导下，全市上下认真贯彻中央和省委两个“一号”文件精神，坚持以推进社会主义新农村建设，促进农业增效、农民增收为核心，继续深化农业结构调整，切实落实各项惠农政策，立足科技抗灾促丰收，抢抓机遇，迎难而上，大旱之年夺丰收，较好地完成了全年各项农业农村经济发展任务，全市粮食生产实现“十连增”，畜牧业和渔业生产稳步增长，主要农产品价格稳中有升，农业综合生产能力进一步增强，农业经济整体继续保持较快增长，农民收入明显增加。

一、全市农村经济运行的特点

2013年，全市农村经济总量继续保持稳步增长的发展态势。全市农林牧渔业总产值（按现价格计算，下同）为452.4亿元，增长8.5%。其中，农业产值194.59亿元，增长6.98%；林业产值10.24亿元，下降2.8%；牧业产值166.85亿元，增长6.8%；渔业产值72.37亿元，增长17.7%；农林牧渔服务业产值8.35亿元，增长21.4%。全年实现农林牧渔业增加值243.13亿元，增长4.8%。

（一）粮食生产平稳增长

2013年，孝感市粮食生产虽然受到严重的干旱和高温影响，但在全市上下抗旱保丰收的共同努力下，全年粮食产量实现“十连增”。

据统计：2013年，全市粮食播种面积为534.41万亩，增长0.7%，总产量为223.64万吨，增长1.7%。一是夏收作物播种面积为183.89万亩，增长1.5%，总产量为39.51万吨，增长9.69%。其中：小麦播种面积为158万亩，增长0.6%，总产量为34.09万吨，增长8.5%；蚕豌豆播种面积为7.35万亩，增长12.6%，总产量为1.16万吨，增长11.5%；杂粮播种面积为3.12万亩，增长14.7%，总产量为0.61万吨，增长22%；马铃薯播种面积为15.42万亩，增长3%，总产量为3.64万吨，增长18.95%。二是秋收粮食播种面积为350.05万亩，增长0.1%，总产量为184.13万吨，增长0.2%。其中：稻谷播种面积为325.98万亩，增长0.3%，总产量为176.91万吨，下降0.1.%；玉米播种面积为4.67万亩，增长1.3%，总产量为2.21万吨，增长20.8%；大豆播种面积为11.22万亩，增长1.1%，总产量为1.78万吨，增长6.6%；薯类播种面积为7.35万亩，增长2.2%，总产量为2.93万吨，增长5.4%。

（二）油料生产稳步增长

2013年，全年油料播种面积为172.10万亩，比去年增加4.05万亩，增长2.41%，总产量484.15万担，比去年增加36.98万担，增幅8.3%。其中：油菜播种面积为122.39万亩，增长2.6%，总产量315.48万担，增长11.1%；花生播种面积为42.14万亩，增长2.7%，总产量148.49万担，增长1.4%；芝麻播种面积为7.58万亩，下降1.4%，总产量17.48万担，增长3.9 %。

（三）棉花生产稳中略降

受去年棉花价格下跌和干旱的影响，棉农种植效益大幅下降，导致今年棉农种植棉花积性受挫，种植面积较上年略有减少。2013年，全年棉花播种面积为44.49万亩，同比下降0.04%，总产量82.7万担，同比下降7.3%。

（四）蔬菜瓜果生产快速增长

2013年，全市各级政府十分重视"菜篮子"工程建设，蔬菜生产呈稳步发展的态势。据统计，全市蔬菜瓜果种植面积为144.77万亩，增长4.8%，总产量356.28万吨，增长4.5%。

（五）规模化养殖稳步发展

2013年，全市牲猪出栏在前紧后松的情况下，牲猪出栏达到388.73万头，增长6.7%；牛出栏15.2万头，增长6.4%；羊出栏24.27万只，增长6%；家禽出笼13645.42万只，增长5.4%；禽蛋产量为37.11万吨，增长5.4%。

近几年来，孝感市规模化养殖呈快速发展态势。2013年，全市建设养殖小区达82个，其中生猪养殖小区69个，家禽养殖小区10个，其他养殖小区6个，累计已建成养殖小区1124个，增长8.2%，全市规模化生猪养殖已占总饲养量的87%，规模化家禽养殖已占总饲养量的80%。

全市畜牧产品、饲料市场价格涨幅较大，养殖效益明显升。今年，全市市场畜产品市场价格波动较大，出栏肥猪价格最低的6月份降到12元/公斤，8月份升到16.8元/公斤，同比上涨7.7%，出笼肉鸡(三黄鸡)最低的6月份降到5.6元/公斤，8月份升到10元/公斤，同比上涨4.2%。鸡蛋价格最低的6月份降到5.4元/公斤，8月份升到8.2元/公斤，同比上涨2.5%。肥猪配合饲料价2.5元/公斤，肉鸡配合饲料价3.0元/公斤，蛋鸡配料价格价2.9元/公斤，均比去年同期基本持平。

（六）水产品养殖持续增长

全市渔业生产坚持以市场为导向、以科技为动力、以渔业增效、渔民增收为目标，狠抓结构调整和大水面开发，加大科技兴渔，强化水产品质量安全控制，充分利用资源优势，注重数量与质量的同步提高，名特优水产品放养面积逐年扩大，特色水产品养殖明显增加。据统计，全市水产养殖面积达到110万亩，水产品产量达41.55万吨，增长5.0%。

（七）农民收入水平再创新高

在外出农民工呈稳步增长的态势下。2013年，孝感市农村外出从业人员规模达134.14万人，比去年同期增加7.07万人，增5.54%。其中：男性劳动力为80.08万人，占外出从业人员规模的59.7%。外出农民工劳务经济总收入达到321.94亿元，人均年入为2.4万元，同比增长8.95%，2013年，全市农民人平纯收入达到9022.68元，比上年增加1034.68元，增长12.95%，农民收入水平再创历史新高。

二、农业生产存在的主要问题

一是农业生产成本继续提高，整体效益有所下滑。在种植业方面，虽然玉米、小麦等农产品价格上涨，给农民带来一定的经济效益，今年以来，全市农业生产资料价格上涨1.0%，其中：化肥价格综合上涨6.0%，种子价格上涨0.5%，农膜上涨0.5%，饲料价格上涨7.3%，这些农资价格的上涨，增加了种植业生产成本，抵消了部分农民收益；在畜牧业生产方面，畜产品价格虽然三季度触底回升，但国际上以豆粕、玉米为原料的饲料价格持续上涨，导致生产投入增大，养殖比较效益相应降低，农民生产积极性必然受到影响；各种农用机械费用和人工成本费用的大幅上涨，抵消了农产品价格上涨给农民带来的收益，影响了农民收入的增长。

二是农业产业化经营水平不高。全市农业产业化龙头企业普遍规模偏小，市场竞争力不强，农产品精深加工较少，农产品加工低于全国平均水平，农企联结机制不够健全，带动能力和市场拓展能力较弱。

三是农村劳动力综合素质较低，造成就业上的低层次化。全市农村劳动力素质整体偏低，主要表现在文化素质低、劳动技能低上。调查资料显示，全市农村从业劳动力初中及以下文化程度的占73.2%，接受过农业技术培训的不足10%,接受过非农职业技能培训的不足15%。由于综合素质偏低,不仅制约了农村劳动力转移的规模和速度,也制约了转移层次的提高。目前在制造业、服务业、批发零售业、建筑业和交通运输业这五个行业从业的农村劳动力占了全部转移劳动力的90%。这些行业一般都具有技术要求不高、门坎相对较低、人员需求较大的特点,农村劳动力就业和流动简单易行。近年来,各类企业对具备一定技能水平和专业职称的劳动者需求较大,低素质劳动力转移就业的领域越来越窄。

四是农业防灾减灾能力有待进一步加强。全市农业对不良天气、植物病虫害、重大动物疫病等自然灾害的防治能力有待进一步提高,需要进一步加大农业基础设施的投入。

三、加快农村经济发展的几点建议

1、进一步提高农业综合生产能力。各级政府要把"米袋子"、"菜篮子"、"油瓶子"作为三农工作的首要任务,要坚持走依靠科技、主攻单产、改善品质、增加效益确保粮食等重要农产品产量稳步增长。一是大力实施粮食丰产科技工程。二是大力发展优质特色板块基地。三是大力提高农业技术装备和防灾减灾能力。

2、加快土地流转的步伐。随着大批农民工进城务工以及城镇化步伐加快,进城农民变市民,农村土地闲置必然增多,促进土地合理流转也将成为今后农业发展的必然选择,有关部门要适时制定政策,保护和规范流转程序,确保土地流转合法、合理。

3、加大对农业基础设施建设的投入力度。尽管近几年农村基础建设不断加强,极大地改善了农民生产生活条件,但由于自然灾害发生频率较高,对抗击灾害的能力仍然很脆弱。要进一步加大基础设施建设的投入力度,加强水库、塘堰、河堤、道路等农村基础设施建设,立足当前,着眼长远,增强灾害防御能力,确保旱涝保丰收。

4、搞好农村科技和信息服务,加强对农业的引导和服务。农产品价格大起大落,无法保障农民持续增收,也影响市场平稳运行。各级政府应加强对农产品市场前景、品种预期、经济效益、产品市场容量、供需状况、价格趋势等进行前期调查和预测。同时要积极开展生产、加工、销售各环节的产前、产中、产后服务,更好地为农民提供及时准确的农产品供求信息。

(作者单位:孝感市统计局)

2013年随州市农村经济形势分析

陈 媛

今年以来，全市上下认真贯彻落实中央、省委1号文件精神和省、市农村工作会议精神，围绕“保供增收惠民生、改革创新添活力”这一工作思路，大力发展农村经济。科学应对，采取超常规措施抗大旱，保证了粮食作物的正常生产。全市农村经济保持了持续健康发展的良好态势，预计全年实现农林牧渔业增加值(现价)128亿元，按可比价增长4.2%。

一、全市农村经济运行的主要特点

(一)粮食面积持续扩大，生产能力稳步提高

1、夏粮喜获十年丰。夏粮播种面积111.46千公顷，同比增长3.88%。夏粮总产49.3万吨，同比增长9.25%。其中：小麦播种面积95.32千公顷，同比增长3.07%，产量42.5万吨，同比增长8.98%。

2、秋粮稳中略降。秋粮播种面积124.42，同比增长0.82% 。秋粮产量108.9万吨，同比下降0.9%，其中：水稻播种面积105.47千公顷，同比下降3.27%，产量99.5万吨，同比下降1.5%；玉米播种面积11.59千公顷，同比增长66%，产量5.73万吨，同比增长44.4%。

3、油料较快增长。油料种植面积32.66千公顷，同比增长5.73%。预计今年全年油料总产将达到7.4万吨，同比增长9.85%。其中：夏油总产为2.74万吨，同比增长10.37%；预计秋油总产为4.66万吨，同比增长8.7%。

(二)抗击多方因素影响，养殖行业稳定发展

1、畜禽出栏全面增加。全年猪、牛、羊、禽出栏分别达到243.1万头、13.4万头、56万只、8710万只，同比分别增长4.2%、6.7%、6.3%、13.9%。

2、水产养殖持续增产。全年全市水产品总量达8.6万吨，同比增长5.8%；放养面积达45万亩，投种1.9万吨；名特优放养水面面积19万亩，产量达到2.79万吨，其中小龙虾野生寄养面积13万亩，产量达到13.2万吨。

3、生猪养殖转亏为盈。今年前三季度猪价变化呈现“两头高，中间低”的曲线图。1、2及8、9月处于两头高价位，1月最高达18.4元/公斤，5月最低仅11.6元/公斤，下降幅度为36.96%，进入四季度后价格平稳保持在16元左右。自繁自养的养猪户，今年效益从年初的每头平均盈利500元，到转亏100元，到再转盈260元，经历了从赢到亏到再赢的过程。

4、草地畜牧业快速发展。随着今年牛、羊价格的持续上涨超过50%，养殖牛羊的效益不断增加，一大批企业也在不断进行规模和市场的扩张，曾都区五丰生态公司肉牛交易市场的建成，湖北君草农业科技公司君草种植基地的建立，省级标准化肉牛示范场都市放牛娃集繁育、养殖、屠宰、加工、有机肥生产等全产业链现代化养牛示范场一期工程的开工，这些企业的快速发展，加快了我市草食畜牧业的发展步伐。

5、畜牧产业化逐步形成。同星农业与美国泰森公司15万套祖代种鸡的合资合同已成功签约，第一期5万吨鸡肉熟食深加工项目已全面竣工投产；弘大畜牧在国家肉牛体系专家指导下培育的中南六省唯一的"雪花"牛肉成功诞生，并在弘大畜牧公司旗下的"曾国公馆"实现了从养殖场到餐桌的产业链终端延伸；共富牧业有限公司5000头种猪培育基地已建成投产；新欣农牧将畜禽粪便加工生产成了环保型生物肥料。

（三）特色产品远销国外，创汇农业迅猛发展

农产品出口创汇再创新高，达到6.5亿美元，同比增长106%。1–11月，全市农产品出口63183万美元，同比增长180.4%，其中11月单月出口6907万美元，同比增长267.7%；其中：食用菌出口57562万美元，同比增长198.5%；茶叶出口2412万美元，同比增长154246.0%；中药材出口766万美元，同比增长14.8%，另小龙虾、蔬菜、蛋品、水果罐头及饮料也分别出口755万、688万美元、423万美元、405万美元。

（四）农产品加工业稳步推进，规范化发展逐步形成

全市农产品加工业规模企业个数为230户，占全市规模工业总户数的36.4%；预计实现总产值389.9亿元，占全市规模工业总产值的36.9%，农产品加工业已成为我市第一大支柱产业。

全市农业产业化市级重点龙头企业87家，其中：省级26家，国家级2家。全市现有有效"三品一标"产品达到124件，其中有机食品（产品）3件，绿色食品43件，无公害产品75件，地理标志3件，认证产品总量18.1432万吨。87家市级以上龙头企业有商标87件，其中著名商标24件。农民专业合作社新增405家。土地流转面积达到38.5万亩，占常用耕地面积的18%。

（五）外出务工农民收入持续提高，各项保障逐步完善

2013年全年农村劳动力外出人员达到49.92万人，同比增长0.89%。外出农村劳动力月均收入为1516元，同比增长9.6%，比2010年的1091元高出了38.9%。

外出务工的49.92万人中，与雇主签定劳动合同人数达到20.50万人，占总数41.07%。外出人员中，遭遇雇主拖欠工资的人数为0.87万人，同比下降20.18%；从事高危、有害工作人数为1.17万人，同比下降15.83%；致伤致残人数为0.1万人，同比下降23.08%，享受劳保补贴人数为5.81万人，同比上涨4.68%。外出人员中，有37.5%的人参与了养老保险，有49.2%的人参与了医疗保险，有4.3%的人参与失业保险，有2.9%的人参与生育保险，有21.4%人参与工伤保险。

（六）农民收入稳步提升，新农村建设更显成效

1、农民人均收入进一步提高。全年农民人均纯收入达到9490元，同比增长12.7%。其增长的主要因素：一是外出务工劳动力增加且工资上涨，促进了工资性收入增加；二是国家农业政策扶持力度加大，使得转移性收入增加。据统计，今年仅良种补贴一项就达到4533.1万元。三是农产品价格有所提升，推动了生产经营性收入增加。

2、农村基础设施建设进一步加强。2013年，新建通村公路573公里，实施土地整治16万亩，完成病险水库除险工程251座，白云湖水闸除险加固工程全面完成。改造农村危房5400多户，完成"一建三改"工程4300个，新建各类集中供水工程52处，农村新增受益人口24.1万人。

3、农民福利保障进一步完善。全市农民的新农合参合率达到99.55%，参合农民医保政策内住院费用报销比例达到78%。全年整村推进20个重点贫困村扶贫开发，减少贫困人口1.6万人。

二、目前农业生产中存在的主要问题

（一）农业生产风险较大。畜禽养殖方面，今年的生猪价格出现了的较大波动，呈现两头高，中间低的局面，家禽遭遇禽流感，这些无疑都加大了养殖户风险。加之，饲养成本不断加大，饲料出现不同程度上涨，人

员工资也大幅提高。种植业方面，持续的干旱天气，造成抗灾成本增加，农用物资也出现不同程度上涨，部分种植户出现增产但不能增收的局面。

（二）农村劳动力仍然缺乏。随着务工劳务收入的持续提高，全市农村劳动力持续外流，全市共拥有农村劳动力资源110.94万人，其中49.92万人外出务工，达到总数的45%，且外出人员中68.8%为青壮年。这一现象，直接导致出现农田无人耕种的状况，影响农村经济持续稳定发展。

（三）土地流转问题较多。当前土地流转存在诸多问题，出现诸如土地流转行为不规范，农户通过自发采取口头协议进行土地流转的情况。并且，当前土地流转中农民的利益缺乏保障，部分乡镇或村组在调整农业结构时，利用行政命令等强制手段强行流转土地。加之，土地流转市场机制及社会化服务体系不完善，土地流转管理不健全等问题的存在，全市的土地流转进度受到影响，也易出现纠纷扯皮事件。

（四）农产品质量安全监管不够。农产品质量安全问题，特别是粮食安全问题是当前各级高度关注问题，但目前我们没有检测仪器和设备，这对开展农产品质量安全检验检测以及农产品质量安全监管工作开展极为不利，如果出现农产品安全问题将可能造成较大影响。

三、促进农村经济发展的几点建议

（一）积极做好畜牧养殖预警提示，尽力降低养殖风险。畜牧品种价格的波动，直接影响养殖户收益，建议积极做好预警提示，对当前养殖情况进行实时公布，对价格走势进行科学预测，在此基础上进行养殖指导，实现科学养殖。

（二）积极做好土地流转工作，促进农业规模化经营。目前劳动力的大量外流，为土地的合理流转创造了条件。大量外出人口在外经济收入来源稳定后，必然会脱离对耕地的依赖，耕地的主要功能已不再是基本生活保障，而是土地收益率提高的问题，因此，我们应该积极做好调查，掌握外出务工劳动力家庭情况，从种田意愿不高的农户入手，开展土地流转工作，逐步将耕地向少数种植能手和大户集中，从而为农业适度规模经营打下了基础，逐步提高农业机械化水平和农业现代化水平。

（三）加大农民实用技术培训，提高广大农民的职业技能和转移就业能力。一是要贯彻“积极鼓励、大力支持、正确引导、加强管理”的方针，不断增加对农村劳动力培训的投入。二是要全面统筹规划，整合教育资源，多渠道、多层次、多形式搞好培训工作。三是大力发展农村职业教育，完善职业教育学校的课程设置和教材内容。开设种植、养殖、建筑、电子、食品加工等多类课程，培养农村青年的自主创业能力。四是充分利用远程教育资源，大力发展农村成人教育。逐步建立县、乡、村三级农民文化技术培训网络，针对农村劳动力文化低、年龄大、技能低的特点，重点抓好新型实用技术培训，做到集中培训与现场示范、印发资料相结合，全面提高劳动力素质。通过发展职业教育，促进农村劳动力从体力型向技能型转变，造就一批技术型、管理型人才，不断提高其就业能力。

（四）积极做好农产品安全监管工作，确保食品安全。一方面购置食品安全检测仪器和设备，为食品安全检测提供硬件支持；另一方面应加强监督、监管，按照相应的规章制度，对应该纳入检测的产品进行检查，保障食品安全。

（五）强化农民专业合作组织政策支持，鼓励联合社加快发展。加大专业合作组织扶持力度。采取奖补等方式支持农民专业合作社水电路、仓储和大型沼气池等基础设施建设，补助合作社购置大型机械设备。加快培育发展联合社并给予支持。

（六）充分发挥特色资源优势，加快农产品的品牌建设。

随州拥有较为丰富的物资资源，近年来农产品加工行业也有了较快发展，但品牌建设力度还不够，一方面应充分发挥龙头企业带动作用，另一方面应积极整合资源，将小规模企业做大、做强，将大企业做精、做深，力争打造一批在全国、全省具有影响力的特色品牌。

（作者单位：随州市统计局）

2013年黄冈市农村经济形势分析

张丽娟

2013年，黄冈农村经济以实现"现代农业"、"生态农业"、"特色农业"为目标，以农业增效、农民增收为主线，着力打造主导产业。在这一年渡过了H7N9禽流感的恐慌，黄浦江死猪事件的难关，克服了多年未遇的干旱困扰，全市全年农村经济呈稳中有进的发展态势。

一、全年农村经济总体形势运行良好

2013年实现农林牧渔业总产值532.22亿元，增长2.7%；农林牧渔增加值356.78亿元，增长4.8%。

(一)农业生产的主要特点

1.粮食实现"十连增"

全市粮食作物播种面积为803.94万亩，同比增加0.24万亩，增长0.03%；粮食总产318.98万吨，同比增加6.49万吨，增长2.08%；夏粮播种面积154.5万亩，比上年扩大0.12万亩，增长0.02%，总产30.27万吨，与上年持平；秋粮播种面积649.5万亩，比上年扩大0.18万亩，增长0.03%，总产288.71万吨，比上年增加6.49万吨，幅长2.3%。全市有浠水县、蕲春县、黄梅县、麻城市四个县市粮食总产在10亿斤以上。

2.经济作物因旱低产

7-8月份持续40多天的高温无雨天气，对棉花生长产生影响严重，全年棉花面积80.13万亩，同比减少2.28万亩，减幅为2.77%；总产8.62万吨，同比减少0.71万吨,减幅为7.63%。油料面积375.99万亩，同比增加8.73万亩，增长2.38%；油料产量55.39万吨，增加2.72万吨，增长5.16%。蔬菜面积176.88万亩,同比增加6.83万亩, 增长4.01%；蔬菜总产279.55万吨，同比增加11.79万吨，增长4.4%。

(二)林业生产成效显著

1. 生态建设稳步推进。全市共完成荒山、荒沙造林面积38.01万亩，同比增加3.94万亩，增加长11.55%；其中：人工造林27.96万亩,无林地和疏林地新封面积10.02万亩。

2. 林特产品产量喜人。全市板栗产量9.43万吨，同比增加1.58万吨，增长20.18%。全年茶籽产量2.5万吨，同比增加0.23万吨，增长10.16%。

(三)畜牧业生产稳中有升

全市共新建标准化"150"猪舍682栋，"153"标准化鸡舍276栋，标准化"1235"羊舍643栋，标准化"165"肉牛舍349栋。全年生猪出栏507.02万头，同比增加23.49万头，增长4.86%；牛出栏48.39万头，同比增加2.87万头，增长6.3%;羊出栏73.04万只，同比增加4.13只，增长6%。家禽出笼6054.09万只，同比增加315.62万只，增长5.5%。禽蛋产量58.22万吨，同比增加2.88万吨，增长5.2%。牛奶产量13.83万吨，同比减少0.54%。

(四)水产业生产增势强劲

前期旱灾对渔业生产有一定的影响，但由于后期补救措施得力，全年各项渔业经济指标都完成较好。全年养殖面积达到139.17万亩，同比增加3.23万亩，增长2.38%。水产品总产47.83万吨，同比增增长5.3%。

二、全年主要农产品价格有涨有跌

1、粮食价格继续走高。2013年稻谷的价格受国家保护价收购影响有较大幅度增长。稻谷2.4元/公斤，比去年的2.3元/公斤增长4.35%。

2、棉花交易不活跃。根据对部分县市农户调查显示，8月底，棉花收购价格为7.6–7.8元/公斤，较上年开秤价格上涨5.6–6.8%。到九月中旬，籽棉收购价格达到了7.9–8.4元/公斤与去年同期价格基本持平。

3、油料作物价格走低。双低油菜籽均价为4.77元/公斤，与上年持平；花生价格为4元/公斤，同比下降10%；油茶青籽价格1元/公斤，同比持平略降。

4、部分林产品价格下降。在我市林产品种植中占有重要地位的板栗因受干旱的影响，前期板栗的品质不如去年同期，导致其价格比同期低，目前板栗的均价只有1.55元/公斤，比同期下跌了31.11%。油茶籽2元/公斤，同比增长15%。

5、畜产品价格先跌后涨。受禽流感、黄浦江"死猪"事件等不利因素影响，前期畜禽价格一度走低，到6月底逐步回升。9月底，生猪出栏均价为15.6元/公斤，同比增长6.8%。仔猪32元/公斤，同比上涨33.3%；鸡蛋9.3元/公斤，同比减少1%；活鸡13元/公斤，同比上涨了8.33%。

6、全市水产品价格依然坚挺。鳊鱼和鲫鱼的塘口价波动不大，鳊鱼7元/斤；鲫鱼8.5～9.0元/斤，同比增长12%、41%。龙虾因受干旱影响，价格同比高位增长，黄鳝、黄颡鱼、鳜鱼等名特优水产品较之去年同期也有一定涨幅，每斤上涨1～3元不等。

三、存在问题及建议

问题：一是在政策性投入上不足，虽然近年来国家和地方政府对农业基础设施建设的投入资金在逐年增加，但相比而言，农业经济发展对于基础设施的要求还远远不够，对农田水利基本建设专项投入明显不足。二是农民专业合作社组建发展较快，数量较多，但发挥作用的少，需进一步加强指导，促其规范运作，办成真正为农民增收致富服务的合作经济组织。

建议：一是加大农业政策性的扶持力度。加强农村基础设施建设，改善新农村建设的物质条件，调整国家建设资金的投向和结构。二是加大资金扶持力度。建议每年按比例列出专项资金支持农民专业合作社开展质量标准制定、产品认证、市场营销人才、社员培训等工作。加大信贷支持力度。在各种贴息贷款项目和小额贷款上向农民专业合作经济组织倾斜，妥善解决农民专业合作社贷款难的问题。三是切实落实税收优惠政策。按照《农民专业合作社法》和国务院有关规定，不折不扣地落实农民专业合作社享受国家规定的税收优惠政策。

（作者单位：黄冈市统计局）

2013年咸宁市农村经济形势分析

施良池　张学锋

2013年，咸宁市委、市政府把稳定"米袋子"、扩大"菜篮子"、巩固"油瓶子"作为全市农村经济发展的首要任务，重点扶持特色农业"两个百亿元"产业的发展，全力建设畜牧大市，在遭遇牲猪价格下跌、H7N9禽流感袭击和高温干旱少雨对农林牧渔业生产的多重不利影响下，全市各级领导干部、农业生产部门和广大人民群众紧密团结，克难抗灾，实现了农业生产灾年不减产、旱年夺丰收，农村经济继续保持稳中向好 特色农业快速推进态势。

一、农村经济总量稳健发展

经核算，全年农林牧渔及服务业总产值264.70亿元（现价，下同），按可比价计算增长5.6%（下同）。其中，农业产值134.95亿元，增长4.2%；林业产值11.8亿元，增长12.4%；牧业产值68.61亿元，增长6.0%；渔业产值47.51亿元，增长6.4%。

农林牧渔及服务业增加值162.90亿元（现价，下同），按可比价计算增长4.8%（下同），增幅同比提高0.1个百分点。其中，农业增加值83.30亿元，增长4.0%；林业增加值7.25亿元，增长9.3%；牧业增加值42.83亿元，增长4.7%；渔业增加值28.21亿元，增长5.5%。

1、粮食稳定增长

全年粮食播种面积318.41万亩，下降0.1%；产量104.67万吨，增长1.5%；平均单产329公斤，较上年增加6公斤，增长1.9%。主要原因一是去年加大秋冬农业开发力度，播种面积落实到位，2013年夏粮增幅明显；二是种植结构调整，早稻种植面积扩大，中晚稻种植面积适度下降；三是自去年秋冬播以来，气候总体好于上年，虽然出现局部旱情，但影响不大，特别是夏收作物和早稻产量增长较快；四是农作物病虫害相对较轻，降低了病虫害造成的损失。

2013年粮食主要品种生产情况

类别	播种面积（万亩）			产　量（万吨）			单　产（公斤）		
	2013年	2012年	增长%	2013年	2012年	增长%	2013年	2012年	增长%
粮食作物	318.41	318.86	-0.1	104.67	103.08	1.5	329	323	1.9
1. 稻谷	213.06	216.66	-1.7	83.56	83.46	0.6	392	385	1.8
①早稻	58.36	55.38	5.4	19.38	17.34	11.8	332	313	6.1
②中稻	97.82	102.07	-4.2	41.26	42.7	-3.4	422	418	1.0
③双季晚稻	56.88	59.21	-3.9	22.92	23.43	-0.6	403	396	1.8
2. 小麦	17.1	14.36	19.1	2.62	2.08	25.9	153	145	5.5
3. 玉米	30.98	29.52	4.9	8.46	7.86	7.7	273	266	2.6
4. 薯类	34.44	34.57	-0.4	7.34	7.01	4.7	213	203	4.9
5. 豆类	22.4	23.64	-5.2	2.62	2.66	-1.5	117	113	3.5

2、特色农业快速推进，板块效应凸现

蔬菜产业继续发展，嘉鱼蔬菜全省知名全国有名。蔬菜种植结构不断优化，大路菜减少，精细菜、设施菜等得到快速发展。全市2013年蔬菜种植面积达到135.9万亩，增长2.5%；产量230.09万吨，增长4.4%。其中嘉鱼县蔬菜面积和产量分别占全市33.7%和46.4%。

茶叶产业加速扩张，百亿茶产业梦想已经启航。2013年秋茶产量下降，而春夏茶则大幅增长，奠定了茶叶增产基础，生产规模位居全省前列。全年茶叶总产量2.5万吨，增长17.0%，增幅比上年提高5个百分点，其中黑茶达到1万吨，增长30.7%，占全市茶叶总量的40%。新增茶园面积4.2万亩，是上年新增面积的2.1倍，茶园总面积达到25.4万亩，增长19.6%，其中采摘面积16.2万亩，增长10.7%。赤壁市作为全市茶叶主产区，继续发挥带动作用，其产量、面积、新增面积分别占全市74%、44%和50%，为打造咸宁百亿茶产业贡献巨大。

油菜生产好于上年，基地板块初具规模。2012年秋冬农业开发投入及油菜从播种到收割期间良好的气候条件，促进了油菜的丰收。全年油菜种植面积102.3万亩，增长4.0%；产量8.0万吨，增长8.1%。其中全市最大油菜种植区咸安区产量3.4万吨，面积38.0万亩，分别占全市总量的42.5%和37.1%。

3、林业生产快速推进

“山上再造”工程继续发力，“绿色、生态咸宁”稳步推进，营林造林力度加大，当年实现人工造林33.0万亩，增长5.5%。木材采伐增长迅速，较上年增长40%以上，采伐量达到31.4万立方米。主要林产品“三增一减”：油茶籽21083吨，增长8.8%；竹干笋5935吨，增长22%；板栗1294吨，增长7.3%；油桐子469吨，下降22.6%。

随着打造百亿元竹产业的推进，今年楠竹新种植面积呈现较大增长，新增楠竹面积4.6万亩，楠竹总面积达到153.5万亩，受高温干旱影响，部分楠竹出现旱死现象，特别是当年新生楠竹，受影响较大，全年竹材采伐2176.13万根，下降1.5%。

全市油茶总面积达到47.0万亩，增长14.6%，其中新增油茶面积6.0万亩，是上年新增面积的2.0倍。采摘面积30.0万亩，增长15.7%，占总面积63.8%。通城县作为全市油茶籽主产区，继续发挥带动作用，其产量、面积、新增面积分别占全市75%、55%和65%，位居全省第一，成为全国油茶籽生产示范县。

4、畜禽生产能力快速提升

面对上半年生猪价格下跌和H9N7的影响，生猪和家禽生产遭遇了一次严峻的考验，对畜牧大市建设带来较大挑战。尽管对养殖散户影响明显，但温氏集团、正大集团、神童牧业、示阳农牧、现代牧业等企业集团看好咸宁发展前景，逆势扩张规模，大力发展“公司+基地+农户”养殖模式，支撑起了全市畜禽发展的基础。

2013年，生猪存出栏均高速增长，其中出栏增长8.7%，达到264.74万头；存栏增长11.5%，达到203.7万头；能繁母猪存栏15.69万头，能繁母猪占生猪存栏的7.7%，存栏结构科学、合理。家禽存笼量增速快于出笼量，存笼增长3.4%，达到2345.25万只；出笼增长1.7%，达到4269.63万只。

牛羊生产发展迅速。一方面，牛羊肉价格一直高位运行，农民养殖积极性增强；另一方面，南三县在幕阜山片区扶贫开发政策支持下，结合山地自然资源优势，大力发展牛羊等畜产品，导致牛羊出栏数大增。同时，农业机械化的推进，原役用牛退出耕作领域，转变为肉用牛。全年牛出栏2.3万头，增长6.6%；存栏1.4万头，下降4.9%。羊出栏17.4万只，增长6.8%；存栏16.5万只，增长7.6%。

5、渔业生产快速发展

在坚持“特色强渔”方针下，全市渔业加快转型升级，着力推广“新品种、新技术、新模式”，加快构建“一县一品”特色养殖格局，提升渔业生态、社会、经济效益。全年淡水养殖面积达到83.7万亩，增长1.2%。稻田养殖面积和网箱养殖个数扩大明显，达到12.7万亩和16.1万个，分别增长21.4%和13.4%。水产品总量22.7万吨，同比增长5.2%，其中淡水养殖产量21.0万吨，增长5.4%，占总产量的92.5%。嘉鱼县和赤壁市作为全市水产主产区，继续保持较快发展势头。

二、影响农村经济发展的几个问题

1、*农产品深加工不足*。全市竹木板材深加工企业具有一定规模，但粮食、畜牧、水产等行业缺少或没有实力强的加工、销售企业的引领，产业链短，产、加、销脱节，依靠初级产品获取效益得不到稳定保障，与现代农业发展的要求存在一定差距。

2、*农业技术推广难*。一是基层农业技术干部队伍出现断层，农业技术人员老化，农技推广手段落后等，无法满足现代农技推广的需求；二是农业劳动力以中老人为主，科学文化素质较低，新科技应用慢。

3、*农业生产价格波动大*。一是农资价格总体呈上涨趋势，导致生产成本增加，往往增产不增收；二是畜禽价格波动大，养殖效益不稳；三是粮食价格不稳，受品质、市场等影响较大，国家收购价与农户实际销价存在较大差异，2013年小麦市场价格好于上年，但稻谷市场价格却有所下降。

三、加快农村经济发展的几点建议

1、*继续改善农业生产条件*。一是完善水利设施。二是加大耕地整治力度，创造适合农业机械化耕作的平台，提高农业现代化生产水平。

2、*加快土地流转*。随着大量农民工进城务工以及城镇化农民变市民，土地闲置增多，促进土地合理流转也将成为今后农业发展的必然选择，建议有关部门适时制定政策，保护和规范流转程序，确保土地流转合法、合理。

3、*加速推进农产品深加工*。初级农产品向深加工发展是衡量农业现代化的一个重要标志，原产品储存难、收益低、市场风险大，甚至增产不增收，只有加快农产品深加工，向工业产品要效益，才能确保农业增产又增收，保证农民生产积极性。

（作者单位：咸宁市统计局）

2013年恩施州农村经济形势分析

赵秋平　汪文霞

2013年，恩施州各级党委政府认真贯彻中央和省委关于“三农”工作的决策部署，以产业化和城镇化“双轮驱动”为动力，按照“稳增长、调结构、保民生、促稳定”的总体要求，全面落实各项惠农政策，深入推进农村改革发展和农业产业化经营，全州农村经济继续保持较快增长态势。全年实现农林牧渔业增加值133.28亿元，比上年增长5.1%，增幅居全省第一位；农村居民人均纯收入5235元，比上年增长14.52%。实现了农业增产、农民增收的目标。

一、农村经济运行主要特点

（一）农村经济保持较快增长

2013年，全州农村经济继续保持较快增长。截至12月底，全州累计完成农林牧渔业总产值227.22亿元，比上年增长7.1%（可比价，下同）。其中农业产值128.92亿元，增长6.0%；林业产值8.93亿元，增长8.9 %；牧业产值86.45亿元，增长8.8%；渔业产值1.18亿元，增长1.4%；农林牧渔服务业产值1.74亿元，增长4.3%。实现农林牧渔业增加值133.28亿元，比上年增长5.1%，增幅高于全省0.4个百分点。

（二）全年粮油再获丰收

近年来，各级党委政府高度重视粮食生产，各项惠农政策落实到位。在努力稳定粮食面积的同时，大力开展高产创建和良种良法的推广应用，加之今年气候适宜以及对病虫害的防控及时有效，全州粮食产量继续保持平稳增长。2013年全州粮食播种面积652.53万亩，与去年基本持平，粮食产量162.86万吨，比上年增长2.4%；油料播种面积103.61万亩、产量10.16万吨，比上年分别增长2.7%和11.5%。

（三）特色农业加快发展

近年来，全州上下立足本地资源，不断加大特色农业板块基地建设，特色农业得到了较快发展。2013年全州六大特色产业产值达到156.2亿元，占农林牧渔业总产值的68.8%，已成为财政增税、农民增收的骨干力量。

1.茶叶品质提高、产量增加。2013年开春以来，由于气候适宜，阳光充沛，非常适合茶树生长，全州开采期平均提前半个月左右，茶树长势好、采摘时间长，产量同比增加。2013年全州茶园面积110.39万亩，比上年增长2.4%。其中本年采摘面积83.13万亩，增长5.1%；产量6.5万吨，增长6%。在茶叶面积、产量增加的同时，茶叶品质也得到了较大提升。4月初，湖北省茶叶学会、湖北省茶叶协会、湖北省陆羽茶文化研究会联合发布“2012年湖北茶叶产业光荣榜”，恩施玉露榜上有名。恩施市润邦国际富硒茶叶有限公司生产的巴蕉牌恩施玉露被评为“2012年度湖北十大品牌茶”。在2014年1月举办的中国硒博会上，恩施市润邦茶业“恩施玉露绿茶”、利川飞强茶叶“宜茶情”被评为“中国名优硒产品”。

2.蔬菜生产继续保持良好发展态势。随着群众生活水平的提高，对蔬菜需求量不断扩大，导致蔬菜价格稳步上扬，刺激了农民的种菜积极性。加上各级党委政府高度重视"菜蓝子"工程建设，将蔬菜作为一个重要产业进行重点扶持，使得全州蔬菜产业快速发展。2013年，全州蔬菜播种面积186.93万亩，比上年增长6.14%；产量219.13万吨，增长4.7%。各地在发展蔬菜生产的同时，着力加强品牌创建。如恩施"大山鼎牌"白萝卜、利川山野牌莼菜、利川五子五　牌山药等产品获授2013年湖北名牌产品。恩施"大山鼎"蔬菜、"利川山药"等知名品牌已走出大山销往武汉、重庆、上海、北京等地，大大提升了蔬菜产业水平和产品竞争力。

3.水果产业发展加快。近年来，随着水果消费量的不断增加，促进了全州水果产业的快速发展，特别是柑橘、白柚、黄金梨等品种发展较快。2013年全州年末果园面积53.06万亩，水果产量27.51万吨，比上年增长7.8%。

4.烟草产业持续健康发展。近年来我州以现代烟草农业建设为契机，突出山区特点大力发展山区现代烟草农业，有力地促进了全州烟草产业持续健康发展，烟叶生产已逐步实现规模化种植、集约化生产、专业化分工和信息化管理。由于烟叶受国家调控，2013年烟叶面积、产量比上年有所下降。全州烟叶种植面积60.21万亩、产量7.67万吨，比上年分别下将15.1%和18.2%。

（四）畜牧生产保持稳定增长

2013年上半年，由于受生猪市场低迷和H7N9禽流感等不利因素的影响，畜牧生产一度受到较大冲击。为此，各级党委政府和相关部门采取切实措施，不断推广运用现代畜牧生产模式，增强了抗御市场风险的能力。2013年全州畜牧生产仍然保持了稳定增长态势。

1.生猪出栏、家禽出笼仍然保持增长态势。2013年，全州生猪出栏501.59万头、出笼家禽1174.89万只，比上年分别增长4.1%、和6.0%。禽蛋产量28902吨，比上年增长5.8%。

2.牛、羊等草食畜牧业价格坚挺，出栏增加。2013年全州出栏牛12.93万头、羊79.69万只，比上年分别增长6.8%和8.0%。随着膳食结构的变化以及受禽流感的影响，人们对牛羊肉需求不断增加，从而使牛羊肉价格持续走高，养殖规模不断扩大。据调查资料显示：4季度恩施市城区平均牛肉（后腿肉）价格在70元/公斤、羊肉（精腿肉）80元/公斤左右，比上年分别增长25%和5.3%。

（五）农民外出务工规模继续扩大

今年以来，各级党委政府及劳动就业部门为了拓展农民增收渠道，通过"春风行动"、"阳光工程"等多种方式，积极组织实施农民工实用技能培训，积极引导农民工就业，取得较好效果。2013年全州外出从业人员85.95万人，比上年增加4.64万人，增长5.7%。尤其是近年来，随着我州投资环境的不断优化，县域经济发展加快，农民就地就近就业人数增加。在外出从业人员中县内乡外从业人数达9.8万人，比上年增加6800人，增长7.45%。

（六）农民收入稳步提高

2013年，全年农村居民人均纯收入5235元，比上年增加664元，扣除价格因素，实际增长14.52%。增幅居全省第一位。其中工资性收入2111元，增长15.7%，家庭经营收入2614元，增长13.3%，财产性收入23元，增长17.5%，转移性收入487元，增长16.2%。实现了农业增产、农民增收的目标。

二、制约农村经济发展的不利因素

虽然2013年全州农村经济总体保持较快增长，但制约农业生产和农村经济发展的因素依然不容忽视。

（一）农业生产成本持续上升，影响农民家庭收入

2013年，全州农业生产资料价格总指数为102.2 %。种子、化肥、饲料等生产资料以及劳动力成本费用涨幅均在15%以上。农民生产经营成本增加，挤占了农民增收空间，种植比较效益偏低，直接影响和制约农

民的种植积极性。

(二)农村劳动力素质难以适应现代农业发展需要

全州共有210.5万农村劳动力。其中从事农业生产的仅占43.7%,高中及以上文化程度的占24.3%,且留守劳动力中绝大部分是50岁以上的老人和妇女。劳动力素质低、科技意识薄弱,创新意识不强,难以适应发展现代农业的需要。

(三)农业产业化经营相对滞后

虽然我州对农业的投入逐年增加,产业结构调整力度不断加大,但农产品精深加工发展仍然滞后,产业化程度不高,农产品附加值低。精品名牌创建意识不强、农业加工转化能力弱、专业合作社和龙头企业带动能力不够等因素,在很大程度上直接影响和制约了农村经济的快速发展。

三、促进农村经济发展的几点建议

(一)加强农资市场管理,确保农民增产增收

密切关注农资市场价格变动趋势,确保农资市场价格基本稳定。同时还要继续加大对流通渠道的监管力度,严厉打击假冒伪劣行为,有效抑制农资价格上涨,避免农资价格上涨抵消农民实惠。

(二)加强农业科技培训和技术服务体系建设

一是采取多种形式抓好新型农民技术培训,不断拓宽农民就业渠道,增加农民收入。二是增加经费投入,以农业实用技术为重点,着力构建以公益性服务为主体,以社会化服务为补充的新型农业服务体系。

(三)继续抓好农业产业化经营

以全州烟叶、茶叶、畜牧业产业链建设为契机,以产业化和城镇化“双轮驱动”为动力,大力发展烟叶、茶叶、畜牧业、蔬菜、林果、药材等特色产业,培养壮大龙头企业,开展科技创新,努力提高农产品附加值,延伸农业产业链,将资源优势转化为经济优势,促进恩施州农村经济健康快速发展。

(作者单位:恩施州统计局)

2013年仙桃市农村经济形势分析

杨艺华

今年以来，仙桃市上下积极应对突如其来的禽流感疫情的不利影响以及异常严重的旱情灾害，千方百计抓生产，全力以赴保增收，农村经济继续保持了稳定发展的态势。全年实现农林牧渔业总产值136亿元，增长6.6%；农林牧渔业增加值80.2亿元，增长4.9%。

一、主要农产品生产情况及收益情况

1、粮食实现"十年丰"

全年粮食种植面积159.78万亩，同比增6.08万亩，增4.0%，全年粮食总产80.99万吨，同比增3.10万，增增4.0%。其中夏粮生产呈"三增"态势。夏粮种植面积为45.84万亩，同比增2.65万亩；总产量为10.27万吨，同比增1.00万吨；单产为224公斤/亩，同比增10公斤/亩。其中小麦37.77万亩，增2.87万亩，大麦3.52万亩，减0.22万亩，蚕豌豆3.34万亩，增0.45万亩，夏马铃薯1.22万亩，减0.45万亩。秋粮生产"两增一减"。秋粮种植面积为113.94万亩，同比增长3.44万亩；总产量为70.72万吨，同比增2.10万吨；单产为621公斤/亩，同比下降0.31公斤/亩。

2、油料大幅增产

全年种植面积为76.50万亩，同比增1.17万亩,增1.6%。总产13.05万吨,同比增0.92万吨,增7.6%.其中油菜总产12.38万吨，同比增0.93万吨,增8.1%.

3、蔬菜小幅减产

全年蔬菜种植面积39.98万亩，同比增0.10万亩，增0.3%。受高温干旱天气的影响，部分蔬菜提前罢园。全年总产35.38万吨，同比减0.29万吨，减0.8%。

4、棉花生产呈现"三减"

一是面积减。仙桃市2013年实际种棉340220亩，同比减7235亩，减2.1%。二是单产减。全市棉花单产86公斤，同比减3公斤，减幅3.4%。三总产减。总产为2.93万吨。对比去年减少0.18万吨，减幅5.7%。

5、收益情况

1、小麦收益增长。由于今年小麦品质明显好于上年，收购价格高开高走，大幅高于上年价格，自5月下旬以0.8元/斤开秤后，价格一路走高，最高收到了1.05元每斤，平均价格高于上年0.2元/斤以上。经测算，扣除成本上涨因素，平均每亩效益对比上年增加200元以上。一是价格因素增收。由于价格上涨原因，小麦亩平收益对比上年增加150元左右；二是产量增加增收。今年小麦亩产为近几年来最好收成，初步测算，由于单产增加，每亩收益对比上年增加80元左右。

2、中籼稻生产收益下降。一是生产成本上涨。2013年中稻亩平成本为850元左右，同比增加60元，增7.6%。生产成本上升的主要原因是物质与服务费用的上升，其中：种子上涨10.62元，化肥上涨21.74元，租赁作业费上涨19.77元。虽然今年的良种补贴、直补、农资综合补贴达到100.5元，对比去年增加了10元，但对于农资的普遍增长无疑是杯水车薪。二是由于销售价格大幅下降。中籼稻调查户实际出售均价为118.21元/50公斤，比上年出售价格142.73元/50公斤减少24.52元/50公斤，减幅为17.18%。

3、棉花效益低于往年。今年我市籽棉开秤价为每斤4.1元左右，价格一度下跌至每斤约3.5元，近期已回落为每斤4.15元左右，按1000平方一亩，亩平产量680斤，售价3.8元测算，亩平产值2584元，扣除亩平成本约850元后，亩平纯收入1734元。

二、畜牧业生产呈M型变化

2013年，仙桃生猪生产经历了上半年的整体低迷、6月的触底反弹、缓慢回升后又转降的过程。受养殖成本持续高位运行、养殖效益不断下降的影响，生猪市场价格的剧烈波动对养殖户的信心及养殖意愿有所抑制。全年生猪出栏118.05万头，同比减少4.37万头，减幅3.6%；全年家禽出笼915.90万只，同比减47.12万只，减幅4.9%。

生猪生产效益不很乐观。2013年1月份生猪价格为17.6元/公斤，价格走势一路持续下滑，6月维持在14.1元/公斤，8月底回升到16.0元/公斤，三季度生猪平均价格为15.8元/公斤，比去年同期的15元/公斤上涨0.8元，涨幅为5.3%。仔猪价格为550元，相对去年同期的470元涨幅为17.0%。经测算，实行自繁自养自销的规模养殖户一季度每出栏一头100公斤生猪要盈利40元左右；二季度每出栏一头100公斤生猪亏损200元左右；三季度，进入第三季度，特别是10月份，随着价格的回暖，价格达7.9元/斤，出售一只生猪（110公斤）可以盈利200元左右。四季度基本保持这个盈利水平。

1—2月份鸡蛋收购均价在8.4元/公斤，3月份以来鸡蛋价格持续下跌，第三季度价格回升为10.1元/公斤，比去年同期的8.6元/公斤涨1.5元，涨幅17.4%。每只平均净利润约为15元。

年初鸭蛋价格收购均价为10.8元/公斤，三季度鸭蛋收购均价为11.6元/公斤，比去年同期的9.6元/公斤涨2.4元，涨幅20.8%。每只平均净利润约29元。

三、渔业生产增势强劲

全年水产品产量32.55万吨，同比增1.64万吨，增长5.3%。

四、农村经济发展中存在的主要问题

（一）农业设施建设依然薄弱。农村电力设施普遍容量不够，电损较大；产业通道基础较差，影响了生产发展。部分农村小型水利设施老化、沟渠淤塞、维护保障困难，远远不能满足农业生产发展的要求。特别是今年干旱对棉花、粮食生产造成的影响，严重暴露了我市水利、电力等方面的问题。

（二）农业增产、农民增收压力仍然较大。仙桃是一个粮食生产大市，要想持续保持粮食增产态势，早晚稻连作是必由之举。今年，仙桃举全市之力发展早晚稻，但由于种粮收入比较低，农民种植热情不高，加之农业专业化、农民老龄化、农业空心化的问题日趋突出，后续推动和扩大早晚连作的压力较大。

（三）农业产业化经营水平较低。仙桃农业生产方式已从小农生产向产业生产转变，但以传统农业为主体的生产经营格局还未根本改变。主要体现为特色板块规模不大、档次不高，产业成带、基地成片的格局还不够明显。标准化、规模化、高效化的设施农业生产基地还不多。农产品品牌多而不响，近年来，仙桃尽管培育了一大批农产品品牌，虽“满天繁星”，但缺少“明月”，还缺乏像河南双汇、江苏雨润等知名大品牌。龙头企业多而不强，缺乏“单打冠军”，带头能力不够，有效对接不够。合作组织多而不精，虽然各类合作组织发展方兴未艾，势头很好，但真正能起到辐射、带动作用的优秀合作组织还不多。

五、建议

1、加强各项惠农政策的落实。一是通过加大对惠农政策的宣传，让群众加强对各项补贴的了解，主动争取和享受相关的权益。二是实行透明公开的财政政策，将惠农资金的支付情况进行公示，起到群众监督的作用，避免冒领补贴和违规办理的现象。

2、扩大城乡居民收入增收渠道。通过加大培训力度、提供公益性就业岗位以及为个体户企业的兴办简化手续等措施能够有效提升就业率；根据当地情况，发展优势特色产业，提高农业生产的质量和效益，增加农民收入；完善社会保障体系，落实医疗保险、养老保险、企事业单位失业保险、医疗教育住房专项救助来推动居民收入增长。

（作者单位：仙桃市统计局）

2013年天门市农村经济形势分析

彭井岗

2013年，市委、市政府坚持以科学发展观为指导，以农业增效，农民增收为核心，调整农业结构，转变农业发展方式，努力克服不利因素的影响，扎实强化工作举措，农村经济稳步发展，农业经济总量增加。预计全年实现现价农林牧渔业总产值108.58亿元，同比增加7.36亿元；其中：农业产值52.49亿元，畜牧业产值27.92亿元，渔业产值25.75亿元。

一、全年农村经济形势

（一）种植业总量增加

2013年农业总产值52.49亿元，比上年的49.61亿元增加2.88亿元。

1、粮食：今年全市粮食总面积继续扩大，粮食播种面积192.26万亩同比增长2.0%。其中稻谷面积95.98万亩，同比增加6.62万亩，增长7.4%预计全年粮食总产71.50万吨，同比增长3.0%，总产增加的主要原因是面积扩大。

2013年粮食面积产量与上年对比

	单位	2013年	2012年
全年粮食面积	万亩	192.26	188.43
总产	万吨	71.50	69.41
一、夏粮面积	万亩	78.06	80.05
总产	万吨	17.63	15.77
其中：小麦面积	万亩	73.12	72.52
总产	万吨	15.39	13.57
二、秋粮面积	万亩	114.20	108.38
总产	万吨	53.87	53.65
其中：稻谷面积	万亩	94.17	89.36
总产	万吨	49.16	48.20
黄豆面积	万亩	13.81	10.28
总产	万吨	2.59	2.26
玉米面积	万亩	5.27	7.88
总产	万吨	1.72	2.79

2、棉花：今年全市棉花面积继续减少，为51.74万亩，比上年的56.96万亩减少5.22万亩，减幅为9.2%，实现总产4.93万吨，比上年5.32万吨减少0.39万吨，减幅为7.3%。

3、油料：全市今年油料面积为84.50万亩，比上年的81.18万亩增加3.32万亩，增长为4.1%，总产11.46万吨，比上年增加0.41万吨，增长3.7%。。

(二)畜牧业生产稳定增长

畜牧生产各项指标稳步增加。2013年我市全年生猪出栏103.98万头，同比增长3.8%，家禽出笼1259.48万只，同比增长3.3%，牛出栏2.94万头，比上年比增6.1%，羊出栏1.22万只，比上年增4.3%，禽蛋产量5.17万吨，与比上年持平。

1、标准化养殖水平迅速提升

全市现有万头以上大型猪场28家，生猪养殖小区55个，标准化生猪规模养殖场42家，其中部级标准化示范场2家；省级标准化示范场7家，今年新增3家；市级标准化示范场22家,今年新增8家。新增标准化"150"养猪模式33家,全累计达346个。

2、产业化步伐明显加快

今年，随着江苏雨润集团200万头生猪屠宰深加工、湖北杰隆生物利用猪血提取生物蛋白项目等项目相继落户我市，与湖北冠建集团、天门复兴食品有限公司共同形成了300万头年生猪屠宰深加工能力，项目建成投产后，可以有效带动全市年生猪出栏新增100万头，实现我市生猪产业倍增计划。截止当前，全市现有规模以上生猪屠宰深加工企业38家，加工总产值达10亿元，出口创汇近1000万美元。

3、重点项目加快落实

今年我们采取以奖代补方式开展养殖业污染整治试验示范：兴旺畜牧有限公司投资80万元，建成了日处理80吨的粪污深度处理工程，已进入试运行；黄湖养殖场投资150万元建设日处理100吨的粪污深度处理工程，目前已完成主体工程，设备安装到位；红雨畜牧有限公司投资80万元建设日处理80吨粪污工程也即将投入使用，年底将再完成5家规模场的粪污深度处理和综合利用工程，同时，在全市最大的生猪养殖小区拖市镇丁仗村试点工作已经开始。

我市是全省首批20个(市、区)无规定动物疫病区创建活动示范区之一，目前，以健康天升畜牧有限公司、天蓬养殖专业合作社、兴旺畜牧有限公司3个生猪规模养殖场为示范点，开展了无规定动物疫病区建设，现已达到国家级无规定动物疫病区标准，并完成了省级验收。

通过努力，今年我们继续争取中央财政资金240万元，分别督导2012年立项的天门鸿远、天门鸿昌、天门永兴、天门嘉贝四家规模养殖场进行升级改造并已完成市级项目验收。

(三)渔业生产持续发展

近几年，由于水产品价格一直处于较好价位，水产养殖效益可观，同时随着天门市耀堂特种水产养殖公司及湖北正和食品有限公司等一系列龙头企业的带动，我市水产品养殖规模及名特优产品呈现稳定上升的态势。今年水产养殖面积达到23万亩，比上年增加1万亩，全年水产品产量为12.68万吨，同比增0.63万吨，增长5.2%。水产品产量除面积增带动产量增加的因素外，另外还有两种养殖模式是产量增加的亮点：一是池塘养小草鱼。沉湖建华水产养殖专业合作社、麻洋镇兴旺养殖专业合作社等以养1.5-2斤的小草鱼为主，一年养多茬，亩产量4000斤以上，比以往一年养一茬大草鱼产量效益均翻番，产品主要销往江苏、四川等地。二是稻田养泥鳅。我市利用中稻田养殖泥鳅面积5000亩，亩投鳅苗50-100公斤，亩可产鳅120-240公斤，预计稻田可新增泥鳅产量800吨。三是上半年水资源充足，气候适宜，有利于鱼类生长；四是三机配套、颗粒饲料养鱼广泛普及，科技含量提高，生产投入加大，促进养殖产量增加。

(四).外出人员稳定

长期以来，我市外出从业人员稳定在30万人以上，2013年，我市外出从业人员33.59万人，同比增1.2%。

（五）. 农民收入增加

据天门市100户农村住户抽样调查资料预计，2013年我市农民人均纯收入为9608元，同比增加1102元，增长13%。

二、农村经济运行中存在的主要问题

1、农业自然灾害增多。今年7-8月持续高温干旱及上半年的禽流感给我市农业生产带来不小的压力。

2、农产品价格不稳定，让农民深感种养风险愈来愈大，农民收入的不稳定性加剧。

(1)我市是一个棉花生产大市，棉花产量在5万吨以上，2010年，籽棉价格7元/斤，今年为3.6元/斤，5万吨的产量受价格因素的影响使我市农民收入比2010年减少9.89亿元，几乎减少一半。

(2)生猪价格忽高忽低及上半年禽流感影响，也影响了畜牧业的收入。一是生猪售价起伏不定，2012年12月份由7.6元/斤飙至9.3元/斤，逐步回落至2013年2月15日的6.2元/斤，4月开始上涨，5月最高7.0元/斤，后又下行到6.3元/斤，6-8月猪价回升，最高时每斤过了9元，目前生猪价格。二是受禽流感影响较大的蛋鸡和肉鸭养殖,销售量大减。受影响的主要是规模户，对散养户影响不大。前三季度，土鸡由12元/斤下降为10元/斤后开始回升，最高达至13元/斤；土鸡蛋由1.5元/个降为0.8元/个，现回升到1元/个；洋鸡蛋由3.4元/斤降至3元/斤,现回升到3.5元/斤。

（3）早稻售价跌幅过大。今年天门早稻丰收，但每斤最高售价仅1.2元，比同期下跌0.08元，最低1.08元，跌幅达14.1%，出现了谷贱伤农现象。在九真，皂市，胡市等丘陵区优质稻开秤价为1.25元/斤，比去年同期降低0.05元/斤；自7月16日起，早稻价格从1.25元/斤降至1.20元/斤；24日为1.19—1.18元/斤，比国家保护价格1.32元/斤低0.13—0.14元/斤，比去年均价1.3元/斤，下降了8.5%。在石河，佛子山等传统早稻生产大镇开秤价为1.20元/斤，比去年同期降低0.08元/斤；自7月18日起，早稻价格从1.20元/斤降至1.18—1.17元/斤；24日为1.10元/斤—1.09元/斤，比1.32元/斤低0.22—0.23元/斤,比去年均价1.3元/斤,下降了15.4

在农产品价格暴涨暴跌和农资价格不断上涨的双重作用下，农民收入的不稳定性加剧。

3、农民工输出质量亟需提升。全市外出务工人员34万，人数虽多，但整体素质仍不高，普工多、技工少，影响了转移输出的质量和劳务收入。

三、几点建议

1、加大对农村基础设施建设的投入力度，增加农业发展的后劲。尽管近几年对农村基础建设不断加强，但农业抗灾能力依然脆弱，建议进一步加大基础设施建设力度，特别要加强河堤、沟渠、道路等农村基础设施建设，立足当前，着眼长远。提高农业抵御自然灾害的能力，降低农业生产风险。

2、加强农业科技和技术服务体系建设。一是加强农业服务体系建设。着力构建以公益性服务为主体，以社会化服务为补充的新型农业服务体系，着力构建管理在市，服务在基层的农技推广新体系。二是推进农业科技进村入户。广泛开展农业科技培训，抓好新型农民培训和农技人员知识更新，采取多种形式加强对农民的科技培训。三是增加经费投入。着力创新农技推广手段。以农业实用技术为重点，积极培育科技示范户，全力抓好农技推广工作。

3、相对稳定农产品价格，降低农民种养风险。

4、推进制度建设，引导农业地适度规模集中，从传统农业向规模化、专业化过渡。提高农业效能。提升现代农业发展水平。

（作者单位：天门市统计局）

2013年神农架林区农村经济形势简析

金立新

2013年神农架认真贯彻中央、省、神农架农村工作会议精神，农村工作继续以抓项目、强基础，抓产业、促增收，以建设现代化农业、特色农业以及农产品加工业，提高农民收入为目标，加强农村基础设施建设、提高农业综合生产能力，全面贯彻落实各种惠农政策，实现了农业持续增效、农民持续增收，推进了全区农业的发展。

一、2013年农业农村经济运行基本情况

（一）农村经济总量平稳增长

2013年神农架实现农业总产值35551万元，同比增长11.0%。其中：农业总产值21154万元，同比增长12.2%；实现林业总产值2995万元，同比增长12.8%；实现牧业总产值成10786元，同比增长7.7%；实现渔业总产值226元，同比增长17.7%；实现服务业总产值390万元，同比增长17.1%。

（二）粮食生产平稳发展

全年粮食获得较好收成，总产达22000吨。其中：夏播粮食面积35397亩，较去年增长2.0%，夏粮总产达到7680吨，较去年增长1.5%；秋播粮食面积62209亩，秋粮产量为14320吨，同比增长2.8%。

（二）经济作物收入增加

全年蔬菜面积共31302亩，总产42390吨。同比增长11.5%；设施蔬菜面积迅速发展，全年大棚蔬菜增加100个。生产规模的进一步扩大成为农民增收的又一新亮点。

板栗产量达804吨，同比增长1.8%，实现三连增。

蜂蜜产量99吨，同比增长6.5%。

香茹产量分别达成到105吨，同比增长64.1%。

（三）地方特色产业稳步推进

年末茶园面积达14115亩，同比增长7.6%；茶叶产量达84吨，同比增长13.1%；板栗产量达804吨，同比增长15.7%；中药材产量达788吨，同比增长11.5%；

全区烟叶面积达到4873亩，比去年增加1701亩，增幅53.6%，烟叶产量628吨，比去年增加59吨，增幅10.3%，药材面积18350亩，比去年增加800亩，增幅4.6%。

特色农产品价格持续上涨。受市场供求关系变化的影响，特色农产品价格持续上涨，发展特色农业效益可观。2013年烟叶均价20.7元/公斤，同比增长15%；香菇均价55元/公斤，同比增长10%；茶叶均价104.4元/公斤，同比增长8.9%，农户种植一亩烟叶可获纯利3000-4000元，发展一亩茶园可获纯利2500-4000元。特色农产品价格一路看好，为农民增收带来了实实在在的利益。

（四）畜牧业生产稳定增长

全年生猪出栏50603头，同比增长0.8%。牛出栏1329头，同比增长7.3%。羊出栏15868只，同比增长14.9%。家禽出笼30.3万只，同比增长1.7%。猪牛羊禽肉产量5744吨，同比增长1.7%。其中：猪肉产量4818吨，同比增长3.8%。禽蛋产量279吨，同比减少5.6%。年末生猪存栏38263头，同比下降3.1%。年末牛存栏7138头，同比增长4.8%。年末山羊存栏27020只，同比增长18.6%，年末家禽存笼26.2万只，同比增长1.7%。猪牛羊家禽生产平稳发展，一是受价格的拉动作用，养殖户的积极性提高；二是受政策的扶持，出现了一些养猪、养牛、养羊、养鸡规模养殖户；三是受畜牧业结构调整呈现的良性效应，发展由耗粮型的猪禽向节粮型的草食畜转变。猪、牛、羊、家禽存栏出现了不同程度的增长与有关扶持政策有直接关系。今年全区积极推广规模化饲养技术，大力发展规模化养殖，强化对畜牧的防疫工作，发现疫情及时上报，采取有效措施，禽流感疫情得到全面控制。区政府积极采取措施，扶持稳定畜牧业发展，增强了饲养户发展生产的信心。

（五）2013年农村外出劳动力呈现新特点

自改革开放以来，农村劳动力外出打工，成为经济欠发达地区剩余劳动力提高收入的重要途径之一，打工收入更是成为部分农户脱贫致富重要来源。截止12月31日，一是农村外出劳动力总量已连续6月下降（年内离开本乡务工2月以上算外出），据2013年农村劳动力外出务工调查资料显示：农村劳动力在本乡镇内从业人员有20000人，占农村从业人员的70.0%，其中：从事第一产业劳动力15683人占农村劳动力人数的54.9%。农村外出从业人员规模达9885人，比去年同期下降191人，下降率为1.9%。二是农村外出从业人员从业地点到省外减少，到区内乡外增加。外出从业按地域分：一是区内乡外2128人，同比增长5.9%；二是省内县外1870人，同比下降4.2%；三是省外5852人，同比下降3.2%；四是港澳台35人，同比下降46.9%。

二、值得关注的几个问题

1、神农架农业经济存在的问题仍然是产业结构较为单一，农业基础设施薄弱，制约了农业生产的发展，抵御自然和市场风险的能力需要进一步加强。

2、优质、特色农产品比重小，市场竞争力不强，在市场价格波动较大时，应对市场能力很低。

3、农业抵御自然灾害和市场风险的能力需要进一步加强。农业产业化水平不高，农业组织化程度较低。无公害农产品产地认证和产品认证规模、数量较小，缺乏名优品牌。尽快把自己的品牌推向区外市场，形成品牌经济、绿色经济，实现品牌效益，较大幅度地增加农民收入。

4、农业生产资料价格上涨，增加了农业生产成本。农资价格的上涨，在一定程度上抵消了各项惠农政策的效应，冲抵了强农惠农给农民带来的实惠，这就直接影响到农民对农业生产投入积极性，从而影响到农业生产的发展和农民的增收。

三、几点建议

1、加大农村基础建设力度，坚持不懈地搞好农田基本建设，以增强抗御旱、涝等自然灾害的能力，关键是要加强对农田基本建设的支持力度，积极向上争取农业综合开发项目资金，解决基础设施建设难的问题，引导农民加大对农业生产的投入，把有限的资金用在改善农业生产的基础设施上。

2、提高农业防灾抗灾能力，推进高效规模农业发展，保持农林牧渔业收入稳定增长。完善抗灾预警应急体系，加强对病虫害和疫情的防治，保证农业生产的稳定。加大力度推进高效农业设施化、畜禽养殖规模化、立体种养特色化，确保农业增效、农民增收。

3、大力扶持和发展以农户家庭经营为主的农村二、三产业。二、三产业抗御天灾的能力比第一产业强，市场竞争力比第一产业大，农民增收快。

4、加大农村劳动力的转移力度。随着国际经济的复苏和国内经济的平稳回升，返乡农民工及就业情况和去年比较，形势较好。合理利用剩余劳动力，做大做强劳务经济，努力增加农民现金收入。要通过建立劳务输出网络，健全培训机构，解决好留守子女或老人生产、生活困难等方式，继续保持劳务经济快速发展的良好势头，充分发挥打工经济对农民增收的带动作用。

荆州市生猪产业发展现状、问题与对策

熊军陵　李　莉

近年来，荆州市认真贯彻落实《畜牧法》、《动物防疫法》等法律法规，以发展现代生猪产业为主线，以破解制约发展的瓶颈因素为着力点，全力招商引资，培植产业龙头，大力推进产业化经营，生猪产业迈入加快发展的新阶段，规模化、标准化、产业化快速推进，呈现出现代产业的特征，但也存在一些突出问题。

一、现状

2013年，荆州市生猪出栏499.15万头，存栏376.52万头，分别比2010年增加61.87万头、70.76万头，分别增14.1%、23.1%。能繁母猪存栏33.59万头，比2010年增加8.36万头、增33.1%。生猪出栏占全省的11.45%，在市州中排第5位。松滋、监利、公安3个县市为国家生猪调出大县，2013年分别出栏生猪125.7万头、104.3万头和85.91万头。2013年，荆州市生猪产值95.77亿元，占畜牧业产值的69.1%。近年来，荆州市生猪产业持续健康发展，主要呈现六个方面主要特点：

1、种源供应能力显著提升。2006年前，荆州市能繁母猪存栏不足10万头，常年需从外地大量调进仔猪满足生猪生产需要。近年来，荆州市上下认真落实能繁母猪饲养补贴、能繁母猪保险、国家生猪良种工程项目、国家生猪良种补贴项目等扶持政策，加强生猪种源建设。荆州市共争取国家各种政策性资金2.2亿元，完善生猪良种繁育体系。松滋市、监利县利用国家生猪良种补贴项目资金，分别建立健全了县、乡、村三级人工授精服务网络。湖北三湖畜牧公司、荆州桑梓湖种猪场2家养殖企业分别进入全国生猪核心育种场行列。荆州市能繁母猪参保率达到80%以上。同时，积极引进龙头企业兴建生猪种源生产基地。近年来，先后引进温氏公司在监利兴建4个种猪场，原种猪存栏达到5000头，父母代种猪存栏达到1.5万头；在松滋新建3个种猪场，原种猪存栏达到9500头，父母代种猪存栏达到4.5万头；在洪湖，20万头种猪场新建项目已经开工。仅温氏一家公司种猪场项目全部建成投产后，种猪存栏就可达到27.5万头。湖北襄大集团在松滋分4年投资3亿元建设4万头规模种猪繁育项目正在抓紧建设。湖南美神集团2012年在荆州区新建的2万头种猪场项目已经投产。在这些大型种猪企业的支撑下，荆州市仔猪供应能力显著增强，满足了生猪产业快速发展的需要。2013年，荆州市能繁母猪存栏达到33.59万头。

2、标准化规模养殖水平逐年提高。近年来，随着畜牧强县、生猪调出大县、现代畜牧业示范区、畜禽标准化“四级联创”等创建活动的深入开展，荆州市生猪标准化规模养殖水平不断提升。2013年，荆州市共有生猪标准化示范场716个，其中部级生猪示范场7个、省级场34个、市级场118个、县级场557个。标准化示范场出栏生猪174.4万头，占荆州市生猪出栏总量的35%。荆州市万头猪场达到58个，建成生猪标准化“150”模式猪舍2666栋，荆州市生猪规模化养殖率达到80%。总体看，荆州市散养户进一步加快退出，生猪产业主体加快向规模化、专业化、企业化发展，规模养殖户标准在提高、规模在扩大、管理在加强。

3、龙头企业实力不断增强。近年来，荆州市畜牧系统加大招商引资工作力度，生猪产业的一批养殖与加工龙头企业相继落户荆州。广东温氏先后落户监利县、松滋市和洪湖市，分别建设70万头、80万头和60

万头生猪养殖项目。襄大集团在松滋投资10亿元建设100万头生猪养殖、饲料、屠宰和深加工一体化项目，目前已完成投资3.5亿元。江苏雨润集团2009年即落户荆州区，兴建荆州雨润食品工业园，建成年屠宰200万头生猪的屠宰加工线。新荥集团投资7.5亿元在监利建设100万头生猪屠宰加工项目，前期工作已完成，将择日开工。湖南大有养殖有限公司投资5亿元在石首市兴建50万头生猪生态养殖项目正在建设。同时，湖北天牧畜禽养殖有限公司、湖北三湖畜牧有限公司等本地生猪龙头企业实力也不断增强。目前，荆州市市级以上生猪龙头企业达到17家，其中省级龙头企业5家，市级龙头企业12家，占畜牧业龙头企业的三分之一，在推进生猪产业快速发展中发挥了重要支撑和带动作用。

4、生猪产业合作经济组织快速发展。近年来，荆州市畜牧系统大力推进生猪专业合作社和合作联社发展，提高养猪业组织化程度。2014年3月，市畜牧兽医局在松滋专题组织召开荆州市畜禽养殖专业合作社发展现场会，大力推进以生猪合作社和联社为重点的畜禽养殖专业合作社发展，促进生猪产业提档升级。目前，荆州市生猪专业合作社达到161个，网络农户13665个，出栏生猪232.2万头，占生猪总出栏的47%。松滋市汇龙生猪专业合作社先后荣获“湖北省10强畜牧业专业合作社”、“全国农民专业合作社示范社”称号，网络社员574户，年出栏生猪18万头以上，占该市年生猪出栏的14.3%。监利宏翔养猪专业合作社网络生猪养殖户400多户，采取饲料、兽药、销售“三统一”的模式，每头猪可节本增效40元以上，每年可为社员直接或间接增加收入户平2万元以上。生猪专合组织的快速发展，提高了农民组织化程度，完善了农民利益联结分配机制，增强了农民抵御市场风险能力，有力推动了生猪产业化发展进程。

5、饲料工业快速发展。近年来，荆州市瞄准国内饲料行业10强企业和单一品种饲料业内5强企业，积极开展招商引资，坚持招大扶强，荆州市饲料工业快速发展，满足了以生猪为主的动物养殖需要。一是知名企业纷纷落户，本地企业不断发展壮大。目前，全国饲料行业前10强企业中，有新希望、通威、唐人神、大北农、正大集团、双胞胎、海大等7家企业落户荆州，中粮集团、东方希望、汇海、江西正邦、山东和美华、广西百洋、台湾安佑等一批知名饲料企业签约建设。其中，荆州海大饲料有限公司是荆州市最大的饲料生产企业，2013年饲料总销量达到28万吨，该公司三期扩建工程已经完成，年产能扩大到50万吨。本地饲料企业如天佳、金迪尔、正康、恒泰等也日益壮大。荆州市饲料企业总数达到74家，其中配合饲料生产企业44家，单一饲料企业29家，预混料企业1家。二是品种齐全，质量提高。饲料产品除了有全价配合饲料外，还有氨基酸、微生物添加剂和预混料产品，品种繁多，门类齐全。饲料产品质量持续稳定提高，连续多年没有发生饲料质量安全事件。三是产能提升，影响扩大。2013年，荆州市配合饲料产量150万吨，分别比上年增16万吨，增11%。荆州市饲料产销量仅次于武汉市位居全省第二，产品除满足本地需求外，饲料原料产品复合氨基酸粉远销福建、广东、广西等地，配合饲料、预混料产品辐射到宜昌、襄阳、常德、岳阳等周边地区，知名度和影响力不断扩大。

6、破解瓶颈因素有了一些好的典型。随着生猪标准化规模养殖的不断发展，养殖用地难、融资难、废弃物处理难等瓶颈因素不断突显，严重制约了生猪产业的快速发展。各地通过创新解难，在破解上述瓶颈因素上有了一些好的作法和典型。一是探索出融资新办法。积极推动松滋汇龙生猪集团搭建“一金一险三级担保”融资平台，建立金融支持畜牧业的融资机制，即建立贷款偿还风险金、开展育肥猪保险，实现担保公司、汇龙生猪集团和农户联保的三级担保融资机制，畅通金融资本支持养殖企业、养殖大户的渠道，2013年，松滋汇龙生猪集团共为农户担保贷款1300多万元。同时，积极推动养猪企业与邮储银行、农业银行等金融机构合作，争取信贷支持。据统计，2013年荆州市共争取畜牧业贷款57148万元，支持养殖农户4622户。二是积极开展育肥猪保险。在没有中央、省政策扶持的情况下，积极推动养猪户与保险公司合作，开展育肥猪保险。2013年,荆州市育肥猪参保达到17.76万头,比2012年增16.4万头。三是积极推行生猪价格指数保险。荆州市每头生猪每年保险费24元,其中地方财政承担14元,养殖场承担10元。当市场猪粮比低于6:1时,就可获得保险理赔。通过保险赔付,养猪场在市场低迷时也基本能实现盈亏平衡,从而稳定生猪生产。通过积极协调,松滋市、公安县、监利县各列支财政资金100万元、80万元、70万元,进行保险补贴,在全省率先分别与中国平安财产保险公司签订了生猪价格指数保险合同。四是开展畜牧业节能减排。2013年,和市环保局共同开展粪污减排工作,荆州市49家养殖场基本完成市政府下达的减排任务。五是积极探索粪污综合处理利用模式。近年来,荆州市积极探索推广"猪-沼-果"、"猪-沼-鱼"、"猪-沼-菜"、"猪-粪-蚯蚓"等循环经济模式,效果良好。公安县良友公司将猪粪通过沼气池处理后,免费向周边葡萄种植户供应沼液沼渣,产品供不应求;监利天牧公司用猪粪污水养殖水蚯蚓出售,既增强了粪污处理能力,又增加了收入;江陵县畜牧局与能源办合作,扶持企业购置20多台沼渣车专门将养猪场的沼液沼渣运送到鱼塘和菜地,沼渣沼液配送有了专业队伍。

二、问题

近年来,在政策驱动、部门推动、龙头带动下,荆州市生猪产业化发展取得显著成效,但也面临着产业链条不完善,粪污处理难等突出问题。

1、*加工严重滞后*。发达国家畜产品80%以上是经过初加工、30%以上经过深加工后销售的,我国畜产品的初加工、深加工比重也分别达到35%和4%。而荆州市畜产品加工比例偏低,特别是生猪产品加工尤为突出。2013年荆州市生猪出栏近500万头,而荆州市乡镇以上生猪定点屠宰场加工量仅为60万头,加上农户自宰自食年猪70万头,荆州市粗加工仅130万头左右,两项合计约占荆州市生猪出栏总量的1/4。即荆州市生猪出栏总量的3/4约370万头左右是以活猪的形式外销。2013年荆州城乡居民人均消费猪肉38.5公斤,折算成活猪总量约为340万头。也就是说荆州市除了乡镇以上生猪定点屠宰场宰杀和农户自宰的130万头生猪外,还有210万头生猪是以冷鲜肉或熟制品的形式由外地调入,其中不乏本地猪由外地企业屠宰后又以冷链物流配送的方式返销荆州的现象。仅按每屠宰加工1头猪产生利税10元计算,荆州市每年流失利税2100万元以上,带动就业和相关产业发展的损失更是无法估算。一方面,生猪屠宰加工能力严重不足,另一方面,新引进的现代屠宰企业不能正常开工或开业。2009年荆州区引进南京雨润集团建设的200万头生猪屠宰加工项目,加工厂建起后,一直不能正常开业。松滋襄大公司100头生猪屠宰深加工项目,已完成设备安装,开业在即。监利新荥集团100万头生猪屠宰加工项目,因担心证照难办,一直不敢开工。荆州市以生猪为原料的深加工、精加工还没有实现零的突破。

2、*排泄物资源化利用难度大*。随着生猪产业的快速发展,排泄量也大幅增加。近年来,一方面畜牧部门认真组织实施生猪标准化改扩建项目和大中型沼气工程项目,兴建粪污处理设施,提高养殖场粪污处理能力;另一方面,积极探索推广农牧结合、猪粪还田等粪污综合利用技术和模式,并取得显著成效。但由于目前种植业、养殖业分工分业,养猪场没有与之相适应的配套土地,猪粪还田模式推广起来难度较大。据测算,1亩土地只能消纳16头左右的育肥猪产生的猪粪,1个万头猪场需要600亩左右土地进行配套。粪污处理难已成为制约生猪产业持续健康发展的重要阻碍因素。

三、对策

1、*立足全产业,强力推进生猪产业化经营*。产业化经营是产业发展之魂。深入推进生猪产业化经营,重点是要大力发展猪肉产品深加工。"规模养殖、集中屠宰、冷链配送、冰鲜上市",是我国生猪产业未来的发展方向。一方面,要大力扶持加工型龙头企业发展;另一方面,要按照建设全产业链的要求,完善生猪上下游产业链条各环节，加快培育生猪养殖专业合作社联合社，完善利益联结机制，推进产业链各环节深度联合。

2、促进资源整合，破解大型屠宰企业开业难问题。协调处理好大型屠宰加工企业与本地生猪定点屠宰场之间的利益矛盾，破解大型屠宰加工企业的难题。现有的生猪定点屠宰场，为保障市民吃上放心肉做出过突出贡献，但不适应当前生猪产业化发展的形势，也满足不了猪肉产品深加工的需要。引进的大型生猪屠宰加工企业，是深入推进生猪产业化发展的重要环节，但是一旦开业，将影响到现有生猪定点屠宰场的市场和利益。要寻求政策突破，兼顾各利益主体，化解矛盾，做好资源整合，促成大型屠宰加工企业早日开业。

3、加大政策支持，鼓励探索粪污处理新模式。努力探索农牧结合、种养结合技术和模式，化解粪污处理难题，减少规模养殖对环境的影响和危害。建议各级政府加大对畜禽养殖粪污处理的政策支持，加大财政投入，通过以奖代补的方式，引导养殖户加大对粪污处理设施建设及设备购置投入，促进畜禽养殖可持续发展。

4、围绕组织化，促进养殖主体在更高平台上的联合。一是引导组建一批生猪养殖专业合作社联合社，提高中小规模养殖户的组织化程度，增强他们的市场话语权，提高他们的市场谈判地位。二是在养猪企业家俱乐部的基础上，组建产业联盟，通过产业联盟，开展行业深度联合，实现原料及产品的统购统销，解决万头猪场的发展难题，增强抵御市场风险能力。三是探索组织养猪企业与大型屠宰加工企业或生猪定点屠宰场开展生产与加工对接，解决屠宰加工企业原料供应问题。

5、保障食品安全，推进监管信息化。推进以动物检疫电子出证为核心的畜牧业全程信息化监管平台建设，完善动物产品溯源体系，强化畜牧业投入品、养殖运输屠宰、肉品仓储上市等全程监管，严格病死动物无害化处理，保障上市肉品质量安全。做好这项工作需要政府主导，加强监管队伍建设，并加大投入。

（作者单位：荆州市畜牧局、荆州市统计局）

1 农村基本情况

农村基本情况

项目	农村基层组织情况（个）					乡村户数（万户）
	乡镇政府个数	其中：镇个数	办事处	村民委员会	村民小组	
湖北省	**932**	**757**	**226**	**25955**	**210108**	**1088.01**
武汉市	**8**	**5**	**68**	**1988**	**17777**	**77.2**
武汉市辖区	1		24	248	1867	12.68
汉南区			4	51	208	2.12
蔡甸区	3	2	7	283	2031	8.84
江夏区			10	269	2665	9.99
黄陂区	1		14	584	6229	24.89
新洲区	3	3	9	553	4777	18.68
黄石市	**28**	**27**	**8**	**773**	**7710**	**37.62**
黄石市辖区	2	2	4	49	516	3.88
阳新县	16	16		392	3366	16.52
大冶市	10	9	4	332	3828	17.22
十堰市	**106**	**71**	**13**	**1857**	**10545**	**65.73**
茅箭区	3	1	4	42	217	1.17
张湾区	4	2	4	68	411	1.79
郧县	19	16		341	1776	12.57
郧西县	16	9		338	2281	11.75
竹山县	17	9		249	1470	11.09
竹溪县	15	10		289	1751	8.41
房县	20	12		305	1520	10.7
丹江口市	12	12	5	225	1119	8.25
宜昌市	**87**	**67**	**23**	**1379**	**8150**	**88.23**
宜昌市辖区	6	2	17	99	636	5.79
夷陵区	11	9	1	176	1062	13.81
远安县	7	6		102	494	5.51
兴山县	8	6		89	497	4.21
秭归县	12	8		186	1111	10.84
长阳自治县	11	8		154	970	10.87
五峰自治县	8	5		97	725	5.92
宜都市	9	7	1	123	850	9.52
当阳市	7	7	3	155	934	11.26
枝江市	8	8	1	198	871	10.5
襄阳市	**78**	**74**	**23**	**2391**	**14910**	**101.25**
襄阳市辖区	2	2		27	168	2.41
襄城区	3	2	6	123	672	5.93
樊城区	2	2	8	79	630	5.11
襄州区	12	12	2	422	3095	19.85
南漳县	10	10		282	1350	11.32
谷城县	10	9		284	1219	13.32
保康县	11	10		261	1213	6.3
老河口市	8	7	2	217	1577	7.69
枣阳市	12	12	3	506	3595	19.21
宜城市	8	8	2	190	1391	10.11
鄂州市	**21**	**18**	**4**	**316**	**4027**	**20.9**
荆门市	**52**	**50**	**7**	**1394**	**9940**	**49.84**
东宝区	7	6	2	166	1045	5.23
掇刀区	2	2	4	80	667	2.42
京山县	14	14		405	2333	11.69
沙洋县	13	13		248	2511	12.68
钟祥市	16	15	1	495	3384	17.82
孝感市	**95**	**72**	**13**	**2945**	**23553**	**105.68**
孝感市辖区				40	339	1.79
孝南区	11	8	5	453	3493	15.81
孝昌县	12	8		445	3520	14.63

续表1

项目	农村基层组织情况（个）					乡村户数（万户）
	乡镇政府个数	其中：镇个数	办事处	村民委员会	村民小组	
大悟县	17	14		362	3685	13.54
云梦县	12	9		286	2411	12
应城市	10	10	5	416	3262	14.68
安陆市	13	9	2	379	3114	11.85
汉川市	20	14	1	564	3729	21.38
荆州市	**102**	**89**	**13**	**2457**	**20464**	**107.24**
荆州市辖区	1			3	12	0.56
沙市区	5	4	6	79	555	2.88
荆州区	7	7	3	122	886	6.92
公安县	16	14		328	3342	18.53
监利县	21	18		768	6077	25.52
江陵县	9	7		199	1551	6.43
石首市	12	11	2	272	2637	11.94
洪湖市	15	14	2	448	2902	16.5
松滋市	16	14		238	2502	17.96
黄冈市	**115**	**99**	**21**	**4303**	**37074**	**154.5**
黄冈市辖区			7	56	56	0.79
黄州区	4	3	4	116	862	5.41
团风县	10	8		290	2340	9.06
红安县	11	10	2	401	3834	14.03
罗田县	12	8		413	4107	13.68
英山县	11	8		307	2565	9.78
浠水县	13	12		649	5765	23.12
蕲春县	14	13	1	578	4792	20.1
黄梅县	16	12		485	4071	18.6
麻城市	16	15	3	706	5971	25.6
武穴市	8	8	4	302	2711	14.33
咸宁市	**64**	**52**	**6**	**909**	**10068**	**52.4**
咸安区	10	9	3	138	2296	9.65
嘉鱼县	8	8		79	517	7.2
通城县	11	9		168	1930	9.84
崇阳县	12	8		186	1872	8.86
通山县	12	8		187	1739	8.57
赤壁市	11	10	3	151	1714	8.28
随州市	**38**	**34**	**7**	**852**	**8360**	**52.58**
曾都区	5	5	4	148	1483	10.52
随县	19	19		350	2842	20.16
广水市	14	10	3	354	4035	21.9
恩施自治州	**83**	**47**	**5**	**2532**	**22962**	**97.27**
恩施市	13	4	3	172	1398	18
利川市	12	7	2	564	6008	22.27
建始县	10	6		393	3545	12.96
巴东县	12	10		471	3756	12.76
宣恩县	9	4		279	2677	8.63
咸丰县	10	5		263	2406	9.61
来凤县	8	6		185	1800	7.03
鹤峰县	9	5		205	1372	6.01
仙桃市	**15**	**15**		**625**	**4537**	**27.27**
潜江市	**10**	**10**	**12**	**389**	**2973**	**18.19**
天门市	**22**	**21**	**3**	**778**	**6735**	**30.8**
神农架林区	**8**	**6**		**67**	**323**	**1.31**

续表2 单位:万人

项目	乡村人口数	乡村从业人员	农业从业人员	国有农林牧渔场从业人员	农业从业人员	非农业从业人员
湖北省	**4092.19**	**2280.14**	**869.49**	**47.38**	**27.93**	**19.45**
武汉市	**264.64**	**145.32**	**47.05**	**6.84**	**2.82**	**4.02**
武汉市辖区	38.63	20.62	5.9	2.51	1.23	1.28
汉南区	6.56	3.21	2.06	0.24	0.11	0.13
蔡甸区	31.89	17.26	6.56	0.34	0.2	0.14
江夏区	35.36	19.52	7.09	0.79	0.52	0.27
黄陂区	79.9	45.26	14.45	2.04	0.43	1.61
新洲区	72.3	39.45	10.99	0.92	0.33	0.59
黄石市	**160.55**	**87.79**	**19.97**	**3.4**	**2.07**	**1.33**
黄石市辖区	14.88	7.76	1.49	0.34	0.32	0.02
阳新县	77.96	41.78	10.67	2.9	1.62	1.28
大冶市	67.71	38.25	7.81	0.16	0.13	0.03
十堰市	**245.47**	**136.76**	**47.2**	**1.87**	**1.14**	**0.73**
茅箭区	3.48	1.76	0.31			
张湾区	5.59	3.14	1.3	0.01	0.01	
郧县	50.12	27.83	10.09	0.08	0.04	0.04
郧西县	42.51	24.13	6.66	0.01	0.01	
竹山县	42.21	21.55	5.86	0.04	0.03	0.01
竹溪县	31.47	15.79	7.5	0.75	0.44	0.31
房县	40.6	23.62	7.4	0.62	0.36	0.26
丹江口市	29.49	18.94	8.08	0.36	0.25	0.11
宜昌市	**270.87**	**162.96**	**69.47**	**1.27**	**1.1**	**0.17**
宜昌市辖区	18.87	10.02	4.22			
夷陵区	40.7	22.99	11.84			
远安县	15.41	9.8	3.44			
兴山县	12.72	8.16	5.17			
秭归县	31.61	20.24	10.16			
长阳自治县	34.21	21.56	10.62	0.02	0.01	0.01
五峰自治县	18.49	10.49	6.22	0.01	0.01	
宜都市	28.86	17.93	3.97	0.01	0.01	
当阳市	34.45	20.14	7.4	1.23	1.07	0.16
枝江市	35.55	21.63	6.43			
襄阳市	**374.56**	**220.47**	**83.47**	**3.86**	**2.16**	**1.7**
襄阳市辖区	8.51	5.04	1.34			
襄城区	22.5	11.29	5.16	0.06	0.04	0.02
樊城区	19.41	10.9	5.2			
襄州区	79.2	44.35	15.52	1.14	0.46	0.68
南漳县	40.75	23.64	8.44	0.61	0.26	0.35
谷城县	38.24	23.66	7.88	0.41	0.38	0.03
保康县	22.4	14.7	6.9	0.01	0.01	
老河口市	29.2	20.63	8.1	0.02	0.01	0.01
枣阳市	72.52	42.4	12.79	1.33	0.84	0.49
宜城市	41.83	23.86	12.14	0.28	0.16	0.12
鄂州市	**77.01**	**40.3**	**19.03**	**0.97**	**0.9**	**0.07**
荆门市	**190.93**	**107.57**	**37.96**	**1.99**	**1.3**	**0.69**
东宝区	18.7	11.4	3.32			
掇刀区	10.27	5.62	3.23	0.02	0.02	
京山县	44.55	24.37	8.26	0.15	0.07	0.08
沙洋县	47.11	27.79	9.89	0.63	0.3	0.33
钟祥市	70.3	38.39	13.26	1.19	0.91	0.28
孝感市	**417.47**	**246.23**	**84.59**	**5.29**	**2.88**	**2.41**
孝感市辖区	7.03	4.17	0.93	0.03	0.01	0.02
孝南区	59	31.43	10.35	1.14	0.71	0.43
孝昌县	60.22	32.29	10.98			

续表3 单位:万人

项目	乡村人口数	乡村从业人员		国有农林牧渔场从业人员		
			农业从业人员		农业从业人员	非农业从业人员
大悟县	54.85	33.4	14.76	0.2	0.11	0.09
云梦县	46.42	31.83	10.02	0.07	0.05	0.02
应城市	58.43	34.88	10.55	0.04	0.02	0.02
安陆市	47.96	27.99	9.56			
汉川市	83.56	50.24	17.44	3.81	1.98	1.83
荆州市	**430.94**	**235.37**	**101.16**	**14.21**	**9.25**	**4.96**
荆州市辖区	2.08	1.11	0.25	0.97	0.4	0.57
沙市区	11.63	5.84	2.48	0.07	0.06	0.01
荆州区	25.25	13.65	6.47	2.65	2	0.65
公安县	73.79	42.19	20.83			
监利县	109.65	57.89	20.54	3.46	2.11	1.35
江陵县	28.62	16.04	9.23	1.95	0.77	1.18
石首市	47.19	25.18	8.88	0.55	0.41	0.14
洪湖市	66.88	36.78	18.04	4.2	3.14	1.06
松滋市	65.85	36.69	14.44	0.36	0.36	
黄冈市	**581.8**	**322.26**	**130.93**	**4.03**	**2.3**	**1.73**
黄冈市辖区	2.62	1.1	0.75	1.72	0.75	0.97
黄州区	15.82	9.77	3.56	0.27	0.16	0.11
团风县	32.1	17.37	7.22	0.07	0.07	
红安县	53.86	27.52	11.65	0.12	0.1	0.02
罗田县	50.56	30.4	10.11	0.05	0.02	0.03
英山县	33.61	20.24	8.59	0.2	0.11	0.09
浠水县	82.95	46.31	19.2	0.28	0.08	0.2
蕲春县	80.62	43.54	14.07	0.14	0.14	
黄梅县	75.6	38.5	19	0.14	0.09	0.05
麻城市	94.82	57.28	23.01	0.8	0.59	0.21
武穴市	59.24	30.23	13.77	0.24	0.19	0.05
咸宁市	**217.27**	**108.6**	**40.21**	**1.61**	**0.83**	**0.78**
咸安区	39.01	18.61	9.75	0.23	0.16	0.07
嘉鱼县	28.53	14.51	4.88	0.56	0.19	0.37
通城县	40.54	20.68	6.98	0.07	0.01	0.06
崇阳县	37.42	18.75	7.05	0.24	0.24	
通山县	37.08	19.35	5.72	0.11	0.03	0.08
赤壁市	34.69	16.7	5.83	0.4	0.2	0.2
随州市	**197.27**	**106.28**	**39.79**	**0.02**	**0.01**	**0.01**
曾都区	38.48	20.07	7.54			
随县	77.75	41.84	15.92			
广水市	81.04	44.37	16.33	0.02	0.01	0.01
恩施自治州	**344.89**	**192.77**	**92.12**	**0.02**	**0.02**	
恩施市	62.5	33	16.97			
利川市	83.24	43.5	20.64			
建始县	45.93	24.79	13.06			
巴东县	41.76	24.86	11.29			
宣恩县	31.8	18.22	8.55			
咸丰县	32.99	18.68	8.8			
来凤县	27	17.45	7.28			
鹤峰县	19.67	12.27	5.53	0.02	0.02	
仙桃市	**115.05**	**65.73**	**23.18**	**0.84**	**0.63**	**0.21**
潜江市	**71.07**	**38.7**	**13.92**			
天门市	**127.66**	**60.32**	**18.12**	**1.16**	**0.52**	**0.64**
神农架林区	**4.74**	**2.71**	**1.32**			

耕地情况

单位:千公顷

项目	年末耕地总资源	常用耕地面积	水田	旱地	临时性耕地	25度以上坡耕地	年内增加	年内减少
湖北省	**3949.12**	**3409.91**	**1976.12**	**1433.79**	**539.21**	**111.83**	**17.74**	**16.33**
武汉市	**199.44**	**197.64**	**119.44**	**78.2**	**1.8**	**0.04**	**0.11**	**4.49**
武汉市辖区	27.09	26.05	10.34	15.71	1.04	0.04	0.01	3.37
汉南区	10.46	9.85	1.8	8.05	0.61			
蔡甸区	24.58	24.53	13.57	10.96	0.05		0.02	0.44
江夏区	34.73	34.63	22.28	12.35	0.1		0.07	0.23
黄陂区	52.54	52.54	42.23	10.31			0.01	0.3
新洲区	50.04	50.04	29.22	20.82				0.15
黄石市	**120.21**	**89.39**	**58.38**	**31.01**	**30.82**	**0.68**	**0.26**	**0.46**
黄石市辖区	2.25	1.95	0.9	1.05	0.3	0.02	0.03	0.04
阳新县	65.33	51.74	31.96	19.78	13.59	0.25		0.15
大冶市	52.63	35.7	25.52	10.18	16.93	0.41	0.23	0.27
十堰市	**223.09**	**177.05**	**38.59**	**138.46**	**46.04**	**18.01**	**1.63**	**0.81**
茅箭区	1.52	0.6	0.11	0.49	0.92			0.05
张湾区	4.75	1.29	0.31	0.98	3.46		0.02	0.01
郧县	37.41	35.45	6.89	28.56	1.96	0.22	0.08	0.16
郧西县	42.95	26.84	3.3	23.54	16.11	8.02	0.13	0.13
竹山县	39.36	33.76	6.51	27.25	5.6	5.6	0.52	0.14
竹溪县	31.35	29.51	6.51	23	1.84	1.76	0.18	0.12
房县	42.72	28.49	8.36	20.13	14.23	2.41	0.2	0.1
丹江口市	23.03	21.11	6.6	14.51	1.92		0.5	0.1
宜昌市	**320.66**	**266.44**	**87.6**	**178.84**	**54.22**	**14.1**	**3.95**	**1.48**
宜昌市辖区	6.87	5.26	1	4.26	1.61	0.82		0.23
夷陵区	36.41	33.66	11.34	22.32	2.75	2.6	0.28	0.15
远安县	16.81	11.94	8.06	3.88	4.87		0.11	0.08
兴山县	22.11	16.21	2.36	13.85	5.9	2.44	0.05	0.05
秭归县	27.3	23.8	3.3	20.5	3.5	0.7	0.3	0.1
长阳自治县	53.75	39.65	2.69	36.96	14.1		3	
五峰自治县	26.86	20.43	0.34	20.09	6.43	6.43		0.01
宜都市	21.82	15.84	5.98	9.86	5.98	0.53	0.19	0.79
当阳市	63.07	54.13	29.86	24.27	8.94	0.58	0.02	0.07
枝江市	45.66	45.52	22.67	22.85	0.14			
襄阳市	**462.09**	**452.2**	**207.77**	**244.43**	**9.89**	**3.6**	**4.79**	**2.36**
襄阳市辖区	3.36	3.19	1.19	2	0.17	0.09	0.23	0.67
襄城区	17.61	17.4	10.9	6.5	0.21	0.05	0.03	0.18
樊城区	16.56	15.5	7.81	7.69	1.06	0.14	2.09	0.41
襄州区	110.55	109.59	48.9	60.69	0.96	0.08	0.59	
南漳县	42.55	41.19	22.71	18.48	1.36	0.13	0.28	0.38
谷城县	29.27	28.52	17.18	11.34	0.75	0.35	0.06	0.06
保康县	24.25	22.93	3.73	19.2	1.32	0.9	0.1	0.16
老河口市	44.43	40.45	14.45	26	3.98	1.78	0.2	0.19
枣阳市	111.19	111.11	48.7	62.41	0.08	0.08	1.12	0.31
宜城市	62.32	62.32	32.2	30.12			0.09	
鄂州市	**40.99**	**40.41**	**26**	**14.41**	**0.58**		**0.11**	**0.25**
荆门市	**271.66**	**266.69**	**188.96**	**77.73**	**4.97**	**0.93**	**0.63**	**0.66**
东宝区	20.92	20.21	17.25	2.96	0.71	0.12	0.24	0.03
掇刀区	15.75	15.75	12.09	3.66				0.05
京山县	71.52	69.29	50.54	18.75	2.23	0.78	0.23	0.42
沙洋县	78.45	78.45	63.67	14.78			0.16	0.03
钟祥市	85.02	82.99	45.41	37.58	2.03	0.03		0.13
孝感市	**305.06**	**266.84**	**208.05**	**58.79**	**38.22**	**4.05**	**0.99**	**1.04**
孝感市辖区	1.36	1.34	1.22	0.12	0.02		0.02	0.31
孝南区	46.54	34.1	28.97	5.13	12.44	0.01	0.15	0.14
孝昌县	35.03	32.63	26.1	6.53	2.4	0.16	0.23	0.03

续表

单位:千公顷

项目	年末耕地总资源	常用耕地面积			临时性耕地		年内增加	年内减少
		常用耕地面积	水田	旱地	临时性耕地	25度以上坡耕地		
大悟县	41.18	36.68	28.07	8.61	4.5	3.5	0.02	0.03
云梦县	26.71	25.42	19.08	6.34	1.29		0.13	0.03
应城市	38.53	38.19	33	5.19	0.34		0.04	0.07
安陆市	49.94	33.32	30.01	3.31	16.62	0.38	0.4	0.39
汉川市	65.77	65.16	41.6	23.56	0.61			0.04
荆州市	**658.05**	**468.71**	**335.9**	**132.81**	**189.34**			**0.24**
荆州市辖区	0.75	0.75	0.26	0.49				0.09
沙市区	20.68	12.16	9.59	2.57	8.52			0.07
荆州区	52.21	34.98	20.72	14.26	17.23			0.08
公安县	103.97	80.38	50.82	29.56	23.59			
监利县	171.54	137.7	116.05	21.65	33.84			
江陵县	64.67	37.99	28.78	9.21	26.68			
石首市	46.89	40.92	26.23	14.69	5.97			
洪湖市	111.01	64.2	49.86	14.34	46.81			
松滋市	86.33	59.63	33.59	26.04	26.7			
黄冈市	**357.9**	**343.63**	**260.05**	**83.58**	**14.27**	**7.92**	**2.34**	**1.39**
黄冈市辖区	4.38	4.38	3.25	1.13			0.14	
黄州区	11.85	10.82	4.82	6	1.03		0.22	0.18
团风县	18.27	17.85	15.2	2.65	0.42	0.33	0.03	0.09
红安县	40.71	38.22	27.21	11.01	2.49	0.62	0.5	0.21
罗田县	27.74	26.25	20.89	5.36	1.49	0.85	0.22	0.12
英山县	17.53	17.27	14.48	2.79	0.26	0.02	0.12	0.12
浠水县	46.89	44.47	33.48	10.99	2.42	1.03	0.26	0.25
蕲春县	41.07	40.67	34.89	5.78	0.4	0.12	0.22	0.08
黄梅县	57.98	54.63	38.28	16.35	3.35	3.15		
麻城市	54.26	53.05	36.79	16.26	1.21	1.21	0.14	0.11
武穴市	37.22	36.02	30.76	5.26	1.2	0.59	0.49	0.23
咸宁市	**197.14**	**158.65**	**111.9**	**46.75**	**38.49**	**22.31**	**1.31**	**1.58**
咸安区	38.08	35.54	26.4	9.14	2.54	0.91	0.19	0.05
嘉鱼县	31.64	30.72	17.59	13.13	0.92		0.47	0.93
通城县	29.5	21.29	15.94	5.35	8.21	5.27	0.01	0.01
崇阳县	35.39	23.29	16.89	6.4	12.1	5.72	0.4	0.33
通山县	28.64	14.84	9.39	5.45	13.8	10.41	0.24	0.26
赤壁市	33.89	32.97	25.69	7.28	0.92			
随州市	**192.58**	**143.35**	**118.71**	**24.64**	**49.23**	**8.27**	**0.33**	**0.35**
曾都区	29.39	25.93	22.34	3.59	3.46	1.75	0.01	0.15
随县	88.67	78.28	63.13	15.15	10.39	6.52	0.25	0.09
广水市	74.52	39.14	33.24	5.9	35.38		0.07	0.11
恩施自治州	**315.66**	**260.29**	**70.8**	**189.49**	**55.37**	**31.37**	**0.69**	**0.94**
恩施市	48.77	47.14	9.51	37.63	1.63	1.12	0.01	0.13
利川市	60.15	58.16	22.47	35.69	1.99	0.78	0.07	0.4
建始县	37.22	34.31	3.79	30.52	2.91	1.64		
巴东县	43.81	36.32	1.9	34.42	7.49	5.64	0.06	0.03
宣恩县	38.74	24.75	9.23	15.52	13.99	5.29	0.02	0.11
咸丰县	40.66	26.24	11.96	14.28	14.42	9.72	0.34	0.02
来凤县	25.48	17.15	9.36	7.79	8.33	5.42	0.02	0.17
鹤峰县	20.83	16.22	2.58	13.64	4.61	1.76	0.17	0.08
仙桃市	**95.11**	**90.54**	**57.93**	**32.61**	**4.57**		**0.29**	
潜江市	**72.1**	**72.1**	**37.94**	**34.16**				
天门市	**110.52**	**109.66**	**48.03**	**61.63**	**0.86**	**0.01**	**0.29**	**0.25**
神农架林区	**6.86**	**6.32**	**0.07**	**6.25**	**0.54**	**0.54**	**0.02**	**0.03**

农村劳动力文化程度和年龄状况

单位：万人

指标名称	外出从业人员	小学及以下	初　中	高中及以上	20岁以下	21岁–49岁	50岁以上
湖北省	**1102.63**	**135.54**	**636.87**	**330.22**	**169.86**	**783.71**	**149.06**
武汉市	**70.67**	**6.88**	**40.23**	**23.56**	**11.32**	**48.17**	**11.18**
武汉市辖区	5.93	0.43	3.28	2.22	0.78	4.17	0.98
汉南区	1.2		0.13	1.07	0.23	0.96	0.01
蔡甸区	6.88	0.56	3.99	2.33	0.96	4.84	1.08
江夏区	10.69	1.13	5.66	3.9	1.47	7.62	1.6
黄陂区	26.33	3.64	15.53	7.16	3.66	18.25	4.42
新洲区	19.64	1.12	11.64	6.88	4.22	12.33	3.09
黄石市	**50.17**	**5.73**	**31.42**	**13.02**	**8.27**	**37**	**4.9**
黄石市辖区	3.32	0.36	1.82	1.14	0.56	2.43	0.33
阳新县	28.42	3.08	20.12	5.22	5.09	22.34	0.99
大冶市	18.43	2.29	9.48	6.66	2.62	12.23	3.58
十堰市	**73.39**	**12.09**	**41.26**	**20.04**	**10.34**	**50.23**	**12.82**
茅箭区	0.95	0.09	0.51	0.35	0.11	0.71	0.13
张湾区	1.27	0.22	0.73	0.32	0.18	0.88	0.21
郧县	15.17	2	8.45	4.72	2.37	10.04	2.76
郧西县	15.49	2.17	8.88	4.44	1.66	10.96	2.87
竹山县	12.93	2.42	7.53	2.98	1.98	8.78	2.17
竹溪县	7.31	1.42	3.9	1.99	1.18	4.58	1.55
房县	13.29	3.1	7.03	3.16	1.94	9.25	2.1
丹江口市	6.98	0.67	4.23	2.08	0.92	5.03	1.03
宜昌市	**68.46**	**6.37**	**38.16**	**23.93**	**9.36**	**49.55**	**9.55**
宜昌市辖区	**4.11**	**0.26**	**2.02**	**1.83**	**0.56**	**3.11**	**0.44**
夷陵区	9.07	0.74	4.64	3.69	1.22	6.45	1.4
远安县	4.86	0.44	2.97	1.45	0.74	3.4	0.72
兴山县	2.24	0.17	1.34	0.73	0.36	1.59	0.29
秭归县	9.3	0.73	5.62	2.95	1.05	7.24	1.01
长阳自治县	11.04	1.79	5.81	3.44	1.7	7.49	1.85
五峰自治县	3.28	0.45	1.72	1.11	0.52	2.29	0.47
宜都市	10	0.79	5.58	3.63	1.15	7.15	1.7
当阳市	7.49	0.76	4.08	2.65	1.15	5.41	0.93
枝江市	7.07	0.24	4.38	2.45	0.91	5.42	0.74
襄阳市	**100.28**	**8.61**	**52.19**	**39.48**	**13.83**	**74.14**	**12.31**
襄阳市辖区	1.39	0.23	0.73	0.43	0.21	0.99	0.19
襄城区	5.27	0.25	3.22	1.8	0.94	3.47	0.86
樊城区	6.05	0.72	3.78	1.55	0.83	3.02	2.2
襄州区	22.91	1.01	4.23	17.67	0.61	21.89	0.41
南漳县	11.64	1.9	7.07	2.67	2.01	7.91	1.72
谷城县	11.02	1.18	7.17	2.67	1.45	8.01	1.56
保康县	5.9	0.9	3.1	1.9	0.9	4.3	0.7
老河口市	8.21	0.63	5.4	2.18	1.78	5.59	0.84
枣阳市	17.81	1.12	11.27	5.42	3.4	12.27	2.14
宜城市	10.08	0.67	6.22	3.19	1.7	6.69	1.69
鄂州市	**15.35**	**1.31**	**8.35**	**5.69**	**2.58**	**10.51**	**2.26**
荆门市	**51.08**	**3.42**	**28.62**	**19.04**	**6.36**	**39.46**	**5.26**
东宝区	4.59	0.12	2.03	2.44	0.51	3.65	0.43
掇刀区	1.72	0.1	1.04	0.58	0.3	1.15	0.27
京山县	13.42	0.51	7.26	5.65	1.57	10.55	1.3
沙洋县	11.33	0.61	6.05	4.67	1.38	8.97	0.98
钟祥市	20.02	2.08	12.24	5.7	2.6	15.14	2.28
孝感市	**134.14**	**16.12**	**82.13**	**35.89**	**20.83**	**95.57**	**17.74**
孝感市辖区	2.98	0.21	1.29	1.48	0.32	2.3	0.36
孝南区	19.54	3.95	11.33	4.26	2.79	14.35	2.4
孝昌县	18.87	2.17	12.69	4.01	3.3	13.57	2

续表　　　　　　　　　　　　　　　　　　　　　　　　　　　　　　单位:万人

指标名称	外出从业人员	小学及以下	初　中	高中及以上	20岁以下	21岁-49岁	50岁以上
大悟县	17.86	1.38	10.3	6.18	3.45	11.92	2.49
云梦县	18.39	2.39	13.25	2.75	2.28	13.35	2.76
应城市	18.28	2.05	10.87	5.36	3.37	12.26	2.65
安陆市	15.98	1.65	9.21	5.12	2.02	12.18	1.78
汉川市	22.24	2.32	13.19	6.73	3.3	15.64	3.3
荆州市	**109.83**	**12.94**	**63.74**	**33.15**	**17.95**	**77.17**	**14.71**
荆州市辖区	0.59	0.04	0.36	0.19	0.05	0.49	0.05
沙市区	2.91	0.34	0.97	1.6	0.81	1.7	0.4
荆州区	5.94	0.25	3.23	2.46	0.62	4.72	0.6
公安县	17.98	1.9	10.54	5.54	3.53	12.22	2.23
监利县	31.37	5.32	18.48	7.57	5.92	19.72	5.73
江陵县	5.65	0.72	3.21	1.72	1.27	4.04	0.34
石首市	11.72	1.11	7.1	3.51	1.39	8.65	1.68
洪湖市	14.13	1.67	9.07	3.39	1.77	10.59	1.77
松滋市	19.54	1.59	10.78	7.17	2.59	15.04	1.91
黄冈市	**156.58**	**26.57**	**87.91**	**42.1**	**24.38**	**109.32**	**22.88**
黄冈市辖区	0.23	0.01	0.15	0.07	0.05	0.17	0.01
黄州区	4.33	0.53	2.5	1.3	0.43	3.16	0.74
团风县	9.32	1.75	5.63	1.94	1.43	6.09	1.8
红安县	14.06	2.43	8.36	3.27	2.69	8.88	2.49
罗田县	14.98	2.1	7.89	4.99	2.14	10.49	2.35
英山县	10.43	1.51	5.31	3.61	1.3	7.63	1.5
浠水县	25.35	5	14.1	6.25	3.3	17.4	4.65
蕲春县	21.77	3.62	12.72	5.43	3.64	14.73	3.4
黄梅县	14.19	2.75	8.29	3.15	2.1	11.79	0.3
麻城市	26.63	4.1	13.63	8.9	4.3	19.03	3.3
武穴市	15.29	2.77	9.33	3.19	3	9.95	2.34
咸宁市	**51.42**	**6.79**	**30.92**	**13.71**	**9.81**	**35.44**	**6.17**
咸安区	6.88	1.15	4.04	1.69	1.49	4.44	0.95
嘉鱼县	6.6	0.92	3.68	2	1.29	4.51	0.8
通城县	10.16	1.17	6.42	2.57	2.04	7.17	0.95
崇阳县	10.32	1.51	5.97	2.84	1.97	7.13	1.22
通山县	8.96	1.33	6	1.63	1.63	6.35	0.98
赤壁市	8.5	0.71	4.81	2.98	1.39	5.84	1.27
随州市	**49.92**	**5.61**	**29.8**	**14.51**	**8.41**	**34.36**	**7.15**
曾都区	9.07	0.72	5.23	3.12	1.82	5.98	1.27
随县	17.65	2.26	10.52	4.87	3.39	12.13	2.13
广水市	23.2	2.63	14.05	6.52	3.2	16.25	3.75
恩施自治州	**85.95**	**13.96**	**51.08**	**20.91**	**13.2**	**61.76**	**10.99**
恩施市	11.95	2.05	7.25	2.65	1.85	8.37	1.73
利川市	21.17	2.87	13.54	4.76	3.44	15.37	2.36
建始县	12.01	1.39	7.17	3.45	1.68	9.14	1.19
巴东县	8.22	1.38	4.97	1.87	1.13	5.98	1.11
宣恩县	8.68	1.6	5.55	1.53	1.33	5.84	1.51
咸丰县	9.49	1.27	5.4	2.82	1.48	6.62	1.39
来凤县	9.39	2.93	4.2	2.26	1.76	6.45	1.18
鹤峰县	5.04	0.47	3	1.57	0.53	3.99	0.52
仙桃市	**30.52**	**3.35**	**18.17**	**9**	**4.92**	**22.18**	**3.42**
潜江市	**20.37**	**2.74**	**10.92**	**6.71**	**3.12**	**14.56**	**2.69**
天门市	**33.59**	**2.91**	**21.36**	**9.32**	**5.09**	**23.58**	**4.92**
神农架林区	**0.91**	**0.14**	**0.61**	**0.16**	**0.09**	**0.71**	**0.11**

农村劳动力外出渠道和从业时间

单位：万人

指标名称	外出渠道				外出从业时间		
	自发	政府有关部门组织	中介组织介绍	企业招收	1个月－3个月	3个月－6个月	6个月以上
湖北省	**783.53**	**92.02**	**75.19**	**151.89**	**90.35**	**209.13**	**803.15**
武汉市	**48.06**	**8.02**	**4.43**	**10.16**	**5.38**	**17.96**	**47.33**
武汉市辖区	2.99	1.01	0.61	1.32	0.61	1.22	4.1
汉南区	0.4	0.08		0.72	0.04	0.26	0.9
蔡甸区	5.34	0.2	0.31	1.03	0.55	1.36	4.97
江夏区	7.3	1.28	0.82	1.29	1.1	2.85	6.74
黄陂区	18.81	3.57	1.1	2.85	1.86	7.04	17.43
新洲区	13.22	1.88	1.59	2.95	1.22	5.23	13.19
黄石市	**36.18**	**3.02**	**3**	**7.97**	**5.67**	**8.04**	**36.46**
黄石市辖区	2.01	0.14	0.48	0.69	0.42	0.78	2.12
阳新县	21.45	1.91	1.52	3.54	2.43	2.35	23.64
大冶市	12.72	0.97	1	3.74	2.82	4.91	10.7
十堰市	**51.01**	**7.93**	**6.39**	**8.06**	**6.1**	**13.95**	**53.34**
茅箭区	0.74	0.06	0.04	0.11	0.05	0.1	0.8
张湾区	0.84	0.07	0.22	0.14	0.08	0.21	0.98
郧县	10.04	0.97	1.11	3.05	1.47	3.43	10.27
郧西县	9.7	2.68	1.62	1.49	1.29	3	11.2
竹山县	9.88	1.17	1	0.88	1.32	2.97	8.64
竹溪县	5.55	0.56	0.35	0.85	0.34	0.85	6.12
房县	8.87	1.9	1.52	1	1.25	2.36	9.68
丹江口市	5.39	0.52	0.53	0.54	0.3	1.03	5.65
宜昌市	**46.66**	**6.54**	**5.31**	**9.95**	**6.15**	**14.32**	**47.99**
宜昌市辖区	2.86	0.22	0.22	0.81	0.34	0.74	3.03
夷陵区	6.43	0.82	0.77	1.05	0.88	1.74	6.45
远安县	3.37	0.39	0.37	0.73	0.44	0.89	3.53
兴山县	1.77	0.16	0.11	0.2	0.21	0.42	1.61
秭归县	6.1	1.58	0.65	0.97	0.57	1.49	7.24
长阳自治县	7.2	1.36	1.06	1.42	1.21	2.81	7.02
五峰自治县	2.38	0.25	0.34	0.31	0.28	0.8	2.2
宜都市	6.38	0.8	0.76	2.06	0.69	2.2	7.11
当阳市	4.97	0.54	0.59	1.39	1.18	1.78	4.53
枝江市	5.2	0.42	0.44	1.01	0.35	1.45	5.27
襄阳市	**60.98**	**6.62**	**6.14**	**26.54**	**8.27**	**18.05**	**73.96**
襄阳市辖区	0.99	0.01	0.02	0.37	0.11	0.26	1.02
襄城区	4.07	0.25	0.3	0.65	0.41	1.26	3.6
樊城区	3.13	0.1	0.19	2.63	0.62	1.29	4.14
襄州区	4.97	1.17	1.18	15.59	1.24	1.74	19.93
南漳县	8.8	0.7	0.71	1.43	1.13	2.34	8.17
谷城县	9.07	0.52	0.53	0.9	0.88	2.12	8.02
保康县	4.1	0.6	0.5	0.7	0.6	1.2	4.1
老河口市	6.41	0.31	0.89	0.6	0.58	1.32	6.31
枣阳市	13.44	2.21	1.22	0.94	1.53	3.9	12.38
宜城市	6	0.75	0.6	2.73	1.17	2.62	6.29
鄂州市	**7.97**	**2.17**	**2.58**	**2.63**	**1.55**	**3.54**	**10.26**
荆门市	**35.3**	**5.07**	**4.33**	**6.38**	**3.93**	**7.95**	**39.2**
东宝区	2.71	0.63	0.39	0.86	0.53	0.72	3.34
掇刀区	0.96	0.18	0.22	0.36	0.13	0.5	1.09
京山县	10.67	0.62	0.98	1.15	0.72	1.49	11.21
沙洋县	7.83	1.47	0.75	1.28	0.91	1.6	8.82
钟祥市	13.13	2.17	1.99	2.73	1.64	3.64	14.74
孝感市	**91.81**	**13.21**	**9.51**	**19.61**	**11.36**	**34.44**	**88.34**
孝感市辖区	2.2	0.1	0.02	0.66	0.19	0.78	2.01
孝南区	14.06	2	1.4	2.08	1.14	7.09	11.31
孝昌县	11.32	3.01	1.93	2.61	1.89	5.64	11.34

续表 单位:万人

指标名称	外出渠道				外出从业时间		
	自发	政府有关部门组织	中介组织介绍	企业招收	1个月 – 3个月	3个月 – 6个月	6个月以上
大悟县	12.4	1.76	1.32	2.38	1.41	3.64	12.81
云梦县	14.42	1.49	1.09	1.39	1.13	5.23	12.03
应城市	13.21	0.67	0.98	3.42	1.16	3.2	13.92
安陆市	9.76	1.79	1.23	3.2	1.58	3.65	10.75
汉川市	14.44	2.39	1.54	3.87	2.86	5.21	14.17
荆州市	**86.18**	**6.92**	**6.56**	**10.17**	**6.88**	**16.81**	**86.14**
荆州市辖区	0.47	0.04	0.01	0.07	0.03	0.09	0.47
沙市区	2.02	0.09	0.12	0.68	0.3	0.86	1.75
荆州区	4.43	0.27	0.31	0.93	0.47	1.47	4
公安县	15.56	0.88	0.61	0.93	1.1	2.36	14.52
监利县	23.44	2.81	2.59	2.53	1.98	5.52	23.87
江陵县	4.92	0.35	0.16	0.22	0.38	0.86	4.41
石首市	7.93	1.31	0.72	1.76	1.13	1.56	9.03
洪湖市	12.24	0.2	0.41	1.28	0.38	1.51	12.24
松滋市	15.17	0.97	1.63	1.77	1.11	2.58	15.85
黄冈市	**111.26**	**13.67**	**11.89**	**19.76**	**16.39**	**29.97**	**110.22**
黄冈市辖区	0.2			0.03	0.01	0.01	0.21
黄州区	3.02	0.33	0.33	0.65	0.27	0.72	3.34
团风县	6.08	1.37	0.88	0.99	1.15	2.31	5.86
红安县	8.55	1.66	1.38	2.47	1.56	2.9	9.6
罗田县	10.25	1.28	1.5	1.95	1.73	2.97	10.28
英山县	6.6	1.41	1.03	1.39	0.77	1.9	7.76
浠水县	16.8	2.32	2.23	4	2.1	4.13	19.12
蕲春县	15.76	1.9	1.27	2.84	1.94	3.88	15.95
黄梅县	12.09	0.52	0.41	1.17	1.3	3.2	9.69
麻城市	19.8	1.33	2.2	3.3	4.2	5.4	17.03
武穴市	12.11	1.55	0.66	0.97	1.36	2.55	11.38
咸宁市	**37.4**	**4.22**	**3.29**	**6.51**	**4.53**	**9.34**	**37.55**
咸安区	5.31	0.59	0.58	0.4	0.59	1.05	5.24
嘉鱼县	4.44	0.48	0.53	1.15	0.65	1.17	4.78
通城县	7.82	0.62	0.6	1.12	0.83	2.12	7.21
崇阳县	6.67	1.09	0.79	1.77	1.05	2.2	7.07
通山县	6.74	1.03	0.38	0.81	0.69	1.38	6.89
赤壁市	6.42	0.41	0.41	1.26	0.72	1.42	6.36
随州市	**33.88**	**3.59**	**4.63**	**7.82**	**4.83**	**10.67**	**34.42**
曾都区	5.57	0.61	0.9	1.99	0.81	1.78	6.48
随县	12.44	1.37	2.01	1.83	1.11	3.63	12.91
广水市	15.87	1.61	1.72	4	2.91	5.26	15.03
恩施自治州	**71.48**	**6.54**	**3.19**	**4.74**	**5.45**	**13.12**	**67.38**
恩施市	10.01	0.58	0.66	0.7	0.9	2.3	8.75
利川市	18.93	0.81	0.49	0.94	1.11	2.79	17.27
建始县	9.92	0.76	0.49	0.84	0.61	1.98	9.42
巴东县	6.46	0.45	0.53	0.78	0.69	1.37	6.16
宣恩县	8.03	0.24	0.18	0.23	0.53	0.84	7.31
咸丰县	6.79	1.67	0.39	0.64	0.75	1.73	7.01
来凤县	7.38	1.35	0.29	0.37	0.62	1.53	7.24
鹤峰县	3.96	0.68	0.16	0.24	0.24	0.58	4.22
仙桃市	**23.74**	**1.33**	**0.61**	**4.84**	**1.85**	**4.74**	**23.93**
潜江市	**12.09**	**1.89**	**2.21**	**4.18**	**0.79**	**1.99**	**17.59**
天门市	**28.68**	**1.27**	**1.11**	**2.53**	**1.13**	**4.07**	**28.39**
神农架林区	**0.85**	**0.01**	**0.01**	**0.04**	**0.09**	**0.17**	**0.65**

农村劳动力转移地点及从事行业

单位:万人

指标名称	外出地点					从事行业		
	县内乡外	省内县外	省外	港、澳、台	境外	第一产业	第二产业	第三产业
湖北省	**178.81**	**287.69**	**631.09**	**3.26**	**1.78**	**60.71**	**604.54**	**437.38**
武汉市	**17.68**	**33.51**	**18.96**	**0.09**	**0.43**	**1.83**	**39.09**	**29.75**
武汉市辖区	3.13	1.7	0.99	0.04	0.07	0.3	2.94	2.69
汉南区	0.94	0.17	0.09				0.49	0.71
蔡甸区	2.11	3.73	1.01	0.02	0.01	0.17	3.73	2.98
江夏区	3.49	4.46	2.72	0.01	0.01	0.69	5.59	4.41
黄陂区	4.79	15.55	5.64	0.02	0.33	0.31	14.31	11.71
新洲区	3.22	7.9	8.51		0.01	0.36	12.03	7.25
黄石市	**8.05**	**10.25**	**31.3**	**0.21**	**0.36**	**3.07**	**35.72**	**11.38**
黄石市辖区	1.25	1.02	1.05			0.52	1.78	1.02
阳新县	2.73	3.92	21.77			0.58	22.98	4.86
大冶市	4.07	5.31	8.48	0.21	0.36	1.97	10.96	5.5
十堰市	**11.08**	**20.14**	**42.05**	**0.03**	**0.09**	**4.14**	**38.9**	**30.35**
茅箭区	0.6	0.21	0.14			0.02	0.6	0.33
张湾区	0.68	0.35	0.24			0.07	0.73	0.47
郧县	2.65	6.58	5.93		0.01	1.38	6.64	7.15
郧西县	1.84	4.07	9.58			1.11	8.27	6.11
竹山县	1.58	2.88	8.44	0.01	0.02	0.87	6.09	5.97
竹溪县	0.63	1.21	5.44		0.03	0.13	3.94	3.24
房县	1.59	3.11	8.54	0.02	0.03	0.39	8.09	4.81
丹江口市	1.51	1.73	3.74			0.17	4.54	2.27
宜昌市	**21.08**	**20.75**	**26.58**	**0.05**		**4.19**	**36.14**	**28.13**
宜昌市辖区	1.94	1.49	0.68			0.17	2.09	1.85
夷陵区	3.03	3.24	2.78	0.02		0.62	4.34	4.11
远安县	1.32	1.31	2.23			0.39	2.6	1.87
兴山县	0.4	0.7	1.13	0.01		0.09	1.23	0.92
秭归县	2.96	2.71	3.62	0.01		0.58	5.96	2.76
长阳自治县	3.26	3.59	4.19			1.38	5.07	4.59
五峰自治县	0.4	1.33	1.55			0.12	1.64	1.52
宜都市	2.67	2.9	4.43			0.3	5.53	4.17
当阳市	2.44	1.73	3.32			0.4	3.56	3.53
枝江市	2.66	1.75	2.65	0.01		0.14	4.12	2.81
襄阳市	**14.56**	**25.85**	**59.74**	**0.03**	**0.1**	**5.06**	**53.17**	**42.05**
襄阳市辖区	0.84	0.37	0.18			0.03	0.64	0.72
襄城区	1.03	1.52	2.72			0.16	2.79	2.32
樊城区	1.13	1.41	3.44		0.07	0.89	1.93	3.23
襄州区	3.11	10.04	9.76			0.79	10.99	11.13
南漳县	0.97	2.11	8.56			0.84	5.44	5.36
谷城县	1.6	2.67	6.72	0.02	0.01	1.12	6.7	3.2
保康县	0.7	1.3	3.88	0.01	0.01	0.4	3.6	1.9
老河口市	0.59	0.96	6.66			0.15	5.65	2.41
枣阳市	2.06	3.95	11.8			0.2	10.85	6.76
宜城市	2.53	1.52	6.02		0.01	0.48	4.58	5.02
鄂州市	**3.72**	**5.41**	**5.53**	**0.68**	**0.01**	**0.75**	**8**	**6.6**
荆门市	**8.81**	**12.52**	**29.64**	**0.08**	**0.03**	**3.17**	**29.44**	**18.47**
东宝区	0.97	1.16	2.46			0.19	2.91	1.49
掇刀区	0.61	0.49	0.61	0.01		0.04	0.79	0.89
京山县	1.59	3.05	8.77	0.01		0.68	7.66	5.08
沙洋县	2.12	3.37	5.84			0.59	6.5	4.24
钟祥市	3.52	4.45	11.96	0.06	0.03	1.67	11.58	6.77
孝感市	**21.14**	**39.33**	**73.09**	**0.19**	**0.39**	**5.56**	**71.42**	**57.16**
孝感市辖区	0.41	0.47	2.1				2.11	0.87
孝南区	3.07	5.04	11.42	0.01		1.21	9.53	8.8
孝昌县	2.62	4.83	11.23	0.12	0.07	0.98	8.06	9.83

续表 单位：万人

指标名称	外出地点					从事行业		
	县内乡外	省内县外	省外	港、澳、台	境外	第一产业	第二产业	第三产业
大悟县	3.29	6.15	8.35	0.02	0.05	0.9	9.75	7.21
云梦县	1.9	4.6	11.86	0.01	0.02	0.51	11.45	6.43
应城市	2.97	5.5	9.73	0.01	0.07	0.86	10.22	7.2
安陆市	2.01	4.42	9.35	0.02	0.18	0.68	9.12	6.18
汉川市	4.87	8.32	9.05			0.42	11.18	10.64
荆州市	**12.85**	**22.43**	**74.4**	**0.11**	**0.04**	**6.72**	**57.28**	**45.83**
荆州市辖区	0.37	0.12	0.1				0.44	0.15
沙市区	0.71	0.57	1.63			0.69	1.58	0.64
荆州区	1.1	1.8	3.04			0.43	3.11	2.4
公安县	2.57	3.59	11.73	0.07	0.02	0.56	9.88	7.54
监利县	2.99	6.52	21.84	0.01	0.01	3.46	11.3	16.61
江陵县	0.45	1.24	3.95		0.01	0.15	3.72	1.78
石首市	1.38	2	8.33	0.01		0.5	7.38	3.84
洪湖市	0.97	3.35	9.8	0.01		0.49	8.42	5.22
松滋市	2.31	3.24	13.98	0.01		0.44	11.45	7.65
黄冈市	**21.18**	**39.76**	**95.13**	**0.27**	**0.24**	**11.48**	**87.02**	**58.08**
黄冈市辖区	0.04	0.06	0.13			0.01	0.13	0.09
黄州区	1.33	1.12	1.85	0.03		0.24	2.5	1.59
团风县	1.79	3.34	4.16	0.01	0.02	0.92	5.52	2.88
红安县	1.9	5.78	6.28	0.03	0.07	1.06	8.9	4.1
罗田县	2.02	3.35	9.6		0.01	0.73	9.29	4.96
英山县	1.29	2.35	6.76	0.02	0.01	0.86	6	3.57
浠水县	2.62	6.63	15.97	0.05	0.08	2.45	12.47	10.43
蕲春县	2.62	4.29	14.72	0.11	0.03	1.3	10.25	10.22
黄梅县	2.39	3.79	7.99	0.01	0.01	1.09	7.38	5.72
麻城市	3.7	6.3	16.63			2.21	15.8	8.62
武穴市	1.48	2.75	11.04	0.01	0.01	0.61	8.78	5.9
咸宁市	**8.16**	**11.3**	**31.84**	**0.07**	**0.05**	**3.75**	**27.69**	**19.98**
咸安区	1.17	1.22	4.48	0.01		0.33	3.82	2.73
嘉鱼县	1.29	1.69	3.62			0.52	3.32	2.76
通城县	1.51	1.79	6.86			0.38	5.79	3.99
崇阳县	1.59	3.21	5.46	0.04	0.02	0.97	4.45	4.9
通山县	1.17	1.62	6.15		0.02	0.56	5.85	2.55
赤壁市	1.43	1.77	5.27	0.02	0.01	0.99	4.46	3.05
随州市	**8.78**	**11.68**	**29.39**	**0.04**	**0.03**	**2.74**	**26.69**	**20.49**
曾都区	2.18	2.18	4.69	0.01	0.01	0.81	4.37	3.89
随县	2.29	4.08	11.26	0.01	0.01	1.01	8.69	7.95
广水市	4.31	5.42	13.44	0.02	0.01	0.92	13.63	8.65
恩施自治州	**9.8**	**14.56**	**60.18**	**1.41**		**4.57**	**53.81**	**27.57**
恩施市	2.57	2.49	6.89			0.56	7.23	4.16
利川市	1.57	2.87	15.34	1.39		1.29	14.03	5.85
建始县	1.21	2.24	8.56			0.37	6.98	4.66
巴东县	1.23	2.22	4.76	0.01		0.31	4.21	3.7
宣恩县	0.54	0.8	7.34			0.46	5.89	2.33
咸丰县	1.08	2.06	6.34	0.01		0.71	6.66	2.12
来凤县	1.01	1.01	7.37			0.55	5.79	3.05
鹤峰县	0.59	0.87	3.58			0.32	3.02	1.7
仙桃市	**4.72**	**8.86**	**16.94**			**0.89**	**12.07**	**17.56**
潜江市	**4.22**	**4.47**	**11.68**			**1.58**	**12.56**	**6.23**
天门市	**2.78**	**6.7**	**24.1**		**0.01**	**1.2**	**15.03**	**17.36**
神农架林区	**0.2**	**0.17**	**0.54**			**0.01**	**0.51**	**0.39**

农村劳动力外出目的及培训情况

单位:万人

指标名称	外出从业目的			外出从业人员职业技能培训情况		
	务工	经商	其他	参加过职业技能培训	其中:参加过政府举办的技能培训	持有职业技术资格证书
湖北省	837.55	169.44	95.64	302.4	130.1	142.04
武汉市	54.53	10.86	5.28	22.15	11.51	13.99
武汉市辖区	4.5	0.88	0.55	2.62	1.17	1.1
汉南区	1.04	0.15	0.01	0.08	0.08	1.07
蔡甸区	5.15	1.29	0.44	1.95	0.85	0.95
江夏区	7.31	1.75	1.63	3.44	1.73	1.48
黄陂区	20.8	4.48	1.05	7.63	3.45	2.66
新洲区	15.73	2.31	1.6	6.43	4.23	6.73
黄石市	40.23	5.42	4.52	8.73	3.13	3.56
黄石市辖区	2.66	0.41	0.25	0.63	0.21	0.29
阳新县	24.87	2.61	0.94	3.83	1.51	1.24
大冶市	12.7	2.4	3.33	4.27	1.41	2.03
十堰市	57.85	8.29	7.25	25.18	14.14	10.35
茅箭区	0.77	0.12	0.06	0.34	0.2	0.17
张湾区	1.09	0.1	0.08	0.46	0.25	0.23
郧县	10.95	1.76	2.46	3.83	2.07	2.26
郧西县	11.7	2.39	1.4	6.72	3.93	2.67
竹山县	10.34	1.57	1.02	2.9	1.61	1.39
竹溪县	5.85	0.43	1.03	1.7	0.65	0.42
房县	11.08	1.3	0.91	5.91	3.79	1.56
丹江口市	6.07	0.62	0.29	3.32	1.64	1.65
宜昌市	53.1	8.97	6.39	25.26	11.34	11.06
宜昌市辖区	3.49	0.37	0.25	1.73	0.56	0.58
夷陵区	6.85	1.13	1.09	3.04	1.41	1.88
远安县	3.97	0.53	0.36	2.25	0.56	0.69
兴山县	1.89	0.17	0.18	0.87	0.42	0.4
秭归县	8.17	0.7	0.43	2.12	1.43	0.7
长阳自治县	8.51	1.1	1.43	3.21	1.5	1.61
五峰自治县	2.66	0.41	0.21	1.3	0.61	0.55
宜都市	7.14	1.87	0.99	3.33	1.62	1.77
当阳市	4.69	2.1	0.7	4.2	2.31	1.76
枝江市	5.73	0.59	0.75	3.21	0.92	1.12
襄阳市	79.37	11.62	9.29	27.22	9.63	13.57
襄阳市辖区	1.08	0.21	0.1	0.09	0.02	0.09
襄城区	3.94	0.71	0.62	1.96	0.51	0.85
樊城区	3.38	1.05	1.62	0.83	0.39	1.19
襄州区	18.96	2.55	1.4	6.12	1.4	2.56
南漳县	9.64	0.9	1.1	2.9	1.06	1.23
谷城县	9.02	1.3	0.7	1.83	0.75	0.9
保康县	4.9	0.7	0.3	1.25	0.65	0.52
老河口市	7.29	0.78	0.14	2.56	0.59	1.15
枣阳市	14.13	2.71	0.97	6.87	3.1	3.61
宜城市	7.03	0.71	2.34	2.81	1.16	1.47
鄂州市	11.18	3.35	0.82	5.57	3.89	1.89
荆门市	36.01	11	4.07	16.26	7.11	6.81
东宝区	3.5	0.54	0.55	2.74	1.27	1.34
掇刀区	1.45	0.21	0.06	0.54	0.12	0.32
京山县	10.18	2.62	0.62	5.36	1.63	1.92
沙洋县	8.17	1.99	1.17	2.61	1.45	1.43
钟祥市	12.71	5.64	1.67	5.01	2.64	1.8
孝感市	95.06	30.99	8.09	43.89	15.67	17.3
孝感市辖区	2.66	0.23	0.09	0.24	0.12	0.4
孝南区	15.02	3.87	0.65	4.92	1.6	1.86
孝昌县	13.07	4.9	0.9	8.14	3.98	2.69

续表 单位:万人

指标名称	外出从业目的			外出从业人员职业技能培训情况		
	务工	经商	其他	参加过职业技能培训	其中:参加过政府举办的技能培训	持有职业技术资格证书
大悟县	11.95	4.59	1.32	6.46	2.46	2.72
云梦县	14.51	3.5	0.38	8.78	1.58	2.98
应城市	12.95	3.09	2.24	4.18	1.66	2.02
安陆市	11.85	3.38	0.75	4.85	1.78	2.02
汉川市	13.05	7.43	1.76	6.32	2.49	2.61
荆州市	**80.01**	**20.03**	**9.79**	**23.24**	**11.37**	**12.1**
荆州市辖区	0.49	0.07	0.03	0.11	0.02	0.04
沙市区	2.05	0.45	0.41	0.35	0.11	0.43
荆州区	4.63	0.91	0.4	1.75	0.89	0.73
公安县	14.38	1.91	1.69	4.58	1.31	1.82
监利县	18.29	8.69	4.39	4.42	2.92	2.11
江陵县	4.58	0.94	0.13	0.73	0.49	0.57
石首市	9.04	1.73	0.95	2.29	1.36	1.69
洪湖市	9.86	2.6	1.67	1.74	1.03	1.28
松滋市	16.69	2.73	0.12	7.27	3.24	3.43
黄冈市	**123.16**	**17.85**	**15.57**	**39.05**	**18.94**	**21.16**
黄冈市辖区	0.17	0.02	0.04	0.06	0.01	0.01
黄州区	3.35	0.48	0.5	1.38	0.35	1.03
团风县	7.58	0.93	0.81	2.41	1.25	1.28
红安县	10.95	2.02	1.09	3.58	1.99	2.26
罗田县	12.13	1.79	1.06	3.81	1.58	2.56
英山县	7.18	2.1	1.15	5.04	2.07	2.11
浠水县	18.95	2.2	4.2	5.94	3.36	2.88
蕲春县	17.5	2.49	1.78	3.83	1.9	2.04
黄梅县	10.9	1.8	1.49	3.18	2.73	1.09
麻城市	22.1	2.1	2.43	5.1	2.2	2.6
武穴市	12.35	1.92	1.02	4.72	1.5	3.3
咸宁市	**38.54**	**7**	**5.88**	**12.37**	**5.67**	**5.5**
咸安区	5.12	0.96	0.8	1.19	0.62	0.38
嘉鱼县	5.16	0.71	0.73	1.63	0.8	0.95
通城县	7.39	1.45	1.32	3.02	1.47	1.47
崇阳县	7.71	0.99	1.62	1.63	0.6	0.85
通山县	7.34	1.08	0.54	2.25	1.1	0.83
赤壁市	5.82	1.81	0.87	2.65	1.08	1.02
随州市	**34.48**	**8.84**	**6.6**	**16.37**	**5.23**	**7.57**
曾都区	6.67	1.1	1.3	2.33	0.59	1.58
随县	11.48	2.98	3.19	5.39	1.27	3.42
广水市	16.33	4.76	2.11	8.65	3.37	2.57
恩施自治州	**75.25**	**5.98**	**4.72**	**19.6**	**6.44**	**6.58**
恩施市	10.43	0.99	0.53	3.9	1.26	1.17
利川市	18.95	1.17	1.05	3.47	1.35	1.64
建始县	10.51	0.66	0.84	3.21	0.78	0.9
巴东县	7.07	0.73	0.42	1.02	0.4	0.47
宣恩县	7.68	0.58	0.42	1.22	0.3	0.55
咸丰县	8.07	0.93	0.49	2.64	0.92	0.76
来凤县	8.35	0.53	0.51	3.3	0.85	0.49
鹤峰县	4.19	0.39	0.46	0.84	0.58	0.6
仙桃市	**20.92**	**6.61**	**2.99**	**7.54**	**2.19**	**3.68**
潜江市	**16.51**	**2.41**	**1.45**	**5.06**	**2.03**	**3.86**
天门市	**20.53**	**10.15**	**2.91**	**4.56**	**1.57**	**2.9**
神农架林区	**0.82**	**0.07**	**0.02**	**0.35**	**0.24**	**0.16**

农村劳动力劳务收入情况

单位:万元

指标名称	劳务经济总收入(年)	其中:月收入500元以下	501-1000元	1001-2000元	2001元—3000元	3000元以上
湖北省	**20803764**	**12.31**	**103.16**	**371.8**	**382.87**	**232.49**
武汉市	**270606**	**0.62**	**4.52**	**28.93**	**24.88**	**11.72**
武汉市辖区	54834	0.02	0.48	2.15	2.64	0.64
汉南区	3700			0.35	0.76	0.09
蔡甸区	40772	0.06	0.42	2.63	2.55	1.22
江夏区	32300	0.24	0.48	3.76	4.05	2.16
黄陂区	80000		1.47	9.65	9.66	5.55
新洲区	59000	0.3	1.67	10.39	5.22	2.06
黄石市	**725177**	**0.13**	**1.95**	**7.78**	**14.02**	**26.29**
黄石市辖区	48965	0.05	0.35	0.84	1.21	0.87
阳新县	392560	0.07	0.31	2.81	5.91	19.32
大冶市	283652	0.01	1.29	4.13	6.9	6.1
十堰市	**866410**	**0.49**	**5.82**	**27.36**	**23.76**	**15.96**
茅箭区	16520		0.11	0.24	0.15	0.45
张湾区	17510		0.17	0.4	0.35	0.35
郧县	178580	0.17	2.09	5.84	4.06	3.01
郧西县	135619	0.07	0.66	8.69	4.58	1.49
竹山县	179546	0.07	0.75	3.53	4.93	3.65
竹溪县	58413	0.01	0.05	2.27	3.36	1.62
房县	182405	0.14	1.7	4.78	3.86	2.81
丹江口市	97817	0.03	0.29	1.61	2.47	2.58
宜昌市	1427402	0.54	6.87	26.38	20.83	13.84
宜昌市辖区	73388	0.04	0.56	1.97	1.08	0.46
夷陵区	225015	0.02	0.38	1.67	2.57	4.43
远安县	66014	0.02	0.63	2.01	1.55	0.65
兴山县	30381	0.03	0.28	0.8	0.74	0.39
秭归县	122668	0.08	0.72	4.98	2.62	0.9
长阳自治县	319360	0.19	1.26	3.49	3.08	3.02
五峰自治县	17717	0.06	0.71	1.26	0.86	0.39
宜都市	243833	0.06	1.11	3.7	3.51	1.62
当阳市	159823	0.04	0.88	3.05	2.41	1.11
枝江市	169203		0.34	3.45	2.41	0.87
襄阳市	**2014972**	**0.64**	**7.69**	**38.29**	**36.3**	**17.36**
襄阳市辖区	25485	0.02	0.08	0.6	0.42	0.27
襄城区	73450		0.27	1.95	2.22	0.83
樊城区	151445		0.11	1.28	2.75	1.91
襄州区	472179		1.63	8.87	9.62	2.79
南漳县	68307	0.04	1.22	3.63	3.7	3.05
谷城县	330600	0.05	1.01	4.45	3.41	2.1
保康县	60930	0.01	0.4	1.8	2.07	1.62
老河口市	219131		0.2	2.63	3.96	1.42
枣阳市	462303	0.47	1.81	6.85	6.24	2.44
宜城市	151142	0.05	0.96	6.23	1.91	0.93
鄂州市	**287650**	**0.2**	**3.58**	**4.76**	**4.64**	**2.17**
荆门市	**1253073**	**0.45**	**5.25**	**19.34**	**18.03**	**8.01**
东宝区	107545	0.01	0.57	2.17	1.34	0.5
掇刀区	5160		0.05	0.7	0.75	0.22
京山县	351003	0.01	0.87	4.3	6.13	2.11
沙洋县	285945	0.04	0.96	4.22	4.2	1.91
钟祥市	503420	0.39	2.8	7.95	5.61	3.27
孝感市	**3219397**	**0.98**	**10.63**	**42.43**	**49.69**	**30.41**
孝感市辖区	58080		0.06	0.65	1.25	1.02
孝南区	451726	0.13	1.25	4.36	7.09	6.71
孝昌县	492670	0.03	0.65	4.74	7.71	5.74

续表 单位:万元

指标名称	劳务经济总收入(年)	其中:月收入500元以下	501-1000元	1001-2000元	2001元—3000元	3000元以上
大悟县	385166	0.29	2.21	5.1	5.76	4.5
云梦县	379653	0.03	0.86	6.75	7.63	3.12
应城市	469609	0.08	1.58	7.22	5.94	3.46
安陆市	302111	0.21	2	6.91	4.85	2.01
汉川市	680382	0.21	2.02	6.7	9.46	3.85
荆州市	**2524035**	**1.65**	**9.52**	**37.57**	**41.62**	**19.47**
荆州市辖区	14498		0.07	0.15	0.22	0.15
沙市区	58887	0.01	0.31	0.9	1.21	0.48
荆州区	168004		0.27	2.34	1.92	1.41
公安县	299798	0.15	1.8	6.66	7.02	2.35
监利县	599354	1.31	5.37	10.79	8.54	5.36
江陵县	174695			1.56	3.52	0.57
石首市	296517	0.13	0.64	2.96	4.94	3.05
洪湖市	297558	0.05	0.66	4.79	5.84	2.79
松滋市	614724		0.4	7.42	8.41	3.31
黄冈市	**3000534**	**3.19**	**20.17**	**51.06**	**50.79**	**31.37**
黄冈市辖区	6663		0.02	0.09	0.08	0.04
黄州区	100147		0.17	1.2	1.88	1.08
团风县	177725	0.06	1.49	2.62	3.33	1.82
红安县	129856	0.22	2.06	3.86	4.92	3
罗田县	426912	0.16	1.43	4.24	5.02	4.13
英山县	216676	0.03	1.01	4.01	3.57	1.81
浠水县	515550	0.51	2.85	6.54	9.36	6.09
蕲春县	501126	0.4	2.2	6.56	7.43	5.18
黄梅县	312500	0.36	1.92	6.5	3.61	1.8
麻城市	154679	0.9	4.3	10.73	7.1	3.6
武穴市	458700	0.55	2.72	4.71	4.49	2.82
咸宁市	**1118173**	**0.83**	**5.53**	**18.81**	**18.6**	**7.65**
咸安区	118775	0.04	0.56	2.88	2.56	0.84
嘉鱼县	155960	0.04	0.53	2.08	2.42	1.53
通城县	292539	0.21	1.06	3.82	3.53	1.54
崇阳县	194666	0.13	1.44	4.83	2.83	1.09
通山县	150498	0.39	1.01	3.06	3.38	1.12
赤壁市	205735	0.02	0.93	2.14	3.88	1.53
随州市	**908227**	**0.56**	**5.66**	**17.12**	**17.37**	**9.21**
曾都区	113389	0.01	0.35	2.02	4.51	2.18
随县	348000	0.14	2.05	7.34	4.58	3.54
广水市	446838	0.41	3.26	7.76	8.28	3.49
恩施自治州	**1100465**	**1.49**	**10.58**	**25.97**	**31.36**	**16.55**
恩施市	168348	0.06	1.88	3.98	4.07	1.96
利川市	216212	0.41	1.98	6.69	6.13	5.96
建始县	141597	0.39	1.78	3.67	4.44	1.73
巴东县	215715	0.27	1.63	2.74	2.13	1.45
宣恩县	49491	0.07	0.35	2.74	4.28	1.24
咸丰县	133490	0.12	1.17	1.23	4.44	2.53
来凤县	121310	0.09	0.65	2.69	4.79	1.17
鹤峰县	54302	0.08	1.14	2.23	1.08	0.51
仙桃市	**723502**	**0.32**	**1.79**	**11.04**	**10.42**	**6.95**
潜江市	**697832**	**0.02**	**0.9**	**3.96**	**8.76**	**6.73**
天门市	**657319**	**0.2**	**2.64**	**10.7**	**11.44**	**8.61**
神农架林区	**8990**		**0.06**	**0.3**	**0.36**	**0.19**

农村劳动力外出从业环境及社会保障情况

单位：万人

指标名称	外出人员从业环境				外出从业人员社会保障					
	雇主拖欠工资人数	从事高危、有害工作人数	致伤致残人数	享受劳保补贴人数	与雇主签定劳动合同	参与养老保险人数	参与医疗保险人数	参与失业保险人数	参与生育保险人数	参与工伤保险人数
湖北省	**14.12**	**44.41**	**2.84**	**107.08**	**417.44**	**440.07**	**568.48**	**64.64**	36.85	185.55
武汉市	**1.34**	**1.47**	**0.14**	**8.92**	**32.21**	**23.07**	**38.02**	**6.88**	**6.17**	**19.26**
武汉市辖区		0.15		0.73	2.71	2.38	2.71	1.18	1.17	2.12
汉南区				1.14	1.14	1.14	1.14	1.14	1.14	1.14
蔡甸区	0.33	0.06		0.62	3.48	2.73	3.66	1.56	1.36	1.89
江夏区	0.01	0.07	0.09	0.4	5.22	4	5.1	1.46	1.48	2.49
黄陂区	0.56	0.84	0.01	2.21	10.3	8.36	20.86	0.82	0.44	4.76
新洲区	0.44	0.35	0.04	3.82	9.36	4.46	4.55	0.72	0.58	6.86
黄石市	**0.42**	**1.03**	**0.03**	**3.92**	**6.33**	**7.49**	**8.67**	**0.73**	**0.67**	**2.72**
黄石市辖区	0.03	0.09		0.24	1.15	1.3	1.81	0.3	0.23	0.51
阳新县	0.04	0.25	0.01	0.72	0.77	0.59	0.47	0.02		0.68
大冶市	0.35	0.69	0.02	2.96	4.41	5.6	6.39	0.41	0.44	1.53
十堰市	**0.71**	**5.61**	**0.27**	**6.36**	**26.67**	**32.26**	**37.8**	**2.16**	1.28	9.1
茅箭区	0.01	0.02		0.14	0.6	0.47	0.47	0.1	0.09	0.22
张湾区		0.04		0.14	0.85	0.74	0.6	0.1	0.03	0.18
郧县	0.18	0.61	0.06	1.68	5.76	5.78	7.01	0.43	0.22	1.32
郧西县	0.14	1.82	0.08	0.95	5.53	8.94	8.81	0.29	0.23	1.28
竹山县	0.09	1.31	0.04	0.72	2.82	6.07	7.69	0.37	0.13	1.61
竹溪县	0.14	0.38	0.02	0.6	2.04	2.52	3.85	0.06	0.12	0.53
房县	0.05	1.07	0.05	0.81	5.66	4.51	5.36	0.58	0.26	2.58
丹江口市	0.1	0.36	0.02	1.32	3.41	3.23	4.01	0.23	0.2	1.38
宜昌市	**0.34**	**3.14**	**0.35**	**8.62**	**30.94**	**32.66**	**34.32**	**6.27**	**4.6**	**16.21**
宜昌市辖区		0.06		0.54	2.27	2.38	1.96	1.64	1.33	1.67
夷陵区	0.03	0.35	0.02	1.28	4.45	5.37	5.61	0.7	0.46	1.92
远安县	0.02	0.26	0.01	0.52	2.16	1.98	2	0.18	0.15	0.84
兴山县	0.01	0.06	0.01	0.23	0.88	1.53	1.53	0.2	0.07	0.37
秭归县	0.08	0.33	0.1	0.67	3.23	4.39	5.87	1	0.58	1.44
长阳自治县	0.12	0.52	0.09	0.78	5.15	4.67	4.67	0.59	0.42	2.59
五峰自治县	0.04	0.49	0.01	0.77	1.59	1.83	1.98	0.23	0.12	0.95
宜都市	0.01	0.53	0.01	1.59	4.38	4.78	5.04	0.88	0.61	3.01
当阳市	0.02	0.32	0.09	1.44	3.59	3.58	4.06	0.66	0.67	1.58
枝江市	0.01	0.22	0.01	0.8	3.24	2.15	1.6	0.19	0.19	1.84
襄阳市	**0.64**	**2.39**	**0.07**	**9.53**	**36.37**	**41.72**	**45.69**	**7.73**	**3.64**	**17.46**
襄阳市辖区				0.17	0.46	0.55	1.01	0.1	0.13	0.16
襄城区	0.02	0.19		0.97	2.83	3.29	1.94	0.74	0.34	1.13
樊城区	0.08	0.2		0.21	1.36	1.72	1.86	0.1	0.1	0.38
襄州区	0.01	0.33		1.29	7.39	4.18	4.32	3.34	1.13	2.59
南漳县	0.02	0.3	0.02	0.96	3.79	5.11	9.02	0.23	0.22	1.18
谷城县	0.02	0.46	0.03	0.7	3.45	3.6	3.15	0.23	0.38	1.95
保康县		0.19		0.3	1.96	2.89	2.94	0.1	0.1	1
老河口市	0.02	0.28		1.43	3.35	3.49	4.34	0.16	0.11	2.03
枣阳市	0.36	0.28	0.01	2.72	8.58	14.49	13.68	2.3	0.78	5.97
宜城市	0.11	0.16	0.01	0.78	3.2	2.4	3.43	0.43	0.35	1.07
鄂州市	**0.18**	**0.71**	**0.01**	**0.95**	**3.61**	**15.35**	**15.35**	**0.68**	**0.35**	**2.61**
荆门市	**0.26**	**0.98**	**0.03**	**5.32**	**23.62**	**22.54**	**28.31**	**3.71**	**1.4**	**10.14**
东宝区	0.13	0.25	0.01	1.49	3.63	2.93	3.71	1.26	0.49	3.04
掇刀区	0.01	0.02	0.01	0.07	0.95	1.32	1.31	0.19	0.06	0.33
京山县	0.08	0.21		1.56	7.87	7.62	10.09	1.07	0.23	2.38
沙洋县		0.12		0.51	3.54	3.91	4.81	0.64	0.3	1.17
钟祥市	0.04	0.38	0.01	1.69	7.63	6.76	8.39	0.55	0.32	3.22
孝感市	**3.08**	**9.54**	**0.22**	**13.6**	**58.46**	**59.84**	**90.12**	**9.1**	**3**	**20.84**
孝感市辖区				0.03	2.08	0.48	2.16			0.1
孝南区	1.07	0.83	0.03	1.76	4.57	10.31	14.03	1.51	0.99	3.13
孝昌县	0.12	2.25		0.7	8.34	8.42	16.96	0.84	0.18	3.01

续表

单位：万人

指标名称	外出人员从业环境				外出从业人员社会保障					
	雇主拖欠工资人数	从事高危、有害工作人数	致伤致残人数	享受劳保补贴人数	与雇主签定劳动合同	参与养老保险人数	参与医疗保险人数	参与失业保险人数	参与生育保险人数	参与工伤保险人数
大悟县	0.53	1.24	0.07	3.31	10.68	11.06	14.31	2.65	0.71	5.36
云梦县	0.33	3.52	0.04	0.84	5.62	3.8	2.91	0.26	0.04	1.1
应城市	0.04	0.24	0.01	1.53	9.27	11.51	18.28	1.68	0.32	2.75
安陆市	0.25	1.01	0.04	3.22	8.25	4.65	10.21	0.88	0.15	1.89
汉川市	0.74	0.45	0.03	2.21	9.65	9.61	11.26	1.28	0.61	3.5
荆州市	**1.24**	**1.6**	**0.15**	**7.62**	**41.1**	**36.56**	**55.24**	**4.27**	**2.58**	**15.67**
荆州市辖区				0.02	0.27	0.25	0.29	0.03	0.02	0.07
沙市区				0.04	0.64	0.63	1.71	0.32	0.3	0.55
荆州区		0.01		0.32	2.63	2.45	2.13	0.16	0.09	1.47
公安县	0.07	0.41	0.01	0.8	7.96	8.5	9.14	0.31	0.18	1.9
监利县	0.42	0.35	0.07	1.82	5.1	8.97	23.69	0.54	0.36	2.27
江陵县	0.11	0.13	0.01	0.44	4.07	1.01	3.43	0.26	0.09	1.45
石首市	0.11	0.24	0.01	0.47	5.65	4.72	4.71	1.65	1.47	2.81
洪湖市	0.42	0.22	0.03	0.4	3.02	5.3	7.11	0.02	0.02	0.5
松滋市	0.11	0.24	0.02	3.31	11.76	4.73	3.03	0.98	0.05	4.65
黄冈市	**2.27**	**8.87**	**1.24**	**19.93**	**53.85**	**71.03**	**83.7**	**9.82**	**5.58**	**22.7**
黄冈市辖区				0.02	0.06	0.18	0.18			
黄州区	0.01	0.13		0.38	1.8	1.33	1.35	0.17	0.15	0.52
团风县	0.05	0.29	0.03	1.2	2.62	5.16	6.28	0.57	0.36	1.15
红安县	0.15	0.5	0.03	1.97	5.17	8.78	14.06	0.51	0.52	2.59
罗田县	0.27	0.8	0.07	1.04	5.98	4.68	4.45	0.61	0.38	1.85
英山县	0.26	1.26	0.06	4.41	6.75	4.97	5.57	2.39	0.99	3.21
浠水县	0.35	1.43	0.08	3.19	7.82	14.22	18.5	1.2	1.1	4.09
蕲春县	0.32	0.75	0.73	1.46	6.59	10.19	12.17	1.63	0.81	3.29
黄梅县	0.35	1.09	0.02	0.87	4.68	6.72	6.73	0.67	0.12	0.38
麻城市	0.39	1.61	0.18	4.7	8.8	9.6	9.2	1.98	1.1	4.9
武穴市	0.12	1.01	0.04	0.69	3.58	5.2	5.21	0.09	0.05	0.72
咸宁市	**0.82**	**1.89**	**0.09**	**5.29**	**24**	**28.72**	**33.79**	**5.44**	**1.94**	**10.3**
咸安区	0.03	0.06		0.41	3.04	2.09	2.3	0.5	0.09	1.34
嘉鱼县	0.01	0.14		1.37	4.21	6.6	6.6	0.76	0.41	1.67
通城县	0.18	0.66	0.01	1.27	4.68	3.37	6.32	0.64	0.06	2.42
崇阳县	0.05	0.13	0.01	1.17	3.07	9.43	9.46	2.35	0.74	0.98
通山县	0.26	0.41	0.06	0.48	4.08	3.78	4.35	0.14	0.06	0.95
赤壁市	0.29	0.49	0.01	0.59	4.92	3.45	4.76	1.05	0.58	2.94
随州市	0.87	1.17	0.1	5.81	20.5	18.71	24.56	2.17	**1.45**	**10.66**
曾都区	0.05	0.25	0.03	2.51	2.51	5.29	6.6	0.32	0.34	1.12
随县	0.09	0.36	0.02	1.65	6.78	3.83	5.27	0.49	0.41	2.42
广水市	0.73	0.56	0.05	1.65	11.21	9.59	12.69	1.36	0.7	7.12
恩施自治州	**0.6**	**4.39**	**0.07**	**6.18**	**31.51**	**23.79**	**35.31**	**2.84**	**1.15**	**10.67**
恩施市	0.03	1.43		1.13	6.41	3.89	4.17	0.41	0.27	3.59
利川市	0.14	0.41	0.02	1.02	7.02	6.43	10.04	1.14	0.34	1.92
建始县	0.13	0.69		0.83	3.5	3.77	4.31	0.29	0.19	1.14
巴东县	0.17	0.42	0.01	0.74	2.02	1.81	1.96	0.07	0.06	0.57
宣恩县	0.01	0.25	0.01	0.22	3.03	2.71	4.26	0.29	0.01	0.73
咸丰县	0.07	0.45	0.02	0.97	2.67	0.36	4.08	0.13	0.05	0.98
来凤县	0.05	0.57	0.01	0.97	4.97	4.04	6	0.37	0.15	1.39
鹤峰县		0.17		0.3	1.89	0.78	0.49	0.14	0.08	0.35
仙桃市	**0.31**	**0.62**	**0.05**	**1.87**	**11.28**	**8.27**	**13.7**	**0.93**	**0.58**	**9.74**
潜江市	**0.04**	**0.43**		**2.3**	**11.17**	**10.09**	**13.16**	**1.61**	**0.9**	**5.49**
天门市	**0.99**	**0.52**	**0.02**	**0.82**	**5.44**	**7.44**	**9.98**	**0.24**	**1.53**	**1.87**
神农架林区	**0.01**	**0.05**		**0.04**	**0.38**	**0.53**	**0.76**	**0.06**	**0.03**	**0.11**

2 农业产值

农林牧渔业总产值

单位:万元

指标名称	按现行价格计算	按可比价格计算
农林牧渔业总产值	51605645	50658334
一、农业产值	26780766	26437084
(一)谷物及其他作物	12274256	12598109
1.谷 物	7025507	
其中:小 麦	1190225	
稻 谷	5072786	
玉 米	740215	
2.薯 类	736936	
3.油 料	2209752	
其中:花 生	518497	
油菜籽	1514434	
4.豆 类	310027	
其中:大 豆	196404	
5.棉 花	1558139	
6.生 麻	20848	
7.糖 料	34191	
8.烟 草	253986	
9.其他农作物	124870	
其中:饲料作物	9807	
(二)蔬菜、食用菌及花卉盆景园艺产品	10619097	10009517
1.蔬菜(含菜用瓜)	9350720	
2.食用菌	758149	
3.花卉	452958	
4.盆景园艺	57270	
(三)水果、坚果、茶、饮料和香料	3306035	3196080
1.水果	1964182	
其中:苹 果	3027	
梨	159206	
柑 桔	983288	
2.坚果	206995	
其中:核桃	62094	
板栗	142545	
松子	2356	
3.茶及饮料原料	1107845	
其中:茶叶	1107845	
4.香料原料	27013	
其中:花椒	19867	
八角	7146	
(四)中草药材	581378	633378

续表　　单位:万元

指标名称	按现行价格计算	按可比价格计算
二、林业产值	1220076	1157677
(一) 林木的培育和种植	583189	537155
1.育种育苗	85998	
2.造 林	203486	
3.抚育和管理	172190	
(二) 竹木采运	438773	424345
其中:村及村以下	106384	
(三)林产品	198114	196177
三、牧业产值	13953927	13987497
(一)牲畜饲养	1201562	1108316
1. 牛的饲养	823270	
2. 羊的饲养	268477	
3. 其他牲畜饲养	1700	
4. 奶产品	101620	
其中:牛 奶	101620	
5. 毛绒产品	645	
其中:羊 毛	641	
羊 绒	4	
6. 其他牲畜副产品	5850	
(二)猪的饲养	8949439	9132081
(三)家禽饲养	3721513	3669046
1.肉禽	2021510	
2.禽蛋	1700003	
(四)狩猎和捕捉动物	7411	6808
(五)其他畜牧业	74002	71246
其中:蚕 茧	22104	
兔	24639	
四、渔业产值	7483952	6857204
(一)海水产品		
其中:养殖		
1.鱼 类		
2.虾蟹类		
3.贝 类		
4.藻 类		
5.其 他		
(二)淡水产品	7483952	6857204
其中:养殖	4535629	
1.鱼 类	5509572	
2.虾蟹类	1534646	
3.贝 类	37534	
4.其 他	402200	
五、农林牧渔服务业	2166923	

分县市农林牧渔业总产值

单位：万元

项目	农林牧渔业总产值（现价）	农业产值	林业产值	牧业产值	渔业产值	农林牧渔服务业产值
湖北省	51605645	26780766	1220076	13953927	7483952	2166923
武汉市	5302657	3051002	65857	1186703	836617	162478
武汉市辖区	409907	252689	1351	32227	121712	1928
汉南区	215220	103452	1444	44069	65455	800
蔡甸区	575250	367223	13263	62974	122090	9700
江夏区	1301779	771253	12314	301034	189155	28023
黄陂区	1604912	863287	26667	472180	192778	50000
新洲区	1195589	693098	10818	274219	145427	72027
黄石市	1337593	525560	15528	420775	361887	13843
黄石市辖区	66942	30438	716	26935	8521	332
阳新县	670699	268094	12748	150301	233859	5697
大冶市	599952	227028	2064	243539	119507	7814
十堰市	2501457	1452778	102746	802474	131160	12299
茅箭区	16664	5643	3142	7632	7	240
张湾区	51557	30974	3241	15474	1686	182
郧县	397176	183365	20211	187816	4283	1501
郧西县	381120	247830	20565	110318	657	1750
竹山县	377847	274032	10218	86316	4799	2482
竹溪县	395279	288934	8023	96240	498	1584
房县	426599	236837	25314	125954	35434	3060
丹江口市	455215	185163	12032	172724	83796	1500
宜昌市	5556279	2963019	63605	2004385	390045	135225
宜昌市辖区	170926	101398	344	63509	1407	4268
夷陵区	834218	489911	5556	301990	13845	22916
远安县	272486	171194	6366	85504	3002	6420
兴山县	178134	93652	3757	76933	291	3501
秭归县	328804	192170	3831	118580	479	13744
长阳自治县	534869	227268	8323	236091	51148	12039
五峰自治县	308010	184282	8042	107025	120	8541
宜都市	648680	313907	8580	261166	51996	13031
当阳市	1158482	614237	11473	390454	117662	24656
枝江市	1121670	575000	7333	363133	150095	26109
襄阳市	6789140	3155857	74057	3006887	280903	271436
襄阳市辖区	27066	19993		3987	1286	1800
襄城区	271642	143295	4679	97392	17682	8594
樊城区	212939	125852	3177	67394	8331	8185
襄州区	1600718	669627	6805	765169	82898	76219
南漳县	681654	286067	14932	357544	12551	10560
谷城县	542117	201185	13276	305008	13680	8968
保康县	346882	190858	13528	137310	1636	3550
老河口市	691299	318454	1770	260429	52920	57726
枣阳市	1566993	779231	9423	680195	52670	45474
宜城市	847830	421295	6467	332459	37249	50360
鄂州市	1384957	397977	19985	342228	620890	3878
鄂州市辖区	1384960	401337	19985	366532	631248	3985
荆门市	3379332	1499901	53386	1123483	623116	79446
东宝区	261150	116776	6629	99519	33619	4607
掇刀区	200061	99312	2498	60537	34132	3582
京山县	874895	349411	11069	367084	119915	27416
沙洋县	942894	412819	12475	295391	204290	17919
钟祥市	1100332	521583	20715	300952	231160	25922
孝感市	4523953	1945921	102419	1668460	723667	83486
孝感市辖区	12370	6298	85	4227	1503	257
孝南区	520536	216652	4050	156116	133105	10613
孝昌县	522012	274027	19997	182404	41034	4550

续表 单位:万元

项目	农林牧渔业总产值(现价)	农业产值	林业产值	牧业产值	渔业产值	农林牧渔服务业产值
大悟县	522416	275714	40353	160546	43817	1986
云梦县	586419	269016	4345	236543	69203	7312
应城市	767045	302775	6266	285208	165396	7400
安陆市	591601	182109	14250	326899	57287	11056
汉川市	1001554	419330	13073	316517	212322	40312
荆州市	**5783426**	**2530991**	**64827**	**1385752**	**1732033**	**69823**
荆州市辖区	17102	9542		5676	1404	480
沙市区	223122	93167	3559	32874	85718	7804
荆州区	608686	295165	2198	150897	154855	5571
公安县	967681	513144	8674	219857	214996	11010
监利县	1473130	646285	8869	294411	509789	13776
江陵县	327914	175017	5885	104990	36477	5545
石首市	545648	216847	16834	160938	144297	6732
洪湖市	1008270	330956	9942	107533	547743	12096
松滋市	611873	250868	8866	308576	36754	6809
黄冈市	**5322200**	**2680469**	**78440**	**1845891**	**607439**	**109961**
黄冈市辖区	83447	14417	709	37432	29349	1540
黄州区	199455	111112	2933	34812	47380	3218
团风县	218499	103599	7925	73981	27388	5606
红安县	343442	196158	7411	110575	7498	21800
罗田县	367962	238238	10729	100531	9328	9136
英山县	440734	307633	7799	106884	8104	10314
浠水县	857094	345454	7771	358940	137429	7500
蕲春县	643585	313000	13113	218535	89786	9151
黄梅县	644797	323360	8148	186511	112678	14100
麻城市	821273	445552	7300	297506	55450	15465
武穴市	701912	281946	4602	320184	83049	12131
咸宁市	**2647030**	**1349503**	**118047**	**686126**	**475067**	**18287**
咸安区	428936	177497	17822	180364	50472	2781
嘉鱼县	642389	399303	8154	49860	180970	4102
通城县	322062	142323	13245	149025	14480	2989
崇阳县	380887	157600	29895	157003	33600	2789
通山县	217098	108789	16548	66966	23498	1297
赤壁市	655658	363991	32383	82908	172047	4329
随州市	**2167226**	**1166807**	**49601**	**801901**	**102388**	**46530**
曾都区	410099	165957	5125	210432	15373	13212
随县	1006784	584955	16332	337693	40386	27418
广水市	750343	415895	28144	253776	46629	5900
恩施自治州	**2272179**	**1289200**	**89311**	**864514**	**11752**	**17402**
恩施市	407995	230896	10134	163327	793	2845
利川市	488761	315598	15821	152621	3321	1400
建始县	291360	149408	13431	123693	352	4476
巴东县	273396	150832	11723	108438	976	1427
宣恩县	236909	136039	4483	92270	2887	1230
咸丰县	224847	106198	6635	107096	1138	3780
来凤县	183953	95746	8409	76615	2149	1034
鹤峰县	164958	104483	18675	40454	136	1210
仙桃市	**1362891**	**506879**	**11507**	**323028**	**496976**	**24501**
潜江市	**1092835**	**513335**	**29547**	**328210**	**200183**	**21560**
天门市	**1085844**	**524864**	**2897**	**279161**	**257522**	**21400**
神农架林区	**35551**	**21154**	**2995**	**10786**	**226**	**390**

分县市农林牧渔业增加值

单位:万元

项目	农林牧渔业增加值(现价)	农业增加值	林业增加值	牧业增加值	渔业增加值	农林牧渔服务业增加值
湖北省	**30981595**	**17102994**	**581018**	**7992926**	**4625758**	**678899**
武汉市	**3354035**	**1998140**	**41071**	**694302**	**511717**	**108805**
武汉市辖区	271010	184359	590	16845	68219	997
汉南区	117070	50784	1050	25954	38882	400
蔡甸区	368160	238406	8773	38478	77653	4850
江夏区	822166	537138	7094	140512	110961	26461
黄陂区	1010452	543870	16640	297013	122929	30000
新洲区	765177	443583	6924	175500	93073	46097
黄石市	**952102**	**388516**	**12107**	**272778**	**269859**	**8842**
黄石市辖区	48038	22388	369	18485	6565	231
阳新县	486831	197766	10293	100617	174628	3527
大冶市	417233	168362	1445	153676	88666	5084
十堰市	**1430348**	**841870**	**50469**	**451371**	**79807**	**6831**
茅箭区	11134	3239	1821	5977	5	92
张湾区	31646	22708	890	7603	341	104
郧县	244301	107273	8269	124919	2723	1117
郧西县	202968	125073	8487	67848	383	1177
竹山县	237786	179517	4797	48236	4030	1206
竹溪县	209483	160519	4380	43312	266	1006
房县	245282	142140	14641	68298	18316	1887
丹江口市	247748	101401	7184	85178	53743	242
宜昌市	**3359458**	**1820115**	**36973**	**1193142**	**234482**	**74746**
宜昌市辖区	101990	65253	204	33889	748	1896
夷陵区	517830	301699	3769	189729	7865	14768
远安县	174655	115926	2954	50300	1326	4149
兴山县	103989	57769	1578	42846	216	1580
秭归县	204701	124334	2541	70489	327	7010
长阳自治县	326041	146755	4244	136945	31536	6561
五峰自治县	181353	119923	6245	49199	84	5902
宜都市	391046	194475	5057	151900	30883	8731
当阳市	683789	347748	5835	246644	73451	10111
枝江市	674064	346233	4546	221201	88046	14038
襄阳市	**3864456**	**1859701**	**49229**	**1658726**	**145897**	**150903**
襄阳市辖区	15116	11040		2711	515	850
襄城区	166259	87941	4027	57444	9628	7219
樊城区	139300	78783	2730	45996	5243	6548
襄州区	884813	386952	4672	406755	44104	42330
南漳县	420706	178640	12173	214357	8956	6580
谷城县	316177	118710	9848	177810	5886	3923
保康县	186162	113613	7746	62618	635	1550
老河口市	402288	201757	1019	137107	30842	31563
枣阳市	855331	447567	4064	356111	23943	23646
宜城市	478304	234698	2950	197817	16145	26694
鄂州市	**785054**	**195031**	**5332**	**213636**	**369598**	**1458**
鄂州市辖区	785055	187475	4973	213135	344907	1565
荆门市	**1903028**	**821901**	**30675**	**665115**	**335983**	**49354**
东宝区	148305	76569	4483	48356	16294	2603
掇刀区	124298	65072	1197	32381	22536	3112
京山县	520554	127567	1161	317849	53803	20174
沙洋县	550772	258792	8879	147328	122798	12975
钟祥市	559099	293901	14955	119201	120552	10490
孝感市	**2431315**	**1121377**	**59206**	**837219**	**371092**	**42421**
孝感市辖区	6470	3285	54	2198	797	136
孝南区	287382	136750	1649	70627	71311	7045
孝昌县	281669	145347	12355	101295	20482	2190

续表 单位:万元

项目	农林牧渔业增加值（现价）	农业增加值	林业增加值	牧业增加值	渔业增加值	农林牧渔服务业增加值
大悟县	298476	144158	26036	103409	23501	1372
云梦县	309033	156024	2621	108904	37716	3768
应城市	388892	153506	3177	132334	95764	4111
安陆市	329203	127365	6130	168000	22568	5140
汉川市	530190	254942	7184	150452	98953	18659
荆州市	**3190859**	**1488137**	**47117**	**699206**	**920090**	**36309**
荆州市辖区	12464	7548		3448	1218	250
沙市区	136378	56356	2806	18039	55119	4058
荆州区	316665	168355	1226	67183	77004	2897
公安县	545269	290444	6617	106995	135488	5725
监利县	807180	396135	4354	134453	265074	7164
江陵县	189520	104585	4714	57246	20092	2883
石首市	295937	131267	14593	76585	69991	3501
洪湖市	520470	178821	6880	51142	277337	6290
松滋市	366976	154626	5927	184115	18767	3541
黄冈市	**3567890**	**1912870**	**43365**	**1150340**	**384682**	**76634**
黄冈市辖区	43558	7665	374	17142	17832	545
黄州区	133036	82218	1267	22173	25725	1653
团风县	145574	79129	7127	34531	21954	2832
红安县	248083	151228	1342	72153	1659	21700
罗田县	228679	168392	8686	40804	6635	4162
英山县	300617	230703	3283	59126	4745	2761
浠水县	556148	222387	603	242238	86519	4400
蕲春县	407782	204616	10557	148512	41946	2151
黄梅县	454882	249567	4424	108570	81197	11124
麻城市	569412	324206	3901	177422	48419	15465
武穴市	480119	192759	1800	227668	48051	9841
咸宁市	**1628965**	**833312**	**72520**	**428348**	**282050**	**12735**
咸安区	257510	110736	10563	102460	31570	2181
嘉鱼县	374220	234625	4730	28618	103376	2871
通城县	215362	91284	8053	104506	9626	1893
崇阳县	231818	95300	18087	95958	20427	2046
通山县	130044	65007	10323	39550	14220	944
赤壁市	420011	236360	20764	57256	102831	2800
随州市	**1247890**	**626430**	**29796**	**484036**	**72527**	**35102**
曾都区	215776	73130	1657	121108	8892	10990
随县	584391	305614	8993	219542	30544	19698
广水市	447723	247686	19146	143386	33091	4414
恩施自治州	**1332843**	**752592**	**49672**	**511248**	**8446**	**10885**
恩施市	244608	144423	3925	94224	549	1487
利川市	285284	179590	12564	89229	2966	935
建始县	169395	90002	6063	70222	210	2898
巴东县	159382	83415	6166	68316	615	870
宣恩县	134502	77349	3008	51342	1832	971
咸丰县	139678	58565	4723	73326	734	2330
来凤县	108617	57746	4025	44653	1444	749
鹤峰县	91377	61502	9198	19936	96	645
仙桃市	**802485**	**319280**	**2557**	**173766**	**291881**	**15001**
潜江市	**649957**	**366336**	**24389**	**114500**	**133832**	**10900**
天门市	**743049**	**338575**	**1421**	**171224**	**216849**	**14980**
神农架林区	**17723**	**10113**	**1892**	**5452**	**76**	**190**

农林牧渔业中间消耗

单位:万元

指 标 名 称	金 额	指 标 名 称	金 额
农林牧渔业中间消耗总计	20624050.0	7.办公用品购置	7464
一、农业中间消耗合计	9677772.0	8.其 他	19580
(一)物质消耗	8045825	(二)生产服务支出	117004
(1)用种量	1481456	三、牧业中间消耗合计	5961001
(2)役畜用饲料、饲草	1006662	(一)物质消耗	5121371
(3)肥料	2461641	1.用种量	505901
(4)燃料	658153	2.饲料、饲草	3517652
(5)农药	573302	3.燃 料	166649
(6)农用塑料薄膜	225948	4.用电量	134332
(7)用电量	414923	5.畜牧用药品	238447
(8)小农具购置	1080637	6.其 他	558390
(9)办公用品购置	22808	(二)生产服务支出	839630
(10)其 他	120295	四、渔业中间消耗合计	2858194
(二)生产服务支出	1631947	(一)物质消耗	2333219
二、林业中间消耗合计	639059	1.饲 料	1481546
(一)物质消耗	522055	2.燃 料	125498
1.用种量	189303	3.用电量	192715
2.肥 料	99680	4.办公用品购置	8454
3.燃 料	29913	5.其 他	525006
4.农 药	49541	(二)生产服务支出	524975
5.用电量	23989	五、农林牧渔服务业中间消耗合计	1488024
6.小农机具购置	102585	(一)物质消耗	1398724
		(二)生产服务支出	89300

3 种　植　业

粮食作物生产情况

单位:千公顷、万吨

指标名称	播种面积	产量
一、全年粮食	4258.40	2501.30
(一)夏收粮食合计	1392.93	501.00
1、谷物	1118.29	425.73
其中:小麦	1094.80	416.80
大麦	22.99	8.70
燕麦	0.04	0.01
荞麦	0.21	0.03
其他	0.25	0.19
2、豆类	58.48	10.43
其中:大豆		
3、薯类	216.16	64.84
其中:马铃薯	216.16	64.84
(二)早稻	385.61	222.75
(三)秋收粮食合计	2479.85	1777.55
1、谷物	2290.94	1725.44
其中:小麦		
玉米	573.47	270.75
中稻	1265.65	1153.60
双季晚稻	449.89	300.28
其他	1.93	0.80
2、豆类	101.80	21.28
其中:大豆	86.67	19.58
绿豆	11.88	1.54
红小豆	3.25	0.16
3、薯类	87.11	30.84
其中:马铃薯	21.35	9.25
红薯	65.76	21.59

经济作物生产情况

单位:千公顷、吨、万枝、万盆

指标名称	播种面积	产量
经济作物	3847.79	
一、油料作物	1516.90	3331726
其中:花生	200.35	681120
油菜籽	1226.30	2504700
芝 麻	84.37	136034
胡麻籽	0.00	
向日葵籽	5.88	9872
二、棉花	415.59	459700
三、麻类合计	11.19	26144
其中:黄红麻	0.08	147
苎 麻	11.10	25997
大 麻(线麻)	0.00	
亚 麻	0.00	
四、糖料	7.52	287211
(一)甘蔗	7.50	287162
(二)甜菜	0.02	49
五、烟叶(未加工烟草)	64.35	126986
其中:烤烟(未去梗烤烟叶)	49.64	94610
六、中草药材	143.57	
其中:人 参	2.92	18235
甘 草	4.16	15651
枸 杞	1.55	5195
七、蔬菜及食用菌	1145.02	35783101
(一)叶菜类	172.02	5042238
其中:芹 菜	32.43	952076
油 菜	35.19	944603
菠 菜	46.74	1137440
(二)白菜类	209.41	6913310
其中:大白菜	161.85	5360198
(三)甘蓝类	41.93	1462522
其中:卷心菜(结球甘蓝)	26.38	824761
(四)根茎类	195.46	6296663
其中:白萝卜	125.32	4311499
胡萝卜	33.34	990898
生 姜	7.27	164812
榨菜头	3.29	103679

续表　　　　单位：千公顷、吨、万枝、万盆

指标名称	播种面积	产量
（五）瓜菜类	115.75	3928528
其中：黄　瓜	57.85	1944151
南　瓜	33.98	1127526
（六）豆类	93.85	2692643
其中：豇　豆	40.06	1221575
四季豆	36.43	1004874
（七）茄果菜类	130.11	3798792
其中：茄　子	42.39	1127257
辣　椒	47.43	1288761
西红柿	32.97	1090624
（八）葱蒜类	58.49	1894591
其中：大葱	19.42	574824
蒜头	27.46	851829
（九）水生菜类	69.77	1807167
其中：莲藕	53.89	1538648
（十）其它蔬菜	58.23	1550578
（十一）食用菌		396067
1.干品		121964
其中:香　菇		94996
黑木耳		23784
2.鲜品		274103
其中:蘑　菇		216485
八、瓜果类	101.42	3510422
其中：西瓜	83.33	3030573
甜瓜	14.03	396304
草莓	1.99	29975
九、其他农作物	442.23	
其中：青饲料	262.50	
十、特种作物		
花卉	44.06	
鲜切花		9863
盆栽观赏植物（包括盆景）		462
香料		4575
其中：花　椒		2389
八　角		953

农作物播种面积

单位：千公顷

项目	粮食作物面积	夏收粮食面积	小麦面积	蚕豌豆面积	杂粮面积	马铃薯面积
湖北省	**4258.4**	**1392.93**	**1094.80**	**58.48**	**23.48**	**216.16**
武汉市	**222.45**	**34.94**	**25.65**	**6.89**	**1.88**	**0.52**
武汉市辖区	13.7	2.05	1.19	0.58	0.28	
汉南区	9.47	2.14	1.88	0.2	0.05	0.01
蔡甸区	23.44	5.07	2.98	1.72	0.37	
江夏区	44.89	5.35	3.42	1.93		
黄陂区	70.29	8.43	5.31	1.46	1.15	0.51
新洲区	60.66	11.9	10.87	1	0.03	
黄石市	**139.56**	**20.11**	**14.13**	**2.07**	**0.18**	**3.73**
黄石市辖区	2.9	0.41	0.27	0.07	0.01	0.06
阳新县	75.86	9.4	6.74	0.51	0.04	2.11
大冶市	60.8	10.3	7.12	1.49	0.13	1.56
十堰市	**276.4**	**102.73**	**74.18**	**7.72**		**20.83**
茅箭区	0.45	0.16	0.16			
张湾区	1.27	0.51	0.49	0.02		
郧县	57.73	25.04	22.39	1.28		1.37
郧西县	52.4	22.14	17.34	1.05		3.75
竹山县	48.2	14.57	7.48	2.41		4.68
竹溪县	43.02	12.98	4.11	1.76		7.11
房县	43.53	13.97	9.51	0.88		3.58
丹江口市	29.8	13.36	12.7	0.32		0.34
宜昌市	**329.3**	**98.46**	**43.04**	**4.89**	**1.87**	**48.66**
宜昌市辖区	5.47	0.51	0.41	0.03		0.07
夷陵区	41.21	8.29	0.44	0.88	0.08	6.89
远安县	16.8	3.15	1.08	0.15	0.46	1.46
兴山县	18.2	7.66	0.2	0.45		7.01
秭归县	28.67	9.45	3.17	0.93	0.01	5.34
长阳自治县	39.4	13.72	2.39	0.73		10.6
五峰自治县	29.93	11.48	0.72	0.13		10.63
宜都市	25.4	5.85	0.83	0.59		4.43
当阳市	69.85	19.81	16.89	0.42	1.11	1.39
枝江市	54.37	18.54	16.91	0.58	0.21	0.84
襄阳市	**756.79**	**387.64**	**361.64**	**2.53**	**3.21**	**20.26**
襄阳市辖区	5.36	2.68	2.64			0.04
襄城区	25.9	12.81	12.76	0.05		
樊城区	24.06	12.44	12.14	0.06		0.24
襄州区	189.47	106.41	99.08	0.28	1.24	5.81
南漳县	74.89	36.2	34.56	0.09	0.09	1.46
谷城县	51.26	23.72	23.12	0.2		0.4
保康县	34.73	14.6	7.5	0.2		6.9
老河口市	60.31	32.26	31.19	1.05		0.02
枣阳市	200.69	104.83	98.32	0.5	1.7	4.31
宜城市	90.12	41.69	40.33	0.1	0.18	1.08
鄂州市	**59.18**	**8.63**	**5.65**	**1.67**		**1.31**
荆门市	**364.49**	**125.47**	**119.1**	**1.39**	**1.92**	**3.06**
东宝区	27.82	9.42	8.82	0.04		0.56
掇刀区	12.53	1.56	1.35	0.15		0.06
京山县	118.47	45.92	43.99	0.55		1.38
沙洋县	101.97	30.7	28.47	0.25	1.83	0.15
钟祥市	103.7	37.87	36.47	0.4	0.09	0.91
孝感市	**356.27**	**122.59**	**105.33**	**5.2**	**2.08**	**9.98**
孝感市辖区	1.5	0.51	0.44	0.02		0.05
孝南区	43.35	11.69	8.46	0.83	0.4	2
孝昌县	47.19	17.48	14.96	0.96	0.46	1.1

续表1

单位：千公顷

项目	粮食作物面积	夏收粮食面积				
			小麦面积	蚕豌豆面积	杂粮面积	马铃薯面积
大悟县	41.07	14.78	12.57	0.37	0.94	0.9
云梦县	35.32	9.71	5.67	0.08		3.96
应城市	57.9	14.51	13.23	1.05		0.23
安陆市	52.31	20.58	19.04	0.63	0.12	0.79
汉川市	77.63	33.33	30.96	1.26	0.16	0.95
荆州市	**583.99**	**136.05**	**120.75**	**7.41**	**4.09**	**3.8**
荆州市辖区	0.34	0.13	0.08		0.05	
沙市区	15.56	6.81	6.7		0.11	
荆州区	44.01	15.46	13.01	0.13	0.23	2.09
公安县	95.14	26.53	24.47	0.76	0.99	0.31
监利县	182.54	24.57	20.17	3.64	0.26	0.5
江陵县	46.23	14.8	14.25	0.17	0.3	0.08
石首市	40.38	5.22	4.26	0.56	0.34	0.06
洪湖市	90.08	25.26	23.8	1.3		0.16
松滋市	69.71	17.27	14.01	0.85	1.81	0.6
黄冈市	**535.64**	**108.31**	**71.78**	**3.87**	**2.2**	**30.46**
黄冈市辖区	9.3	6.36	6.36			
黄州区	13.55	5.91	5.68	0.08	0.05	0.1
团风县	28.43	4.38	3.32	0.25	0.09	0.72
红安县	59.17	8.61	6.05	0.13	0.3	2.13
罗田县	41.13	12.53	10.67	0.43	0.1	1.33
英山县	31.37	11.77	4.42	0.6	0.28	6.47
浠水县	67.86	6.8	2.3	0.28	0.44	3.78
蕲春县	74.83	10.82	1.01	0.71	0.03	9.07
黄梅县	69.16	14.38	11.88	0.65		1.85
麻城市	82.87	21.78	16.67	0.21	0.9	4
武穴市	57.97	4.97	3.42	0.53	0.01	1.01
咸宁市	**212.27**	**27.01**	**11.41**	**5.84**		**9.78**
咸安区	36.55	3.47	0.27	1.2		2
嘉鱼县	32.19	5.86	4.95	0.35		0.57
通城县	36.68	4.06	1.93	0.46		1.67
崇阳县	44.05	5.99	3.22	0.82		1.95
通山县	20.93	2.84	0.47	1.31		1.07
赤壁市	41.87	4.79	0.57	1.7		2.52
随州市	**235.71**	**111.46**	**95.32**	**4.59**	**2.18**	**9.37**
曾都区	40.71	21.76	19.01	1.34	0.06	1.35
随县	138.61	66.92	55.71	2.03	1.89	7.29
广水市	56.39	22.78	20.6	1.22	0.23	0.73
恩施自治州	**435.02**	**145.32**	**7.55**	**9.11**	**0.19**	**128.47**
恩施市	73.11	26.78	1.32	1.59		23.87
利川市	101.45	30.39	0.36	2.45		27.58
建始县	57.4	23.17	0.35	1.35	0.05	21.42
巴东县	61.64	21.35	4.49	2.31	0.1	14.45
宣恩县	37.8	9.94	0.06	0.31		9.57
咸丰县	48.55	15.53	0.03	0.25		15.25
来凤县	30.2	8.26		0.8	0.04	7.42
鹤峰县	24.87	9.9	0.94	0.05		8.91
仙桃市	**106.52**	**30.56**	**25.18**	**2.08**	**2.34**	**0.96**
潜江市	**74.07**	**30.31**	**28.94**	**0.15**	**0.27**	**0.95**
天门市	**128.17**	**52.04**	**48.75**	**0.34**	**0.17**	**2.78**
神农架林区	**6.6**	**2.38**	**0.34**	**0.02**	**0.16**	**1.86**

续表2 单位:千公顷

项目	秋收粮食面积	稻谷面积	早稻面积	中稻(含一季晚)面积	双季晚稻面积	玉米面积
湖北省	**2865.47**	**2101.15**	**385.61**	**1265.65**	**449.89**	**573.47**
武汉市	**187.51**	**152.44**	**52.66**	**43.41**	**56.37**	**17.41**
武汉市辖区	11.65	7.15	1.93	3.26	1.96	3.32
汉南区	7.33	1.11		1.11		4.86
蔡甸区	18.37	12.57	0.97	10.43	1.17	4.84
江夏区	39.54	28.34	11.22	5.71	11.41	4.1
黄陂区	61.86	56.95	18.81	16.89	21.25	0.15
新洲区	48.76	46.32	19.73	6.01	20.58	0.14
黄石市	**119.45**	**89.47**	**32.01**	**23.3**	**34.16**	**13.58**
黄石市辖区	2.49	2.03	0.79	0.28	0.96	0.14
阳新县	66.46	47.41	15.93	14.64	16.84	9.28
大冶市	50.5	40.03	15.29	8.38	16.36	4.16
十堰市	**173.67**	**36.2**		**36.2**		**82.65**
茅箭区	0.29	0.06		0.06		0.21
张湾区	0.76	0.19		0.19		0.35
郧县	32.69	6.54		6.54		17.01
郧西县	30.26	3		3		16.69
竹山县	33.63	6.35		6.35		15.04
竹溪县	30.04	5.84		5.84		12.3
房县	29.56	8.16		8.16		14.56
丹江口市	16.44	6.06		6.06		6.49
宜昌市	**230.84**	**86.27**	**7.01**	**70.92**	**8.34**	**107.34**
宜昌市辖区	4.96	0.57		0.57		2.77
夷陵区	32.92	9.14		9.14		16.52
远安县	13.65	7.43		7.43		5.21
兴山县	10.54	2.18		2.18		6.72
秭归县	19.22	2.44		2.44		12.16
长阳自治县	25.68	2.22		2.22		16.35
五峰自治县	18.45	0.24		0.24		13.98
宜都市	19.55	4.3		4.3		10.87
当阳市	50.04	29.46		29.46		16.79
枝江市	35.83	28.29	7.01	12.94	8.34	5.97
襄阳市	**369.15**	**198.1**		**198.1**		**155.08**
襄阳市辖区	2.68	1.25		1.25		1.43
襄城区	13.09	10.48		10.48		2.21
樊城区	11.62	6.74		6.74		3.96
襄州区	83.06	46.18		46.18		34.89
南漳县	38.69	22.91		22.91		15.12
谷城县	27.54	17.01		17.01		9.01
保康县	20.13	3		3		15.13
老河口市	28.05	12.33		12.33		12.5
枣阳市	95.86	47.18		47.18		45.73
宜城市	48.43	31.02		31.02		15.1
鄂州市	**50.55**	**44.18**	**15.28**	**12.34**	**16.56**	**0.97**
荆门市	**239.02**	**193.57**	**9.2**	**176.1**	**8.27**	**25.97**
东宝区	18.4	15.22		15.22		2.17
掇刀区	10.97	10.1		10.1		0.39
京山县	72.55	57.54	8.67	40.84	8.03	11.05
沙洋县	71.27	63.11	0.53	62.34	0.24	3.52
钟祥市	65.83	47.6		47.6		8.84
孝感市	**233.68**	**217.63**	**24.33**	**166.37**	**26.93**	**3.24**
孝感市辖区	0.99	0.97	0.05	0.8	0.12	
孝南区	31.66	30.4	4.76	20.01	5.63	0.36
孝昌县	29.71	28.22	3.5	21.16	3.56	0.07

续表3 单位:千公顷

项目	秋收粮食面积	稻谷面积	早稻面积	中稻(含一季晚)面积	双季晚稻面积	玉米面积
大悟县	26.29	21.95	0.22	21.42	0.31	0.2
云梦县	25.61	23.09	4.81	13.33	4.95	1.21
应城市	43.39	41.25	8.85	22.32	10.08	0.22
安陆市	31.73	29.7		29.7		0.12
汉川市	44.3	42.05	2.14	37.63	2.28	1.06
荆州市	**447.94**	**423.75**	**86.4**	**244.23**	**93.12**	**10.71**
荆州市辖区	0.21	0.2		0.2		0.01
沙市区	8.75	8.69		8.69		0.06
荆州区	28.55	23.02	2.16	18.09	2.77	2.05
公安县	68.61	66.92	17.35	30.57	19	0.26
监利县	157.97	154.77	37.12	77.93	39.72	0.78
江陵县	31.43	30.13	1.03	28.07	1.03	0.14
石首市	35.16	34.24	8.36	17.19	8.69	0.2
洪湖市	64.82	61.19	9.38	41.85	9.96	1.36
松滋市	52.44	44.59	11	21.64	11.95	5.85
黄冈市	**427.33**	**376.25**	**114.16**	**119.16**	**142.93**	**9.04**
黄冈市辖区	2.94	2.92	0.01	2.91		
黄州区	7.64	5.81	1.64	2.07	2.1	1.52
团风县	24.05	22.77	7.89	5.27	9.61	0.07
红安县	50.56	42.94	13.12	10.84	18.98	1.23
罗田县	28.6	21.55	0.84	19.8	0.91	0.45
英山县	19.6	13.21	0.82	10.37	2.02	0.67
浠水县	61.06	56.13	23.61	7.46	25.06	1.47
蕲春县	64.01	57.69	22.78	9.69	25.22	0.27
黄梅县	54.78	50.28	10.48	21.1	18.7	0.9
麻城市	61.09	53.65	14.99	21.33	17.33	2.13
武穴市	53	49.3	17.98	8.32	23	0.33
咸宁市	**185.26**	**142.03**	**38.89**	**65.22**	**37.92**	**20.66**
咸安区	33.08	26.55	2.65	21.27	2.63	2.87
嘉鱼县	26.33	20.12	3.22	13.68	3.22	5.5
通城县	32.62	29.16	13.23	2.16	13.77	1.41
崇阳县	38.06	24.87	9.32	6.57	8.98	5.94
通山县	18.09	8.99	0.55	7.85	0.59	4.35
赤壁市	37.08	32.34	9.92	13.69	8.73	0.59
随州市	**124.25**	**105.36**		**105.36**		**11.54**
曾都区	18.95	16.77		16.77		1.23
随县	71.69	59.24		59.24		8.51
广水市	33.61	29.35		29.35		1.8
恩施自治州	**289.7**	**64.29**		**64.29**		**129.25**
恩施市	46.33	9.12		9.12		20.72
利川市	71.06	21.67		21.67		29.84
建始县	34.23	3.76		3.76		19.96
巴东县	40.29	1.9		1.9		23.93
宣恩县	27.86	8.57		8.57		9.6
咸丰县	33.02	8.61		8.61		9.58
来凤县	21.94	8.63		8.63		6.52
鹤峰县	14.97	2.03		2.03		9.1
仙桃市	**75.96**	**64.1**	**3.37**	**56.97**	**3.76**	**6.12**
潜江市	**43.76**	**38.03**	**0.32**	**37.49**	**0.22**	**2.62**
天门市	**76.13**	**62.78**	**12.87**	**35.54**	**14.37**	**3.51**
神农架林区	**4.22**	**0.07**		**0.07**		**2.36**

续表4　　单位:千公顷

项目	粟谷面积	高粱面积	大豆面积	杂豆面积	薯类面积	其它杂粮面积
湖北省		**1.33**	**86.67**	**15.13**	**87.11**	**0.6**
武汉市		**0.06**	**9.57**	**2.95**	**5.05**	**0.03**
武汉市辖区		0.04	0.75	0.32	0.04	0.03
汉南区			1.2	0.16		
蔡甸区			0.86	0.03	0.07	
江夏区			4.36	0.85	1.89	
黄陂区		0.02	1.47	0.91	2.36	
新洲区			0.93	0.68	0.69	
黄石市		**0.74**	**3.81**	**1.51**	**10.34**	
黄石市辖区		0.03	0.08	0.03	0.18	
阳新县		0.64	2.08	0.77	6.28	
大冶市		0.07	1.65	0.71	3.88	
十堰市		**0.07**	**21.97**	**6.99**	**25.79**	
茅箭区			0.01		0.01	
张湾区			0.07	0.01	0.14	
郧县			2.9	0.91	5.33	
郧西县			3.62	1.4	5.55	
竹山县		0.01	5.24	1.48	5.51	
竹溪县			5.43	2.37	4.1	
房县			3.82	0.63	2.39	
丹江口市		0.06	0.88	0.19	2.76	
宜昌市			**9.49**	**1.26**	**26.48**	
宜昌市辖区			0.09	0.06	1.47	
夷陵区			1.36	0.29	5.61	
远安县			0.24	0.02	0.75	
兴山县			0.83	0.18	0.63	
秭归县			1.15	0.14	3.33	
长阳自治县			1.51	0.15	5.45	
五峰自治县			1.36	0.01	2.86	
宜都市			0.45	0.23	3.7	
当阳市			1.8	0.16	1.83	
枝江市			0.7	0.02	0.85	
襄阳市		**0.07**	**5.3**	**0.93**	**9.57**	**0.1**
襄阳市辖区						
襄城区			0.4			
樊城区			0.11		0.81	
襄州区		0.05	1.25	0.04	0.65	
南漳县		0.02	0.23	0.02	0.39	
谷城县			0.7	0.08	0.64	0.1
保康县			0.73	0.03	1.24	
老河口市			0.64	0.19	2.39	
枣阳市			1.04	0.57	1.34	
宜城市			0.2		2.11	
鄂州市			**1.72**	**0.73**	**2.95**	
荆门市		**0.06**	**13.7**	**0.56**	**5.16**	
东宝区			0.1	0.08	0.83	
掇刀区			0.2	0.01	0.27	
京山县		0.06	1.98	0.23	1.69	
沙洋县			4.12	0.2	0.32	
钟祥市			7.3	0.04	2.05	
孝感市		**0.02**	**7.04**	**0.85**	**4.9**	
孝感市辖区			0.01	0.01		
孝南区			0.52	0.12	0.26	
孝昌县			0.57	0.11	0.74	

续表5　　　　单位:千公顷

项目	粟谷面积	高粱面积	大豆面积	杂豆面积	薯类面积	其它杂粮面积
大悟县		0.02	0.94	0.29	2.89	
云梦县			1.17		0.14	
应城市			1.46	0.12	0.34	
安陆市			1.23	0.19	0.49	
汉川市			1.14	0.01	0.04	
荆州市			**8.51**	**0.69**	**4.28**	
荆州市辖区						
沙市区						
荆州区			0.81	0.27	2.4	
公安县			0.85	0.13	0.45	
监利县			2.32		0.1	
江陵县			1.1		0.06	
石首市			0.62	0.03	0.07	
洪湖市			2.16	0.01	0.1	
松滋市			0.65	0.25	1.1	
黄冈市		**1.33**	**10.08**	**3.06**	**27.46**	**0.11**
黄冈市辖区			0.02			
黄州区			0.12	0.06	0.13	
团风县		0.02	0.23	0.18	0.75	0.03
红安县		0.1	0.37	0.1	5.82	
罗田县		0.15	2.73	0.81	2.83	0.08
英山县		0.15	1.45	0.41	3.71	
浠水县		0.67	1.08	0.37	1.34	
蕲春县		0.17	1.17	0.65	4.06	
黄梅县			0.65	0.18	2.77	
麻城市			1.4	0.1	3.81	
武穴市		0.07	0.86	0.2	2.24	
咸宁市			**6.81**	**2.3**	**13.18**	**0.28**
咸安区			1.02	0.91	1.73	
嘉鱼县			0.51	0.11	0.09	
通城县			0.93	0.21	0.91	
崇阳县			2.41	0.32	4.24	0.28
通山县			0.8	0.22	3.72	
赤壁市			1.14	0.53	2.49	
随州市		**0.12**	**2.24**	**0.71**	**4.28**	
曾都区		0.05	0.46	0.03	0.41	
随县		0.07	0.91	0.21	2.75	
广水市			0.87	0.47	1.12	
恩施自治州		**0.2**	**24.26**	**3.95**	**67.75**	
恩施市		0.04	5.5	0.41	10.54	
利川市		0.03	5.08	0.45	13.99	
建始县			3.1	0.49	6.92	
巴东县		0.09	3.29	2.16	8.92	
宣恩县			2.48	0.1	7.11	
咸丰县			3.5	0.12	11.21	
来凤县		0.04	0.68	0.11	5.96	
鹤峰县			0.63	0.11	3.1	
仙桃市			**4.61**	**0.21**	**0.92**	
潜江市		**0.08**	**2.32**	**0.06**	**0.65**	
天门市			**9.21**	**0.14**	**0.49**	
神农架林区			**1.08**	**0.17**	**0.46**	**0.08**

经济作物面积

单位:千公顷

项目	经济作物面积	油料作物面积	花生面积	油菜籽面积	芝麻面积	棉花面积
湖北省	**3588.75**	**1516.90**	**200.35**	**1226.30**	**84.37**	**415.59**
武汉市	**328.7**	**89.48**	**14.33**	**63.22**	**11.82**	**26.25**
武汉市辖区	47.68	4.34	0.68	2.17	1.38	3.29
汉南区	15.66	0.81	0.19	0.33	0.29	4.99
蔡甸区	40.31	5.7	0.85	3.92	0.93	4.01
江夏区	62.86	19.48	3.65	10.74	5.09	0.05
黄陂区	91.47	32.6	7.04	22.76	2.8	2.24
新洲区	70.72	26.55	1.92	23.3	1.33	11.67
黄石市	**103.39**	**56.96**	**4.04**	**45.25**	**7.66**	**4.15**
黄石市辖区	2.65	0.94	0.13	0.65	0.16	0.08
阳新县	59.4	33.58	1.66	27.24	4.68	2.47
大冶市	41.34	22.44	2.25	17.36	2.82	1.6
十堰市	**190.61**	**80.19**	**19.7**	**46.28**	**13.2**	**0.16**
茅箭区	0.51	0.06	0.01	0.05		
张湾区	2.89	0.46	0.08	0.33	0.05	
郧县	33.04	12.05	1.77	6.67	3.61	0.07
郧西县	35.24	10.99	2.41	6.28	2.22	0.01
竹山县	40.37	24.32	10.67	11.74	1.83	
竹溪县	35.67	15.64	2.08	10.01	2.7	
房县	30.81	10.25	1.58	7.62	1.05	0.02
丹江口市	12.08	6.42	1.1	3.58	1.74	0.06
宜昌市	**280.47**	**110.92**	**12.13**	**95.2**	**2.86**	**21.42**
宜昌市辖区	8.12	1.92	0.52	1.33	0.05	
夷陵区	39.95	13.42	1.97	10.94	0.43	0.02
远安县	10.84	6.97	0.26	6.69	0.02	
兴山县	15.22	4.68	0.22	4.04	0.12	
秭归县	21.55	7.91	1.45	5.92	0.44	
长阳自治县	32.33	9.8	1.56	8.06	0.04	
五峰自治县	20.08	3.79	0.32	3.37	0.02	
宜都市	15.23	9.16	0.77	8.35	0.04	0.02
当阳市	59.5	32.01	3.51	27.47	1.02	5.37
枝江市	57.65	21.26	1.55	19.03	0.68	16.01
襄阳市	**208.07**	**72.96**	**26.09**	**39.45**	**7.39**	**30.25**
襄阳市辖区	1.12	0.61	0.24	0.37		0.05
襄城区	11.4	3.02	1.08	1.66	0.28	0.41
樊城区	9.22	1.34	0.49	0.3	0.55	0.5
襄州区	38.37	16.11	11.16	3.72	1.22	9.46
南漳县	14.25	3.2	0.43	2.33	0.42	0.18
谷城县	16.52	6.1	1.4	4.13	0.57	
保康县	17.93	6.66	0.7	5.8	0.16	
老河口市	30.82	10.92	2.3	6.14	2.48	4.95
枣阳市	18.76	3.44	1.62	1.07	0.75	5.4
宜城市	49.68	21.56	6.67	13.93	0.96	9.3
鄂州市	**61.31**	**30.07**	**1.21**	**25.4**	**3.46**	**5.44**
荆门市	**242.34**	**144.62**	**17.59**	**122.03**	**4.99**	**35.18**
东宝区	21.04	11.2	1.47	9.23	0.5	1.68
掇刀区	23.44	14.64	1.7	12.74	0.2	1.76
京山县	52.67	24.92	3.72	19.17	2.02	10.11
沙洋县	66.95	46.1	3.98	40.66	1.46	6.7
钟祥市	78.24	47.76	6.72	40.23	0.81	14.93
孝感市	**256.36**	**114.73**	**28.09**	**81.59**	**5.05**	**29.66**
孝感市辖区	1.15	0.89	0.24	0.45	0.2	0.09
孝南区	34.31	15.66	1.26	13.7	0.7	4.53
孝昌县	31.28	18.91	4	13.74	1.17	1.4

续表1 单位:千公顷

项目	经济作物面积	油料作物面积	花生面积	油菜籽面积	芝麻面积	棉花面积
大悟县	41.51	25.33	19.52	5.54	0.27	0.21
云梦县	31.41	9.27	0.27	8.7	0.3	2.78
应城市	38.54	17.27	0.97	15.58	0.72	3.31
安陆市	22.72	10.13	1.59	7.16	1.38	1.5
汉川市	55.44	17.27	0.24	16.72	0.31	15.84
荆州市	**494.55**	**262.74**	**1.81**	**255.78**	**5.15**	**99.61**
荆州市辖区	1.42	0.32		0.3	0.02	0.18
沙市区	12	3.46		3.46		3.07
荆州区	42.57	18.28	0.37	17.17	0.74	9.37
公安县	86.39	40.07	0.09	39.82	0.16	28.48
监利县	130.74	78.27	0.49	76.76	1.02	18.22
江陵县	35.03	22.92	0.43	22.02	0.47	7.4
石首市	53.64	29.82	0.03	29.64	0.15	12.4
洪湖市	63.61	33.38	0.07	31.12	2.19	7.15
松滋市	69.15	36.22	0.33	35.49	0.4	13.34
黄冈市	**481.77**	**250.66**	**44.79**	**197.06**	**8.65**	**53.42**
黄冈市辖区	1.3	0.21		0.19	0.02	0.79
黄州区	17.45	3.66	0.12	3.39	0.15	4.6
团风县	20.14	11.86	1.8	8.99	1.07	2.93
红安县	52.13	39.2	20.07	18.8	0.33	0.97
罗田县	35.31	13.63	2.01	10.27	1.35	0.33
英山县	24.97	9.1	0.8	7.88	0.38	0.28
浠水县	78.05	35	4	30	1	10
蕲春县	66.9	28.61	1.4	26.14	1.06	4.41
黄梅县	53.25	31.94	0.63	30.6	0.71	14.73
麻城市	86.81	47.33	13.33	32	2	7.33
武穴市	45.46	30.12	0.63	28.8	0.58	7.05
咸宁市	**205.62**	**80.26**	**7.18**	**68.18**	**4.85**	**3.85**
咸安区	47.01	30.43	3.22	25.34	1.87	0.21
嘉鱼县	43.35	7.7	0.23	6.68	0.74	1.38
通城县	21.67	9.06	0.99	8	0.07	0.26
崇阳县	24.49	8.64	1.05	7.49	0.1	0.7
通山县	15.7	4.34	0.85	3.36	0.13	
赤壁市	53.4	20.09	0.84	17.31	1.94	1.3
随州市	**92.11**	**32.66**	**10.51**	**17.47**	**4.67**	**14.38**
曾都区	14.8	3.63	0.49	2.32	0.82	2.81
随县	36.8	12.84	3.31	7.62	1.9	6.72
广水市	40.51	16.19	6.71	7.53	1.95	4.85
恩施自治州	342.63	69.07	8.29	54.7	0.6	0.03
恩施市	71.47	12.65	1.33	10.78		0.02
利川市	85.7	9.78	0.81	6.62		
建始县	36.01	9.45	1.13	6.92		
巴东县	46.15	17.07	2.15	13.4	0.6	0.01
宣恩县	32.96	4	1.06	2.81		
咸丰县	23.94	6.51	1	5.51		
来凤县	19.89	5.7	0.45	5.25		
鹤峰县	26.51	3.91	0.36	3.41		
仙桃市	**110.4**	**51.01**	**0.74**	**48.09**	**2.18**	**22.68**
潜江市	**79.19**	**36.06**	**1.02**	**34.45**	**0.59**	**24.75**
天门市	**107.17**	**56.33**	**3.89**	**51.2**	**1.24**	**34.5**
神农架林区	**4.06**	**0.36**	**0.02**	**0.3**	**0.01**	

续表2　　　　　　　　　　　　　　　　　　　　　　　　　　　　　　单位：千公顷

项目	生麻面积	生黄红麻面积	生苎麻面积	糖料合计面积	烟叶(未加工烟草)面积	烤烟(未去梗烤烟叶)面积
湖北省	**11.19**	**0.08**	**11.1**	**7.52**	**64.35**	**49.64**
武汉市	**1**		**1**	**1.17**		
武汉市辖区	0.04		0.04	0.09		
汉南区						
蔡甸区						
江夏区	0.96		0.96	0.01		
黄陂区				0.88		
新洲区				0.19		
黄石市	**2.95**		**2.95**	**0.04**		
黄石市辖区	0.05		0.05			
阳新县	2.74		2.74			
大冶市	0.16		0.16	0.04		
十堰市				**0.65**	**9.66**	**8.01**
茅箭区						
张湾区						
郧县					0.05	0.04
郧西县				0.48	1.77	0.84
竹山县				0.02	2.44	2.44
竹溪县				0.15	1.62	1.62
房县					3	2.99
丹江口市					0.78	0.08
宜昌市				**0.03**	**6.67**	**3.48**
宜昌市辖区						
夷陵区					0.07	0.01
远安县						
兴山县					1.96	1.93
秭归县					1.47	1.47
长阳自治县					0.8	
五峰自治县					2.35	0.07
宜都市					0.02	
当阳市						
枝江市				0.03		
襄阳市	**0.08**		**0.08**	**0.08**	**7.56**	**7.56**
襄阳市辖区						
襄城区						
樊城区						
襄州区					0.8	0.8
南漳县	0.08		0.08	0.01	1.53	1.53
谷城县						
保康县					4	4
老河口市						
枣阳市				0.05	1.23	1.23
宜城市				0.02		
鄂州市	**0.16**		**0.16**	**0.44**		
荆门市				**0.64**		
东宝区				0.02		
掇刀区				0.11		
京山县				0.07		
沙洋县				0.41		
钟祥市				0.03		
孝感市	**0.01**		**0.01**	**0.48**		
孝感市辖区				0.02		
孝南区				0.07		
孝昌县				0.23		

续表3　　　　　　　　　　　　　　　　　　　　　　　单位：千公顷

项目	生麻面积	生黄红麻面积	生苎麻面积	糖料合计面积	烟叶(未加工烟草)面积	烤烟(未去梗烤烟叶)面积
大悟县	0.01		0.01	0.02		
云梦县						
应城市				0.03		
安陆市				0.05		
汉川市				0.06		
荆州市	**0.04**	**0.04**		**1.21**		
荆州市辖区						
沙市区						
荆州区				0.12		
公安县				0.27		
监利县	0.01	0.01		0.18		
江陵县	0.01	0.01		0.11		
石首市	0.01	0.01		0.25		
洪湖市	0.01	0.01		0.13		
松滋市				0.15		
黄冈市	**1.84**	**0.04**	**1.79**	**0.87**		
黄冈市辖区						
黄州区				0.01		
团风县				0.06		
红安县	0.03		0.02	0.01		
罗田县	0.01		0.01	0.15		
英山县	0.01		0.01	0.06		
浠水县	0.01	0.01		0.15		
蕲春县	1.66		1.66	0.25		
黄梅县				0.02		
麻城市	0.03	0.02	0.01	0.05		
武穴市	0.09	0.01	0.08	0.11		
咸宁市	**5.09**		**5.09**	**0.96**		
咸安区	1.14		1.14	0.03		
嘉鱼县	0.68		0.68	0.43		
通城县						
崇阳县				0.18		
通山县						
赤壁市	3.27		3.27	0.32		
随州市				**0.13**		
曾都区				0.01		
随县				0.05		
广水市				0.07		
恩施自治州	0.02		0.02	0.02	40.14	30.27
恩施市	0.02		0.02	0.01	8.25	5.38
利川市					8.71	7.61
建始县					4.56	1.42
巴东县					4.99	3.82
宣恩县					4.89	4.69
咸丰县					3.51	3.27
来凤县				0.01	1.26	1.18
鹤峰县					3.97	2.9
仙桃市				**0.67**		
潜江市				**0.04**		
天门市				**0.09**		
神农架林区					**0.32**	**0.32**

续表4

单位：千公顷

项目	中草药材播种面积	人参面积	甘草面积	枸杞面积	蔬菜及食用菌面积	瓜果类面积	其他作物播种面积	青饲料面积
湖北省	**143.57**	**2.92**	**4.16**	**1.55**	**1145.02**	**101.42**	**442.23**	**262.50**
武汉市	**1.18**	**0.09**	**1.04**	**0.05**	**169.37**	**17.65**	**22.6**	**6.96**
武汉市辖区					31.91	4.81	3.2	2.48
汉南区					7.92	1.18	0.76	0.63
蔡甸区	0.05			0.05	23.87	3.48	3.2	0.58
江夏区					29.01	3.88	9.47	1.48
黄陂区	0.09	0.09			49.33	2.27	4.06	1.29
新洲区	1.04		1.04		27.33	2.03	1.91	0.5
黄石市	**0.45**	**0.03**	**0.15**	**0.11**	**32.63**	**2.25**	**3.96**	**2.65**
黄石市辖区					1.56	0.02		
阳新县	0.32	0.03	0.09	0.04	17.79	1.49	1.01	0.64
大冶市	0.13		0.06	0.07	13.28	0.74	2.95	2.01
十堰市	**24.63**		**0.41**	**0.4**	**72.76**	**1.22**	**1.34**	**0.94**
茅箭区					0.45			
张湾区	0.01				2.38	0.02	0.02	
郧县	3.2				16.99	0.68		
郧西县	4.08				17.8	0.08	0.03	0.01
竹山县	2.69		0.41	0.4	10.89	0.01		
竹溪县	7.94				10.23	0.09		
房县	6.59				9.5	0.16	1.29	0.93
丹江口市	0.12				4.52	0.18		
宜昌市	**3.18**	**0.66**	**0.25**		**117.38**	**4.67**	**16.2**	**12.53**
宜昌市辖区					6.16	0.01	0.03	0.03
夷陵区	0.91	0.66	0.25		20.49	0.86	4.18	3.45
远安县	0.01				2.75	0.04	1.07	0.62
兴山县	0.36				6.87	0.05	1.3	1.12
秭归县	0.47				11.57	0.06	0.07	
长阳自治县	0.47				21.01	0.04	0.21	0.21
五峰自治县	0.96				8.39	0.01	4.58	4.58
宜都市					5.07	0.15	0.81	0.77
当阳市					20.22	0.96	0.94	0.67
枝江市					14.85	2.49	3.01	1.08
襄阳市	**2.29**				**76.39**	**14.38**	**4.08**	**0.59**
襄阳市辖区					0.46			
襄城区	0.82				6.13	0.2	0.82	0.06
樊城区					7.14	0.21	0.03	0.03
襄州区					10.44	0.96	0.6	
南漳县	0.08				8.3	0.07	0.8	0.43
谷城县					8.61	0.32	1.49	0.04
保康县	1.09				6.18			
老河口市					13.91	0.98	0.06	
枣阳市					5.95	2.69		
宜城市	0.3				9.27	8.95	0.28	0.03
鄂州市					**22.07**	**3.13**		
荆门市	**0.96**			**0.03**	**46.44**	**8.52**	**5.98**	**2.07**
东宝区	0.27				6.58	1.12	0.17	0.09
掇刀区					5.58	1.33	0.02	
京山县	0.03			0.03	9.89	2.6	5.05	1.44
沙洋县					12.29	0.79	0.66	0.5
钟祥市	0.66				12.1	2.68	0.08	0.04
孝感市	**3.66**				**96.51**	**7.68**	**3.63**	**0.92**
孝感市辖区					0.14	0.01		
孝南区	0.62				12.09	1.13	0.21	0.1
孝昌县	1.22				8.56	0.87	0.09	0.07

续表5 单位：千公顷

项目	中草药材播种面积	人参面积	甘草面积	枸杞面积	蔬菜及食用菌面积	瓜果类面积	其他作物播种面积	青饲料面积
大悟县	1.4				12.05	1.11	1.38	
云梦县					18.83	0.42	0.11	
应城市	0.16				16.07	1.39	0.31	0.3
安陆市	0.16				9.25	1.21	0.42	0.2
汉川市	0.1				19.52	1.54	1.11	0.25
荆州市	**0.23**				**83.23**	**16.16**	**31.33**	**12.55**
荆州市辖区					0.79	0.12	0.01	0.01
沙市区					4.9	0.56	0.01	
荆州区	0.04				11.25	2.82	0.69	0.11
公安县	0.17				10.77	1.41	5.22	1.89
监利县					19.78	1.75	12.53	3.34
江陵县	0.01				3.38	1.15	0.05	0.02
石首市					8.22	1.89	1.05	0.29
洪湖市					11.71	1.73	9.5	6.39
松滋市	0.01				12.43	4.73	2.27	0.5
黄冈市	**41.32**				**117.92**	**3.8**	**11.94**	**4.8**
黄冈市辖区					0.27	0.03		
黄州区					8.07	0.37	0.74	0.56
团风县	0.44				3.88	0.38	0.59	0.33
红安县					11.36	0.17	0.39	0.24
罗田县	11.33				9.22	0.43	0.21	0.08
英山县	7.71				6.1	0.01	1.7	0.83
浠水县	0.02				29.8	0.41	2.66	0.67
蕲春县	16.32				12.39	0.62	2.64	1.42
黄梅县					5.9	0.32	0.34	0.08
麻城市	5.5				24.69	0.4	1.48	0.15
武穴市					6.24	0.66	1.19	0.44
咸宁市	**1.31**		**0.13**	**0.48**	**90.62**	**8.62**	**14.91**	**4.19**
咸安区					12.62	2.45	0.13	0.13
嘉鱼县					30.62	1.54	1	0.31
通城县	0.48			0.48	6.88	0.38	4.61	1.19
崇阳县	0.31				10.61	1.07	2.98	0.78
通山县	0.14		0.13		6.94	0.39	3.89	0.35
赤壁市	0.38				22.95	2.79	2.3	1.43
随州市	**0.85**	**0.02**	**0.5**		**36.77**	**3.27**	**4.05**	**1.63**
曾都区					7.37	0.54	0.44	0.12
随县	0.41		0.41		13.4	1.02	2.36	1.14
广水市	0.44	0.02	0.09		16	1.71	1.25	0.37
恩施自治州	**62.23**	**2.12**	**1.68**	**0.48**	**124.62**	**1.86**	**44.64**	**20.8**
恩施市	18.28				27.93	0.2	4.11	0.06
利川市	12.39				38.66	0.7	15.46	8.6
建始县	3.93			0.01	9.82	0.14	8.11	5.31
巴东县	6.34	1.92	1.5	0.32	12.21	0.21	5.32	1
宣恩县	8.28	0.2	0.18	0.15	11.16	0.09	4.54	3.78
咸丰县	4.63				9.04	0.25		
来凤县	3.05				7.51	0.24	2.12	0.53
鹤峰县	5.33				8.29	0.03	4.98	1.52
仙桃市					**26.65**	**3.59**	**5.8**	**2.69**
潜江市	**0.06**				**15.69**	**2.53**	**0.06**	**0.04**
天门市					**13.85**	**2.08**	**0.32**	**0.25**
神农架林区	**1.22**				**2.12**	**0.01**	**0.03**	

主要农产品产量

单位:吨

项目	粮食总产量	夏粮总产量	小麦总产量	马铃薯总产量	秋粮总产量	稻谷产量
湖北省	**25013049**	**5010000**	**4168000**	**648400**	**20003049**	**16766358**
武汉市	**1268700**	**85456**	**70462**	**2329**	**1183244**	**1020491**
武汉市辖区	25510	5416	4541		20094	15569
汉南区	33990	9474	8650		24516	2888
蔡甸区	132800	15005	10515		117795	78558
蔡甸区	291500	9955	8471		281545	223010
黄陂区	460600	17243	11127	2329	443357	416407
新洲区	324300	28363	27158		295937	284059
黄石市	**644245**	**55421**	**38729**	**11129**	**588824**	**487993**
黄石市辖区	10832	1263	854	251	9569	8134
阳新县	353310	23235	16193	5704	330075	260628
大冶市	280103	30923	21682	5174	249180	219231
十堰市	**1160649**	**339385**	**242634**	**83476**	**821264**	**272786**
茅箭区	1800	294	293		1506	284
张湾区	3904	1247	1194		2657	1016
郧县	230003	86190	75099	9080	143813	50071
郧西县	185001	64003	50317	11962	120998	24348
竹山县	235202	55966	26563	25596	179236	51503
竹溪县	240701	50000	17264	29470	190701	52601
房县	145003	31223	23822	5767	113780	49251
丹江口市	119035	50462	48082	1601	68573	43712
宜昌市	**1645300**	**313798**	**154976**	**139079**	**1331502**	**708289**
宜昌市辖区	10387	801	452	296	9586	2181
夷陵区	216236	29891	1213	25889	186345	72705
远安县	102983	11883	4129	6172	91100	63345
兴山县	59542	18742	570	17703	40800	12143
秭归县	89458	23800	7924	14213	65658	12415
长阳自治县	106079	32180	3136	28079	73899	13204
五峰自治县	83035	24886	1509	23216	58149	1137
宜都市	113022	14274	2620	10513	98748	29069
当阳市	524831	96431	79343	8833	428400	269230
枝江市	339727	60910	54080	4165	278817	232860
襄阳市	**5028055**	**2259493**	**2102267**	**127213**	**2768562**	**1881103**
襄阳市辖区	36651	17394	17034	360	19257	10600
襄城区	172400	71500	71300		100900	87800
樊城区	161079	68348	66508	1477	92731	53349
襄州区	1359700	667650	617469	41302	692050	494950
南漳县	449344	154413	142873	10704	294931	210700
谷城县	277966	91566	88281	2393	186400	142325
保康县	141000	39753	20221	19320	101247	22267
老河口市	371811	174511	170251	156	197300	109771
枣阳市	1363100	687754	630299	43991	675346	446841
宜城市	695004	286604	278031	7510	408400	302500
鄂州市	**355138**	**27722**	**12491**	**8443**	**327416**	**293823**
荆门市	**2676027**	**527062**	**499726**	**16884**	**2148965**	**1899709**
东宝区	172300	38228	35980	2164	134072	118035
掇刀区	93359	8300	7700	400	85059	80800
京山县	717000	165000	157200	6000	552000	462399
沙洋县	819033	136243	128240	1216	682790	650465
钟祥市	874335	179291	170606	7104	695044	588010
孝感市	**2236416**	**395091**	**340941**	**36394**	**1841325**	**1770929**
孝感市辖区	4300	1295	900	370	3005	2964
孝南区	216158	24459	18686	3313	191699	188183
孝昌县	266737	50107	43666	3660	216630	213130

项目	粮食总产量	夏粮总产量	小麦总产量	马铃薯总产量	秋粮总产量	稻谷产量
大悟县	285521	42296	34897	2808	243225	213711
云梦县	217300	32086	15571	16328	185214	175666
应城市	362000	43107	39692	859	318893	313000
安陆市	338200	77800	73100	3200	260400	256000
汉川市	546200	123941	114429	5856	422259	408275
荆州市	**3860600**	**476100**	**424309**	**18325**	**3384500**	**3276548**
荆州市辖区	1900	400	243		1500	1406
沙市区	72300	22100	21678		50200	49605
荆州区	218600	55300	42788	10871	163300	132929
公安县	642000	91100	82271	1434	550900	542885
监利县	1405000	82300	69898	2379	1322700	1310612
江陵县	271000	55700	53403	503	215300	210232
石首市	218000	15700	12804	334	202300	198897
洪湖市	689800	104400	101094	480	585400	571249
松滋市	342000	49100	40130	2324	292900	258733
黄冈市	**3189842**	**316010**	**194265**	**108516**	**2873832**	**2650161**
黄冈市辖区	21501	8000	8000		13501	13450
黄州区	55041	14100	13334	392	40941	32845
团风县	128100	13300	8410	4174	114800	108189
红安县	230200	22200	16270	5012	208000	179943
罗田县	254700	38000	31791	4748	216700	187872
英山县	135500	33400	15605	15810	102100	76759
浠水县	504800	20500	7040	11747	484300	455100
蕲春县	515000	40010	2955	35441	474990	445974
黄梅县	491500	42900	32546	8032	448600	418248
麻城市	542000	64300	47394	16479	477700	452622
武穴市	311500	19300	10920	6681	292200	279159
咸宁市	**1046682**	**61101**	**26238**	**24261**	**985581**	**835634**
咸安区	187549	8453	589	5596	179096	154594
嘉鱼县	179846	16152	13585	1902	163694	132996
通城县	187046	5429	2111	2601	181617	167958
崇阳县	197049	13524	7556	4590	183525	146160
通山县	84845	4087	763	1681	80758	52596
赤壁市	210347	13456	1634	7891	196891	181330
随州市	**1581779**	**492998**	**424601**	**50136**	**1088781**	**986081**
曾都区	257538	87538	76074	8268	170000	155849
随县	910732	304654	257187	37949	606078	545142
广水市	413509	100806	91340	3919	312703	285090
恩施自治州	**1628626**	**338814**	**17827**	**305149**	**1289812**	**389211**
恩施市	231017	64076	2215	59702	166941	42234
利川市	367000	64656	765	59691	302344	129000
建始县	231600	62500	575	59675	169100	26000
巴东县	222100	61151	12760	43251	160949	9432
宣恩县	129045	21343	101	20893	107702	45849
咸丰县	230818	26818	65	26403	204000	66560
来凤县	126034	16702		15417	109332	54630
鹤峰县	91012	21568	1346	20117	69444	15506
仙桃市	**809914**	**102674**	**85167**	**5496**	**707240**	**627337**
潜江市	**520017**	**113704**	**106348**	**5539**	**406313**	**369481**
天门市	**715016**	**176269**	**153918**	**21016**	**538747**	**491519**
神农架林区	**22000**	**7596**	**1084**	**6343**	**14404**	**476**

续表2　　　　　　　　　　　　　　　　　　　　　　　　　　　　单位：吨

项目	早稻产量	中稻产量	双季晚稻产量	玉米产量	大豆产量	秋薯产量	
							红薯产量
湖北省	**2227500**	**11536037**	**3002821**	**2707505**	**195760**	**308427**	**215910**
武汉市	**309682**	**338459**	**372350**	**94176**	**23241**	**40161**	**32007**
武汉市辖区		15569		2849	620	545	545
汉南区		2888		20043	1440		
蔡甸区	5413	66800	6345	35937	2899	339	339
蔡甸区	79310	49700	94000	32891	12999	10619	7777
黄陂区	109238	157307	149862	1100	3401	21138	15826
新洲区	115721	46195	122143	1356	1882	7520	7520
黄石市	**172030**	**143481**	**172482**	**47421**	**8136**	**39997**	**32247**
黄石市辖区	5124	1530	1480	498	350	454	354
阳新县	81366	89637	89625	35238	3685	26819	23050
大冶市	85540	52314	81377	11685	4101	12724	8843
十堰市		**272786**		**376132**	**45898**	**113762**	**109657**
茅箭区		284		1033	33	156	156
张湾区		1016		1203	123	315	315
郧县		50071		58972	6478	27011	24207
郧西县		24348		62876	7343	24069	23250
竹山县		51503		86646	10903	27512	27512
竹溪县		52601		94533	12733	25726	25726
房县		49251		51801	7219	4548	4548
丹江口市		43712		19068	1066	4425	3943
宜昌市	**51536**	**593919**	**62834**	**490651**	**21426**	**109029**	**97197**
宜昌市辖区		2181		3525	66	3740	1010
夷陵区		72705		85104	2844	25100	23150
远安县		63345		21859	713	5143	5143
兴山县		12143		26311	917	1163	1163
秭归县		12415		38405	1987	12610	12610
长阳自治县		13204		46359	1884	12265	12265
五峰自治县		1137		51108	1301	4584	4584
宜都市		29069		59863	902	8506	8506
当阳市		269230		124780	9179	24984	19092
枝江市	51536	118490	62834	33337	1633	10934	9674
襄阳市		**1881103**		**808323**	**17655**	**58960**	**47077**
襄阳市辖区		10600		8657			
襄城区		87800		11600	1500		
樊城区		53349		34440	551	4391	208
襄州区		494950		187368	3829	5575	5575
南漳县		210700		79531	947	3510	3510
谷城县		142325		40505	1580	1820	1430
保康县		22267		71592	2676	4672	4672
老河口市		109771		73149	2185	11576	11576
枣阳市		446841		211381	3787	12216	4906
宜城市		302500		90100	600	15200	15200
鄂州市	**99153**	**120967**	**73703**	**5996**	**4234**	**21918**	**11475**
荆门市	**71848**	**1765739**	**62122**	**160170**	**39666**	**47871**	**22360**
东宝区		118035		9231	165	6533	6533
掇刀区		80800		2000	510	1709	1600
京山县	67663	334426	60310	69147	5344	14450	7501
沙洋县	4185	644468	1812	21248	8864	1910	1910
钟祥市		588010		58544	24783	23269	4816
孝感市	**153128**	**1444955**	**172846**	**20360**	**17575**	**29368**	**26489**
孝感市辖区	82	2212	670		21		
孝南区	31357	129692	27134	1197	906	1026	1026
孝昌县	23516	168013	21601	300	1319	1600	575

续表3　　单位:吨

项目	早稻产量	中稻产量	双季晚稻产量	玉米产量	大豆产量	秋薯产量	
							红薯产量
大悟县	1268	210496	1947	1700	2806	23300	23300
云梦县	30119	113853	31694	5515	3187	846	92
应城市	51000	191400	70600	1000	3506	1100	
安陆市		256000		500	2210	1300	1300
汉川市	15786	373289	19200	10148	3620	196	196
荆州市	**589703**	**1998241**	**688604**	**55838**	**27405**	**22883**	**7618**
荆州市辖区		1392	14	94			
沙市区		49605		595			
荆州区	12415	104519	15995	12554	3489	13295	1298
公安县	114521	280202	148162	1598	3394	2719	1934
监利县	277870	714145	318597	4512	7077	499	
江陵县	6394	197859	5979	1075	3687	306	
石首市	47170	101464	50263	1206	1740	422	
洪湖市	74590	413424	83235	7268	6219	613	15
松滋市	56743	135631	66359	26936	1799	5029	4371
黄冈市	**632266**	**1000582**	**1017313**	**47856**	**23150**	**139442**	**91850**
黄冈市辖区	40	13410			51		
黄州区	7301	13468	12076	3439	334	4162	4162
团风县	25557	30899	51733	569	852	4608	1557
红安县	40300	51440	88203	4543	840	22153	18133
罗田县	4750	176953	6169	1387	5498	18080	16056
英山县	3674	62371	10714	2978	1364	20297	11593
浠水县	166568	70140	218392	11600	2870	11000	6975
蕲春县	140384	95456	210134	1310	3606	21962	14746
黄梅县	75640	190856	151752	7560	2058	20004	9089
麻城市	96762	213020	142840	13125	2811	9010	6799
武穴市	71290	82569	125300	1345	2866	8166	2740
咸宁市	**193801**	**412596**	**229237**	**84622**	**11712**	**49116**	**46590**
咸安区	15138	125304	14152	13014	2113	7696	7546
嘉鱼县	16587	94861	21548	29151	1006	377	377
通城县	66706	14024	87228	6604	1901	4806	4806
崇阳县	47017	42736	56407	18083	3290	14996	14996
通山县	2809	46499	3288	15693	1293	10881	10881
赤壁市	45544	89172	46614	2077	2109	10360	7984
随州市		**982190**		**58915**	**7010**	**34424**	**32073**
曾都区		151958		9244	971	3594	3111
随县		545142		37630	3324	19365	19365
广水市		285090		12041	2715	11465	9597
恩施自治州		**389211**		**660901**	**40306**	**193735**	**190538**
恩施市		42234		91223	5369	27560	27560
利川市		129000		140300	4329	28000	28000
建始县		26000		109800	6300	26400	26400
巴东县		9432		110505	5364	32743	32743
宣恩县		45849		37763	3411	20581	20581
咸丰县		66560		95993	13070	27990	27990
来凤县		54630		30437	1395	22566	19369
鹤峰县		15506		44880	1068	7895	7895
仙桃市	**23625**	**573535**	**30177**	**56296**	**17459**	**5661**	**1450**
潜江市	**3144**	**364309**	**2028**	**23760**	**7718**	**4913**	**1415**
天门市	**90886**	**297713**	**102920**	**17225**	**25887**	**3921**	**3921**
神农架林区		**476**		**9477**	**761**	**2747**	**2747**

续表4

项目	油料总产量	花生产量	油菜籽产量	芝麻产量	棉花产量	生麻产量	糖料产量	烟叶产量	蔬菜及食用菌产量
湖北省	**3331726**	**681120**	**2504700**	**136034**	**459694**	**26144**	**287211**	**126986**	**35783101**
武汉市	**186620**	**42335**	**123389**	**20832**	**33168**	**2652**	**47455**		**6880851**
武汉市辖区	8904	2279	3600	2961	2985	107	7415		803556
汉南区	1664	455	764	445	5615				288640
蔡甸区	13354	2404	9357	1593	6418				739757
蔡甸区	41367	11256	20887	9224	138	2545	165		1459178
黄陂区	63457	21150	37625	4682	3510		32650		2136710
新洲区	57874	4791	51156	1927	14502		7225		1453010
黄石市	**93800**	**9305**	**71952**	**12525**	**7590**	**7830**	**1550**		**662127**
黄石市辖区	2432	605	1180	635	420	620			67196
阳新县	48134	3450	37924	6760	3650	5510			307321
大冶市	43234	5250	32848	5130	3520	1700	1550		287610
十堰市	**131971**	**44873**	**68840**	**16499**	**188**		**14341**	**20437**	**1524653**
茅箭区	91	22	69						17120
张湾区	728	167	504	57					106581
郧县	19848	5496	11366	2986	88			84	397244
郧西县	16069	6321	5076	4463	22		14152	2884	284168
竹山县	42268	21857	17607	2669			49	5554	175279
竹溪县	25384	4362	16859	2748			140	2978	175801
房县	16966	4315	10950	1701	44			7151	199504
丹江口市	10617	2333	6409	1875	34			1786	168956
宜昌市	**239191**	**33922**	**199207**	**5058**	**32616**		**1406**	**14879**	**3842054**
宜昌市辖区	3416	962	2370	83					192875
夷陵区	27984	4933	21930	951	9			217	604321
远安县	13715	815	12859	41					162414
兴山县	8175	435	7159	215				3978	194255
秭归县	15479	2699	11875	733				3050	316946
长阳自治县	14275	2466	11621	20				1969	571304
五峰自治县	5745	443	5159	16				5612	197387
宜都市	21024	2138	18810	76	34			53	212249
当阳市	75215	13903	59527	1785	8100		85		908552
枝江市	54163	5128	47897	1138	24473		1321		481751
襄阳市	**249740**	**128984**	**109048**	**10192**	**41778**	**257**	**6647**	**14272**	**3128125**
襄阳市辖区	2141	1213	928		61				32680
襄城区	11659	5197	6031	431	790				307824
樊城区	8016	1274	4522	937	1354				256746
襄州区	81589	68419	11791	1379	14282			1713	465390
南漳县	9381	1866	6164	1351	552	257	89	2721	197790
谷城县	14370	5081	8504	785					398196
保康县	10531	1217	8923	158				7495	139121
老河口市	25781	8283	14794	2704	6034				546848
枣阳市	12802	7472	4246	1084	8922		4077	2343	487300
宜城市	73470	28962	43145	1363	9783		2481		296230
鄂州市	**60870**	**3597**	**51863**	**5410**	**6950**	**282**	**8321**		**969947**
荆门市	**387977**	**84255**	**293711**	**10011**	**47689.85**		**26425**	**6**	**1978348**
东宝区	28394	6386	21250	758	1024		802		196152
掇刀区	41332	8982	31864	486	2076		2589		184030
京山县	50755	10278	38285	2192	13590		2587	6	351882
沙洋县	135566	20492	111503	3571	10762		19947		447273
钟祥市	131930	38117	90809	3004	20237.85		500		799011
孝感市	**242074**	**74243**	**157738**	**8739**	**41352**	**41**	**23357**		**3562831**
孝感市辖区	1444	380	902	162	120		290		2380
孝南区	30709	6342	22979	1388	6698		4863		563567
孝昌县	38868	12362	23090	2062	1681		11550		382776

续表5

项目	油料总产量				棉花产量	生麻产量	糖料产量	烟叶产量	蔬菜及食用菌产量
		花生产量	油菜籽产量	芝麻产量					
大悟县	56075	46722	8585	768	337	41	213		306945
云梦县	21212	1230	19318	664	3537				800039
应城市	33694	2885	29541	1268	4470		1295		555266
安陆市	20204	3451	14929	1824	1065		875		260088
汉川市	39868	871	38394	603	23444		4271		691770
荆州市	**627489**	**6479**	**610223**	**10787**	**138766**	**136**	**43121**		**2591221**
荆州市辖区	940	13	888	39	274				31631
沙市区	8519		8519		4320				243816
荆州区	58643	1962	54626	2055	14549		5094		602430
公安县	126670	260	125799	611	40273		10849		370599
监利县	126277	938	123136	2203	25004	30	5650		407262
江陵县	73667	2133	69882	1652	10382	58	5021		130150
石首市	70539	122	70129	288	18426	8	7435		305600
洪湖市	86030	316	82387	3327	9957	40	4278		287596
松滋市	76204	735	74857	612	15581		4794		212137
黄冈市	**553931.6**	**156386.3**	**384429.2**	**13053**	**86169**	**5268**	**32931**		**2795460**
黄冈市辖区	416		397	19	995				13151
黄州区	6086	246	5421	419	9818		604		251850
团风县	23591	3120	18706	1761	6046		2551		63268
红安县	100790	76166	24081	543	1772	40	800		172402
罗田县	28490	5274	21832	1384	348	34	5480		193663
英山县	16333	817	15116	344	181	18	1275		119678
浠水县	76440	15000	58950	2490	12225	3	2800		412840
蕲春县	53726.67	3463.33	48165.2	2095	8003	4996	9880		311023
黄梅县	64710	1700	61710	1300	21420		1200		276600
麻城市	104224	48684	53934	1606	12320	3	2258		720220
武穴市	79125	1916	76117	1092	13041	174	6083		260765
咸宁市	**101942**	**15998**	**79803**	**6141**	**5494**	**9661**	**54128**		**2300907**
咸安区	43769	7532	34034	2203	228	1487	898		257771
嘉鱼县	10515	687	8790	1038	1844	1482	30840		1066572
通城县	4887	995	3829	63	284				127626
崇阳县	11113	3407	7599	107	806		8894		186041
通山县	5096	1234	3729	133					152810
赤壁市	26562	2143	21822	2597	2332	6692	13496		510087
随州市	**73671.9**	**38035**	**27385.5**	**8251.4**	**19398.2**		**4930.7**		**1501801**
曾都区	8188	1778	5328	1082	3785		470		251400
随县	24041	13121	7904	3016	8519		2195		448701
广水市	41442.9	23136	14153.5	4153.4	7094.2		2265.7		801700
恩施自治州	**101715**	**19545.33**	**72661**	**542**	**36**	**17**	**153**	**76749.66**	**2191361**
恩施市	17668	2420	14299		25	17	75	16235.85	544878.6
利川市	13790	1035.33	8794					16034.81	678210
建始县	16242	1909	11870					9807	176315
巴东县	20645	5384	13369	542	11			9862	254539
宣恩县	6063	2074	3813					8484	126699
咸丰县	14720	4900	9820					6105	124420
来凤县	7144	835	6309				78	2671	125971
鹤峰县	5443	988	4387					7550	160329
仙桃市	**130471**	**2108**	**123794**	**4569**	**29259**		**15740**		**353822**
潜江市	**114171**	**5156**	**107483**	**1411**	**39733**		**2620**		**683196**
天门市	**114608**	**15848**	**96753**	**2007**	**49266**		**4085**		**576059**
神农架林区	**450**	**51**	**365**	**7**				**642**	**42110**

4 林业和土特产

林业生产情况

指标名称	计量单位	本年实际
一、荒山荒(沙)地造林面积	公顷	246858
1.人工造林	公顷	165652
其中:竹林面积	公顷	2841
2.飞播造林	公顷	
3.无林地和疏林地新封	公顷	81206
(一)按经济成份分		
(1)公有经济造林	公顷	66698
①国有经济造林	公顷	33071
②集体经济造林	公顷	33627
(2)非公有经济造林	公顷	180160
(二)按林种用途分		
(1)用材林	公顷	83439
(2)经济林	公顷	58163
(3)防护林	公顷	103083
(4)薪炭林	公顷	112
(5)特种用途林	公顷	2061
(三)按树种类型分		
其中:速生树种	公顷	84087
乡土树种	公顷	128172
珍贵树种	公顷	3567
(四)按结构类型分		
(1)纯林	公顷	163281
(2)混交林	公顷	83577
二、有林地造林面积	公顷	10945
1.林冠下造林	公顷	513
2.飞播营林	公顷	
3.有林地和灌木林地新封	公顷	10432
三、更新造林	公顷	2952
四、四旁(零星)植树	万株	12014
五、年末实有封山(沙)育林面积	公顷	1094480
六、森林抚育		
1.低产低效林改造面积	公顷	27133
2.未成林抚育作业面积	公顷次	363080
3.中、幼龄林抚育面积	公顷	417983
七、林木种苗		
1.林木种子采集量	吨	4278
2.当年苗木产量	万株	115883
3.育苗面积	公顷	39353
其中:本年新增育苗面积	公顷	8181
八、主要林产品产量	吨	
1.生漆	吨	6897
2.油桐籽	吨	25290
3.乌桕籽	吨	18344
4.油茶籽	吨	87483
5.五倍子	吨	3710
6.棕片	吨	3656
7.松脂	吨	39867
8.竹笋干	吨	8428
9.核桃	吨	93987
10.板栗	吨	410983
11.花椒	吨	3324
12.八角	吨	18
九、竹木采伐		
1、木材	万立方米	389.0
其中:村及村以下采伐	万立方米	336.7
2、竹材	万根	3297.3
其中:村及村以下采伐	万根	1701.9

林产品产量

单位:吨

单位名称	生漆	油桐籽	乌柏籽	油茶籽	五倍子	棕片	松脂	竹笋干
湖北	**897**	**25290**	**18344**	**87483**	**3710**	**3656**	**39867**	**8428**
武汉市				**3340**				
市辖区								
蔡甸区								
江夏区								
黄陂区				540				
新洲区				2800				
黄石市		211	11	5240		117		496
市辖区								
阳新县		211	11	4640		117		496
大冶市				600				
十堰市	345	4409	413	783	859	103	10	760
市辖区	1	38		8	2			4
郧县	10	2100	170		106			20
郧西县	1	1536	243		50			8
竹山县	15	430		450	610	24		150
竹溪县	19	20			55	74		187
房县	299	214		175	36	5	10	364
丹江口市		71		150				27
宜昌市	314	1503	657	2497	1780	2431	5342	277
市辖区								
夷陵区	16	23					4	19
远安县		6	2			13	78	21
兴山县	3	57		26	24	13	133	2
秭归县		4				2		120
长阳县	285	1175	635	2303	537	1675	31	100
五峰县	1	10		145	1200	152		
宜都市	9	228	20	23	19	576		15
当阳市							5096	
枝江市								
襄阳市	1	60	10	8724	62	28	28572	45
市辖区								
襄州区								
南漳县		15		65	15	23	19500	17
谷城县		37	8	8333	3			27
保康县	1	2	2	38	2	5	22	1
老河口市								
枣阳市		6		284	42			
宜城市				4			9050	
鄂州市		120	160	550				17
荆门市		23	25	1388	52	15	1331	29
荆门市市辖区		3	1		40		960	9
京山县		20	24	150	12	15	371	20
沙洋县								
钟祥市				1238				
孝感市		2564	8308	4191		52	30	
孝昌县		30	3	350			30	

续表　　单位:吨

单位名称	生漆	油桐籽	乌桕籽	油茶籽	五倍子	棕片	松脂	竹笋干
大悟县		2534	8305	3761		52		
云梦县								
应城市								
安陆市				80				
汉川市								
荆州市		**28**	**26**	**210**			**60**	**38**
市辖区								
公安县								
监利县								
江陵县								
石首市								
洪湖市								
松滋市		28	26	210			60	38
黄冈市	**87**	**6977**	**8638**	**25765**	**500**	**41**	**4464**	**354**
市辖区								
团风县		22	11	937				
红安县		1250	6611	1000	500		500	
罗田县		715	275	2106			993	86
英山县		169	35	1672				
浠水县		6	6	780			200	12
蕲春县	87	245		3950		41	2600	50
黄梅县				1160				
麻城市		4500	1700	14000			50	18
武穴市		70		160			121	188
咸宁市		**680**		**20750**		**262**	**50**	**5804**
咸安区				50				
嘉鱼县								
通城县		39		16478				65
崇阳县		61		1302		113		2650
通山县		450		2600		92		130
赤壁市		130		320		57	50	2959
随州市		**749**	**22**	**7202**	**56**	**30**	**8**	**50**
曾都区		339		867		10		
广水市			22	2235	16			
随县		410		4100	40	20	8	50
恩施自治州	**147**	**7966**	**74**	**6843**	**401**	**577**		**558**
恩施市	21			300	43	20		7
利川市		1		1	150			150
建始县	91	56	65	29	98	83		300
巴东县	11	60	2		12	25		
宣恩县				65				48
咸丰县	5	2		7	3			50
来凤县	5	7800		6340	69	27		
鹤峰县	14	47	7	101	26	422		3
仙桃市								
潜江市								
天门市								
神农架林区	**3**							

茶叶、水果产量

单位:吨

项目	茶叶产量	绿茶	红茶	园林水果合计	梨子	柑橘	桃
湖北省	**221957**	**170408**	**23757**	**5694151**	**563121**	**4003942**	**724857**
武汉市	**2448**	**2332**		**84824**	**14347**	**30560**	**25018**
武汉市辖区	274	175		13639	751	2255	5086
汉南区				4770	2091	1692	387
蔡甸区				10376	1272	4337	1434
江夏区	1102	1102		24200	779	18466	2286
黄陂区	948	948		10499	279	771	8200
新洲区	124	107		21340	9175	3039	7625
黄石市	**440**	**406**		**41971**	**1421**	**36222**	**2147**
黄石市辖区				2205	90	1847	145
阳新县	340	318		32765	635	30440	739
大冶市	100	88		7001	696	3935	1263
十堰市	**13051**	**11376**	**713**	**366339**	**480**	**331816**	**8938**
茅箭区	13	13		130	7	20	11
张湾区	21	21		2518	6	660	1401
郧县	823	823		39840	53	28298	1969
郧西县	78	78		6591	162	899	975
竹山县	5256	4516	247	4697	210	266	988
竹溪县	5786	4865	466	1321	3	107	340
房县	863	863		9614	23	6182	876
丹江口市	211	197		301628	16	295384	2378
宜昌市	**55962**	**44876**	**10266**	**2832031**	**26382**	**2758898**	**32087**
宜昌市辖区	707	687	20	156246		155383	858
夷陵区	16214	16086	102	583031	272	573225	1607
远安县	1405	1113	292	12813	271	11360	385
兴山县	760	751		75583	699	72831	581
秭归县	2776	2717		265677	209	264813	437
长阳自治县	1735	1405		62615	305	60883	590
五峰自治县	18814	12831	5983	2154	300	1290	20
宜都市	13006	8741	3869	581318	26	579734	1123
当阳市	500	500		484509	778	476306	5836
枝江市	45	45		608085	23522	563073	20650
襄阳市	**15039**	**11790**	**946**	**593650**	**125848**	**53386**	**384775**
襄阳市辖区							
襄城区	23	23		4520	1176	937	1538
樊城区				1167	159	253	310
襄州区				88278	22794	778	56157
南漳县	1022	1022		32655	234	29406	1657
谷城县	7082	4540	361	6971	1015	3479	1350
保康县	6541	5834	585	6798	209	543	1155
老河口市	64	64		123659	88388	1298	27351
枣阳市	201	201		308000	10094	1347	293166
宜城市	106	106		21602	1779	15345	2091
鄂州市	**108**	**108**		**37863**	**1651**	**28017**	**3645**
荆门市	**203**	**201**	**1**	**446201**	**225988**	**171600**	**27231**
东宝区	61	61		90663	6406	80380	2182
掇刀区				13936	3030	9730	577
京山县	27	25	1	72721	35475	23215	13010
沙洋县	2	2		22194	6300	11161	3356
钟祥市	113	113		246687	174777	47114	8106
孝感市	**8930**	**8294**	**180**	**187462**	**28280**	**21767**	**97225**
孝感市辖区	62	62		33		20	13
孝南区	34	34		11854	185	1205	10149

续表 单位:吨

项目	茶叶产量			园林水果合计			
		绿茶	红茶		梨子	柑橘	桃
孝昌县	1406	1406		101531	1590	17476	58133
大悟县	6777	6200	180	13346	2817	130	8040
云梦县				15284	6844	23	5350
应城市	486	486		18210	7946	182	3821
安陆市	165	106		13975	932	1656	8955
汉川市				13229	7966	1075	2764
荆州市	**59**	**34**		**448834**	**10535**	**280841**	**7857**
荆州市辖区				223		33	
沙市区				889	12	126	1
荆州区				53391	3207	37870	3864
公安县	10	10		206714	713	78132	1032
监利县				5233	2424	2381	290
江陵县				1968	79	1063	322
石首市	41	16		22210	1167	14116	1613
洪湖市				1276	149	811	175
松滋市	8	8		156930	2784	146309	560
黄冈市	**32022**	**31366**	**559**	**120753**	**19333**	**52543**	**30091**
黄冈市辖区				86	20	58	
黄州区	5	5		1381	82	1020	171
团风县	89	74	10	2383	162	903	312
红安县	1824	1824		1723	742	116	686
罗田县	488	488		10372	319	822	549
英山县	23888	23247	549	2813	662	655	729
浠水县	1250	1250		19800	795	13800	2190
蕲春县	1341	1341		48837	13936	11466	21916
黄梅县	56	56		5297	1325	2410	1112
麻城市	3050	3050		4900	732	931	1148
武穴市	31	31		23161	558	20362	1278
咸宁市	**26683**	**10675**	**582**	**65370**	**8259**	**37530**	**7097**
咸安区	1215	941		2675	296	1001	944
嘉鱼县	1438	561		4435	55	3090	1234
通城县	1450	1290	70	3746	55	2830	731
崇阳县	1170	852		10975	4217	2528	1914
通山县	1159	587	100	14519	1642	10978	381
赤壁市	20251	6444	412	29020	1994	17103	1893
随州市	**2479**	**2424**	**48**	**139520**	**12912**	**7423**	**85335**
曾都区	104	89	15	3678	40	400	2594
随县	1779	1740	33	62157	5180	4748	35922
广水市	596	595		73685	7692	2275	46819
恩施自治州	**64449**	**46471**	**10462**	**251496**	**52150**	**177665**	**5171**
恩施市	14440	11393	2720	18232	1240	13318	1032
利川市	12487	7399	5021	38347	33753	1962	826
建始县	908	908		11168	1176	3647	269
巴东县	1175	1173		57023	781	51299	1083
宣恩县	10803	9923	800	91851	2600	88851	350
咸丰县	5472	2050	825	13152	11285	1126	450
来凤县	475	419		18008	958	15749	586
鹤峰县	18689	13206	1096	3715	357	1713	575
仙桃市				**26072**	**8120**	**10268**	**4212**
潜江市				**34761**	**15897**	**1666**	**2894**
天门市				**16639**	**11472**	**3740**	**1084**
神农架林区	**84**	**55**		**365**	**46**		**50**

茶园、果园面积

单位:公顷

项目	年末实有茶园面积	本年采摘面积	年末果园面积	梨园面积	柑橘园面积	桃园面积
湖北省	**291769**	**205390**	**403551**	**39352**	**239659**	**53281**
武汉市	**8574**	**5631**	**8503**	**1183**	**4148**	**774**
武汉市辖区	180	134	647	39	143	167
汉南区			295	107	105	67
蔡甸区			685	135	262	182
江夏区	1949	1614	3421	49	3091	15
黄陂区	5009	2983	1280	41	54	276
新洲区	1436	900	2175	812	493	67
黄石市	**1814**	**1316**	**9319**	**678**	**6014**	**983**
黄石市辖区			342	121	90	23
阳新县	1439	1246	7580	415	5270	705
大冶市	375	70	1397	142	654	255
十堰市	**41512**	**21572**	**54677**	**148**	**37171**	**1400**
茅箭区	464	233	89	2	2	4
张湾区	373	209	681		175	142
郧县	3667	1375	22172	23	11742	580
郧西县	828	582	1725	76	248	91
竹山县	12356	8060	1197	29	28	162
竹溪县	15643	7876	936	12	1	99
房县	6306	1968	4670	2	2093	193
丹江口市	1875	1269	23207	4	22882	129
宜昌市	**50296**	**41382**	**132410**	**1231**	**125761**	**1963**
宜昌市辖区	564	511	4672		4653	19
夷陵区	13319	11320	24725	40	22862	69
远安县	2052	1566	4121	62	3798	154
兴山县	2623	1466	6808	86	6352	59
秭归县	5337	3431	16433	21	16259	4
长阳自治县	5598	4332	8820	135	7846	98
五峰自治县	12547	11594	433	23	264	20
宜都市	7213	6119	21240	9	20935	255
当阳市	1001	1001	22440	37	22022	198
枝江市	42	42	22718	818	20770	1087
襄阳市	**24179**	**20109**	**32992**	**6430**	**2405**	**21554**
襄阳市辖区						
襄城区	47	40	243	51	62	102
樊城区			60	16	18	23
襄州区			3476	1045	29	2021
南漳县	4961	4123	1011	11	799	37
谷城县	9285	9068	928	256	38	
保康县	9158	6191	244	2	79	1
老河口市	52	52	7451	4602	197	1844
枣阳市	404	404	18513	311	366	17474
宜城市	272	231	1066	136	817	52
鄂州市	**167**	**167**	**6497**	**1550**	**3118**	**758**
荆门市	**1270**	**1226**	**20981**	**8234**	**5638**	**4250**
东宝区	604	604	2773	263	1286	320
掇刀区			1684	177	847	113
京山县	286	259	5742	2113	986	2462
沙洋县	23	20	1261	534	447	196
钟祥市	357	343	9521	5147	2072	1159
孝感市	**300**	**300**	**87**		**20**	**13**
孝感市辖区	642	258	1798	85	19	28
孝南区	17882	5814	14269	278	1272	4828

续表1 单位:公顷

项目	年末实有茶园面积	本年采摘面积	年末果园面积	梨园面积	柑橘园面积	桃园面积
大悟县	17935	10287	3148	1124	32	1807
云梦县			853	297	10	245
应城市	313	311	680	298	26	201
安陆市	325	251	1577	211	341	869
汉川市			552	238	26	183
荆州市	**468**	**459**	**23724**	**669**	**18083**	**797**
荆州市辖区			7		2	
沙市区			32	6	6	
荆州区			1728	102	1080	123
公安县	36	33	5540	55	2202	247
监利县			336	106	143	77
江陵县			191	12	110	35
石首市	401	399	1398	44	838	171
洪湖市			71	12	48	5
松滋市	31	27	14421	332	13654	139
黄冈市	**26992**	**22194**	**15259**	**1950**	**4223**	**1791**
黄冈市辖区			7	1	3	
黄州区	11	11	156	13	108	29
团风县	252	218	668	50	218	164
红安县	1599	1349	919	193	34	179
罗田县	962	932	975	168	71	63
英山县	15108	12746	466	121	82	111
浠水县	1743	1743	1910	182	862	410
蕲春县	1499	1191	3990	952	103	28
黄梅县	290	286	1046	176	385	143
麻城市	5410	3600	2808	66	260	556
武穴市	118	118	2314	28	2097	108
咸宁市	**16944**	**10833**	**23314**	**4794**	**8538**	**2693**
咸安区	1889	675	938	31	212	470
嘉鱼县	719	638	616		288	104
通城县	3698	2687	3547	52	2577	369
崇阳县	1327	1099	7839	3575	1408	1035
通山县	1857	1204	6228	660	2948	275
赤壁市	7454	4530	4146	476	1105	440
随州市	**7620**	**7359**	**14234**	**1124**	**921**	**6455**
曾都区	372	306	1032	47	45	568
随县	4771	4749	9788	668	742	4390
广水市	2477	2304	3414	409	134	1497
恩施自治州	**73595**	**55422**	**35377**	**7649**	**20993**	**1391**
恩施市	19544	14690	3534	539	1999	194
利川市	10597	7683	3936	2740	765	55
建始县	1985	1563	1729	158	263	61
巴东县	3184	2105	8206	482	6148	709
宣恩县	11868	8466	9824	643	9112	40
咸丰县	8208	6374	3430	2471	162	63
来凤县	1276	1104	2988	299	1787	81
鹤峰县	16933	13437	1730	317	757	188
仙桃市			**1164**	**362**	**471**	**174**
潜江市			**1294**	**632**	**71**	**106**
天门市			**617**	**171**	**358**	**8**
神农架林区	**941**	**499**	**225**	**16**		**10**

长江防护林工程建设情况

单位名称	荒山荒(沙)地造林面积（公顷）	在造林面积中			用材林造林面积（公顷）	经济林造林面积（公顷）	防护林造林面积（公顷）						
		人工造林（公顷）	飞播造林（公顷）	无林地和疏林地新封（公顷）				#水源涵养林	水土保持林	防风固沙林	农田、牧场防护林	护岸护堤林	护路林
湖北	**32690**	**12244**		**20446**	**2019**	**1335**	**29336**	**6028**	**16856**	**21**	**30**	**712**	**336**
十堰市	**7220**	**2132**		**5088**		**220**	**7000**	**1387**	**5146**				
茅箭区	467	133		334			467		466				
张湾区	466	133		333			466						
郧县	1000	333		667		220	780		780				
郧西县	1000	333		667			1000		1000				
竹山县	933	266		667			933		933				
竹溪县	934	267		667			934		934				
房县	1033	300		733			1033		1033				
丹江口市	1033	300		733			1033	1033					
武当山特区	354	67		287			354	354					
宜昌市	**4035**	**1741**		**2294**	**310**	**958**	**2767**		**277**				
夷陵区	1401	974		427	110	653	638						
远安县	267	67		200			267		267				
兴山县	267	67		200	200	57	10		10				
秭归县	766	233		533		48	718						
长阳县	667	200		467		200	467						
五峰县	667	200		467			667						
襄阳市	**2001**	**535**		**1466**	**320**	**107**	**1574**	**267**	**1240**			**57**	**10**
襄城区	267	67		200	160		107		107				
襄州区	267	67		200			267	267					
谷城县	267	67		200			267		267				
保康县	933	267		666	160	107	666		666				
枣阳市	267	67		200			267		200			57	10
鄂州市	**500**	**300**		**200**			**500**	**120**	**180**			**200**	
荆门市	**801**	**401**		**400**	**200**		**601**	**267**				**267**	
京山县	267	67		200	200		67						
沙洋县	267	267					267					267	
钟祥市	267	67		200			267	267					
孝感市	**2435**	**901**		**1534**	**265**		**2170**		**1502**			**134**	
孝南区	267	67		200	200		67						
孝昌县	700	300		400			700		567				
大悟县	1000	333		667	65		935		935				
安陆市	334	67		267			334						
汉川市	134	134					134					134	

续表1

单位名称	荒山荒(沙)地造林面积(公顷)	在造林面积中			用材林造林面积(公顷)	经济林造林面积(公顷)	防护林造林面积(公顷)						
		人工造林(公顷)	飞播造林(公顷)	无林地和疏林地新封(公顷)				#水源涵养林	水土保持林	防风固沙林	农田、牧场防护林	护岸护堤林	护路林
荆州市	**966**	**766**		**200**	**133**		**833**	**43**	**365**	**21**	**30**	**54**	**20**
沙市区	133	133					133						
荆州区	167	167					167						
监利县	133	133			133								
石首市	133	133					133		133				
洪湖市	133	133					133		32	21	30	30	20
松滋市	267	67		200			267	43	200			24	
黄冈市	**5301**	**2167**		**3134**	**638**		**4663**	**1744**	**1918**				**306**
黄州区	133	133					133						
团风县	767	300		467			767		767				
红安县	867	267		600			867		561				306
罗田县	934	267		667	372		562						
英山县	934	267		667			934	934					
浠水县	133	133			133								
蕲春县	800	267		533			800	677	123				
黄梅县	133	133					133	133					
麻城市	467	267		200			467		467				
武穴市	133	133			133								
咸宁市	**1166**	**367**		**799**			**1166**	**300**	**433**				
通城县	300	100		200			300	200	100				
崇阳县	67	67					67		67				
通山县	366	100		266			366	100	266				
赤壁市	433	100		333			433						
随州市	901	234		667			901	634	267				
曾都区	267	67		200			267	267					
广水市	367	100		267			367	367					
随县	267	67		200			267		267				
恩施自治州	**6164**	**1766**		**4398**	**20**	**50**	**6094**	**933**	**5161**				
恩施市	733	200		533			733		733				
利川市	766	233		533			766		766				
建始县	733	200		533			733		733				
巴东县	767	234		533			767		767				
宣恩县	733	200		533	20	50	663		663				
咸丰县	733	200		533			733		733				
来凤县	766	233		533			766		766				
鹤峰县	933	266		667			933	933					
省直单位	67	67					67		67				
太子山林管局	67	67					67		67				
仙桃市	**367**	**367**					**367**						
潜江市	**300**	**300**					**300**		**300**				
天门市	**133**	**133**			**133**								
神农架林区	**333**	**67**		**266**			**333**	**333**					

续表2

单位名称	低产低效林改造面积(公顷)	年末实有封山(沙)育林面积(公顷)	全部林业投资完成额(万元)	造林	低产低效防护林改造	种苗	森林防火	病虫害防治	科技费用	其他
湖北	**2199**	**48730**	**7047**	**4085**	**379**	**1576**	**223**	**152**	**36**	**596**
十堰市	**333**	**16486**	**1488**	**1263**		**69**		**3**		**153**
茅箭区		466								
张湾区		2133	95	95						
郧县		2600	220	220						
郧西县		667	220	150						70
竹山县		3333	190	190						
竹溪县		934	190	190						
房县		5333	301	176		69		3		53
丹江口市	333	733	212	212						
武当山特区		287	60	30						30
宜昌市	**267**	**5702**	**531**	**257**		**132**	**36**	**71**	**20**	**15**
夷陵区	267	2369	95	5			10	60	20	
远安县		200								
兴山县		200	51	3		24	20	2		2
秭归县		733	72	72						
长阳县		733	139	45		73	4	4		13
五峰县		1467	174	132		35	2	5		
襄阳市		**1866**	**204**	**92**		**87**	**14**			**11**
襄城区		200	51	31		20				
襄州区		200	51			31	14			6
谷城县		200	51	37		14				
保康县		666								
枣阳市		600	51	24		22				5
鄂州市	**600**	**200**	**336**	**156**	**180**					
荆门市		**400**	**249**	**195**	**18**	**13**	**5**	**5**	**3**	**10**
京山县		200	64	10	18	13	5	5	3	10
沙洋县			134	134						
钟祥市		200	51	51						
孝感市	**333**	**3168**	**585**	**369**		**188**		**3**	**1**	**24**
孝南区		200	64	43		18		1	1	1
孝昌县		1400	221	221						
大悟县		667	220	105		100		2		13
安陆市	333	901								
汉川市			80			70				10

续表3

单位名称	低产低效林改造面积（公顷）	年末实有封山（沙）育林面积（公顷）	全部林业投资完成额（万元）	造林	低产低效防护林改造	种苗	森林防火	病虫害防治	科技费用	其他
荆州市	**133**	**667**	**374**	**197**		**117**	**5**	**27**	**2**	**26**
沙市区										
荆州区	133		75	25		40		6		4
监利县			75	75						
石首市			60	20		23		13		4
洪湖市			75	21		35		6		13
松滋市		667	89	56		19	5	2	2	5
黄冈市		**4067**	**1230**	**673**		**379**	**108**	**6**	**7**	**57**
黄州区			60			60				
团风县		467	184	98		30	46		2	8
红安县		600	183	73		110				
罗田县		667	102	102						
英山县		667	238	181		46				11
浠水县										
蕲春县		533	176	103		57	6			10
黄梅县			44	44						
麻城市		1133	183	48		60	50	3	5	17
武穴市			60	24		16	6	3		11
咸宁市		**1099**	**144**	**52**	**21**	**51**	**5**	**5**	**3**	**7**
通城县		300								
崇阳县		200	64	16	21	11	5	5	3	3
通山县		266								
赤壁市		333	80	36		40				4
随州市		**6211**	**265**	**156**		**35**	**49**	**4**		**21**
曾都区		200	75	58		8				9
广水市		267	116	53		13	39	4		7
随县		600	74	45		14	10			5
恩施自治州		**6264**	**1081**	**617**		**213**	**1**	**6**		**244**
恩施市		533	211	178		17				16
利川市		1066	161	81		15				65
建始县		733	146	50		88				8
巴东县		533	161	6		23	1	1		130
宣恩县		1333	146	92		46				8
咸丰县		533								
来凤县		533	161	115		24		5		17
鹤峰县		1000	95	95						
省直单位			42			20				22
太子山林管局			42			20				22
仙桃市			**165**			**165**				
潜江市			**135**			**107**		**22**		**6**
天门市	**533**		**160**		**160**					
神农架林区		**2600**	**58**	**58**						

天然林保护工程建设情况

单位名称	工程区木材产量（立方米）	#人工林木材产量	荒山荒(沙)地造林面积（公顷）	人工造林（公顷）	飞播造林（公顷）	无林地和疏林地新封（公顷）	年末实有封山(沙)育林面积（公顷）
湖北省	**335710**	**268270**	**29397**	**3463**		**25934**	**247384**
十堰市	**41962**	**37850**	**10467**	**1200**		**9267**	**95219**
茅箭区			1066	133		933	35467
张湾区			400	67		333	667
市直			734	67		667	1200
郧县			1466	133		1333	2666
郧西县			1466	133		1333	1333
竹山县	7920	7920	1467	133		1334	10400
竹溪县			1468	134		1334	21319
房县	9042	4930	1267	267		1000	18900
丹江口市	25000	25000	1133	133		1000	3267
宜昌市	**4884**	**4556**	**6600**	**800**		**5800**	**34933**
市直							
西陵区							
伍家岗区							
点军区							333
猇亭区							
夷陵区			933	133		800	6400
远安县	4884	4556	1133	133		1000	4667
兴山县			1133	133		1000	1000
秭归县			133	133			4200
长阳县			734	67		667	6533
五峰县			1467	134		1333	9467
宜都市			1067	67		1000	2333
襄阳市	**85428**	**85428**	**2865**	**332**		**2533**	**11933**
南漳县	55892	55892	732	66		666	1333
谷城县	29536	29536	933	133		800	800
保康县			1200	133		1067	9800
恩施自治州	**203436**	**140436**	**8531**	**1131**		**7400**	**70000**
恩施市	4776	4776	200	200			9934
利川市	23000		1466	133		1333	13533
建始县	67080	67080	800	133		667	3667
巴东县	8183	8183	1133	133		1000	10933
宣恩县	6221	6221	1200	133		1067	11467
咸丰县	45500	45500	1133	133		1000	8133
来凤县	8676	8676	1466	133		1333	8000
鹤峰县	40000		1133	133		1000	4333
神农架林区							**27800**
星斗山自然保护区							**899**
神农架自然保护区			**267**			**267**	**933**
七姊妹山自然保护区			**667**			**667**	**4000**
神农架大九湖湿地公园							**1667**

续表1

单位名称	年末实有森林管护面积(公顷)	年末全部在册职工人数(人)	年末在岗职工人数(人)	年末参加基本养老保险人数(人)	#在岗职工	年末参加基本医疗保险人数(人)	#在岗职工
湖北省	**3183830**	**10275**	**9787**	**8046**	**7285**	**9745**	**8086**
十堰市	**902387**	**2964**	**2865**	**1780**	**1680**	**3021**	**2393**
茅箭区		31	31				
张湾区	39385	49	49			53	49
市直	6207	518	423	192	192	230	192
郧县	134862	438	438			611	438
郧西县	156207	212	212				
竹山县	137507	220	220	69	69	220	220
竹溪县	123580	683	683	683	683	884	683
房县	172613	529	525	452	452	739	527
丹江口市	132026	284	284	384	284	284	284
宜昌市	**705176**	**1669**	**1668**	**1941**	**1414**	**1681**	**1235**
市直	10981						
西陵区	453						
伍家岗区	1458						
点军区	4300						
猇亭区	5278						
夷陵区	154000	179	179	260	179		
远安县	62281	156	156	376	156	376	156
兴山县	124007	621	621	621	621	621	621
秭归县	140660	102	101	86	86	86	86
长阳县	110974	218	218	226		226	
五峰县	48073	288	288	288	288	288	288
宜都市	42711	105	105	84	84	84	84
襄阳市	**268553**	**1571**	**1534**	**977**	**929**	**1069**	**963**
南漳县	73706	613	576	603	603	603	603
谷城县	103640	598	598				
保康县	91207	360	360	374	326	466	360
恩施自治州	**898134**	**2448**	**2159**	**2132**	**2048**	**2678**	**2267**
恩施市	143600	482	407	421	421	468	468
利川市	157499	531	468	420	420	587	468
建始县	81574	206	206	179	179	179	179
巴东县	130653	319	235	284	200	319	235
宣恩县	119241	184	117	179	179	191	191
咸丰县	69487	337	337	298	298	337	337
来凤县	49380	180	180	180	180	388	180
鹤峰县	146700	209	209	171	171	209	209
神农架林区	**227010**	**1172**	**1172**	**1172**	**1172**	**1172**	**1172**
星斗山自然保护区	**55466**	**19**	**17**	**13**	**11**	**26**	**17**
神农架自然保护区	**69244**	**263**	**203**				
七姊妹山自然保护区	**46333**	**39**	**39**	**31**	**31**	**39**	**39**
神农架大九湖湿地公园	**11527**	**130**	**130**			**59**	

续表2

单位名称	全部林业投资完成额（万元）		在全部完成投资中				
		国家投资（万元）	公益林建设（万元）	森林管护（万元）	森林抚育（万元）	生态效益补偿（万元）	社会保险（万元）
湖北省	**61677**	**52007**	**4026**	**8216**	**4129**	**33766**	**7427**
十堰市	**17125**	**14844**	**1146**	**2207**	**1245**	**10228**	**1555**
茅箭区							
张湾区	624		65		47	512	
市直							
郧县	2109	2019	200	25	59	1825	
郧西县	3303	2934	140	203	119	2808	33
竹山县	3702	3702	172	506	640	1131	841
竹溪县	2350	1912	179	718	321	656	373
房县	3018	2258	225	626		1657	281
丹江口市	2019	2019	165	129	59	1639	27
宜昌市	**12745**	**6756**	**855**	**1381**	**473**	**7684**	**560**
市直							
西陵区							
伍家岗区							
点军区	113	81				78	
猇亭区							
夷陵区	2439		144	492	118	1533	104
远安县	2189	1724	165	219	36	595	68
兴山县	1537	1537	165		118	948	
秭归县	2584	2433	70	250		2057	49
长阳县	1905		100	124	59	1465	135
五峰县	1143	981	71	152	142	534	158
宜都市	835		140	144		474	46
襄阳市	**4984**	**4899**	**520**	**807**	**451**	**2431**	**746**
南漳县	1261	1176	95	38	95	1033	
谷城县	1413	1413	165	424	119	705	
保康县	2310	2310	260	345	237	693	746
恩施自治州	**19436**	**18131**	**1267**	**2056**	**1064**	**10391**	**3740**
恩施市	4604	4025	70	139	154	2309	1836
利川市	2493	2493	200	407	236	1354	256
建始县	1269	1126	130	200	236	564	100
巴东县	3093	2928	165	249	59	2177	405
宣恩县	1910	1910	172	426	119	1049	114
咸丰县	1852	1852	165	127	59	793	186
来凤县	1004	913	200	150	142	380	98
鹤峰县	3211	2884	165	358	59	1765	745
神农架林区	**4355**	**4355**	**105**	**1097**	**896**	**1089**	**640**
星斗山自然保护区	**1194**	**1194**	**35**	**12**		**1127**	**13**
神农架自然保护区	**723**	**713**	**28**	**495**		**22**	**107**
七姊妹山自然保护区	**921**	**921**	**70**	**129**		**684**	**27**
神农架大九湖湿地公园	**194**	**194**		**32**		**110**	**39**

退耕还林工程建设情况

单位名称	造林面积合计（公顷）	配套荒山荒地造林（公顷）	无林地和疏林地新封(公顷)	在造林面积合计中			当年粮款兑现退耕地总面积（公顷）	自工程实施以来累计粮食补助资金（万元）	#当年粮食补助资金（万元）
				用材林（公顷）	经济林（公顷）	防护林（公顷）			
湖北	**22602**	**13970**	**8632**	**9092**	**3493**	**9684**	**480563**	**940463**	**44431**
武汉市	**500**	**500**		**133**	**17**	**350**	**10946**	**35523**	**1908**
蔡甸区	133	133		133			1327	4215	140
江夏区							1485	5856	317
黄陂区	167	167				167	4267	14472	771
新洲区	200	200			17	183	3867	10980	680
黄石市	**500**	**300**	**200**	**108**	**2**	**390**	**8423**	**9341**	**472**
黄石港区							11	40	2
西塞山区							211	664	33
下陆区							234	580	37
铁山区							77	261	12
阳新县	367	167	200			367	7890	7796	388
大冶市	133	133		108	2	23			
十堰市	2501	868	1633	649	937	915	64090	209254	8368
张湾区							1177	4410	195
市直	533		533	533			41	155	7
郧县	367	167	200	33		334	11000	36097	2118
郧西县	367	167	200			367	10733	35004	1754
竹山县	167	167		83	70	14	9218	29818	1789
竹溪县	367	200	167	167	200		10332	40274	1982
房县	500	167	333		500		11000	28807	189
丹江口市	200	200				200	9179	30631	119
武当山特区	200		200			200	1341	3427	200
白浪经济开发区							69	631	15
宜昌市	**2433**	**1433**	**1000**	**33**	**378**	**2022**	**225037**	**137557**	**7566**
市直	233	33	200			233			
伍家岗区	200		200			200			
点军区							1118	4228	179
夷陵区	200	200			85	115	8292	26364	1341
远安县	333	133	200			333	2589	8724	499
兴山县	367	167	200		60	307	6455	15463	1123
秭归县	167	167				167	200596	43308	2133
长阳县	133	133			133			14695	881
五峰县	367	167	200			367		5797	421
宜都市	133	133		33	100		3586	10772	611
当阳市	133	133				133	1868	6211	294
枝江市	167	167				167	533	1995	84

续表1

单位名称	造林面积合计（公顷）	配套荒山荒地造林（公顷）	无林地和疏林地新封(公顷)	在造林面积合计中 用材林（公顷）	经济林（公顷）	防护林（公顷）	当年粮款兑现退耕地总面积（公顷）	自工程实施以来累计粮食补助资金（万元）	#当年粮食补助资金（万元）
襄阳市	**1799**	**1199**	**600**	**1009**	**159**	**631**	**27148**	**81963**	**4482**
襄城区	133	133		100	33		557	1688	87
樊城区							533	1679	84
襄州区	167	167		167			2452	7917	386
市直	333		333	333					
南漳县	133	133				133	3713	11206	711
谷城县	367	167	200			367	4936	14845	809
保康县	133	133		76	57		6133	19027	966
老河口市	133	133			69	64	3067	8213	542
枣阳市	267	200	67	200		67	2557	7950	403
宜城市	133	133		133			3200	9438	494
鄂州市	**400**	**133**	**267**			**400**	**1933**	**6889**	**305**
荆门市	**1232**	**699**	**533**	**1032**		**200**	**18564**	**37634**	**1993**
市直	533		533	333		200			
东宝区							8187	5781	284
掇刀区							667	2465	125
京山县	166	166		166			3802	11363	599
沙洋县	200	200		200			2000	6276	315
钟祥市	200	200		200			3572	11749	670
屈家岭管理区	133	133		133					
漳河新区							336		
孝感市	**1700**	**1100**	**600**	**675**	**134**	**558**	**10522**	**34529**	**1675**
孝南区	267	200	67	200		67			
市直	333		333						
孝昌县	167	167		67	100		3873	10060	400
大悟县	400	200	200	174	26	200	4743	14251	747
云梦县	133	133		100	8	25			
应城市	133	133				133			
安陆市	133	133				133	1906	10218	528
汉川市	134	134		134					
荆州市	**1298**	**1098**	**200**	**832**	**23**	**443**		**2884**	
沙市区	133	133		133					
荆州区	133	133		133					
市直	100	100		100					
公安县	200	200		200					
监利县	133	133		133					
江陵县	133	133		133					
石首市	133	133				133			
松滋市	333	133	200		23	310		2884	

续表2

单位名称	造林面积合计（公顷）	配套荒山荒地造林（公顷）	无林地和疏林地新封（公顷）	在造林面积合计中			当年粮款兑现退耕地总面积（公顷）	自工程实施以来累计粮食补助资金（万元）	#当年粮食补助资金（万元）
				用材林（公顷）	经济林（公顷）	防护林（公顷）			
黄冈市	**3673**	**2540**	**1133**	**1232**	**766**	**1675**	**31261**	**94408**	**5267**
黄州区	133	133				133			
团风县	466	133	333			466	2434	7002	383
红安县	367	167	200			367	5133	15250	988
罗田县	367	167	200	367			4067	11100	640
英山县	367	167	200			367	3504	10508	552
浠水县	200	200		200			3533	11676	556
蕲春县	766	566	200		566	200	4216	11256	664
黄梅县	167	167		167			1557	6648	245
麻城市	342	342			200	142	4267	11999	798
武穴市	200	200		200			2550	8736	401
龙感湖	133	133		133				233	40
咸宁市	**2031**	**1098**	**933**	**1475**	**556**		**12958**	**79360**	**4373**
市辖区	233	33	200	133	100				
咸安区	200	200		200			5400	15092	938
嘉鱼县	133	133		46	87			5948	
通城县	233	233		64	169			16805	1316
崇阳县	466	133	333	466			2813	14809	783
通山县	366	166	200	166	200		4745	15683	747
赤壁市	400	200	200	400				11023	589
随州市	**835**	**835**		**440**	**395**		**9026**	**31599**	**1452**
市辖区							499	1349	112
曾都区	100	100		100					
广水市	200	200		140	60		3873	14966	607
随县	535	535		200	335		4654	15151	733
大洪山风景区	333		333					133	
恩施自治州	**2100**	**1300**	**800**	**827**	**106**	**1167**	**53699**	**156879**	**5475**
恩施市	167	167				167	6533	19181	1029
利川市	167	167				167	6533	18055	1148
建始县	133	133				133	5600	16086	796
巴东县	333	133	200			333	10028	24584	100
宣恩县	366	166	200	100	66	200	6022	15897	76
咸丰县	167	167				167	9688	34146	1571
来凤县	367	167	200	367			4527	13830	705
鹤峰县	400	200	200	360	40		4768	15100	50
省直单位	**400**	**200**	**200**	**200**		**200**			
省林科院	**200**	**67**	**133**			**200**			
太子山林管局	**200**	**133**	**67**	**200**					
仙桃市	**200**	**200**				**200**			
潜江市	**200**	**200**		**180**	**20**				
天门市	**200**	**200**		**200**			**636**	**2076**	**100**
神农架林区	**533**		**533**			**533**	**6320**	**20567**	**995**

续表3

单位名称	自工程实施以来累计生活费兑现金额（万元）	#当年生活费兑现金额（万元）	当年粮款兑现涉及户数（户）	全部林业投资完成额（万元）	粮食补助资金	种苗费	生活费补助	巩固退耕还林成果专项资金	其他费用
湖北	**107294**	**7935**	**1205769**	**97874**	**44431**	**4441**	**7935**	**32561**	**8506**
武汉市	**3794**	**344**	**68448**	**3540**	**1908**	**150**	**344**	**1063**	**75**
蔡甸区	472	40	6530	418	140	60	40	178	
江夏区	639	45	6141	434	317		45	72	
黄陂区	1503	143	36000	1577	771		143	588	75
新洲区	1180	116	19777	1111	680	90	116	225	
黄石市	1043	88	8472	3055	472	1320	88	1175	
黄石港区	3		25	2	2				
西塞山区	74	6	249	49	33		6	10	
下陆区	67	7	1997	57	37		7	13	
铁山区	27	2	394	14	12		2		
阳新县	872	73	5807	2933	388	1320	73	1152	
大冶市									
十堰市	**22766**	**584**	**203601**	**20467**	**8368**	**90**	**584**	**9313**	**2112**
张湾区	383	35	8734	389	195		35	159	
市直	17	1		8	7		1		
郧县	3704	11	54200	3960	2118		11	1831	
郧西县	3813	322	59700	2920	1754		322	748	96
竹山县	3347	138	39760	3457	1789		138	1530	
竹溪县	3218	10	40200	3618	1982		10	1626	
房县	2949	18		3932	189		18	1709	2016
丹江口市	4911	11		1930	119	90	11	1710	
武当山特区	390	35		235	200		35		
白浪经济开发区	34	3	1007	18	15		3		
宜昌市	**15339**	**1290**	**139527**	**12133**	**7566**	**327**	**1290**	**1995**	**955**
市直									
伍家岗区									
点军区	457	34	7650	213	179		34		
夷陵区	2934	249	45000	1590	1341		249		
远安县	794	2	13554	931	499		2		430
兴山县	1821	194	27000	1781	1123	96	194	368	
秭归县	4826	401		2594	2133	60	401		
长阳县	1750	166		1527	881		166	480	
五峰县	671	64	14487	1436	421	96	64	330	525
宜都市	1156	108	26108	1144	611		108	425	
当阳市	698	56	4710	668	294		56	318	
枝江市	232	16	1018	249	84	75	16	74	

续表4

单位名称	自工程实施以来累计生活费兑现金额（万元）	#当年生活费兑现金额（万元）	当年粮款兑现涉及户数（户）	全部林业投资完成额（万元）	粮食补助资金	种苗费	生活费补助	巩固退耕还林成果专项资金	其他费用
襄阳市	**9563**	**812**	**55245**	**9191**	**4482**	**410**	**812**	**3487**	
襄城区	188	17	1943	234	87	60	17	70	
樊城区	187	16	983	170	84		16	70	
襄州区	868	74	1639	846	386	60	74	326	
市直				35		35			
南漳县	1197	111	9872	1462	711	60	111	580	
谷城县	2130	148	10205	1374	809	60	148	357	
保康县	2144	184	25487	2182	966	60	184	972	
老河口市	899	92		1018	542		92	384	
枣阳市	886	76	1264	885	403	75	76	331	
宜城市	1064	94	3852	985	494		94	397	
鄂州市	**778**	**58**	**25600**	**635**	**305**		**58**	**272**	
荆门市	**3069**	**174**	**12177**	**3777**	**1993**	**309**	**174**	**1236**	**65**
市直				245		159		21	65
东宝区			4081	284	284				
掇刀区				125	125				
京山县	1245	114	3060	1196	599		114	483	
沙洋县	624	60	1770	715	315	90	60	250	
钟祥市	1200		2769	1152	670			482	
屈家岭管理区				60		60			
漳河新区			497						
孝感市	**4063**	**359**	**24483**	**4691**	**1675**	**235**	**359**	**2405**	**17**
孝南区				97		90			7
市直									
孝昌县	1228	116	21692	2787	400	75	116	2196	
大悟县	1700	142		889	747		142		
云梦县									
应城市									
安陆市	1135	101	2791	838	528		101	209	
汉川市				80		70			10
荆州市	**274**			**693**		**298**			**395**
沙市区				60		60			
荆州区									
市直									
公安县				90		90			
监利县				60		60			
江陵县									
石首市				61		56			5
松滋市	274			422		32			390

续表5

单位名称	自工程实施以来累计生活费兑现金额（万元）	#当年生活费兑现金额（万元）	当年粮款兑现涉及户数（户）	全部林业投资完成额（万元）	粮食补助资金	种苗费	生活费补助	巩固退耕还林成果专项资金	其他费用
黄冈市	**9882**	**941**	**181655**	**9855**	**5267**	**338**	**941**	**3213**	**96**
黄州区				60		60			
团风县	645	73	9853	921	383	60	73	405	
红安县	1644	148	26428	1989	988	75	148	778	
罗田县	1220	122		1475	640	73	122	640	
英山县	1156	105	27535	657	552		105		
浠水县	1304	106	26800	973	556		106	305	6
蕲春县	1072	126	28650	1360	664		126	570	
黄梅县	527	47	10102	495	245		47	203	
麻城市	1268	128	39633	1298	798	60	128	312	
武穴市	992	76	11800	567	401		76		90
龙感湖	54	10	854	60	40	10	10		
咸宁市	**10039**	**736**	**138606**	**7430**	**4373**	**285**	**736**	**1877**	**159**
市辖区									
咸安区	1640	162	33626	1456	938	90	162	266	
嘉鱼县	1100			131		60		71	
通城县	1818	178	4150	1494	1316		178		
崇阳县	1610	142	42000	1492	783	60	142	362	145
通山县	1771	142	41000	1788	747	75	142	810	14
赤壁市	2100	112	17830	1069	589		112	368	
随州市	**3181**	**270**	**35448**	**2765**	**1452**	**211**	**270**	**832**	
市辖区	140	15	297	127	112		15		
曾都区									
广水市	1334	116	20294	1476	607	211	116	542	
随县	1692	139	14857	1162	733		139	290	
大洪山风景区	15								
恩施自治州	**20903**	**2070**	**300063**	**17167**	**5475**	**231**	**2070**	**4886**	**4505**
恩施市	2207	196	40000	1225	1029		196		
利川市	1938	193	39463	2411	1148	16	193	995	59
建始县	1806	145	35000	1277	796		145	336	
巴东县	2341	9	48685	2582	100	60	9	591	1822
宣恩县	5438	1091	41334	2235	76	74	1091	994	
咸丰县	3938	291	48167	4458	1571		291	836	1760
来凤县	1547	140	25700	1199	705		140	354	
鹤峰县	1688	5	21714	1780	50	81	5	780	864
省直单位				**138**		**57**		**10**	**71**
省林科院				**31**		**17**		**10**	**4**
太子山林管局				**107**		**40**			**67**
仙桃市				**90**		**90**			
潜江市				**90**		**90**			
天门市	**200**	**19**	**444**	**119**	**100**		**19**		
神农架林区	**2400**	**190**	**12000**	**2038**	**995**		**190**	**797**	**56**

野生动植物保护及自然保护区工程建设情况

指标名称	计量单位	本年实际
一、年末实有自然保护区个数	个	49
其中：国家级	个	9
二、年末实有自然保护区面积	公顷	919672
其中：国家级	公顷	291544
三、年末实有自然保护小区个数	个	175
年末实有自然保护小区面积	公顷	124712
四、野生植物就地保护点个数	个	19
野生植物就地保护点面积	公顷	258453
五、禁猎(采)区个数	个	286
禁猎(采)区面积	公顷	673935
六、国际重要湿地个数	个	1
国际重要湿地面积	公顷	41412
七、湿地示范区面积	公顷	59745
八、野生动物种源繁育基地	个	60
1、公益性野生动物救护繁育基地	个	12
2、商业性野生动物驯养繁殖单位	个	48
九、野生植物种源培育基地	个	13
十、野生动植物保护管理站	个	122
十一、鸟类环志中心(站)个数	个	8
十二、野生动物疫源疫病监测站个数	个	71
十三、野生动植物科研及监测机构个数	个	69
在野生动植物科研及监测机构中各类专业技术人员	人	227
十四、野生动物观赏展演单位	个	18
1、动物园	个	16
2、野生动物园	个	2
3、马戏团等展演单位	个	
十五、植物园(树木园)个数	个	2
十六、狩猎场个数	个	4
其中：对外国人开放的狩猎场个数	个	
十七、从事野生动植物及自然保护区建设的职工人数	人	1685
其中：各类专业技术人员	人	738
十八、野生动植物及自然保护区建设投资完成额	万元	8270
其中：国家投资	万元	4080

5 畜　牧　业

主要畜禽生产情况

指标名称	计量单位	本期
一、畜禽存栏		
猪	万头	2566.07
其中:能繁殖母猪	万头	264.53
牛	万头	344.07
其中:肉牛	万头	220.41
奶牛	万头	6.34
羊	万只	462.91
1.山羊	万只	462.75
2.绵羊	万只	0.15
活家禽	万只	33105.47
其中:活鸡	万只	27089.82
其中:肉鸡	万只	9167.06
蛋鸡	万只	17922.76
二、畜禽出栏		
猪	万头	4356.43
牛	万头	140.28
羊	万只	515.03
1.山羊	万只	511.57
2.绵羊	万只	3.47
活家禽	万只	52210.11
其中:活鸡	万只	36382.75
三、畜禽产品产量		
猪肉	万吨	330.6
牛肉	万吨	20.17
羊肉	万吨	8.22
1.山羊肉	万吨	8.15
2.绵羊肉	万吨	0.07
禽肉	万吨	70.11
其中:鸡肉	万吨	48.85
禽蛋	万吨	145.05
其中:鸡蛋	万吨	124.58
生牛奶	万吨	15.4

其他畜牧业生产情况

指标名称	计量单位	2013年
年末存栏数		
一、活牲畜(除猪、牛、羊外)	万头	1.22
其中:役用畜	万头	0.60
1.马	万头	0.61
2.驴	万头	0.41
3.骡	万头	0.18
4.骆驼	万头	0.02
二、家兔	万只	200.98
当年出栏数		
一、活牲畜(除猪、牛、羊外)	万头	0.38
其中:役用畜	万头	
1.马	万头	0.08
2.驴	万头	0.28
3.骡	万头	0.03
4.骆驼	万头	
二、家兔	万只	272.20
(肉、产品)产量		
一、活牲畜(除猪、牛、羊外)肉	吨	440
其中:役用畜肉	吨	
1.马肉	吨	90
2.驴肉	吨	291.5
3.骡肉	吨	34
4.骆驼肉	吨	
二、家兔肉	吨	5497.3
三、其他肉产量	吨	3960.2
四、其他奶产量	吨	3800
五、其他禽蛋产量	吨	1002.98

牲畜禽存栏(笼)

单位:头

指标名称	猪存栏(万头)	能繁殖母猪	牛存栏	肉牛	奶牛	役用牛
湖北省	**2566.07**	**265.53**	**3440704**	**2704092**	**63434**	**1173177**
武汉市	**216.19**	**18.1**	**212831**	**29462**	**11633**	**171736**
武汉市辖区	12.05	0.52	8229	7178		1051
汉南区	12.36	1.87				
蔡甸区	11	1.23	6052	751	742	4559
江夏区	79.06	6.85	36325	4793	641	30891
黄陂区	74.36	5.18	108445	11254	10250	86941
新洲区	27.36	2.45	53780	5486		48294
黄石市	**101.43**	**7.1**	**79850**	**499**		**79351**
黄石市辖区	4.91	0.68	1566	298		1268
阳新县	63.2	3.54	54347	201		54146
大冶市	33.32	2.88	23937			23937
十堰市	**216.89**	**16**	**403239**	**134235**	**29**	**268975**
茅箭区	1.35	0.16	1609			1609
张湾区	2.06	0.25	771			771
郧县	60.04	3.29	121211	172		121039
郧西县	25.6	1.4	58562	25346		33216
竹山县	32.97	2.7	47098	25763	29	21306
竹溪县	32.42	2.68	48145	48145		
房县	32	3.24	33414			33414
丹江口市	30.45	2.28	92429	34809		57620
宜昌市	**501.77**	**52.72**	**179094**	**73299**	**5262**	**100533**
宜昌市辖区	14.39	0.56	2235	1077	37	1121
夷陵区	74.17	7.38	15889	3233	3532	9124
远安县	31.15	2.27	4545			4545
兴山县	25.22	1.57	9314	1798		7516
秭归县	43.59	3.92	6462	1872		4590
长阳自治县	55.06	4	22666	1202		21464
五峰自治县	36.66	2.73	13878	3085		10793
宜都市	51.39	4	27366	16027		11339
当阳市	85.62	10.96	22309	2865	1693	17751
枝江市	84.52	15.33	54430	42140		12290
襄阳市	**525.45**	**57.54**	**1002070**	**556477**	**3739**	**441854**
襄阳市辖区	0.86	0.05	657	306		351
襄城区	16.55	2.12	20407	9944	1161	9302
樊城区	17.52	0.67	11179	5218	50	5911
襄州区	112.27	16.73	278713	265330	1876	11507
南漳县	84.62	9.33	80041	7528		72513
谷城县	56.2	5.63	122541	90821		31720
保康县	36	2.23	25323	9791		15532
老河口市	46.29	4.41	104551	61150	375	43026
枣阳市	83.84	8.42	252138	40972	277	210889
宜城市	71.3	7.95	106520	65417		41103
鄂州市	**85**	**7.56**	**38690**	**38690**		
荆门市	**313.19**	**24.43**	**222546**	**105696**	**2242**	**114608**
东宝区	33.33	2.19	15238	6410		8828
掇刀区	13.42	0.81	12041	5988	223	5830
京山县	83.78	7.4	36235	8843		27392
沙洋县	88.02	5.76	102400	50346	2019	50035
钟祥市	94.64	8.27	56632	34109		22523
孝感市	**297.54**	**30.22**	**445772**	**108157**	**1300**	**336315**
孝感市辖区	1.11	0.15	1000	700		300
孝南区	23.12	2.65	32660	1973	1300	29387
孝昌县	50.03	5.38	108032	43348		64684

续表1 单位:头

指标名称	猪存栏(万头)	能繁殖母猪	牛存栏	肉牛	奶牛	役用牛
大悟县	43.3	4.02	104547			104547
云梦县	28.73	3.13	25000	1594		23406
应城市	47.86	3.96	35090	1314		33776
安陆市	60.08	6.32	138012	57797		80215
汉川市	43.31	4.61	1431	1431		
荆州市	**376.52**	**33.59**	**86933**	**48209**	**115**	**38609**
荆州市辖区	1.05	0.09				
沙市区	5.42	0.71	572	212	115	245
荆州区	24.85	2.38	2751	2317		434
公安县	70.44	4.06	2488	2412		76
监利县	79.17	8.6	31025	334		30691
江陵县	27.83	2.74	5318	5318		
石首市	38.47	2.32	13566	12998		568
洪湖市	46.01	3.87	14356	14356		
松滋市	83.28	8.82	16857	10262		6595
黄冈市	**478.64**	**41.68**	**1037285**	**528873**	**40158**	**468254**
黄冈市辖区	13.05	2	1552		1491	61
黄州区	9.2	0.97	9361	2560	5475	1326
团风县	15.75	2	42516	4168	2721	35627
红安县	48.73	6.41	240214	147649	3000	89565
罗田县	19.83	1.88	78425	67958	1760	8707
英山县	25.29	2.32	35561	9273	720	25568
浠水县	73.6	6.97	133785	41330	1675	90780
蕲春县	89.21	5.61	165700	65147	5500	95053
黄梅县	48.62	3	32774	18300	4974	9500
麻城市	70.65	5.52	275600	167600	8300	99700
武穴市	64.71	5	21797	4888	4542	12367
咸宁市	**203.7**	**15.69**	**140055**	**53144**	**13330**	**73581**
咸安区	32.3	2.85	18959	1825	1530	15604
嘉鱼县	15.8	1.2	2478	200		2278
通城县	45.42	4.31	13306	2605		10701
崇阳县	59.35	4.13	35280	32811		2469
通山县	16.68	1.12	35093	2238	11500	21355
赤壁市	34.15	2.08	34939	13465	300	21174
随州市	**171.77**	**15.04**	**257630**	**144546**	**20**	**113064**
曾都区	57.34	4.88	53215	29662		23553
随县	71.9	6.45	95582	58429		37153
广水市	42.53	3.71	108833	56455	20	52358
恩施自治州	**470.84**	**47.74**	**426802**	**199549**	**198**	**227055**
恩施市	82.51	8.52	97721	61545	115	36061
利川市	78.01	7.09	89363	52422		36941
建始县	55.99	6.58	22476	9470		13006
巴东县	76.7	7.2	49337	19025		30312
宣恩县	40.91	4.37	62032	42347	83	19602
咸丰县	71.02	8.03	72576			72576
来凤县	37.68	3.64	19790	1233		18557
鹤峰县	28.02	2.31	13507	13507		
仙桃市	**69.96**	**7.54**	**10355**	**10156**		**199**
潜江市	**61.63**	**6**	**29369**	**21109**		**8260**
天门市	**79.15**	**7.37**	**66568**	**2658**	**137**	**63773**
神农架林区	**3.83**	**0.24**	**7138**	**1164**		**5974**

续表2　　单位:头(只)

指标名称	羊存栏			活家禽存笼(万只)	
		山羊	绵羊		活鸡
湖北省	**4629072**	**4627540**	**1532**	**33105.47**	**270898**
武汉市	**48743**	**48645**	**98**	**3391.59**	**3109.92**
武汉市辖区	2861	2763	98	82.48	79.64
汉南区	300	300		41.18	37.2
蔡甸区	1297	1297		145.48	114.96
江夏区	603	603		787.78	747.34
黄陂区	22609	22609		796.51	603.6
新洲区	21073	21073		1538.16	1527.18
黄石市	**70900**	**70900**		**1515.9**	**949.59**
黄石市辖区	1514	1514		31.39	22.6
阳新县	59756	59756		629.97	393.72
大冶市	9630	9630		854.54	533.27
十堰市	**1099854**	**1099854**		**2162.98**	**2125.97**
茅箭区	9579	9579		15.87	15.87
张湾区	8546	8546		47.32	47
郧县	250350	250350		292.25	282.01
郧西县	256406	256406		179.86	179.56
竹山县	91263	91263		265.18	265.08
竹溪县	66298	66298		134.76	132.66
房县	359203	359203		275	271.93
丹江口市	58209	58209		952.74	931.86
宜昌市	**1136820**	**1136820**		**2211.68**	**2031.07**
宜昌市辖区	8682	8682		232.96	232.96
夷陵区	94034	94034		358.4	356.2
远安县	35411	35411		46.52	44.61
兴山县	158240	158240		37.78	37.78
秭归县	67154	67154		72.5	72.5
长阳自治县	401737	401737		77	77
五峰自治县	98958	98958		57.3	57
宜都市	169479	169479		181.65	175.43
当阳市	83275	83275		732.04	576.47
枝江市	19850	19850		415.53	401.12
襄阳市	**1417851**	**1401734**	**16117**	**10285.66**	**8703.91**
襄阳市辖区	796	796		9.65	9.37
襄城区	22672	22672		222.13	194.69
樊城区	8235	8235		130	126
襄州区	248769	248769		1989.27	1386.52
南漳县	282935	280927	2008	1062.64	1016.22
谷城县	139340	139340		2037.03	2015
保康县	170000	170000		259	203
老河口市	102779	102779		704.78	568.93
枣阳市	373718	359609	14109	2850.56	2449.43
宜城市	68607	68607		1020.6	734.75
鄂州市	**21230**	**21230**		**1235**	**910**
荆门市	**432507**	**432507**		**3948.47**	**3393.65**
东宝区	204707	204707		273.27	237.04
掇刀区	11948	11948		143.11	86.32
京山县	64936	64936		1704.45	1458.05
沙洋县	30347	30347		1011.05	927.59
钟祥市	120569	120569		816.59	684.65
孝感市	**297415**	**297415**		**10102.43**	**7656.18**
孝感市辖区	600	600		13.2	13.2
孝南区	1970	1970		828.85	644.08
孝昌县	44144	44144		1397.61	720.18

续表3 单位:头(只)

指标名称	羊存栏			活家禽存笼(万只)	
		山羊	绵羊		活鸡
大悟县	105426	105426		711.11	672.77
云梦县	4200	4200		1007.95	739.42
应城市	13342	13342		2729.39	2178.55
安陆市	125100	125100		1509	1154
汉川市	2633	2633		1905.32	1533.98
荆州市	**137863**	**137863**		**6858.91**	**5076.59**
荆州市辖区				62	60
沙市区	439	439		218.5	216.05
荆州区	6844	6844		703.53	604.39
公安县	18014	18014		987.94	735.99
监利县	4150	4150		1650	1211.7
江陵县	6217	6217		613.3	486.05
石首市	14562	14562		939.27	855.8
洪湖市	1293	1293		1157.71	427.21
松滋市	86344	86344		526.66	479.4
黄冈市	**914379**	**914079**	**300**	**10609.16**	**9743.46**
黄冈市辖区	1000	1000		10.69	4.19
黄州区	2137	2137		127.74	118.5
团风县	39577	39577		1224.08	1102.28
红安县	63319	63319		1331.38	1232.68
罗田县	236025	236025		472.5	466
英山县	81207	81207		170.63	147
浠水县	106500	106500		3161	2893
蕲春县	129558	129558		1755.8	1693.46
黄梅县	13500	13200	300	824.18	637.99
麻城市	231300	231300		1209.49	1181.87
武穴市	10256	10256		321.67	266.49
咸宁市	**165463**	**165463**		**2345.26**	**1680.99**
咸安区	6124	6124		1033.78	1016.96
嘉鱼县	3850	3850		117.22	96.15
通城县	7504	7504		50.79	40.95
崇阳县	50720	50720		697.5	139.51
通山县	74546	74546		96.55	76.72
赤壁市	22719	22719		349.42	310.7
随州市	466606	466606		3764.78	3329.86
曾都区	71346	71346		1376	1307
随县	251246	251246		797	708
广水市	144014	144014		1591.78	1314.86
恩施自治州	**883732**	**883469**	**263**	**1270.71**	**1160.54**
恩施市	144947	144947		299.23	289.85
利川市	106630	106630		276.67	246.08
建始县	179652	179652		158.75	158.25
巴东县	281474	281474		166.12	165.78
宣恩县	41695	41695		125.28	104.58
咸丰县	18902	18902		73.93	65.41
来凤县	24436	24173	263	119.46	79.89
鹤峰县	85996	85996		51.27	50.7
仙桃市	**1696**	**1696**		**804.24**	**672.85**
潜江市	**17202**	**17111**	**91**	**947.69**	**710.75**
天门市	**15408**	**15408**		**1184.97**	**892.85**
神农架林区	**27020**	**27020**		**26.3**	**26.1**

牲畜禽出栏(笼)

单位:头(只)

指标名称	猪出栏(万头)	牛出栏	羊出栏			活家禽出笼(万只)	
				山羊	绵羊		活鸡
湖北省	**4356.43**	**1402800**	**5150349**	**5115688**	**34661**	**52210.11**	**36382.75**
武汉市	**308.2**	**61057**	**47691**	**47691**		**5744.17**	**4349.28**
武汉市辖区	10.81	2979	2019	2019		124.49	115.03
汉南区	25.14		1938	1938		93.42	84.39
蔡甸区	19.21	4149	1035	1035		602.44	156.98
江夏区	104.12	13409	881	881		1739.5	1626.43
黄陂区	104.81	29388	25875	25875		1632.55	863.85
新洲区	44.11	11132	15943	15943		1551.77	1502.6
黄石市	**121.49**	**18807**	**52224**	**52224**		**3038.01**	**2234.15**
黄石市辖区	10.64	800	710	710		36.42	32.04
阳新县	52.16	12257	43734	43734		447.32	307.84
大冶市	58.69	5750	7780	7780		2554.27	1894.27
十堰市	**198.73**	**115422**	**1001939**	**1001939**		**3295.2**	**3274.46**
茅箭区	2.34	319	10947	10947		45.03	45.03
张湾区	3.6	180	11060	11060		159.03	152.63
郧县	61.1	22039	100344	100344		227.04	220.34
郧西县	26.62	17575	266109	266109		146.55	146.06
竹山县	24.75	9789	38206	38206		125.86	125.86
竹溪县	27.62	30215	61125	61125		128.5	126.55
房县	27.24	5516	476415	476415		163	160
丹江口市	25.46	29789	37733	37733		2300.19	2297.99
宜昌市	**623.4**	**56955**	**1475349**	**1475349**		**3764.51**	**3499.23**
宜昌市辖区	18.09	719	9373	9373		218.29	218.22
夷陵区	95.21	3206	75000	75000		509	507.6
远安县	33.09	2456	33056	33056		46	44.66
兴山县	33.11	2817	164770	164770		45.8	45.8
秭归县	56.56	1463	65521	65521		86.6	86.6
长阳自治县	68.61	3031	552756	552756		93.5	93.5
五峰自治县	36.07	1843	99427	99427		47.8	47
宜都市	81.22	22172	323225	323225		571.52	564.96
当阳市	100.73	8170	122586	122586		1127	910.89
枝江市	100.71	11078	29635	29635		1019	980
襄阳市	**626.06**	**666491**	**1616231**	**1566658**	**49573**	**9013.59**	**7399.83**
襄阳市辖区	0.5	499	919	919		3.51	3.35
襄城区	12.7	22988	35007	35007		314.18	248.2
樊城区	35.25	6314	9092	9092		198.75	190.8
襄州区	127.6	249775	398751	398751		2098.24	1719.41
南漳县	100.33	78913	232499	232499		678.42	651.26
谷城县	65.3	52498	159030	159030		724.88	715
保康县	32.3	12336	120630	120630		211.2	93.22
老河口市	68	58941	119268	119268		995.67	829.31
枣阳市	101	131227	489535	439962	49573	2794.23	2282.33
宜城市	83.08	53000	51500	51500		994.51	666.95
鄂州市	**120**	**20153**	**23515**	**23515**		**1559.43**	**1200**
荆门市	**415.22**	**153660**	**561901**	**561901**		**4994.55**	**4133.24**
东宝区	48.68	11477	280060	280060		389.65	336.7
掇刀区	16.77	6908	12470	12470		307.85	135.65
京山县	119.58	23457	56393	56393		1204.1	991.5
沙洋县	102.69	65248	32626	32626		1542.68	1416.68
钟祥市	127.5	46570	180352	180352		1550.27	1252.71
孝感市	**388.73**	**152023**	**242706**	**242706**		**13645.42**	**9024.95**
孝感市辖区	1.46	280	2200	2200		12.7	12.7
孝南区	30.6	14520	2355	2355		856.34	671.57
孝昌县	46.02	36203	50840	50840		2063.64	1102.72

续表1　　　　　　　　　　　　　　　　　　　　　　　　　　单位:头(只)

指标名称	猪出栏(万头)	牛出栏	羊出栏			活家禽出笼(万只)	
				山羊	绵羊		活鸡
大悟县	46.16	35028	59733	59733		517.29	491.27
云梦县	46.26	11850	3750	3750		2474	868.3
应城市	48.13	9109	11118	11118		1976.74	1527.51
安陆市	100.09	40200	110596	110596		1439	1118
汉川市	70.01	4833	2114	2114		4305.71	3232.88
荆州市	**499.15**	**64628**	**167169**	**167169**		**7708.29**	**6277.75**
荆州市辖区	0.95		164	164		34	34
沙市区	10.64	524	677	677		189.8	184.3
荆州区	36.89	4374	7939	7939		2082.43	1954.63
公安县	85.91	7107	21481	21481		630.05	382.41
监利县	104.3	11662	2430	2430		2000.1	1540.25
江陵县	34.67	3472	8314	8314		699.83	611.3
石首市	60.01	16730	7881	7881		757	624.96
洪湖市	40.08	6954	2134	2134		504.8	208.55
松滋市	125.7	13805	116149	116149		810.28	737.35
黄冈市	**507.02**	**483916**	**730355**	**730055**	**300**	**6054.09**	**4221.43**
黄冈市辖区	9.89		1000	1000		43.09	8.41
黄州区	8.35	1610	1753	1753		137.5	117.5
团风县	10.5	19681	25080	25080		629	448.83
红安县	50.02	36048	28610	28610		250.17	160
罗田县	23.07	37610	219664	219664		1353.27	598
英山县	20.96	7964	126321	126321		195.92	169.97
浠水县	85.19	31050	45363	45363		1300	1180
蕲春县	54.77	146672	75591	75591		534.69	450.55
黄梅县	64.24	12389	15450	15150	300	570.56	238.19
麻城市	90.02	181700	182900	182900		576.46	521.71
武穴市	90.01	9192	8623	8623		463.43	328.27
咸宁市	**264.74**	**23279**	**174375**	**174375**		**4269.63**	**3167.49**
咸安区	51.01	2890	6971	6971		2421.29	2399.23
嘉鱼县	20.45	2436	3698	3698		159.59	128.04
通城县	77.16	2250	7613	7613		85.8	71.76
崇阳县	64.5	5480	37000	37000		1091.66	118.36
通山县	20.27	3960	102718	102718		129.06	110.45
赤壁市	31.35	6263	16375	16375		382.23	339.65
随州市	**243.11**	**134192**	**560067**	**560067**		**8094.79**	**7477.16**
曾都区	70.7	34980	65156	65156		2390	2289
随县	104.23	53300	288892	288892		4379	4203
广水市	68.18	45912	206019	206019		1325.79	985.16
恩施自治州	**501.59**	**129327**	**796941**	**796373**	**568**	**1174.89**	**1033.75**
恩施市	101.14	40155	162719	162719		210.62	206.56
利川市	81.18	28166	68179	68179		278.84	235.36
建始县	68.66	6875	200485	200485		170.01	170.01
巴东县	76.68	5383	202717	202717		106.12	105.82
宣恩县	56.01	16374	42983	42983		110.66	87.36
咸丰县	64.02	17804	13864	13864		120.98	110.98
来凤县	30.57	10315	22896	22328	568	141.6	81.65
鹤峰县	23.33	4255	83098	83098		36.06	36.01
仙桃市	**118.05**	**16200**	**7400**	**7400**		**915.9**	**698.77**
潜江市	**111.05**	**32741**	**24875**	**24861**	**14**	**1800.19**	**1241.12**
天门市	**103.98**	**29389**	**12157**	**12157**		**1257.4**	**933.78**
神农架林区	**5.06**	**1329**	**15868**	**15868**		**33.8**	**30.3**

主要畜禽产品产量

单位:吨

指标名称	猪肉	牛肉	羊肉	山羊肉	绵羊肉
湖北省	**3305950**	**201727**	**82160**	**81508**	**652**
武汉市	**233043**	**9401**	**1051**	**1051**	
武汉市辖区	10795	446	42	42	
汉南区	19940		38	38	
蔡甸区	15001	941	11	11	
江夏区	78090	2011	18	18	
黄陂区	76132	4332	600	600	
新洲区	33085	1671	342	342	
黄石市	**91099**	**2771**	**1046**	**1046**	
黄石市辖区	7979	115	14	14	
阳新县	39110	1837	839	839	
大冶市	44010	819	193	193	
十堰市	**149047**	**17311**	**15527**	**15527**	
茅箭区	1755	47	175	175	
张湾区	2700	27	177	177	
郧县	45825	3306	1505	1505	
郧西县	19965	2636	3992	3992	
竹山县	18562	1468	573	573	
竹溪县	20715	4532	917	917	
房县	20430	827	7622	7622	
丹江口市	19095	4468	566	566	
宜昌市	**509642**	**8998**	**30845**	**30846**	
宜昌市辖区	14639	85	171	172	
夷陵区	79695	364	1585	1585	
远安县	24384	488	541	541	
兴山县	27150	211	2660	2660	
秭归县	46024	211	1207	1207	
长阳自治县	58179	455	13819	13819	
五峰自治县	29052	276	1490	1490	
宜都市	56861	3326	6953	6953	
当阳市	88104	1450	1916	1916	
枝江市	85554	2132	503	503	
襄阳市	**485215**	**99829.65**	**35473**	**34169**	**1250**
襄阳市辖区	375	70.65	16	16	
襄城区	10058	3448	466	466	
樊城区	26557	947	227	227	
襄州区	106508	37466	6380	6380	
南漳县	75247	11837	5810	5810	
谷城县	48973	7195	3930	3930	
保康县	24225	1728	2352	2352	
老河口市	50760	8152	2380	2380	
枣阳市	80240	21036	12875	11571	1250
宜城市	62272	7950	1037	1037	
鄂州市	**92250**	**3052**	**470.3**	**470.3**	
荆门市	**304632**	**22909**	**13921**	**13921**	
东宝区	36509	1721	6896	6896	
掇刀区	12404	1036	311	311	
京山县	89685	3518	1391	1391	
沙洋县	70409	9775	815	815	
钟祥市	95625	6859	4508	4508	
孝感市	**295552**	**21871**	**5512**	**5512**	
孝感市辖区	1095	41	38	38	
孝南区	22950	1888	31	31	
孝昌县	34515	5394	1081	1081	

续表1 单位:吨

指标名称	猪肉	牛肉	羊肉		
				山羊肉	绵羊肉
大悟县	34620	4674	1263	1263	
云梦县	34695	1754	74	74	
应城市	36097	1366	209	209	
安陆市	79072	6030	2764	2764	
汉川市	52508	724	52	52	
荆州市	**381853**	**9695**	**2173**	**2173**	
荆州市辖区	726		2	2	
沙市区	8143	79	9	9	
荆州区	28224	656	103	103	
公安县	65718	1066	279	279	
监利县	79790	1749	32	32	
江陵县	26519	521	108	108	
石首市	45908	2510	102	102	
洪湖市	30662	1043	28	28	
松滋市	96163	2071	1510	1510	
黄冈市	**377147**	**67177**	**15671**	**15162**	**7**
黄冈市辖区	7417		21	21	
黄州区	6262	241	43	43	
团风县	7237	2952	502		
红安县	37515	704	715	715	
罗田县	17300	5485	5435	5435	
英山县	15720	812	1579	1579	
浠水县	63892	4600	1000	1000	
蕲春县	40327	22000	1880	1880	
黄梅县	48180	1850	290	283	7
麻城市	67252	27155	4000	4000	
武穴市	66045	1378	206	206	
咸宁市	**198553**	**3375**	**4357**	**4357**	
咸安区	38257	419	174	174	
嘉鱼县	15337	353	92	92	
通城县	57870	326	190	190	
崇阳县	48375	795	925	925	
通山县	15202	574	2567	2567	
赤壁市	23512	908	409	409	
随州市	**180006.4**	**19856**	**10458.9**	**10458.9**	
曾都区	52321	5247	977	977	
随县	76553	7835	4333	4333	
广水市	51132.4	6774	5148.9	5148.9	
恩施自治州	**414496**	**20422**	**15888**	**15878**	**10**
恩施市	81622	6044	2871	2871	
利川市	64575	4224	1517	1517	
建始县	59586	1034	4475	4475	
巴东县	65865	810	3864	3864	
宣恩县	44808	2605	867	867	
咸丰县	54417	3388	250	250	
来凤县	23843	1516	412	402	10
鹤峰县	19780	801	1632	1632	
仙桃市	**88535.48**	**2411.21**	**117.75**	**117.75**	
潜江市	**83287.5**	**4911.15**	**374.85**		
天门市	**77985**	**4408**	**182**	**182**	
神农架林区	**3725**	**180**	**302**	**302**	

续表2 单位:吨

指标名称	禽肉	鸡肉	禽蛋产量	鸡蛋	生牛奶产量
湖北省	**701088**	**488548**	**1450500**	**1245761**	**154048**
武汉市	**91645**	**68284**	**214773**	**191446**	
武汉市辖区	1999	1625	4727	3918	
汉南区	1256	696	2138	1846	
蔡甸区	11368	2377	11297	8270	
江夏区	26293	24396	13690	11404	
黄陂区	25324	14862	61304	44637	
新洲区	25405	24328	121617	121371	
黄石市	**49397**	**29638.2**	**41373**	**29265**	
黄石市辖区	915	549	1707	1241	
阳新县	7193	4315.8	12000	7200	
大冶市	41289	24773.4	27666	20824	
十堰市	**49425**	**49210**	**49577**	**49566**	**2253**
茅箭区	675	675	196	196	
张湾区	2385	2385	656	656	680
郧县	3405	3305	14254	14254	
郧西县	2198	2191	6880	6880	
竹山县	1887	1887	4901	4901	1469
竹溪县	1927	1898	3484	3484	
房县	2445	2400	8360	8360	
丹江口市	34503	34469	10846	10835	104
宜昌市	**60761**	**54725**	**62966**	**55097**	**39962**
宜昌市辖区	3275	3275	1366	1349	425
夷陵区	8669	8669	3878	3878	31149
远安县	982	969	1611	1563	
兴山县	735	735	1122	1122	
秭归县	3006	3006	2000	2000	
长阳自治县	1403	1403	2014	1635	
五峰自治县	1415	1410	1910	1908	
宜都市	8575	8475	5765	5465	
当阳市	17749	13975	30800	23857	8388
枝江市	14952	12808	12500	12320	
襄阳市	**200018.3**	**150066.5**	**262382**	**218313**	**8876.8**
襄阳市辖区	105.3	100.5	666	666	
襄城区	4713	3723	7950	6260	5470
樊城区	2980	2862	4700	4700	250
襄州区	47406	36100	58116	47978	56.8
南漳县	13564	13025	15380	14450	
谷城县	14497	14300	41710	41030	
保康县	3316	1463	4169	4042	
老河口市	9720	8096	33230	26949	900
枣阳市	83827	57058	75010	59895	2200
宜城市	19890	13339	21451	12343	
鄂州市	**26250**	**18000**	**53590**	**45450**	
荆门市	**80916.45**	**62845.56**	**151279**	**132025**	**577**
东宝区	7720	7134	12107	11054	
掇刀区	7716	2569	9487	7575	65
京山县	18060.55	14872	43349	33859	
沙洋县	24787	22706	43187	38759	512
钟祥市	22632.9	15564.56	43149	40778	
孝感市	**213370**	**123511**	**371090**	**286811**	**6200**
孝感市辖区	228	228	112	112	
孝南区	11476	9295	27999	20730	6200
孝昌县	37430	16553	48485	36507	

续表3　　单位:吨

指标名称	禽肉	鸡肉	禽蛋产量	鸡蛋	生牛奶产量
大悟县	8453		22513	16210	
云梦县	35514	12464	61521	53678	
应城市	37711	29845	113500	87745	
安陆市	38796	19565	59358	45212	
汉川市	43762	35561	37602	26617	
荆州市	**115624**	**94166**	**186151**	**137117**	**58**
荆州市辖区	510	510	3051	2948	
沙市区	2847	2765	6633	6540	58
荆州区	31236	29319	20363	17217	
公安县	9451	5736	35353	22986	
监利县	30002	23104	32448	23301	
江陵县	10497	9170	18506	12293	
石首市	11355	9374	31981	27831	
洪湖市	7572	3128	22578	10869	
松滋市	12154	11060	15238	13132	
黄冈市	**124387**	**101742.5**	**582186**	**516042**	**138335**
黄冈市辖区	844	168	437	210	1900
黄州区	2220	1912.5	6210	6010	12800
团风县	12892	10186	95100	94800	8500
红安县	7500	4800	12775	12300	12500
罗田县	19303	17940	8684	8510	8900
英山县	2354	2040	4736	4591	1060
浠水县	24100	23600	232060	231500	4200
蕲春县	16000	13500	54574	54398	27000
黄梅县	17100	7100	85900	24500	7300
麻城市	14900	14400	67400	65200	50500
武穴市	7174	6096	14310	14023	3675
咸宁市	**51441**	**36730**	**29659**	**23316**	**56725**
咸安区	36109	28319	5702	4767	6425
嘉鱼县	2176	1049	5013	4039	
通城县	1273	1067	2858	2163	
崇阳县	6599	1775	4471	3655	
通山县			2554	1897	50250
赤壁市	5284	4520	9061	6795	50
随州市	**107842.9**	**98219.1**	**75836**	**64440.3**	**85**
曾都区	35850	34335	12836	11234	
随县	54050	51674	28677	24788	
广水市	17942.9	12210.1	34323	28418.3	85
恩施自治州	**21694**	**19053**	**28902**	**25753**	**816**
恩施市	3566	3098	3415	3294	440
利川市	4412	4191	5943	4940	
建始县	4245	4245	4695	4695	
巴东县	2105	2020	3875	3855	
宣恩县	1807	1424	3309	2712	376
咸丰县	2500	2100	1660	1560	
来凤县	2549	1470	3580	2397	
鹤峰县	510	505	2425	2300	
仙桃市	**7954.91**	**5240.8**	**45418.64**	**37101.86**	
潜江市	**23402.5**	**16134.6**	**39040**	**25036**	
天门市	**13225**		**51693**	**36607**	**506**
神农架林区	**442**	**434**	**278**	**273**	

续表4 单位:吨

指标名称	天然蜂蜜产量	蚕茧产量		
			桑蚕茧	柞蚕茧
湖北省	**23289**	**7723.21**	**7618.21**	**105**
武汉市	**1931.78**			
武汉市辖区				
汉南区	9.56			
蔡甸区	220.58			
江夏区	367.65			
黄陂区	357.89			
新洲区	976.10			
黄石市	88.87	36	36	
黄石市辖区	3.50			
阳新县	4.10	36	36	
大冶市	81.27			
十堰市	307.69	812	812	
茅箭区				
张湾区				
郧县	34	608	608	
郧西县	10	204	204	
竹山县	14.69			
竹溪县	45			
房县				
丹江口市	104			
宜昌市	**516.87**	**1040**	**1040**	
宜昌市辖区	4	47	47	
夷陵区				
远安县	77	484	484	
兴山县				
秭归县	23			
长阳土家族自治县	97			
五峰土家族自治县	22			
宜都市	32.87	509	509	
当阳市	76			
枝江市	185			
襄阳市	**386.23**	**811**	**811**	
襄阳市辖区				
襄城区	54			
樊城区	10			
襄州区				
南漳县	142.23	744	744	
谷城县	18			
保康县	31	67	67	
老河口市	131			
枣阳市				
宜城市				
鄂州市	**6**			
鄂州市辖区	6			
梁子湖区				
华容区				
鄂城区				
荆门市	6201			
东宝区	1004			
掇刀区	426			
京山县	1610			
沙洋县	1059			
钟祥市	2102			

续表5 单位:吨

指标名称	天然蜂蜜产量	蚕茧产量	桑蚕茧	柞蚕茧
孝感市	**1396.7**	**0.2**	**0.2**	
孝感市辖区				
孝南区	3.6			
孝昌县	113			
大悟县	188			
云梦县	305			
应城市	390			
安陆市	12.1	0.2	0.2	
汉川市	385			
荆州市	**8219**	**6**	**6**	
沙市区	500			
荆州区	435			
公安县	1607			
监利县	895			
江陵县	316			
石首市	1166	6	6	
洪湖市	653			
松滋市	2647			
黄冈市	**170.17**	**4827**	**4827**	
黄冈市辖区	20			
黄州区	1.8			
团风县				
红安县	66			
罗田县	3.98	1800	1800	
英山县	13	527	527	
浠水县	65			
蕲春县	0.18			
黄梅县				
麻城市	0.21	2500	2500	
武穴市				
咸宁市	**1264.67**			
咸安区	33.6			
嘉鱼县	92			
通城县	81.05			
崇阳县	160.52			
通山县	218.5			
赤壁市	679			
随州市	**1739.82**	**105**		**105**
曾都区	81.19			
随县	572.7	105		105
广水市	1085.93			
恩施自治州	**936.04**	**86.01**	**86.01**	
恩施市	33.72			
利川市	251			
建始县	17.5			
巴东县	156	46.01	46.01	
宣恩县	126.44			
咸丰县	27.05			
来凤县	20	40	40	
鹤峰县	304.33			
仙桃市	**27.5**			
潜江市	**25.5**			
天门市	**71**			
神农架林区				

畜禽品种改良情况(生猪)

地区	年末人工授精站数(个)	授精站种公猪数(头)	年内人工授精数(头次)	受胎数(头次)	受胎率(%)	开展人工授精村数(个)
湖北省	**1948**	**9786**	**7182201**	**6682993**	**93.05**	**22803**
武汉市	**103**	**500**	**310126**	**297100**	**95.80**	**1584**
武汉市辖区	25	34	15275	14550	95.25	47
蔡甸区	20	37	19747	19416	98.32	187
江夏区	35	248	144104	141654	98.3	214
黄陂区	12	110	74600	70720	94.8	586
新洲区	11	71	56400	50760	90	550
黄石市	**21**	**167**	**91884**	**84580**	**92.05**	**414**
黄石市辖区	2	13	7500	6350	84.67	5
大冶市	9	42	19000	17000	89.47	17
阳新县	10	112	65384	61230	93.65	392
十堰市	**103**	**404**	**312629**	**285373**	**91.28**	**1486**
十堰市辖区	4	14	8904	7690	86.37	75
丹江口市	5	48	32656	30664	93.9	218
郧县	22	45	69254	62125	89.71	201
郧西县	9	84	18120	17024	93.95	128
竹山县	19	52	62450	56205	90	254
竹溪县	18	103	55685	52065	93.5	305
房县	26	58	65560	59600	90.91	305
荆州市	**84**	**685**	**707063**	**658776**	**93.17**	**2388**
荆州市辖区	14	75	58271	53723	92.20	173
江陵县	12	75	51200	47073	91.94	217
松滋市	18	192	199300	187860	94.26	329
公安县	16	63	91886	86220	93.83	320
石首市	12	57	64500	59200	91.78	184
监利县	7	178	184256	172580	93.66	735
洪湖市	5	45	57650	52120	90.41	430
宜昌市	**247**	**1663**	**1135075**	**1074623**	**94.67**	**1357**
宜昌市辖区	5	13	12800	11932	93.22	55
夷陵区	9	219	180627	179006	99.1	187
宜都市	33	158	80120	78140	97.53	127
枝江市	40	550	320000	300000	93.75	198
当阳市	6	248	235750	223960	95	155
远安县	14	50	52000	48880	94	102
兴山县	8	38	37956	34287	90.33	96
秭归县	22	130	54300	48430	89.19	186
长阳县	75	162	102562	94566	92.2	154
五峰县	35	95	58960	55422	94	97
襄阳市	**233**	**1027**	**990729**	**930179**	**93.89**	**1980**
襄阳市辖区	4	28	21602	19552	90.51	63
老河口市	10	68	120850	110550	91.48	227
襄州区	66	330	85600	82604	96.5	284
枣阳市	70	181	210500	190300	90.4	530
宜城市	4	152	182400	181900	99.73	190
南漳县	30	159	196615	181672	92.4	282
谷城县	38	80	138062	135301	98	260
保康县	11	29	35100	28300	80.63	144
鄂州市	**22**	**118**	**76850**	**73238**	**95.3**	**279**

续表1

地区	年末人工授精站数(个)	授精站种公猪数(头)	年内人工授精数(头次)	受胎数(头次)	受胎率(%)	开展人工授精村数(个)
荆门市	**59**	**676**	**525160**	**481218**	**91.63**	**1415**
荆门市辖区	17	95	110611	94245	85.20	219
沙洋县	21	164	109625	105241	96	250
钟祥市	14	185	185564	169632	91.41	541
京山县	7	232	119360	112100	93.92	405
孝感市	**101**	**594**	**581405**	**524427**	**90.20**	**2450**
孝感市辖区	1	3	3000	2550	85.00	8
孝南区	8	30	26650	23250	87.24	483
孝昌县	18	85	99814	86157	86.32	160
大悟县	11	127	100500	92030	91.57	370
安陆市	16	86	96109	89324	92.94	362
云梦县	12	35	58930	48350	82.05	290
应城市	24	130	92542	89896	97.14	416
汉川市	11	98	103860	92870	89.42	361
黄冈市	**169**	**1158**	**556627**	**511162**	**91.83**	**3877**
黄冈市辖区	18	35	22365	20453	91.45	84
团风县	6	54	28223	24724	87.6	192
红安县	15	187	53750	43150	80.28	378
麻城市	18	60	113503	112756	99.34	715
罗田县	16	72	31392	26055	83	365
英山县	10	86	29100	23850	81.96	269
浠水县	27	201	33500	32560	97.19	649
蕲春县	19	160	61200	55600	90.85	597
武穴市	21	210	71244	66731	93.67	296
黄梅县	18	68	79552	73633	92.56	286
龙感湖	1	25	32798	31650	96.5	46
咸宁市	**52**	**231**	**323373**	**289222**	**89.44**	**818**
咸安区	6	39	72386	58732	81.14	101
嘉鱼县	11	12	18040	16830	93.29	75
赤壁市	8	30	29915	27522	92	153
通城县	6	86	95400	86814	91	167
崇阳县	15	48	82180	75243	91.56	186
通山县	6	16	25452	24081	94.61	136
恩施州	**635**	**1382**	**912886**	**856096**	**93.78**	**2568**
恩施市	101	249	106211	104076	97.99	172
建始县	120	152	146927	130765	89	410
巴东县	120	162	158127	147022	92.98	490
利川市	114	340	186580	184341	98.8	552
宣恩县	72	126	102129	92683	90.75	284
咸丰县	15	203	85332	81909	95.99	263
来凤县	43	62	70050	60000	85.65	192
鹤峰县	50	88	57530	55300	96.12	205
随州市	**70**	**414**	**243664**	**233019**	**95.63**	**783**
随州市辖区	2	15	20008	19953	99.73	62
曾都区	10	193	68292	65436	95.82	135
随县	18	123	70000	64400	92	235
广水市	40	83	85364	83230	97.5	351
仙桃市	**7**	**254**	**129385**	**119242**	**92.16**	**267**
天门市	**33**	**336**	**134145**	**126794**	**94.52**	**787**
潜江市	**6**	**169**	**150000**	**137000**	**91.33**	**347**
神农架林区	**3**	**8**	**1200**	**944**	**78.67**	**3**

续表2

地区	现有人工授精员(人)	全社会年末能繁母猪存栏数(头)	全社会年末后备母猪存栏数(头)	全社会年末种公猪存栏数(头)	外来良种(头)
湖北省	**7446**	**3828473**	**673224**	**37441**	**34375**
武汉市	**417**	**162327**	**35533**	**2038**	**1941**
武汉市辖区	30	16817	4237	187	187
蔡甸区	101	11670	3057	161	130
江夏区	58	63538	15523	1096	1084
黄陂区	118	44793	8980	418	364
新洲区	110	25509	3736	176	176
黄石市	**110**	**71593**	**20877**	**607**	**563**
黄石市辖区	10	5581	787	57	56
大冶市	21	29300	7510	255	249
阳新县	79	36712	12580	295	258
十堰市	**667**	**181690**	**28355**	**2046**	**1773**
十堰市辖区	19	6049	1187	158	146
丹江口市	75	25600	7450	98	83
郧县	98	42525	8285	626	545
郧西县	29	22000	4800	220	176
竹山县	52	29600	3500	230	195
竹溪县	83	25900	2310	138	138
房县	311	30016	823	576	490
荆州市	**691**	**345012**	**40848**	**2507**	**2379**
荆州市辖区	37	30646	4045	420	408
江陵县	67	27418	3083	383	368
松滋市	223	88600	10336	258	243
公安县	67	45768	5160	450	434
石首市	49	32906	3867	273	257
监利县	148	83976	9937	348	323
洪湖市	100	35698	4420	375	346
宜昌市	**932**	**503505**	**35183**	**3856**	**3679**
宜昌市辖区	12	5584	460	42	42
夷陵区	130	72251	8363	261	256
宜都市	51	40006	2250	310	305
枝江市	60	139432	5827	1600	1520
当阳市	120	108605	10230	466	415
远安县	106	20900	1400	52	43
兴山县	96	18248	1151	53	53
秭归县	95	32659	3075	425	425
长阳县	154	41253	1439	422	402
五峰县	108	24567	988	225	218
襄阳市	**539**	**530638**	**128831**	**3530**	**3060**
襄阳市辖区	13	38041	11425	1763	1534
老河口市	50	55100	8200	190	160
襄州区	92	107500	32950	338	272
枣阳市	108	84200	25260	280	265
宜城市	42	79500	23850	296	238
南漳县	88	79989	12380	176	168
谷城县	75	60134	10002	109	92
保康县	71	26174	4764	378	331
鄂州市	**66**	**59116**	**7100**	**2091**	**1736**

续表3

地区	现有人工授精员(人)	全社会年末能繁母猪存栏数(头)	全社会年末后备母猪存栏数(头)	全社会年末种公猪存栏数(头)	外来良种(头)
荆门市	**410**	**257503**	**50593**	**1227**	**1145**
荆门市辖区	111	53330	9718	316	290
沙洋县	103	61920	13927	231	202
钟祥市	111	82053	16548	230	203
京山县	85	60200	10400	450	450
孝感市	**536**	**286182**	**69297**	**1715**	**1590**
孝感市辖区	20	2211	555	30	26
孝南区	101	18005	5615	228	186
孝昌县	32	42547	8429	846	821
大悟县	78	40205	11378	127	127
安陆市	80	66012	18815	172	142
云梦县	58	30500	5500	54	44
应城市	86	39830	12520	144	134
汉川市	81	46872	6485	114	110
黄冈市	**896**	**408219**	**66134**	**7909**	**7158**
黄冈市辖区	25	9680	1423	136	125
团风县	39	17809	3156	513	436
红安县	95	56180	4750	348	296
麻城市	221	55200	13625	189	153
罗田县	73	18762	3752	321	298
英山县	56	21800	4200	285	260
浠水县	136	69700	13860	2456	2240
蕲春县	120	53200	9130	160	160
武穴市	62	54097	5860	410	354
黄梅县	59	35679	4750	3066	2815
龙感湖	10	16112	1628	25	21
咸宁市	**395**	**153848**	**26019**	**2418**	**2203**
咸安区	63	35975	4614	679	655
嘉鱼县	21	8000	2690	300	280
赤壁市	51	17100	2700	383	355
通城县	190	47700	9800	246	197
崇阳县	38	32872	3864	479	432
通山县	32	12201	2351	331	284
恩施州	**913**	**492293**	**92851**	**1705**	**1569**
恩施市	138	84800	15900	275	262
建始县	120	65600	4200	156	150
巴东县	120	71104	16025	192	176
利川市	253	85303	26270	415	340
宣恩县	87	43676	10171	159	151
咸丰县	85	80370	11362	203	188
来凤县	57	38316	6000	124	122
鹤峰县	53	23124	2923	181	180
随州市	**470**	**161933**	**32719**	**3959**	**3840**
随州市辖区	55	12614	947	713	713
曾都区	87	48507	2115	1457	1364
随县	47	64200	22000	1300	1300
广水市	281	36612	7657	489	463
仙桃市	**153**	**67102**	**16279**	**421**	**395**
天门市	**168**	**84922**	**3765**	**559**	**511**
潜江市	**80**	**60000**	**18000**	**693**	**693**
神农架林区	**3**	**2590**	**840**	**160**	**140**

畜禽品种改良情况(牛)

地区	当年牛改良配种头数	其中:冻配头数	当年冻配种受胎数	当年冻配种受胎率	年内产犊数	当年犊牛成活数	年末改良牛存栏数(累计)
湖北省	**515407**	**291581**	**260995**	**89.51**	**232622**	**226071**	**1126145**
武汉市	**6473**	**4876**	**4170**	**85.52**	**2026**	**1960**	**15532**
武汉市辖区							
蔡甸区	358	358	358	100	29	29	730
江夏区	1124	370	210	56.76	121	119	1054
黄陂区	2879	2879	2485	86.31	763	755	9580
新洲区	2112	1269	1117	88.02	1113	1057	4168
黄石市							
黄石市辖区							
大冶市							
阳新县							
十堰市	**8590**	**8017**	**7013**	**87.48**	**5916**	**5753**	**47450**
十堰市辖区	360	300	270	90.00	265	260	1200
丹江口市	3895	3895	3350	86.01	3320	3278	24600
郧县	3825	3312	2959	89.34	2101	2005	20150
郧西县							
竹山县	510	510	434	85.1	230	210	1500
竹溪县							
房县							
荆州市	**3376**	**3376**	**2390**	**70.79**	**1524**	**1488**	**1856**
荆州市辖区							
江陵县	1035	1035	952	91.98	666	647	733
松滋市							
公安县							
石首市							
监利县	2341	2341	1438	61.43	858	841	1123
洪湖市							
宜昌市	**42646**	**18936**	**17863**	**94.33**	**16460**	**15834**	**47289**
宜昌市辖区							
夷陵区	3321	3321	2988	89.97	2910	2421	6311
宜都市	601						3425
枝江市	21400	9700	9560	98.56	9260	9190	23800
当阳市	3200	2060	1910	92.72	1795	1776	3650
远安县	1700	1700	1570	92.35	1110	1080	4800
兴山县	1256	987	889	90.07	723	713	4125
秭归县	11168	1168	946	80.99	662	654	1178
长阳县							
五峰县							
襄阳市	**160026**	**82892**	**78872**	**95.15**	**70679**	**68865**	**433235**
襄阳市辖区	20838	19952	18972	95.09	15609	15577	20665
老河口市	13500	1600	1216	76	1080	1010	10260
襄州区	30157	13589	13045	96	10436	10331	37582
枣阳市	21200	20100	19195	95.5	18900	17850	222043
宜城市	8212	7697	7014	91.13	6893	6859	47925
南漳县	25736	14051	12398	88.24	12150	11908	71025
谷城县	40383	8253	7032	85.21	5611	5330	23735
保康县							
鄂州市	**917**						**917**

续表

地区	当年牛改良配种头数	其中:冻配头数	当年冻配种受胎数	当年冻配种受胎率	年内产犊数	当年犊牛成活数	年末改良牛存栏数(累计)
荆门市	**65714**	**50901**	**44954**	**88.32**	**42425**	**40922**	**140896**
荆门市辖区	1025	1025	833	81.27	418	416	8990
沙洋县	49862	45241	40713	89.99	38979	37831	103956
钟祥市	12683	2614	2117	80.99	1907	1620	23845
京山县	2144	2021	1291	63.88	1121	1055	4105
孝感市	**68670**	**23987**	**20554**	**85.69**	**19194**	**19073**	**105848**
孝感市辖区							
孝南区							
孝昌县	10217	8423	7552	89.66	7552	7541	7541
大悟县	11074	9413	7342	78	6618	6551	12650
安陆市	46359	6151	5660	92.02	5024	4981	84309
云梦县							
应城市	1020						1348
汉川市							
黄冈市	**43093**	**38853**	**32847**	**84.54**	**29974**	**28676**	**123961**
黄冈市辖区	3865	3758	3542	94.25	3418	3345	7243
团风县	5915	5915	4791	81	3994	3289	3998
红安县	5600	5020	4150	82.67	2620	2410	9100
麻城市	15596	15364	12893	83.92	12872	12699	67891
罗田县	1139	1139	978	85.86	978	961	1760
英山县	2230	710	605	85.21	562	535	4980
浠水县	286	255	237	92.94	212	206	1562
蕲春县	4464	4464	3844	86.11	3613	3578	21342
武穴市							
黄梅县	3982	2212	1793	81.06	1692	1640	5969
龙感湖	16	16	14	87.5	13	13	116
咸宁市	**11176**	**7496**	**6487**	**86.54**	**4907**	**4840**	**16847**
咸安区							
嘉鱼县							40
赤壁市							
通城县	6836	6836	5879	86	4351	4308	6836
崇阳县	4277	597	558	93.47	519	498	9914
通山县	63	63	50	79.37	37	34	57
恩施州	**15547**	**7856**	**7299**	**92.91**	**7190**	**7082**	**51616**
恩施市	2168	1128	1020	90.43	996	959	2004
建始县	5800	320	310	96.88	310	310	21300
巴东县	450	315	268	85.08	262	262	669
利川市	7051	6015	5627	93.55	5568	5497	27553
宣恩县	78	78	74	94.87	54	54	90
咸丰县							
来凤县							
鹤峰县							
随州市	**43585**	**22745**	**19853**	**87.29**	**14779**	**14335**	**88372**
随州市辖区	11668	9076	8182	90.15	4251	4223	31243
曾都区	13997	6209	5530	89.06	5011	4832	15767
随县	12000	3555	2666	74.99	2155	2047	23000
广水市	5920	3905	3475	88.99	3362	3233	18362
仙桃市	**1970**	**1970**	**1576**	**80**	**773**	**690**	**1576**
天门市	**38542**	**16231**	**14981**	**92.3**	**14756**	**14554**	**41245**
潜江市	**5064**	**3427**	**2120**	**61.86**	**2019**	**1999**	**9387**
神农架林区	**18**	**18**	**16**	**88.89**			**18**

畜禽品种改良情况(家禽)

地区	孵化场数(个)	当年孵化雏禽(万只)			3.蛋用父母代种鸡场情况		
		雏鸡	雏鸭	雏鹅	蛋用父母代种鸡场年末存笼(万套)	年内提供商品代母雏(万只)	年内提供商品代种蛋(万枚)
湖北省	**1647**	**85592.03**	**18867.31**	**1159.68**	**413**	**32965.83**	**64954.7**
武汉市	**97**	**4095.7**	**545.5**	**14.6**	**69.9**	**4177**	**14970**
武汉市辖区	1	200			3	200	
蔡甸区							
江夏区	5	1724.5			3.4	336	668
黄陂区	81	471.2	533.5	12.9	12.5	377	2062
新洲区	10	1700	12	1.7	51	3264	12240
黄石市	**9**	**265**	**945**				
黄石市辖区							
大冶市	3	230	850				
阳新县	6	35	95				
十堰市	**23**	**2233**	**6.8**	**2.5**	**13.4**	**596.85**	**1415**
十堰市辖区							
丹江口市	4	1600	3.8	1.5	3.5	343	710
郧县	10	36	3	1	6	8	67
郧西县							
竹山县	2	450			0.8	1.85	98
竹溪县	7	147			3.1	244	540
房县							
荆州市	**303**	**14442**	**2915**	**198.5**	**65**	**5150**	
荆州市辖区	12	7235	230	20	37	2950	
江陵县	4	627	15				
松滋市	142	980	70	15			
公安县	65	800	500	40			
石首市	4	2500	0	25	28	2200	
监利县	61	2000	1500	58.5			
洪湖市	15	300	600	40			
宜昌市	**152**	**3928.23**	**213.52**	**129.41**	**18.02**	**792**	**1584**
宜昌市辖区	1	800					
夷陵区	1	800.23			10.8	556	1108
宜都市	5	142	0.52	0.11	1.82	182	422
枝江市	30	1300	48	27.3	5.4	54	54
当阳市	115	886	165	102			
远安县							
兴山县							
秭归县							
长阳县							
五峰县							
襄阳市	**193**	**13317.23**	**1911.58**	**222.41**	**37.3**	**2939**	**6310**
襄阳市辖区	21	434	27	6.4	5	126	1110
老河口市	1	1230	1.1		0.8	52	184
襄州区	44	1825	330	148	3.5	45	556
枣阳市	7	2475	224.6	11	10	1000	2200
宜城市	35	5000	740	52.5			
南漳县	75	650	8.5	4.5	5	300	120
谷城县	5	1387.23	0.38	0.01	12	1320	1900
保康县	5	316	580		1	96	240
鄂州市	**56**	**2097**	**667**	**1.3**	**1.2**	**76.4**	**181.1**

续表1

地区	孵化场数(个)	当年孵化雏禽(万只)			3.蛋用父母代种鸡场情况		
		雏鸡	雏鸭	雏鹅	蛋用父母代种鸡场年末存笼(万套)	年内提供商品代母雏(万只)	年内提供商品代种蛋(万枚)
荆门市	**101**	**3376.17**	**877.04**	**260.3**	**21.2**	**1060.7**	**3478.6**
荆门市辖区	50	486	448	237	1	98	230
沙洋县	5	1264.57	18.64	1.6	12	894.3	2397.8
钟祥市	28	815	342	20.5			
京山县	18	810.6	68.4	1.2	8.2	68.4	850.8
孝感市	**116**	**11690.41**	**7541.26**	**102.29**	**69.6**	**6412**	**13262**
孝感市辖区							
孝南区	27	571	232	31	17	1280	1310
孝昌县	3	3000	2000		24	2500	5700
大悟县							
安陆市	39	4021	1932		26	2632	5812
云梦县	8	750	2000		2		440
应城市	2	360	1180		0.6		
汉川市	37	2988.41	197.26	71.29			
黄冈市	**73**	**6809.4**	**680.71**	**86.94**	**50.3**	**4648.88**	**10360**
黄冈市辖区	3	10	5				
团风县	3	225	93	60	18	1598	3325
红安县							
麻城市	3	220.5	18.6	1.1	3.8	200.88	875
罗田县	1	2880					
英山县	3	115					
浠水县	12	2610	420	6	16.5	1650	3660
蕲春县	37	710	67	19	12	1200	2500
武穴市							
黄梅县	10	38.9	10.4	0.84			
龙感湖	1		66.71				
咸宁市	**50**	**3925**	**773.9**	**3.93**	**5.78**	**532**	**1242**
咸安区	1	3521					
嘉鱼县	6	49.5	5.5	0.2	1.78	190	400
赤壁市							
通城县	13	67	3	0.39	4	342	842
崇阳县	21	243	749	1.7			
通山县	9	44.5	16.4	1.64			
恩施州	56	884.27	112	1.8			
恩施市							
建始县	3						
巴东县	16	52.77					
利川市	36	825	112	1.8			
宣恩县	1	6.5					
咸丰县							
来凤县							
鹤峰县							
随州市	**66**	**13647**	**560**	**23.5**	**43**	**4730**	**10320**
随州市辖区	4	4217					
曾都区	1	4200					
随县	28	4420	150	20	43	4730	10320
广水市	33	810	410	3.5			
仙桃市	**71**	**2100**	**500**		**1.8**	**180**	**400**
天门市	**153**	**2011**	**466**	**112**	**16.5**	**1401**	**1463**
潜江市	**122**	**765**	**152**	**0.2**			
神农架林区	**6**	**5.62**					

续表2

地区	肉用父母代种鸡场情况			蛋用父母代种鸭场情况			肉用父母代种鸭场情况		
	肉用父母代种鸡场年末存笼(万套)	年内提供商品代雏鸡(万只)	年内提供商品代种蛋(万枚)	蛋用父母代种鸭场年末存笼(万套)	年内提供商品代母雏(万只)	年内提供商品代种蛋(万枚)	肉用父母代种鸭场年末存笼(万套)	年内提供商品代雏鸭(万只)	年内提供商品代种蛋(万枚)
湖北省	**411.44**	**40670.9**	**39155.7**	**51.56**	**4343**	**7300.2**	**81.66**	**10316.4**	**11173.8**
武汉市	**25.5**	**3240.9**	**3800.8**				**0.48**	**71**	**85**
武汉市辖区									
蔡甸区									
江夏区	14.6	1645.9	1859.8				0.48	71	85
黄陂区	10.9	1595	1941						
新洲区									
黄石市							**10.8**	**945**	**1400**
黄石市辖区									
大冶市							7.3	830	1000
阳新县							3.5	115	400
十堰市	**14.81**	**1082.9**	**1323.8**	**1.6**	**5.9**	**7.3**	**1.2**	**7.7**	**6.9**
十堰市辖区									
丹江口市	8.5	1062	1250						
郧县	6.1	18.8	55.8	1.6	5.9	7.3	1.2	7.7	6.9
郧西县									
竹山县	0.21	2.1	18						
竹溪县									
房县									
荆州市	**61.8**	**6200**		**11.5**	**975**		**6.9**	**900**	
荆州市辖区	40	4000		1	85		0.8	100	
江陵县	5	520							
松滋市									
公安县									
石首市									
监利县	16.8	1680		10.5	890		4	500	
洪湖市							2.1	300	
宜昌市	**21.2**	**1633.2**	**2223**	**1.8**	**9**	**9**	**0**	**0**	
宜昌市辖区	8	800	1050						
夷陵区	13	812	1142						
宜都市									
枝江市				1.8	9	9			
当阳市	0.2	21.2	31						
远安县									
兴山县									
秭归县									
长阳县									
五峰县									
襄阳市	**93.7**	**12860**	**15905**	**6.25**	**642.5**	**1214**	**10.42**	**1524**	**1732**
襄阳市辖区	1	70	120						
老河口市									
襄州区	7.2	645	1080	0.9	97	143	1.32	184	198
枣阳市	16.5	2475	2970	2.1	220.5	441	1.5	220	202
宜城市	67.5	9450	11475	3.25	325	630	3.6	540	612
南漳县									
谷城县									
保康县	1.5	220	260				4	580	720
鄂州市									

续表3

地区	肉用父母代种鸡场情况			蛋用父母代种鸭场情况			肉用父母代种鸭场情况		
	肉用父母代种鸡场年末存笼(万套)	年内提供商品代雏鸡(万只)	年内提供商品代种蛋(万枚)	蛋用父母代种鸭场年末存笼(万套)	年内提供商品代母雏(万只)	年内提供商品代种蛋(万枚)	肉用父母代种鸭场年末存笼(万套)	年内提供商品代雏鸭(万只)	年内提供商品代种蛋(万枚)
荆门市	**1.51**	**206**	**262**	**0.21**	**15.6**	**38.9**	**5.33**	**552**	**823.4**
荆门市辖区	1.51	206	262				2.23	277	283.4
沙洋县				0.21	15.6	38.9			
钟祥市							3.1	275	540
京山县									
孝感市	27.62	2515.26	3454.27	19	1832	4012	30	4100	4200
孝感市辖区									
孝南区									
孝昌县							25	3600	4200
大悟县									
安陆市				19	1832	4012			
云梦县							5	500	
应城市									
汉川市	27.62	2515.26	3454.27						
黄冈市	**24**	**200**	**3495**				**0.53**	**66.71**	**91.5**
黄冈市辖区									
团风县	8		895						
红安县									
麻城市									
罗田县	16	200	2600						
英山县									
浠水县									
蕲春县									
武穴市									
黄梅县									
龙感湖							0.53	66.71	91.5
咸宁市	**28**	**3521**	**3913**				**5**	**749**	**900**
咸安区	28	3521	3913						
嘉鱼县									
赤壁市									
通城县									
崇阳县							5	749	900
通山县									
恩施州	**4.7**	**555**	**773**						
恩施市									
建始县	1.2	95	144						
巴东县									
利川市	3.5	460	629						
宣恩县									
咸丰县									
来凤县									
鹤峰县									
随州市	**99**	**7000**	**2400**						
随州市辖区	42	3500							
曾都区	42	3500							
随县	15		2400						
广水市									
仙桃市				**0.2**	**10**	**10**			
天门市	**2**	**288**	**332**	**11**	**869**	**2017**	**11**	**1401**	**1935**
潜江市	**7**	**1000**	**1250**						
神农架林区	**0.6**	**5.62**	**23.8**						

乡镇畜牧兽医站基本情况

地区	基层畜牧兽医站数（个）	职工总数		
		职工总数(人)	其中:在编人数(人)	离退休人员(人)
湖北省	**1160**	**20760**	**10929**	**6703**
武汉市	**82**	**1179**	**840**	**728**
武汉市辖区	28	259	71	93
蔡甸区	11	122		83
江夏区	13	209	180	104
黄陂区	17	309	309	263
新洲区	13	280	280	185
黄石市	**40**	**369**	**148**	**286**
黄石市辖区	4	23	9	7
大冶市	15	196	37	86
阳新县	21	150	102	193
十堰市	**128**	**1712**	**389**	**494**
十堰市辖区	17	145	34	26
丹江口市	21	208	0	59
郧县	20	445	20	141
郧西县	18	206	206	19
竹山县	17	170	0	80
竹溪县	15	212	30	61
房县	20	326	99	108
荆州市	**118**	**1518**	**873**	**297**
荆州市辖区	17	168	58	76
江陵县	12	82	82	9
松滋市	16	269	45	93
公安县	16	173	173	
石首市	14	151	151	8
监利县	23	517	309	111
洪湖市	20	158	55	
宜昌市	**100**	**2586**	**1645**	**705**
宜昌市辖区	12	70	28	14
夷陵区	13	244	38	56
宜都市	10	137	137	
枝江市	9	454	316	138
当阳市	10	168	125	43
远安县	7	160	40	23
兴山县	8	154	36	38
秭归县	12	380	380	119
长阳县	11	556	350	206
五峰县	8	263	195	68
襄阳市	**87**	**2611**	**1337**	**984**
襄阳市辖区	6	277	150	66
老河口市	10	182	99	86
襄州区	12	505	24	126
枣阳市	17	331	322	216
宜城市	10	371	170	163
南漳县	11	437	250	153
谷城县	10	316	202	114
保康县	11	192	120	60
鄂州市	**21**	**35**	**34**	**1**

续表1

地区	基层畜牧兽医站数（个）	职工总数		
		职工总数（人）	其中：在编人数（人）	离退休人员（人）
荆门市	**56**	**1148**	**106**	**164**
荆门市辖区	12	210	47	68
沙洋县	13	141	25	96
钟祥市	17	631	34	
京山县	14	166		
孝感市	**115**	**1544**	**980**	**325**
孝感市辖区	3	7	6	1
孝南区	12	206	85	35
孝昌县	14	144	69	79
大悟县	17	227	223	32
安陆市	16	397	155	78
云梦县	12	80	26	33
应城市	17	323	256	67
汉川市	24	160	160	
黄冈市	**136**	**3436**	**2774**	**996**
黄冈市辖区	9	62	30	32
团风县	10	172	22	61
红安县	12	351	213	138
麻城市	20	715	715	199
罗田县	12	246	203	43
英山县	11	329	306	80
浠水县	13	608	460	148
蕲春县	15	335	335	128
武穴市	12	481	436	165
黄梅县	16	131	48	2
龙感湖	6	6	6	
咸宁市	**72**	**809**	**248**	**270**
咸安区	14	74	69	29
嘉鱼县	8	67	44	98
赤壁市	15	166	0	34
通城县	11	176	87	74
崇阳县	12	228	48	15
通山县	12	98		20
恩施州	**90**	**2206**	**1190**	**823**
恩施市	17	97	97	186
建始县	10	579	255	182
巴东县	12	555	536	172
利川市	14	79	79	15
宣恩县	9	148	45	124
咸丰县	11	376	15	134
来凤县	8	228	26	3
鹤峰县	9	144	137	7
随州市	**44**	**529**	**173**	**151**
随州市辖区	2	36	4	38
曾都区	7	137	137	79
随县	18	324		34
广水市	17	32	32	
仙桃市	**18**	**491**	**58**	**152**
天门市	**25**	**245**	**68**	**114**
潜江市	**20**	**279**	**66**	**213**
神农架林区	**8**	**63**		

续表2

地区	技术职称状况				经营情况			
	高级技术职称（人）	中级技术职称（人）	初级技术职称（人）	技术员（人）	盈余站数（个）	盈余金额（万元）	亏损站数（个）	亏损金额（万元）
湖北省	**69**	**2638**	**6616**	**4683**	**433**	**1130.63**	**271**	**1543.18**
武汉市	**6**	**99**	**673**	**175**	**53**	**180.81**	**12**	**32.12**
武汉市辖区	5	24	129	43	3	26.94	8	15.50
蔡甸区	1	11	89	21	9	11.80	2	0.62
江夏区		8	35	38	13	83.27		
黄陂区		35	229	45	17	6.00		
新洲区		21	191	28	11	52.80	2	16.00
黄石市		**28**	**91**	**50**	**19**	**44.00**		**11.50**
黄石市辖区		2	9	10	4	2.00		11.50
大冶市		6	22		15	42.00		
阳新县		20	60	40		0.00		
十堰市	**4**	**389**	**472**	**423**	**30**	**281.55**	**89**	**296.05**
十堰市辖区	3	37	44	54	4	7.70	13	14.00
丹江口市	1	66	56	29	6	8.86	15	17.35
郧县		174	173	98	4	260.00	16	200.00
郧西县			50	100		0.00	18	13.00
竹山县		20	25	45		0.00	17	10.80
竹溪县		5	11	3	11	3.24	4	2.34
房县		87	113	94	5	1.75	6	38.56
荆州市	**10**	**253**	**429**	**302**				
荆州市辖区	8	31	48	49				
江陵县		3	54	25				
松滋市		68	98	56				
公安县		21	82	70				
石首市		40	57					
监利县		78	69	82				
洪湖市	2	12	21	20				
宜昌市	**9**	**242**	**952**	**807**	**51**	**272.46**	**14**	**202.30**
宜昌市辖区	1	10	39	13		0.00		
夷陵区	1	26	101	116		40.22		
宜都市		6	76	55		0.00		
枝江市		46	142	130	9	55.24		
当阳市	6	82	30	5		0.00	10	198.80
远安县		4	32	54	7	70.00		
兴山县		8	23	11	4	3.00	4	3.50
秭归县	1	16	222	141	12	36.00		
长阳县		43	222	85	11	60.00		
五峰县		1	65	197	8	8.00		
襄阳市	**14**	**260**	**840**	**580**	**27**	**62.15**	**9**	**36.62**
襄阳市辖区	3	36	87	142			4	14.00
老河口市		27	66					
襄州区		68	137	63				
枣阳市		33	170	128				
宜城市		12	91					
南漳县		7	145	118	11	30.00		
谷城县	9	36	96	64	6	25.75	4	17.42
保康县	2	41	48	65	10	6.40	1	5.20
鄂州市	**4**	**28**	**3**					

续表3

地区	技术职称状况				经营情况			
	高级技术职称（人）	中级技术职称（人）	初级技术职称（人）	技术员（人）	盈余站数（个）	盈余金额（万元）	亏损站数（个）	亏损金额（万元）
荆门市	**2**	**103**	**239**	**117**	**9**	**10.49**	**15**	**57.97**
荆门市辖区		22	144	7		0.00	11	46.50
沙洋县	2	36	28	55	9	10.49	4	11.47
钟祥市		23	11			0.00		
京山县		22	56	55		0.00		
孝感市	**7**	**168**	**561**	**581**	**58**	**124.28**	**30**	**144.65**
孝感市辖区		3	3	1	1	0.40	1	0.55
孝南区		20	50	15	12	12.00		
孝昌县		4	96			0.00		
大悟县		40	128	59	3	17.60	14	31.60
安陆市	1	32	106	258	1	1.00	15	112.50
云梦县		3	15	9		0.00		
应城市	6	53	112	148	17	63.20		
汉川市		13	51	91	24	30.08		
黄冈市	**4**	**654**	**1133**	**367**	**72**	**106.54**	**46**	**213.66**
黄冈市辖区		3	12	15	5	3.20	4	1.50
团风县		24	19	11	7	8.00	3	4.00
红安县		79	77	80			12	18.00
麻城市		226	237	158	9	6.26	11	20.78
罗田县		72	123	3	12	18.00		
英山县		26	50	25	2	1.58	9	152.58
浠水县		43	380	37	11	35.60	2	4.30
蕲春县		48	56	13	15	19.70		
武穴市	4	104	130	16				
黄梅县		29	43	9	11	14.20	5	12.50
龙感湖			6					
咸宁市		**29**	**246**	**285**	**11**	**7.80**	**1**	**0.50**
咸安区		2	60	11				
嘉鱼县		12	30	2				
赤壁市			24	102				
通城县		1	5	170				
崇阳县		14	34					
通山县			93		11	7.80	1	0.50
恩施州		**177**	**615**	**641**	**63**	**88.44**	**23**	**42.13**
恩施市		3	36	58	17	27.06		
建始县		5	154	145	10			
巴东县		127	164	177	10	44.66	1	0.65
利川市		12	49	18	3	5.10	11	29.80
宣恩县		9	51		8	2.10		
咸丰县		9	125	242	10	2.10	1	3.50
来凤县		5	21				8	4.20
鹤峰县		7	15	1	5	7.41	2	3.98
随州市	**1**	**58**	**158**	**281**	**11**	**9.55**	**23**	**189.80**
随州市辖区		4	32		2	1.08		
曾都区		25	49	50		0.00	7	173.00
随县	1	25	67	231	5	6.50	3	1.50
广水市		4	10		4	1.97	13	15.30
仙桃市	**7**	**43**	**40**	**23**	**13**	**72.15**	**5**	**22.16**
天门市		**21**	**26**					
潜江市	**1**	**86**	**126**		**16**	**25.06**	**4**	**3.66**
神农架林区			**12**	**51**				

县以上畜牧三站一所机构和人员

地区	畜牧站		草原工作站		家畜繁育改良站		饲料监察所	
	机构数	职工人数	机构数	职工人数	机构数	职工人数	机构数	职工人数
湖北省	**127**	**1845**	**25**	**73**	**40**	**349**	**62**	**1069**
武汉市	**9**	**152**	**1**	**2**	**2**	**10**	**4**	**41**
武汉市辖区	5	48					2	6
蔡甸区	1	41						
江夏区	1	26					1	3
黄陂区	1	14			1	6		
新洲区	1	23	1	2	1	4	1	32
黄石市	**10**	**193**						
黄石市辖区	5	13						
大冶市	1	80						
阳新县	2	94						
十堰市	**10**	**134**	**5**	**11**	**6**	**60**	**7**	**50**
十堰市辖区	4	23	2	1	2	1	2	1
丹江口市	1	19			1	6	1	19
郧县		5						
郧西县	1	10						
竹山县	1	30	1	4	1	40	1	4
竹溪县	1	24	1	2	1	6	1	6
房县	1	15	1	4	1	7	1	16
荆州市	**12**	**168**					**7**	**415**
荆州市辖区	3	39						
江陵县	1	15					1	20
松滋市	3	26					1	48
公安县	1	15					1	1
石首市	1	28					1	71
监利县	1	23					1	129
洪湖市	1	15					1	133
宜昌市	**16**	**152**	**6**	**22**	**8**	**40**	**7**	**92**
宜昌市辖区	5	22						
夷陵区	1	6	1	6	1	6	1	42
宜都市	1	24	1	4	1	6	1	3
枝江市	1	24			1	13	1	3
当阳市	1	16						
远安县	1	2						
兴山县	2	5	1	2	1	1	1	1
秭归县	1	3	1		1		1	8
长阳县	1	9	1	9	1	8	1	34
五峰县	1	25	1	1	1	1	1	1
襄阳市	**11**	**97**	**2**	**5**	**2**	**17**	**3**	**10**
襄阳市辖区	2	10						
老河口市	1	8					1	2
襄州区	1	7					1	5
枣阳市	1	6			1	4		
宜城市	1	15						
南漳县	1	11	1	3	1	13	1	3
谷城县	1	14						
保康县	1	4	1	2				
鄂州市	**4**	**49**						

续表

地区	畜牧站		草原工作站		家畜繁育改良站		饲料监察所	
	机构数	职工人数	机构数	职工人数	机构数	职工人数	机构数	职工人数
荆门市	**8**	**97**			**2**	**10**	**5**	**41**
荆门市辖区	3	23						
沙洋县	1	11			1	2	1	6
钟祥市	2	26					2	5
京山县	1	23			1	8	1	24
孝感市	**7**	**144**	**2**	**4**	**4**	**32**	**4**	**118**
孝感市辖区								
孝南区								
孝昌县	1	49						
大悟县	1	17			1	11		73
安陆市	1	44			1	15		
云梦县	1	10					1	19
应城市	1	8	1	3	1	5	1	6
汉川市	1	13					1	19
黄冈市	**15**	**290**	**4**	**10**	**8**	**44**	**9**	**36**
黄冈市辖区	1	4						
团风县	1	58	1	1	2	2	1	1
红安县	1	43			1	11	1	2
麻城市	1	32	1	4	1	15		
罗田县	1	5	1	3	1	3	1	10
英山县	1	16			1	8	1	8
浠水县	4	58	1	2			1	2
蕲春县	1	5					1	5
武穴市	1	32			1	5	1	2
黄梅县	1	15					1	3
龙感湖	1	14			1	0	1	3
咸宁市	**5**	**42**	**1**	**3**	**2**	**12**	**6**	**112**
咸安区	1	10	1	3	1	5	1	43
嘉鱼县	1	2					1	17
赤壁市	1	12					1	8
通城县					1	7		
崇阳县	1	10					1	20
通山县	1	8					1	15
恩施州	**9**	**121**	**1**	**5**	**1**	**45**	**4**	**100**
恩施市	1	73	1	5				
建始县	1	9				37		
巴东县	1	3						
利川市	1	8						
宣恩县	1	5						
咸丰县	1	8					1	39
来凤县	1	3			1	8	1	26
鹤峰县	1	7					1	27
随州市	**6**	**101**	**2**	**4**	**2**	**12**	**2**	**5**
随州市辖区	2	35						
曾都区	1	7	1		1	7	1	
随县	1	5			1	5	1	5
广水市	2	54	1	4				
仙桃市	**1**	**21**			**1**	**5**	**1**	**2**
天门市	**1**	**58**			**1**	**1**	**1**	**33**
潜江市	**1**	**5**					**1**	**4**
神农架林区	**1**	**16**						

湖北省畜禽规模养殖情况

地 区	年出栏50头以上生猪(个、户)	出栏50–99头(个、户)	出栏100–499头(个、户)	出栏500–999头(个、户)	出栏1000–2999头(个、户)	出栏3000–10000头(个、户)	出栏10000头以上(个、户)
全省合计	**116303**	**39364**	**60039**	**9681**	**5362**	**1267**	**590**
武汉市	**3184**	**578**	**1962**	**385**	**101**	**75**	**89**
武汉市辖区	1121	133	801	126	37	27	3
蔡甸区	233	47	131	31	14	9	1
江夏区	516	204	238	14	6	14	40
黄陂区	810	177	524	56	13	6	34
新洲区	504	17	268	158	31	19	11
黄石市	**1159**	**168**	**549**	**213**	**174**	**28**	**27**
黄石市辖区	112	26	57	21	4	2	2
大冶市	631	109	297	115	80	15	15
阳新县	416	33	195	77	90	11	10
十堰市	**3628**	**1199**	**2027**	**218**	**144**	**26**	**14**
十堰市辖区	211	80	113	14	1	3	
丹江口市	1042	469	511	29	27	3	3
郧县	534	116	369	32	11	2	4
郧西县	413	6	383	15	9		
竹山县	311	55	228	16	10		2
竹溪县	352	62	174	51	57	5	3
房县	765	411	249	61	29	13	2
荆州市	**13485**	**3004**	**8630**	**1331**	**368**	**107**	**45**
荆州市辖区	948	113	733	43	38	13	8
江陵县	496	129	280	35	26	20	6
松滋市	5624	2104	3243	143	102	21	11
公安县	2195	198	1838	113	36	10	
石首市	750	26	514	145	49	11	5
监利县	2477	327	1374	659	84	19	14
洪湖市	995	107	648	193	33	13	1
宜昌市	**21164**	**9834**	**9413**	**1165**	**549**	**143**	**60**
宜昌市辖区	783	241	519	13	6	2	2
夷陵区	2998	862	1920	172	29	8	7
宜都市	2300	799	1274	121	72	25	9
枝江市	2645	641	1546	230	175	39	14
当阳市	3623	1932	1235	279	133	28	16
远安县	596	280	260	26	19	9	2
兴山县	867	414	374	51	22	5	1
秭归县	2436	989	1341	59	39	4	4
长阳县	4233	3498	607	101	11	13	3
五峰县	683	178	337	113	43	10	2
襄阳市	**19095**	**7218**	**9522**	**1243**	**809**	**223**	**80**
襄阳市辖区	811	97	313	222	144	30	5
老河口市	783	69	394	182	120	16	2
襄州区	7831	3581	4052	61	84	37	16
枣阳市	2724	1039	1228	244	142	57	14
宜城市	2439	1100	1086	169	49	17	18
南漳县	3085	1217	1642	135	57	17	17
谷城县	605	87	203	134	130	45	6
保康县	817	28	604	96	83	4	2
鄂州市	**907**	**94**	**531**	**112**	**101**	**45**	**24**

续表1

地区	年出栏50头以上生猪(个、户)	出栏50–99头(个、户)	出栏100–499头(个、户)	出栏500–999头(个、户)	出栏1000–2999头(个、户)	出栏3000–10000头(个、户)	出栏10000头以上(个、户)
荆门市	**9355**	**3592**	**3851**	**967**	**784**	**105**	**56**
荆门市辖区	1693	820	603	70	162	20	18
沙洋县	1914	342	971	419	144	28	10
钟祥市	3158	1587	928	250	341	34	18
京山县	2590	843	1349	228	137	23	10
孝感市	**6685**	**1913**	**3317**	**722**	**579**	**102**	**52**
孝感市辖区	71	36	23	5	6		1
孝南区	492	22	249	128	70	17	6
孝昌县	1566	682	578	135	139	26	6
大悟县	403	91	128	134	37	9	4
安陆市	819	53	418	117	198	18	15
云梦县	876	341	419	57	46	12	1
应城市	1351	427	755	92	59	9	9
汉川市	1107	261	747	54	24	11	10
黄冈市	**11624**	**2564**	**7132**	**1129**	**569**	**180**	**50**
黄冈市辖区	144	2	104	19	7	12	
团风县	226	58	105	26	22	10	5
红安县	1789	406	1188	129	51	4	11
麻城市	2284	285	1615	267	96	14	7
罗田县	285	77	137	45	16	7	3
英山县	182	22	105	24	20	9	2
浠水县	1753	390	1154	152	30	25	2
蕲春县	1342	456	671	62	109	35	9
武穴市	1693	419	958	180	99	29	8
黄梅县	1481	388	787	187	96	21	2
龙感湖	445	61	308	38	23	14	1
咸宁市	**4849**	**2015**	**2075**	**431**	**278**	**28**	**22**
咸安区	547	190	197	72	79	2	7
嘉鱼县	360	8	250	69	28	4	1
赤壁市	598	73	437	51	25	9	3
通城县	2143	1398	521	165	51	4	4
崇阳县	893	320	442	60	59	7	5
通山县	308	26	228	14	36	2	2
恩施州	**9903**	**3965**	**4960**	**663**	**235**	**69**	**11**
恩施市	1176	501	524	81	66	3	1
利川市	988	186	641	143	15	3	
建始县	1021	108	826	50	30	4	3
巴东县	1965	702	971	158	79	52	3
宣恩县	2120	1645	407	62	5	1	
咸丰县	1513	524	895	78	11	1	4
来凤县	830	226	501	82	18	3	
鹤峰县	290	73	195	9	11	2	
随州市	**4630**	**1574**	**2128**	**524**	**337**	**42**	**22**
随州市辖区	403	118	201	43	30	9	2
曾都区	996	233	463	166	108	22	1
随县	2069	1042	808	108	96	1	14
广水市	1162	181	656	207	103	10	5
仙桃市	**1381**	**184**	**850**	**182**	**105**	**47**	**13**
天门市	**2831**	**714**	**1788**	**170**	**117**	**16**	**9**
潜江市	**2367**	**733**	**1253**	**223**	**111**	**31**	**16**
神农架林区	**70**	**15**	**51**	**3**	**1**		

续表2

地　区	年存笼500只以上蛋鸡（个、户）	存笼500–1999只（个、户）	存笼2000–9999只（个、户）	存笼1万–4.99万只(个、户)	存笼5万–9.99万只(个、户)	存笼10万–49.99万只（个、户）	存笼50万只以上（个、户）
全省合计	**18732**	**1649**	**11250**	**5395**	**332**	**105**	**1**
武汉市	**1847**	**123**	**919**	**770**	**10**	**24**	**1**
武汉市辖区	48	7	21	19	1		
蔡甸区	19	3	10	6			
江夏区	100	47	41	7	3	2	
黄陂区	226	50	131	41	3	1	
新洲区	1454	16	716	697	3	21	1
黄石市	**228**	**15**	**125**	**82**	**4**	**2**	
黄石市辖区	22	4	11	7			
大冶市	116	11	74	28	2	1	
阳新县	90		40	47	2	1	
十堰市	**619**	**87**	**288**	**233**	**11**		
十堰市辖区	26	10	13	3			
丹江口市	122	49	48	23	2		
郧县	232	8	127	94	3		
郧西县	56			56			
竹山县	29		2	25	2		
竹溪县	51	10	34	5	2		
房县	103	10	64	27	2		
荆州市	**1646**	**80**	**722**	**802**	**31**	**11**	
荆州市辖区	282	36	112	127	3	4	
江陵县	273	3	237	31	2		
松滋市	94	8	51	33	1	1	
公安县	411	27	263	109	11	1	
石首市	401			395	3	3	
监利县	106	1	33	68	3	1	
洪湖市	79	5	26	39	8	1	
宜昌市	**439**	**83**	**193**	**147**	**13**	**3**	
宜昌市辖区	16	1	8	4	3		
夷陵区	63	13	29	16	4	1	
宜都市	72	13	27	32			
枝江市	63	26	16	18	2	1	
当阳市	150	22	81	43	4		
远安县	3			2		1	
兴山县	11		6	5			
秭归县	29	8	5	16			
长阳县	8			8			
五峰县	24		21	3			
襄阳市	**2610**	**653**	**1373**	**480**	**90**	**14**	
襄阳市辖区	129	18	86	23	2		
老河口市	159	6	83	66	3	1	
襄州区	1263	518	693	50	1	1	
枣阳市	329	6	171	132	14	6	
宜城市	82	12	38	22	6	4	
南漳县	317	90	183	44			
谷城县	304	2	96	140	64	2	
保康县	27	1	23	3			
鄂州市	**231**	**45**	**107**	**70**	**6**	**3**	

续表3

地 区	年存笼500只以上蛋鸡(个、户)	存笼500–1999只(个、户)	存笼2000–9999只(个、户)	存笼1万–4.99万只(个、户)	存笼5万–9.99万只(个、户)	存笼10万–49.99万只(个、户)	存笼50万只以上(个、户)
荆门市	**2827**	**198**	**2178**	**429**	**16**	**6**	
荆门市辖区	138	16	57	61	2	2	
沙洋县	689	121	437	124	7		
钟祥市	237	15	119	96	5	2	
京山县	1763	46	1565	148	2	2	
孝感市	**1735**	**70**	**1185**	**433**	**28**	**19**	
孝感市辖区	5		4	1			
孝南区	114	4	67	41	1	1	
孝昌县	146		116	27	1	2	
大悟县	77	18	28	31			
安陆市	178	5	66	80	15	12	
云梦县	611	21	480	110			
应城市	525	13	375	124	10	3	
汉川市	79	9	49	19	1	1	
黄冈市	**4763**	**68**	**3282**	**1300**	**98**	**15**	
黄冈市辖区	48	3	31	13		1	
团风县	396	1	107	222	64	2	
红安县	94	9	58	25	1	1	
麻城市	628	6	527	95			
罗田县	108	19	49	37	2	1	
英山县	148	10	84	53		1	
浠水县	2868		2196	646	20	6	
蕲春县	366		184	173	8	1	
武穴市	29	1	10	17		1	
黄梅县	67	14	30	19	3	1	
龙感湖	11	5	6				
咸宁市	**148**	**38**	**79**	**30**	**1**		
咸安区	10		7	3			
嘉鱼县	32	2	18	12			
赤壁市	87	32	47	8			
通城县	2			2			
崇阳县	1				1		
通山县	16	4	7	5			
恩施州	**216**	**39**	**115**	**53**	**8**	**1**	
恩施市	47	5	28	13		1	
利川市	29	1	24	4			
建始县	36	6	20	10			
巴东县	32	5	11	13	3		
宣恩县	15	6	8		1		
咸丰县	19	3	8	6	2		
来凤县	21	3	13	4	1		
鹤峰县	17	10	3	3	1		
随州市	**350**	**64**	**191**	**82**	**7**	**6**	
随州市辖区	40	4	22	13	0	1	
曾都区	91	9	55	22	4	1	
随县	140	44	79	14		3	
广水市	79	7	35	33	3	1	
仙桃市	**601**	**3**	**188**	**407**	**3**		
天门市	**355**	**83**	**232**	**38**	**1**	**1**	
潜江市	**115**		**72**	**38**	**5**		
神农架林区	**2**		**1**	**1**			

续表4

地区	年存笼500只以上蛋鸭（个、户）	存笼500–999只（个、户）	存笼1000–4999只（个、户）	存笼5000–9999只（个、户）	存笼10000–19999只（个、户）	存笼20000–29999只（个、户）	存笼30000–39999只（个、户）	存笼40000–49999只（个、户）	存笼50000只以上（个、户）
全省合计	**7182**	**743**	**5189**	**857**	**228**	**66**	**36**	**18**	**45**
武汉市	**337**	**63**	**238**	**28**	**2**	**2**	**1**		**3**
武汉市辖区	13		11	2					
蔡甸区	7		7						
江夏区	37	12	22	3					
黄陂区	230	1	198	23	2	2	1		3
新洲区	50	50							
黄石市	**70**	**3**	**43**	**16**	**4**	**2**			**2**
黄石市辖区	1				1				
大冶市	7		5	1	1				
阳新县	62	3	38	15	2	2			2
十堰市	**51**	**3**	**39**	**4**	**3**	**2**			
十堰市辖区									
丹江口市	41	3	33	2	2	1			
郧县	1					1			
郧西县									
竹山县									
竹溪县									
房县	9		6	2	1				
荆州市	**2689**	**324**	**2034**	**229**	**65**	**22**	**6**	**4**	**5**
荆州市辖区	178	38	112	18	7	2		1	
江陵县	78		56	13	6	3			
松滋市	62	17	36	7		1	1		
公安县	699	244	395	44	13	2			1
石首市	198		86	81	25	4	1	1	
监利县	1332	7	1242	61	8	9	1	2	2
洪湖市	142	18	107	5	6	1	3		2
宜昌市	**79**	**17**	**49**	**11**	**2**				
宜昌市辖区									
夷陵区									
宜都市	12	7	3	2					
枝江市	8		5	3					
当阳市	59	10	41	6	2				
远安县									
兴山县									
秭归县									
长阳县									
五峰县									
襄阳市	**481**	**14**	**293**	**97**	**41**	**13**	**8**	**4**	**11**
襄阳市辖区	38		35	2	1				
老河口市	5		4	1					
襄州区	91	4	54	12	11	7	3		
枣阳市	30	3	9	11	5		2		
宜城市	292	5	172	67	24	6	3	4	11
南漳县	17		16	1					
谷城县	8	2	3	3					
保康县									
鄂州市	**218**	**2**	**161**	**40**	**11**		**2**		**2**

续表5

地　区	年存笼500只以上蛋鸭（个、户）	存笼500–999只（个、户）	存笼1000–4999只（个、户）	存笼5000–9999只（个、户）	存笼10000–19999只（个、户）	存笼20000–29999只（个、户）	存笼30000–39999只（个、户）	存笼40000–49999只（个、户）	存笼50000只以上（个、户）
荆门市	**1288**	**184**	**880**	**176**	**22**	**10**	**7**	**3**	**6**
荆门市辖区	67	21	40	2	2	1			1
沙洋县	201	57	102	18	5	7	5	3	4
钟祥市	169		133	22	10	1	2		1
京山县	851	106	605	134	5	1			
孝感市	**627**	**44**	**511**	**50**	**15**	**1**	**2**	**1**	**3**
孝感市辖区	1				1				
孝南区	14		9	3	2				
孝昌县	16		12	3	1				
大悟县	14	3	7	4					
安陆市	162	10	131	9	6		2	1	3
云梦县									
应城市	246	8	210	25	2	1			
汉川市	174	23	142	6	3				
黄冈市	**265**	**10**	**148**	**58**	**33**	**6**	**4**	**3**	**3**
黄冈市辖区	2		2						
团风县	1					1			
红安县	29		19	8	1				1
麻城市	79		63	13	2		1		
罗田县									
英山县	20		10	8	2				
浠水县	51	8	26	2	8	3	1	1	2
蕲春县	30		1	8	20		1		
武穴市	13		12	1					
黄梅县	37	2	15	16		2	1	1	
龙感湖	3			2				1	
咸宁市	**77**	**23**	**39**	**10**	**4**	**1**			
咸安区	14	3	9	1	1				
嘉鱼县	30	3	15	9	2	1			
赤壁市	30	16	14						
通城县									
崇阳县									
通山县	3	1	1		1				
恩施州	**66**	**18**	**25**	**17**	**3**	**1**		**1**	**1**
恩施市									
利川市									
建始县									
巴东县	18	6	9	2	1				
宣恩县	17	9	8						
咸丰县	9		5	4					
来凤县	21	2	3	11	2	1		1	1
鹤峰县	1	1							
随州市	**229**	**11**	**162**	**30**	**10**	**5**	**4**		**7**
随州市辖区	4	1							3
曾都区	41		29	9					3
随县	120	7	83	17	7	3	2		1
广水市	64	3	50	4	3	2	2		
仙桃市	**200**	**12**	**171**	**12**	**1**		**2**	**1**	**1**
天门市	**170**	**15**	**140**	**11**	**3**			**1**	
潜江市	**335**		**256**	**68**	**9**	**1**			**1**
神农架林区									

续表6

地　区	年出笼2000只以上肉鸡（个、户）	出笼2000–9999只（个、户）	出笼1万–4.99万只（个、户）	出笼5万–9.99万只（个、户）	出笼10万–49.99万只（个、户）	出笼50万–99.99万只（个、户）	出笼100万只以上（个、户）
全省合计	**9912**	**2217**	**6187**	**772**	**636**	**45**	**55**
武汉市	**770**	**151**	**563**	**32**	**20**	**3**	**1**
武汉市辖区	18	9	7	2			
蔡甸区	2	1		1			
江夏区	620	98	491	16	14	1	
黄陂区	96	22	52	13	6	2	1
新洲区	34	21	13				
黄石市	**101**	**32**	**34**	**13**	**20**	**2**	
黄石市辖区	11	10	1				
大冶市	43	2	13	7	19	2	
阳新县	47	20	20	6	1		
十堰市	**713**	**269**	**315**	**64**	**54**	**4**	**7**
十堰市辖区	26	2	9	10	5		
丹江口市	339	105	147	35	41	4	7
郧县	82	9	48	19	6		
郧西县	7	3	4				
竹山县	85	26	58		1		
竹溪县	115	87	27		1		
房县	59	37	22				
荆州市	**1179**	**126**	**960**	**38**	**46**	**7**	**2**
荆州市辖区	179	59	66	23	23	6	2
江陵县	213		206	5	2		
松滋市	31	20	7	2	2		
公安县	63	36	26	1			
石首市	9				9		
监利县	666	8	646	4	8		
洪湖市	18	3	9	3	2	1	
宜昌市	**594**	**127**	**292**	**86**	**84**		**5**
宜昌市辖区	34	9	12	8	3		2
夷陵区	75	8	35	11	19		2
宜都市	146	25	104	16	1		
枝江市	65	4	18	28	14		1
当阳市	173	48	63	18	44		
远安县	12	7	4		1		
兴山县	9	3	6				
秭归县	18	10	2	4	2		
长阳县	9	4	4	1			
五峰县	53	9	44				
襄阳市	**2058**	**413**	**1245**	**250**	**138**	**8**	**4**
襄阳市辖区	122	45	61	11	5		
老河口市	126	2	81	22	20	1	
襄州区	728	131	557	13	27		
枣阳市	341	25	101	143	69	2	1
宜城市	332	122	176	23	7	1	3
南漳县	249	75	167	7			
谷城县	134	1	88	31	10	4	
保康县	26	12	14				
鄂州市	**87**	**2**	**52**	**17**	**15**	**1**	

续表7

地 区	年出笼2000只以上肉鸡（个、户）	出笼2000–9999只（个、户）	出笼1万–4.99万只（个、户）	出笼5万–9.99万只（个、户）	出笼10万–49.99万只（个、户）	出笼50万–99.99万只（个、户）	出笼100万只以上（个、户）
荆门市	**535**	**255**	**207**	**49**	**24**		
荆门市辖区	227	175	43	8	1		
沙洋县	185	46	88	32	19		
钟祥市	96	34	50	8	4		
京山县	27		26	1			
孝感市	**1284**	**155**	**927**	**110**	**88**	**3**	**1**
孝感市辖区							
孝南区	29		15	5	9		
孝昌县	95		45	45	3	1	1
大悟县	10	8	2				
安陆市	250	7	182	46	15		
云梦县	86	33	49	2	2		
应城市	99	58	36	3	2		
汉川市	715	49	598	9	57	2	
黄冈市	**319**	**73**	**100**	**52**	**87**	**6**	**1**
黄冈市辖区	16	6	10				
团风县	4		3	1			
红安县	9		3	5	1		
麻城市	36	24	3	6	2		1
罗田县	93			16	72	5	
英山县	53	26	16	6	5		
浠水县	11		4	7			
蕲春县	30		17	10	3		
武穴市	23	7	13	1	1	1	
黄梅县	40	10	27		3		
龙感湖	4		4				
咸宁市	**1140**	**89**	**1027**	**18**	**6**		
咸安区	1000		986	11	3		
嘉鱼县	25	9	16				
赤壁市	37	13	16	6	2		
通城县	2		1		1		
崇阳县	10	8	2				
通山县	66	59	6	1			
恩施州	**593**	**307**	**256**	**16**	**12**	**2**	
恩施市	91	38	48	1	4		
利川市	78	52	24		2		
建始县	54	29	24	1			
巴东县	221	91	110	13	5		
宣恩县	42	24	18				
咸丰县	45	38	7				
来凤县	41	24	15	1	1		
鹤峰县	21	11	10				
随州市	**437**	**199**	**134**	**23**	**39**	**9**	**33**
随州市辖区	45	23	2	2	8	2	8
曾都区	132	50	46	8	13	3	12
随县	139	32	67	10	18	3	9
广水市	121	94	19	3	0	1	4
仙桃市	**6**		**6**				
天门市	**8**	**8**					
潜江市	**72**		**64**	**4**	**3**		1
神农架林区	**16**	**11**	**5**				

续表8

地 区	年出笼2000只肉鸭以上的总户数	出笼2000–4999只（个、户）	出笼5000–9999只（个、户）	出笼10000–29999只(个、户)	出笼30000–99999只(个、户)	出笼100000只以上（个、户）
全省合计	**3053**	**485**	**567**	**950**	**635**	**416**
武汉市	**684**	**47**	**188**	**369**	**73**	**7**
武汉市辖区						
蔡甸区	132			110	22	
江夏区	47	16	6	3	22	
黄陂区	457		167	254	29	7
新洲区	48	31	15	2		
黄石市	**84**	**22**	**7**	**17**	**4**	**34**
黄石市辖区						
大冶市	47	2	0	7	4	34
阳新县	37	20	7	10		
十堰市	**61**	**4**	**5**	**28**	**21**	**3**
十堰市辖区						
丹江口市						
郧县	60	4	5	27	21	3
郧西县						
竹山县						
竹溪县						
房县	1			1		
荆州市	**228**	**68**	**40**	**44**	**32**	**44**
荆州市辖区	38			24	13	1
江陵县	5		4	1		
松滋市	49	25	17	7		
公安县	57	29	17	10	1	
石首市						
监利县	25	14	2	2	5	2
洪湖市	54				13	41
宜昌市	**8**		**3**	**4**	**1**	
宜昌市辖区	0			0		
夷陵区	1			1		
宜都市						
枝江市						
当阳市	7		3		1	
远安县						
兴山县						
秭归县						
长阳县						
五峰县						
襄阳市	**314**	**38**	**40**	**100**	**118**	**18**
襄阳市辖区	23		2	14	7	
老河口市	3			1	2	
襄州区	32	1	6	17	8	
枣阳市	157	28	25	43	56	5
宜城市	65	9	7	23	24	2
南漳县	3			1	2	
谷城县						
保康县	31			1	19	11
鄂州市	**86**	**7**	**15**	**49**	**12**	**3**

续表9

地 区	年出笼2000只肉鸭以上的总户数	出笼2000–4999只（个、户）	出笼5000–9999只（个、户）	出笼10000–29999只（个、户）	出笼30000–99999只（个、户）	出笼100000只以上（个、户）
荆门市	**159**	**29**	**74**	**36**	**16**	**4**
荆门市辖区	48	24	17	4	1	2
沙洋县	78	5	36	23	13	1
钟祥市	12		0	9	2	1
京山县	21		21			
孝感市	**905**	**87**	**89**	**228**	**284**	**217**
孝感市辖区	2			1	1	
孝南区	64			4	40	20
孝昌县	195		1	26	116	52
大悟县	7	2	2	2	1	
安陆市	138	73	34	18	10	3
云梦县	154				22	132
应城市	112	8	39	41	22	2
汉川市	233	4	13	136	72	8
黄冈市	**209**	**75**	**43**	**35**	**54**	**2**
黄冈市辖区						
团风县	1					1
红安县	13	8	4	1		
麻城市	35	27	5	3		
罗田县	1				1	
英山县						
浠水县	6		3	1	2	
蕲春县	28			4	23	1
武穴市	24	9	3	3	9	
黄梅县	93	31	28	21	13	
龙感湖	8			2	6	
咸宁市	**76**	**8**	**5**	**4**	**4**	**55**
咸安区						
嘉鱼县						
赤壁市	8	3	3	1		1
通城县	4			3	1	0
崇阳县	57				3	54
通山县	7	5	2			
恩施州	**107**	**59**	**38**	**6**	**1**	**3**
恩施市						
利川市						
建始县						
巴东县	57	34	15	4	1	3
宣恩县	2	0	0	2		
咸丰县	3	1	2			
来凤县	45	24	21			
鹤峰县						
随州市	**95**	**38**	**15**	**27**	**9**	**6**
随州市辖区	3				2	1
曾都区	3			3		
随县	46	12	10	15	6	3
广水市	43	26	5	9	1	2
仙桃市	**4**					**4**
天门市	**16**	**2**	**5**	**3**	**2**	**4**
潜江市	**17**	**1**			**4**	**12**
神农架林区						

续表10

地 区	年出栏10头以上肉牛(个、户)	出栏10-49头(个、户)	出栏50-99头(个、户)	出栏100-499头(个、户)	出栏500-999头(个、户)	出栏1000头以上(个、户)
全省合计	**12619**	**6864**	**2822**	**2629**	**208**	**96**
武汉市	**380**	**293**	**49**	**33**	**1**	**4**
武汉市辖区						
蔡甸区	3	2				1
江夏区	12	8	4			
黄陂区	142	92	25	23	1	1
新洲区	223	191	20	10		2
黄石市	**113**	**63**	**21**	**28**	**1**	
黄石市辖区						
大冶市	87	53	17	16	1	
阳新县	26	10	4	12		
十堰市	**1752**	**1517**	**116**	**97**	**21**	**1**
十堰市辖区	32	31	0	1		
丹江口市	819	760	38	12	8	1
郧县	123	114	6	3		
郧西县	235	208	22	5		
竹山县	200	189	5	1	5	
竹溪县	205	101	38	58	8	
房县	138	114	7	17		
荆州市	**290**	**110**	**77**	**97**	**3**	**3**
荆州市辖区	31	18	6	6	1	
江陵县	30	14	3	12		1
松滋市	47	22	8	13	2	2
公安县	99	32	41	26		
石首市	30		1	29		
监利县	36	21	10	5		
洪湖市	17	3	8	6		
宜昌市	**455**	**267**	**78**	**78**	**21**	**11**
宜昌市辖区	3	3				
夷陵区	31	23	1	7		
宜都市	107	75	17	14	1	
枝江市	161	74	34	33	16	4
当阳市	57	19	12	15	4	7
远安县	19	18		1		
兴山县	18	15	2	1		
秭归县	15	9	4	2		
长阳县	27	15	7	5		
五峰县	17	16	1			
襄阳市	**4101**	**1799**	**880**	**1354**	**42**	**26**
襄阳市辖区	244	52	88	100	3	1
老河口市	570	407	80	76	6	1
襄州区	1157	155	219	771	8	4
枣阳市	606	182	195	200	16	13
宜城市	515	359	110	34	5	7
南漳县	410	264	58	86	2	
谷城县	553	363	105	83	2	
保康县	46	17	25	4		
鄂州市	**41**	**5**	**9**	**26**	**1**	

续表11

地 区	年出栏10头以上肉牛（个、户）	出栏10–49头（个、户）	出栏50–99头（个、户）	出栏100–499头（个、户）	出栏500–999头（个、户）	出栏1000头以上（个、户）
荆门市	**641**	**276**	**114**	**181**	**47**	**23**
荆门市辖区	100	72	24	3		1
沙洋县	223	7	61	132	10	13
钟祥市	226	116	20	44	37	9
京山县	92	81	9	2		
孝感市	**562**	**465**	**55**	**35**	**4**	**3**
孝感市辖区	2	2				
孝南区	11	4	3	2	2	
孝昌县	310	291	11	6	1	1
大悟县	121	96	16	8		1
安陆市	30	16	6	8		
云梦县	16	1	9	4	1	1
应城市	26	12	8	6		
汉川市	46	43	2	1		
黄冈市	**1610**	**543**	**784**	**269**	**14**	
黄冈市辖区	8	5		3		
团风县	120	16	25	74	5	
红安县	205	75	83	46	1	
麻城市	641	9	572	58	2	
罗田县	45	13	23	8	1	
英山县	30	9	16	5		
浠水县	22	3	10	9		
蕲春县	489	391	43	51	4	
武穴市	13	4	4	5		
黄梅县	37	18	8	10	1	
龙感湖						
咸宁市	**221**	**192**	**14**	**13**	**2**	
咸安区	28	19	7	1	1	
嘉鱼县	23	20		3		
赤壁市	59	56	2	1		
通城县	4			3	1	
崇阳县	25	22	3			
通山县	82	75	2	5		
恩施州	**956**	**610**	**159**	**168**	**17**	**2**
恩施市	233	68	31	118	16	
利川市	79	70	7	2		
建始县	50	44	3	3		
巴东县	413	289	83	38		2
宣恩县	47	39	7	1		
咸丰县	69	51	14	4		
来凤县	38	28	8	2		
鹤峰县	27	21	6			
随州市	**855**	**230**	**389**	**189**	**25**	**22**
随州市辖区	175	82	38	40	6	9
曾都区	114	12	45	43	5	9
随县	368	106	196	52	11	3
广水市	198	30	110	54	3	1
仙桃市	**30**	**18**	**8**	**3**	**1**	
天门市	**252**	**165**	**36**	**45**	**6**	
潜江市	**355**	**310**	**29**	**13**	**2**	**1**
神农架林区	**5**	**1**	**4**			

续表12

地 区	年出栏30只以上肉羊(个、户)	出栏30-99只(个、户)	出栏100-499只(个、户)	出栏500-999只(个、户)	出栏1000只以上(个、户)
全省合计	**30229**	**19172**	**10183**	**667**	**207**
武汉市	**339**	**233**	**99**	**6**	**1**
武汉市辖区	16	8	6	2	
蔡甸区	6		5	1	
江夏区	5	3	1	1	
黄陂区	89	28	60	1	
新洲区	223	194	27	1	1
黄石市	**143**	**44**	**92**	**5**	**2**
黄石市辖区	2	1	1		
大冶市	75	33	40	1	1
阳新县	66	10	51	4	1
十堰市	**9177**	**7592**	**1484**	**93**	**8**
十堰市辖区	192	138	52	2	
丹江口市	670	597	64	7	2
郧县	571	478	87	2	4
郧西县	3020	2696	309	15	
竹山县	353	179	165	9	
竹溪县	329	176	142	9	2
房县	4042	3328	665	49	
荆州市	**339**	**121**	**195**	**17**	**6**
荆州市辖区	41	23	16	1	1
江陵县	16	2	9	5	
松滋市	75	49	19	2	5
公安县	114	24	87	3	
石首市	46		41	5	
监利县	34	21	12	1	
洪湖市	13	2	11		
宜昌市	**5887**	**4976**	**855**	**52**	**4**
宜昌市辖区	49	29	20		
夷陵区	335	221	102	9	3
宜都市	1770	1688	76	6	
枝江市	60	15	40	4	1
当阳市	453	328	112	13	
远安县	125	81	39	5	
兴山县	644	503	140	1	
秭归县	245	164	81		
长阳县	1987	1750	224	13	
五峰县	219	197	21	1	
襄阳市	**5713**	**3051**	**2432**	**150**	**80**
襄阳市辖区	89	25	46	9	9
老河口市	461	318	109	23	11
襄州区	2192	1533	628	20	11
枣阳市	722	174	462	47	39
宜城市	268	136	125	2	5
南漳县	1092	502	583	4	3
谷城县	590	217	326	45	2
保康县	299	146	153		
鄂州市	**60**	**1**	**51**	**3**	**5**

续表13

地区	年出栏30只以上肉羊(个、户)	出栏30–99只(个、户)	出栏100–499只(个、户)	出栏500–999只(个、户)	出栏1000只以上(个、户)
荆门市	**1813**	**376**	**1324**	**81**	**32**
荆门市辖区	1226	178	1003	34	11
沙洋县	121	18	91	3	9
钟祥市	227	46	132	38	11
京山县	239	134	98	6	1
孝感市	**473**	**106**	**256**	**107**	**4**
孝感市辖区	10	6	4		
孝南区	10	4	6		
孝昌县	106	16	39	51	
大悟县	193	63	115	15	
安陆市	103	9	61	31	2
云梦县	3		3		
应城市	32	5	17	8	2
汉川市	16	3	11	2	
黄冈市	**2543**	**987**	**1491**	**46**	**19**
黄冈市辖区	4		4		
团风县	122	25	87	6	4
红安县	402	183	213	2	4
麻城市	1010	548	440	17	5
罗田县	472	58	413		1
英山县	258	108	145	5	
浠水县	84	29	51	3	1
蕲春县	137	11	115	9	2
武穴市	29	11	16	1	1
黄梅县	24	14	7	3	
龙感湖	1				1
咸宁市	**497**	**234**	**242**	**14**	**7**
咸安区	58	50	8		
嘉鱼县	18	2	14	2	
赤壁市	77	58	19		
通城县	4		2	2	
崇阳县	129	76	45	3	5
通山县	211	48	154	7	2
恩施州	**1709**	**791**	**863**	**44**	**11**
恩施市	145	115	29	1	
利川市	208	97	111		
建始县	467	175	279	12	1
巴东县	413	180	205	20	8
宣恩县	82	27	50	4	1
咸丰县	94	24	67	2	1
来凤县	213	136	77		
鹤峰县	87	37	45	5	
随州市	**1289**	**524**	**696**	**43**	**26**
随州市辖区	94	10	75	5	4
曾都区	163	53	100	4	6
随县	547	288	232	13	14
广水市	485	173	289	21	2
仙桃市	**28**	**12**	**13**	**2**	**1**
天门市	**77**	**35**	**39**	**3**	
潜江市	**91**	**55**	**35**	**1**	
神农架林区	**51**	**34**	**16**		**1**

续表14

地 区	年存栏5头奶牛以上的总户数	存栏5–19头（个、户）	存栏20–99头（个、户）	存栏100–199头（个、户）	存栏200–499头（个、户）	存栏500–999头（个、户）	存栏1000头以上（个、户）	年出笼鹅100只以上（个、户）	年出笼特禽1000只以上（个、户）	年出栏肉兔50只以上（个、户）
全省合计	**382**	**181**	**139**	**17**	**6**	**21**	**18**	**560**	**841**	**409**
武汉市	**33**	**5**	**18**	**4**		**4**	**2**	**3**	**35**	**4**
武汉市辖区									2	
蔡甸区	1					1		3	2	
江夏区	2			1		1				1
黄陂区	30	5	18	3		2	2			
新洲区									31	3
黄石市									**8**	**12**
黄石市辖区									3	
大冶市									5	2
阳新县										10
十堰市	**1**			**1**				**2**	**10**	**17**
十堰市辖区	1			1						
丹江口市								1	6	14
郧县										
郧西县										
竹山县										
竹溪县										
房县								1	4	3
荆州市								**75**	**25**	**18**
荆州市辖区								2	10	1
江陵县								2		2
松滋市								23		2
公安县								37		
石首市								4		
监利县								6	9	12
洪湖市								1	6	1
宜昌市	**22**		**11**	**5**	**1**	**4**	**1**	**2**	**15**	**10**
宜昌市辖区	1			1						
夷陵区	20		11	4	1	4			2	2
宜都市									7	1
枝江市								2		1
当阳市	1						1		1	1
远安县										2
兴山县										
秭归县									5	3
长阳县										
五峰县										
襄阳市	**94**	**44**	**43**	**4**	**2**		**1**	**14**	**35**	**180**
襄阳市辖区	22	2	18		1		1		1	22
老河口市	21	18	2	1				1	9	40
襄州区								6	8	13
枣阳市	5		5					6	4	95
宜城市	45	24	17	3	1			1	9	6
南漳县	1		1							
谷城县									1	4
保康县									3	
鄂州市									**18**	**1**

续表15

地 区	年存栏5头奶牛以上的总户数	存栏5–19头(个、户)	存栏20–99头(个、户)	存栏100–199头(个、户)	存栏200–499头(个、户)	存栏500–999头(个、户)	存栏1000头以上(个、户)	年出笼鹅100只以上(个、户)	年出笼特禽1000只以上(个、户)	年出栏肉兔50只以上(个、户)
荆门市	**94**	**73**	**19**		**1**	**1**		**114**	**31**	**24**
荆门市辖区	10	9			1			109	10	2
沙洋县	64	48	15			1			7	2
钟祥市	20	16	4					1	4	5
京山县								4	10	15
孝感市	**5**	**1**	**2**			**1**	**1**	**269**	**215**	**47**
孝感市辖区										
孝南区	2					1	1	6	34	4
孝昌县								8	5	1
大悟县									3	1
安陆市		1	2					5	19	8
云梦县								1	2	0
应城市								27	94	7
汉川市								222	58	26
黄冈市	**47**		**23**		**2**	**10**	**12**	**46**	**36**	**29**
黄冈市辖区	4					3	1		2	1
团风县	3					1	2		1	1
红安县	4				1	2	1		6	4
麻城市	2						2			
罗田县	2					1	1			
英山县	1					1			2	
浠水县	1						1		1	2
蕲春县	27		23		1	1	2	41	4	14
武穴市	1						1			1
黄梅县	1						1	4	20	6
龙感湖	1					1		1		
咸宁市	**56**	**46**	**6**	**2**		**1**	**1**	**4**	**6**	**25**
咸安区	53	46	5	1		1				3
嘉鱼县	1		1					2		3
赤壁市	1			1				1		1
通城县								1	1	
崇阳县									3	
通山县	1						1		2	18
恩施州	**8**	**2**	**6**					**12**	**24**	**29**
恩施市	4		4						2	
利川市										
建始县									10	2
巴东县								10	7	21
宣恩县	4	2	2						2	2
咸丰县								1	2	2
来凤县								1	1	2
鹤峰县										
随州市	**1**			**1**				**17**	**365**	**9**
随州市辖区										
曾都区									6	
随县	1			1				17	22	9
广水市									337	
仙桃市										
天门市	**21**	**10**	**11**					**1**	**2**	**2**
潜江市								**1**	**11**	
神农架林区									**5**	**2**

畜产品加工企业情况(一)

名称	肉制品				禽蛋制品			
	加工企业个数(个)	从业劳动力(人)	固定资产(万元)	年产值(万元)	加工企业个数(个)	从业劳动力(人)	固定资产(万元)	年产值(万元)
合计	455	41708	915082	4095009	199	36761	295108	2930931
武汉市	48	7931	190613	838495	5	13099	36930	149060
黄石市	10	971	3990	33416	1	10	500	1800
十堰市	11	819	19728	25305	3	50	1325	2554
荆州市	24	1897	53201	154820	49	3040	41244	164831
宜昌市	75	3177	76455	329446	7	81	2210	5728
襄阳市	35	3356	149410	964515	62	5564	45500	1069417
鄂州市	1	37	1000	7500	1	12	670	350
荆门市	37	1118	49462	223355	11	1495	24117	321445
孝感市	22	1813	176400	361241	15	9908	105380	807071
黄冈市	33	1910	31555	99089	35	1152	28655	330589
咸宁市	10	1027	23365	76100	1	20	200	320
恩施州	126	14660	44423	304098	3	45	280	915
随州市	8	141	1580	7200	2	66	1335	3300
仙桃市	5	1008	21901	7000	1	80	3602	12750
天门市	8	1383	43000	618430	3	2139	3160	60800
潜江市	2	460	29000	45000				
神农架林区								

畜产品加工企业情况(二)

名称	乳制品				蜂制品			
	加工企业个数（个）	从业劳动力（人）	固定资产(万元)	年产值(万元)	加工企业个数（个）	从业劳动力（人）	固定资产(万元)	年产值(万元)
合计	21	5868	341441	840426	200	5726	73942	642415
武汉市	5	1836	74200	236500	10	927	16915	106680
黄石市								
十堰市	1	80	317	250	2	45	850	1825
荆州市					129	540	3560	8772
宜昌市	8	1525	78000	286808	6	214	1650	18280
襄阳市	1	338	1240	10296	14	867	17859	299600
鄂州市					1	16	500	860
荆门市	2	64	1652	2857	9	337	7623	113217
孝感市					8	457	4540	36994
黄冈市	2	1852	180000	301860	6	390	16810	29850
咸宁市	1	130	5932	1355	3	623	810	18817
恩施州					3	1238	892	1075
随州市					5	49	583	5845
仙桃市								
天门市	1	43	100	500				
潜江市								
神农架林区					4	23	1350	600

畜牧兽医技术培训情况

项　目	单位	2013年	2012年	2013年比2012年	
				绝对数	%
一、本系统内职工培训总人数	人次	81193	81524	-331	-0.41
其中:参加全国培训班人次	人次	387	415	-28	-6.75
参加省级培训班人次	人次	4471	4486	-15	-0.33
参加市级培训班人次	人次	13917	12499	1418	11.34
参加县级培训班人次	人次	60832	63605	-2773	-4.36
二、畜牧兽医知识普及情况					
农民参加畜牧部门举办的培训班、讲座人次	人次	1164251	1243863	-79612	-6.40
其中:专业户参加培训和讲座人次	人次	512560	538209	-25649	-4.77
三、年内县级以上畜牧部门用于培训的经费	万元	2855.64	2379.04	476.6	20.03

畜牧部门饲料加工企业情况表

项 目	饲料加工厂(站)个数(个)	从业人员（人）	全年实际产量(吨)	其中			年产值(万元)	年利润(万元)	固定资产（万元）
				预混料	浓缩料	全价料			
全省合计	392	33290	18424158	1144126	1342341	11604388	5251622	306879	1365275
年产1000吨以下	66	921	29392	11861	3614	11510	108654	4183	18361
年产1001–2000吨	39	326	62325	18527	6440	31123	27198	1883	15630
年产2001–4000吨	59	1100	181651	46716	24205	100265	63591	4478	59241
年产4001–10000吨	63	1708	418375	46000	37537	332038	211696	16452	91532
年产10001吨以上	165	29235	17732415	1021022	1270544	11129452	4840481	279884	1180512

饲料及兽药流通龙头企业情况表

地　区	固定资产（万元）	年饲料销售量（吨）	年兽药销售额(万元)	年产值(万元)	年利润(万元)	从业人数(人)
全省合计	290956	5157779	90415	2063468	118158	6450
武汉市	29321	59509	966	36309	306	260
黄石市	2380	16000		3925	204	31
十堰市	5636	3622	17908	20610	1152	252
荆州市	56839	1119139	1859	331091	14472	587
宜昌市	7413	272417	3034	88943	3968	621
襄阳市	72483	1490926	11405	589024	40207	1239
鄂州市	75		150		30	5
荆门市	26955	361596	11357	414459	7249	901
孝感市	15440	244630	20575	99237	8120	687
黄冈市	60885	1479095	9095	425862	37126	1300
咸宁市	100	1320	15	90	18	11
随州市	5647	42009	1947	14738	1136	93
恩施州	4328	31200	1576	20573	2323	227
仙桃市	1150	6030	1054	7084	466	73
天门市	1500	22586	7904	7950	1246	98
潜江市	805	7700	1570	3572	137	65
神农架林区						

畜禽规模饲养情况

项　目	场、户数(个、户)	年存、出栏(笼)量(万头、万只)
生猪出栏500头以上	16927	3119.15
商品肉鸡出笼2000只以上	9919	45235.03
商品蛋鸡存笼500只以上	19212	18421.55
年存栏奶牛5头以上	339	7.50
年出栏肉牛10头以上	12502	111.64
年出栏肉羊30只以上	30235	398.16
年出笼鹅100只以上	560	279.01
年出笼特禽1000只以上	841	1797.52
年出栏肉兔50只以上	409	383.90

6 渔　业

湖北省水产业主要指标表

项　目		居全国位次	2013	2012	同比增、减	增幅	备注
一、产量指标							
总产量(万吨)		1	410.37	388.95	21.42	5.51%	
1、捕捞产量(万吨)		2	21.3	21.31	-0.01	-0.05%	
2、养殖产量(万吨)		1	389.07	367.64	21.43	5.83%	
其中：克氏螯虾		1	34.75	30.22	4.53	14.99%	占全国总产量55%
河　蟹		2	13.14	11.55	1.59	13.77%	占全国总产量17%
鳝　鱼		1	16.18	14.44	1.74	12.05%	占全国总产量45%
黄颡鱼		1	8.02	6.92	1.1	15.90%	占全国总产量30%
甲　鱼		2	3.41	3.16	0.25	7.91%	
鳜　鱼		4	3.4	3.1	0.3	9.68%	
乌　龟		5	0.27	0.25	0.02	8.00%	
青　虾		3	2.65	2.51	0.14	5.58%	
鮰　鱼		2	4.76	4.51	0.25	5.54%	
泥　鳅		3	3.72	3.22	0.5	15.53%	
二、面积及单产指标							
放养面积(万亩)	1.总面积	1	1025	1020	5	0.49%	
	2.池塘面积	1	563.9	551.3	12.6	2.29%	
	3.湖泊养殖面积	2	288.9	294	-5.1	-1.73%	
	4.水库养殖面积	7	162	164	-2	-1.22%	
	5.河沟养殖面积	\	6.9	7	-0.1	-1.43%	
	6.其它养殖面积	\	3.5	4	-0.5	-12.50%	
单产(公斤/亩)	1.主要水面平均单产	\	363	344.1	18.9	5.49%	扣除其它养殖和稻田
	2.池塘单产	\	561	536	25	4.66%	
	3.湖泊养殖单产	\	114	112.7	1.3	1.15%	
	4.水库养殖单产	\	121	119.3	1.7	1.42%	
	5.河沟养殖单产	\	258	264.1	-6.1	-2.31%	
	6.其它养殖单产	\	380	364.5	15.5	4.25%	
稻田养殖	1.产量(万吨)	\	16.9	16.5	0.4	2.42%	
	2.面积(万亩)	\	279	279	0	0.00%	不计入总养殖面积
三、产值、效益指标(亿元 现价)							
1.渔民人均纯收入(元)		\	12107	9585	2522	26.31%	内陆省份第一
2.淡水渔业经济总产值(亿元)		\	1748.5	1486.8	261.7	17.60%	内陆省份第一
3.淡水渔业一产业产值(亿元)		\	838.5	706.9	131.5	18.61%	内陆省份第一，全国仅次于江苏
其中：渔业产值(亿元)		\	748.4	626.2	122.2	19.51%	内陆省份第一
苗种产值(亿元)		\	90.06	80.7	9.36	11.60%	内陆省份第一
4.水产行业第二产业产值(亿元)		\	323.8	278.1	45.7	16.43%	内陆省份第一
其中：加工(亿元)		\	275.1	236.7	38.4	16.22%	
5.水产行业第三产业产值(亿元)		\	586.2	501.9	84.3	16.80%	内陆省份第一
四、其它指标							
1.水产品人均占有量(公斤)		\	66.5	63.0	3.5	5.56%	全省人口按6176万计
2.渔业人口(万人)		2	185.3	185.3	0	0.00%	
3.淡水苗种产量(亿尾)		2	901	773	128	16.56%	
4.淡水鱼种产量(万吨)		1	97.5	94.3	3.2	3.39%	
5.淡水水产品加工总量(万吨)		1	89.1	77.2	11.9	15.41%	除加工企业外，还包括私营业主的初级加工
6.淡水水产品出口创汇(亿美元)		1	3.22	2.57	0.65	25.29%	

水产品总产量及捕捞产量

单位:吨

	合计	捕捞产量						
		小计	鱼类	甲壳类			贝类	其它类
				小计	虾	蟹		
全省合计	**4103732**	**213035**	**133495**	**60660**	**55806**	**4854**	**15528**	**3552**
武汉市	**490161**	**28887**	**25045**	**3406**	**3406**		**435**	**1**
武汉市辖区	125277	5632	5091	540	540			1
新洲区	109064	2446	2249	197	197			
江夏区	91820	12700	12041	659	659			
蔡甸区	66000	3976	3353	228	228		395	
黄陂区	98000	4133	2311	1782	1782		40	
黄石市	**202389**	**5566**	**3995**	**1152**	**739**	**413**	**364**	**55**
黄石市辖区	4798	115	59	10	3	7		46
大冶市	72788	1701	1647	45	42	3		9
阳新县	124803	3750	2289	1097	694	403	364	
十堰市	**66108**	**15371**	**14529**	**842**	**842**			
十堰市辖区	1301	107	107					
丹江口市	57227	12421	11860	561	561			
郧县	3313	1588	1351	237	237			
郧西县	493	102	101	1	1			
竹山县	2107	767	762	5	5			
竹溪县	295	122	113	9	9			
房县	1372	264	235	29	29			
荆州市	**1224016**	**63886**	**43111**	**14317**	**11154**	**3163**	**4132**	**2326**
荆州市辖区	184446	13036	9749	1805	1143	662	703	779
江陵县	31905	1227	989	215	215		2	21
松滋市	31679	1986	1564	375	341	34		47
公安县	140005	13995	9188	2702	2123	579	1314	791
石首市	129304	12197	9716	2323	1520	803	1	157
监利县	279008	8327	4041	3137	2217	920	944	205
洪湖市	427669	13118	7864	3760	3595	165	1168	326
宜昌市	**188441**	**23595**	**19857**	**3230**	**3008**	**222**	**181**	**327**
宜昌市辖区	1454	195	195					
夷陵区	9516	1949	1800	145	141	4	4	
宜都市	15017	1187	1041	113	113			33
枝江市	76375	8805	7513	1292	1292			
当阳市	61100	6781	5293	1047	829	218	177	264
远安县	2583	272	261	11	11			
兴山县	239							
秭归县	428	266	203	34	34			29
长阳县	21647	4096	3509	586	586			1
五峰县	82	44	42	2	2			
襄阳市	**189118**	**16637**	**14894**	**1342**	**1010**	**332**	**47**	**354**
襄阳市辖区	19475	1297	1143	154	143	11		
老河口市	38122	1348	1266	67	35	32	7	8
襄州区	38843	4392	3600	732	455	277		60
枣阳市	37451	3561	3360	150	141	9	40	11
宜城市	32713	2310	2104	206	206			
南漳县	8789	541	541					
谷城县	12475	2613	2305	33	30	3		275
保康县	1250	575	575					

续表1 单位:吨

	合　计	捕捞产量						
		小计	鱼类	甲壳类			贝类	其它类
				小计	虾	蟹		
鄂州市	**427002**	**24763**	**14174**	**5540**	**5224**	**316**	**2593**	**2456**
荆门市	**491703**	**24486**	**18067**	**5420**	**5217**	**203**	**451**	**548**
荆门市辖区	56407	6014	5094	671	604	67	192	57
沙洋县	190092	5424	4747	557	557		120	
钟祥市	160020	7723	4664	2585	2556	29	129	345
京山县	80405	5325	3562	1607	1500	107	10	146
沙洋农场	4779							
孝感市	**415485**	**40023**	**29214**	**8654**	**8645**	**9**	**1990**	**165**
孝感市辖区	68012	9376	7651	1725	1725			
孝昌县	18021	3757	2607	1142	1142			8
大悟县	25880	2045	1645	400	400			
安陆县	27202	2429	1939	488	479	9		2
云梦县	48850	842	599	243	243			
应城县	66810	5562	4044	1372	1372		2	144
汉川市	160000	15822	10539	3284	3284		1988	11
黄冈市	**478225**	**34873**	**24637**	**7002**	**6861**	**141**	**2023**	**1211**
黄州区	50034	1679	1558	115	32	83		6
团风县	29334	741	741					
红安县	8341	253	190	63	63			
麻城市	25404	3448	3070	225	215	10	4	149
罗田县	8180	30	28	2	2			
英山县	8646	514	486	28	28			
浠水县	95120	9011	4591	4130	4130		158	132
蕲春县	78894	2422	2262	111	111		47	2
武穴市	61184	5091	2585	757	757		988	761
黄梅县	96599	11614	9076	1571	1523	48	826	141
龙感湖区	16489	70	50					20
咸宁市	**226828**	**16955**	**14058**	**2778**	**1621**	**1157**	**103**	**16**
咸安区	30105	657	499	158	105	53		
嘉鱼县	84823	6085	4289	1780	880	900	16	
赤壁市	84723	5225	4587	553	369	184	85	
通城县	11300	1810	1760	40	32	8	10	
崇阳县	13068	972	877	95	95			
通山县	13044	1540	1400	140	140			
恩施州	**7134**	**1584**	**1584**					
恩施市	589	154	154					
利川市	403	78	78					
建始县	1071	124	124					
巴东县	2722	546	546					
宣恩县	378	181	181					
咸丰县	474	102	102					
来凤县	1393	358	358					
鹤峰县	104	41	41					
随州市	**85622**	**17235**	**15469**	**1426**	**1340**	**86**	**52**	**288**
曾都区	13519	3043	3027	8	8			8
随县	39366	6686	5702	896	890	6	39	49
广水市	32737	7506	6740	522	442	80	13	231
仙桃市	**325535**	**14443**	**11557**	**2456**	**2013**	**443**	**409**	**21**
天门市	**126770**	**2270**	**706**	**848**	**686**	**162**	**519**	**197**
潜江市	**113603**	**7450**	**3960**	**3255**	**3250**	**5**	**235**	
神农架林区	**226**							

水产品养殖产量(一)

单位:吨

	养殖产量合计	其中:一、鱼类							
		小计	鲟鱼	鳗鲡	青鱼	草鱼	鲢鱼	鳙鱼	鲤鱼
全省合计	**3890697**	**3316842**	**8610**	**170**	**103283**	**879787**	**646770**	**410677**	**174826**
武汉市	**461274**	**436563**	**600**	**160**	**18329**	**139567**	**90483**	**46447**	**25052**
武汉市辖区	119645	115569		160	7440	31320	26182	12151	4713
新洲区	106618	105296			2451	54422	21129	6132	5266
江夏区	79120	71246			4082	14773	9447	10923	4577
蔡甸区	62024	58365	600		1188	18044	16188	8031	2811
黄陂区	93867	86087			3168	21008	17537	9210	7685
黄石市	**196823**	**183815**	**6**		**12847**	**33018**	**35963**	**25063**	**9723**
黄石市辖区	4683	4336			258	889	1072	799	30
大冶市	71087	68795	6		2747	18206	20442	6204	1603
阳新县	121053	110684			9842	13923	14449	18060	8090
十堰市	**50737**	**50547**	**228**		**230**	**4264**	**11649**	**4423**	**816**
十堰市辖区	1194	1184				172	241	140	97
丹江口市	44806	44806			80	3600	10300	3400	300
郧县	1725	1725				85	580	250	31
郧西县	391	391	108			35	80	104	9
竹山县	1340	1315	120		150	150	263	207	200
竹溪县	173	168				25	55	52	19
房县	1108	958				197	130	270	160
荆州市	**1160130**	**876823**	**549**		**74129**	**263910**	**131050**	**63104**	**35133**
荆州市辖区	171410	152590	456		35395	38602	17281	7549	4021
江陵县	30678	28488			425	12369	4724	2560	514
松滋市	29693	26369			800	9061	7435	1977	1800
公安县	126010	102437			6246	24598	11473	8651	5235
石首市	117107	96509	53		4866	25667	5997	8182	5942
监利县	270681	164548	40		16158	33128	18237	9059	8166
洪湖市	414551	305882			10239	120485	65903	25126	9455
宜昌市	**164846**	**163207**	**8528**		**9525**	**26065**	**23167**	**16692**	**7230**
宜昌市辖区	1259	1259			200	452	120	77	55
夷陵区	7567	7501	50		830	1700	1064	651	505
宜都市	13830	13815	5461		201	1300	900	1835	680
枝江市	67570	66931	576		4372	9432	8458	6590	2987
当阳市	54319	53417	340		2066	10717	10748	5250	2700
远安县	2311	2307	3		36	435	850	243	143
兴山县	239	228	5		88	73	5	9	1
秭归县	162	162	34		17	18	22	20	
长阳县	17551	17549	2058		1715	1920	1000	2017	159
五峰县	38	38	1			18			
襄阳市	**172481**	**163825**	**334**		**5281**	**24992**	**39455**	**33819**	**20542**
襄阳市辖区	18178	17596	6		456	2635	5490	4406	1836
老河口市	36774	34999	10		2968	4470	6580	5760	4320
襄州区	34451	34239	39		205	5627	8254	8030	3459
枣阳市	33890	33727			1517	4683	9760	6335	4670
宜城市	30403	25805			3	4695	4970	5179	4154
南漳县	8248	7534	43		20	800	2070	1480	800
谷城县	9862	9250	236		112	1932	2331	2529	1053
保康县	675	675				150		100	250

续表1 单位:吨

	养殖产量合计	其中:一、鱼类							
		小计	鲟鱼	鳗鲡	青鱼	草鱼	鲢鱼	鳙鱼	鲤鱼
鄂州市	**402239**	**376140**			**16641**	**92456**	**85392**	**43487**	**12763**
荆门市	**467217**	**413239**	**100**		**14162**	**115698**	**62678**	**63483**	**30180**
荆门市辖区	50393	47175	100		2212	7355	7559	8947	4002
沙洋县	184668	165404			4264	54147	22710	21255	11900
钟祥市	152297	137082			5105	39821	16834	22782	10941
京山县	75080	58799			2510	12909	14186	9057	3278
沙洋农场	4779	4779			71	1466	1389	1442	59
孝感市	**375462**	**351217**			**28788**	**109403**	**67251**	**29686**	**28281**
孝感市辖区	58636	53302			2189	16934	7120	5101	4251
孝昌县	14264	13500			602	1237	3974	2609	847
大悟县	23835	21788			292	5422	2546	4737	4267
安陆县	24773	23640			212	3728	4184	6475	1106
云梦县	48008	45482			323	14837	7155	1896	935
应城县	61248	55625			2338	21798	8640	5219	4359
汉川市	144178	137360			22832	45237	33432	3539	12516
黄冈市	**443352**	**382032**	**347**		**22258**	**89315**	**41975**	**92743**	**17518**
黄州区	48355	47085			5850	13492	4234	10380	2185
团风县	28593	27824			2612	8028	3566	7649	1748
红安县	8088	7248			219	1452	1224	2190	270
麻城市	21956	21132	305		391	5288	3426	7150	653
罗田县	8150	7744			160	1550	893	2187	530
英山县	8132	7489			75	932	2387	2622	653
浠水县	86109	81173			3676	18633	6851	16543	2983
蕲春县	76472	69061			2450	14585	6619	18196	4355
武穴市	56093	41097	12		2496	9012	6124	11641	2076
黄梅县	84985	55800	30		3910	9475	5243	10838	2055
龙感湖区	16419	16379			419	6868	1408	3347	10
咸宁市	**209873**	**189678**	**229**		**9730**	**43573**	**34240**	**20406**	**14653**
咸安区	29448	26983			889	6824	3251	3468	3741
嘉鱼县	78738	70946			4362	20350	19111		5332
赤壁市	79498	70054			3445	18868	8161	8743	4734
通城县	9490	9398			360	2436	2365	1533	780
崇阳县	12096	10901			104	1952	2914	1558	299
通山县	11504	10734	170		80	450	1200	5104	250
恩施州	**5550**	**5550**	**80**		**71**	**1568**	**902**	**460**	**1108**
恩施市	435	435	22		11	171	45	18	65
利川市	325	325				70	50	40	135
建始县	947	947	58			45	32	21	45
巴东县	2176	2176			55	635	410	195	530
宣恩县	197	197				44	60	25	40
咸丰县	372	372			5	125	65	45	90
来凤县	1035	1035				460	220	108	193
鹤峰县	63	63				18	20	8	10
随州市	**68387**	**65154**	**20**		**6377**	**8194**	**16238**	**11526**	**3229**
广水市	10476	10476	20		1054	2042	3355	2185	300
随县	32680	31714			2393	3002	8898	4861	1672
曾都区	25231	22964			2930	3150	3985	4480	1257
仙桃市	**311092**	**302528**	**5**		**13544**	**111267**	**39406**	**17600**	**5709**
天门市	**124500**	**110669**			**6524**	**37044**	**10235**	**9896**	**8672**
潜江市	**106153**	**70759**			**1952**	**26057**	**14680**	**4110**	**2297**
神农架林区	**226**	**226**				**25**	**180**		**15**

水产品养殖产量(二)

单位:吨

	其中:一、鱼　类(续1)									
	鲫鱼	鳊鲂	泥鳅	鲶鱼	鮰鱼	黄颡鱼	河鲀	池沼公鱼	银鱼	短盖巨脂鲤
全省合计	**423771**	**170669**	**37195**	**36610**	**47640**	**80161**	**9**		**2270**	**52**
武汉市	**43619**	**35204**	**3143**	**2134**	**2224**	**8769**				
武汉市辖区	14500	10204	103	302	328	1490				
新洲区	6215	5422	108	445	224	1617				
江夏区	9047	8396	27	653	189	2787				
蔡甸区	4068	3881	503	236		745				
黄陂区	9789	7301	2402	498	1483	2130				
黄石市	**21118**	**14591**	**8345**	**2443**	**1058**	**5648**	**4**		**339**	**46**
黄石市辖区	724	291	16	11	24					
大冶市	9671	4499	538	159	635	625				46
阳新县	10723	9801	7791	2273	399	5023	4		339	
十堰市	**1173**	**708**	**45**	**416**	**800**	**114**			**645**	
十堰市辖区	130	5	40							
丹江口市	877	400		300	800	100			600	
郧县	11	285		48					45	
郧西县	6	1	2			2				
竹山县	105	10		50		10				
竹溪县	17									
房县	27	7	3	18		2				
荆州市	**109547**	**30402**	**11268**	**11654**	**3868**	**29962**			**27**	
荆州市辖区	25811	8166	318	3336	38	5400				
江陵县	1552	977	874	92		687				
松滋市	2395	1000	178	140	40	318				
公安县	7055	5799	2523	2097	588	7345			2	
石首市	21466	4171	769	1157	148	4563			25	
监利县	19849	6184	4032	2477	64	4189				
洪湖市	31419	4105	2574	2355	2990	7460				
宜昌市	**31625**	**17888**	**452**	**2954**	**10547**	**3457**			**2**	**2**
宜昌市辖区	85	110	1	80	3	5				
夷陵区	1535	756								
宜都市	580	460		70	2228	50				
枝江市	19303	8360	296	1293	1298	1968				
当阳市	9558	7953	113	1384	84	1072			2	
远安县	282	100	41	50	24	71				2
兴山县	1	46								
秭归县	15					36				
长阳县	247	103	1	77	6910	255				
五峰县	19									
襄阳市	**18533**	**9481**	**706**	**1522**	**1195**	**2002**			**789**	
襄阳市辖区	1154	758	50	213	25	36			8	
老河口市	5100	1880	89	520	350	1020			682	
襄州区	2559	3886	265	259	282	676				
枣阳市	4758	365	82	275	523	136			14	
宜城市	3644	1674	10	130		25			2	
南漳县	620	562	190	90	15	90			83	
谷城县	523	356	20	35		19				
保康县	175									

续表1 单位:吨

	其中:一、鱼类(续1)									
	鲫鱼	鳊鲂	泥鳅	鲶鱼	鮰鱼	黄颡鱼	河鲀	池沼公鱼	银鱼	短盖巨脂鲤
鄂州市	**27103**	**69960**	**1488**	**406**		**6032**				
荆门市	**54359**	**26063**	**3479**	**7263**	**5572**	**5051**			**160**	**300**
荆门市辖区	9281	3828	285	612	846	489			160	
沙洋县	20101	11010	900	2080	2900	2300				
钟祥市	17801	7765	816	2710	1826	1860				275
京山县	6854	3430	1478	1861		402				25
沙洋农场	322	30								
孝感市	**46107**	**17253**	**1958**	**979**	**127**	**4701**				
孝感市辖区	8768	6027	249	210		710				
孝昌县	1348	1305	537			412				
大悟县	2695	945	230	95		225				
安陆县	5013	1941	150	37	17	184				
云梦县	14775	419	145	273	87	1108				
应城县	6795	2599	182	249	23	828				
汉川市	6713	4017	465	115		1234				
黄冈市	**42938**	**29247**	**1463**	**2661**	**1650**	**14274**			**11**	**10**
黄州区	4700	3850	35	135		1200				
团风县	2612	1306	30	61	13	44				
红安县	426	585	122	12	232	169				
麻城市	1750	650	57	264	275	336				
罗田县	778	750	60	90	280	50				
英山县	268	110	20	21	4	10				10
浠水县	14110	8020	315	930	362	1570				
蕲春县	7619	6503	99	230		5902				
武穴市	4045	2998	46	137	4	202				
黄梅县	4092	4319	679	781	480	3964			11	
龙感湖区	2538	156				827				
咸宁市	**27931**	**12489**	**1564**	**1729**	**6627**	**2626**			**341**	
咸安区	5541	2299	38	44		160				
嘉鱼县	11350	2734	308	271	4718	850				
赤壁市	8823	6425	579	1143	439	1254			66	
通城县	527	824	48		210				15	
崇阳县	1023	586	101	107	168	207			55	
通山县	360	400	410	60	1150	80			100	
恩施州	**521**	**49**		**57**	**699**	**10**	**5**			
恩施市	43	10		15	25		5			
利川市	30									
建始县	5			42	674	10				
巴东县	320	31								
宣恩县	20	8								
咸丰县	42									
来凤县	54									
鹤峰县	7									
随州市	**11050**	**2847**	**753**	**608**	**1650**	**678**			**182**	
广水市	1300	100	10	5	15	50				
随县	7360	1567	272	603	5	418				
曾都区	2390	1180	471		1630	210			182	
仙桃市	**37087**	**14111**	**1725**	**169**	**2556**	**4693**				
天门市	**8450**	**8340**	**1843**	**527**	**3269**	**1097**				
潜江市	**3210**	**2210**	**928**	**810**	**205**	**615**				
神农架林区										

水产品养殖产量(三)

单位:吨

	其中:一、鱼 类(续2)							
	长吻鮠	黄鳝	鳜鱼	鲈鱼	乌鳢	罗非鱼	白鱼、鲴鱼	其它
全省合计	**882**	**161837**	**34105**	**3343**	**34589**	**3960**	**53617**	**9516**
武汉市	**46**	**5616**	**7305**	**123**	**3609**	**202**	**4563**	**189**
武汉市辖区		3472	1691	21	614	50	1502	147
新洲区		1452	286		127			
江夏区	46	472	2598		1374		1855	
蔡甸区		90	1118	20	722		78	42
黄陂区		130	1612	82	772	152	1128	
黄石市		**3090**	**1900**	**114**	**5030**	**163**	**2212**	**1094**
黄石市辖区		146	29		26	16	5	
大冶市		637	584	35	714	147	1056	241
阳新县		2307	1287	79	4290		1151	853
十堰市		**2**	**525**	**1120**	**215**	**175**	**22919**	**80**
十堰市辖区								
丹江口市			200	1100	200		22549	
郧县			75	10	5	85	205	10
郧西县			10				10	24
竹山县			20	10			20	
竹溪县								
房县		2			10	90		42
荆州市	**627**	**70942**	**24056**	**34**	**11827**	**280**	**3566**	**888**
荆州市辖区		4523	318		575		751	50
江陵县		3678			28			8
松滋市		760	375		60	30		
公安县		13153	3323		2493	250	1393	213
石首市	627	2391	7331	29	1822		986	317
监利县		33909	4036	5	4699		316	
洪湖市		12528	8673		2150		120	300
宜昌市	**1163**	**578**	**280**	**55**	**1039**	**111**	**1554**	**293**
宜昌市辖区		1		5		15	50	
夷陵区	220					96		94
宜都市	40		10					
枝江市		452	172		409		965	
当阳市		117	60		630		491	132
远安县		8	8				9	2
兴山县								
秭归县								
长阳县	903		30	50			39	65
五峰县								
襄阳市	**4**	**1344**	**494**	**442**	**472**	**182**	**1855**	**381**
襄阳市辖区		120	14	11	31	162	165	20
老河口市		385	466	399				
襄州区		300			40		330	28
枣阳市	4	172	1	14	200		145	73
宜城市		70	3		4	2	1200	40
南漳县		285			176			210
谷城县		12	10	18	21	18	15	10
保康县								

续表1 单位:吨

	其中:一、鱼类(续2)							
	长吻鮠	黄鳝	鳜鱼	鲈鱼	乌鳢	罗非鱼	白鱼、鲴鱼	其它
鄂州市		**4813**	**1482**	**191**	**5229**	**146**	**5958**	**2593**
荆门市	**10**	**17493**	**1277**		**3575**	**614**	**1722**	
荆门市辖区	10	379	66		654	11	379	
沙洋县		8310	842		1540	180	965	
钟祥市		6800	268		1115	65	298	
京山县		2004	101		266	358	80	
沙洋农场								
孝感市		**5667**	**2649**	**302**	**4013**	**250**	**2029**	**1773**
孝感市辖区		523	289	16	760	8	62	85
孝昌县		427			202			
大悟县		134			101		99	
安陆县		60	40		153	123	213	4
云梦县		851	245		1686	84	464	199
应城县		541	473	16	631	35	849	50
汉川市		3131	1602	270	480		342	1435
黄冈市		**8426**	**7341**	**56**	**3887**	**412**	**4164**	**1336**
黄州区		480	320		170		20	34
团风县		30	22	26	17	17		43
红安县		92	16		29		210	
麻城市		57	51		158		299	22
罗田县		90	80		80		166	
英山县		4	48		10	295	20	
浠水县		2050	3392		612		1126	
蕲春县		689	1422		276		110	6
武穴市		911	497		548		322	26
黄梅县		3217	1493	30	1987	100	1891	1205
龙感湖区		806						
咸宁市		**4841**	**1768**	**47**	**1868**	**968**	**1803**	**1414**
咸安区		146	36		52		383	111
嘉鱼县		395	88		538		132	407
赤壁市		3794	824		1089	598	823	246
通城县		218	70	2	10			
崇阳县		118	270		119	315	355	650
通山县		170	480	45	60	55	110	
恩施州	**5**	**5**	**10**					
恩施市		5						
利川市								
建始县	5		10					
巴东县								
宣恩县								
咸丰县								
来凤县								
鹤峰县								
随州市		**591**	**185**	**2**	**374**		**650**	
广水市		10	5		15		10	
随县		261	84	2	23		293	
曾都区		320	96		336		347	
仙桃市		**48681**	**753**		**428**		**4527**	**267**
天门市	**176**	**12084**	**1030**		**1200**		**282**	
潜江市		**13305**	**250**		**130**			
神农架林区				2				**4**

水产品养殖产量(四)

单位:吨

	二、甲壳类							三、贝类	四、其它类				
	小计	虾					河蟹		小计	龟	鳖	蛙	珍珠(公斤)
		小计	罗氏沼虾	青虾	克氏原螯虾	南美白对虾							
全省合计	**509567**	**378149**	**1500**	**26475**	**347515**	**2659**	**131418**	**25775**	**38513**	**2793**	**33964**	**1600**	**156000**
武汉市	**22307**	**15151**	**43**	**1778**	**12451**	**899**	**7136**		**1425**	**83**	**1342**		
武汉市辖区													
新洲区	1318	1135			1000	135	183		4		4		
江夏区	7749	4285		1010	3275		3464		125	34	91		
蔡甸区	3594	2794		28	2661	105	800		65		65		
黄陂区	7041	5438		381	4673	384	1603		739		739		
黄石市	**12109**	**9313**		**317**	**8943**	**53**	**2796**	**611**	**288**	**153**	**60**	**44**	**31000**
黄石市辖区	347	127			127		220						
大冶市	2268	1065		317	695	53	1203	8	16	1	10	5	
阳新县	9494	8121			8121		1373	603	272	152	50	39	31000
十堰市	**190**	**190**		**25**	**165**								
十堰市辖区	10	10			10								
丹江口市													
郧县													
郧西县													
竹山县	25	25		25									
竹溪县	5	5			5								
房县	150	150			150								
荆州市	**254203**	**156312**		**2381**	**153071**	**860**	**97891**	**2593**	**26511**	**1945**	**24268**	**206**	**92000**
荆州市辖区	12550	11496		1282	9381	833	1054	3	6267	636	5631		
江陵县	1758	1714		36	1651	27	44		432	97	331	4	
松滋市	2924	2724			2724		200		400	7	393		
公安县	15254	12048			12048		3206	1125	7194	289	6823		82000
石首市	19775	18626		1063	17563		1149	108	715	12	678	15	10000
监利县	100057	58546			58546		41511	1321	4755	754	3814	187	
洪湖市	101885	51158			51158		50727	36	6748	150	6598		
宜昌市	**1260**	**1212**	**11**		**1201**		**48**	**1**	**378**	**16**	**360**	**2**	
宜昌市辖区													
夷陵区	65	65			65			1					
宜都市	5	5			5				10	2	8		
枝江市	560	560			560				79		79		
当阳市	617	569			569		48		285	12	272	1	
远安县	2	2			2				2	1	1		
兴山县	11	11	11										
秭归县													
长阳县									2	1		1	
五峰县													
襄阳市	**8468**	**7845**	**642**	**539**	**6641**	**23**	**623**	**34**	**154**	**80**	**74**		
襄阳市辖区	576	567		440	127		9		6	2	4		
老河口市	1717	1230		40	1180	10	487	34	24	13	11		
襄州区	204	193		31	149	13	11		8	2	6		
枣阳市	161	135		15	120		26		2		2		
宜城市	4563	4563		3	4560				35	3	32		
南漳县	642	642	642						72	57	15		
谷城县	605	515		10	505		90		7	3	4		
保康县													

续表1 单位:吨

	二、甲壳类							三、贝类	四、其它类				
	小计	虾					河蟹		小计	龟	鳖	蛙	珍珠（公斤）
		小计	罗氏沼虾	青虾	克氏原螯虾	南美白对虾							
鄂州市	**14218**	**7948**		**908**	**6897**	**143**	**6270**	**10749**	**1132**	**69**	**883**	**116**	**64000**
荆门市	**43370**	**40814**		**139**	**40675**		**2556**		**10608**	**1098**	**9502**	**8**	
荆门市辖区	2748	2681		63	2618		67		470	209	261		
沙洋县	17944	16171		70	16101		1773		1320	138	1174	8	
钟祥市	14115	13990		6	13984		125		1100	100	1000		
京山县	8563	7972			7972		591		7718	651	7067		
沙洋农场													
孝感市	**19937**	**14391**		**422**	**13969**		**5546**	**54**	**4254**	**140**	**4100**	**14**	
孝感市辖区	5082	4814		222	4592		268		252	62	190		
孝昌县	764	708			708		56						
大悟县	1950	1950			1950				97	34	63		
安陆县	1129	1067		11	1056		62		4	2	2		
云梦县	2396	2199			2199		197		130	42	88		
应城县	2392	1227		3	1224		1165		3231		3231		
汉川市	6224	2426		186	2240		3798	54	540		526	14	
黄冈市	**52308**	**49816**	**1**	**2273**	**47050**	**492**	**2492**	**7967**	**1045**	**147**	**307**	**539**	**52000**
黄州区	1200	1112		10	652	450	88	58	12		6		6000
团风县	769	667			667		102						
红安县	830	830		62	768				10	5	5		
麻城市	779	779			779			3	42	8	12	22	
罗田县	402	402			402				4	1	3		
英山县	628	628			628				15	6	9		
浠水县	4442	3989			3989		453	150	344	117	227		
蕲春县	7279	6945			6903	42	334	91	41		1		40000
武穴市	14734	14181	1	54	14126		553	252	10		4	2	4000
黄梅县	21205	20243		2147	18096		962	7413	567	10	40	515	2000
龙感湖区	40	40			40								
咸宁市	**21327**	**15157**		**1508**	**13647**	**2**	**6170**		**431**	**23**	**42**	**363**	**3**
咸安区	2455	1467		21	1446		988		10	3	7		
嘉鱼县	7787	3932		975	2957		3855		5	5			
赤壁市	9204	8059		254	7803	2	1145		240	15	27	195	3
通城县	76	59			59		17		16		5	11	
崇阳县	1035	890		258	632		145		160		3	157	
通山县	770	750			750		20						
恩施州													
恩施市													
利川市													
建始县													
巴东县													
宣恩县													
咸丰县													
来凤县													
鹤峰县													
随州市	**2555**	**2298**	**159**	**272**	**1867**		**257**	**131**	**547**	**36**	**511**		
广水市													
随县	795	660	159	100	401		135	106	65	4	61		
曾都区	1760	1638		172	1466		122	25	482	32	450		
仙桃市	**8076**	**4315**		**11**	**4241**	**63**	**3761**	**13**	**475**		**472**	**3**	
天门市	**9258**	**7285**			**6750**	**535**	**1973**	**2661**	**1912**	**175**	**1737**		
潜江市	**32233**	**29167**		**5**	**29150**	**12**	**3066**	**1093**	**2068**	**135**	**1905**	**28**	
神农架林区													

主要名特优水产品养殖面积

面积:公顷;温室面积:平方米

	龟		鳖		河蟹	鳜鱼	青虾	克氏螯虾	罗非鱼	黄颡鱼	鳝鱼	鮰鱼	鲟鱼
	小计	#温室	小计	#温室									
全省合计	**20065**	**371223**	**131515**	**1219571**	**220537**	**128764**	**275902**	**310286**	**9566**	**109605**	**49419**	**11880**	**996**
武汉市	**16**	**2500**	**502**	**26310**	**47106**	**12266**	**5630**	**8386**	**164**	**19470**	**800**	**948**	**15**
武汉市辖区													
新洲区			3		4544	888				6614	108	44	
江夏区	4	2500	26	20500	25200	5867	2200	2333		3934	38	350	
蔡甸区			77		8872	1153	2413	2473		3069	7		15
黄陂区			50		6053	3269	850	2941	140	3152	43	520	
黄石市					**15551**	**2307**	**2383**	**15964**	**4520**	**10153**	**166**	**153**	**2**
黄石市辖区					1551			300			3		
大冶市					4000	840	1020	1664		630	120	64	2
阳新县					10000	1467	1363	14000	4520	9523	43	89	
十堰市						245	20	315	3100	110	1	150	103
十堰市辖区						80		1					
丹江口市						60			1000	10		50	
郧县						105			2100				
郧西县													3
竹山县							20			100		100	100
竹溪县								15					
房县								299			1		
荆州市	**945**	**112610**	**28732**	**15530**	**75753**	**62756**	**295**	**136349**	**85**	**18249**	**17304**	**1690**	**54**
荆州市辖区	68	40000	410	15000	1865	500	261	7092		3180	55	95	50
江陵县	58	60400	276		32		14	1155		38	804		
松滋市	3		386	5000	766	3500		3730	5	35	25	30	
公安县	268	230	7420	6900	7903	4244		5815	80	2086	2774	43	
石首市	20		433	45000	8000	5547	20	8795		570	415	41	1
监利县	73	11980	592	49420	26454	17491		51669		4042	4907	15	3
洪湖市	455		19215	33988	30733	31474		58093		8298	8324	1466	
宜昌市	**17**		**392**	**1000**	**15**	**222**	**2**	**1477**		**2670**	**87**	**349**	**404**
宜昌市辖区										1	1	1	
夷陵区								4					2
宜都市	1		2					20		1		5	10
枝江市			33	1000		15		733		836	54	191	54
当阳市	14		356		15	205		720		1825	31	131	9
远安县	1		1			1				1	1	1	1
兴山县													1
秭归县										1			2
长阳县	1					1	2			5		20	5
五峰县													320
襄阳市	**94**		**104**		**1405**	**411**	**828**	**3976**	**49**	**856**	**501**	**234**	**43**
襄阳市辖区	5		10		250	35	500	55	43	10	41	9	3
老河口市	20		18		220	260	50	1090		126	28	15	5
襄州区	7		12		285		205	650		358	220	20	20
枣阳市			2		480	29	40	750		258	40	185	
宜城市	1		43			60	3	1148	1	14	16		
南漳县	60		17							46	150	4	10
谷城县	1		2		170	27	30	283	5	44	6	1	5
保康县													

续表1　　面积：公顷；温室面积：平方米

	龟		鳖		河蟹	鳜鱼	青虾	克氏螯虾	罗非鱼	黄颡鱼	鳝鱼	鮰鱼	鲟鱼
	小计	#温室	小计	#温室									
鄂州市					12620	2000	787	5365	30	4931	655		
荆门市	721	75630	5114	441916	7467	3447	1110	35768	402	4210	4328	1250	80
荆门市辖区	265	7200	3	690	184	100	300	4300	60	350	60	450	80
沙洋县	13	5000	203	90706	4780	2622	750	12680	22	1580	1710	380	
钟祥市	165	18300	850	40320	1220	300	60	10778	120	2010	1980	420	
京山县	278	45130	4058	310200	1283	425		8010	200	270	578		
沙洋农场													
孝感市	62	1400	1093	748800	13274	10229	110	14824	326	15761	696	97	
孝感市辖区	5	1000	162	24000	220	2800		3000	14	2000	167		
孝昌县					65			826		918	1		
大悟县	9		21					1200		154	70		
安陆县	10		57		67	67	107	667	100	1000	6	45	
云梦县	38	400	196	600	187	312		1310	212	3100	163	42	
应城县			524	349800	3735	2720	3	2321		3349	129	10	
汉川市			133	374400	9000	4330		5500		5240	160		
黄冈市	82	400	1167	1620	5349	16459	6600	37781	33	18767	4302	1772	322
黄州区			15		400	87	400	2092		3580	650		
团风县	5	50	10	50	334	533		3405	18	534	400	350	
红安县			100	100		600		560		1100	160	20	
麻城市	12		50			230		452		580	48	430	210
罗田县	1	200	8	800		200		302		133	12	50	
英山县	1		2			8		302		6	2	3	
浠水县	63	150	923	150	2206	5626		7714		3080	360	780	
蕲春县					21	875		4223		1852	320		
武穴市			5		55	4800	2200	8480		2500	850	6	12
黄梅县			54	520	2333	3500	4000	9799	15	4867	1420	133	100
龙感湖区								452		535	80		
咸宁市	5	800	62	2400	7404	4386	2443	15681	3156	7308	13211	646	2
咸安区	5	800	7	1100	3333	400		4000		486	107		
嘉鱼县					643	317	663	597		1172	12359	46	
赤壁市			40		3233	2333	1250	10000	3000	5100	520	30	
通城县				1300	20	16		134			100	250	
崇阳县			15		45	1220	530	650	156	450	25	120	
通山县					130	100		300		100	100	200	2
恩施州						1				2	1	2	2
恩施市										1	1	1	1
利川市													
建始县						1				1		1	1
巴东县													
宣恩县													
咸丰县													
来凤县													
鹤峰县													
随州市	3		150	15000	1142	472	532	4138		201	323	13	10
广水市			6		3	1		27		10		7	10
随县	3		10		119	21	52	1181		105	125	5	
曾都区			134	15000	1020	450	480	2930		86	198	1	
仙桃市			3479	1820	5329	1393	30	9135		4013	8264	2523	5
天门市	74	22600	358	104000	2170	620		11468		390	270	280	
潜江市	30	6800	80	8000	1690	285	12	16335		670	2225	75	
神农架林区													

按水面分类养殖产量、面积、单产（一）

面积：公顷；单位：吨；单产：公斤/公顷

	合计			湖泊			水库			塘堰		
	面积	产量	主要水面单产	面积	产量	单产	面积	产量	单产	面积	产量	单产
全省合计	**683460**	**3890697**	**5445**	**192620**	**329610**	**1711**	**107967**	**195561**	**1811**	**97364**	**330458**	**3394**
武汉市	**109024**	**462297**	**4156**	**55653**	**60344**	**1084**	**5011**	**5980**	**1193**	**14510**	**61257**	**4222**
武汉市辖区	21579	120303	5576	9182	15676	1707	86	361	4198	2803	12477	4452
新洲区	17049	106618	6195	5028	4700	935	1112	560	504	1637	8837	5398
江夏区	34939	79252	2227	25324	22889	904	415	607	1463	2710	10582	3905
蔡甸区	15790	62111	3802	8652	7375	852				3149	12470	3960
黄陂区	19667	94013	4543	7467	9704	1300	3398	4452	1310	4211	16891	4011
黄石市	**47478**	**196823**	**4089**	**26495**	**46611**	**1759**	**3535**	**6574**	**1860**	**2446**	**9568**	**3912**
黄石市辖区	2098	4683	2256	1425	1002	703	23	52	2261	187	472	2524
大冶市	14621	71087	4725	8223	17631	2144	1254	3955	3154	1069	6892	6447
阳新县	30759	121053	3909	16847	27978	1661	2258	2567	1137	1190	2204	1852
十堰市	**22373**	**50737**	**2268**				**20486**	**46523**	**2271**	**1197**	**1842**	**1539**
十堰市辖区	242	1194	4934				189	980	5185	16	43	2688
丹江口市	9733	44806	4604				8919	42455	4760	367	1000	2725
郧县	3375	1725	511				3034	1220	402	266	275	1034
郧西县	1197	391	327				1193	319	267			
竹山县	6252	1340	214				5992	990	165	250	200	800
竹溪县	437	173	396				339	112	330	96	55	573
房县	1137	1108	931				820	447	545	202	269	1332
荆州市	**159339**	**1160130**	**6798**	**37824**	**74381**	**1967**	**3401**	**4619**	**1358**	**4893**	**5645**	**1154**
荆州市辖区	13921	171410	11693	2704	18640	6893	1997	3205	1605	698	1831	2623
江陵县	4255	30678	7059							247	208	842
松滋市	9950	29693	2899	1602	767	479	860	388	451			
公安县	19757	126010	6138	6844	7218	1055	353	421	1193			
石首市	15580	117107	6656	8532	27315	3201	191	605	3168			
监利县	38983	270681	5935	6289	7105	1130				3948	3606	913
洪湖市	56893	414551	7086	11853	13336	1125						
宜昌市	**24209**	**164846**	**6775**	**1882**	**5468**	**2905**	**9764**	**38676**	**3961**	**920**	**3848**	**4183**
宜昌市辖区	238	1259	5217				47	100	2128			
夷陵区	1409	7567	5309	2	8	4000	336	1220	3631	203	1191	5867
宜都市	723	13830	19440	7	60	8571	120	3892	32433			
枝江市	8720	67570	7669	1841	5122	2782	1861	6775	3641	289	2365	8183
当阳市	9856	54319	5509	32	278	8688	5158	12489	2421	84	181	2155
远安县	1137	2311	2033				488	189	387	344	111	323
兴山县	10	239	23900				2	25	12500			
秭归县	70	162	2314				68	142	2088			
长阳县	2008	17551	8741				1656	13836	8355			
五峰县	38	38	1000				28	8	286			
襄阳市	**48356**	**172481**	**3511**				**20879**	**44160**	**2115**	**11496**	**41790**	**3635**
襄阳市辖区	3571	18178	5064				1064	3403	3198	625	2141	3426
老河口市	7631	36774	4804				4096	15410	3762	989	4322	4370
襄州区	8267	34451	4109				2067	6195	2997	1999	9309	4657
枣阳市	13965	33890	2493				7052	8445	1198	3746	10020	2675
宜城市	6308	30403	4688				2776	7095	2556	1993	10705	5371
南漳县	3467	8248	2380				1389	800	576	568	1300	2289
谷城县	4348	9862	2476				1653	2217	1341	1576	3993	2534
保康县	799	675	845				782	595	761			

续表1

面积：公顷；单位：吨；单产：公斤/公顷

	合计			湖泊			水库			塘堰		
	面积	产量	主要水面单产	面积	产量	单产	面积	产量	单产	面积	产量	单产
鄂州市	**42070**	**402239**	**9551**	**20792**	**68098**	**3275**	**822**	**3547**	**4315**	**923**	**5600**	**6067**
荆门市	**85767**	**467217**	**5234**	**9485**	**32507**	**3427**	**25536**	**33887**	**1327**	**16969**	**42378**	**2497**
荆门市辖区	22321	50393	2168				11125	8840	795	4791	8484	1771
沙洋县	24400	184668	7331	7803	27060	3468	3273	9005	2751	4674	15104	3231
钟祥市	22543	152297	6495	1582	5207	3291	6663	11352	1704	3604	10976	3046
京山县	15396	75080	4723				4475	4690	1048	3497	7261	2076
沙洋农场	1107	4779	4317	100	240	2400				403	553	1372
孝感市	**73567**	**375462**	**5223**	**9125**	**14592**	**1599**	**9917**	**22270**	**2246**	**19786**	**55918**	**2826**
孝感市辖区	12146	58636	4843	3093	2680	866	583	357	612	3115	8728	2802
孝昌县	7377	14264	1902				2138	1905	891	3109	2119	682
大悟县	5534	23835	4068				2051	5346	2607	2577	9405	3650
安陆县	7733	24773	3402				2720	7851	2886	1503	2156	1434
云梦县	6981	48008	7316				547	982	1795	1835	9750	5313
应城县	12906	61248	4704	3797	6371	1678	1878	5829	3104	2654	11884	4478
汉川市	20725	144178	7325	2235	5541	2479				4938	11726	2375
黄冈市	**90498**	**443352**	**4631**	**19797**	**54932**	**2775**	**18027**	**36233**	**2010**	**18803**	**60589**	**3222**
黄州区	6670	48355	8220	1557	4026	2586	98	380	3878	795	4945	6220
团风县	6403	28593	4569	435	1631	3749	735	2156	2933	1288	3162	2455
红安县	8530	8088	930				3672	1256	342	2658	1720	647
麻城市	9663	21956	2260				3933	6946	1766	3663	6987	1907
罗田县	3654	8150	2217				2058	3236	1572	1218	3150	2586
英山县	2217	8132	3661				1596	4261	2670	411	1932	4701
浠水县	11800	86109	6793	1821	5863	3220	983	5967	6070	3583	15796	4409
蕲春县	13659	76472	5279	3576	12453	3482	2356	4995	2120	2084	9566	4590
武穴市	10637	56093	4663	4514	10087	2235	1437	3786	2635	1519	5566	3664
黄梅县	16029	84985	4680	7894	20872	2644	1159	3250	2804	1584	7765	4902
龙感湖区	1236	16419	13284									
咸宁市	**55736**	**209873**	**3842**	**21524**	**66382**	**3084**	**9759**	**12281**	**1258**	**3526**	**8516**	**2415**
咸安区	11467	29448	2566	5406	12962	2398	1634	701	429	452	237	493
嘉鱼县	16754	78738	4827	8078	24385	3019	1377	605	439			
赤壁市	15533	79498	5118	8040	29035	3611	1397	5419	3878	180	949	5270
通城县	3534	9490	2777				1322	1983	1500	1094	2380	2176
崇阳县	5115	12096	2284				2856	1893	663	1016	2345	2308
通山县	3333	11504	3031				1173	1680	1432	784	2605	3322
恩施州	**1875**	**5550**	**2958**	**25**	**88**	**3520**	**758**	**1797**	**2371**	**803**	**2355**	**2933**
恩施市	146	435	2979				75	185	2467	71	250	3521
利川市	82	325	3963				53	130	2453	29	195	6724
建始县	16	947	59188				5	887	177400	11	60	5455
巴东县	724	2176	2990	25	88	3520	154	220	1429	421	1415	3361
宣恩县	142	197	1387				103	110	1068	39	87	2231
咸丰县	252	372	1470				56	58	1036	195	311	1595
来凤县	363	1035	2870				199	181	910			
鹤峰县	150	63	420				113	26	230	37	37	1000
随州市	**28438**	**68387**	**2408**				**16177**	**26168**	**1618**	**6028**	**15683**	**2602**
广水市	5767	10476	1829				2551	3088	1211	1656	1594	963
随县	16608	32680	2075				10473	14304	1366	2700	7497	2777
曾都区	6063	25231	3814				3153	8776	2783	1672	6592	3943
仙桃市	**36767**	**311092**	**8609**	**2733**	**8084**	**2958**				**221**	**1057**	**4783**
天门市	**15333**	**124500**	**7611**	**2251**	**7460**	**3314**	**340**	**1130**	**3324**	**2807**	**13832**	**4928**
潜江市	**10804**	**106153**	**7561**	**1335**	**3095**	**2318**				**645**	**4430**	**6868**
神农架林区	**400**	**226**	**565**				**400**	**226**	**565**			

按水面分类养殖产量、面积、单产(二)

面积:公顷;单位:吨;单产:公斤/公顷

	精养池			河沟			其它养殖			稻田水产养殖		
	面积	产量	单产	面积	产量	单产	面积	产量	单产	面积	产量	单产
全省合计	**278569**	**2835332**	**10178**	**4614**	**17819**	**3862**	**2306**	**13156**	**5705**	**17899**	**168761**	**####**
武汉市	**32638**	**323182**	**10080**	**1170**	**2151**	**13883**	**5**	**125**	**25000**	**7705**	**9316**	**6280**
武汉市辖区	9040	90205	9978	431	1402	3253				100	240	2400
新洲区	9272	91521	9870							668	1000	1497
江夏区	5933	43335	7304	552	381	690	5	125	25000	1935	1333	689
蔡甸区	3989	40196	10077							2069	2070	1000
黄陂区	4404	57925	13153	187	368	1968				2933	4673	1593
黄石市	**14929**	**130755**	**8758**	**20**	**417**	**20850**	**53**	**69**	**1302**	**1637**	**2829**	**1728**
黄石市辖区	410	3088	7532				53	69	1302			
大冶市	4055	40183	9909	20	417	20850				1100	2009	1826
阳新县	10464	87484	8360							537	820	1527
十堰市	**600**	**2239**	**3732**				**90**	**133**	**1478**			
十堰市辖区	37	171	4622									
丹江口市	447	1351	3022									
郧县	75	230	3067									
郧西县	4	72	18000									
竹山县	10	150	15000									
竹溪县	2	6	3000									
房县	25	259	10360				90	133	1478			
荆州市	**105385**	**969983**	**9204**	**4611**	**6586**	**1428**	**3225**	**8733**	**2708**	**95290**	**90183**	**946**
荆州市辖区	8357	137812	16491	80	300	3750	85	245	2882	7092	9377	1322
江陵县	3973	29762	7491	35	64	1829				1165	644	553
松滋市	6707	27549	4107	781	144	184				3730	845	227
公安县	11746	112586	9585	773	790	1022	41	70	1707	4415	4925	1116
石首市	6477	73369	11328	31	91	2935	349	2098	6011	10202	13629	1336
监利县	24070	200452	8328	1926	3868	2008	2750	6320	2298	39316	49330	1255
洪湖市	44055	388453	8817	985	1329	1349				29370	11433	389
宜昌市	**11469**	**115175**	**10042**	**78**	**195**	**2500**	**96**	**769**	**8010**	**780**	**715**	**917**
宜昌市辖区	183	1100	6011				8	59	7375			
夷陵区	777	4633	5963	30	105	3500	61	410	6721			
宜都市	569	9578	16833				27	300	11111			
枝江市	4681	52523	11220	48	90	1875				732	695	949
当阳市	4582	41351	9025							48	20	417
远安县	305	2011	6593									
兴山县	8	214	26750									
秭归县	2	20	10000									
长阳县	352	3715	10554									
五峰县	10	30	3000									
襄阳市	**14266**	**81454**	**5710**	**1402**	**1258**	**897**	**313**	**335**	**1070**	**1424**	**3484**	**2447**
襄阳市辖区	1882	12539	6663							60	95	1583
老河口市	2520	16800	6667	26	32	1231				130	210	1615
襄州区	3757	16637	4428	444	450	1014				383	1860	4856
枣阳市	2595	14922	5750	551	476	864	21	27	1286			
宜城市	1382	11038	7987	157	291	1854				785	1274	1623
南漳县	1420	5938	4182				90	210	2333			
谷城县	693	3500	5051	224	9	40	202	98	485	66	45	682
保康县	17	80	4706									

续表1

面积:公顷;单位:吨;单产:公斤/公顷

	精养池			河沟			其它养殖			稻田水产养殖		
	面积	产量	单产	面积	产量	单产	面积	产量	单产	面积	产量	单产
鄂州市	**18824**	**317797**	**16883**	**709**	**3275**	**4619**				**3082**	**3922**	**1273**
荆门市	**30927**	**325210**	**10515**	**2850**	**3311**	**1162**				**31799**	**29924**	**941**
荆门市辖区	6194	30605	4941	211	352	1668				3216	2112	657
沙洋县	7618	120139	15770	1032	1250	1211				10422	12110	1162
钟祥市	9805	113106	11536	889	1002	1127				10484	10654	1016
京山县	6706	57374	8556	718	707	985				7677	5048	658
沙洋农场	604	3986	6599									
孝感市	**30197**	**267752**	**8867**	**4542**	**11190**	**2464**				**4722**	**3740**	**792**
孝感市辖区	5006	45364	9062	349	877	2513				1200	630	525
孝昌县	1580	8963	5673	550	965	1755				743	312	420
大悟县	906	7760	8565							471	1324	2811
安陆县	2859	14089	4928	651	617	948				80	60	750
云梦县	3815	34608	9072	784	2356	3005				1001	312	312
应城县	3963	33732	8512	614	2533	4125				1104	899	814
汉川市	11958	122866	10275	1594	3842	2410				123	203	1650
黄冈市	**29118**	**245318**	**8425**	**2838**	**8819**	**3107**	**1915**	**4631**	**2418**	**23201**	**32830**	**1415**
黄州区	2857	34274	11996	1363	3880	2847				817	850	1040
团风县	3270	19224	5879	60	180	3000	615	1845	3000	931	395	424
红安县	1850	4633	2504	350	239	683				200	240	1200
麻城市	2067	7906	3825							176	117	665
罗田县	258	1450	5620				120	254	2117	80	60	750
英山县	210	1924	9162							72	15	208
浠水县	5168	50866	9842	208	2850	13702	37	89	2405	3400	4678	1376
蕲春县	4989	41640	8346	334	797	2386	320	925	2891	3346	6096	1822
武穴市	3054	29631	9702	113	163	1442				5846	6860	1173
黄梅县	4159	37351	8981	410	710	1732	823	1518	1844	8333	13519	1622
龙感湖区	1236	16419	13284									
咸宁市	**17937**	**117593**	**6556**	**1047**	**1887**	**1802**	**1943**	**5109**	**2629**	**8520**	**9006**	**1057**
咸安区	3315	14408	4346	618	1010	1634	42	86	2048	8	44	5250
嘉鱼县	6456	52287	8099	221	598	2706	622	779	1252	81	84	1037
赤壁市	5803	36104	6222	113	189	1674				7076	7802	1103
通城县	847	4873	5753	95	90	947	176	100	568	93	64	688
崇阳县	1243	7446	5990							729	412	565
通山县	273	2475	9065				1103	4144	3757	533	600	1125
恩施州	**260**	**1220**	**4692**	**29**	**90**	**3103**						
恩施市												
利川市												
建始县												
巴东县	106	388	3660	18	65	3611						
宣恩县												
咸丰县				1	3	3000						
来凤县	154	832	5403	10	22	2200						
鹤峰县												
随州市	**4793**	**23157**	**4831**	**267**	**404**	**1513**	**1173**	**2695**	**2298**	**109**	**280**	**2569**
广水市	1334	5454	4088	53	80	1509	173	260	1503			
随县	2330	10361	4447	116	18	155	989	500	506			
曾都区	1129	7342	6503	98	306	3122	11	1935	175909	109	280	2569
仙桃市	**32496**	**296035**	**9110**	**1317**	**5618**	**4266**				**496**	**298**	**601**
天门市	**9291**	**92373**	**9942**	**644**	**1905**	**2958**				**7033**	**7800**	**1109**
潜江市	**8460**	**71408**	**8441**	**364**	**520**	**1429**				**15335**	**26700**	**1741**
神农架林区												

水产苗种生产投放

单位:公顷

	投放鱼种（吨）	鱼种产量（吨）	鱼苗生产数量(亿尾)		扣蟹（公斤）	稚龟（万只）	稚鳖（万只）	虾类育苗（亿尾）	贝类育苗（万粒）
			合计	其中:罗非鱼					
全省合计	**975357**	**1002616**	**901**	**8**	**3465148**	**1218**	**6524**	**268**	**82119**
武汉市	**98827**	**85863**	**102**		**22000**	**63**	**357**	**1**	
武汉市辖区	27023	17251	12			20	270		
新洲区	18100	18100	46						
江夏区	21063	17709	23		22000	43	49		
蔡甸区	15891	15303	15				24		
黄陂区	16750	17500	6				14	1	
黄石市	**47019**	**46218**	**19**		**6226**		**142**	**6**	**200**
黄石市辖区	1297	842	4		399			0	
大冶市	19544	19345	6				2	3	200
阳新县	26178	26031	9		5827		140	3	
十堰市	**14702**	**14464**	**6**	**1**					
十堰市辖区	560	100	1						
丹江口市	12000	13500	4						
郧县	950	700	1	1					
郧西县	185	20							
竹山县	720	50	1						
竹溪县	42	26	0						
房县	245	68		0					
荆州市	**273111**	**330663**	**200**		**2991395**	**238**	**4224**	**181**	**516**
荆州市辖区	39447	30842	23			38	1555	1	
江陵县	8674	7012	9			90	87		
松滋市	1700	1300	8						
公安县	45682	43884	29		66080	25	1434	37	
石首市	28467	29242	10			1	50	8	516
监利县	47600	51530	21		550350	64	201	5	
洪湖市	101541	166853	100		2374965	20	897	130	
宜昌市	**46790**	**39623**	**13**			**19**	**67**	**0**	
宜昌市辖区	300								
夷陵区	3015	2017	1						
宜都市	4500	1325	2			1	2		
枝江市	17700	15590	4						
当阳市	13348	15491	4			18	64		
远安县	1380	1180	1				1	0	
兴山县	110								
秭归县	30	20	1						
长阳县	6400	4000	2						
五峰县	7	0	0						
襄阳市	**34093**	**38425**	**23**	**2**	**23055**	**3**	**36**	**5**	
襄阳市辖区	2690	5204	2	1	630	1	1	1	
老河口市	6075	10730	3		2100	1	1	0	
襄州区	7921	4818	4		720		1	2	
枣阳市	8000	7570	4		355			0	
宜城市	5870	5005	4				30	2	
南漳县	1632	3200	4				1		
谷城县	1755	1461	2	1	19250	1	2	1	
保康县	150	437							

续表1 单位:公顷

	投放鱼种（吨）	鱼种产量（吨）	鱼苗生产数量(亿尾)		扣蟹（公斤）	稚龟（万只）	稚鳖（万只）	虾类育苗（亿尾）	贝类育苗（万粒）
			合计	其中:罗非鱼					
鄂州市	**87800**	**62577**	**63**		**1296**			**2**	**80000**
荆门市	**92573**	**100945**	**49**	**1**	**81551**	**814**	**1670**	**17**	
荆门市辖区	7507	8507	7		3525	220	80		
沙洋县	39428	40490	15		48610	72	303	8	
钟祥市	31374	33074	14	1	14100	22	228	5	
京山县	13070	17770	13		15316	500	1059	4	
沙洋农场	1194	1104							
孝感市	**86119**	**95061**	**64**		**45000**	**6**	**1054**	**1**	
孝感市辖区	15000	15923	12				5	1	
孝昌县	4985	3980	1		45000				
大悟县	5800	5250	3			3	5	0	
安陆县	7800	8519	3			1	1		
云梦县	9560	8980	4			2	3		
应城县	12774	12259	12				1040		
汉川市	30000	40000	28						
黄冈市	**93083**	**120263**	**260**	**2**	**9732**	**4**	**17**	**28**	**275**
黄州区	10150	13000	151					1	
团风县	8100	5000	23						
红安县	4500	3660	11						
麻城市	7800	6560	6					0	
罗田县	1650	500	3			1	1		
英山县	2500	2100	4	2				9	
浠水县	18750	22000	26		6732	3	5	2	
蕲春县	11286	38372	7						
武穴市	9360	14508	15				1	4	175
黄梅县	16000	12000	12		3000		10	12	100
龙感湖区	2987	2563	2						
咸宁市	**38876**	**42983**	**35**	**2**	**117574**	**1**	**13**	**3**	
咸安区	4306	12783	7		30574		1	1	
嘉鱼县	13500	10000	10						
赤壁市	12000	12200	12	2	87000	1	12	2	
通城县	3400	2500	1						
崇阳县	3370	3500	2	0					
通山县	2300	2000	3						
恩施州	**1366**	**1412**							
恩施市	95	96							
利川市	60	65							
建始县	260	265							
巴东县	520	530							
宣恩县	68	75							
咸丰县	68	76							
来凤县	280	290							
鹤峰县	15	15							
随州市	**18280**	**14675**	**9**				**103**	**1**	
广水市	4000	2500	2				3		
随县	8360	7315	1					0	
曾都区	5920	4860	6				100	1	
仙桃市	**78003**	**75782**	**41**			**2**	**243**	**3**	
天门市	**26700**	**22625**	**20**			**3**	**350**	**4**	**50**
潜江市	**37530**	**36450**	**17**		**20215**	**8**	**41**	**11**	
神农架林区			**0**						

水产加工业(一)

	水产加工企业			水产冷库				部分水产品年加工量(吨)		
	总数(个)	加工能力(吨/年)	其中:规模以上(个)	座数(座)	冻结能力(吨/日)	冷藏能力(吨/次)	制冰能力(吨/日)	克氏螯虾	罗非鱼	斑点叉尾鮰
全省合计	**232**	**#######**	**132**	**320**	**81457**	**108354**	**12001**	**53247**	**1500**	**17845**
武汉市	**26**	**179210**	**13**	**25**	**520**	**26140**	**230**	**7890**		**5108**
武汉市辖区	7	33350	4	10	140	1840	20			
新洲区	11	65860	4	1	50		30	5000		5000
江夏区	3	55000	3	4	120	24000	90	1300		
蔡甸区	3	15000		6	150	150	90			
黄陂区	2	10000	2	4	60	150		1590		108
黄石市	**24**	**36870**	**12**	**10**	**133**	**980**	**170**	**142**		
黄石市辖区	3	1400	1	1	10	60	15			
大冶市	17	17470	8	6	78	560	100	142		
阳新县	4	18000	3	3	45	360	55			
十堰市	**5**	**15000**		**1**	**50**	**500**	**10**			
十堰市辖区										
丹江口市	5	15000		1	50	500	10			
郧县										
郧西县										
竹山县										
竹溪县										
房县										
荆州市	**58**	**551750**	**36**	**168**	**15904**	**20294**	**4195**	**23415**		**5910**
荆州市辖区	5	150000	3	16	700	1150	120	3000		
江陵县	2	26800	2	1	1000	6000				
松滋市	1	3000	1	3	800	800	2	2000		
公安县	5	53250	3	4	6800	2100	30	3000		
石首市	3	20000	2	2	200	50				
监利县	9	66200	5	47	965	4370	695	6750		190
洪湖市	33	232500	20	95	5439	5824	3348	8665		5720
宜昌市	**8**	**93000**	**7**	**12**	**390**	**3100**	**160**			**4600**
宜昌市辖区										
夷陵区										
宜都市	2	30000	2	6	150	600	10			
枝江市	3	43000	3	4	140	1000	50			1400
当阳市										
远安县										
兴山县										
秭归县										
长阳县	3	20000	2	2	100	1500	100			3200
五峰县										
襄阳市	**5**	**6210**	**1**	**4**	**42**	**60**	**1**		**30**	
襄阳市辖区										
老河口市	5	6210	1	3	40	35			30	
襄州区										
枣阳市				1	2	25	1			
宜城市										
南漳县										
谷城县										
保康县										

续表1

	水产加工企业			水产冷库				部分水产品年加工量(吨)		
	总数（个）	加工能力（吨/年）	其中:规模以上（个）	座数（座）	冻结能力（吨/日）	冷藏能力（吨/次）	制冰能力（吨/日）	克氏螯虾	罗非鱼	斑点叉尾鮰
鄂州市	**20**	**132760**	**10**	**18**	**4233**	**4176**	**2273**			
荆门市	**14**	**120300**	**10**	**20**	**620**	**5964**	**503**	**4600**		
荆门市辖区	2	15000	1	3	100	164	33			
沙洋县	4	50000	4	6	150	2650	130	2800		
钟祥市	6	45000	4	8	220	2250	220	1400		
京山县	2	10300	1	3	150	900	120	400		
沙洋农场										
孝感市	**27**	**59730**	**4**	**10**	**52**	**1175**	**1630**	**800**		
孝感市辖区	1	2200								
孝昌县	1	20	1							
大悟县										
安陆县										
云梦县	12	30000	2	4		875	1500			
应城县	5	4510		3	12	300	10	100		
汉川市	8	23000	1	3	40		120	700		
黄冈市	**23**	**73300**	**7**	**35**	**1858**	**15887**	**267**	**12980**	**3380**	**1600**
黄州区	4	1500		1	10	50	10			
团风县	1	1200		1	30	4	8			
红安县	1	1000		4	18	12	9			
麻城市	3	2100	2	8	10	5				
罗田县				2	50	50				
英山县										
浠水县	6	40000	2	9	1000	10000	100	12900	3380	1600
蕲春县	2	5500		2	550	600	80			
武穴市	2	15000	2	4	135	46	57	80		
黄梅县	3	2000		3	25	120	3			
龙感湖区	1	5000	1	1	30	5000				
咸宁市	**11**	**30000**	**3**	**17**	**130**	**3440**	**200**	**1000**		**700**
咸安区	1	5500	1							
嘉鱼县	4	15000		7		3000		1000		700
赤壁市	3	9100	1	5	30	40				
通城县										
崇阳县										
通山县	3	400	1	5	100	400	200			
恩施州										
恩施市										
利川市										
建始县										
巴东县										
宣恩县										
咸丰县										
来凤县										
鹤峰县										
随州市	**1**	**25000**	**1**	**1**	**45**	**6000**	**37**	**11000**		**1300**
广水市										
随县										
曾都区	1	25000	1	1	45	6000	37	11000		1300
仙桃市	**12**	**80000**	**8**	**4**	**150**	**2000**	**100**	**853**		
天门市	**4**	**30000**	**3**	**4**	**60**	**2000**	**200**	**150**	**520**	**300**
潜江市	**15**	**360000**	**13**	**33**	**47500**	**25130**	**285**	**15430**	**415**	**2550**
神农架林区										

水产加工业(二)

	水产加工品(吨)											用于加工的水产品总量(吨)
	总量	(一)水产品冷冻			(二)鱼糜及干腌制品			(三)罐制品	(四)鱼粉	(五)鱼油	(六)其它	
		小计	#冷冻品	#冷冻加工品	小计	#鱼糜制品	#干腌制品					
全省合计	**891837**	**368738**	**123281**	**245457**	**484767**	**236927**	**247840**	**####**		**2116**		**1695587**
武汉市	**86696**	**34070**	**6000**	**28070**	**43326**	**34648**	**8678**	**9300**				**135930**
武汉市辖区	31475	21480	6000	15480	9995	8100	1895					41350
新洲区	28241	10000		10000	18241	15488	2753					48212
江夏区	12060	1020		1020	11040	7510	3530					17150
蔡甸区	10500				3200	3200		7300				17500
黄陂区	4420	1570		1570	850	350	500	2000				11718
黄石市	**19167**	**710**	**710**		**18370**	**2138**	**16232**	**87**				**29062**
黄石市辖区	925				925	65	860					1698
大冶市	11992	710	710		11195	1060	10135	87				15989
阳新县	6250				6250	1013	5237					11375
十堰市	**11200**	**6200**	**1200**	**5000**	**5000**		**5000**					**35800**
十堰市辖区												
丹江口市	11200	6200	1200	5000	5000		5000					35800
郧县												
郧西县												
竹山县												
竹溪县												
房县												
荆州市	**340975**	**135847**	**89405**	**46442**	**203593**	**90902**	**112691**	**985**			**550**	**643002**
荆州市辖区	48685	14785	10285	4500	33900	31200	2700					99200
江陵县	2290				1740	1740					550	7020
松滋市	2000	1800	1800		200		200					3000
公安县	39500	23300	16000	7300	16200	14500	1700					64000
石首市	4266	2740		2740	551		551	975				18734
监利县	49505	38160	30400	7760	11345	4795	6550					101000
洪湖市	194729	55062	30920	24142	139657	38667	100990	10				350048
宜昌市	**27515**	**24300**	**9000**	**15300**	**3200**	**850**	**2350**	**15**				**50800**
宜昌市辖区												
夷陵区												
宜都市	5865	5500	5000	500	350		350	15				10000
枝江市	11650	10800	4000	6800	850	850						24800
当阳市												
远安县												
兴山县												
秭归县												
长阳县	10000	8000		8000	2000		2000					16000
五峰县												
襄阳市	**2605**	**2175**	**2170**	**5**	**430**	**20**	**410**					**7560**
襄阳市辖区												
老河口市	1810	1620	1620		190	20	170					5400
襄州区												
枣阳市	570	480	480		90		90					1560
宜城市												
南漳县	225	75	70	5	150		150					600
谷城县												
保康县												

续表1

	水产加工品(吨)											用于加工的水产品总量(吨)
	总量	(一)水产品冷冻			(二)鱼糜及干腌制品			(三)罐制品	(四)鱼粉	(五)鱼油	(六)其它	
		小计	#冷冻品	#冷冻加工品	小计	#鱼糜制品	#干腌制品					
鄂州市	**107944**	**4906**	**2754**	**2152**	**78192**	**20780**	**57412**	**####**			**37**	**211087**
荆门市	**91911**	**56382**	**4820**	**51562**	**35529**	**22310**	**13219**					**174161**
荆门市辖区	5524	162	162		5362	1148	4214					9407
沙洋县	41145	27005	2005	25000	14140	8650	5490					82290
钟祥市	33664	20587	1625	18962	13077	11262	1815					55120
京山县	11073	8628	1028	7600	2445	1100	1345					26524
沙洋农场	505				505	150	355					820
孝感市	**22598**	**9756**	**5700**	**4056**	**12842**	**2740**	**10102**					**55258**
孝感市辖区	40				40	40						50
孝昌县	20				20		20					70
大悟县												
安陆县												
云梦县	12578	556		556	12022	2480	9542					34638
应城县	1800	1600		1600	200		200					3500
汉川市	8160	7600	5700	1900	560	220	340					17000
黄冈市	**47984**	**18508**	**9717**	**8791**	**29446**	**18964**	**10482**	**3**				**110805**
黄州区	1715	50		50	1665	985	680					2600
团风县	1800				1800	800	1000					
红安县	880	620	510	110	260	180	80					1350
麻城市	2525	390	310	80	2135	2100	35					7000
罗田县	1200	600	600		600	200	400					2400
英山县	731				731	55	676					3655
浠水县	15466	6550	3180	3370	8886	6730	2156	3				29938
蕲春县	12907	6745	4539	2206	6162	3265	2897					21503
武穴市	5098	3153	278	2875	1945	887	1058					29938
黄梅县	3700	400	300	100	3300	1800	1500					9700
龙感湖区	1962				1962	1962						2721
咸宁市	**15878**	**10415**	**5575**	**4840**	**5441**	**2705**	**2736**				**20**	**34450**
咸安区	1397				1375	935	440				22	5500
嘉鱼县	7350	6550	2250	4300	800	500	300					13000
赤壁市	5485	3415	3025	390	2070	1220	850					13000
通城县	246				246		246					530
崇阳县	450				450		450					1050
通山县	950	450	300	150	500	50	450					2000
恩施州												
恩施市												
利川市												
建始县												
巴东县												
宣恩县												
咸丰县												
来凤县												
鹤峰县												
随州市	**3970**	**2950**		**2950**	**1020**		**1020**					**18650**
广水市												
随县												
曾都区	3970	2950		2950	1020		1020					18650
仙桃市	**13068**	**6752**	**2741**	**4011**	**6316**		**6316**					**58753**
天门市	**9970**	**9350**	**1500**	**7850**	**620**		**620**					**38640**
潜江市	**47530**	**35280**	**2630**	**32650**	**9495**	**6980**	**2515**	**290**			**2465**	**94355**
神农架林区												

渔业人口与从业人员

	渔业乡(个)	渔业村(个)	渔业户(户)	渔业人口(人)		渔业从业人员(人)						
				小计	其中:传统渔民	合计	其中:专业从业人员				兼业从业人员	临时从业人员
							小计	捕捞	养殖	其它		
全省合计	**51**	**889**	**519922**	**1803592**	**753578**	**1289998**	**895301**	**87552**	**759648**	**48101**	**284571**	**110126**
武汉市	**1**	**152**	**61292**	**197309**	**102167**	**139957**	**99806**	**11252**	**81568**	**6986**	**31312**	**8839**
武汉市辖区	1	68	9080	30724	11272	20405	16317	1999	13555	763	3366	722
新洲区		52	11552	39458	15646	29883	20536	1323	18710	503	8267	1080
江夏区		7	20385	53477	44718	39154	30549	3478	26176	895	6428	2177
蔡甸区		17	6375	22950	8736	24380	11969	2642	9327		8651	3760
黄陂区		8	13900	50700	21795	26135	20435	1810	13800	4825	4600	1100
黄石市	**1**	**21**	**13960**	**55265**	**9646**	**45933**	**24308**	**3058**	**20469**	**781**	**17938**	**3687**
黄石市辖区	1	8	506	1497	920	2389	1324	279	782	263	889	176
大冶市		2	6628	29803	1876	16243	11761	1938	9521	302	3189	1293
阳新县		11	6826	23965	6850	28103	12025	841	10968	216	13860	2218
十堰市		**1**	**9786**	**44095**	**22634**	**21284**	**14608**	**5477**	**6961**	**2170**	**5469**	**1207**
十堰市辖区		1	660	2408	1949	1808	1426	230	489	707	160	222
丹江口市			4680	25760	12050	12150	8950	3100	4500	1350	2550	650
郧县			3150	10800	5000	4000	2520	1520	1000		1200	280
郧西县			273	1061	380	744	691	295	311	85	28	25
竹山县			366	1292	1150	927	306	102	179	25	621	
竹溪县			155	665	605	453	403	80	320	3	50	
房县			502	2109	1500	1202	312	150	162		860	30
荆州市	**14**	**293**	**114011**	**368807**	**188935**	**295825**	**234734**	**110298**	**207816**	**7810**	**42122**	**18969**
荆州市辖区		8	12785	37075	9111	29484	22292	1094	19959	1239	3302	3890
江陵县		1	4428	16750	3122	8583	6717	727	5895	95	1391	475
松滋市		16	4900	14200	4700	13120	10015	1210	8516	289	2704	401
公安县		31	6991	19112	9490	17190	15078	1101	13015	962	1406	706
石首市			3450	9625	8600	4302	3605		1925	355	452	245
监利县	3	144	35597	139445	57412	99146	69027		55506	2870	20067	10052
洪湖市	11	93	45860	132600	96500	124000	108000		103000	2000	12800	3200
宜昌市		**15**	**22065**	**78999**	**12954**	**56647**	**34875**	**4478**	**26631**	**3766**	**13662**	**8110**
宜昌市辖区			213	620	330	330	200	100	100		130	
夷陵区			5723	13093	1405	9441	2445	905	1335	205	3345	3651
宜都市		2	685	8102	3102	5800	2800	300	500	2000	3000	
枝江市		4	9405	32389	1441	20394	14059	441	13178	440	3740	2595
当阳市		7	4305	14193	4354	11353	8373	182	7580	611	1721	1259
远安县						3820	2758	580	1910	268	960	102
兴山县			10	30		24	4		4		20	
秭归县			624	2215	258	2578	2144	1072	964	108	434	
长阳县		2	1100	8357	2064	2823	2064	898	1032	134	256	503
五峰县						84	28		28		56	
襄阳市	**4**	**34**	**44299**	**121375**	**48909**	**65841**	**41959**	**4917**	**67609**	**23433**	**32254**	**9628**
襄阳市辖区		1	5830	11750	9170	9100	5767	1510	3347	910	1770	1563
老河口市	1	5	15031	25480	12986	6880	4290	360	3820	110	1960	630
襄州区		1	4750	24310	19970	12023	8928	1420	6750	758	1885	1210
枣阳市		4	8725	28210	4650	15340	9230	860	8190	180	3660	2450
宜城市	1	4	5723	16573	120	7489	3381	241	3120	20	2658	1450
南漳县	2	10	3000	8500	1500	8500	6000		40000	20000	20000	500
谷城县		9	1240	6502	508	6502	4358	523	2380	1455	320	1824
保康县				50	5	7	5	3	2		1	1

续表1

	渔业乡（个）	渔业村（个）	渔业户（户）	渔业人口（人）		渔业从业人员（人）						
				小计	其中：传统渔民	合计	其中：专业从业人员				兼业从业人员	临时从业人员
							小计	捕捞	养殖	其它		
鄂州市	**3**	**15**	**21590**	**93160**	**38597**	**59067**	**43282**	**4275**	**37751**	**1256**	**6761**	**9024**
荆门市	**7**	**207**	**49559**	**131143**	**65070**	**101314**	**73492**	**5598**	**64384**	**3510**	**23077**	**4745**
荆门市辖区		5	15273	22889	2320	12633	7369	966	5413	990	4533	731
沙洋县	3	26	14522	48488	38330	32078	29022	2240	25498	1284	2042	1014
钟祥市	1	147	10706	35067	15793	33962	22915	1460	20269	1186	9057	1990
京山县	3	29	7757	20799	8627	19643	11307	932	10325	50	7326	1010
沙洋农场			1301	3900		2998	2879		2879		119	
孝感市	**1**	**41**	**35944**	**133414**	**77692**	**104122**	**69029**	**8438**	**55365**	**5226**	**24097**	**10996**
孝感市辖区			6502	20612	13923	9632	8919	312	8235	372	246	467
孝昌县			3268	12357	12118	10771	9895	295	9600		596	280
大悟县			2986	10985	2784	9882	4120	34	3606	480	5422	340
安陆县		3	5441	20104	11144	17461	9995	1696	6704	1595	6032	1434
云梦县			3210	10849		8406	5788	623	5165		1682	936
应城县			5266	19220	6192	15756	10895	2303	7232	1360	3969	892
汉川市	1	38	8721	37487	30231	30834	18737	3135	14223	1379	5850	6247
黄冈市	**6**	**127**	**55807**	**192263**	**74665**	**158309**	**98596**	**8222**	**82929**	**7445**	**38007**	**21706**
黄州区	1	7	4565	14890	16506	16506	13906	215	13191	500	2000	600
团风县		5	6451	12586	6302	6901	5411	215	4896	300	1300	190
红安县	1	1	5290	16827	1660	12689	6939	416	6103	420	4630	1120
麻城市			4992	13975		13098	9371	186	8950	235	3315	412
罗田县			2260	7580	1580	3420	1380	160	1220		1860	180
英山县	1	12	1390	3780	400	6922	1033	96	727	210	2767	3122
浠水县	1	23	8156	26680	12238	25637	19422	1586	17326	510	4895	1320
蕲春县	1	66	4920	14760	5847	19761	9091	565	7905	621	4220	6450
武穴市		2	5860	29300	4120	17100	10068	1100	8750	218	5120	1912
黄梅县	1	11	11358	50293	24637	34900	20600	3683	12486	4431	7900	6400
龙感湖区			565	1592	1375	1375	1375		1375			
咸宁市	**14**	**59**	**22610**	**101644**	**26924**	**58100**	**28225**	**3508**	**24049**	**668**	**26445**	**3430**
咸安区	8	26	2930	10815	4325	6358	3678	50	3580	48	1850	830
嘉鱼县	1	8	8412	33749	4579	15989	7059	1300	5609	150	8930	
赤壁市	5	17	4300	21000	13060	18500	7730	350	7380		8930	1840
通城县			1718	6080		3610	2845	210	2580	55	470	295
崇阳县		4	3750	15000	960	7343	1813	248	1550	15	5165	365
通山县		4	1500	15000	4000	6300	5100	1350	3350	400	1100	100
随州市			**21683**	**80931**	**9060**	**29484**	**15311**	**2274**	**11934**	**1103**	**9512**	**4661**
广水市			1982	15367	3216	7058	1915	1070	370	475	4303	840
随县			17582	61147	3535	19116	10596	1006	9062	528	4865	3655
曾都区			2119	4417	2309	3310	2800	198	2502	100	344	166
恩施州			**4713**	**15900**	**7730**	**9258**	**4121**	**606**	**3515**		**2953**	**2184**
恩施市			534	1602	800	660	250	40	210		180	230
利川市			1400	5300	2500	2058	1018	68	950		580	460
建始县			20	79	40	206	20		20		102	84
巴东县			650	1980	950	1998	1040	400	640		580	378
宣恩县			1354	4268	2100	2500	1130	30	1100		1050	320
咸丰县			235	751	380	684	208	23	185		126	350
来凤县			460	1680	840	905	415	35	380		230	260
鹤峰县			60	240	120	247	40	10	30		105	102
仙桃市			**37498**	**133928**	**56556**	**103396**	**83416**	**3333**	**77425**	**2658**	**12892**	**7088**
天门市			**12886**	**49334**	**15175**	**38262**	**24092**	**1128**	**21416**	**1548**	**11732**	**2438**
潜江市		**6**	**15705**	**55510**	**42156**	**36320**	**27693**	**1850**	**24793**	**1050**	**7215**	**1412**
神农架林区		**2**	**98**	**336**		**230**	**230**		**230**			

渔业船舶拥有量(一)

	机动渔船合计			机动渔船按船长分								
				24米以上			12－24米			12米以下		
	艘	总吨	千瓦	艘	总吨	千瓦	艘	总吨	千瓦	艘	总吨	千瓦
全省合计	**50685**	**115236**	**421328**	**1**	**50**	**198**	**3450**	**15058**	**36527**	**47234**	**100128**	**384603**
武汉市	**2235**	**4092**	**24558**	**1**	**50**	**198**	**9**	**131**	**356**	**2225**	**3911**	**24004**
武汉市辖区	648	1535	9126	1	50	198	9	131	356	638	1354	8572
新洲区	367	738	4159							367	738	4159
江夏区	744	903	6130							744	903	6130
蔡甸区	185	154	2777							185	154	2777
黄陂区	291	762	2366							291	762	2366
黄石市	**2384**	**3375**	**14664**				**202**	**559**	**1753**	**2182**	**2816**	**12911**
黄石市辖区	52	129	108				12	56	44	40	73	64
大冶市	931	1703	5389				165	413	1320	766	1290	4069
阳新县	1401	1543	9167				25	90	389	1376	1453	8778
十堰市	**2907**	**15916**	**37989**				**1180**	**10920**	**16067**	**1727**	**4996**	**21922**
十堰市辖区	195	185	1901							195	185	1901
丹江口市	1806	10907	26082				780	7800	11466	1026	3107	14616
郧县	657	3536	7059				400	3120	4601	257	416	2458
郧西	105	148	1507							105	148	1507
竹山县	12	30	180							12	30	180
竹溪县	28	70	420							28	70	420
房县	104	1040	840							104	1040	840
荆州市	**35120**	**60190**	**220068**				**1752**	**3328**	**14641**	**33368**	**56862**	**205427**
荆州市辖区	3897	6499	27068				160	108	324	3737	6391	26744
江陵县	90	135	451							90	135	451
松滋市	213	404	1391				6	50	85	207	354	1306
公安县	701	1231	3239							701	1231	3239
石首市	689	719	6641							689	719	6641
监利县	16290	23867	85725				12	22	66	16278	23845	85659
洪湖市	13240	27335	95553				1574	3148	14166	11666	24187	81387
宜昌市	**2450**	**5691**	**12938**				**151**	**511**	**1591**	**2299**	**5180**	**11347**
宜昌市辖区	291	447	1513				2	87	121	289	360	1392
夷陵区	317	792	1173							317	792	1173
宜都市	500	745	2000							500	745	2000
枝江市	264	564	1966				1	22	161	263	542	1805
当阳市	112	93	728							112	93	728
远安县	50	155	389				50	155	389			
兴山县												
秭归县	500	1500	2900				96	203	768	404	1297	2132
长阳县	416	1395	2269				2	44	152	414	1351	2117
五峰县												
襄阳市	**2292**	**4257**	**42324**				**21**	**192**	**433**	**2271**	**4065**	**41891**
襄阳市辖区	467	950	9395							467	950	9395
老河口市	430	766	8237							430	766	8237
襄州区	200	715	3690							200	715	3690
枣阳市	180	609	2655				21	192	433	159	417	2222
宜城市	213	323	3217							213	323	3217
南漳县	185	260	800							185	260	800
谷城县	593	602	14232							593	602	14232
保康县	24	32	98							24	32	98

续表1

	机动渔船合计			机动渔船按船长分								
				24米以上			12－24米			12米以下		
	艘	总吨	千瓦	艘	总吨	千瓦	艘	总吨	千瓦	艘	总吨	千瓦
鄂州市	**479**	**1245**	**2173**				**279**	**945**	**1573**	**200**	**300**	**600**
荆门市	**1914**	**3307**	**20597**				**1**	**4**	**44**	**1913**	**3303**	**20553**
荆门市辖区	484	968	5413							484	968	5413
沙洋县	747	986	6416				1	4	44	746	982	6372
钟祥市	424	828	6015							424	828	6015
京山县	259	525	2753							259	525	2753
沙洋农场												
孝感市	**2952**	**4893**	**23935**				**2**	**64**	**37**	**2950**	**4829**	**23898**
孝感市辖区	233	349	2067							233	349	2067
孝昌县	216	481	2536							216	481	2536
大悟县	205	685	3340							205	685	3340
安陆市	384	768	4159							384	768	4159
云梦县	286	410	1620				2	64	37	284	346	1583
应城县	589	746	4219							589	746	4219
汉川市	860	1238	4453							860	1238	4453
黄冈市	**2687**	**5282**	**20502**				**112**	**569**	**2035**	**2575**	**4713**	**18467**
黄冈市辖区	146	394	1543				1	9	135	145	385	1408
团风县	168	444	1505				60	224	836	108	220	669
红安县	53	171	888				27	140	626	26	31	262
麻城市	98		1529							98		1529
罗田县	63	82	755							63	82	755
英山县	47	47	332							47	47	332
浠水县	273	586	2448							273	586	2448
蕲春县	310	320	1616				6	16	88	304	304	1528
武穴市	169	219	1689							169	219	1689
黄梅县	1156	2610	6383							1156	2610	6383
龙感湖区	24	24	194							24	24	194
咸宁市	**4799**	**7257**	**32706**				**1400**	**1856**	**12277**	**3399**	**5401**	**20429**
咸安区	467	985	2860							467	985	2860
嘉鱼县	1223	1851	7182							1223	1851	7182
赤壁市	510	1049	2696				1	27	125	509	1022	2571
通城县	517	857	4293							517	857	4293
崇阳县	683	686	3523							683	686	3523
通山县	1399	1829	12152				1399	1829	12152			
随州市	**942**	**1576**	**12901**							**942**	**1576**	**12901**
广水市	350	584	4760							350	584	4760
随县	326	544	4433							326	544	4433
曾都区	138	235	1942							138	235	1942
恩施州	**294**	**547**	**2622**				**167**	**417**	**1663**	**127**	**130**	**959**
恩施市	70	70	525				40	40	300	30	30	225
利川市												
建始县												
巴东县	197	447	1799				127	377	1363	70	70	436
宣恩县	24	27	267							24	27	267
咸丰县												
来凤县												
鹤峰县	3	3	31							3	3	31
仙桃市	**452**	**917**	**3783**							**452**	**917**	**3783**
天门市	**466**	**830**	**4460**							**466**	**830**	**4460**
潜江市	**523**	**1196**	**6574**				**7**	**18**	**141**	**516**	**1178**	**6433**
神农架林区												
省直	**1677**	**4144**	**15636**							**1677**	**4144**	**15636**

渔业船舶拥有量(机动渔船中的生产渔船)

	生产渔船合计			捕捞渔船小计					
							45-440千瓦		
	艘	总吨	千瓦	艘	总吨	千瓦	艘	总吨	千瓦
全省合计	**50024**	**112545**	**411235**	**25728**	**59597**	**214205**	**23**	**284**	**1319**
武汉市	**2228**	**3995**	**24153**	**927**	**1449**	**6550**	**21**	**204**	**1198**
武汉市辖区	642	1444	8825	250	310	1630	21	204	1198
新洲区	366	732	4055	256	512	2732			
江夏区	744	903	6130	254	380	1441			
蔡甸区	185	154	2777	6	5	39			
黄陂区	291	762	2366	161	242	708			
黄石市	**2602**	**3544**	**14977**	**1457**	**1764**	**9195**	**8**	**24**	**20**
黄石市辖区	308	395	751	30	80	67	8	24	20
大冶市	894	1636	5176	219	401	1268			
阳新县	1400	1513	9050	1208	1283	7860			
十堰市	**2761**	**14979**	**35894**	**2028**	**10651**	**26258**			
十堰市辖区	193	167	1866	176	151	1706			
丹江口市	1756	10537	25332	1250	7500	18075			
郧县	570	2998	5852	420	1792	4086			
郧西	98	137	1404	78	108	1151			
竹山县	12	30	180	12	30	180			
竹溪县	28	70	420	28	70	420			
房县	104	1040	840	64	1000	640			
荆州市	**34466**	**58434**	**211870**	**11762**	**31341**	**83306**			
荆州市辖区	3560	5823	22562	744	1186	4074			
江陵县	90	135	451	81	121	371			
松滋市	212	398	1296	114	177	501			
公安县	701	1231	3239	269	558	1349			
石首市	688	689	6531	541	542	4734			
监利县	16035	22908	83684	6710	12245	42550			
洪湖市	13180	27250	94107	3303	16512	29727			
宜昌市	**2494**	**5706**	**12536**	**1933**	**4495**	**9334**	**2**	**80**	**121**
宜昌市辖区	288	367	1172	288	367	1172	2	80	121
夷陵区	317	792	1173	317	792	1173			
宜都市	498	737	1892	388	582	1524			
枝江市	263	542	1805	119	357	708			
当阳市	112	93	728	52	42	338			
远安县	50	155	389	50	155	389			
兴山县	50	125	208	50	125	208			
秭归县	500	1500	2900	500	1500	2900			
长阳县	416	1395	2269	169	575	922			
五峰县									
襄阳市	**2163**	**4651**	**39856**	**1462**	**2559**	**29383**	**16**	**84**	**3109**
襄阳市辖区	415	858	8248	332	678	7240			
老河口市	408	1395	9653	246	685	6872	14	78	3029
襄州区	145	550	2840	63	245	1190			
枣阳市	180	609	2655						
宜城市	213	323	3217	147	191	2313			
南漳县	185	260	800	185	260				
谷城县	593	624	12345	489	500	11768	2	6	80
保康县	24	32	98						

续表1

	生产渔船合计			捕捞渔船小计					
							45-440千瓦		
	艘	总吨	千瓦	艘	总吨	千瓦	艘	总吨	千瓦
鄂州市	**443**	**1074**	**1830**	**366**	**878**	**1518**			
荆门市	**1911**	**3317**	**20319**	**895**	**1573**	**10434**			
荆门市辖区	129	258	1130	62	124	548			
沙洋县	745	978	6328	225	228	1908			
钟祥市	423	846	5830	297	594	3978			
京山县	259	525	2753	86	177	1300			
沙洋农场									
孝感市	**2896**	**4673**	**22891**	**1686**	**2628**	**12080**			
孝感市辖区	232	348	2049	183	290	1617			
孝昌县	208	455	2377	73	161	849			
大悟县	205	685	3340	155	335	1940			
安陆市	343	686	3712	120	240	1299			
云梦县	284	346	1583	262	298	1295			
应城县	588	737	4116	150	225	1050			
汉川市	858	1208	4313	623	934	2997			
黄冈市	**2566**	**5121**	**17522**	**1568**	**3004**	**8273**			
黄冈市辖区	145	385	1408	80	205	836			
团风县	167	440	1450	89	178	521			
红安县	53	171	888						
麻城市									
罗田县	63	82	755						
英山县	47	47	332						
浠水县	264	552	2007	177	312	882			
蕲春县	310	320	1616	185	185	898			
武穴市	168	216	1596	39	41	279			
黄梅县	1151	2565	5978	998	2083	4857			
龙感湖区	24	24	194						
咸宁市	**4525**	**6844**	**30706**	**2560**	**3699**	**17772**			
咸安区	344	769	2107						
嘉鱼县	1092	1723	6563	650	1100	3900			
赤壁市	508	1016	2468	258	516	1212			
通城县	517	857	4293	123	257	1021			
崇阳县	680	680	3483	539	539	2723			
通山县	1384	1799	11792	990	1287	8916			
随州市	**930**	**1550**	**12815**	**123**	**169**	**1294**			
广水市	338	558	4674	49	69	394			
随县	326	544	4433						
曾都区	138	235	1942						
恩施州	**291**	**506**	**2369**	**249**	**464**	**1981**			
恩施市	70	70	525	54	54	405			
利川市									
建始县									
巴东县	195	410	1576	195	410	1576			
宣恩县	23	23	237						
咸丰县									
来凤县									
鹤峰县	3	3	31						
仙桃市	**451**	**912**	**3754**	**451**	**912**	**3754**			
天门市	**464**	**824**	**4288**	**246**	**598**	**1940**			
潜江市	**522**	**1194**	**6551**	**377**	**1032**	**5507**			
神农架林区									
省直	**1669**	**4006**	**15188**	**1669**	**4006**	**15188**			

续表2

	捕捞渔船小计			养殖渔船小计		
	44千瓦以下			艘	总吨	千瓦
	艘	总吨	千瓦			
全省合计	**25705**	**59313**	**212886**	**24296**	**52948**	**197030**
武汉市	**906**	**1245**	**5352**	**1301**	**2546**	**17603**
武汉市辖区	229	106	432	392	1134	7195
新洲区	256	512	2732	110	220	1323
江夏区	254	380	1441	490	523	4689
蔡甸区	6	5	39	179	149	2738
黄陂区	161	242	708	130	520	1658
黄石市	**1449**	**1740**	**9175**	**1145**	**1780**	**5782**
黄石市辖区	22	56	47	278	315	684
大冶市	219	401	1268	675	1235	3908
阳新县	1208	1283	7860	192	230	1190
十堰市	**2028**	**10651**	**26258**	**733**	**4328**	**9636**
十堰市辖区	176	151	1706	17	16	160
丹江口市	1250	7500	18075	506	3037	7257
郧县	420	1792	4086	150	1206	1766
郧西	78	108	1151	20	29	253
竹山县	12	30	180			
竹溪县	28	70	420			
房县	64	1000	640	40	40	200
荆州市	**11762**	**31341**	**83306**	**22704**	**27093**	**128564**
荆州市辖区	744	1186	4074	2816	4637	18488
江陵县	81	121	371	9	14	80
松滋市	114	177	501	98	221	795
公安县	269	558	1349	432	673	1890
石首市	541	542	4734	147	147	1797
监利县	6710	12245	42550	9325	10663	41134
洪湖市	3303	16512	29727	9877	10738	64380
宜昌市	**1931**	**4415**	**9213**	**561**	**1211**	**3202**
宜昌市辖区	286	287	1051			
夷陵区	317	792	1173			
宜都市	388	582	1524	110	155	368
枝江市	119	357	708	144	185	1097
当阳市	52	42	338	60	51	390
远安县	50	155	389			
兴山县	50	125	208			
秭归县	500	1500	2900			
长阳县	169	575	922	247	820	1347
五峰县						
襄阳市	**1261**	**2215**	**26274**	**701**	**2092**	**9673**
襄阳市辖区	332	678	7240	83	180	1008
老河口市	232	607	3843	162	710	2781
襄州区	63	245	1190	82	305	1650
枣阳市				180	609	2655
宜城市	147	191	2313	66	132	904
南漳县						
谷城县	487	494	11688	104	124	577
保康县				24	32	98

续表3

	捕捞渔船小计			养殖渔船小计		
	44千瓦以下					
	艘	总吨	千瓦	艘	总吨	千瓦
鄂州市	**366**	**878**	**1518**	**77**	**196**	**312**
荆门市	**895**	**1573**	**10434**	**1016**	**1744**	**9885**
荆门市辖区	62	124	548	67	134	582
沙洋县	225	228	1908	520	750	4420
钟祥市	297	594	3978	126	252	1852
京山县	86	177	1300	173	348	1453
沙洋农场						
孝感市	**1686**	**2628**	**12080**	**1210**	**2045**	**10811**
孝感市辖区	183	290	1617	49	58	432
孝昌县	73	161	849	135	294	1528
大悟县	155	335	1940	50	350	1400
安陆市	120	240	1299	223	446	2413
云梦县	262	298	1295	22	48	288
应城县	150	225	1050	438	512	3066
汉川市	623	934	2997	235	274	1316
黄冈市	**1568**	**3004**	**8273**	**998**	**2117**	**9249**
黄冈市辖区	80	205	836	65	180	572
团风县	89	178	521	78	262	929
红安县				53	171	888
麻城市						
罗田县				63	82	755
英山县				47	47	332
浠水县	177	312	882	87	240	1125
蕲春县	185	185	898	125	135	718
武穴市	39	41	279	129	175	1317
黄梅县	998	2083	4857	153	482	1121
龙感湖区				24	24	194
咸宁市	**2560**	**3699**	**17772**	**1965**	**3145**	**12934**
咸安区				344	769	2107
嘉鱼县	650	1100	3900	442	623	2663
赤壁市	258	516	1212	250	500	1256
通城县	123	257	1021	394	600	3272
崇阳县	539	539	2723	141	141	760
通山县	990	1287	8916	394	512	2876
随州市	**123**	**169**	**1294**	**807**	**1381**	**11521**
广水市	49	69	394	289	489	4280
随县				326	544	4433
曾都区				138	235	1942
恩施州	**249**	**464**	**1981**	**42**	**42**	**388**
恩施市	54	54	405	16	16	120
利川市						
建始县						
巴东县	195	410	1576			
宣恩县				23	23	237
咸丰县						
来凤县						
鹤峰县				3	3	31
仙桃市	**451**	**912**	**3754**			
天门市	**246**	**598**	**1940**	**219**	**226**	**2348**
潜江市	**377**	**1032**	**5507**	**145**	**162**	**1044**
神农架林区						
省直	**1669**	**4006**	**15188**			

渔业工业和建筑业产值、增加值

单位:万元

	渔业工业和建筑业产值合计	增加值合计	水产品加工		渔机		渔用饲料	
			产值	增加值	产值	增加值	产值	增加值
全省合计	**3237939**	**1330787**	**2751439**	**1115997**	**13670**	**8746**	**297050**	**120154**
武汉市	**175269**	**85149**	**151007**	**71948**	**2**	**209**	**4050**	**2441**
武汉市辖区	45885	12474	43443	11622	2	209		
新洲区	33889	9150	33889	9150				
江夏区	51268	32298	36768	23163			3200	2016
蔡甸区	30735	22014	23925	19140			850	425
黄陂区	13492	9213	12982	8873				
黄石市	**38041**	**18046**	**30619**	**15171**			**7003**	**2667**
黄石市辖区	2265	540	2140	517				
大冶市	21360	10776	20236	10118			830	473
阳新县	14416	6730	8243	4536			6173	2194
十堰市	**30600**	**6110**	**29000**	**5560**	**1600**	**550**		
十堰市辖区								
丹江口市	30600	6110	29000	5560	1600	550		
郧县								
郧西县								
竹山县								
竹溪县								
房县								
荆州市	**1283915**	**334819**	**1123367**	**311129**			**129994**	**11001**
荆州市辖区	77988	27607	69788	25137			8200	2470
江陵县	7962	2732	7430	2530				
松滋市	6200	1380	6200	1380				
公安县	210234	41700	144832	33200			50202	1400
石首市	23675	7035	20428	6129			3247	906
监利县	256110	46567	250300	43900			4300	1480
洪湖市	701746	207798	624389	198853			64045	4745
宜昌市	**152268**	**62073**	**98000**	**49320**	**470**	**165**	**32720**	**11790**
宜昌市辖区	300	110					200	80
夷陵区	700	200					500	150
宜都市	73930	36465	70000	35000			2100	850
枝江市	43760	14635	18000	6820	260	85	10000	3200
当阳市	11030	4111					9530	3891
远安县	490	160					350	110
兴山县	22	6					20	5
秭归县	223	83			210	80	10	2
长阳县	21800	6300	10000	2000			10000	3500
五峰县	13	3					10	2
襄阳市	**9865**	**3388**	**3111**	**1233**			**2490**	**510**
襄阳市辖区	490	220						
老河口市	3030	1076	2410	920				
襄州区	705	280						
枣阳市	3490	890	655	295			2490	510
宜城市	300	150						
南漳县	200	140						
谷城县	1610	612	46	18				
保康县	40	20						

续表1

	渔业工业和建筑业产值合计	增加值合计	水产品加工		渔机		渔用饲料	
			产值	增加值	产值	增加值	产值	增加值
鄂州市	**373752**	**151422**	**360308**	**146254**				
荆门市	**277299**	**145175**	**238053**	**130997**			**38046**	**13758**
荆门市辖区	18656	6140	8814	2652			9842	3488
沙洋县	118408	59750	108658	56310			9750	3440
钟祥市	82528	58170	71404	54230			9924	3520
京山县	55607	20485	47077	17175			8530	3310
沙洋农场	2100	630	2100	630				
孝感市	**79331**	**19379**	**75073**	**18363**	**620**	**60**	**1320**	**440**
孝感市辖区	62	51	62	51				
孝昌县	213	81						
大悟县	265	169						
安陆县								
云梦县	40061	14302	40061	14302				
应城县	7420	3287	5500	2800			800	300
汉川市	31310	1489	29450	1210	620	60	520	140
黄冈市	**615968**	**246047**	**310746**	**126112**	**310**	**104**	**254107**	**94606**
黄州区	39710	26781	3210	421			35000	25530
团风县	28748	13259	2938	1175	10	4	25600	12000
红安县	11310	5137	1520	410			8650	4027
麻城市	26925	11490	7575	3030			17850	7650
罗田县	4434	2660	1200	720				
英山县	186	23						
浠水县	195670	85551	133670	57885			53240	21970
蕲春县	67214	44335	67116	44296				
武穴市	76996	17805	48116	12029			28880	5776
黄梅县	138210	34260	34790	4900	300	100	70470	15000
龙感湖区	26565	4746	10611	1246			14417	2653
咸宁市	**53762**	**23635**	**42437**	**20656**	**365**	**59**	**3210**	**1510**
咸安区	19792	13226	17542	12316				
嘉鱼县	9520	1540	9520	1540				
赤壁市	12515	7209	9500	5700	15	9	3000	1500
通城县								
崇阳县	1675	900	1675	900				
通山县	10260	760	4200	200	350	50	210	10
恩施州								
恩施市								
利川市								
建始县								
巴东县								
宣恩县								
咸丰县								
来凤县								
鹤峰县								
随州市	**19380**	**2586**	**19380**	**2586**				
广水市								
随县								
曾都区	19380	2586	19380	2586				
仙桃市	**78025**	**19506**	**49019**	**3180**	**8212**	**5161**	**13324**	**6784**
天门市	**37113**	**25720**	**31668**	**23889**			**1300**	**494**
潜江市	**142378**	**57198**	**138500**	**55400**	**38**	**20**		
神农架林区								

续表2

	渔用药物		建筑		其它	
	产值	增加值	产值	增加值	产值	增加值
全省合计	**10829**	**5151**	**162437**	**79904**	**2514**	**835**
武汉市	**2450**	**1459**	**17760**	**9300**		
武汉市辖区			2440	851		
新洲区						
江夏区	1800	1134	9500	5985		
蔡甸区	650	325	5310	2124		
黄陂区			510	340		
黄石市	**419**	**208**				
黄石市辖区	125	23				
大冶市	294	185				
阳新县						
十堰市						
十堰市辖区						
丹江口市						
郧县						
郧西县						
竹山县						
竹溪县						
房县						
荆州市	**912**	**17**	**27935**	**12647**	**1707**	**25**
荆州市辖区						
江陵县			532	202		
松滋市						
公安县			15200	7100		
石首市						
监利县			1510	1187		
洪湖市	912	17	10693	4158	1707	25
宜昌市	**4748**	**1063**	**16200**	**5170**	**130**	**65**
宜昌市辖区	100	30				
夷陵区	200	50				
宜都市	1000	200	700	350	130	65
枝江市	1000	210	14500	4320		
当阳市	1500	220				
远安县	140	50				
兴山县	2	1				
秭归县	3	1				
长阳县	800	300	1000	500		
五峰县	3	1				
襄阳市			**3944**	**1475**	**320**	**170**
襄阳市辖区			490	220		
老河口市			620	156		
襄州区			385	110	320	170
枣阳市			345	85		
宜城市			300	150		
南漳县			200	140		
谷城县			1564	594		
保康县			40	20		

续表3

	渔用药物		建筑		其它	
	产值	增加值	产值	增加值	产值	增加值
鄂州市	**1970**	**810**	**11474**	**4358**		
荆门市	**1200**	**420**				
荆门市辖区						
沙洋县						
钟祥市	1200	420				
京山县						
沙洋农场						
孝感市			**2126**	**405**	**192**	**111**
孝感市辖区						
孝昌县			168	52	45	29
大悟县			158	99	107	70
安陆县						
云梦县						
应城县			1080	175	40	12
汉川市			720	79		
黄冈市	**650**	**260**	**50015**	**24956**	**140**	**9**
黄州区			1500	830		
团风县			200	80		
红安县			1140	700		
麻城市			1500	810		
罗田县			3234	1940		
英山县			46	14	140	9
浠水县			8760	5696		
蕲春县			98	39		
武穴市						
黄梅县	650	260	32000	14000		
龙感湖区			1537	847		
咸宁市			**7750**	**1410**		
咸安区			2250	910		
嘉鱼县						
赤壁市						
通城县						
崇阳县						
通山县			5500	500		
恩施州						
恩施市						
利川市						
建始县						
巴东县						
宣恩县						
咸丰县						
来凤县						
鹤峰县						
随州市						
广水市						
随县						
曾都区						
仙桃市	**982**	**565**	**6488**	**3816**		
天门市			**4145**	**1337**		
潜江市	**1680**	**914**	**2160**	**864**		
神农架林区						

渔业流通和服务业产值、增加值

单位:万元

	渔业流通和服务业产值合计	增加值合计	水产流通	
			产值	增加值
全省合计	**5862154**	**1930637**	**5052827**	**1524872**
武汉市	**794868**	**455473**	**728062**	**434933**
武汉市辖区				
新洲区	9489	4745	3256	1628
江夏区	21080	13280	15180	9563
蔡甸区	16669	7859	6543	2290
黄陂区	6580	4602	1360	952
黄石市	**30249**	**11651**	**15554**	**3712**
黄石市辖区	4648	1262	3440	866
大冶市	9336	4526	2741	822
阳新县	16265	5863	9373	2024
十堰市	**66395**	**14617**	**45552**	**10347**
十堰市辖区	10850	1940	5017	708
丹江口市	52600	11530	37750	8550
郧县	265	95	135	50
郧西县	230	68	200	55
竹山县	2100	884	2100	884
竹溪县	350	100	350	100
房县				
荆州市	**1774260**	**466483**	**1552454**	**421341**
荆州市辖区	111188	30463	62868	13778
江陵县	10734	3418	9171	3070
松滋市	14000	3850	9000	3000
公安县	118281	20576	96650	8655
石首市	20265	2211	3922	673
监利县	505040	128035	445200	119650
洪湖市	994752	277930	925643	272515
宜昌市	**240868**	**90791**	**205053**	**75258**
宜昌市辖区	19023	10289	18023	9589
夷陵区	3550	1835	1400	755
宜都市	33600	11800	32000	11000
枝江市	99625	30850	87110	24870
当阳市	76799	33445	62419	27820
远安县	1100	650		
兴山县	101	54	101	54
秭归县	450	260		
长阳县	6600	1600	4000	1170
五峰县	20	8		
襄阳市	**72778**	**21980**	**51529**	**12094**
襄阳市辖区	7121	1248	4654	753
老河口市	4510	1520	1980	480
襄州区	19915	9105	14216	5686
枣阳市	5058	1623	2890	769
宜城市	29110	5476	25400	3810
南漳县	4010	1805	1000	300
谷城县	2962	1157	1319	261
保康县	92	46	70	35

续表1

	渔业流通和服务业产值合计	增加值合计	水产流通	
			产值	增加值
鄂州市	**495398**	**149847**	**366491**	**82582**
荆门市	**477476**	**127470**	**422979**	**97278**
荆门市辖区	135348	36770	117653	27050
沙洋县	126918	34720	110228	25360
钟祥市	111122	29580	98977	22768
京山县	101628	25840	93661	21540
沙洋农场	2460	560	2460	560
孝感市	**223239**	**54119**	**185395**	**39472**
孝感市辖区	59266	14674	58200	14275
孝昌县	20205	6734	18419	5469
大悟县	422	265	119	71
安陆县	60680	11434	54069	10412
云梦县	36155	13192	20908	6167
应城县	16711	4420	10680	1778
汉川市	29800	3400	23000	1300
黄冈市	**440636**	**120237**	**377507**	**87283**
黄州区	31525	9295	21675	5080
团风县	21694	5645	19369	4715
红安县	13189	4635	5389	2350
麻城市	15245	6196	12920	4868
罗田县	1958	1175	280	168
英山县	786	265	220	138
浠水县	45528	21077	32658	11360
蕲春县	12653	5552	11032	4780
武穴市	109003	26395	98625	19725
黄梅县	150550	29239	141950	25259
龙感湖区	38505	10763	33389	8840
咸宁市	**154644**	**54819**	**105569**	**24334**
咸安区	10844	3009	7069	2034
嘉鱼县	120000	45000	90000	21000
赤壁市	7750	3150	2000	800
通城县	1300	860		
崇阳县	2750	1900		
通山县	12000	900	6500	500
恩施州	**5869**	**1330**	**4312**	**862**
恩施市	1210	281	825	165
利川市	473	103	385	77
建始县	407	95	275	55
巴东县	1485	331	1155	231
宣恩县	391	90	275	55
咸丰县	473	106	352	70
来凤县	1045	236	770	154
鹤峰县	385	88	275	55
随州市	**63086**	**13401**	**53088**	**9359**
广水市	19165	2844	18000	2700
随县	20947	4607	17802	3560
曾都区	22974	5950	17286	3099
仙桃市	**36130**	**7081**	**22038**	**3419**
天门市	**67608**	**14933**	**59372**	**10987**
潜江市	**73005**	**21585**	**54650**	**13665**
神农架林区				

续表2

	水产(仓储)运输		休闲渔业		其它	
	产值	增加值	产值	增加值	产值	增加值
全省合计	**192734**	**96204**	**602545**	**302574**	**14048**	**6987**
武汉市	**8973**	**3565**	**57833**	**16975**		
武汉市辖区						
新洲区	2489	1245	3744	1872		
江夏区	2700	1701	3200	2016		
蔡甸区			10126	5569		
黄陂区	220	150	5000	3500		
黄石市	**2565**	**697**	**12130**	**7242**		
黄石市辖区	543	161	665	235		
大冶市	601	168	5994	3536		
阳新县	1421	368	5471	3471		
十堰市	**18675**	**3877**	**1668**	**293**	**500**	**100**
十堰市辖区	5450	1200	383	32		
丹江口市	13100	2630	1250	250	500	100
郧县	105	38	25	7		
郧西县	20	9	10	4		
竹山县						
竹溪县						
房县						
荆州市	**47795**	**7381**	**173076**	**37615**	**935**	**146**
荆州市辖区			47820	16625	500	60
江陵县			1563	348		
松滋市			5000	850		
公安县	6220	2300	15287	9560	124	61
石首市			16343	1538		
监利县	27850	4005	31990	4380		
洪湖市	13725	1076	55073	4314	311	25
宜昌市	**18110**	**6655**	**16805**	**8598**	**900**	**280**
宜昌市辖区			1000	700		
夷陵区			2150	1080		
宜都市	800	400	600	300	200	100
枝江市	4485	1700	8030	4280		
当阳市	11425	4295	2955	1330		
远安县			1100	650		
兴山县						
秭归县	200	110	250	150		
长阳县	1200	150	700	100	700	180
五峰县			20	8		
襄阳市	**3766**	**611**	**16885**	**9005**	**598**	**270**
襄阳市辖区	1081	48	1365	441	21	6
老河口市	540	140	1910	880	80	20
襄州区	345	207	5200	3120	154	92
枣阳市	230	55	1666	697	272	102
宜城市	1560	156	2100	1470	50	40
南漳县			3000	1500	10	5
谷城县			1632	891	11	5
保康县	10	5	12	6		

续表3

	水产(仓储)运输		休闲渔业		其它	
	产值	增加值	产值	增加值	产值	增加值
鄂州市	**18582**	**7701**	**110325**	**59564**		
荆门市	**2990**	**1450**	**51507**	**28742**		
荆门市辖区	2990	1450	14705	8270		
沙洋县			16690	9360		
钟祥市			12145	6812		
京山县			7967	4300		
沙洋农场						
孝感市	**5091**	**814**	**31470**	**13514**	**1283**	**319**
孝感市辖区			883	323	183	76
孝昌县			1786	1265		
大悟县			233	151	70	43
安陆县	1591	324	5020	698		
云梦县			15247	7025		
应城县	300	90	5731	2552		
汉川市	3200	400	2570	1500	1030	200
黄冈市	**14617**	**5221**	**46807**	**23307**	**1705**	**4426**
黄州区	350	200	9500	4015		
团风县	240	96	2000	800	85	34
红安县	900	185	6900	2100		
麻城市	225	68	2100	1260		
罗田县	60	36	1618	971		
英山县	35	10	521	112	10	5
浠水县	6800	2650	5260	3080	810	3987
蕲春县	439	209	1182	563		
武穴市	528	267	9850	6403		
黄梅县	1800	380	6000	3200	800	400
龙感湖区	3240	1120	1876	803		
咸宁市	**26100**	**19360**	**16913**	**8119**	**6062**	**3006**
咸安区			1863	559	1912	416
嘉鱼县	23000	19000	3000	2500	4000	2500
赤壁市	400	160	5200	2100	150	90
通城县			1300	860		
崇阳县			2750	1900		
通山县	2700	200	2800	200		
恩施州			**1557**	**468**		
恩施市			385	116		
利川市			88	26		
建始县			132	40		
巴东县			330	100		
宣恩县			116	35		
咸丰县			121	36		
来凤县			275	82		
鹤峰县			110	33		
随州市	**4285**	**2336**	**5713**	**1706**		
广水市	365	44	800	100		
随县	800	300	2345	747		
曾都区	3120	1992	2568	859		
仙桃市	**7589**	**613**	**5781**	**2607**	**722**	**442**
天门市	**1607**	**643**	**6381**	**3191**	**248**	**112**
潜江市	**4855**	**1845**	**13500**	**6075**		
神农架林区						

湖北省 渔民家庭收入与支出情况

调查指标	指标关系	单位	调查数据	调查指标	指标关系	单位	调查数据
一、家庭总收入	1=2+5+8+14+19	万元	9005.64	1.经营渔业支出	23=24+25+26+27	万元	4735.1
(一)家庭经营收入	2=3+4	万元	8088	其中:燃料及加冰费用	24	万元	198.49
其中:1.出售水产品	3	万元	7227.43	雇工费用	25	万元	333.06
2.其他家庭经营	4	万元	860.58	饲料及苗种费用	26	万元	3942.38
(二)工资性收入	5=6+7	万元	696.86	其他费用	27	万元	261.17
其中:1.渔业	6	万元	184.1	2.经营其他行业支出	28	万元	411.21
2.其他行业	7	万元	512.76	(二)生产性固定资产折旧	29	万元	136.91
(三)财产性净收入	8=9+~+13	万元	84.04	其中:渔业固定资产折旧	30	万元	106
其中:1.利息净收入	9	万元	41.78	(三)税费支出	31	万元	77.22
2.红利净收入	10	万元	24.44	其中:渔业税费支出	32	万元	64.68
3.储蓄性保险净收益	11	万元	4.44	(四)生活消费支出	33	万元	1786.33
4.土地或水面经营权租金净收入	12	万元	4.08	其中:伙食消费支出	34	万元	628.55
5.其他财产性收入	13	万元	9.29	衣着消费支出	35	万元	232.27
(四)转移性收入	14=15+~+18	万元	81.79	(五)转移性支出	36	万元	219.11
其中:1.养老或离退休金	15	万元	9.94	三、全年纯收入	37=1−22−29−31	万元	3645.2
2.社会救济或政策性生活补贴	16	万元	11.22	其中:渔业纯收入	38=3+6+20−23−30−32	万元	2531.44
3.赡养收入	17	万元	2.31	四、调查户数	39	户	500
4.其他转移性收入	18	万元	58.32	其中:养殖户	40	人	499
(五)生产性补贴	19	万元	54.95	五、调查户家庭常住人口	41	人	2035
其中:渔业	20	万元	25.7	六、调查户家庭渔业从业人员	42	人	1018
二、家庭总支出	21=22+29+31+33+36	万元	7365.87	七、人均纯收入	43=37 ÷ 41	元	17912.54
(一)家庭经营费用支出	22=23+28	万元	5146.31	八、人均可支配收入	44=(37−36) ÷ 41	元	16835.86

渔业灾情(一)

单位:水产品数量-吨;损失价值:万元

	一、水产品损失												人员损失(人)		
	总量	损失小计	#台风、洪涝		#病害		#干旱		#污染		#其它		失踪	死亡	重伤
			数量	价值	数量	价值	数量	价值	数量	价值	数量	价值			
	1=3+5+7+9+11	2=4+6+8+10+12	3	4	5	6	7	8	9	10	11	12	13	14	15
核定数	31997	38958	446	1534	21057	21807	5377	8382	5117	7235					
武汉	2973	3033	789	845	733	823	1340	1223	91	100					
黄石	6859	5766	102	120	2594	2472	3066	2230	816	651					
十堰	3033	5130	2220	2500	623	1730	180	800	10	100					
荆州	18871	25238	996	4997	15483	17369	2132	2584	30	24					
宜昌	2677	5047	665	1220	804	1714	992	1609	120	120					
襄阳	42827	4102	3308	35306	83	28	46835	3907	3722	39066					
鄂州															
荆门	600			600			710			610					
孝感	21564	1294	3046	15307	210	1707	24150	1494	2823	17860					
黄冈	29796	6546	4042	17867	498	843	32918	8109	4815	18084					
咸宁	1680	125	25	1530			1098	150	30	918					
恩施															
随州	6780			6780			7792			7792					
仙桃	4021		2503	513	975	30	7398		5006	769					
天门															
潜江	265		158	97	3		183	5	102	74					
林区															

渔业灾情(二)

单位:经济损失价值-万元

	二、渔业设施损毁(台风、洪涝)																
	经济损失总计	池塘		网箱		围栏		沉船		船损		泵站		涵闸		堤坝	
		公顷	价值	个	价值	千米	价值	艘	价值	艘	价值	座	价值	座	价值	米	价值
	1	2	3	4	5	6	7	8	9	10	11	12	13	14	15	16	17
核定数	43571	20480	27591	75407	2321	5636	3941	92	24	311	298	101	313	201	357	108314	2901
武汉	556	242	348	389	178												
黄石	54					3	2					1	10	3	6	265	10
十堰	3880	80	250	5600	2150	515	600			50	80					1000	800
荆州	5025	2466	4200	8010	220											8000	400
宜昌	2698	209	593	2600	380					2	4			3	30	6817	508
襄阳	2621	1457	916	20	8					3	1	20	12	66	43	1431	
鄂州																	
荆门																	
孝感																	
黄冈																	
咸宁	2365	160	240	1000	90	3	35							5	15		
恩施																	
随州																	
仙桃																	
天门																	
潜江																	
林区																	

渔业灾情(三)

单位:经济损失价值-万元

	二、渔 业 设 施 损 毁(续)											三、受灾养殖面积(公顷)					
	码头		护岸		防波堤		工厂化养殖		苗种繁育场		其它设施损失价值	小计	台风、洪涝	病害	干旱	污染	其它
	米	价值	米	价值	米	价值	座	价值	个	价值							
	1	2	3	4	5	6	7	8	9	10	11	12 = 13 + 14 ~ 17	13	14	15	16	17
核定数	1540	584	34438	926	9996	501			11	314	3500	20851	3571	7246	7584	2450	
武汉			350	30	0	0						4407	2308	427	1621	5	46
黄石			97	10	17	14			1	2		9353	15	3511	3601	2187	39
十堰												1922	550	202	1170		0
荆州	1000	600	20000	758	10000	500					200	15581	410	12536	2605		30
宜昌	500	500	7150	217			1	150	4	145	171	2128	214	785	1109		20
襄阳			4173	347	803	361			1	20	25	21722	1176	2446	18066	34	
鄂州																	
荆门																	
孝感																	
黄冈																	
咸宁										20	1965	9715	120	8465	1130		
恩施																	
随州												1860			1860		
仙桃												20905		3475	12300	5130	
天门																	
潜江												1165	15	155	980	15	
林区																	

可养水面分类

单位:公顷

单位	合计	湖泊	水库	塘堰	精养池	河沟	其它
全省合计	985271	206736	193499	143130	335686	28669	77551
武汉	122149	49106	5751	19636	30707	2354	14595
黄石	52396	25304	5587	6368	13988	149	1000
十堰	36319	0	30271	1320	325	0	4403
荆州	180448	47575	4029	12091	94602	5523	16628
宜昌	54016	1935	30116	3609	10112	572	7672
襄阳	53752	0	24978	12832	13717	517	1708
鄂州	46044	19485	610	3638	18851	510	2950
荆门	76712	10348	21440	12924	28727	1873	1400
孝感	84694	11042	8654	24049	28105	5588	7256
黄冈	92661	21503	15757	17341	26419	2710	8931
咸宁	66017	14984	14545	7807	18586	2810	7285
恩施	22109		20000	1256	240	200	413
随州	30641		11056	13376	3887	443	1879
仙桃	37897	1356		1596	31112	2402	1431
天门	16862	2487	585	2991	8474	2325	
潜江	12434	1611		2296	7834	693	
神农架林区	120		120				

全国主要渔业省份统计指标对比分析表(淡水)

项　目		居全国位次	占全国比重(%)	全国数据	湖北2013	湖北2012	同比增、减
1.淡水产品总产量(万吨)		1	13.5%	3033	410.37	388.95	21
2.河蟹养殖产量(吨)		2	18.0%	729862	131418	115535	15883
3.鳜鱼养殖产量(吨)		4	12.0%	284780	34105	31026	3079
4.鲟鱼养殖产量(吨)		2	13.3%	64652	8610	8110	500
5.青虾养殖产量(吨)		3	10.5%	251149	26475	25113	1362
6.克氏螯虾养殖产量(吨)		1	57.6%	603520	347515	302179	45336
7.黄鳝养殖产量(吨)		1	46.8%	346077	161837	144398	17439
8.黄颡鱼养殖产量(吨)		1	27.1%	295669	80161	69194	10967
9.鮰鱼养殖产量(吨)		2	19.3%	247399	47640	45060	2580
10.甲鱼养殖产量(吨)		2	9.9%	343734	33964	31626	2338
11.乌龟养殖(吨)		5	7.3%	38006	2793	2493	300
面积(公顷)	淡水养殖总面积	1	11.4%	6006130	683460	680000	3460
	池塘养殖面积	2	14.3%	2623176	375953	367333	8620
	湖泊养殖面积	2	18.8%	1022692	192620	196000	-3380
	水库养殖面积	7	5.5%	1957966	107967	109333	-1366
单产(公斤/公顷)	淡水养殖平均单产	9		4408	5445	5162	283
	池塘养殖单产	11		7581	8421	8040	381
	湖泊养殖单产	11		1598	1711	1691	21
	水库养殖单产	11		1806	1811	1790	22
1.淡水渔业产值(亿元)		2	14.7%	5094	748	626	122
2.水产行业第二产业产值(亿元)(加工等)(海、淡水)		6	0.0%	4521		278	-278
3.水产行业第三产业产值(亿元)(流通服务等)(海、淡水)		3	12.4%	4726	586	502	84
4.苗种产值(亿元)		1	16.3%	551	90	81	9
5.渔民人均纯收入(元)		13		13037	12107	9585	2522
6.渔业人口(万人)(海、淡水)		2	8.7%	2066	180	185	-5
7.渔业从业人员(万人)(海、淡水)		3	8.9%	1443	129	128	1
8.淡水鱼苗产量(亿尾)		2	4.7%	19143	901	773	128
9.淡水鱼种产量(万吨)		1	28.1%	357	100	94	6

续表1

项　目	增减幅度	内陆省份2013年相关数据			沿海省份2013年相关数据		
		安徽	江西	湖南	广东	江苏	浙江
1.淡水产品总产量(万吨)	5.51%	216	243	234	374	358	108
2.河蟹养殖产量(吨)	13.7%	102605	16636	6865	4620	325842	7450
3.鳜鱼养殖产量(吨)	9.9%	37365	45526	19513	94106	28338	12518
4.鲟鱼养殖产量(吨)	6.2%	302	2273	4570	1316	1146	4310
5.青虾养殖产量(吨)	5.4%	47823	25399	3635	1723	117147	18967
6.克氏螯虾养殖产量(吨)	15.0%	86885	58835	2738	16	83340	4620
7.黄鳝养殖产量(吨)	12.1%	43643	79472	29999	2267	7200	1124
8.黄颡鱼养殖产量(吨)	15.8%	24351	41104	19483	23952	25404	32837
9.鮰鱼养殖产量(吨)	5.7%	17502	29527	37674	17636	1155	1551
10.甲鱼养殖产量(吨)	7.4%	24198	24360	17068	12951	26936	154512
11.乌龟养殖(吨)	12.0%	5198	3839	2275	4454	1551	12874
面积(公顷)　淡水养殖总面积	0.5%	570384	433226	447632	372939	571471	213018
面积(公顷)　池塘养殖面积	2.3%	209643	155126	226893	277871	376031	72329
面积(公顷)　湖泊养殖面积	−1.7%	202095	103381	89756	5205	90967	2800
面积(公顷)　水库养殖面积	−1.2%	93792	156658	128505	79271	21175	95808
单产(公斤/公顷)　淡水养殖平均单产	5.5%	3054	4815	4662	9749	5272	2907
单产(公斤/公顷)　池塘养殖单产	4.7%	5136	7664	7467	11850	6348	5917
单产(公斤/公顷)　湖泊养殖单产	1.2%	1761	2917	1516	1590	2348	2011
单产(公斤/公顷)　水库养殖单产	1.2%	1724	3304	1746	2965	3757	911
1.淡水渔业产值(亿元)	19.5%	363	370	290	501	980	215
2.水产行业第二产业产值(亿元)(加工等)(海、淡水)	−100.0%	97	238	17	390	326	609
3.水产行业第三产业产值(亿元)(流通服务等)(海、淡水)	16.8%	145	167	49	730	710	444
4.苗种产值(亿元)	11.1%	25	31	20	30	48	18
5.渔民人均纯收入(元)	26.3%	10727	10510	11993	12250	18067	17780
6.渔业人口(万人)(海、淡水)	−2.5%	88	155	126	240	148	113
7.渔业从业人员(万人)(海、淡水)	0.8%	69	96	92	132	115	79
8.淡水鱼苗产量(亿尾)	16.6%	399	326	334	7591	470	146
9.淡水鱼种产量(万吨)	6.3%	28	28	42	29	34	5

注:1、2013年我省渔民人均纯收入12107元,低于全国平均水平(13037),位列全国第13位,在我省前面的分别是上海、天津、江苏、浙江、广西、青海、辽宁、山东、福建、海南、北京、广东,主要是直辖市及沿海发达地区。另外一个原因是由于历史数据报送偏低。2、淡水养殖平均单产

7 农业机械化

农机拥有量

单位：千瓦

	农业机械总动力	柴油发动机动力	汽油发动机动力	电动机动力	其它机械动力
湖北省	**38693873.25**	**27595187.66**	**1267266.54**	**9750456.415**	**80962.64**
武汉市	**2636787.7**	**1747903.62**	**53815.62**	**808235.76**	**26832.7**
洪山区	254331	214275	5887.5	34168.5	
东西湖区	234644.5	206305.2	5453	22886.3	
汉南区	143261.09	90788.49	9110.1	43362.5	
蔡甸区	395980	219626	5456	170898	
江夏区	421411	282764	4881	133766	
黄陂区	583545	337972	3242	242331	
新洲区	522740.61	328347.43	13658.02	153902.46	26832.7
市直	80874.5	67825.5	6128	6921	
黄石市	**902084.35**	**471049.6**	**8944.75**	**422090**	**0**
黄石港区	2862.5	1596.5	48	1218	
西塞山区	7592.9	3127.9	36	4429	
下陆区	4559	3953	11	595	
铁山区	102	98		4	
阳新县	471213	291327	3962	175924	
大冶市	404688.95	165080.2	4812.75	234796	0
经济开发区	11066	5867	75	5124	
十堰市	**1974678.54**	**1290678.04**	**15820.7**	**668179.8**	**0**
茅箭区	42219	33508	125	8586	0
张湾区	48179.5	31315.7	166	16697.8	
郧县	368020	229411	3271	135338	
郧西县	305498	158437	1365	145696	
竹山县	316693.4	237462.7	3867.7	75363	
竹溪县	278000	157600	1560	118840	
房县	310518	209324	3155	98039	
丹江口市	305550.64	233619.64	2311	69620	
宜昌市	**2930691**	**1949723**	**149914**	**822491**	**8563**
西陵区	5644	4172	818	654	
伍家岗区	52738	43605	2409	6724	0
点军区	29313	10599	7860	10854	
猇亭区	9232	2332	3300	3500	100
夷陵区	320396	178718	22591	119087	
远安县	240877	191860	626	48391	
兴山县	133380	73843	10272	49265	0
秭归县	193101	89026	25641	78434	
长阳自治县	209884	122944	3671	83269	
五峰治县	164918	62200	14192	85266	3260
宜都市	203088	138474	13357	51257	
当阳市	605920	495319	16101	94500	
枝江市	762200	536631	29076	191290	5203
襄阳市	**5887699.79**	**5006975.63**	**56322**	**824042.16**	**360**

续表1 单位:千瓦

	农业机械总动力	柴油发动机动力	汽油发动机动力	电动机动力	其它机械动力
襄城区	314479	227899	1480	84740	360
樊城区	140113.16	126716	1845	11552.16	
襄州区	1169765	1100250	7000	62515	
开发区	17043	14831	1892	320	
南漳县	600407	491315	10380	98712	
谷城县	304879	215283	4051	85545	
保康县	342751	200811	12270	129670	
老河口市	675539	626179	7460	41900	
枣阳市	1424409	1198422	4607	221380	
宜城市	876501	785297	5077	86127	
襄北农场	21813.63	19972.63	260	1581	
鄂州市	**635351.15**	**295256**	**18073.5**	**321794.85**	**226.8**
梁子湖区	199394	90274	4350	104580	190
华容区	188831.3	92042	4435	92354.3	
鄂城区	204541.85	95997	3900.5	104607.55	36.8
开发区	8600	2650	1900	4050	
葛店开发区	15742	5942	2600	7200	
西山街办	7762	3432	688	3642	
市直	10480	4919	200	5361	
荆门市	**4262148.8**	**3748270.95**	**82069.3**	**431658.55**	**150**
东宝区	346346.06	307097.06	5655	33594	
掇刀区	220285.19	191499.49	2917	25868.7	
京山县	935671.44	866891.14	20491.3	48289	
沙洋县	907277	783480	33042	90755	
钟祥市	1605813	1400494	17578	187741	
屈家岭	94145	70041.15	540	23413.85	150
沙洋农场	30603	18152	149	12302	
漳河新区	122008.11	110616.11	1697	9695	
孝感市	**2435064.97**	**1600940.44**	**67588.58**	**738215.97**	**28319.98**
孝南区	336968	220750	16750	99468	
孝昌县	280602	151664	3912	116401	8625
大悟县	216100.83	124102.46	4036.42	86912.97	1048.98
云梦县	259790.14	171926.98	4451.16	83412	
应城市	319880	213586	13768	80266	12260
安陆市	347397	224017	5012	111982	6386
汉川市	674327	494894	19659	159774	
荆州市	**5568441.24**	**4160319.71**	**188986.33**	**1219135.2**	
沙市区	252004.7	182892.21	7885.99	61226.5	
荆州区	335413.54	258416.5	16936.34	60060.7	
公安县	782970	517158	44566	221246	
监利县	1478458	1208641	24899	244918	
江陵县	485132	395068	22471	67593	

	农业机械总动力	柴油发动机动力	汽油发动机动力	电动机动力	其它机械动力
石首市	469526	390696	23823	55007	
洪湖市	1072057	725423	16030	330604	
松滋市	595581	391141	30123	174317	
开发区	97270	90884	2231	4155	
市直	29		21	8	
黄冈市	**3204603.44**	**1921922.03**	**209812.57**	**1072834.34**	**34.5**
黄州区	115649.61	53937.76	4520.9	57156.45	34.5
龙感湖区	126122.91	72571.51	7173.6	46377.8	
团风县	229357	136924	14506	77927	
红安县	305594.38	166254.24	26720.87	112619.27	
罗田县	260035	192340	2695	65000	
英山县	304257	138750	16800	148707	
浠水县	383549.14	231517.79	10845.7	141185.65	
蕲春县	368282	257532.73	9348.7	101400.57	
黄梅县	450756	309687	27088	113981	
麻城市	374196.4	249168	16157.8	108870.6	
武穴市	286804	113239	73956	99609	
咸宁市	**1791415.73**	**1159821.54**	**35559.32**	**585684.87**	**10350**
咸安区	371731	275704.2	5110.4	90916.4	
嘉鱼县	327527.87	206259.87	1902	117566	1800
通城县	270608	183591	9243	72367	5407
崇阳县	205125.86	115103.5	5538.32	82364.04	2120
通山县	157411	100755.97	1876.6	54778.43	
赤壁市	459012	278407	11889	167693	1023
随州市	**1974367.79**	**1580868.62**	**131997.71**	**261501.46**	
随县	1093079.82	984413.02	47409.2	61257.6	
曾都区	496348.97	325854.6	75439.51	95054.86	
广水市	384939	270601	9149	105189	
恩施自治州	**2373927.97**	**1125435.18**	**163411.25**	**1083057.88**	**2023.66**
恩施市	418509	255144.12	5273	156318.22	1773.66
利川市	375198.55	174307.87	73825.48	127065.2	
建始县	261400.29	105980.09	10148.2	145022	250
巴东县	348345.19	92217.24	50765.67	205362.28	
宣恩县	223986	95901	3667	124418	
咸丰县	226294.94	136538.86	6974.9	82781.18	
来凤县	192393	103216	5313	83864	
鹤峰县	327801	162130	7444	158227	
仙桃市	**1344911**	**914167**	**39675**	**382865**	**8204**
潜江市	**1084097**	**825190**	**52773**	**206134**	
天门市	**1693213.48**	**1291830.51**	**67501.32**	**333881.65**	
神农架林区	**111000.08**	**40859.08**	**9952.5**	**60188.5**	

续表3

	拖拉机 及配套机械 拖拉机		大中型 (14.7千瓦 及以上)		其中: 14.7–18.4千瓦 (含14.7千瓦)	
	台	千瓦	台	千瓦	台	千瓦
湖北省	**1240118**	**13039989.15**	**143919**	**5126483.625**	**24963.5**	**425753.805**
武汉市	**28690**	**443378.29**	**8900**	**270121.85**	**1698**	**26346.74**
洪山区	1682	37968.5	927	31616	135	2231
东西湖区	2759	39947.06	507	22510	40	720.28
汉南区	1556	25503.35	319	15282.69		
蔡甸区	3285	55712	900	35384	290	5230
江夏区	5742	77027	1155	35518	39	574
黄陂区	6940	101115.8	2467	60729	1185	17439
新洲区	6504	103436.11	2583	67980.19		
市直	222	2668.47	42	1101.97	9	152.46
黄石市	**8135**	**163584.17**	**4074**	**129845.32**	**82**	**1370.88**
黄石港区	26	509.68	15	445.6		
西塞山区	44	2127.83	29	1929.38		
下陆区	59	1012.1	45	826.88	45	826.88
铁山区	2	41.16	2	41.16		
阳新县	5254	96141	2141	70731	37	544
大冶市	2713	62836.1	1815	55043		
经济开发区	37	916.3	27	828.3		
十堰市	**13253**	**166745.72**	**3595**	**101899.02**	**722**	**13215.2**
茅箭区	109	2105.78	72	1797.08	13	238.88
张湾区	99	1140	5	294	0	
郧县	1220	20474	525	14209	21	325
郧西县	829	11025	296	7381		
竹山县	1040	19786.1	466	12686.1		
竹溪县	120	2208	120	2208		
房县	2679	57913	1829	50280	674	12394
丹江口市	7157	52093.84	282	13043.84	14	257.32
宜昌市	**85519**	**815097.41**	**10829**	**291852.84**	**4876**	**85497.7**
西陵区						
伍家岗区	30	168				
点军区	205	2070	60	1102	60	1102
猇亭区	140	1465.6	35	625.6	35	625.6
夷陵区	3344	37702.79	561	13077.79	428	7821
远安县	5458	49658	697	16073	169	2642
兴山县	2303	21143	330	6236	315	5788
秭归县	1439	24228	1208	22530	1110	20396
长阳自治县	545	8753	467	8144	467	8144
五峰治县	1518	13560.45	159	3278.45	70	1286.6
宜都市	1672	25174.57	928	19617	761	13600
当阳市	42135	356659	3335	115613	8	118
枝江市	26730	274515	3049	85556	1453	23974.5
襄阳市	**392225**	**3514857.59**	**32576**	**1171297.34**	**3256**	**53410.3**

续表4

	拖拉机及配套机械 拖拉机		大中型(14.7千瓦及以上)		其中：14.7–18.4千瓦(含14.7千瓦)	
	台	千瓦	台	千瓦	台	千瓦
襄城区	24062	131180.26	875	30120.7	137	2512.7
樊城区	7967	76608	622	18648	30	465
襄州区	86120	901950	7220	310750	1260	20200
开发区	155	9064	155	9064		
南漳县	40320	443007.1	2304	72172.1	228	3351.6
谷城县	10039	103684	1455	39093	30	478
保康县	7154	63060	438	9844		
老河口市	36240	416639	4940	187639		
枣阳市	113000	793801	7957	288506	934	14779
宜城市	66864	565557	6392	195681	637	11624
襄北农场	304	10307.23	218	9779.54		
鄂州市	**6470**	**91648.8**	**2038**	**53753.16**	**1111**	**17550**
梁子湖区	1977	31905	602	20405	150	2400
华容区	1818	25081	665	14850	440	7102
鄂城区	2235	29239.92	683	15811.76	475	7331.6
开发区	42	593.28	18	416.4	12	188.4
葛店开发区	183	1638	13	346	5	81
西山街办	104	1757.6	23	1160	5	80
市直	111	1434	34	764	24	367
荆门市	**285498**	**2708943.67**	**19047**	**717084.34**	**2060**	**36640.41**
东宝区	23454	187361.07	1162	33792.37	12	176.4
掇刀区	15048	139364.84	606	22347.69	17	312.38
京山县	51408	639604.14	6585	261642.52	240	4410
沙洋县	66758	625259	2343	100335	260	4654
钟祥市	115911	986542	7481	255081	1524	26959
屈家岭	2418	34216.5	376	19200		
沙洋农场	180	11464	172	11419		
漳河新区	10321	85132.12	322	13266.76	7	128.63
孝感市	**48141**	**831723.85**	**13329**	**495512**	**2784**	**46862.39**
孝南区	3921	98885	1783	78685	35	615
孝昌县	6038	86647	1724	50259	654	11558
大悟县	3756	50455.81	1257	31373.18	680	12484.8
云梦县	3787	89076.54	1858	67809.32	138	2194.59
应城市	9526	206486	2487	124306		
安陆市	5335	81888	1900	52645	872	13952
汉川市	15778	218285.5	2320	90434.5	405	6058
荆州市	**123561**	**1746640.9**	**19049**	**931162.26**	**371**	**6299.98**
沙市区	8192	91601.88	629	32655.61	8	117.6
荆州区	13388	173845.35	1612	77602.98	4	58.8
公安县	10944	170562.91	2650	108796.91	76	1117.2
监利县	20014	416139.76	5191	283502.76	33	606.38
江陵县	18679	217120	1943	94143		0

续表5

	拖拉机及配套机械		大中型(14.7千瓦及以上)		其中：14.7–18.4千瓦(含14.7千瓦)	
	拖拉机					
	台	千瓦	台	千瓦	台	千瓦
石首市	3771	93742	1306	75411		
洪湖市	28893	336813	3097	147473	13	210
松滋市	16393	190864	1904	76426	222	3969
开发区	3287	55952	717	35151	15	221
市直						
黄冈市	**34529**	**485605.2**	**9468**	**263209.49**	**3467**	**59900.33**
黄州区	1586	23583.24	608	15253.59	430	7835.62
龙感湖区	831	34461	621	31752		
团风县	2341	34832	720	21766	184	2980
红安县	2540	46006.26	1621	37123.78	1120	18955.65
罗田县	2480	33290	550	12060	10	150
英山县	1223	15358.8	348	7138.8	240	3600
浠水县	6843	76750.5	1437	27757.68	1324	23832
蕲春县	5952	59199.6	530	15845.34	27	422.66
黄梅县	6595	89518	944	39747	0	0
麻城市	3053	49454.8	1692	37684.3	82	1205.4
武穴市	1085	23151	397	17081	50	919
咸宁市	**17727**	**279097.04**	**4544**	**161345.07**	**939**	**16820.25**
咸安区	2834	53600.62	1015	36708.11	265	4483.5
嘉鱼县	5876	99474.97	1541	61683	412	7570
通城县	3690	41457	473	11807	223	4097
崇阳县	1299	21321.12	315	12786.3	14	257.25
通山县	852	16649.33	255	11078.66	25	412.5
赤壁市	3176	46594	945	27282		
随州市	**136514**	**1012829.31**	**7463**	**211111.07**	**2176**	**37753.12**
随县	88079	599793.26	3409	96856.87	987	18062.57
曾都区	30759	241915.05	1570	45634.2	494	9059.55
广水市	17676	171121	2484	68620	695	10631
恩施自治州	**9391**	**153838.1**	**3548**	**86118.94**	**1194**	**20731.1**
恩施市	331	5510	126	3686	13	227
利川市	2029	26959.6	567	10772.6	390	6436
建始县	481	8474	402	7787.25	275	5036.86
巴东县	509	7929.54	335	6394.84	327	6006.99
宣恩县	861	24625	632	22424.25	40	668.25
咸丰县	2427	33726.96	303	5628		
来凤县	2036	34365	805	20869	22	330
鹤峰县	717	12248	378	8557	127	2026
仙桃市	**22837**	**303587**	**3069**	**148542**	**3**	**45**
潜江市	**38452**	**452849**	**2752**	**141035**	**76**	**1137**
天门市	**39324**	**491945.88**	**4936**	**192396.54**	**215**	**3160.5**
神农架林区	**317**	**3616.31**	**161**	**2368.31**	**161**	**2368.31**

续表6

	18.4–36.7千瓦(含18.4千瓦)		36.7–58.8千瓦(含36.7千瓦)		58.8千瓦及以上		其中:轮式	
	台	千瓦	台	千瓦	台	千瓦	台	千瓦
湖北省	**50138.5**	**1334441.625**	**58353.5**	**2689799.475**	**10463.5**	**676488.72**	**128742.5**	**4443339.29**
武汉市	**4236**	**91704.73**	**2216**	**102855.73**	**750**	**49214.65**	**8384**	**241439.06**
洪山区	483	11255.4	223	11779	86	6350.6	719	19153.4
东西湖区	54	1072.84	395	19080.45	18	1636.43	489	20873.56
汉南区	62	1230.46	202	10347.5	55	3704.73	282	13401.94
蔡甸区	79	1863	332	15713	199	12578	884	34329
江夏区	706	14834	360	16918	50	3192	1105	32856
黄陂区	578	10809.2	476	18692.8	228	13788	2299	53002
新洲区	2247	49945.12	223	10128.98	113	7906.09	2564	66721.19
市直	27	694.71	5	196	1	58.8	42	1101.97
黄石市	**2788**	**67538.09**	**946**	**44938.15**	**258**	**15998.2**	**3616**	**110402.13**
黄石港区	15	445.6					15	445.6
西塞山区	2	55.13	2	110.25	25	1764	27	1819.13
下陆区								
铁山区	2	41.16						
阳新县	1549	40624	503	26055	52	3508	1830	58199
大冶市	1194	25587.9	440	18728.9	181	10726.2	1721	49258.4
经济开发区	26	784.3	1	44			23	680
十堰市	**2044**	**50784.72**	**718**	**30814.5**	**111**	**7084.6**	**3295**	**90604.28**
茅箭区	50	1029			9	529.2	72	1797.08
张湾区					5	294	5	294
郧县	361	7342	125	5333	18	1209	436	9815
郧西县	230	4515	61	2396	5	470	291	6911
竹山县	437	11407.2	27	1102.5	2	176.4	437	11407.2
竹溪县	120	2208						
房县	800	22875	355	15011			1829	50280
丹江口市	46	1408.52	150	6972	72	4406	225	10100
宜昌市	**3401**	**90686.14**	**2289**	**97940**	**263**	**17729**	**9967**	**237142.6**
西陵区								
伍家岗区								
点军区							60	1102
猇亭区							35	625.6
夷陵区	64	1517.79	56	2937	13	802	559	12938
远安县	513	12825	15	606			697	16073
兴山县	14	408	1	40			330	6236
秭归县	97	2094	1	40			1208	22530
长阳自治县							460	7947
五峰治县	89	1991.85					120	3061
宜都市	89	2488	69	2952	9	577	194	4427
当阳市	1242	26840	1996	83305	89	5350	3335	115613
枝江市	1293	42521.5	151	8060	152	11000	2969	46590
襄阳市	**14049**	**384876.22**	**13216**	**596545.72**	**2055**	**136465.1**	**24931**	**924792.42**

续表7

	18.4–36.7千瓦(含18.4千瓦)		36.7–58.8千瓦(含36.7千瓦)		58.8千瓦及以上		其中:轮式	
	台	千瓦	台	千瓦	台	千瓦	台	千瓦
襄城区	125	3547.38	613	24060.62			875	30120.7
樊城区	321	6815	245	9795	26	1573	622	18648
襄州区	2030	71050	3710	204000	220	15500	7000	297160
开发区			65	3772	90	5292	155	9064
南漳县	1255	33870.4	773	31966	48	2984.1	2236	70042
谷城县	1068	23877	353	14473	4	265	1455	38946
保康县	390	7967	47	1803	1	74	438	9844
老河口市	1250	23139	3150	132400	540	32100	4913	186051
枣阳市	2388	54642	3581	145343	1054	73742	7092	258251
宜城市	5125	157436	624	26243	6	378		
襄北农场	97	2532.44	55	2690.1	66	4557	145	6665.72
鄂州市	**482**	**12925.78**	**291**	**13594.53**	**154**	**9682.85**	**1904**	**45817.8**
梁子湖区	206	5795	170	7650	76	4560	570	19820
华容区	160	4432	60	3021	5	295	635	12344
鄂城区	97	2223.58	50	2402.73	61	3853.85	627	12165.6
开发区	2	42	3	126	1	60	15	252
葛店开发区	6	154.2	1	48.8	1	62	9	260
西山街办	6	170	5	250	7	660	18	398.2
市直	5	109	2	96	3	192	30	578
荆门市	**6205**	**192728.64**	**9688**	**412953.36**	**1094**	**74761.93**	**18442**	**686034.46**
东宝区	777	18677.09	373	14938.88			1162	33792.36
掇刀区	110	3531.68	476	18327.23	3	176.4	606	22347.68
京山县	1948	64439.84	4204	177743.55	193	15049.13	6336	243500.32
沙洋县	708	23190	1042	48540	333	23951	2195	94138
钟祥市	2559	80584	3233	137439	165	10099	7290	254995
屈家岭	72	1324.8			304	17875.2	366	13031.55
沙洋农场			80	4043	92	7376	169	11198
漳河新区	31	981.23	280	11921.7	4	235.2	318	13031.55
孝感市	**4368**	**135632.34**	**5927**	**296364.71**	**250**	**16652.56**	**11115**	**374283.06**
孝南区	775	25080	915	49280	58	3710	1630	68060
孝昌县	560	16834	484	20175	26	1692	1695	48210
大悟县	488	14610.72	67	2954.7	22	1322.96	1238	29551.06
云梦县	1126	37595.62	540	24447.01	54	3572.1		
应城市	428	12368	2030	109613	29	2325	2362	95127
安陆市	232	6820	736	27905	60	3968	1870	42901
汉川市	759	22324	1155	61990	1	62.5	2320	90434
荆州市	**1683**	**44495.27**	**13295**	**646512.61**	**3700**	**233854.4**	**18001**	**823883.44**
沙市区	60	1385.48	385	20223.53	176	10929	564	28768
荆州区	71	1725.05	1313	61648.13	224	14171	1487	70256.44
公安县	403	10409.81	2142	95542.65	29	1727.25	2500	101039
监利县	41	909.93	3194	163585.3	1923	118401.15	5000	268387
江陵县	177	5208	1515	73985	251	14950	1644	78451

续表8

	18.4–36.7千瓦(含18.4千瓦)		36.7–58.8千瓦(含36.7千瓦)		58.8千瓦及以上		其中:轮式	
	台	千瓦	台	千瓦	台	千瓦	台	千瓦
石首市			789	39624	517	35787	1306	71757
洪湖市	308	6294	2280	109908	496	31061	2989	101346
松滋市	543	16465	1085	51038	54	4954	1828	70495
开发区	80	2098	592	30958	30	1874	683	33384
市直								
黄冈市	**3325**	**73942.89**	**2005**	**87792.12**	**671**	**41574.15**	**8901**	**235904.37**
黄州区	48	1342.16	112	4789.57	18	1286.24	601	14856.72
龙感湖区			216	7938	405	23814	366	21520.8
团风县	381	10668	148	7670	7	448	628	18585
红安县	340	8058.03	49	2156.74	112	7953.36	1526	30232.06
罗田县	470	8670	47	1880	23	1360	527	10700
英山县	72	2060	35	1420	1	58.8	346	6850
浠水县	79	2442.98	30	1200.2	4	282.5	1433	27475.18
蕲春县	360	8032.02	105	4943.11	38	2447.55	478	13080.61
黄梅县	78	1741	838	36289	28	1717	929	39071
麻城市	1444	29076.7	149	6319.5	17	1082.7	1672	36678
武穴市	53	1852	276	13186	18	1124	395	16855
咸宁市	**1227**	**29671.25**	**2278**	**108509.52**	**100**	**6344.05**	**4257**	**152179.41**
咸安区	280	9200.73	434	20782.13	36	2241.75	1015	36708.11
嘉鱼县	86	2022	1032	51283	11	808	1408	55635
通城县	162	4013	86	3579	2	118	473	11806
崇阳县	56	1683.89	229	9897.01	16	948.15	315	12786.3
通山县	44	1240.63	151	7197.38	35	2228.15	253	10931
赤壁市	599	11511	346	15771			793	24313
随州市	**3390**	**85864.42**	**1676**	**72401.35**	**221**	**15092.18**	**7449**	**207360.49**
随县	1746	46266.5	527	21674.1	149	10853.7	3409	96856.87
曾都区	585	14023.92	488	22370.25	3	180.48	1569	41941.62
广水市	1059	25574	661	28357	69	4058	2471	68562
恩施自治州	**1639**	**38540.89**	**714**	**26787.95**	**1**	**59**	**3204**	**79509.1**
恩施市	108	3171	5	288			124	3686
利川市	157	3541	19	736.6	1	59	567	10772.6
建始县	121	2518.89	6	231.5			402	7787.25
巴东县			8	387.85				
宣恩县			592	21756			630	22284.25
咸丰县	303	5628					303	5628
来凤县	704	17361	79	3178			805	20869
鹤峰县	246	6321	5	210			373	8482
仙桃市	**533**	**10600**	**2408**	**130547**	**125**	**7350**	**3049**	**147436**
潜江市	**328**	**7364**	**1231**	**62289**	**1117**	**70245**	**2574**	**128361**
天门市	**1742**	**52136.49**	**2550**	**110742.45**	**429**	**26357.1**	**4930**	**192176.34**
神农架林区								

续表9

	小型(2.2–14.7千瓦，含2.2千瓦)		其中:手扶式		拖拉机配套农具	大中型	小型
	台	千瓦	台	千瓦	部	部	部
湖北省	**1096199**	**7913505.52**	**964326.5**	**6845264.98**	**2376810**	**270123.5**	**2106686.5**
武汉市	**19790**	**173256.44**	**18018**	**152551.25**	**42848**	**14393**	**28455**
洪山区	755	6352.5	755	6352.5	2523	928	1595
东西湖区	2252	17437.06	2151	16906.1	4427	1149	3278
汉南区	1237	10220.66	1175	9533.03	2511	990	1521
蔡甸区	2385	20328	2353	19919	5262	2224	3038
江夏区	4587	41509	4391	39501	6721	1683	5038
黄陂区	4473	40386.8	3837	34533	20210	7103	13107
新洲区	3921	35455.92	3354	25784.62	954	259	695
市直	180	1566.5	2	22	240	57	183
黄石市	**4061**	**33738.85**	**4021**	**33291.1**	**19461**	**11828**	**7633**
黄石港区	11	64.08			74	24	50
西塞山区	15	198.45			24	8	16
下陆区	14	185.22			88	28	60
铁山区					7	2	5
阳新县	3113	25410	3113	25410	15597	9872	5725
大冶市	898	7793.1	898	7793.1	3594	1843	1751
经济开发区	10	88	10	88	77	51	26
十堰市	**9658**	**64846.7**	**8258**	**50892.6**	**35669**	**7406**	**28263**
茅箭区	37	308.7			158	79	79
张湾区	94	846					
郧县	695	6265	483	3743	4019	2235	1784
郧西县	533	3644	455	2767	8210	428	7782
竹山县	574	7100			2431	748	1683
竹溪县					130	40	90
房县	850	7633	850	7633	5647	3462	2185
丹江口市	6875	39050	6470	36749.6	15074	414	14660
宜昌市	**74690**	**523244.57**	**74227**	**520005.57**	**246816**	**21224**	**225592**
西陵区							
伍家岗区	30	168	16	111			
点军区	145	968					
猇亭区	105	840	105	840	10	8	2
夷陵区	2783	24625	2783	24625	10575	580	9995
远安县	4761	33585	4761	33585	28956	622	28334
兴山县	1973	14907	1973	14907	6446	338	6108
秭归县	231	1698	231	1698	18	18	
长阳自治县	78	609					
五峰治县	1359	10282	1359	10282	1448	10	1438
宜都市	744	5557.57	518	3952.57	3366	1476	1890
当阳市	38800	241046	38800	241046	128535	10548	117987
枝江市	23681	188959	23681	188959	67462	7624	59838
襄阳市	**359649**	**2343560.25**	**268452**	**1682707.41**	**823792**	**78612**	**745180**

续表10

	小型(2.2–14.7千瓦，含2.2千瓦)		其中：手扶式		拖拉机配套农具		
						大中型	小型
	台	千瓦	台	千瓦	部	部	部
襄城区	23187	101059.56	23187	101059.56	50180	1830	48350
樊城区	7345	57960	7173	55590	6992	1273	5719
襄州区	78900	591200	4186	33488	158612	15612	143000
开发区					340	140	200
南漳县	38016	370835	37974	370432.16	75879	7063	68816
谷城县	8584	64591	8365	63627	18763	2810	15953
保康县	6716	53216	6714	53190	15658	1310	14348
老河口市	31300	229000	18560	149700	82960	10900	72060
枣阳市	105043	505295	101818	485708	237847	19645	218202
宜城市	60472	369876	60472	369876	175694	17258	158436
襄北农场	86	527.69	3	36.69	867	771	96
鄂州市	**4432**	**37895.64**	**3100**	**26166.66**	**11317**	**4196**	**7121**
梁子湖区	1375	11500	1188	11048	2557	572	1985
华容区	1153	10231	502	3650	4178	1966	2212
鄂城区	1552	13428.16	1238	10121.26	4044	1567	2477
开发区	24	176.88	18	129	43	19	24
葛店开发区	170	1292	40	386	204	19	185
西山街办	81	597.6	52	328.4	138	25	113
市直	77	670	62	504	153	28	125
荆门市	**266451**	**1991859.33**	**258624**	**1918203.81**	**445559**	**31024**	**414535**
东宝区	22292	153568.7	22292	153568.7	56812	2244	54568
掇刀区	14442	117017.15	14442	117017.15	26341	1208	25133
京山县	44823	377961.62	40042	325251.1	66758	9365	57393
沙洋县	64415	524924	64403	524816	101126	4139	96987
钟祥市	108430	731461	105396	710624	163874	11792	152082
屈家岭	2042	15016.5	2042	15016.5	7525	1237	6288
沙洋农场	8	45	8	45	410	399	11
漳河新区	9999	71865.36	9999	71865.36	22713	640	22073
孝感市	**34812**	**336211.85**	**30131**	**278883.77**	**79273**	**23292**	**55981**
孝南区	2138	20200	1855	16690	5802	3042	2760
孝昌县	4314	36388	3522	26953	14818	4193	10625
大悟县	2499	19082.63	2499	19082.63	9741	2429	7312
云梦县	1929	21267.22	1809	17759.14	6259	2787	3472
应城市	7039	82180	6857	76560	13661	4476	9185
安陆市	3435	29243	3375	24806	9350	2910	6440
汉川市	13458	127851	10214	97033	19642	3455	16187
荆州市	**104512**	**815478.64**	**93618**	**736708.7**	**245223**	**37731**	**207492**
沙市区	7563	58946.27	7543	58682	18802	1918	16884
荆州区	11776	96242.37	11625	94245	23001	2008	20993
公安县	8294	61766	8064	58723	24917	6301	18616
监利县	14823	132637	11872	99680.7	46304	10057	36247
江陵县	16736	122977	16578	120886	50522	5604	44918

续表11

	小型(2.2–14.7千瓦，含2.2千瓦)		其中:手扶式		拖拉机配套农具	大中型	小型
	台	千瓦	台	千瓦	部	部	部
石首市	2465	18331	1937	11345	8421	2926	5495
洪湖市	25796	189340	25667	187634	53763	4967	48796
松滋市	14489	114438	7902	86565	15228	2965	12263
开发区	2570	20801	2430	18948	4265	985	3280
市直							
黄冈市	**25061**	**222395.71**	**19900**	**165768.66**	**66803**	**13672**	**53131**
黄州区	978	8329.65	712	5986.43	1204	473	731
龙感湖区	210	2709	210	2709	1658	1142	516
团风县	1621	13066	1621	13066	2444	501	1943
红安县	919	8882.48	544	4287.26	8993	2711	6282
罗田县	1930	21230	1480	16280	8330	750	7580
英山县	875	8220	868	7080	5236	336	4900
浠水县	5406	48992.82	4495	37458.21	11528	1968	9560
蕲春县	5422	43354.26	2366	12458.26	7526	1319	6207
黄梅县	5651	49771	5566	48765	13436	2032	11404
麻城市	1361	11770.5	1361	11770.5	4065	1633	2432
武穴市	688	6070	677	5908	2383	807	1576
咸宁市	**13183**	**117751.97**	**11984**	**105901.68**	**26363**	**7496**	**18867**
咸安区	1819	16892.51	1242	12320.42	5121	1802	3319
嘉鱼县	4335	37791.97	4335	37791.97	6165	1665	4500
通城县	3217	29650	2863	26116	5551	726	4825
崇阳县	984	8534.82	984	8534.82	1656	454	1202
通山县	597	5570.67	533	4737.47	1044	534	510
赤壁市	2231	19312	2027	16401	6826	2315	4511
随州市	**129051**	**801718.24**	**128725**	**798114.24**	**265846**	**7694**	**258152**
随县	84670	502936.39	84670	502936.39	169364	3076	166288
曾都区	29189	196280.85	29189	196280.85	72610	1938	70672
广水市	15192	102501	14866	98897	23872	2680	21192
恩施自治州	**5843**	**67719.16**	**1548**	**15171.13**	**10497**	**1678**	**8819**
恩施市	205	1824	205	1824	309	139	170
利川市	1462	16187	717	7717	2459	500	1959
建始县	79	686.75	34	301.43	459	286	173
巴东县	174	1534.7	174	1534.7	2019	63	1956
宣恩县	229	2200.75			54	26	28
咸丰县	2124	28098.96			1714	212	1502
来凤县	1231	13496	128	1024	1277	148	1129
鹤峰县	339	3691	290	2770	2206	304	1902
仙桃市	**19768**	**155045**	**19748**	**154034**	**13351**	**5626**	**7725**
潜江市	**35700**	**311814**	**34945**	**269453**	**50883**	**4576**	**46307**
天门市	**34388**	**299549.34**	**32636**	**297413.8**	**50302**	**9503**	**40799**
神农架林区	**156**	**1248**	**112**	**896**	**150**	**50**	**100**

续表12

	种植业机械							
	耕整地机械							
	耕整机		机耕船		机引犁	旋耕机	深松机	机引耙
	台(套)	千瓦	艘	千瓦	台	台	台	台
湖北省	**387388.5**	**2055878.32**	**36223**	**340804.375**	**821803.5**	**568447**	**1057**	**545984**
武汉市	**31627**	**187699.02**	**4533**	**55312.33**	**6666**	**14569**	**77**	**2413**
洪山区	2442	14523	49	530	752	667		
东西湖区	1945	12783.15	365	4782	1314	2549		48
汉南区	5951	25450.2	288	3047.65	645	832		264
蔡甸区	4273	24817	839	10984	273	1748	1	154
江夏区	4290	23862	2694	32503				
黄陂区	6216	41960	53	1058	2363	5530		1367
新洲区	6382	43585.67	232	2272.68	1251	3137	75	572
市直	128	718	13	135	68	106	1	8
黄石市	**3375**	**23242.8**	**3619**	**41632.6**	**4149**	**5099**		**2469**
黄石港区	24	143			22	51		
西塞山区	17	44.5	14	224	7	12		
下陆区	12	53	6	53	36	40		
铁山区	1	6				1		
阳新县	1232	12724	2467	28627	3214	2985		1976
大冶市	1935	9363.3	993	10888.6	687	1817		361
经济开发区	154	909	139	1840	183	193		132
十堰市	**29008**	**166718.1**	**17**	**286.4**	**3364**	**6409**	**256**	**1463**
茅箭区	155	2150			20	1		11
张湾区	971	6408.6			78	998		0
郧县	14375	81914			653	874	56	632
郧西县	6294	34746	7	60	123	121		85
竹山县	1500	10004.5	5	200	220	1168		131
竹溪县	1450	10650			90	1050	200	30
房县	1063	5425	5	26.4	2180	2077		574
丹江口市	3200	15420				120		
宜昌市	**55985**	**309201.6**	**9**	**153**	**62600**	**67295**	**21**	**39346**
西陵区	8	56						
伍家岗区								
点军区	1123	1224			125	25		125
猇亭区						70		
夷陵区	11508	53495			3630	6764		1114
远安县	11882	94465			11403	7444		9202
兴山县	4147	20380			2022	2060		436
秭归县	4710	19108			7	7		7
长阳自治县	10886	53614			312	6027		
五峰治县	724	387			582	985		42
宜都市	3726	21570.6			1330	1785	21	185
当阳市	3570	26416	8	140	41067	38516		26849
枝江市	3701	18486	1	13	2122	3612		1386
襄阳市	**11980**	**56304.98**	**81**	**859.5**	**317863**	**138440**	**181**	**206210**

续表13

	种植业机械							
	耕整地机械							
	耕整机		机耕船		机引犁	旋耕机	深松机	机引耙
	台(套)	千瓦	艘	千瓦	台	台	台	台
襄城区	1123	10022.78			24390	750		23995
樊城区					5928	731		333
襄州区					67560	13530		57620
开发区					60	166		20
南漳县	3586	17930	47	352.5	30673	11236		21896
谷城县	102	510	34	507	8533	3662		6772
保康县	2904	18279			5311	5682		986
老河口市					27410	27000		27400
枣阳市	4241	7858			78956	46723		66981
宜城市					68812	28811	180	
襄北农场	24	1705.2			230	149	1	207
鄂州市	**3122**	**19508.6**	**1046**	**15280**	**1839**	**4403**	**90**	**724**
梁子湖区	1150	5990	386	5674	854	1869	16	345
华容区	750	4502	170	2403	190	260	1	55
鄂城区	984	7576.8	431	6335.7	763	2047	71	310
开发区	64	403.2	15	220.5	1	82		4
葛店开发区	117	737	18	264.6	1	15	1	
西山街办	12	57.6				36		
市直	45	242	26	382.2	30	94	1	10
荆门市	**3276**	**22098**	**123**	**991.82**	**170379**	**111307**	**50**	**116307**
东宝区					20234	9844		17496
掇刀区			1	8.82	11702	6908		3550
京山县	2816	13181	63	375	19215	27213		17776
沙洋县	110	3772	59	608	42241	53900		9909
钟祥市					67308	10014	10	60402
屈家岭	350	5145				350	40	40
沙洋农场					88	62		93
漳河新区					9591	3016		7041
孝感市	**15073**	**87349.16**	**2237**	**23657.04**	**18398**	**37084**		**9862**
孝南区	1720	10108	275	3120	1560	2372		1035
孝昌县	460	4950			4267	5492		3530
大悟县	3374	19366.76	28	313.04	2309	2957		1620
云梦县	905	5321.4	430	3612	1230	3787		620
应城市	625	1875	5	123	2125	7466		1434
安陆市	6062	34552			1210	4752		1410
汉川市	1927	11176	1499	16489	5697	10258		213
荆州市	**78460**	**315365**	**12484**	**74904**	**86782**	**98018**	**33**	**43088**
沙市区	395	1580	34	204	7109	8184		3182
荆州区	1568	6272	49	294	9385	10547	5	2150
公安县	27264	109056	288	1728	7967	11777	28	3042
监利县	13769	55076	4604	27624	12160	12102		12382
江陵县	3991	15964	229	1374	16592	16592		16592

续表14

	种植业机械							
	耕整地机械							
	耕整机		机耕船		机引犁	旋耕机	深松机	机引耙
	台(套)	千瓦	艘	千瓦	台	台	台	台
石首市	16139	64556	4408	26448	2838	3004		999
洪湖市	8587	34348	2840	17040	24402	26258		2333
松滋市	6587	27873	20	120	5579	6801		1658
开发区	160	640	12	72	750	2753		750
市直								
黄冈市	**57771**	**316944.17**	**5211**	**50879.41**	**11969**	**34756**	**154**	**7240**
黄州区	1400	8328.36	86	717.65	46	1125		6
龙感湖区			4	72	699	801		142
团风县	4245	19157	267	3112	691	1367		28
红安县	5653	32036.01	80	561.44	2256	3203	54	2961
罗田县	8360	47465	85	980	2580	4250	35	1530
英山县	2617	15685	100	850	300	1577	65	80
浠水县	8087	51200.1	835	6062.03	1326	7245		427
蕲春县	6627	43616	2139	20483.29	1400	5681		400
黄梅县	8406	42621	785	8673	1363	6152		1474
麻城市	11075	51131.7	1	15	858	2109		
武穴市	1301	5704	829	9353	450	1246		192
咸宁市	**28390**	**140593.66**	**3966**	**50008.52**	**7303**	**14153**		**3041**
咸安区	2731	18039.2	384	4581.4	1796	2614		589
嘉鱼县	3382	14656.9	1588	17343	1979	2261		1627
通城县	11229	47260	142	1565	934	3686		215
崇阳县	4605	18242.98	84	609.12	322	1334		
通山县	1020	4242.58	18	182	289	606		79
赤壁市	5423	38152	1750	25728	1983	3652		531
随州市	**29248**	**176943.4**	**34**	**383**	**111135**	**3796**		**106139**
随县	25700	151116			85112	2190		81523
曾都区	26	169.4			15305	365		18386
广水市	3522	25658	34	383	10718	1241		6230
恩施自治州	**32675**	**184569.24**	**2**	**41**	**2867**	**7041**	**95**	**977**
恩施市	1806	8596			62	55		
利川市	5612	30638.97			387	902		242
建始县	4254	28333			296	1662	75	290
巴东县	6693	38083.17			371	1656		
宣恩县	3401	17405			10	44		
咸丰县	5168	27374.1			385	1145		295
来凤县	4871	26319	2	41	380	652	20	150
鹤峰县	870	7820			976	925		
仙桃市	**9885**	**58320**	**4995**	**43955**	**4290**	**7350**		**895**
潜江市	**2311**	**15022**	**261**	**4447**	**15977**	**23744**		**8757**
天门市	**2277**	**13989.9**	**466**	**4429.51**	**12712**	**20699**	**200**	**3758**
神农架林区	**324**	**11349.28**				**361**		

续表15

	种植施肥机械			水稻种植机械						
	播种机	其中:免耕播种机	精少量播种机	水稻直播机	水稻插秧机		其中:乘坐式		水稻浅栽机	
	台	台	台	台	台	千瓦	台	千瓦	台	千瓦
湖北省	**42899**	**3719**	**24775**	**13317.5**	**43167**	**132293.93**	**1986**	**15729.47**	**1**	**11**
武汉市	**3056**	**297**	**369**	**39**	**1531**	**7141.71**	**130**	**1128.86**		
洪山区	1		1		10	68	4	52		
东西湖区	3	2	1		8	63	2	14		
汉南区	52	18	17	2						
蔡甸区	15	1	2	2	299	1465	46	298		
江夏区	127			35	307	1154				
黄陂区	1257	29	54		479	2570	50	483		
新洲区	1601	247	294		428	1821.71	28	281.86		
市直										
黄石市	**167**	**22**	**145**	**474**	**1162**	**2491.4**	**26**	**302**		
黄石港区										
西塞山区										
下陆区										
铁山区										
阳新县	82		82	427	601	1202	18	246		
大冶市	84	22	62	47	558	1280.4	8	56		
经济开发区	1		1		3	9				
十堰市	**757**		**297**		**428**	**1009**	**4**	**60**		
茅箭区										
张湾区										
郧县	213		213		97	195				
郧西县	461		70		30	124	4	60		
竹山县	25				50	110				
竹溪县	44				50	130				
房县					95	243				
丹江口市	14		14		106	207				
宜昌市	**3666**	**13**	**1644**	**15**	**1358**	**4269**	**64**	**624.2**		
西陵区										
伍家岗区										
点军区										
猇亭区										
夷陵区	764		164		161	573				
远安县					68	199				
兴山县	10		10		2	3				
秭归县										
长阳自治县					9	18				
五峰治县					1	2				
宜都市	10		10		123	296	3	9		
当阳市	1502	13	1374		425	1625	50	500		
枝江市	1380		86	15	569	1553	11	115.2		
襄阳市	**20778**	**148**	**11577**		**5883**	**14827**	**81**	**800.6**		

续表16

	种植施肥机械			水稻种植机械						
	播种机	其中:免耕播种机	精少量播种机	水稻直播机	水稻插秧机		其中:乘坐式		水稻浅栽机	
	台	台	台	台	台	千瓦	台	千瓦	台	千瓦
襄城区	13	3	4		180	818	2	20		
樊城区	45	45			161	764	5	66		
襄州区	1050		1050		1250	3900	18	217		
开发区	92	68	22		75	238	3	75		
南漳县	5616		2236		1016	1700	15	88.6		
谷城县	18	4	14		252	1211	10	116		
保康县	614	2	612		75	180				
老河口市	3000		3000		254	660	5	15		
枣阳市	4386		4386		1853	3538	11	83		
宜城市	5874		209		767	1818	12	120		
襄北农场	70	26	44							
鄂州市	**236**	**113**	**123**	**38**	**578**	**1346.7**	**13**	**65**		
梁子湖区	87	42	45	26	199	457.4	7	35		
华容区	20	8	12	4	180	399.4				
鄂城区	124	60	64	4	193	477	6	30		
开发区				2	1	2.2				
葛店开发区				1	2	4.4				
西山街办										
市直	5	3	2		3	6.3				
荆门市	**5199**	**1403**	**3655**	**416**	**11076**	**31628.1**	**130**	**931.6**		
东宝区	36		36		187	625	9	78.5		
掇刀区	326		326		251	753	3	9		
京山县	516		516	400	4413	13355	58	211		
沙洋县	231	28	68		3217	9076	30	332		
钟祥市	3650	1055	2595		2812	7155	16	144		
屈家岭	360	295	65	5	3	44.1	3	44.1		
沙洋农场	41	25	10	11	36	149	9	107		
漳河新区	39		39		157	471	2	6		
孝感市	**1373**	**192**	**983**	**77**	**3532**	**10106.88**	**150**	**1341.31**		
孝南区	355	169	183		246	1295	23	303		
孝昌县	136	1	135		309	1011	26	257		
大悟县	45	12	33		203	682.08	15	112.35		
云梦县	205	10		2	74	261.8	7	41.16		
应城市	258		258	60	1306	3787	13	81		
安陆市	92		92	15	662	1314	25	186		
汉川市	282		282		732	1756	41	360.8		
荆州市	**1017**	**62**	**885**	**10364**	**5926**	**18243**	**585**	**4515.68**		
沙市区	6		6	97	157	517	22	169.84		
荆州区	141	26	100	142	747	2110	37	286		
公安县	187	3	184	1000	1541	4424	90	695		
监利县	229		229	7825	1050	3677	190	1466.8		
江陵县	72		17	300	794	2365	63	486.36		

续表17

	种植施肥机械									
				水稻种植机械						
	播种机	其中:免耕播种机	精少量播种机	水稻直播机	水稻插秧机		其中:乘坐式		水稻浅栽机	
	台	台	台	台	台	千瓦	台	千瓦	台	千瓦
石首市	32		32	400	461	1272	17	131.24		
洪湖市	314	6	308	200	995	3268	138	1065		
松滋市	36	27	9	400	174	571	24	185		
开发区					3	18	2	15.44		
市直					4	21	2	15		
黄冈市	**3582**	**1193**	**2356**	**1060**	**4944**	**17049.87**	**282**	**1526.6**		
黄州区	33	25	1		102	180.54				
龙感湖区	9		9		55	134.2	1	10		
团风县	64	9	55	1	651	3145	9	41		
红安县				36	637	1627.53	11	71.5		
罗田县	8	8			285	350	1	8		
英山县	11	5	6	110	119	982				
浠水县	1000	938	62	238	709	2857.5	108	345.6		
蕲春县	88	40	48	26	528	1846.8	22	94.5		
黄梅县	109	10	99	556	624	2020	102	530		
麻城市	1959	148	1811	93	720	2115.3	19	171		
武穴市	301	10	265		514	1791	9	255		
咸宁市	**318**	**68**	**233**	**60**	**1806**	**7230.2**	**236**	**1648**		
咸安区	135	53	82		331	1455	10	97		
嘉鱼县	5	1			287	1518	5	45		
通城县	98	5	93	55	401	711	3	21		
崇阳县	11	9	0	0	183	533	7	35		
通山县	31		20	5	153	641.2	3	32		
赤壁市	38		38		451	2372	208	1418		
随州市	**48**	**22**	**26**	**630**	**2389**	**5601.57**	**45**	**560.92**		
随县				630	1214	2185.2	14	198.1		
曾都区	18	2	16		551	1498.37	7	70.82		
广水市	30	20	10		624	1918	24	292		
恩施自治州	**53**	**1**	**18**	**10**	**632**	**2211.5**	**3**	**25**	**1**	**11**
恩施市					26	121				
利川市	5		4	7	464	1501	3	25		
建始县	2	1	1	2	18	110			1	11
巴东县	2				7	26.9				
宣恩县					41	246				
咸丰县	13		13		52	130				
来凤县	31			1	22	70				
鹤峰县					2	6.6				
仙桃市	**1351**	**246**	**1105**		**972**	**3120**	**52**	**418**		
潜江市	**136**		**136**		**577**	**3752**	**290**	**2531**		
天门市	**3811**	**124**	**3687**	**269**	**2295**	**11404**	**132**	**1450.4**		
神农架林区										

续表18

	化肥深施机	地膜覆盖机	农用排灌机械					
			排灌动力机械		其中:柴油机		电动机	
	台	台	台	千瓦	台	千瓦	台	千瓦
湖北省	**22076.5**	**3904**	**928847**	**6595619.91**	**226998.5**	**2143040.63**	**680967.5**	**4381250.25**
武汉市	**1855**	**437**	**51828**	**655228.79**	**16931**	**155172.38**	**34074**	**496587.31**
洪山区			3581	33963	1246	12086	2335	21157
东西湖区			3680	36789.5	2523	32418	1157	4371.5
汉南区	48	421	3013	25909.6	374	2407	1816	20753.5
蔡甸区	15		5658	133605	1209	11363	4449	122242
江夏区	47	6	8751	107678	3680	31963	5071	75715
黄陂区		10	12609	183258.4	3920	21918	8689	161340.4
新洲区	1745		13924	122626.61	3867	42029.74	10057	80596.87
市直			612	11398.68	112	987.64	500	10411.04
黄石市	**156**	**13**	**17357**	**213870**	**2734**	**24594**	**14534**	**189263**
黄石港区			279	967	22	362	251	596
西塞山区			77	3785	13	242	64	3543
下陆区		12	167	511	5	22	162	489
铁山区			2	2				
阳新县	138		6574	72556	1356	10848	5218	61708
大冶市	18	1	9716	131933	1276	12618	8359	119315
经济开发区			542	4116	62	502	480	3612
十堰市	**1366**	**232**	**50812**	**431032**	**14274**	**216947.2**	**36366**	**213738.8**
茅箭区			420	4015	15	165	401	3824
张湾区			652	2395.8	9	81	643	2314.8
郧县	58		3425	38239	198	5688	3227	32251
郧西县	560	32	8500	49250	145	1810	8355	47420
竹山县	148		4508	32782	1538	9043	2970	23739
竹溪县	600	200	23500	99540	9700	37480	13800	62060
房县			3427	155930.2	1409	140950.2	1850	14980
丹江口市			6380	48880	1260	21730	5120	27150
宜昌市	**2641**	**1551**	**97680**	**315722.99**	**7232**	**52682.79**	**90448**	**263033.2**
西陵区			64	588			64	588
伍家岗区			665	1747	21	140	644	1607
点军区			4070	6702	80	345	3990	6350
猇亭区								
夷陵区			27769	36159	460	4246	27309	31913
远安县			14107	24567	219	1896	13888	22671
兴山县	1269	829	1236	3600	761	2104	475	1496
秭归县	6		7519	15203	587	2793	6932	12410
长阳自治县			1735	6654	755	3648	980	3006
五峰治县	75	141	244	553.6	9	165.6	235	388
宜都市	276		5829	32528.39	3201	20067.19	2628	12461.2
当阳市	1009	461	6118	60571	95	1218	6023	59353
枝江市	6	120	28324	126850	1044	16060	27280	110790
襄阳市	**5189**	**739**	**40364**	**529775.25**	**10741**	**131520.78**	**29557**	**397310.33**

续表19

	化肥深施机	地膜覆盖机	农用排灌机械					
			排灌动力机械		其中:柴油机		电动机	
	台	台	台	千瓦	台	千瓦	台	千瓦
襄城区			2114	28461.78	527	5338.78	1587	23123
樊城区			2578	28800	1866	22392	712	6408
襄州区	1020		6890	49910	1714	18854	5176	31056
开发区			56	770	18	282	38	360
南漳县	3086	268	3532	33497.47	1203	15923	2263	16938.33
谷城县			4212	56948	559	5989	3653	50959
保康县	64	233	7521	41965	886	12428	6635	29357
老河口市	20		2700	34100	1100	12400	1600	21700
枣阳市	469	238	7762	200585	2828	37018	4934	163567
宜城市	502		2910	52526			2910	52526
襄北农场	28		89	2212	40	896	49	1316
鄂州市	**9**	**2**	**10113**	**136718.9**	**2644**	**20255.9**	**7409**	**115138.2**
梁子湖区		2	4330	24950	1260	5517	3030	18600
华容区	2		1378	33801	198	2230	1180	31200
鄂城区	7		3856	64786.5	1061	11138.5	2795	53648
开发区			40	2922.4	8	160	32	2715.2
葛店开发区			226	3950	6	176.4	200	3700
西山街办			81	2919	56	468	25	2451
市直			202	3390	55	566	147	2824
荆门市	**489**	**7**	**33371**	**274334.3**	**7903**	**73432**	**25468**	**200902.3**
东宝区			1996	24067	945	8335	1051	15732
掇刀区			6004	18276.3			6004	18276.3
京山县	489		7849	41165	2871	28717	4978	12448
沙洋县			4316	45995			4316	45995
钟祥市		7	12214	127474	3987	33630	8227	93844
屈家岭			150	4575	100	2750	50	1825
沙洋农场			142	7267			142	7267
漳河新区			700	5515			700	5515
孝感市	**3344**	**10**	**185163**	**642726.47**	**25131**	**202532.02**	**159996**	**435949.45**
孝南区	48	10	52230	66171	2810	14050	49420	52121
孝昌县			37410	100683	4318	27442	33092	73241
大悟县			25175	44567.47	434	8693.02	24741	35874.45
云梦县			23502	62191	420	3704	23046	57574
应城市			10811	28681	2581	10575	8230	18106
安陆市	1020		6600	79200	465	4090	6135	71778
汉川市	2276		29435	261233	14103	133978	15332	127255
荆州市	**3470**	**16**	**126032**	**1343211**	**56119**	**505071**	**69913**	**838140**
沙市区	141		4308	51273	141	1269	4167	50004
荆州区	377		2578	30327	203	1827	2375	28500
公安县	598		22527	246528	7932	71388	14595	175140
监利县	641	3	32282	328386	19666	176994	12616	151392
江陵县	260	13	5593	61275	1947	17523	3646	43752

续表20

	化肥深施机	地膜覆盖机	农用排灌机械					
			排灌动力机械		其中：柴油机		电动机	
	台	台	台	千瓦	台	千瓦	台	千瓦
石首市	958		5565	58494	2690	24210	2875	34284
洪湖市	5		40146	419211	20647	185823	19499	233388
松滋市	490		12897	146277	2829	25461	10068	120816
开发区			136	1440	64	576	72	864
市直								
黄冈市	**1041**	**1**	**68949**	**689083.43**	**22643**	**240171.12**	**40199**	**419943.84**
黄州区	1		3872	59367.14	645	7422.12	3225	51333.02
龙感湖区			564	27072	309	14832	255	12240
团风县			6332	53335	802	23459	5530	29876
红安县	3		11751	79293.17	3316	18915.05	3817	36773.25
罗田县			3550	36800	890	9550	2660	25680
英山县			852	17655	54	617	770	16441
浠水县	43		9110	100541.01	3519	34689.11	5591	65851.9
蕲春县			6820	60650.11	2711	29340.04	4109	31310.07
黄梅县	344	1	9592	94993	3107	26485	6361	67825
麻城市			8731	62287	3670	37278.8	3726	23106.6
武穴市	650		7775	97090	3620	37583	4155	59507
咸宁市	**601**	**6**	**38035**	**420503**	**7736**	**101653**	**25256**	**308631**
咸安区			10165	75147	2594	23493	7571	51654
嘉鱼县	505		6368	108707	2582	27778	3786	80929
通城县		2	12337	43310	1213	7081	6081	26010
崇阳县			3150	34070	300	2720	2850	31350
通山县	3	4	215	5376	62	1860	153	3516
赤壁市	93		5800	153893	985	38721	4815	115172
随州市	**46**	**1**	**110447**	**228804.83**	**5419**	**57250.17**	**105003**	**171554.66**
随县	29		11034	72739	3744	39877.4	7290	32861.6
曾都区	17	1	20114	70448.83	1088	9926.77	19026	60522.06
广水市			79299	85617	587	7446	78687	78171
恩施自治州	**2**	**674**	**46633**	**169715.2**	**12537**	**68371.82**	**25636**	**79550.86**
恩施市			404	2644	141	1411	263	1233
利川市		491	10777	31971.1	226	2318	7360	14466.9
建始县	2	183	768	2922.6	185	1550	583	1372.6
巴东县			11214	35827.5	3358	24603	6454	11224.5
宣恩县			2058	4680	240	1678	1818	3002
咸丰县			4769	16146	546	5482.82	1356	5056.86
来凤县			10721	23596	6385	14561	4336	9035
鹤峰县			5922	51928	1456	16768	3466	34160
仙桃市			**51268**	**460478**	**41595**	**301059**	**9673**	**159419**
潜江市	**215**	**157**	**18302**	**209359**	**8488**	**103368**	**9814**	**105991**
天门市	**3520**	**273**	**33664**	**417388.4**	**19735**	**181546**	**13929**	**235842.4**
神农架林区			**892**	**2562.1**	**91**	**799.9**	**801**	**1762.2**

续表21

	农用水泵	节水灌溉类机械	田间管理机械				收获机械	
			机动喷雾(粉)机		茶叶修剪机		联合收获机	
	台	套	台	千瓦	台	千瓦	台	千瓦
湖北省	**980824**	**106498**	**563089.5**	**681230.575**	**51186**	**64307.37**	**69932**	**3021719.49**
武汉市	**43694**	**20696**	**29103**	**35403.53**	**446**	**543.05**	**1430**	**64547.79**
洪山区	2078	252	1623	3272	5	17.5	9	518
东西湖区	3365	6905	2727	4907.82	4	2.85	23	892
汉南区	2265	690	5547	4999.04			51	3279
蔡甸区	6002	1408	4272	3878	4	8	277	15742
江夏区	7119	3880	2502	3536	36	114	477	20172
黄陂区	11930	3721	2500	3200.5	239	239	237	9467.49
新洲区	9749	3835	9907	11558.92	158	161.7	354	14420.3
市直	1186	5	25	51.25			2	57
黄石市	**23810**	**6380**	**17022**	**9472.5**	**92**	**32.65**	**863**	**44107.4**
黄石港区	258	1087	18	18				
西塞山区	84	18					3	51.6
下陆区	162	12	8	8				
铁山区	2							
阳新县	9701	1782	11677	6760	81	29	456	24576
大冶市	12749	3481	5274	2634.5	11	3.65	395	19069.8
经济开发区	854		45	52			9	410
十堰市	**40412**	**13989**	**8402**	**9879**	**1931**	**5504.4**	**412**	**13491.8**
茅箭区	560	39			14	17	3	210
张湾区	2450	398			83	166		
郧县	3561	2054	844	1847	215	480	66	955
郧西县	18710	1152	4810	2890	150	142	39	1162
竹山县	582	7450	1180	2669	476	571.2	32	1310
竹溪县	11650	1850			400	3145	15	850
房县	2899	860	818	991	305	403.2	151	5179
丹江口市		186	750	1482	288	580	106	3825.8
宜昌市	**123904**	**8031**	**82648**	**96454**	**33143**	**35698.39**	**2532**	**103295.29**
西陵区	24	1	260	323	1	3		
伍家岗区	867	91	1452	3136				
点军区	8170	2195	3800	5505	490	345		
猇亭区	2200		1800	3500	5	10		
夷陵区	28989	1506	5779	8673	5343	9995	41	1494
远安县	12132	2	1030	414	33	13	394	15291
兴山县	1338	442	2535	4831	2216	2451		
秭归县	7965	5	10984	16039	8654	9550		
长阳自治县	859	1280	3782	3782	546	272	4	146
五峰治县	345	115	503	386	12436	10215.17	15	330.75
宜都市	7823	32	8221	9731	3415	2836.22	52	1390.54
当阳市	24994	1030	12511	14468	4	8	1413	57837
枝江市	28198	1332	29991	25666			613	26806
襄阳市	**64594**	**8099**	**25756**	**35746.2**	**1238**	**2520.6**	**18249**	**794252.38**

续表22

	农用水泵	节水灌溉类机械	田间管理机械				收获机械	
			机动喷雾(粉)机		茶叶修剪机		联合收获机	
	台	套	台	千瓦	台	千瓦	台	千瓦
襄城区	8760	18	480	1603.2			760	36480
樊城区	1832	60	245	1080			353	16350
襄州区	8954		4140	7036			3100	145390
开发区	35						142	6971
南漳县	3369	45	2786	5572	172	379.6	1499	56867.38
谷城县	3399		741	986	671	1386	638	27871
保康县	6013	1921	4049	4648	257	322	181	6178
老河口市	7000	4000	5000	6800			2560	105750
枣阳市	17655	1679	4317	4502	138	433	5797	241617
宜城市	7519	315	3771	3259			3152	145731
襄北农场	58	61	227	260			67	5047
鄂州市	**15890**	**680**	**11848**	**12821.4**	**80**	**186**	**196**	**11166**
梁子湖区	5950	241	3302	3720	7	65	65	3930
华容区	3902	240	3600	4020	2	18	60	3321
鄂城区	5049	183	4115	4184.1	71	103	68	3774
开发区	192	6	252	277.2			1	45
葛店开发区	243		288	300			1	48
西山街办	294		86	94.6				
市直	260	10	205	225.5			1	48
荆门市	**81104**	**381**	**29340**	**51020**	**4**	**30**	**12822**	**580600**
东宝区	20780		2360	5000	4	30	873	40899
掇刀区	9082		1082	2164			927	43717
京山县	9155	175	5100	6399			3351	135703
沙洋县	2679		14781	23966			2594	120770
钟祥市	35973	64	5527	10426			4111	186430
屈家岭	350	30	50	1825			520	30576
沙洋农场	74	112	1	14			61	6630
漳河新区	3011		439	1226			385	15875
孝感市	**193519**	**13501**	**34201**	**41700.44**	**286**	**318.9**	**4532**	**178416.88**
孝南区	61195	1960	9240	14760	20	17	292	11206
孝昌县	37088	330			51	40	317	13350
大悟县	25175	10268	2329	3167.44	210	186.9	208	7750.08
云梦县	22984	580	4623	3082			219	8312.8
应城市	17080		3200	3160	5	75	1253	46412
安陆市	6723	363					758	31986
汉川市	23274		14809	17531			1485	59400
荆州市	**128290**	**1409**	**142257**	**170708**	**35**	**35**	**13741**	**609561.53**
沙市区	4557	362	6141	7369			281	14110.53
荆州区	9978	495	12355	14826			818	34568
公安县	13591	5	33452	40142			2243	85023
监利县	27142	32	17685	21222			4352	218167
江陵县	3737	5	16755	20106			1465	64801

续表23

	农用水泵	节水灌溉类机械	田间管理机械				收获机械	
			机动喷雾(粉)机		茶叶修剪机		联合收获机	
	台	套	台	千瓦	台	千瓦	台	千瓦
石首市	10205	198	18763	22516	35	35	1947	75174
洪湖市	39767	305	10635	12762			1228	56875
松滋市	17827	5	24627	29552			1383	59615
开发区	1486	2	1844	2213			24	1228
市直								
黄冈市	**71732**	**8537**	**90050**	**84810.29**	**2653**	**9163**	**3381**	**132109.58**
黄州区	4727	2	3347	3700.53			98	4330.4
龙感湖区	269	51	475	679.25			96	4178.58
团风县	6751	1192	7960	9200	188	204	206	9232
红安县	5148	262	2755	2465.91	246	350.7	110	4161.5
罗田县	2250		3650	3650	50	50	250	8500
英山县	15000	510	697	2121	1922	8037	156	3180
浠水县	11030	2152	9077	11381.5	16	49	298	8999.8
蕲春县	9213	9	3297	5995.5	78	328	363	14471.8
黄梅县	7085	390	27786	25360	35	53	992	44053
麻城市	5622	3770	4438	4621.6	118	91.3	396	12913.5
武穴市	4637	199	26568	15635			416	18089
咸宁市	**43889**	**5697**	**16791**	**25654.5**	**652**	**1143.95**	**3381**	**136543.21**
咸安区	11873	830	1176	2689.9	104	427	419	16841.69
嘉鱼县	5148		1335	2016			564	24778
通城县	12912	1365	5606	7287	228	185	588	18712
崇阳县	3866	0	3249	3912	194	291	666	27606
通山县	3965	775	1073	1626.6	67	142.95	477	22924.52
赤壁市	6125	2727	4352	8123	59	98	667	25681
随州市	**38474**	**7418**	**10474**	**13200.14**	**145**	**168**	**4182**	**166560.86**
随县	21282	4452	7200	7395	120	78	2591	110189.36
曾都区	16448	502	1593	3375.14	10	70	1013	34225.5
广水市	744	2464	1681	2430	15	20	578	22146
恩施自治州	**36045**	**10849**	**24177**	**26021.2**	**10088**	**8963.43**	**335**	**8851.9**
恩施市	203		439	517.06	355	443.93	24	1198
利川市	8673	1084	7077	9309.6	2213	1639.85	212	5009.6
建始县	10427	603	4149	5184.54	381	569.8	25	711
巴东县	3187	65	816	989	136	158.85	1	35.3
宣恩县	1637	548	2308	1354	2798	1649	10	280
咸丰县	3096	3833	2978	3270	318	318	15	306
来凤县	7558	3704	3866	4125	77	57	35	871
鹤峰县	1264	1012	2544	1272	3810	4127	13	441
仙桃市	**113390**		**26598**	**37226**			**1374**	**52125**
潜江市	**13799**	**397**	**27234**	**49021**			**1333**	**77388**
天门市	**23603**	**1124**	**26807**	**50431.75**			**5045**	**226916.74**
神农架林区	**142**	**141**	**1402**		**786**			

续表24

	稻麦联合收割机		其中:自走式	其中:半喂入式		玉米联合收获机		其中:自走式
	台	千瓦	台	台	千瓦	台	千瓦	台
湖北省	**68426.5**	**2966340.66**	**53556**	**7437.5**	**313652.97**	**1505.5**	**55378.83**	**817.5**
武汉市	**1312**	**57631.79**	**1055**	**269**	**15047.39**	**118**	**6916**	**110**
洪山区	8	463		8	463	1	55	1
东西湖区	15	510		15	510	8	382	
汉南区	32	2158	32	1	66	19	1121	19
蔡甸区	198	10913	165	33	1584	79	4829	79
江夏区	467	19678	467	12	529	10	494	10
黄陂区	237	9467.49	104	132	8894.19			
新洲区	353	14385.3	285	68	3001.2	1	35	1
市直	2	57	2					
黄石市	**859**	**43945.4**	**369**	**57**	**2803.8**	**4**	**162**	**1**
黄石港区								
西塞山区	3	51.6						
下陆区								
铁山区								
阳新县	453	24462		23	1242	3	114	
大冶市	394	19021.8	360	34	1561.8	1	48	1
经济开发区	9	410	9					
十堰市	**407**	**13201**	**268**	**131**	**5722.4**	**5**	**290.8**	
茅箭区						3	210	
张湾区								
郧县	66	955	52	8	325			
郧西县	39	1162	39	13	598			
竹山县	32	1310	26	6	270			
竹溪县	15	850						
房县	151	5179	51	100	4382.4			
丹江口市	104	3745	100	4	147	2	80.8	
宜昌市	**2426**	**99370.54**	**2178**	**545**	**20639**	**106**	**3924.75**	**65**
西陵区								
伍家岗区								
点军区								
猇亭区								
夷陵区	41	1494	36	34	1327			
远安县	394	15291	394	23	1040			
兴山县								
秭归县								
长阳自治县	4	146	2	2	73			
五峰治县						15	330.75	
宜都市	52	1390.54	20	32	834			
当阳市	1375	55886	1375	245	9007	38	1951	38
枝江市	560	25163	351	209	8358	53	1643	27
襄阳市	**17710**	**769471.6**	**11392**	**204**	**12530.25**	**539**	**24780.78**	**301**

续表25

	稻麦联合收割机		其中：自走式	其中：半喂入式		玉米联合收获机		其中：自走式
	台	千瓦	台	台	千瓦	台	千瓦	台
襄城区	758	36384	758			2	96	2
樊城区	341	15540	341	8	480	12	810	12
襄州区	2900	133690				200	11700	
开发区	130	6370	35	72	3240	12	601	6
南漳县	1498	56819.6	1498	15	551.25	1	47.78	
谷城县	608	26361	607	42	1632	30	1510	30
保康县	180	6144	180	10	400	1	34	
老河口市	2430	102300	2409	21	1010	130	3450	110
枣阳市	5661	235920	5498	26	4886	136	5697	126
宜城市	3138	144978		9	331	14	753	14
襄北农场	66	4965	66	1		1	82	1
鄂州市	**196**	**11166**	**78**	**43**	**2268**			
梁子湖区	65	3930	65	15	800			
华容区	60	3321	1	12	580			
鄂城区	68	3774	10	16	888			
开发区	1	45						
葛店开发区	1	48	1					
西山街办								
市直	1	48	1					
荆门市	**12730**	**575263**	**11623**	**345**	**16774**	**92**	**5337**	**66**
东宝区	872	40840	854	18	843	1	59	1
掇刀区	927	43717		22	1188			
京山县	3351	135703	3291	60	3300			
沙洋县	2593	120696	2593	189	8254	1	74	1
钟祥市	4076	184460	4014	5	243	35	1970	9
屈家岭	465	27342	425	40	2352	55	3234	55
沙洋农场	61	6630	61					
漳河新区	385	15875	385	11	594			
孝感市	**4486**	**176359.28**	**2461**	**930**	**35601.14**	**46**	**2057.6**	**45**
孝南区	289	11032	289	204	7336	3	174	3
孝昌县	316	13294	165	105	3518	1	56	
大悟县	208	7750.08	32	112	4560.64			
云梦县	183	6725.2	32	162	5953.5	36	1587.6	36
应城市	1253	46412	12	41	1474			
安陆市	758	31986	522	236	9959			
汉川市	1479	59160	1409	70	2800	6	240	6
荆州市	**13264**	**604779.53**	**12001**	**1654**	**68710.91**	**477**	**4782**	**117**
沙市区	281	14110.53	258	23	836.43			
荆州区	811	34228	557	254	10398.05	7	340	6
公安县	2240	84893	2240	267	10244.43	3	130	3
监利县	4327	216540	4327	124	5924	25	1627	25
江陵县	1465	64801	1437	28	988			

续表26

	稻麦联合收割机		其中：自走式	其中：半喂入式		玉米联合收获机		其中：自走式
	台	千瓦	台	台	千瓦	台	千瓦	台
石首市	1551	73554	1132	419	17731	396	1620	39
洪湖市	1197	56075	922	275	12401	31	800	30
松滋市	1368	59350	1116	252	9640	15	265	14
开发区	24	1228	12	12	548			
市直								
黄冈市	**3352**	**130478.58**	**2985**	**646**	**24274.86**	**29**	**1631**	**29**
黄州区	98	4330.4	98	13	483.85			
龙感湖区	82	3254.58	50	32	1270.1	14	924	14
团风县	206	9232	192	14	672			
红安县	110	4161.5	84	26	805.27			
罗田县	250	8500	192	58	3190			
英山县	156	3180	149	42	1680			
浠水县	298	8999.8	257	41	946.6			
蕲春县	363	14471.8	363	63	2010.94			
黄梅县	986	43745	982	120	5083	6	308	6
麻城市	395	12867.5	395	173	5201.1	1	46	1
武穴市	408	17736	223	64	2932	8	353	8
咸宁市	**3359**	**134919.41**	**1881**	**471**	**21953.51**	**22**	**1623.8**	**20**
咸安区	418	16782.89		43	1935	1	58.8	1
嘉鱼县	544	23314	312	232	11058	20	1464	18
通城县	587	18611	587	58	2321	1	101	1
崇阳县	666	27606	567	101	4899.51			
通山县	477	22924.52	415	30	1477			
赤壁市	667	25681		7	263			
随州市	**4155**	**165503.26**	**4072**	**949**	**35767.26**	**27**	**1057.6**	**23**
随县	2590	110153.76	2586	254	9859.26	1	35.6	
曾都区	1013	34225.5	1013	389	14652			
广水市	552	21124	473	306	11256	26	1022	23
恩施自治州	**335**	**8851.9**	**293**	**87**	**2516.9**			
恩施市	24	1198		23	1192			
利川市	212	5009.6	212	30	348.9			
建始县	25	711	13	19	436			
巴东县	1	35.3						
宣恩县	10	280	5	5	175			
咸丰县	15	306	15					
来凤县	35	871	35	9	320			
鹤峰县	13	441	13	1	45			
仙桃市	**1335**	**49395**	**1335**	**215**	**10750**	**39**	**2730**	**39**
潜江市	**1296**	**75168**	**1296**	**127**	**4826**	**37**	**2220**	**37**
天门市	**5040**	**226235.74**	**3169**	**1871**	**82511.1**	**5**	**681**	**5**
神农架林区								

续表27

	割晒机		其他收获机械		其中：大豆收获机		油菜籽收获机		马铃薯收获机	
	台	千瓦	台	千瓦	台	千瓦	台	千瓦	台	千瓦
湖北省	**19392**	**59386.4**	**50256.5**	**324762.39**	**31**	**2004.3**	**5443**	**268299.33**	**87**	**2631.025**
武汉市	**288**	**2432.41**	**1181**	**9460.81**	**2**	**338**	**150**	**8452.31**	**3**	**52**
洪山区	21	63	19	142.5						
东西湖区			2	338	2	338				
汉南区			169	1986			31	1986		
蔡甸区			492	4340			73	4310	1	30
江夏区	83	732	122	428			5	242		
黄陂区	184	1637.41	255	1652.41			34	1536.11		
新洲区			122	573.9			7	378.2	2	22
市直										
黄石市	**28**	**1993**	**5306**	**22165.6**			**130**	**5782**	**25**	**1200**
黄石港区										
西塞山区	1	2								
下陆区	2	3								
铁山区										
阳新县	25	1988	918	9875			71	2817		
大冶市			4388	12290.6			59	2965	25	1200
经济开发区										
十堰市	**236**	**1431**	**239**	**923.4**					**1**	
茅箭区										
张湾区										
郧县	135	705	135	415					1	
郧西县	30	90	16	32						
竹山县	13		20	300						
竹溪县										
房县	58	636	62	164.4						
丹江口市			6	12						
宜昌市	**3747**	**26203**	**4596**	**15446.63**			**238**	**11759**	**15**	
西陵区										
伍家岗区										
点军区			30	25						
猇亭区										
夷陵区			665	576						
远安县			11	40						
兴山县			53	106						
秭归县			64	52						
长阳自治县			375	67						
五峰治县										
宜都市	4	3	2990	2352.63			17	476		
当阳市			351	8914			175	8914	15	
枝江市	3743	26200	57	3314			46	2369		
襄阳市	**850**	**1361**	**15805**	**33188**			**579**	**31461**		

续表28

	割晒机		其他收获机械		其中：大豆收获机		油菜籽收获机		马铃薯收获机	
	台	千瓦	台	千瓦	台	千瓦	台	千瓦	台	千瓦
襄城区			4	200			4	200		
樊城区			60	3300			60	3300		
襄州区			989	16425			275	16225		
开发区			8							
南漳县			413							
谷城县	11	17	222	943			11	544		
保康县			249	591			3	118		
老河口市			205							
枣阳市	839	1344	12667	655						
宜城市			988	11074			226	11074		
襄北农场										
鄂州市	**17**	**100.45**	**1243**	**2489.8**			**15**	**814**		
梁子湖区	6	50.4	364	789.6			2	110		
华容区			345	538.4			2	96		
鄂城区	2	16.8	420	990			10	554		
开发区			48	52.8						
葛店开发区			35	35						
西山街办	9	33.25	30	30						
市直			1	54			1	54		
荆门市			**3277**	**41125**			**746**	**37798**	**1**	**25**
东宝区			565	9367			200	9367		
掇刀区			217							
京山县			597	9757			195	9757		
沙洋县			445	15134			286	15134		
钟祥市			1254	6867			65	3540	1	25
屈家岭										
沙洋农场			22							
漳河新区			177							
孝感市	**208**	**925**	**1329**	**17503.92**			**368**	**15488**	**11**	**116**
孝南区	8	45	258	2765			51	2616		
孝昌县			50	1359			27	1359		
大悟县			22	734.32			14	721.4		
云梦县			98	1146.6			26	1146.6	8	
应城市			553	573			15	497	2	76
安陆市	200	880	103	3086			48	1668		
汉川市			245	7840			187	7480	1	40
荆州市	**376**	**1770.28**	**3872**	**105469**	**24**	**1440**	**2079**	**101031**	**1**	**58**
沙市区			243	4215			75	4215		
荆州区			386	6368			131	6310	1	58
公安县	4	35.28	823	32200			790	31600		
监利县	118	1735	687	30045			511	30045		
江陵县			387	4917			151	4917		

续表29

	割晒机		其他收获机械		其中：大豆收获机		油菜籽收获机		马铃薯收获机	
	台	千瓦	台	千瓦	台	千瓦	台	千瓦	台	千瓦
石首市			448	5500			110	5500		
洪湖市	226		670	16140	24	1440	206	12360		
松滋市	28		198	5220			87	5220		
开发区			30	864			18	864		
市直										
黄冈市	**10249**	**14973.87**	**6040**	**21126.83**			**271**	**11914.48**	**12**	**428**
黄州区			65	3235.64			21	1341.79		
龙感湖区			150	2421.09			61	2421.09		
团风县	6	35	49	899			19	834	3	50
红安县	814	1516.57	395	873.4						
罗田县	380	380								
英山县	560	1700	4789	4782						
浠水县	6616	7939.2	237	454.3			30	304.2		
蕲春县	189	1027	3	151.4			3	151.4		
黄梅县	136	616	168	4183			67	3362	6	309
麻城市	1488	1098.1	48	948			13	680	3	69
武穴市	60	662	136	3179			57	2820		
咸宁市	**954**	**1272.83**	**1270**	**10539.3**			**144**	**6719.6**	**10**	**380.5**
咸安区	14	123.2	120	1797.5			27	1127	1	22
嘉鱼县			97	1104			23	1104		
通城县	468	514	365	1775			19	1140	2	96
崇阳县			103	1481.1			26	1146.6	7	262.5
通山县	249	277.63	226	3104.7			35	1670		
赤壁市	223	358	359	1277			14	532		
随州市	**1172**	**4781**	**430**	**4386**			**83**	**3065**	**1**	**21**
随县			327	3026			47	1726		
曾都区	143		74	371			7	350	1	21
广水市	1029	4781	29	989			29	989		
恩施自治州	**1186**	**1697.06**	**4519**	**4907.91**			**7**	**235**	**1**	**29**
恩施市			203	70						
利川市			1426	1266.01					1	29
建始县	214	465	110	276			4	160		
巴东县			19	20						
宣恩县			416	208						
咸丰县	692	924.06	186	265.9			3	75		
来凤县	280	308	22	12						
鹤峰县			2137	2790						
仙桃市			**82**							
潜江市			**753**	**37877**			**696**	**37877**		
天门市	**162**	**891**	**1464**	**34183.38**	**10**	**452.6**	**570**	**29682.88**	**12**	**643.05**
神农架林区										

续表30

	甜菜收获机		花生收获机		棉花收获机		蔬菜收获机		茶叶采摘机	
	台	千瓦	台	千瓦	台	千瓦	台	千瓦	台	千瓦
湖北省	**18**	**90**	**150.5**	**2683.125**			**10**	**155.4**	**15099**	**16906.46**
武汉市			**10**	**114**			**1**	**2.4**	**152**	**207**
洪山区							1	2.4		
东西湖区										
汉南区										
蔡甸区										
江夏区			10	114					21	59
黄陂区									91	91
新洲区									40	57
市直										
黄石市			**8**	**147.2**			**6**	**18**	**8**	**23**
黄石港区										
西塞山区										
下陆区										
铁山区										
阳新县							6	18	7	21
大冶市			8	147.2					1	2
经济开发区										
十堰市									**238**	**923.4**
茅箭区										
张湾区										
郧县									134	415
郧西县									16	32
竹山县									20	300
竹溪县										
房县									62	164.4
丹江口市									6	12
宜昌市									**3653**	**2688.63**
西陵区										
伍家岗区										
点军区									27	22
猇亭区										
夷陵区									514	576
远安县										
兴山县									53	106
秭归县									64	52
长阳自治县									375	67
五峰治县										
宜都市									2620	1865.63
当阳市										
枝江市										
襄阳市			**30**						**362**	**867**

续表31

	甜菜收获机		花生收获机		棉花收获机		蔬菜收获机		茶叶采摘机	
	台	千瓦	台	千瓦	台	千瓦	台	千瓦	台	千瓦
襄城区										
樊城区										
襄州区										
开发区										
南漳县										
谷城县									145	399
保康县									217	468
老河口市										
枣阳市										
宜城市			30							
襄北农场										
鄂州市	**18**	**90**	**5**	**300**					**37**	**77**
梁子湖区			5	300					32	32
华容区	18	90								
鄂城区									5	45
开发区										
葛店开发区										
西山街办										
市直										
荆门市			**5**	**240**						
东宝区										
掇刀区										
京山县										
沙洋县										
钟祥市			5	240						
屈家岭										
沙洋农场										
漳河新区										
孝感市			**10**	**22**					**16**	**31.52**
孝南区			1	22						
孝昌县										
大悟县									6	11.52
云梦县			9							
应城市										
安陆市									10	20
汉川市										
荆州市										
沙市区										
荆州区										
公安县										
监利县										
江陵县										

续表32

	甜菜收获机		花生收获机		棉花收获机		蔬菜收获机		茶叶采摘机	
	台	千瓦	台	千瓦	台	千瓦	台	千瓦	台	千瓦
石首市										
洪湖市										
松滋市										
开发区										
市直										
黄冈市			**21**	**157.5**					**5153**	**5418.8**
黄州区										
龙感湖区										
团风县										
红安县			21	157.5					316	486.7
罗田县										
英山县									4789	4782
浠水县									48	150.1
蕲春县										
黄梅县										
麻城市										
武穴市										
咸宁市							**3**	**135**	**802**	**1800.2**
咸安区							3	135	89	513.5
嘉鱼县										
通城县									169	361
崇阳县									48	72
通山县									157	108.7
赤壁市									339	745
随州市									**280**	**308**
随县									280	308
曾都区										
广水市										
恩施自治州									**4398**	**4561.91**
恩施市									203	70
利川市									1424	1237.01
建始县									106	116
巴东县									19	20
宣恩县									416	208
咸丰县									183	190.9
来凤县									10	9
鹤峰县									2037	2711
仙桃市										
潜江市										
天门市			**123**	**3404.85**						
神农架林区										

续表33

	青饲料收获机		牧草收获机		秸秆粉碎还田机	秸秆捡拾打捆机		玉米收获专用割台	大豆收获专用割台	油菜籽收获专用割台
	台	千瓦	台	千瓦	台	台	千瓦	台	台	台
湖北省	**5638**	**12148.8**	**729**	**5994**	**6426.5**	**332**	**6819.4**	**621**	**310.5**	**3704**
武汉市	**95**	**150**			**557**			**76**	**9**	**65**
洪山区					18					
东西湖区										
汉南区					131			7		
蔡甸区					289			59	9	61
江夏区	10	13			62			10		4
黄陂区	29	20.3			40					
新洲区	56	116.7			17					
市直										
黄石市	**4270**	**7772**	**724**	**5719**	**7**	**49**	**1100.4**			**72**
黄石港区										
西塞山区										
下陆区										
铁山区										
阳新县			724	5719	6	47	1096			51
大冶市	4270	7772			1	2	4.4			21
经济开发区										
十堰市										
茅箭区										
张湾区										
郧县										
郧西县										
竹山县										
竹溪县										
房县										
丹江口市										
宜昌市	**1**	**11**			**418**	**44**	**40**	**48**	**3**	**22**
西陵区										
伍家岗区										
点军区										
猇亭区										
夷陵区										
远安县						1	40			10
兴山县										
秭归县										
长阳自治县										
五峰治县										
宜都市	1	11			348			2		2
当阳市					68	43		40		10
枝江市					2			6	3	
襄阳市					**2694**	**82**	**860**	**253**	**73**	**590**

续表34

	青饲料收获机		牧草收获机		秸秆粉碎还田机	秸秆捡拾打捆机		玉米收获专用割台	大豆收获专用割台	油菜籽收获专用割台
	台	千瓦	台	千瓦	台	台	千瓦	台	台	台
襄城区										
樊城区										
襄州区					530	4	200	40		140
开发区								4		4
南漳县					368			5		17
谷城县					55					11
保康县						1	5	1		27
老河口市					115			90		
枣阳市					1246	26	655	98	73	105
宜城市					380	51		15		286
襄北农场										
鄂州市	**1067**	**1135.6**			**35**					**21**
梁子湖区	316	347.6			5					4
华容区	320	352.4								5
鄂城区	320	320			30					12
开发区	46	50.6								
葛店开发区	35	35								
西山街办	30	30								
市直										
荆门市					**663**	**12**	**520**	**79**	**185**	**1534**
东宝区										365
掇刀区						2				215
京山县					215					187
沙洋县					7			5		147
钟祥市					402	10	520	64	174	482
屈家岭										
沙洋农场								10	11	
漳河新区					39					138
孝感市	**2**	**1.4**			**206**	**23**	**89**	**36**		**657**
孝南区					174	1	29	3		28
孝昌县										23
大悟县	2	1.4								
云梦县					14			33		8
应城市					18					518
安陆市						22	60			23
汉川市										57
荆州市					**1162**	**70**	**2940**	**76**	**10**	**450**
沙市区					83					85
荆州区					254					
公安县						30	600	3		
监利县					148			2		26
江陵县					101			27		108

续表35

	青饲料收获机		牧草收获机		秸秆粉碎还田机	秸秆捡拾打捆机		玉米收获专用割台	大豆收获专用割台	油菜籽收获专用割台
	台	千瓦	台	千瓦	台	台	千瓦	台	台	台
石首市					190			5	2	141
洪湖市					354	40	2340	22	8	16
松滋市					20			17		74
开发区					12					
市直										
黄冈市	**34**	**2340.8**	**5**	**275**	**280**	**33**	**501**	**16**	**9**	**124**
黄州区	8	1528			15	21	315			
龙感湖区					14			14		61
团风县					8					19
红安县	12	17.8			30	12	186			
罗田县										
英山县										
浠水县					150				9	
蕲春县										
黄梅县	4	237	5	275	13					
麻城市	3	199			1			1		22
武穴市	7	359			49			1		22
咸宁市	**164**	**735**			**77**	**19**	**769**	**7**		**39**
咸安区										
嘉鱼县					68			6		
通城县	149	178			6			1		19
崇阳县					2					20
通山县	15	557				19	769			
赤壁市					1					
随州市					**59**					**5**
随县										
曾都区					59					5
广水市										
恩施自治州	**5**	**3**			**1**					
恩施市										
利川市					1					
建始县										
巴东县										
宣恩县										
咸丰县										
来凤县	5	3								
鹤峰县										
仙桃市								**39**		**43**
潜江市					**57**					
天门市					**478**			**21**	**43**	**207**
神农架林区										

续表36

	收获后处理机械							
	机动脱粒机		谷物烘干机		种子加工机械		保鲜储藏设备	
	台	千瓦	台	千瓦	台	千瓦	台(套)	千瓦
湖北省	**261989.5**	**604219.45**	**1429.5**	**30358.35**	**566**	**3127.425**	**3289**	**22308.7**
武汉市	**13645**	**22405**	**14**	**199**	**7**	**91**	**5**	**109.4**
洪山区	334	3340					2	80
东西湖区								
汉南区	424	3731						
蔡甸区	2139							
江夏区	2586	7758	3	39	7	91		
黄陂区	4850	7200	11	160				
新洲区	3200							
市直	112	376					3	29.4
黄石市	**9325**	**35207**	**60**	**2576**	**15**	**130**		
黄石港区								
西塞山区	6	12						
下陆区	6	12						
铁山区								
阳新县	2068	3102	34	1836				
大冶市	7059	31496	26	740	15	130		
经济开发区	186	585						
十堰市	**46915**	**101677.5**	**116**	**2674**	**52**	**413**	**669**	**4464**
茅箭区	185	265						
张湾区	667	1000.5						
郧县	16237	35720	12	85	22	168	65	390
郧西县	11500	17020	6	36	12	47	254	1271
竹山县	3200	12800						
竹溪县	500	6000	60	1900				
房县	9326	18652	38	653	18	198	350	2803
丹江口市	5300	10220						
宜昌市	**48922**	**52729.7**	**29**	**150**	**13**		**94**	**677**
西陵区							2	20
伍家岗区								
点军区								
猇亭区							5	100
夷陵区	4595							
远安县								
兴山县	5888	5700	6	18			9	90
秭归县	5230	2906						
长阳自治县	15975	17995					68	340
五峰治县	12647	21499.9						
宜都市	2754	4628.8					5	75
当阳市			12	132			5	52
枝江市	1833		11		13			
襄阳市	**19503**	**31950.5**	**441**	**1678**	**280**	**1200**	**254**	**539**

续表37

	收获后处理机械							
	机动脱粒机		谷物烘干机		种子加工机械		保鲜储藏设备	
	台	千瓦	台	千瓦	台	千瓦	台(套)	千瓦
襄城区	350	1050						
樊城区								
襄州区								
开发区								
南漳县	3335	8337.5						
谷城县	995	11940	8	160				
保康县	11950	6500	2	10	2	4	254	539
老河口市	1300							
枣阳市	1569	4123	431	1508	267	1196		
宜城市								
襄北农场	4				11			
鄂州市	**8343**	**17497**	**4**	**110**	**6**	**29.9**	**49**	**2056.8**
梁子湖区	2500	5000	1	50			36	1800
华容区	2580	5231			1	18.4	2	36.8
鄂城区	2800	6160	3	60	3	7.5	10	200
开发区	140	280						
葛店开发区	113	226						
西山街办	70	320						
市直	140	280			2	4	1	20
荆门市	**1288**	**11945**	**82**	**4088**	**18**	**219**	**137**	**1380**
东宝区			1				4	
掇刀区	36							
京山县	841	7401	30	819			123	1230
沙洋县								
钟祥市	398	4250	5	175	5	50	10	150
屈家岭	5	294	5	294				
沙洋农场			41	2800	13	169		
漳河新区	8							
孝感市	**9763**	**21794.1**	**82**	**790**	**2**	**4.4**		
孝南区	850	2550	18	270				
孝昌县								
大悟县	8221	17264.1			2	4.4		
云梦县	242		36					
应城市			8	140				
安陆市	450	1980	20	380				
汉川市								
荆州市	**4139**	**13872.7**	**84**	**5726**	**24**	**168**	**29**	**690**
沙市区	5		2	200				
荆州区	442		6	600				
公安县	1185	10451.7	30	600	9	18	20	600
监利县	334	2521	12	926				
江陵县			2	200				

续表38

	收获后处理机械							
	机动脱粒机		谷物烘干机		种子加工机械		保鲜储藏设备	
	台	千瓦	台	千瓦	台	千瓦	台(套)	千瓦
石首市	756		19	1900	15	150	9	90
洪湖市	1402	900	8	800				
松滋市	15		4	400				
开发区			1	100				
市直								
黄冈市	**35427**	**116222.02**	**103**	**3954.4**	**24**	**171**	**58**	**635**
黄州区	109	306.34					1	1.5
龙感湖区			27	2500.2				
团风县	1550	3410	7	300	5	115	3	120
红安县	5554	13459.08	24	308.4	15	33	23	425.5
罗田县	4500	5800						
英山县	2270	24970	1	2.7				
浠水县	6158	13547.6						
蕲春县	4007	22458.6	3	37.5			3	30
黄梅县	846	3494	33	640	2	16	0	0
麻城市	9431	20751.4	4	85.6				
武穴市	1002	8025	4	80	2	7	28	58
咸宁市	**6548**	**20643.4**	**97**	**5916.2**	**16**	**240**	**327**	**1182**
咸安区	1939	5817			16	240		
嘉鱼县	1337	4011						
通城县	1304	4563	1	11.2			30	540
崇阳县			3	135			294	588
通山县	686	1940.4	12	150			3	54
赤壁市	1282	4312	81	5620				
随州市	**2004**	**10447.63**	**106**	**810**	**11**	**110**	**15**	**1500**
随县	722	2129	106	810	11	110	15	1500
曾都区	765	4271.63						
广水市	517	4047						
恩施自治州	**53896**	**134529.9**	**199**	**1371**	**76**	**258**	**1651**	**8975.5**
恩施市	2668	4002.5					80	150
利川市	13582	42680.2	46	830	5	38	70	903
建始县	5696	11566.7	120	360	51	120	67	1350
巴东县	7120	15664	28	126			867	3862
宣恩县	3275	7205	5	55			308	1694
咸丰县	8549	24658.5					194	725.5
来凤县	5334	11835			20	100	65	291
鹤峰县	7672	16918						
仙桃市	**2868**	**25238**	**9**	**480**				
潜江市	**62**	**546**	**6**	**42**	**40**	**166**		
天门市	**1613**	**812**	**10**	**109.5**	**4**	**20.25**	**2**	**200**
神农架林区								

续表39

	设施农业设备				
	水稻工厂化育秧设备	温室	其中:连栋温室	日光温室	塑料大棚
	套	平方米	平方米	平方米	平方米
湖北省	**1847.5**	**672539570.2**	**49869526.5**	**6556256.65**	**590785743**
武汉市	**28**	**61203223.5**	**202873.5**		**61000350**
洪山区		2540	2540		
东西湖区		1033383.5	33333.5		1000050
汉南区		10000050			10000050
蔡甸区	25	10000050			10000050
江夏区		10050050	50000		10000050
黄陂区	1	10090050	90000		10000050
新洲区	2	20027100	27000		20000100
市直					
黄石市	**52**	**60970000**	**16800000**	**70000**	**44100000**
黄石港区					
西塞山区		1810000	250000		1560000
下陆区					
铁山区					
阳新县	47	31160000	120000	70000	30970000
大冶市	2	28000000	16430000		11570000
经济开发区	3				
十堰市		**80060000**			**80060000**
茅箭区					
张湾区		80000			80000
郧县		20010000			20010000
郧西县		4050000			4050000
竹山县		1990000			1990000
竹溪县		48540000			48540000
房县		3680000			3680000
丹江口市		1710000			1710000
宜昌市	**5**	**42840000**	**5872310**	**50000**	**31549870**
西陵区					
伍家岗区					
点军区					
猇亭区					
夷陵区		18270000			18270000
远安县		5600000	5600000		
兴山县		1390000			1390000
秭归县		110000	110000		
长阳自治县		430000	110000		300000
五峰治县		200000	50000	50000	100000
宜都市		2180000			41200
当阳市	2	11350000			11350000
枝江市	3	3310000	2310		98670
襄阳市	**19**	**70590000**	**12500**	**35450**	**70542050**

续表40

	设施农业设备				
	水稻工厂化育秧设备	温室	其中:连栋温室	日光温室	塑料大棚
	套	平方米	平方米	平方米	平方米
襄城区		240000			240000
樊城区		4350000		30000	4320000
襄州区	2	20830000	2500	5000	20822500
开发区	2				
南漳县	1	5200000			5200000
谷城县	9	900000	6000		894000
保康县		20160000			20160000
老河口市	3	1050000	4000		1046000
枣阳市		17860000		450	17859550
宜城市	2				
襄北农场					
鄂州市	**9**	**8408430**	**54898**	**12020**	**8341512**
梁子湖区		254700	36400		218300
华容区	8	7003500	13500		6990000
鄂城区	1	1074300	4998	12020	1057282
开发区		7000			7000
葛店开发区		60030			60030
西山街办		6700			6700
市直		2200			2200
荆门市	**23**	**57650000**	**6387775**	**4718200**	**46544025**
东宝区	3	3670000		50000	3620000
掇刀区	5	5880000	1200	55000	5823800
京山县	5	20370000	5927400	3593200	10849400
沙洋县		6860000	60000	10000	6790000
钟祥市	5	20870000	399175	1010000	19460825
屈家岭					
沙洋农场	5				
漳河新区					
孝感市	**155**	**89230000**	**8929580**	**837000**	**79463420**
孝南区	5	750000	87000		663000
孝昌县	12	10770000	2310		10767690
大悟县	121	4760000	2563600		2196400
云梦县		37050000	6670	15000	37028330
应城市	8	4660000	270000	802000	3588000
安陆市	6	23220000			23220000
汉川市	3	8020000	6000000	20000	2000000
荆州市	**112**	**46642400**	**192400**		**46450000**
沙市区	1	1106400	26400		1080000
荆州区	1	7720000	20000		7700000
公安县	4	20100000	10000		20090000
监利县	84	1140000	130000		1010000
江陵县	2	1322000	2000		1320000

续表41

	设施农业设备				
	水稻工厂化育秧设备	温室	其中:连栋温室	日光温室	塑料大棚
	套	平方米	平方米	平方米	平方米
石首市	1	5881000	1000		5880000
洪湖市	18	6632000	2000		6630000
松滋市	1	1601000	1000		1600000
开发区		1140000			1140000
市直					
黄冈市	**753**	**50380000**	**5295**	**33000**	**50299000**
黄州区	1	18330000			18330000
龙感湖区	2	80000			80000
团风县	8	8500000			8500000
红安县	335	50000			50000
罗田县		670000			670000
英山县		360000			360000
浠水县	6	3860000	1000		3850000
蕲春县	5	2830000	3335		2820000
黄梅县	2	13610000		33000	13550000
麻城市	394	2090000	960		2089000
武穴市					
咸宁市	**8**	**18390000**	**484241**	**284300**	**9273616**
咸安区		4950000			2211105
嘉鱼县		8500000	250800	250800	6029100
通城县	2	50000			30000
崇阳县	0	670000			3000
通山县	1	360000	1320	33500	325180
赤壁市	5	3860000	232121		675231
随州市	**647**	**18530000**	**1280000**	**400000**	**5330000**
随县	627	13610000	1280000	400000	410000
曾都区	20	2830000			2830000
广水市		2090000			2090000
恩施自治州	**25**	**55080000**	**9619754**	**109720**	**45300850**
恩施市		20100000	4100000		16000000
利川市	5	1140000	32700		1107300
建始县	20	1320000	520000		800000
巴东县		5880000	67024		5763300
宣恩县		6630000	1160000		5470000
咸丰县		1600000	590030	109720	900250
来凤县		80000	20000		60000
鹤峰县		18330000	3130000		15200000
仙桃市	**2**	**6672033.3**		**5333.3**	**6666700**
潜江市	**6**	**13339000**	**5000**		**13334000**
天门市	**15**	**4950000**	**50000**		**4900000**
神农架林区		**170000**	**800**	**7800**	**161400**

续表42

	农产品初加工机械						
	农产品初加工动力机械		其中:柴油机		电动机		农产品初加工作业机械
	台	千瓦	台	千瓦	台	千瓦	台(套)
湖北省	**919174.5**	**4486228.14**	**130662**	**1143461.81**	**782330.5**	**3314599.71**	**930137.5**
武汉市	**23790**	**275717.68**	**4552**	**64367.7**	**19238**	**211349.78**	**14818**
洪山区	1284	12701			1284	12701	119
东西湖区	281	5496	8	224	273	5272	175
汉南区	1573	14291	81	2511	1492	11780	727
蔡甸区	3566	55164	698	13199	2868	41965	974
江夏区	4626	48978	686	7918	3940	41060	6356
黄陂区	6318	79477	1162	18716.8	5156	60760	3856
新洲区	6006	58670.18	1905	21648.9	4101	37021.28	2475
市直	136	940.5	12	150	124	790.5	136
黄石市	**9303**	**85457.5**	**1524**	**10767**	**7779**	**74690.5**	**10368**
黄石港区							13
西塞山区	19	153.5			19	153.5	22
下陆区							12
铁山区							
阳新县	1859	11154	756	4536	1103	6618	5906
大冶市	7283	73510	712	5850	6571	67660	4355
经济开发区	142	640	56	381	86	259	60
十堰市	**71918**	**423019.3**	**23006**	**176255.5**	**46849**	**236035**	**95613**
茅箭区							8
张湾区	1667	12502.5	325	2437.5	1342	10065	933
郧县	4670	34934	875	6469	3795	28465	8374
郧西县	19375	114585	6158	51736	12350	60840	30088
竹山县	10932	71389	6770	40174	4162	31215	12950
竹溪县	14220	35220	760	5500	13460	29720	12500
房县	14354	104818.8	5408	44629	7750	51470	18200
丹江口市	6700	49570	2710	25310	3990	24260	12560
宜昌市	**160680**	**540049.61**	**14076**	**107643**	**143998**	**430873.61**	**182287**
西陵区	5	20			5	20	6
伍家岗区	128	511			128	511	8
点军区	762	5155	40	600	722	4555	1378
猇亭区							5
夷陵区	17411	85754	696	9927	16504	75296	25936
远安县	1056	14688	204	4008	852	10680	350
兴山县	16726	58650	5122	16587	11604	41063	18236
秭归县	35449	61764	524	4469	34925	57295	54823
长阳自治县	27136	116063	4192	46113	22944	69948	25416
五峰治县	43366	63228.61	103	742	40868	62486.61	43366
宜都市	6836	44811	1795	16044	5041	28767	5623
当阳市	2500	23563	141	1167	2359	22396	1934
枝江市	9305	65842	1259	7986	8046	57856	5206
襄阳市	**87688**	**461015.86**	**8866**	**72444**	**78822**	**388553.86**	**77203**

续表43

	农产品初加工机械						
	农产品初加工动力机械		其中：柴油机		电动机		农产品初加工作业机械
	台	千瓦	台	千瓦	台	千瓦	台(套)
襄城区	5150	70632.86	1220	11100	3930	59532.86	749
樊城区	953	9073.5	278	3336	675	5737.5	210
襄州区	3320	24053	460	4048	2860	20005	2685
开发区							
南漳县	5100	76500	800	12000	4300	64500	5268
谷城县	7284	38556	2026	4716	5258	33840	4486
保康县	50718	97399	1389	13098	49329	84301	41077
老河口市	3600	30000	1000	10400	2600	19600	7370
枣阳市	8925	85395	1693	13746	7232	71631	9513
宜城市	2571	28617			2571	28617	5792
襄北农场	67	789.5			67	789.5	53
鄂州市	**9374**	**168389**	**2188**	**22652**	**7095**	**145159**	**5051**
梁子湖区	3743	98937	882	7225	2861	91712	2873
华容区	1121	18653	210	2321	820	15754	435
鄂城区	4190	44867	1000	12000	3190	32867	1571
开发区	3	18	2	12	1	6	
葛店开发区	52	3198	12	150	40	3048	52
西山街办	50	420	30	320	20	100	50
市直	215	2296	52	624	163	1672	70
荆门市	**14585**	**140679.5**	**1874**	**22427**	**12711**	**118252.5**	**8911**
东宝区	1423	14292	305	2722	1118	11570	1420
掇刀区	460	5437.5			460	5437.5	186
京山县	3123	29047	1202	15590	1921	13457	2219
沙洋县	4423	30335			4423	30335	1797
钟祥市	4557	56105	367	4115	4190	51990	2608
屈家岭	10	588			10	588	10
沙洋农场	378	2011			378	2011	378
漳河新区	211	2864			211	2864	293
孝感市	**24265**	**195312.56**	**3363**	**34976.66**	**20895**	**160333.9**	**20007**
孝南区	2345	25473	480	5423	1865	20050	2350
孝昌县	5525	42908	523	4351	4995	38555	5530
大悟县	5219	32611.56	546	8031.66	4673	24579.9	8184
云梦县	2077	17229	203	2237	1874	14992	429
应城市	1825	14866	574	5308	1251	9558	1476
安陆市	3100	33276	400	4021	2700	29255	1472
汉川市	4174	28949	637	5605	3537	23344	566
荆州市	**46206**	**383377**	**24601**	**204707**	**21605**	**178670**	**32748**
沙市区	638	6070	68	2410	570	3660	459
荆州区	2629	18165	124	6700	2505	11465	1903
公安县	5070	50934	2079	20857	2991	30077	4863
监利县	20664	170444	16081	124824	4583	45620	10595
江陵县	1537	18983	111	4773	1426	14210	1558

续表44

	农产品初加工机械						
	农产品初加工动力机械		其中:柴油机		电动机		农产品初加工作业机械
	台	千瓦	台	千瓦	台	千瓦	台(套)
石首市	6005	33027	3293	18111	2712	14916	5502
洪湖市	5099	34736	1283	11624	3816	23112	3837
松滋市	4314	46968	1552	13968	2762	33000	3963
开发区	250	4050	10	1440	240	2610	68
市直							
黄冈市	**76047**	**511412.42**	**12873**	**107933.63**	**62174**	**388173.29**	**74168**
黄州区	806	10248.52	14	357.78	792	9685.74	252
龙感湖区	391	20449.3			391	20449.3	391
团风县	4949	36696	827	9667	4122	20729	1911
红安县	4271	46858	886	7985.6	3385	38872.4	3687
罗田县	8200	63700	1380	15500	6820	48200	10953
英山县	29780	90430	1150	1250	28630	89180	31731
浠水县	8624	49886.3	2805	15721.25	5819	34164.55	5904
蕲春县	3432	37652	536	6477	2896	31175	2941
黄梅县	5598	47450	1735	13845	3863	33605	5283
麻城市	7206	75779.3	3363	33735	3843	42044.3	7202
武穴市	2790	32263	177	3395	1613	20068	3913
咸宁市	**25624**	**229282**	**3201**	**31453**	**22113**	**197829**	**26988**
咸安区	4117	37903	980	9459	3137	28444	3227
嘉鱼县	2487	20911	438	3921	2049	16990	1273
通城县	5795	35967	705	6563	5090	29404	6151
崇阳县	4370	39330	285	2565	4085	36765	4421
通山县	5500	42802	310	2728	4880	40074	8067
赤壁市	3355	52369	483	6217	2872	46152	3849
随州市	**14414**	**128287.17**	**7541**	**58831**	**6873**	**69456.17**	**6060**
随县	7838	64489	6121	44713	1717	19776	2574
曾都区	3516	32881.17	866	8739	2650	24142.17	1672
广水市	3060	30917	554	5379	2506	25538	1814
恩施自治州	**327453**	**722238.34**	**16647**	**160590.62**	**310806**	**561646.6**	**365262**
恩施市	16218	122396.96	5880	49777.84	10338	72618	61745
利川市	43146	91371	461	4336	42685	87035	78584
建始县	66469	80441.4	373	4758	66096	75683.4	36839
巴东县	87281	104139.9	987	9193.5	86294	94946.4	84722
宣恩县	32311	50939	245	2840	32066	48099	32311
咸丰县	8972	41078.08	2540	22425.28	6432	18652.8	16127
来凤县	12736	46749	241	1979	12495	44770	11083
鹤峰县	60320	185123	5920	65281	54400	119842	43851
仙桃市	**5940**	**80928**	**250**	**2192**	**5690**	**78736**	**5822**
潜江市	**16263**	**161726**	**7017**	**75884**	**9036**	**85842**	**6782**
天门市	**13052**	**140425.1**	**5352**	**58038.6**	**7700**	**82386.5**	**8703**
神农架林区	**20400**	**60901.3**	**81**	**712.8**	**20319**	**60188.5**	

续表45

	其中:粮食加工机械	油料加工机械	棉花加工机械	果蔬加工机械	茶叶加工机械	畜牧养殖机械	
	台	台	台	台(套)	台(套)	台(套)	千瓦
湖北省	**718655.5**	**43764**	**14610.5**	**5925.5**	**58457**	**412363**	**880814.725**
武汉市	**7081**	**1569**	**690**	**161**	**1226**	**11419**	**39800.8**
洪山区				65	54		
东西湖区	82		23		7	36	
汉南区	66		56			217	1180.5
蔡甸区	859	50	57	7	1	200	1781
江夏区	2422	304	90		117	1296	3737
黄陂区	1893	859	174	18	912	2495	17376
新洲区	1653	346	286	55	135	7152	15506.3
市直	106	10	4	16		23	220
黄石市	**4777**	**971**	**243**	**331**	**84**	**3482**	**19355**
黄石港区		2	1			3	9
西塞山区	8	9	5				
下陆区	12					13	39
铁山区						1	1
阳新县	1104	440		331	79	800	6733
大冶市	3603	513	234		5	2639	12495
经济开发区	50	7	3			26	78
十堰市	**59293**	**4682**	**449**	**833**	**5704**	**44335**	**106125.5**
茅箭区	3	0	0	0	5	8	65
张湾区	632	42	0	0	259	479	3113.5
郧县	7085	552	15	64	658	6647	37605
郧西县	12500	990	22	289	582	12180	22055
竹山县	11230	520	360	90	750	8620	14029
竹溪县	9100	1200			2100	9485	12705
房县	14543	678	52	336	1062	4378	8903
丹江口市	4200	700		54	288	2538	7650
宜昌市	**161529**	**3640**	**700**	**709**	**10742**	**19571**	**54419**
西陵区	5	1				1	8
伍家岗区	8					41	186
点军区		63		30	24		
猇亭区				5		5	20
夷陵区	22355	616		188	1041	1642	7801
远安县	106	96		4	144	2513	12780
兴山县	15411	273	0	62	540	2123	2986
秭归县	53075	345	48	64	1291	5429	5823
长阳自治县	21305	313		89	3709	302	563
五峰治县	41559	114		83	1610	416	234
宜都市	2896	212	14	153	2348	3565	4777
当阳市	1586	182	80	31	35	1678	5480
枝江市	3223	1425	558			1856	13761
襄阳市	**55186**	**11241**	**2899**	**797**	**6772**	**11431**	**34847**

续表46

	其中:粮食加工机械	油料加工机械	棉花加工机械	果蔬加工机械	茶叶加工机械	畜牧养殖机械	
	台	台	台	台(套)	台(套)	台(套)	千瓦
襄城区	187	518	34			304	4100
樊城区	180	10	20			72	560
襄州区	1820	650	215			560	3763
开发区							
南漳县	4775	312		36	145	968	6974
谷城县	2205	522	79	13	1438	82	589
保康县	33907	2155		189	4826	4375	8121
老河口市	5000	1600	710			1200	
枣阳市	3375	3687	1563	525	363	2843	7682
宜城市	3684	1787	278	34		1011	2890
襄北农场	53					16	168
鄂州市	**3223**	**361**	**228**	**35**	**50**	**1878**	**22200.8**
梁子湖区	1459	158	45	23	34	590	7000
华容区	330	35	70			610	6921
鄂城区	1290	155	100	10	16	613	7711.5
开发区						26	130
葛店开发区	34	8	10				
西山街办	40	5	3	2		6	15
市直	70					33	423.3
荆门市	**5825**	**2071**	**792**	**60**	**96**	**1548**	**9922**
东宝区	987	259	55	30	27	82	660
掇刀区	87	62	37			55	605
京山县	1399	431	389			1002	4873
沙洋县	1272	426	99			246	1980
钟祥市	1527	834	194	30	18	146	1705
屈家岭	5	3	2				
沙洋农场	378					12	44
漳河新区	170	56	16		51	5	55
孝感市	**8306**	**3682**	**1211**	**880**	**3209**	**7602**	**41513.36**
孝南区	1660	450	150		90	855	9300
孝昌县	1319	730	310		462	1492	2653
大悟县	2871	1460	420	833	2600	2691	9479.36
云梦县	253	176				842	6656
应城市	947	337	80	46	57	896	8325
安陆市	979	373	120			826	5100
汉川市	277	156	131	1			
荆州市	**17161**	**3192**	**2044**	**48**	**47**	**14132**	**63204**
沙市区	197	40	102			795	2343
荆州区	294	68	302	16		1984	10119
公安县	1835	433	347	7	26	1903	6221
监利县	8026	773	535		11	4204	25853
江陵县	329	152	53			968	2942

续表47

	其中:粮食加工机械	油料加工机械	棉花加工机械	果蔬加工机械	茶叶加工机械	畜牧养殖机械	
	台	台	台	台(套)	台(套)	台(套)	千瓦
石首市	2662	408	298		10	1374	3660
洪湖市	1128	209	270			923	2026
松滋市	2657	1099	132	25		1913	9876
开发区	33	10	5			68	164
市直							
黄冈市	**56681**	**5145**	**3521**	**315**	**5684**	**53027**	**123820.46**
黄州区	161	34	57			194	960.56
龙感湖区	186	136	42	27		161	1230
团风县	1547	125	51		188	3096	6792
红安县	2196	688	135	14	352	1228	21211.2
罗田县	9850	985	50		68	850	8500
英山县	26756	420		150	4405	23482	32580
浠水县	4836	592	248		228	979	9316.1
蕲春县	1627	573	297		220	776	4319.6
黄梅县	1829	265	1508	115	109	388	3488
麻城市	5978	876	262		86	4367	28109
武穴市	1715	451	871	9	28	17506	7314
咸宁市	**22836**	**1417**	**453**	**42**	**1167**	**11543**	**31812.1**
咸安区	2500	374	50		303	265	708
嘉鱼县	839	260	90	39	45	483	4213
通城县	5273	406	116	0	321	5534	3214
崇阳县	4225	83	50	0	63	4166	18090
通山县	6476	96	42	3	412	424	3451.1
赤壁市	3523	198	105		23	671	2136
随州市	**3684**	**1385**	**513**	**328**	**132**	**375**	**2700**
随县	1766	499	190	20	99	44	440
曾都区	917	379	96	271	9	313	2210
广水市	1001	507	227	37	24	18	50
恩施自治州	**305327**	**3009**	**45**	**1382**	**23544**	**228612**	**314991.93**
恩施市	54286	326		427	6429	300	1390
利川市	39907	267		48	6685	11919	23379.8
建始县	35168	796	45	209	621	51363	64125.5
巴东县	83303	821		52	546	67043	74174.43
宣恩县	29393	35		77	2805	34618	57352
咸丰县	13685	425			2017	21270	41381.2
来凤县	10138	114		545	286	12302	24502
鹤峰县	39447	225		24	4155	29797	28687
仙桃市	**5085**	**455**	**282**			**3121**	**10756**
潜江市	**4399**	**1845**	**538**			**798**	**5984**
天门市	**6009**	**498**	**825**	**9**		**2897**	**15465.55**
神农架林区							

续表48

	其中:饲草料加工机械		畜牧饲养机械		畜产品采集加工机械		其中:挤奶机		剪羊毛机	
	台(套)	千瓦	台(套)	千瓦	台(套)	千瓦	台	千瓦	台	千瓦
湖北省	**327686.5**	**713880.28**	**77643.5**	**146687.615**	**4540**	**9163.3**	**268**	**1468.4**		
武汉市	**3289**	**24880.4**	**7466**	**9573.8**	**99**	**1385.5**	**6**	**36**		
洪山区										
东西湖区	19		17							
汉南区	83	882	134	298.5						
蔡甸区	189	1715	10	58	1	8	1	8		
江夏区	623	3312	673	425						
黄陂区	1498	11366.4	432	2048.5						
新洲区	859	7413	6200	6743.8	93	1349.5				
市直	18	192			5	28	5	28		
黄石市	**1047**	**7719**	**2435**	**10836**						
黄石港区	3	9								
西塞山区										
下陆区	5	15	8	24						
铁山区	1	1								
阳新县	76	214	724	5719						
大冶市	936	7402	1703	5093						
经济开发区	26	78								
十堰市	**31314**	**80664.5**	**9020**	**20416**	**4000**	**5000**				
茅箭区	8	65								
张湾区	479	3113.5								
郧县	4591	34425	2056	3180						
郧西县	11719	17500	460	4510						
竹山县	7620	9029	1000	5000						
竹溪县	35	145	5450	7560	4000	5000				
房县	4324	8737	54	166						
丹江口市	2538	7650								
宜昌市	**17574**	**52842**	**1266**	**875**	**70**	**358**	**70**	**358**		
西陵区	1	8								
伍家岗区	24	134								
点军区										
猇亭区										
夷陵区	1623	7695			12	68	12	68		
远安县	2513	12780								
兴山县	1807	2599	316	387						
秭归县	5429	5823								
长阳自治县	302	563								
五峰治县										
宜都市	3470	4651	95	126						
当阳市	768	4870	852	320	58	290	58	290		
枝江市	1637	13719	3	42						
襄阳市	**9586**	**29587.2**	**1811**	**5231**						

续表49

	其中:饲草料加工机械		畜牧饲养机械		畜产品采集加工机械		其中:挤奶机		剪羊毛机	
	台(套)	千瓦	台(套)	千瓦	台(套)	千瓦	台	千瓦	台	千瓦
襄城区			304	4100						
樊城区	72	560								
襄州区	530	3720	30	43						
开发区										
南漳县	763	6729.2	201	216						
谷城县	75	568	7	21						
保康县	3744	8121	601							
老河口市	1200									
枣阳市	2608	6831	235	851						
宜城市	578	2890	433							
襄北农场	16	168								
鄂州市	**1169**	**14962.8**	**679**	**6438**	**10**	**20**				
梁子湖区	230	3200	350	3600	10	20				
华容区	330	3621	260	2700						
鄂城区	563	7656.8	50	54.7						
开发区	10	50	16	80						
葛店开发区										
西山街办	6	15								
市直	30	420	3	3.3						
荆门市	**1335**	**9529**	**213**	**393**						
东宝区	82	660								
掇刀区	55	605								
京山县	1002	4873								
沙洋县	42	1620	204	360						
钟祥市	146	1705								
屈家岭										
沙洋农场	3	11	9	33						
漳河新区	5	55								
孝感市	**3969**	**24157**	**3097**	**14474.34**						
孝南区	840	9240	15	60						
孝昌县	635	2125	857	528						
大悟县	2037	7872	654	925.34						
云梦县	40	240	802	6416						
应城市	127	1780	769	6545						
安陆市	290	2900								
汉川市										
荆州市	**5723**	**47491**	**8409**	**15713**						
沙市区	215	1183	580	1160						
荆州区	462	7075	1522	3044						
公安县	677	4873	1226	1348						
监利县	1817	21080	2387	4773						
江陵县	314	1634	654	1308						

续表50

	其中:饲草料加工机械		畜牧饲养机械		畜产品采集加工机械		其中:挤奶机		剪羊毛机	
	台(套)	千瓦	台(套)	千瓦	台(套)	千瓦	台	千瓦	台	千瓦
石首市	624	2160	750	1500						
洪湖市	413	1006	510	1020						
松滋市	1191	8432	722	1444						
开发区	10	48	58	116						
市直										
黄冈市	**29034**	**92103.6**	**23612**	**29410.05**	**163**	**1061.3**	**149**	**943.4**		
黄州区	60	602	118	169.55	11	40.5	3	36		
龙感湖区			160	1200	1	30	1	30		
团风县	371	993	2717	5512	8	287	8	287		
红安县	1071	18762	146	2087.4	11	361.8	10	348.4		
罗田县	630	6300	120	1200	100	100	100	100		
英山县	23002	28150	480	4430						
浠水县	703	6025	267	3284.1	9	7	9	7		
蕲春县	483	3283.6	110	1004	4	32	4	32		
黄梅县	250	2883	89	208	15	200	10	100		
麻城市	2440	24145	1923	3961	4	3	4	3		
武穴市	24	960	17482	6354						
咸宁市	**2809**	**17540.8**	**8618**	**14120.3**	**43**	**131**	**43**	**131**		
咸安区	194	621	30	56	41	31	41	31		
嘉鱼县	418	4213								
通城县	10	150	5524	3064						
崇阳县	1426	7130	2740	10960						
通山县	358	3290.8	56	40.3	2	100	2	100		
赤壁市	403	2136	268							
随州市	**220**	**1925**	**155**	**775**						
随县	44	440								
曾都区	158	1435	155	775						
广水市	18	50								
恩施自治州	**219582**	**300578.48**	**8556**	**12693.35**	**150**	**1200**				
恩施市	185	1390	113							
利川市	8157	18636.8	3762	4743						
建始县	49541	58237.4	1610	5668						
巴东县	66065	74101.08	978	73.35						
宣恩县	34428	56980	180	72						
咸丰县	21270	41381.2								
来凤县	11512	21750	540	1552	150	1200				
鹤峰县	28424	28102	1373	585						
仙桃市	**656**	**7216**	**2455**	**3525**	**10**	**15**				
潜江市	**676**	**5070**								
天门市	**739**	**7513**	**2158**	**7952.55**						
神农架林区										

续表51

	渔业机械		其中:增氧机		投饵机	
	台	千瓦	台	千瓦	台	千瓦
湖北省	**365651.5**	**613870.62**	**208173.5**	**462299.4**	**155311**	**144623.22**
武汉市	**40203**	**54771.69**	**20265**	**40309**	**19938**	**14462.69**
洪山区	1059	2738	921	2324	138	414
东西湖区	7785	2205.5	5122	1884	2663	321.5
汉南区	6436	10159.18	4423	9780.1	2013	379.08
蔡甸区	2070	4710	1590	4222	480	488
江夏区	2835	5366	610	519	2225	4847
黄陂区	2261	7551	1873	5616	388	1935
新洲区	17333	20418.01	5311	14417.9	12022	6000.11
市直	424	1624	415	1546	9	78
黄石市	**20672**	**30297**	**13657**	**29111**	**7004**	**1086**
黄石港区	166	376	117	342	49	34
西塞山区	147	394	118	354	29	40
下陆区	13	22	7	21	6	1
铁山区						
阳新县	7936	25961	6299	25587	1626	274
大冶市	12037	2960	6947	2290	5090	670
经济开发区	373	584	169	517	204	67
十堰市	**963**	**2665.2**	**888**	**2313.2**	**64**	**332**
茅箭区						
张湾区	68	204	68	204		
郧县	125	354	125	354		
郧西县	125	188	110	136	4	32
竹山县	180	900	120	600	60	300
竹溪县	250	300	250	300		
房县	65	379.2	65	379.2		
丹江口市	150	340	150	340		
宜昌市	**14868**	**36554**	**10658**	**30589**	**4200**	**5857**
西陵区	14	18	14	18		
伍家岗区	166	457	131	388	35	69
点军区						
猇亭区						
夷陵区	352	675	175	430	177	245
远安县	169	2260	88	2171	81	81
兴山县						
秭归县						
长阳自治县						
五峰治县						
宜都市	324	548	233	478	91	70
当阳市	3396	7077	2125	5570	1261	1407
枝江市	10447	25519	7892	21534	2555	3985
襄阳市	**4344**	**7347.5**	**2858**	**5736.5**	**1486**	**1611**

续表52

	渔业机械		其中:增氧机		投饵机	
	台	千瓦	台	千瓦	台	千瓦
襄城区	119	285	119	285		
樊城区	744	1327	422	844	322	483
襄州区	300	547	260	540	40	7
开发区						
南漳县	256	768	256	768		
谷城县	91	157	71	154	20	3
保康县	2	3	2	3		
老河口市	400	600	400	600		
枣阳市	1009	1542	595	769	414	773
宜城市	1419	2094	729	1749	690	345
襄北农场	4	24.5	4	24.5		
鄂州市	**21741**	**45328.6**	**10504**	**32412**	**10318**	**11273.5**
梁子湖区	7200	16741	4293	12879	2720	2992
华容区	5932	10885.1	2400	7100	2800	3012
鄂城区	7478	15305.8	3200	10600	4278	4705.8
开发区	257	529.7	130	390	127	139.7
葛店开发区	301	604	148	444	153	160
西山街办	188	507	158	474	30	33
市直	385	756	175	525	210	231
荆门市	**41936**	**65731.4**	**23315**	**50422**	**17621**	**12309.4**
东宝区	1426	1306			1426	1306
掇刀区	698	1750	354	1062	344	688
京山县	5390	8061	5350	8025	40	36
沙洋县	7944	12805	3779	9195	4165	3610
钟祥市	25654	36245	13293	27552	11361	5693
屈家岭	97	4292.4	65	3822	32	470.4
沙洋农场	5	11	5	11		
漳河新区	722	1261	469	755	253	506
孝感市	**21937**	**41954.8**	**14818**	**35707.8**	**7119**	**6247**
孝南区	4855	13142	4370	12755	485	387
孝昌县	340	861	285	839	55	22
大悟县	55	151.8	55	151.8		
云梦县	5182	12816	2452	7356	2730	5460
应城市	3928	2562	3115	2492	813	70
安陆市	173	321	173	321		
汉川市	7404	12101	4368	11793	3036	308
荆州市	**120638**	**139145.9**	**65423**	**130846**	**55215**	**8284.05**
沙市区	4349	5220	2469	4938	1880	282
荆州区	10259	9976.7	4561	9122	5698	854.7
公安县	8261	9824	4632	9264	3629	544.15
监利县	15918	22053.2	10630	21260	5288	793.2
江陵县	6222	6689	3111	6222	3111	467

续表53

	渔业机械		其中:增氧机		投饵机	
	台	千瓦	台	千瓦	台	千瓦
石首市	1953	2147	1002	2004	951	143
洪湖市	64094	72078	33764	67528	30330	4550
松滋市	9090	10625	5006	10012	4084	613
开发区	488	525	244	488	244	37
市直	4	8	4	8		
黄冈市	**37357**	**74763.38**	**23083**	**55838.9**	**14058**	**16863.43**
黄州区	8865	19232.28	6736	18017.8	2129	299.43
龙感湖区	6455	12458.5	3227	6228.1	3228	6230.4
团风县	6153	10285	2814	6612	3339	3673
红安县	847	1569.8	638	1339.8	209	230
罗田县	750	960	700	840	50	50
英山县	126	584	71	247	55	262
浠水县	2457	5189.5	1701	3600	756	1589.5
蕲春县	5274	12069.8	3055	8829	2219	3240.8
黄梅县	3452	5499	1649	4292	1587	207
麻城市	1090	1108.5	745	1070.2	345	38.3
武穴市	1888	5807	1747	4763	141	1043
咸宁市	**11681**	**34376.4**	**6516**	**14825.4**	**5165**	**19551**
咸安区	1291	4053.4	1012	3538.4	279	515
嘉鱼县	1546	3237	1194	2885	352	352
通城县	507	14277	341	796	166	13481
崇阳县	2860	5249	1534	3260	1326	1989
通山县	830	999	300	840	530	159
赤壁市	4647	6561	2135	3506	2512	3055
随州市	**4905**	**8970**	**3206**	**5910**	**1699**	**3060**
随县	2576	3631	2056	3084	520	547
曾都区	1425	3909	707	2035	718	1874
广水市	904	1430	443	791	461	639
恩施自治州	**1203**	**1547.5**	**1106**	**1338.1**	**97**	**209.4**
恩施市						
利川市	381	434.5	379	412.5	2	22
建始县	13	23.1	13	23.1		
巴东县						
宣恩县	10	11	10	11		
咸丰县	178	286.9	133	199.5	45	87.4
来凤县	411	662	361	562	50	100
鹤峰县	210	130	210	130		
仙桃市	**34000**	**123979**	**18650**	**47229**	**15350**	**76750**
潜江市	**6014**	**9023**	**3447**	**5173**	**2567**	**3850**
天门市	**6393**	**7832.5**	**1656**	**1479**	**4737**	**6353.5**
神农架林区						

续表54

	林果业机械		其中:挖坑机		果树修剪机	
	台	千瓦	台	千瓦	台	千瓦
湖北省	**52476**	**143482.31**	**1498.5**	**45980.935**	**47657.5**	**67199.065**
武汉市	**334**	**2463.46**	**55**	**2108.46**	**279**	**355**
洪山区	10	253	4	235	6	18
东西湖区	52	739.91	18	645.51	34	94.4
汉南区	2	5	0	0	2	5
蔡甸区	3	54	1	50	2	4
江夏区	13	276	7	258	6	18
黄陂区	80	80			80	80
新洲区	172	1050.95	25	919.95	147	131
市直	2	4.6			2	4.6
黄石市	**828**	**1879.2**	**28**	**1076**	**646**	**791.2**
黄石港区						
西塞山区						
下陆区						
铁山区						
阳新县	513	1187	28	1076	331	99
大冶市	315	692.2			315	692.2
经济开发区						
十堰市	**2842**	**25274.1**	**444**	**21360**	**2386**	**3875.1**
茅箭区						
张湾区						
郧县	152	334			152	334
郧西县	285	877	8	48	265	790
竹山县	421	1809.5	76	1292	345	517.5
竹溪县	1270	18350	270	17500	1000	850
房县	694	3873.6	90	2520	604	1353.6
丹江口市	20	30			20	30
宜昌市	**4923**	**7114**	**44**	**935**	**4856**	**5329**
西陵区	164	492			164	492
伍家岗区	378	591			375	569
点军区						
猇亭区						
夷陵区	1221	1530	21	930	1200	600
远安县						
兴山县	2367	2881			2367	2881
秭归县						
长阳自治县	43	833	23	5		
五峰治县						
宜都市	750	787			750	787
当阳市						
枝江市						
襄阳市	**4890**	**9086**	**179**	**788**	**4711**	**8298**

续表55

	林果业机械		其中:挖坑机		果树修剪机	
	台	千瓦	台	千瓦	台	千瓦
襄城区	44	242	12	136	32	106
樊城区						
襄州区						
开发区						
南漳县						
谷城县	23	69			23	69
保康县	4476	7487			4476	7487
老河口市						
枣阳市	347	1288	167	652	180	636
宜城市						
襄北农场						
鄂州市	**265**	**1200.7**	**10**	**330.5**	**255**	**604.7**
梁子湖区	199	759	7	140	192	400
华容区	54	191.2			54	191.2
鄂城区	10	247.5	3	190.5	7	10.5
开发区						
葛店开发区						
西山街办						
市直	2	3			2	3
荆门市	**21**	**540.4**	**13**	**524.4**	**8**	**16**
东宝区						
掇刀区						
京山县	4	45	4	45		
沙洋县						
钟祥市	9	25	1	9	8	16
屈家岭	8	470.4	8	470.4		
沙洋农场						
漳河新区						
孝感市	**333**	**2882.4**	**90**	**2164.4**		
孝南区	10	350	10	350		
孝昌县	55	1249	55	1249		
大悟县	13	338.4	13	338.4		
云梦县	98	196				
应城市	12	227	12	227		
安陆市						
汉川市	145	522				
荆州市	**250**	**4859**	**228**	**4815**	**22**	**44**
沙市区						
荆州区	3	30	3	30		
公安县	225	4785	225	4785		
监利县						
江陵县						

续表56

	林果业机械		其中:挖坑机		果树修剪机	
	台	千瓦	台	千瓦	台	千瓦
石首市	22	44			22	44
洪湖市						
松滋市						
开发区						
市直						
黄冈市	**13149**	**37184.69**	**182**	**4187.41**	**12936**	**15821.57**
黄州区	128	146.79			104	120.58
龙感湖区	10	29.4			10	29.4
团风县	1776	1957			1776	1957
红安县	105	539.8	9	240.41	96	299.39
罗田县	410	650	60	300	350	350
英山县	1442	10683	110	3580	1332	7103
浠水县	5717	17141.5			5717	
蕲春县						
黄梅县	120	170	2	30	111	132
麻城市	2896	4782.2			2896	4782.2
武穴市	545	1085	1	37	544	1048
咸宁市	**2117**	**3781**	**8**	**85.4**	**2107**	**3678.6**
咸安区	8	25			8	25
嘉鱼县						
通城县	2020	3482.4	2	7.4	2018	3475
崇阳县	12	87	6	78	6	9
通山县	68	118.6	0		68	118.6
赤壁市	9	68			7	51
随州市	**339**	**6811**	**139**	**6051**	**200**	**760**
随县	76	4076	76	4076		
曾都区	12	329	12	329		
广水市	251	2406	51	1646	200	760
恩施自治州	**21647**	**38012.96**	**48**	**775.9**	**19224**	**27561.96**
恩施市						
利川市	613	815.12	15	88	598	727.12
建始县	6826	7336.44	3	7.9	6818	7318.44
巴东县	7845	15089.4	20	655	7525	14434.4
宣恩县	986	810			688	344
咸丰县	2067	2067			2067	2067
来凤县	3310	11895	10	25	1528	2671
鹤峰县						
仙桃市	**960**	**3100**				
潜江市						
天门市	**116**	**1686.8**	**61**	**1558.93**	**55**	**127.87**
神农架林区						

续表57

	运输机械					
	农用运输车		三轮汽车		低速载货汽车	
	台	千瓦	台	千瓦	台	千瓦
湖北省	**231047**	**4922816.955**	**117916**	**1589242.46**	**101699.5**	**3265386.295**
武汉市	**28464**	**646493.08**	**8140**	**130779.1**	**12920**	**502348.78**
洪山区	4936	132708	1155	11660	2487	120130
东西湖区	2763	86767	1935	71627	828	15140
汉南区	581	17928	248	3293	333	14635
蔡甸区	1500	66988	152	1525	1348	65463
江夏区	2199	75293	607	8957	1592	66336
黄陂区	11133	112268	1947	11732.6	3123	89258.4
新洲区	3971	95562.5	1758	18900.5	2213	76662
市直	1381	58978.58	338	3084	996	54724.38
黄石市	**2374**	**69789**	**1270**	**10305**	**1104**	**59480**
黄石港区	30	509	21	252	9	257
西塞山区	20	280	12	122	8	158
下陆区	96	2405	14	124	82	2281
铁山区	5	90			5	90
阳新县	1271	40759	809	5185	462	35574
大冶市	919	25078	398	4430	521	20644
经济开发区	33	668	16	192	17	476
十堰市	**24209**	**482937.6**	**15951**	**255571.6**	**7973**	**226649**
茅箭区						
张湾区	434	21248.6	78	600.6	356	20648
郧县	4492	93577	3295	52720	912	40140
郧西县	2740	35300	1095	12200	1645	23100
竹山县	6190	122145	4200	71400	1990	50745
竹溪县	1660	36816	940	13000	720	23816
房县	2213	62451	803	12851	1410	49600
丹江口市	6480	111400	5540	92800	940	18600
宜昌市	**21059**	**472943.49**	**7000**	**116591.5**	**14059**	**356351.99**
西陵区	44	2925			44	2925
伍家岗区	582	34418	474	33561	108	857
点军区						
猇亭区						
夷陵区	4226	76100	1532	15725	2694	60375
远安县	644	25697			644	25697
兴山县	554	14750	180	1882	374	12868
秭归县	3160	37764	285	3290	2875	34474
长阳自治县	539	13080	230	3450	309	9630
五峰治县	982	25855			982	25855
宜都市	2880	50266	1398	19664	1482	30602
当阳市	1320	27476	542	4413	778	23063
枝江市	6128	164612.49	2359	34606.5	3769	130005.99
襄阳市	**39108**	**593294.6**	**27915**	**327151**	**11044**	**261991**

续表58

	运输机械					
	农用运输车		三轮汽车		低速载货汽车	
	台	千瓦	台	千瓦	台	千瓦
襄城区	1869	27038	1729	22922	140	4116
樊城区	155	5325	110	3300	45	2025
襄州区	9483	112410	8610	77490	873	34920
开发区						
南漳县	1065	38813.6	790	23700	253	13915
谷城县	2460	50863	1868	24658	592	26205
保康县	4795	87502	3284	49260	1511	38242
老河口市	8300	125550	7100	86900	1200	38650
枣阳市	5874	84338	4424	38921	1450	45417
宜城市	5107	61455			4980	58501
襄北农场						
鄂州市	**1850**	**45634.6**	**1095**	**20165.6**	**100**	**5152**
梁子湖区	184	2282	184	2282		
华容区	370	6851	370	6851		
鄂城区	1015	24565	360	4248		
开发区	120	7200	50	3000	70	4200
葛店开发区	90	3240	90	3240		
西山街办	23	332.8	23	332.8		
市直	48	1163.8	18	211.8	30	952
荆门市	**8715**	**221911.8**	**5706**	**83263.1**	**2995**	**138264.7**
东宝区	1592	51442	812	9888	780	41554
掇刀区						
京山县	940	14047.3	691	5528	249	8519.3
沙洋县	102	3918	21	804	68	2774
钟祥市	5908	143280	4151	66479	1757	76801
屈家岭	15	550.5	3	110.1	12	440.4
沙洋农场	1	44				
漳河新区	157	8630	28	454	129	8176
孝感市	**11396**	**216467.8**	**3694**	**43255.2**	**5237**	**170082.6**
孝南区	2100	63000			2100	63000
孝昌县	1825	9116	273	3968	177	5148
大悟县	1892	22231	1689	17490	203	4741
云梦县	1590	37396.8	636	9349.2	954	28047.6
应城市	260	3180	260	3180		
安陆市	2410	47812	240	3010	1080	41672
汉川市	1319	33732	596	6258	723	27474
荆州市	**17523**	**379826.77**	**8141**	**95683.62**	**9382**	**284141.15**
沙市区	2611	61068	1361	12383	1250	48685
荆州区	654	14834.77	289	3301.62	365	11532.15
公安县	957	27852	311	5507	646	22345
监利县	3354	61883	1979	18705	1375	43178
江陵县	1990	39609	808	11543	1182	28066

续表59

	运输机械					
	农用运输车		三轮汽车		低速载货汽车	
	台	千瓦	台	千瓦	台	千瓦
石首市	2067	47929	619	10540	1448	37389
洪湖市	1517	30951	736	7556	781	23395
松滋市	2815	69530	964	14156	1851	55373
开发区	1558	26170	1074	11992	484	14178
市直						
黄冈市	**24609**	**509203.6**	**13987**	**178007.7**	**10622**	**331192.9**
黄州区	641	13976	296	4644	345	9332
龙感湖区	309	10525.2	91	1872.8	218	8652.4
团风县	1107	18372	476	6799	631	11573
红安县	1882	37701.3	1259	21241.2	623	16460.1
罗田县	3130	84400	1950	19500	1180	64900
英山县	2230	70620	550	7800	1680	62820
浠水县	1498	25863.5	649	8269.9	849	17593.6
蕲春县	2136	59218.6	727	11668.8	1409	47549.8
黄梅县	5210	77069	3394	33406	1816	43663
麻城市	3248	54185	1660	18781	1588	35401
武穴市	3218	57273	2935	44025	283	13248
咸宁市	**12323**	**313805.8**	**5558**	**74569.8**	**6633**	**237353**
咸安区	2201	98652	402	4886	1799	93766
嘉鱼县	980	12755	697	6170	151	4702
通城县	2126	51883	717	9932	1409	41951
崇阳县	1060	23230	875	21875	185	1355
通山县	875	41319.8	255	2879.8	620	38440
赤壁市	5081	85966	2612	28827	2469	57139
随州市	**11725**	**191371.4**	**6505**	**75182.4**	**5178**	**116115**
随县	5458	69373	2755	31622	2703	37751
曾都区	4627	101350.4	2696	30784.4	1931	70566
广水市	1640	20648	1054	12776	544	7798
恩施自治州	**20249**	**534147.1**	**10139**	**113186.8**	**10110**	**413591.3**
恩施市	6374	171315	3669	41498	2705	129817
利川市	3128	95985.6	473	4841	2655	91144.6
建始县	2872	57648	2131	27744	741	29904
巴东县	2462	42226	1637	18007	825	24219
宣恩县	1557	47079	664	7698	893	39381
咸丰县	1637	37112.5	613	2378.8	1024	34733.7
来凤县	1078	23716	598	5460	480	13887
鹤峰县	1141	59065	354	5560	787	50505
仙桃市	**6020**	**150745**	**1435**	**8610**	**4585**	**142135**
潜江市	**1102**	**34987**	**565**	**7063**	**537**	**27924**
天门市	**7193**	**270673.83**	**3630**	**115387.08**	**3563**	**155286.75**
神农架林区	**571**	**33574.8**				

续表60

	手扶变型运输机		农用挂车	农田基本建设机械		其他机械	农业机械原值和净值	
						其中:农用飞机	农业机械原值	农业机械净值
	台	千瓦	台	台	千瓦	架	万元	万元
湖北省	**4435.5**	**48625.79**	**690494**	**26441**	**1045264.385**	**5.5**	**3382150.26**	**2438453.74**
武汉市	**1390**	**12324.6**	**13971**	**2150**	**111582.52**		**139533.36**	**102631.09**
洪山区	125	918	1163	177	8975		11253	8452.5
东西湖区				242	13068.52		14256	7976
汉南区			971	132	6797		12600.9	6696.24
蔡甸区			1100	203	9431		30523	19840
江夏区			2613	226	12667		33291	26632
黄陂区	1253	11277	4810	600	31097		32378	29140
新洲区			3279	532	27494			
市直	12	129.6	35	38	2053		5231.46	3894.35
黄石市			**1502**	**229**	**8199.8**	**1**	**60029.93**	**41395.85**
黄石港区							1352.84	945.6
西塞山区			17	16	235		1294.85	943.7
下陆区				8	204		739	712
铁山区							15.6	10.3
阳新县			1026	4	14		22568	13540
大冶市			420	185	7287.8	1	30585.64	22816.25
经济开发区			39	16	459		3474	2428
十堰市	**95**	**717**	**1125**	**2207**	**112652.8**		**145114**	**119921.2**
茅箭区								
张湾区							4200	3700
郧县	95	717	190	394	18912		45700	42350
郧西县			826	316	13349		29590	23470
竹山县			109	322	26854.8		10360	8130
竹溪县				650	33247		10800	9600
房县				395	16450		17664	14131.2
丹江口市				130	3840		26800	18540
宜昌市	**392**	**7877**	**53673**	**657**	**49150**		**305995.31**	**218216.72**
西陵区				13	1191		1196	1007
伍家岗区				95	9879		6011	3911
点军区								
猇亭区	50	2500		10	3500		1000	700
夷陵区			2680	17	7639		25089	22234
远安县			274	20	765		17540	15968
兴山县			2303	18	982		9668	8404
秭归县				15	664		18516	11650
长阳自治县			372	43	834		12444	9832
五峰治县							17586	14948.1
宜都市	12	97	1537	40	1312		15588.64	9735.9
当阳市	330	5280	34307	206	10202		68460	47437
枝江市			12200	180	12182		112896.67	72389.72
襄阳市	**75**	**2070**	**248759**	**1848**	**65008.2**		**454600.39**	**317227.22**

续表61

	手扶变型运输机		农用挂车	农田基本建设机械		其他机械	农业机械原值和净值	
						其中:农用飞机	农业机械原值	农业机械净值
	台	千瓦	台	台	千瓦	架	万元	万元
襄城区			17500	46	2365			
樊城区			6931	30	1860		18900	7500
襄州区			69000	140	10920		97000	68000
开发区							6400	4800
南漳县			36565	346	8120		39663	34865
谷城县			8619	146	8482		32897	24781
保康县			6624	77	3449		17240	13160
老河口市			34100				68070	44200
枣阳市			5931	840	17393		78948	37471
宜城市	75	2070	63313	194	10484		92874	80495
襄北农场			176	29	1935.2		2608.39	1955.22
鄂州市	**490**	**3733**	**12**	**792**	**51217.4**		**93568**	**30264**
梁子湖区				203	11936.4		23756	13250
华容区	60	570		280	16800		15716	9860
鄂城区	410	3014		290	21238		31590	3666
开发区				3	270		19500	1500
葛店开发区							590	400
西山街办			12	7	420		870	261
市直	20	149		9	553		1546	1327
荆门市	**109**	**1380.1**	**113844**	**1913**	**81520.5**	**9**	**363683.23**	**274697.81**
东宝区			563				23763	16633
掇刀区			11570	129	7408.85		18054.6	16249.13
京山县			2996	467	10609		75640.3	61032.5
沙洋县	23	340	56375	595	14019		84235	59545
钟祥市	83	996	36439	431	32193		139093	104310
屈家岭	3	44.1		274	16120.45		7232.8	4856.8
沙洋农场							7293	4537
漳河新区			5901	17	1170.2		8371.53	7534.38
孝感市	**460**	**4380**	**10252**	**1653**	**67669.29**		**218495.82**	**160629.36**
孝南区			200	478	13750		39500	29500
孝昌县			1375	125	4407		18355	13100
大悟县			2200	89	5990.59		21428.32	17508.66
云梦县			1023	385	16966.7		28062.5	16483.7
应城市			1985				29110	23570
安陆市	160	1500	930	430	18963		44100	27550
汉川市	300	2880	2539	146	7592		37940	32917
荆州市	**539**	**6226.9**	**94900**	**7691**	**233572**		**757307.23**	**567980.18**
沙市区			6838	135	6433		34273	25704
荆州区			10679	275	13678		45616.23	34212.18
公安县			7465	259	12663		106487	79865
监利县			13601	2099	97889		201070	150803
江陵县			15160	614	28987		65978	49483

续表62

	手扶变型运输机		农用挂车	农田基本建设机械		其他机械	农业机械原值和净值	农业机械净值
						其中:农用飞机	农业机械原值	
	台	千瓦	台	台	千瓦	架	万元	万元
石首市			2302	570	27140		63855	47892
洪湖市	539	6226.9	23371	3540	35828		145800	109350
松滋市			13135	104	7011		80999	60749
开发区			2349	95	3943		13229	9922
市直								
黄冈市	**356**	**4691.69**	**7781**	**1885**	**99403.1**		**326663.57**	**243918.33**
黄州区			519	42	2226		9203.6	5518.15
龙感湖区	207	2738.59		122	7173.6		5268	3160.8
团风县	5	65	251	160	5043		21919	18340
红安县			1034	237	16256.7		22859	16318
罗田县			600	25	2080		29860	21530
英山县			332	37	2114		36650	29800
浠水县	91	1101.1		193	10675.6		34280	19215
蕲春县	32	451		371	24275.4		31303.97	18782.38
黄梅县			3043	346	16067		63608	53690
麻城市			1862	128	5799.8		37352	28014
武穴市	21	336	140	224	7692		34360	29550
咸宁市			**6781**	**3674**	**82725.3**		**125918.56**	**98039.45**
咸安区			1360	679	49630.1		16098	12354
嘉鱼县			3896	653			18095	14476
通城县			1209	112	5295		33330	29997
崇阳县			316	201	9303		19250	13900
通山县				137	9261.2		16669.56	13560.45
赤壁市				1892	9236		22476	13752
随州市	256	2204	105020	425	20266.25		83738.24	59217.82
随县			87138					
曾都区	3	33	15928	200	9888.25		38712.24	24438.82
广水市	253	2171	1954	225	10378		45026	34779
恩施自治州	**45**	**487**	**4847**	**845**	**40186.4**		**152777.42**	**127672.36**
恩施市				172	6020		18063	12409
利川市	36	396	1645	199	9695.2		27757.74	25620.19
建始县	9	91	135	48	1704.8		14953.23	12289.86
巴东县			771	198	10047		12698.45	9952.71
宣恩县				31	1364		11826	9285
咸丰县			2296	161	9821		17334	15600.6
来凤县				34	1530		15506	10854
鹤峰县				2	4.4		34639	31661
仙桃市	**330**	**3672**	**18985**	**120**	**6120**		**85261**	**47227**
潜江市	**127**	**1397**	**3699**	**393**	**21426**		**95737**	**80044**
天门市			**33370**	**431**	**16675.65**		**128452.4**	**26013.7**
神农架林区								

农机化作业情况

单位:公顷

	农机化作业总体情况				
	机耕面积	机播面积	机电灌溉面积	机械植保面积	机收面积
湖北省	**5459015.76**	**1821527.9**	**3242405.25**	**4611680.87**	**3746954.44**
武汉市	**299908.75**	**112099.35**	**297577.95**	**363413.62**	**185230.45**
洪山区	8015.5	2375	11582	10865	2485
东西湖区	12000	4273	8266	23466	9155
汉南区	18151.8	5253	10460	18151.8	8166.6
蔡甸区	32366	11466	28000	60000	24733
江夏区	43400	20060	76300	74870	32130
黄陂区	87185	35857	86814	85924	40418
新洲区	98787	32814	76151	90135	68141
市直	3.45	1.35	4.95	1.82	1.85
黄石市	**140417.34**	**52427.7**	**83115**	**85359**	**103807.33**
黄石港区	185	75	115	120	125
西塞山区	1560	290	2600	180	340
下陆区	75	20	90	25	110
铁山区					
阳新县	80600	33650	61550	43500	61550
大冶市	56657.34	18192.7	18240	41134	41247.33
经济开发区	1340	200	520	400	435
市直					
十堰市	**155110**	**31963.67**	**74380**	**202800**	**56658**
茅箭区	750	100	650		220
张湾区	1000	66.67	280	750	0
郧县	42000	5670	7500	51000	12300
郧西县	27500	4500	8550	27550	6600
竹山县	23100	5500	11000	45000	10588
竹溪县	17100	3400	27000	24000	7350
房县	23000	6667	13000	28500	10000
丹江口市	20660	6060	6400	26000	9600
市直					
宜昌市	**358578**	**67547.66**	**90896**	**346393.43**	**159227.34**
西陵区	0			1500	
伍家岗区	75		160	320	
点军区	12360		425	655	
猇亭区	1500		100	1500	500
夷陵区	38909	4000	14816	30073	7400
远安县	18590	4500	8160	11200	12570
兴山县	11900	147	1070	10150	147
秭归县	19333			51100	
长阳自治县	28160	3	3510	24750	160
五峰自治县	16602	3140		12025.43	1726.67
宜都市	**20321**	**5131**	**8750**	**38420**	**6637**
当阳市	109068	25980	40200	102700	68580
枝江市	81760	24646.66	13705	62000	61506.67
市直					

续表1 单位:公顷

	农机化作业总体情况				
	机耕面积	机播面积	机电灌溉面积	机械植保面积	机收面积
襄阳市	**807706**	**387265**	**350087**	**489697**	**631449**
襄城区	26880	14000	3120	7600	20881
樊城区	20420	6820	12650	2900	17100
襄州区	222300	134500	141000	146700	173000
开发区	10200	8500	3550	1550	23200
南漳县	75793	33985	15260	67560	66500
谷城县	45652	13903	21333	40000	32955
保康县	31900	2033	32000	38000	10521
老河口市	68000	31330	33000	64000	47091
枣阳市	187178	70986	49854	82017	148138
宜城市	106930	63195	31060	31060	84339
襄北农场	12453	8013	7260	8310	7724
市直					
鄂州市	**52551**	**18060.5**	**54705**	**61639**	**29724**
梁子湖区	15440	7050	18000	18800	11800
华容区	14692	5846	16254	20124	7714
鄂城区	18347	4462	17864	19742	8991
开发区	2542	661	1415	1500	1005
葛店开发区	1320	21	1000	1300	100
西山街办	30	0.5	50	50	22
市直	180	20	122	123	92
荆门市	**557099**	**258755**	**269659**	**391512**	**418061**
东宝区	26653	5999	12830	23380	23854
掇刀区	26470	4790	6340	7725	20625
京山县	138369	68201	125300	162500	105274
沙洋县	122559	84745	60200	95370	109952
钟祥市	191071	71262	50239	70597	115145
屈家岭	17640	4560	2100	7300	12990
沙洋农场	23117	17038	9500	19850	21191
漳河新区	11220	2160	3150	4790	9030
市直					
孝感市	**392354**	**109889.3**	**336595**	**324817**	**298057.48**
孝南区	61350	13913	30465	28295	28977
孝昌县	40656	11855	28055	26140	37395
大悟县	21610	6824.3	24500	17475	20772.48
云梦县	44000	10000	25500	28490	34000
应城市	65830	19609	98675	77417	54220
安陆市	45100	17200	23400	37000	43000
汉川市	113808	30488	106000	110000	79693
市直					
荆州市	**785527**	**277603**	**734200**	**833160**	**618900**
沙市区	19247	6200	16800	16850	16470
荆州区	58080	18530	25600	41900	40300
公安县	132070	49530	71420	89320	100510
监利县	226970	91770	312570	431020	193480
江陵县	64760	20580	64400	64400	54320
石首市	72840	16050	59780	65660	47310

续表2

单位:公顷

	农机化作业总体情况				
	机耕面积	机播面积	机电灌溉面积	机械植保面积	机收面积
洪湖市	105630	46840	120200	64580	88790
松滋市	100230	27390	58300	54300	70240
开发区	5700	313	5130	5130	5140
市直		400			2340
黄冈市	**728469.3**	**237058.37**	**331790**	**630796.7**	**462558.34**
黄州区	17632	5674.67	11580	53650	12565.34
龙感湖区	10666.7	4200	3333	6666	9186
团风县	35162	9159	22500	14930	29191
红安县	77640	49180	35608	80569	40656
罗田县	35500	18500	18500	22500	18500
英山县	36500	5000	8500	41000	18000
浠水县	103031.6	26988.7	24600	89765.7	54986
蕲春县	100382	17025	23169	44082	72078
黄梅县	109693	22817	55200	116100	75552
麻城市	115270	32508	48800	46534	57978
武穴市	86992	46006	80000	115000	73866
市直					
咸宁市	**164527**	**41668**	**91295**	**131821**	**129813**
咸安区	36000	11000	19820	19100	26200
嘉鱼县	22097	2800	20800	32500	19166
通城县	35680	8818	12506	22221	26656
崇阳县	22990	3708	7200	16500	18610
通山县	14210	2660	8862	8400	10051
赤壁市	33550	12682	22107	33100	29130
市直					
随州市	**283223.67**	**52464.35**	**73961.3**	**137026.12**	**201409.5**
随县	177602	32534	33453	76135	123794
曾都区	45961.67	7240.35	13808.3	18221.12	36075.5
广水市	59660	12690	26700	42670	41540
市直					
恩施自治州	**171154.7**	**10064**	**48140**	**192637**	**54131**
恩施市	24314	520		79165	7292
利川市	19761	2087	12000	25067	18275
建始县	41010.7	75	7450	16500	2750
巴东县	12141	87	2075	8425	3074
宣恩县	14500	480	9600	12400	6000
咸丰县	22288	3325	3415	28500	7430
来凤县	19280	650	6800	10500	7000
鹤峰县	17860	2840	6800	12080	2310
市直					
仙桃市	**203330**	**32033**	**76667**	**83667**	**139266**
潜江市	**148116**	**34304**	**133299**	**133299**	**92094**
天门市	**208344**	**95725**	**196038**	**201243**	**164168**
神农架林区	**2600**	**2600**		**2400**	**2400**
省直					

续表3　　单位:公顷

	主要农作物农机化作业情况						
	小麦			水稻			
	机耕面积	机播面积	机收面积	水稻机耕面积	水稻机械种植面积	机播面积	机插面积
湖北省	**1053123**	**465244.35**	**1001541.27**	**2095629.14**	**807849.57**	**81439.48**	**719215.09**
武汉市	**25141.2**	**13548.2**	**29202.2**	**173139.1**	**63601.1**	**20348.15**	**36310.95**
洪山区	200	200	200	335	335		335
东西湖区	1642	821	7400	1961			
汉南区	1198	599	1078	443			
蔡甸区	1950	1150	1940	14700	5466		5466
江夏区	6800	1220	2500	31300	12840	4770	8070
黄陂区	2552	1092	5619	75537	31760	11978	12840
新洲区	10799	8466	10465	48862	13199	3600	9599
市直	0.2	0.2	0.2	1.1	1.1	0.15	0.95
黄石市	**16320**	**11406.7**	**15297**	**73338.34**	**24532**	**4565**	**19967**
黄石港区	20	10	15	135	60	60	
西塞山区	210	80	130	250	190	190	
下陆区				20	15	15	
铁山区							
阳新县	8350	6750	8150	38500	14700	4300	10400
大冶市	7700	4566.7	6967	33733.34	9447	0	9447
经济开发区	40		35	700	120		120
市直							
十堰市	**48900**	**11940**	**26492**	**35210**	**9290**	**0**	**9190**
茅箭区	300				100		
张湾区							
郧县	15000	2680	8600	4700	1340		1340
郧西县	13000	2200	4570	3010	1350		1350
竹山县	5600	3600	3822	5000	1700		1700
竹溪县	1600		1200	4600	1200		1200
房县	4400		3500	11500	1000		1000
丹江口市	9000	3460	4800	6400	2600		2600
市直							
宜昌市	**40387.3**	**10311**	**35189.97**	**81938**	**25890.33**	**3866.66**	**22023.67**
西陵区							
伍家岗区							
点军区							
猇亭区				500			
夷陵区				7680	2000		2000
远安县	2006		1434	8670	4500	1800	2700
兴山县	500			2200	147	0	147
秭归县	3100						
长阳自治县	700			2300	3		3
五峰自治县	125.3		35.3	80			
宜都市	**655**	**511**	**441**	**4005**	**2040**		**2040**
当阳市	16921	5800	16933	28943	8467		8467
枝江市	16380	4000	16346.67	27560	8733.33	2066.66	6666.67
市直							

续表4 单位:公顷

	主要农作物农机化作业情况						
	小麦			水稻			
	机耕面积	机播面积	机收面积	水稻机耕面积	水稻机械种植面积	机播面积	机插面积
襄阳市	**349896**	**217539**	**346671**	**200443**	**71072**		**71072**
襄城区	11300	7300	11521	9280	3300		3300
樊城区	7650	2800	8421	7020	2920		2920
襄州区	98600	87100	98221	45000	17000		17000
开发区	5400	5400	5621	1350	1350		1350
南漳县	30810	17833	34321	22760	8066		8066
谷城县	20999	9196	18788	16333	4667		4667
保康县	7200	670	6121	3100	730		730
老河口市	31300	18000	30121	11700	4000		4000
枣阳市	91558	46527	88416	48947	15639		15639
宜城市	40666	18300	40586	31333	13400		13400
襄北农场	4413	4413	4534	3620			
市直							
鄂州市	**3978**	**1667**	**3080**	**31477**	**10438**	**2261**	**8127**
梁子湖区	900	400	850	10800	4200	300	3900
华容区	970	131	881	8721	4318	1954	2314
鄂城区	1392	526	1249	10174	1880	7	1873
开发区	610	610	72	1130	20		20
葛店开发区	90		18	510			
西山街办	6		2	22			
市直	10		8	120	20		20
荆门市	**117591**	**64360**	**116185**	**192820**	**108010**	**450**	**107560**
东宝区	6428	666	6579	11962	4000		4000
掇刀区	840	190	1195	10480	3400		3400
京山县	34834	16467	35934	57600	40800		40800
沙洋县	18667	17670	18867	50801	30003		30003
钟祥市	40522	17019	38170	45416	23357		23357
屈家岭	7000	2000	6800	3500	1150	150	1000
沙洋农场	7200	10328	6400	8111	3960	300	3660
漳河新区	2100	20	2240	4950	1340		1340
市直							
孝感市	**83899**	**23935.3**	**77929**	**194495**	**59761**	**5679**	**54076**
孝南区	9455	3360	9252	37680	5868		5868
孝昌县	11350	955	11095	19220	7542	23	7513
大悟县	3790	1152.3	2746	10680	4872	135	4737
云梦县	6404	2882	6302	21644	4065	2065	2000
应城市	11800	2520	12300	40238	14656	2656	12000
安陆市	13100	5400	13900	23700	9100	800	8300
汉川市	28000	7666	22334	41333	13658		13658
市直							
荆州市	**98950**	**25850**	**93290**	**358510**	**189983**	**14260**	**175723**
沙市区	4900	1580	4900	7870	4270	1600	2670
荆州区	10600	2900	10200	18800	13130	1800	11330
公安县	20000	5000	19110	56400	33230	1900	31330
监利县	13660	4960	12660	126880	61030	3960	57070
江陵县	13310	2300	12310	25000	15700	1000	14700
石首市	3670	300	3600	30200	14330	1000	13330

续表5 单位:公顷

	主要农作物农机化作业情况						
	小麦			水稻			
	机耕面积	机播面积	机收面积	水稻机耕面积	水稻机械种植面积	机播面积	机插面积
洪湖市	19710	5000	18710	52080	29500	1300	28200
松滋市	11640	3510	11640	39000	18480	1700	16780
开发区	1460	300	160	2280	13		13
市直					300		300
黄冈市	**62113**	**24191.3**	**51680**	**353670.6**	**118136.64**	**27719.67**	**90326.97**
黄州区	4350	1400	3100	4930	2693.34	1586.67	1106.67
龙感湖区	4200	3333.3	4200	3253	666.6		666.6
团风县	3461	600	3422	19475	5733	10	5633
红安县	5280	1638	4360	35026	24227	16615	7612
罗田县	7200	5200	6500	18500	7300	5000	2300
英山县	4300	1400	1300	13000	2500	1000	1500
浠水县	2436	2408	2260	55835.6	16192.7	2726	13466.7
蕲春县	932	509	905	51966	7948	82	7866
黄梅县	11054	1250	11200	52056	14597		14597
麻城市	16400	4120	12100	48963	14033	700	13333
武穴市	2500	2333	2333	50666	22246		22246
市直							
咸宁市	**8028**	**977**	**6805.9**	**106175**	**24865**	**1457**	**23401**
咸安区	400		400	17900	6000		6000
嘉鱼县	3100		3100	10500	2000		2000
通城县	66		48	27518	4902	169	4733
崇阳县	1250	467	560	18720	2280	150	2130
通山县	680	510	200.9	7680	1350	138	1205
赤壁市	2532		2497	23857	8333	1000	7333
市直							
随州市	**92205.5**	**21644.85**	**98669.2**	**104362.1**	**29465.5**		**29465.5**
随县	55379	15570	64521	58856	16730		16730
曾都区	18156.5	1074.85	17148.2	19926.1	6045.5		6045.5
广水市	18670	5000	17000	25580	6690		6690
市直							
恩施自治州	**7875**		**2185**	**35402**	**4391**		**4391**
恩施市	3790			515	520		520
利川市	190			8377	1746		1746
建始县	980			3580	75		75
巴东县	2915		2185	320	65		65
宣恩县				5860	480		480
咸丰县				6780	475		475
来凤县				7000	650		650
鹤峰县				2970	380		380
市直							
仙桃市	**27520**	**2333**	**27500**	**62267**	**16700**		**16700**
潜江市	**28210**	**8040**	**28210**	**36389**	**16750**		**16750**
天门市	**42109**	**27501**	**43155**	**55393**	**34364**	**233**	**34131**
神农架林区				**600**	**600**	**600**	
省直							

续表6 单位:公顷

	水稻机收面积	玉米			大豆		
		机耕面积	机播面积	机收面积	机耕面积	机播面积	机收面积
湖北省	**1965496.25**	**348745.63**	**93612.29**	**95354.34**	**72637.9**	**18820**	**21681**
武汉市	**120237.1**	**15017.6**	**7541.4**	**5725**	**4656**	**2206**	**1071**
洪山区	335			15			
东西湖区		3244.6	1298	900	2333	960	350
汉南区	407	5478	1643.4	1095	793	436	721
蔡甸区	14600	3990	1800	3500	630		
江夏区	28030	1270	2800	200	70	60	
黄陂区	31468	1000					
新洲区	45396	35		15	830	750	
市直	1.1						
黄石市	**63368.33**	**5234**	**3097**	**3107**	**1110**		
黄石港区	90						
西塞山区	200						
下陆区	25	15		10			
铁山区							
阳新县	32400	5100	3000	3000	1000		
大冶市	30333.33	119	97	97	110		
经济开发区	320						
市直							
十堰市	**28256**	**34640**	**6617**	**340**	**1850**		
茅箭区		100		100			
张湾区							
郧县	3700	13000			1300		
郧西县	2030	7490	950				
竹山县	6766	5000					
竹溪县	4700	5100			550		
房县	6500	1150	5667				
丹江口市	4560	2800		240			
市直							
宜昌市	**75324.7**	**71136.1**	**6963.36**	**11598.67**	**7862.1**	**388**	**1020**
西陵区							
伍家岗区							
点军区		1205					
猇亭区	500						
夷陵区	7400	8300			5656		
远安县	7500						
兴山县	147	6300					
秭归县		9695					
长阳自治县	160	15122					
五峰自治县	12.7	5439.1	960.03	1038.67	280.1		50
宜都市	**3625**	**7025**			**180**		
当阳市	28400	12490	2490	4980	1746	388	970
枝江市	27580	5560	3513.33	5580			
市直							

续表7 单位:公顷

	水稻机收面积	玉米			大豆		
		机耕面积	机播面积	机收面积	机耕面积	机播面积	机收面积
襄阳市	**194364**	**100548**	**55845**	**49582**	**6479**	**2471**	**867**
襄城区	9330	1500	965	15	410	270	
樊城区	6750	1100	1100	550			
襄州区	44000	39000	26300	27100	3000	1000	
开发区	2600	1320	1320	500			
南漳县	22467	15133	7567	8000	10		
谷城县	13067	1800		400			
保康县	2900	11800	300				
老河口市	12700	12700	8000	4000			
枣阳市	49217	6385	2328	4847	2349	581	227
宜城市	31333	6700	4855	1460	160	140	160
襄北农场		3110	3110	2710	550	480	480
市直							
鄂州市	**22720**	**470**	**31.2**		**619**	**120**	
梁子湖区	8900	50	30		130	120	
华容区	5666	5	1.2		81		
鄂城区	7140	357			408		
开发区	832	58					
葛店开发区	82						
西山街办	18						
市直	82						
荆门市	**189827**	**25053**	**5139**	**9753**	**12031**	**7364**	**8031**
东宝区	11962						
掇刀区	10480	400			200		
京山县	54880	10667		3000	2200		
沙洋县	52414	2533		2000	1710	1601	1600
钟祥市	44060	8006	3352	2466	5858	3700	4368
屈家岭	3120	2700	1100	1600			
沙洋农场	8111	687	687	687	2063	2063	2063
漳河新区	4800	60			0		
市直							
孝感市	**180173.48**	**1838**	**1038**	**1006**	**3050**		**423**
孝南区	17450						
孝昌县	20190	20		10	480		
大悟县	16476.48						
云梦县	21623	1131	904	588	1143		
应城市	39800						
安陆市	21300			230			
汉川市	43334	687	134	178	1427		423
市直							
荆州市	**373680**	**10467**	**600**	**2160**	**3420**	**870**	**1400**
沙市区	8370	7			170	70	
荆州区	19000	2300		100	810		
公安县	56400	100			600		
监利县	138590	500	500	500			
江陵县	25000	100					
石首市	30290	100		160	200		200

续表8 单位:公顷

	水稻机收面积	玉米			大豆		
		机耕面积	机播面积	机收面积	机耕面积	机播面积	机收面积
洪湖市	51130	1400		300	1240	800	1200
松滋市	39800	5600	100	1100	400		
开发区	3300	360					
市直	1800						
黄冈市	**330706.34**	**12125.28**	**1045.33**	**4615.67**	**6100.3**		**400**
黄州区	3513.34	985.98	317.33	702.67			
龙感湖区	3253	133.3			133.3		
团风县	25141	230					
红安县	35160	960			266		
罗田县	9300						
英山县	11500	3000			2000		
浠水县	48841	1303	372		632		
蕲春县	54723	146			1269		
黄梅县	50912	870	300	200			
麻城市	40863	127	56	80	1300		
武穴市	47500	4370		3633	500		400
市直							
咸宁市	**83682**	**5905.05**	**242**	**3271**	**573**		
咸安区	24350	1.05					
嘉鱼县	10500	2917		1750			
通城县	25032	30					
崇阳县	16500						
通山县	7300	1135	153		275		
赤壁市		1822	89	1521	298		
市直							
随州市	**101700.3**	**3253.4**			**8383**		**295**
随县	58753	672			6572		295
曾都区	18807.3	1911.4			481		
广水市	24140	670			1330		
市直							
恩施自治州	**47039**	**52485.2**	**2440**		**2011.5**		
恩施市	7292	7570					
利川市	13595	4985					
建始县	2750	15400.2			463.5		
巴东县	872	4610					
宣恩县	5800	3960			850		
咸丰县	7430	8510			698		
来凤县	7000	3550					
鹤峰县	2300	3900	2440				
市直							
仙桃市	**62200**	**5300**	**1000**	**1133**	**5330**	**1200**	
潜江市	**37147**	**2506**		**646**	**2242**		**817**
天门市	**55071**	**2767**	**2013**	**2417**	**6921**	**4201**	**7357**
神农架林区							
省直							

续表9 单位:公顷

	油菜			马铃薯			花生		
	机耕面积	机播面积	机收面积	机耕面积	机播面积	机收面积	机耕面积	机播面积	机收面积
湖北省	**1033668.42**	**324624.14**	**510105.04**	**125687.4**	**8561.97**	**6145.3**	**132411.95**	**30515**	**8623**
武汉市	**40574**	**17945**	**18895**				**5081**		
洪山区	135	135	135						
东西湖区									
汉南区	133	56	53				191		
蔡甸区	4300	1300	2000				1050		
江夏区	2900	3140	1400				750		
黄陂区	5709	2915	3042				1224		
新洲区	27397	10399	12265				1866		
市直									
黄石市	**34243**	**13220**	**21851**	**4010**			**4562**	**142**	**124**
黄石港区	20		15				5		
西塞山区	720						380		
下陆区	20		22				10		8
铁山区									
阳新县	18150	9200	18000	4000			4000		
大冶市	14733	3940	3734	10			167	142	116
经济开发区	600	80	80						
市直									
十堰市	**21260**	**3700**		**800**			**3920**		
茅箭区	100			100					
张湾区									
郧县	2700	1650		500			800		
郧西县	4000								
竹山县	4500	200					3000		
竹溪县	3750	1850		200					
房县	5950								
丹江口市	260						120		
市直									
宜昌市	**78452.6**	**15446.67**	**34506.7**	**16427.2**	**279.97**	**496.3**	**7913**	**693**	
西陵区									
伍家岗区									
点军区	535								
猇亭区									
夷陵区	8000	2000		3770			5503		
远安县	7800		3200	70			40		
兴山县	2900								
秭归县	3149			3389					
长阳自治县	5500			1780					
五峰自治县	169.3		68.7	3358.2	279.97	321.3			
宜都市	**5536**	**2580**	**2571**	**2630**			**290**		
当阳市	26930	6800	16667	1430		175	2080	693	
枝江市	17933.3	4066.67	12000						
市直									

续表10 单位:公顷

	油菜			马铃薯			花生		
	机耕面积	机播面积	机收面积	机耕面积	机播面积	机收面积	机耕面积	机播面积	机收面积
襄阳市	**52420**	**9099**	**20666**	**15757**	**324**		**28562**	**8635**	**1350**
襄城区	1200	780	15	498	324		1243	810	
樊城区	800		300	1200					
襄州区	5000		2000	3500			13000	3000	
开发区									
南漳县	2810	280	1000	1166			10		
谷城县	4500	40	650				1420		50
保康县	4600	333	1500	4600					
老河口市	6000	1330	270				2000		
枣阳市	14833	3526	5431	3459			5289	625	
宜城市	12667	2800	9500	1334			5600	4200	1300
襄北农场	10	10							
市直									
鄂州市	**11977**	**4757.5**	**3676**	**558**			**522**	**200**	**100**
梁子湖区	3010	1900	1950	100			200	200	100
华容区	3740	1370	1022	50			16		
鄂城区	4070	1467	600	408			306		
开发区	525	20	100						
葛店开发区	580								
西山街办	2	0.5	2						
市直	50		2						
荆门市	**121464**	**63869**	**79618**	**3977**			**18832**	**2890**	**4933**
东宝区	8263	1333	5313						
掇刀区	11140	1200	8950	140			1650		
京山县	17734	8934	8960	2000			4000	2000	2500
沙洋县	40000	33339	33338	167			2670		1733
钟祥市	41052	17953	20597	1640			9101	890	700
屈家岭	470	310	470						
沙洋农场	185						801		
漳河新区	2620	800	1990	30			610		
市直									
孝感市	**69650**	**22133**	**30751**	**3764**	**360**	**860**	**6514**		**162**
孝南区	12850	4685	2275						
孝昌县	6310	3352	6100	63			2640		
大悟县	3700	800	1530				3440		20
云梦县	7420	1133	2226	3341	360	850	254		142
应城市	11332	2433	2120						
安陆市	7900	2700	4100						
汉川市	20138	7030	12400	360		10	180		
市直									
荆州市	**219750**	**59740**	**145990**	**2340**	**20**	**20**	**220**		
沙市区	3500	280	3200						
荆州区	15560	2500	11000	1610					
公安县	30000	11300	25000	200			100		
监利县	66290	25250	41700	30	20	20			
江陵县	19100	2570	17000						
石首市	27820	1420	13060						

续表11 单位:公顷

	油菜			马铃薯			花生		
	机耕面积	机播面积	机收面积	机耕面积	机播面积	机收面积	机耕面积	机播面积	机收面积
洪湖市	25000	11220	16550						
松滋市	31900	5100	17700	500			120		
开发区	580		580						
市直		100	200						
黄冈市	**172161**	**61155.97**	**60205.34**	**21226.3**	**3177**	**188**	**28263**	**17350**	
黄州区	3190	1026.67	2273.34						
龙感湖区	1733	133.3	1733	13.3					
团风县	8860	2726	540	235	40	88	220	60	
红安县	15860	7657	1052	2638			16280	15460	
罗田县	3660	3000	2700	5000					
英山县	7000	1000	300	2000					
浠水县	27600	5076	3885	3615	2710		3400	230	
蕲春县	21950	8568	9662	5877			743		
黄梅县	30250	6670	13240						
麻城市	29120	5299	4820	1448		100	7300	1600	
武穴市	22938	20000	20000	400	427		320		
市直									
咸宁市	**33090**	**13734**	**9139**	**1275**	**230**	**440**	**635**		
咸安区	16450	5000	1350				100		
嘉鱼县	3600	800	3600	40					
通城县	8000	3866	1526	66	50	50			
崇阳县	1940	780	1160	680	180	390			
通山县	3100	621		339			240		
赤壁市		2667	1503	150			295		
市直									
随州市	**25497.82**	**234**	**502**	**9723.9**	**120**	**120**	**21191.95**		
随县	18159	234	102	8576			13552		
曾都区	1668.82			1137.9	120	120	969.95		
广水市	5670		400	10			6670		
市直									
恩施自治州	**17767**	**72**	**15**	**38435**	**50**	**20**	**920**		
恩施市									
利川市	2015	50		3944	50	20	250		
建始县	3682			16595			310		
巴东县	1520	22	15	2776					
宣恩县	290			2810			360		
咸丰县	2700			3600					
来凤县	3350			3900					
鹤峰县	4210			4810					
市直									
仙桃市	**48000**	**10800**	**16400**	**1469**			**696**		
潜江市	**33929**	**9514**	**25274**	**618**			**981**		
天门市	**53433**	**19204**	**42616**	**3307**	**2001**	**2001**	**3599**	**605**	**1954**
神农架林区				**2000**	**2000**	**2000**			
省直									

续表 12

单位:公顷

	棉花			单项农机化作业情况				
	机耕面积	机播面积	机收面积	机械深耕面积	机械深松面积	机械化免耕播种面积	机械化免耕覆盖播种面积	保护性耕作面积
湖北省	**380929.67**	**12324.33**	**33**	**666866.45**	**103242.05**	**40560**	**27030**	**49898.5**
武汉市	**18010**	**1898**		**71668.85**	**6252.75**	**970**	**970**	**181**
洪山区				485	148.5			
东西湖区	2005	1100		6500				
汉南区	2494	798		4000				
蔡甸区	4600			1750	1750			
江夏区	250							
黄陂区	669			49200		788	788	
新洲区	7992			9732	4353	182	182	181
市直				1.85	1.25			
黄石市	**1585**			**6090**	**80**	**3865**		**365**
黄石港区								
西塞山区				90	80			
下陆区								
铁山区								
阳新县	1500			6000				
大冶市	85					3865		365
经济开发区								
市直								
十堰市				**8650**	**2310**	**1000**		**4060**
茅箭区								200
张湾区								
郧县				1200	800	1000		2200
郧西县								
竹山县								
竹溪县				1050	1510			1660
房县								
丹江口市				6400				
市直								
宜昌市	**15691.67**	**3633.33**		**6280**	**3648**	**450**	**450**	**2375**
西陵区								
伍家岗区				40	15			35
点军区								
猇亭区								
夷陵区								
远安县								
兴山县								
秭归县								
长阳自治县								
五峰自治县								
宜都市								
当阳市	1365	1300				450	450	
枝江市	14326.67	2333.33		6240	3633			2340
市直								

续表13　　　　　　　　　　　　　　　　　　　　　　　　　　　　单位:公顷

	棉花			单项农机化作业情况				
	机耕面积	机播面积	机收面积	机械深耕面积	机械深松面积	机械化免耕播种面积	机械化免耕覆盖播种面积	保护性耕作面积
襄阳市	**39858**	**2008**		**125316**	**150**	**585**	**585**	**685**
襄城区	380	248						
樊城区								
襄州区	14000			76500				
开发区								
南漳县								
谷城县						420	420	
保康县								
老河口市	3700							
枣阳市	13758	1760		37966		35	35	615
宜城市	7870			8000				
襄北农场	150			2850	150	130	130	70
市直								
鄂州市	**2543**	**200**		**20792**	**15112**	**3047**	**2727**	**15472**
梁子湖区	250	200		3900	170	300	100	600
华容区	1040			10900	13000	2270	2270	13300
鄂城区	918			4284	1785	357	357	612
开发区	200			650		120		500
葛店开发区	135			870	55			390
西山街办				10				10
市直				178	102			60
荆门市	**36787**	**2132**		**32600**	**13300**	**9750**	**3550**	**7010**
东宝区								
掇刀区	1620			400		1150	1150	
京山县	9334							7000
沙洋县	6011	2132		28400	10600	4480	900	
钟祥市	15414			1300		2120		10
屈家岭	3300			1500	1200			
沙洋农场	258			1000	1500	1600	1500	
漳河新区	850					400		
市直								
孝感市	**22725**			**61990**	**600**	**4652**	**4652**	**1300**
孝南区	1365							
孝昌县	561			590				
大悟县				500	600	1000	1000	
云梦县	2656					152	152	
应城市	2460							
安陆市				31900		2000	2000	1300
汉川市	15683			29000		1500	1500	
市直								
荆州市	**91870**	**240**	**20**	**179290**	**30280**	**6100**	**6100**	**13470**
沙市区	2800			2000				
荆州区	8400			3500	2100			720
公安县	24670	0	0	55700	5500	200	200	0
监利县	19610	10	10	65500				2500
江陵县	7250	10	10	7620				
石首市	10850			100	100			250

续表 14　　　　　　　　　　　　　　　　　　　　　　　　　　单位:公顷

	棉花			单项农机化作业情况				
	机耕面积	机播面积	机收面积	机械深耕面积	机械深松面积	机械化免耕播种面积	机械化免耕覆盖播种面积	保护性耕作面积
洪湖市	6200	20		44770	22480	5900	5900	10000
松滋市	11070	200		100	100			
开发区	1020							
市直								
黄冈市	**46679**	**1000**		**26913.3**	**5333.3**	**8040.7**	**6530**	**4200**
黄州区	4176					636	636	
龙感湖区	1200			1333.3	1333.3	133.3		
团风县	2681			350		880		4200
红安县	760			2600		1269.4	1268	
罗田县				10000	3000	900	900	
英山县				1300	1000	1000	1000	
浠水县	8210			7150		690	680	
蕲春县	4172					572	86	
黄梅县	13780					1960	1960	
麻城市	6402			4180				
武穴市	5298	1000						
市直								
咸宁市	**1687**			**4540.3**	**53**	**1286.3**	**753**	**510**
咸安区	100							
嘉鱼县	600			66	53	40	40	
通城县						713	713	
崇阳县								
通山县				1133.3		533.3		510
赤壁市	987			3341				
市直								
随州市	**18417**			**6415**	**3487**	**299**	**198**	**33**
随县	15647			5065	1987	209	118	33
曾都区	1710			1350	1500	80	80	
广水市	1060					10		
市直								
恩施自治州				**31619**	**22636**	**515**	**515**	**237.5**
恩施市				17417	17736	515	515	95
利川市								
建始县				3052				142.5
巴东县								
宣恩县				1000				
咸丰县				2600	4900			
来凤县				30				
鹤峰县				7520				
市直								
仙桃市	**25080**							
潜江市	**23885**							
天门市	**36112**	**1213**	**13**	**84702**				
神农架林区								
省直								

续表 15　　　　单位:公顷

	精少量播种面积	机械深施化肥面积	机械铺膜面积	农田机械节水灌溉面积	机械播种牧草面积	机械收获牧草数量(吨)	机械化秸秆还田面积	秸秆捡拾打捆面积	机械脱粒粮食数量(吨)
湖北省	**261888.45**	**191772**	**25947**	**394729.95**	**8470.7**	**88865**	**801042.55**	**11961**	**22522557.67**
武汉市	**8258.15**	**7113**	**4838**	**50131.75**		**26200**	**55676.35**		**1323674.3**
洪山区	335			188.5			106		3850
东西湖区			130	9600			600		200
汉南区	148	4730	3138	864			4500		44150.3
蔡甸区	25	30		1500			4970		433050
江夏区			1570	17400		26200	5070		290000
黄陂区	2310			3916			34208		516648
新洲区	5439	2353		16662			6221		35760
市直	1.15			1.25			1.35		16
黄石市	**9165**	**4300**	**1120**	**5752**		**600**	**44400**		**473905**
黄石港区			120	115					6250
西塞山区				150					6845
下陆区									210
铁山区									
阳新县		4300	1000	5000			15000		410000
大冶市	9165			487		600	29400		45000
经济开发区									5600
市直									
十堰市	**3550**	**7240**	**4700**	**45728**		**2050**	**34240**		**1057683**
茅箭区		100		600					
张湾区				1798					2650
郧县	1650	2600		6750		250	11000		240000
郧西县	1800	890	2200	3000		1800	4880		65000
竹山县			2500	3000			5000		50000
竹溪县		3650		9100			5100		165400
房县				20000			7000		476033
丹江口市	100			1480			1260		58600
市直									
宜昌市	**4260**	**4685**	**2230**	**15598**		**810**	**11937**	**3550**	**1543537**
西陵区									
伍家岗区				20					
点军区									
猇亭区									4000
夷陵区									19785
远安县				1080			7200	500	
兴山县	50		930	180					52000
秭归县				950					454532
长阳自治县				145					355500
五峰自治县									103400
宜都市		**1285**		**180**		**810**	**1127**		**78870**
当阳市	1870	3400	1300	1600			3100	3050	457400
枝江市	2340			11443			510		18050
市直									

续表16 单位:公顷

	精少量播种面积	机械深施化肥面积	机械铺膜面积	农田机械节水灌溉面积	机械播种牧草面积	机械收获牧草数量（吨）	机械化秸秆还田面积	秸秆捡拾打捆面积	机械脱粒粮食数量（吨）
襄阳市	**54181**	**29218**	**616**	**52893**			**82512**	**2685**	**2923710**
襄城区									35300
樊城区									
襄州区	12000	8000					7500		
开发区				2000					
南漳县	7430	12176	566				10666		356000
谷城县				800			8600		408300
保康县		500	50	600			400		71000
老河口市	10000	333		15000			4000		300000
枣阳市	20251	2359		30743			38536	85	989510
宜城市	4500	4500					8600	2600	757000
襄北农场		1350		3750			4210		6600
市直									
鄂州市	**4683**	**12894**		**11593**	**20**	**3100**	**2556**		**713520**
梁子湖区	1400	3350		2680	20	3100	620		200000
华容区	2300	2300		1550					121000
鄂城区	963	4284		2963			606		350000
开发区	0	1500		1500			200		600
葛店开发区	18	1290		2800			1010		40500
西山街办	0	50		40					1200
市直	2	120		60			120		220
荆门市	**27960**	**8525**	**1188**	**29420**			**80900**	**1565**	**1967283.62**
东宝区							6880		13.62
掇刀区	140			6340			9560	100	96800
京山县	8934	5000		6500			5000		660000
沙洋县		1025					28147		410500
钟祥市	18186	500	1188	14280			21413	1465	795100
屈家岭									
沙洋农场	700	2000		500			8000		
漳河新区				1800			1900		4870
市直									
孝感市	**28203**	**67902**	**848**	**25316**			**25691**	**26**	**1646269**
孝南区	8020	652	68	80			4255	26	159000
孝昌县	630	2050		800			2500		238510
大悟县	1400			4660			3550		120780
云梦县				136			1325		10795
应城市	4953			19640			5561		417000
安陆市	2000	200					3500		335184
汉川市	11200	65000	780				5000		365000
市直									
荆州市	**19470**	**18980**	**1500**	**27910**	**2970**		**74930**	**2400**	**3537900**
沙市区	140	1000		10000			2000		83800
荆州区	1750	1200					18800		115000
公安县	1000	3000	1500	1200			1100	2000	514200
监利县	5000	1540		1290			4110		1481000
江陵县	2780	2900		3000			42300		273500
石首市	1700	3000		3600			1500		242100

续表 17 单位:公顷

	精少量播种面积	机械深施化肥面积	机械铺膜面积	农田机械节水灌溉面积	机械播种牧草面积	机械收获牧草数量(吨)	机械化秸秆还田面积	秸秆捡拾打捆面积	机械脱粒粮食数量(吨)
洪湖市	5900	4330		5400	2970		2970	400	474300
松滋市	1200	2000		3400			2100		349000
开发区		10		20			50		5000
市直									
黄冈市	**34559.3**	**28790**	**2706**	**63436**	**5200**	**5080**	**87032**	**1415**	**2600734.75**
黄州区	360			300			1450	1400	30125
龙感湖区	3333.3	3500		3333			7435		44013.75
团风县	2300			1767			1554		156000
红安县			706	3136			831		173068
罗田县				8000			8000		190000
英山县	1000		2000				2000		170000
浠水县	1810	2100		24600			36582		267500
蕲春县	456								468128
黄梅县	4100	4190		1200		3500	12100		421900
麻城市	2200			6100	5200	1580	80	15	530000
武穴市	19000	19000		15000			17000		150000
市直									
咸宁市	**7886**	**640**	**84**	**24786.7**	**266.7**	**51000**	**92937.7**	**320**	**717246**
咸安区							90000		180000
嘉鱼县				20800					120355
通城县	5200		50	88			14.7		170891
崇阳县							30		150000
通山县	900	30	34	1066.7	266.7	51000	620	320	58000
赤壁市	1786	610		2832			2273		38000
市直									
随州市	**1506**	**517**	**2012**	**6967**			**32231**		**1200234**
随县	896	513	1892	6517			15631		750125
曾都区	510	4	120	50			6940		229309
广水市	100			400			9660		220800
市直									
恩施自治州	**507**	**155**	**3192**	**11760.5**	**14**	**25**	**6039.5**		**1156198**
恩施市									132149
利川市	42		2046	3624			3154		142387
建始县		155	570	510.5	14	25	385.5		521500
巴东县			576	2106					88512
宣恩县				4500					101800
咸丰县	465			820					100850
来凤县				200			2500		69000
鹤峰县									
市直									
仙桃市	**13000**						**107200**		**738738**
潜江市							**24420**		**491124**
天门市	**44700**	**813**	**913**	**22760**			**38340**		**430801**
神农架林区				**678**					
省直									

续表18

单位:吨

	机械烘干粮食数量	机械初加工农产品数量	其中:加工粮食数量	加工油料数量	加工棉花数量	加工果蔬数量	加工茶叶数量	机械化饲草料加工数量
湖北省	**2300743.3**	**33174583.99**	**23619743.6**	**3112191.21**	**1128638.06**	**2127137.1**	**313789.33**	**12474525.48**
武汉市	**35264**	**1729136**	**1127535.64**	**137546**	**34296**	**50948**	**58672**	**527189**
洪山区		1350				1350		4500
东西湖区		10530	6700		3500		330	210
汉南区		46474	16730.64	464	15220			26755
蔡甸区		450100	430000	12600	7500			43550
江夏区	19000	493200	327000	42000	500	1000	1200	116824
黄陂区	16264	669770	333900	77250	6760	44833	56710	201600
新洲区		57384	13200	5232	816	3480	432	133750
市直		328	5			285		
黄石市	**105000**	**707607**	**671050**	**28555**	**4450**	**1790**	**1752**	**251386.63**
黄石港区								13731.3
西塞山区		140	140					7030
下陆区		265	210	55				
铁山区								
阳新县	100000	415400	390000	18000	4000	1700	1700	132530.8
大冶市	5000	288302	278000	9700	450	90	52	98094.53
经济开发区		3500	2700	800				
市直								
十堰市	**22665**	**1544934**	**916570**	**120340**	**1059**	**275771**	**44515**	**1202053**
茅箭区		2450	1250	1000			100	15500
张湾区	0	3000	2400	570			30	10600
郧县	600	428200	220000	17000		190000	700	185000
郧西县	65	258000	212750	9030		4600	520	186203
竹山县		240000	120000	40000		50000	30000	210000
竹溪县		141500	116300	20100			5100	220000
房县	22000	398184	208270	28240	1059	9531	1765	237600
丹江口市		73600	35600	4400		21640	6300	137150
市直								
宜昌市	**61500**	**4500725**	**2843574**	**329513**	**98980**	**1192146**	**21892**	**2003438**
西陵区								
伍家岗区		17000				17000		2000
点军区		65530				65000	530	
猇亭区		500				500		
夷陵区		481776	187508	32005		261006	1257	290000
远安县		112000	100000	5000		5000	1000	100000
兴山县		121000	70000	7500		35000	850	1000
秭归县		435000	85500	15200		328000	2570	35210
长阳自治县		1345000	1330008	13352			1400	
五峰自治县		18882	15112	1109			2661	105228
宜都市		**463834**	**107966**	**17689**	**75**	**326590**	**11514**	**537000**
当阳市	23000	729643	389680	161838	48365	127650	110	533000
枝江市	38500	710560	557800	75820	50540	26400		400000
市直								

续表 19 单位：吨

	机械烘干粮食数量	机械初加工农产品数量	其中：加工粮食数量	加工油料数量	加工棉花数量	加工果蔬数量	加工茶叶数量	机械化饲草料加工数量
襄阳市	**251850**	**3664082**	**2621250**	**417810**	**135012**	**27310**	**28500**	**1478513.57**
襄城区		20982	20150	510	12	310		31094
樊城区								30400
襄州区		730000	660000	40000	30000			381941.07
开发区								
南漳县		138200	127700	10500				149973.42
谷城县	6000	94700	31400	16300			11000	96416.62
保康县		147500	125000	14500			8000	88895.18
老河口市		1100000	820000	230000	50000			102382.3
枣阳市	245850	938500	769000	88000	45000	27000	9500	371850.59
宜城市		455000	40000	18000	10000			225560.39
襄北农场		39200	28000					
市直								
鄂州市	**55600**	**674215**	**474170**	**32995**	**6805**	**9775**	**302**	**296233.8**
梁子湖区	3000	259000	215200	13600	3000	9000	200	50200
华容区		2100	1950	120	30			200000
鄂城区	52500	368400	214200	17850	3570	510	102	45900
开发区	100	1950	600	1200	150			2
葛店开发区		41000	40500	200	50	250		100
西山街办		1520	1500	20				1.8
市直		245	220	5	5	15		30
荆门市	**422400.3**	**2069835.49**	**1714732.96**	**226995.01**	**44972.06**	**30890.1**	**103.01**	**1343933**
东宝区	0.3	9.49	7.96	1.01	0.06	0.1	0.01	392000
掇刀区		131617	96800	29910	2017	2890		4324
京山县	420000	610000	592000	10000	8000			287890
沙洋县		212130	179000	25800	7330			289973
钟祥市	100	988584	828125	120984	19475	20000		369452
屈家岭								
沙洋农场	2300	13040	13000				3	294
漳河新区		114455	5800	40300	8150	8000	100	
市直								
孝感市	**418764**	**1784298**	**1521321**	**128995**	**29095**	**99320**	**5563**	**959487**
孝南区	38550	244453	135500	17550	6050	85320	33	120100
孝昌县		230020	187266	41005	545		1200	201100
大悟县		129410	120780	4380			4250	222856
云梦县	15230	26373	25413	960				20000
应城市	3120	406300	401200	5100				155411
安陆市	61864	327742	287162	40000	500		80	1560
汉川市	300000	420000	364000	20000	22000	14000		238460
市直								
荆州市	**274500**	**3724500**	**2333500**	**518600**	**103400**	**106000**		**1445330**
沙市区	2500	163500	103000	57000	3500			27503
荆州区	62000	374900	205500	55000	14400	100000		73910
公安县	20000	790600	67000	111300	8800	500		282600
监利县	60000	789000	733800	45600	9600			436634
江陵县	20000	243700	174000	63900	5800			146783
石首市	20000	167000	126000	36000	5000			82790

续表20 单位:吨

	机械烘干粮食数量	机械初加工农产品数量	其中:加工粮食数量	加工油料数量	加工棉花数量	加工果蔬数量	加工茶叶数量	机械化饲草料加工数量
洪湖市	60000	671600	644200	26600	300			233998
松滋市	20000	509200	268000	121200	55000	5500		154798
开发区	10000	15000	12000	2000	1000			6314
市直								
黄冈市	**323163**	**4827469.8**	**3886779**	**474772**	**324643**	**31638**	**30294.82**	**140115.08**
黄州区	1300	59568	50352	6535	2236	260		778.05
龙感湖区	90000	59395	50000	2945	5250	1200		163
团风县	3800	266400	190000	55400	21000			14280
红安县	4063	232114	156049	54767	2076	9648	1416	30138.6
罗田县		255000	175000	20000			0.02	22000
英山县		1288200	1220000	30000		200	27000	13500
浠水县		460863	459600	1205	58			497.43
蕲春县		263629.3	233778	23920	5923		8.3	8444
黄梅县	4000	519440.5	422000	55000	42100	330	10.5	12050
麻城市	180000	757360	530000	180000	46000		1360	5404
武穴市	40000	665500	400000	45000	200000	20000	500	32860
市直								
咸宁市	**3760**	**2525909.7**	**2070136**	**230994.2**	**21480**	**7800**	**37169.5**	**255775**
咸安区		174200	101300	72700			200	60000
嘉鱼县		285700	226150	1220				140
通城县	500	216071.7	213786	554.2	180		1551.5	2675
崇阳县	500	178500	178000	420	50		30	57360
通山县	2760	1085938	932000	45300	550	6800	1288	135600
赤壁市		585500	418900	110800	20700	1000	34100	
市直								
随州市	**6415**	**463692**	**330191**	**60309**	**43597**	**27128**	**1462**	**60500**
随县	6415	56629	4879	1568	33145	15678	1359	
曾都区		190463	154362	28641	1652	4800	3	60000
广水市		216600	170950	30100	8800	6650	100	500
市直								
恩施自治州	**100612**	**2275177**	**1681209**	**82467**		**266621**	**83364**	**1381869**
恩施市	9630	180099	132149	13104		17733	17112	430172
利川市	482	537641	495230	9508		20718	11680	118180
建始县	7500	489400	435000	18500		32000	3900	92500
巴东县		348757	192350	10725		142610	3072	236625
宣恩县	15000	146660	124000	6400		8460	7800	648
咸丰县		136480	107900	7930			20650	176850
来凤县		339840	123580	9500		45100	650	155460
鹤峰县	68000	96300	71000	6800			18500	171434
市直								
仙桃市	**350**	**855600**	**705000**	**117100**	**33500**			**649668**
潜江市		**1396000**	**440671**	**112000**	**192000**			
天门市	**218900**	**429253**	**280704**	**93200**	**55349**			**360071**
神农架林区		**2150**	**1350**				**200**	**118963.4**
省直								

续表21

	其中：机械化青贮秸秆数量	农机运输作业量	其中：农业运输作业量	农田基本建设作业量	农用飞机作业面积	农机专业合作社作业服务面积	农机跨区作业面积	其中：跨区机耕面积
	吨	万吨·公里	万吨·公里	立方米	公顷	公顷	公顷	公顷
湖北省	**988175**	**714615.82**	**571004.32**	**163501879.5**	**220030**	**1552208**	**1339841.2**	**288779**
武汉市	**20**	**89891**	**73381**	**313315**		**73041**	**62422.3**	**13352**
洪山区		92	65			2035	350	
东西湖区	20	3787	3787	55		4300	6666	1000
汉南区		7050	2350	57200		11926	4200.3	990
蔡甸区		17575	17575			21800	4000	
江夏区		23732	13965	43000		10300	11500	4900
黄陂区		20165	20165	213060		22680	17142	3042
新洲区		12840	11124				18564	3420
市直		4650	4350					
黄石市	**5000**	**78557.9**	**78332.6**	**70500**	**10**	**103087**	**73534**	**27104**
黄石港区		268.4	163.8					
西塞山区		115	98	7800			130	50
下陆区		167.5	63.8					
铁山区								
阳新县		76200	76200	15000		60000	71000	27000
大冶市	5000	1657	1657	42100	10	43087	2404	54
经济开发区		150	150	5600				
市直								
十堰市	**99924**	**37441**	**29821**	**46482100**		**26283**	**33317**	**14900**
茅箭区		300	200	5000		400	200	
张湾区		840	840					
郧县		2580	1500	42000000		650	500	
郧西县	8500	5600	3500	125000		6300	7450	5000
竹山县	8500	5000	3000	90000		2100	20000	8000
竹溪县	80100	4550	2700	3000100		6100		
房县	2824	9411	9411	96000		6333	1667	1000
丹江口市		9160	8670	1166000		4400	3500	900
市直								
宜昌市	**64952**	**33833**	**27211**	**22595684.52**		**50085**	**56645**	**17739**
西陵区								
伍家岗区		25	15					
点军区								
猇亭区		10	5	50000		600	500	
夷陵区		3927	3927	14910			4572	1552
远安县		2600	2600	75000		1000	1500	750
兴山县		2609	2609	3050000		1400		
秭归县	1000	4850	3760	80000		7500		
长阳自治县		5400	3319	431			100	
五峰自治县		1880				30000		
宜都市		**5347**	**4509**	**473713.52**		**270**	**370**	**185**
当阳市	62600	7185	6467	18850000		9315	17653	1620
枝江市	1352			1630			31950	13632
市直								

续表22

	其中：机械化青贮秸秆数量	农机运输作业量	其中：农业运输作业量	农田基本建设作业量	农用飞机作业面积	农机专业合作社作业服务面积	农机跨区作业面积	其中：跨区机耕面积
	吨	万吨·公里	万吨·公里	立方米	公顷	公顷	公顷	公顷
襄阳市	**1800**	**175435.5**	**135531.6**	**22367630**		**326614**	**229356**	**24610**
襄城区		16000	14000			1000		
樊城区								
襄州区	1800	74650	62900	240000		90000	47000	11000
开发区						15500	15500	1500
南漳县		316	88	50000		26989	4500	
谷城县		2140	1313	84630		8667	1600	
保康县		450	450	8000		20000	2000	
老河口市		16810	14280			26000	6000	
枣阳市		42436	42436	21985000		138458	27116	
宜城市		22560					125000	12000
襄北农场		73.5	64.6				640	110
市直								
鄂州市	**8214**	**4927**	**3791**	**86078**	**20**	**15260**	**6585**	**1935**
梁子湖区	7500	960	580	24400	20	6800	2900	800
华容区		1820	1600				900	300
鄂城区	714	1124	760	19278		8160	2785	835
开发区		9	8.5	30000		100		
葛店开发区		950	790	5500				
西山街办		8	7.5	6000				
市直		56	45	900		200		
荆门市	**15000**	**30026**	**24073**	**7058000**	**220000**	**118608**	**231926**	**8606**
东宝区		6449	2501	2400000			25583	650
掇刀区						3400	18390	40
京山县		90	90	1350000		50000	41200	0
沙洋县	10000	462	462	339000		18760	39966	1436
钟祥市	5000	23000	21000	2869000		46048	54415	2400
屈家岭						400	40900	3880
沙洋农场		25	20	100000			2400	
漳河新区							9072	200
市直					220000			
孝感市	**10**	**27994**	**19266.4**	**16666427**		**146852**	**42291**	**9316**
孝南区		11282	4486	2295		3450	6500	1355
孝昌县				28012		6500	1650	
大悟县		3220	3220	2520		1981	2370	
云梦县		6512	5023	52000		85194	9893	1050
应城市		39	37.4	2380000		18827	2278	911
安陆市	10	6900	6500	1300		5300	15500	6000
汉川市		41		14200300		25600	4100	
市直								
荆州市	**66500**	**13478**	**10718**	**3374700**		**157189**	**281320**	**96320**
沙市区		1035	584	26000		3849	9680	3430
荆州区		1350	1350	39000		11700	23930	2790
公安县	32000	1850	1480	699000		26414	60650	16100
监利县	34500	3503	2921	1540000		45394	20470	6200
江陵县		1331	988	157100		12952	21030	5000
石首市		1079	775	185000		14568	63500	30000

续表23

	其中：机械化青贮秸秆数量	农机运输作业量	其中：农业运输作业量	农田基本建设作业量	农用飞机作业面积	农机专业合作社作业服务面积	农机跨区作业面积	其中：跨区机耕面积
	吨	万吨·公里	万吨·公里	立方米	公顷	公顷	公顷	公顷
洪湖市		1188	960	583600		21126	23860	7500
松滋市		1332	1150	140000		20046	54200	24300
开发区		810	510	5000		1140	4000	1000
市直								
黄冈市	**31970**	**100169.2**	**79016.2**	**15972765**		**318691**	**98549**	**32163**
黄州区	778	323	190	234860		2569	1356	546
龙感湖区		29.5	29.5	4650000		23186	32023	10200
团风县	6500	4870	1850	3426000		18250	2980	830
红安县	1005	316	208	314200		3020	1287	
罗田县	2334	38800	38800			12000	6500	2000
英山县						5500	7300	2200
浠水县		518	513.5	5856000		5270	4740	1850
蕲春县	154	6423.7	1829.2	240		4530	5568	1237
黄梅县	330	1800	1100	221000		45800	15905	2800
麻城市	4300	3689	3496	270465		11866	13890	8500
武穴市	16569	43400	31000	1000000		186700	7000	2000
市直								
咸宁市	**97140**	**9318.82**	**4872.12**	**4354691**		**39049**	**57771.9**	**2421**
咸安区	30000	23	23	160000		16500	1000	
嘉鱼县		90	90			66	1200	492
通城县	2140	788.12	788.12	3914091		9066	580	149
崇阳县		1600	1600	82000		4800	4200	0
通山县	65000	2391.7	648	78600		1886	4791.9	680
赤壁市		4426	1723	120000		6731	46000	1100
市直								
随州市	**1346**	**29907**	**26985**	**331853**		**16274**	**99062**	**13314**
随县		26149	24317				40962	4604
曾都区	1346	748	658	331853		2274	30100	1450
广水市		3010	2010			14000	28000	7260
市直								
恩施自治州	**594838**	**31133**	**19810**	**23501036**		**26911**	**20851**	**12922**
恩施市	344138	1103	1103	36050		15810	5469	2606
利川市		8019	6214	32046		5863	12300	9716
建始县	12800	8335	8335	21000000		650	280	155
巴东县		3167	820	857520		1533	612	125
宣恩县		1758	1758	295000		320	1000	
咸丰县	108400	2788	1180	655000		875	170	
来凤县	129500	5798	235	625420		1860	1020	320
鹤峰县		165	165					
市直								
仙桃市		**495**	**495**	**250000**		**28393**	**12800**	**7680**
潜江市		**21545**	**14973**	**77100**		**34666**	**14677**	**1774**
天门市	**261**	**30364**	**22627**			**71205**	**18734**	**4623**
神农架林区	**1200**	**100.4**	**100.4**					
省直								

续表24

	跨区机播面积	跨区机收面积	其中:跨区机收小麦	跨区机收水稻	跨区机收玉米	免耕播种面积	其中:小麦免耕播种面积	水稻免耕播种面积	玉米免耕播种面积
	公顷	公顷	公顷	公顷	公顷	公顷	公顷	公顷	公顷
湖北省	**50036**	**954608.9**	**444141.9**	**478822**	**6161**	**29755.6**	**13032.5**	**12874.1**	**546.3**
武汉市	**200**	**47666**	**11761**	**34400**	**1505**				
洪山区		350	185	150	15				
东西湖区		5666	3866	1200	600				
汉南区		2006	1466	320	220				
蔡甸区		4000	140	3300	560				
江夏区	200	6400	1790	4500	110				
黄陂区		14100	618	13482					
新洲区		15144	3696	11448					
市直									
黄石市	**7000**	**39430**	**15900**	**19530**	**3000**	**5087**	**4953**	**0**	**134**
黄石港区									
西塞山区		80		80					
下陆区									
铁山区									
阳新县	7000	37000	15000	18000	3000				
大冶市		2350	900	1450		5087	4953		134
经济开发区									
市直									
十堰市	**5800**	**10567**	**2750**	**1840**	**200**				
茅箭区		200			100				
张湾区									
郧县		500	500						
郧西县	800	1600	950	640					
竹山县	5000	5000							
竹溪县									
房县		667							
丹江口市		2600	1300	1200	100				
市直									
宜昌市	**1333**	**37573**	**14427**	**22646**		**978**			
西陵区									
伍家岗区									
点军区									
猇亭区		500							
夷陵区		3020	1000	2020					
远安县		750	250	500					
兴山县									
秭归县									
长阳自治县		100		100					
五峰自治县									
宜都市		**185**	**50**	**135**		**18**			
当阳市	1333	14700	2500	12200		960			
枝江市		18318	10627	7691					
市直									

续表25

	跨区机播面积	跨区机收面积	其中:跨区机收小麦	跨区机收水稻	跨区机收玉米	免耕播种面积	其中:小麦免耕播种面积	水稻免耕播种面积	玉米免耕播种面积
	公顷	公顷	公顷	公顷	公顷	公顷	公顷	公顷	公顷
襄阳市	**20630**	**184116**	**121598**	**62498**	**20**				
襄城区									
樊城区									
襄州区	4000	32000	27000	5000					
开发区	1500	12500	8200	4300					
南漳县		4500	1300	3200					
谷城县		1600	1300	300					
保康县		2000	1000	1000					
老河口市		6000	6000						
枣阳市		27116	17618	9498					
宜城市	15000	98000	58800	39200					
襄北农场	130	400	380		20				
市直									
鄂州市	**1073**	**3576**	**1011**	**1965**		**489**	**275.5**	**66.5**	**147**
梁子湖区	400	1700	500	1200		300	200		100
华容区		600							
鄂城区	673	1276	511	765		189	75.5	66.5	47
开发区									
葛店开发区									
西山街办									
市直									
荆门市	**100**	**223220**	**132000**	**91000**	**220**	**4083**	**500**	**1983**	
东宝区	0	24933	12930	12003					
掇刀区	0	18350	7950	10400					
京山县	0	41200	24100	17100					
沙洋县		38530	23310	15220		2483	500	1983	
钟祥市	100	51915	32875	19020	20				
屈家岭		37020	23400	13420	200				
沙洋农场		2400	2400			1600			
漳河新区		8872	5035	3837					
市直									
孝感市	**443**	**32532**	**9012**	**12971**	**200**	**4600**	**2800**	**800**	
孝南区		5145	1520	3625					
孝昌县		1650	260	1390					
大悟县		2370	1	1320					
云梦县		8843	3188	5655					
应城市	443	924	443	481					
安陆市		9500			200	4000	2200	800	
汉川市		4100	3600	500		600	600		
市直									
荆州市	**4110**	**180890**	**49910**	**128920**	**610**	**10150**	**200**	**9950**	
沙市区	400	5850	2930	2920					
荆州区	370	20770	5700	15000	70				
公安县	2000	42550	11060	30190	0	200	200		
监利县	840	13430	4900	7880	500				
江陵县		16030	3120	12910					
石首市		33500	3500	30000					

续表26

	跨区 机播面积	跨区 机收面积	其中：跨 区机 收小麦	跨区机 收水稻	跨区机 收玉米	免耕 播种面积	其中： 小麦 免耕播 种面积	水稻 免耕 播种面积	玉米 免耕播种 面积
	公顷	公顷	公顷	公顷	公顷	公顷	公顷	公顷	公顷
洪湖市	500	15860	7600	8220	40	9950		9950	
松滋市		29900	10100	19800					
开发区		3000	1000	2000					
市直									
黄冈市	**320**	**62464**	**28015**	**30425**	**6**	**4199**	**4224**		
黄州区	15	760	426	310	6				
龙感湖区	23	21800	8500	13300					
团风县	20	2130	560	1570			25		
红安县		910	650	260					
罗田县		4000							
英山县		3600	1200	2400					
浠水县		2890	450	2440					
蕲春县	157	4174	29	4145		203	203		
黄梅县	105	13000	12000	1000		3960	3960		
麻城市		4200	1200	3000		36	36		
武穴市		5000	3000	2000					
市直									
咸宁市	**3200**	**12992.9**	**7261.9**	**4781**	**400**	**89.6**		**74.6**	**265.3**
咸安区		1000	1000						
嘉鱼县		550				50		50	
通城县		431		431		24.6		24.6	
崇阳县		4200	2500	1700					
通山县		4111.9	2761.9	1350		15			265.3
赤壁市	3200	2700	1000	1300	400				
市直									
随州市	**1300**	**84448**	**37272**	**46071**		**80**	**80**		
随县		36358	17152	18101					
曾都区		28650	13640	15010		80	80		
广水市	1300	19440	6480	12960					
市直									
恩施自治州		**7527**	**1599**	**5793**					
恩施市		2863	1524	1339					
利川市		2584		2584					
建始县		85							
巴东县		125	75						
宣恩县		1000		1000					
咸丰县		170		170					
来凤县		700		700					
鹤峰县									
市直									
仙桃市		**5120**	**2050**	**3070**					
潜江市		**12903**	**5116**	**7787**					
天门市	**4527**	**9584**	**4459**	**5125**					
神农架林区									
省直									

农机化系统机构及人员

	农机化管理机构			省级			地级			县级		
	年末机构数(个)	年末人数(人)		年末机构数(个)	年末人数(人)		年末机构数(个)	年末人数(人)		年末机构数(个)	年末人数(人)	
		合计	其中:科技人员(教师)		合计	其中:科技人员(教师)		合计	其中:科技人员(教师)		合计	其中:科技人员(教师)
湖北省	**899**	**3132**	**1767**	**1**	**27**		**17**	**206**	**66**	**100**	**1139**	**676**
武汉市	**77**	**307**	**137**				**1**	**6**		**7**	**91**	**54**
洪山区	9	12	3							1	1	
东西湖区	1	1								1	1	
汉南区	7	12								1	4	
蔡甸区	11	39	12							1	18	12
江夏区	14	143	47							1	28	15
黄陂区	20	38	25							1	12	6
新洲区	14	56	50							1	27	21
市直	1	6					1	6				
黄石市	**37**	**138**	**110**				**1**	**2**		**2**	**36**	**21**
黄石港区												
西塞山区												
下陆区												
铁山区												
阳新县	20	55	39							1	20	14
大冶市	15	79	70							1	16	7
经济开发区	1	2	1									
市直	1	2					1	2				
十堰市	**79**	**297**	**152**				**1**	**22**	**16**	**11**	**143**	**73**
茅箭区	1	3								1	3	
张湾区	1	14	8							1	14	8
郧县	19	34	28							1	14	8
郧西县	1	12	5							1	12	5
竹山县	1	22	18							1	22	18
竹溪县	16	39	31							1	22	14
房县	21	80								1	14	
丹江口市	18	71	46							4	42	20
市直	1	22	16				1	22	16			
宜昌市	**44**	**114**	**71**				**1**	**9**	**8**	**12**	**65**	**34**
西陵区	2	2	2							1	1	1
伍家岗区	1	1										
点军区	6	7								1	2	
猇亭区	1	2								1	2	
夷陵区	14	15	8							1	2	
远安县	2	10	10							1	8	8
兴山县	1	7	1							1	7	1
秭归县	1	7	6							1	7	6
长阳自治县	1	8	2							1	8	2
五峰治县	1	3	2							1	3	2
宜都市	11	28	27							1	10	9
当阳市	1	4	2							1	4	2
枝江市	1	11	3							1	11	3
市直	1	9	8				1	9	8			
襄阳市	**69**	**466**	**166**				**1**	**6**	**2**	**11**	**107**	**65**

续表1

	农机化管理机构			省级			地级			县级		
	年末机构数(个)	年末人数(人)		年末机构数(个)	年末人数(人)		年末机构数(个)	年末人数(人)		年末机构数(个)	年末人数(人)	
		合计	其中:科技人员(教师)		合计	其中:科技人员(教师)		合计	其中:科技人员(教师)		合计	其中:科技人员(教师)
襄城区	4	13								1	3	
樊城区	3	9								1	2	
襄州区	14	124	58							1	25	20
开发区	3	9								1	1	
南漳县	1	19	8							1	19	8
谷城县	11	27	16							1	6	3
保康县	1	7	7							1	7	7
老河口市	1	15	1							1	15	1
枣阳市	18	112	44							1	16	15
宜城市	11	123	28							1	11	9
襄北农场	1	2	2							1	2	2
市直	1	6	2				1	6	2			
鄂州市	**26**	**62**	**59**				**1**	**18**	**17**	**4**	**17**	**15**
梁子湖区	6	10	8							1	5	3
华容区	6	17	17							1	10	10
鄂城区	11	13	13							1	1	1
开发区	1	1	1							1	1	1
葛店开发区	1	1	1									
西山街办	0	2	2									
市直	1	18	17				1	18	17			
荆门市	**9**	**83**	**47**				**1**	**21**		**8**	**62**	**47**
东宝区	1	7	7							1	7	7
掇刀区	1	8	5							1	8	5
京山县	1	16	14							1	16	14
沙洋县	1	8	6							1	8	6
钟祥市	1	13	8							1	13	8
屈家岭	1	4	1							1	4	1
沙洋农场	1	3	3							1	3	3
漳河新区	1	3	3							1	3	3
市直	1	21					1	21				
孝感市	**49**	**177**	**104**				**1**	**18**		**7**	**111**	**71**
孝南区	1	16	12							1	16	12
孝昌县	1	10	6							1	10	6
大悟县	1	18	16							1	18	16
云梦县	1	17	11							1	17	11
应城市	1	15	1							1	15	1
安陆市	16	40	17							1	18	10
汉川市	27	43	41							1	17	15
市直	1	18					1	18				
荆州市	**132**	**237**	**153**				**1**	**6**	**4**	**9**	**102**	**68**
沙市区	6	7	5							1	2	1
荆州区	10	10	10							1	1	1
公安县	17	33	26							1	17	10
监利县	24	43	19							1	20	14
江陵县	14	26	24							1	13	11

续表2

	农机化管理机构			省级			地级			县级		
	年末机构数(个)	年末人数(人) 合计	年末人数(人) 其中:科技人员(教师)	年末机构数(个)	年末人数(人) 合计	年末人数(人) 其中:科技人员(教师)	年末机构数(个)	年末人数(人) 合计	年末人数(人) 其中:科技人员(教师)	年末机构数(个)	年末人数(人) 合计	年末人数(人) 其中:科技人员(教师)
石首市	14	27	19							1	14	6
洪湖市	24	43	19							1	20	14
松滋市	17	42	27							1	15	11
开发区	5									1		
市直	1	6	4				1	6	4			
黄冈市	**139**	**440**	**266**				**1**	**26**		**11**	**178**	**98**
黄州区	5	12	1							1	8	1
龙感湖区	8	12	1							1	5	1
团风县	7	16	10							1	8	2
红安县	13	47	41							1	20	16
罗田县	13	26								1	14	
英山县	12	39	21							1	22	8
浠水县	14	54	35							1	22	22
蕲春县	16	48	43							1	18	16
黄梅县	17	35	35							1	15	15
麻城市	20	83	79							1	21	17
武穴市	13	42								1	25	
市直	1	26					1	26				
咸宁市	**59**	**250**	**143**				**1**	**17**		**6**	**161**	**90**
咸安区	15	34	20							1	20	6
嘉鱼县	9	29	19							1	21	11
通城县	12	41	24							1	22	13
崇阳县	7	40	18							1	28	12
通山县	2	23	7							1	16	5
赤壁市	13	66	55							1	54	43
市直	1	17					1	17				
随州市	**48**	**117**	**91**				**1**	**6**	**6**	**4**	**30**	**19**
随县	21	58	37							2	11	4
曾都区	8	21	18							1	4	2
广水市	18	32	30							1	15	13
市直	1	6	6				1	6	6			
恩施自治州	**99**	**344**	**236**				**1**	**3**	**1**	**8**	**36**	**21**
恩施市	18	43	1							1	5	1
利川市	15	85	84							1	3	2
建始县	11	55	47							1	4	
巴东县	13	27								1	3	
宣恩县	10	37	37							1	2	2
咸丰县	12	34	25							1	15	15
来凤县	9	41	22							1	3	
鹤峰县	10	19	19							1	1	1
市直	1	3	1				1	3	1			
仙桃市	**1**	**14**	**7**				**1**	**14**	**7**			
潜江市	**1**	**15**					**1**	**15**				
天门市	**28**	**36**	**25**				**1**	**9**	**5**			
神农架林区	**1**	**8**					**1**	**8**				
省直	**1**	**27**		**1**	**27**							

续表3

	乡级			其中:单设机构			农机化教育、培训机构			农机化大、中专		
	年末机构数(个)	年末人数(人)		年末机构数(个)	年末人数(人)		年末机构数(个)	年末人数(人)		年末机构数(个)	年末人数(人)	
		合计	其中:科技人员(教师)		合计	其中:科技人员(教师)		合计	其中:科技人员(教师)		合计	其中:科技人员(教师)
湖北省	**781**	**1760**	**1025**	**215**	**570**	**332**	**63**	**827**	**535**			
武汉市	**69**	**210**	**83**	**30**	**152**	**61**	**5**	**33**	**28**			
洪山区	8	11	3	1	3		1	3	3			
东西湖区												
汉南区	6	8		2	4							
蔡甸区	10	21		1	1		1	3	3			
江夏区	13	115	32	13	115	32	1	8	5			
黄陂区	19	26	19				1	14	14			
新洲区	13	29	29	13	29	29	1	5	3			
市直												
黄石市	**34**	**100**	**89**	**3**	**6**	**5**	**1**	**34**	**14**			
黄石港区												
西塞山区												
下陆区												
铁山区												
阳新县	19	35	25	2	4	4	1	34	14			
大冶市	14	63	63									
经济开发区	1	2	1	1	2	1						
市直												
十堰市	**67**	**132**	**63**	**34**	**95**	**26**	**5**	**45**	**38**			
茅箭区												
张湾区												
郧县	18	20	20				1	9	9			
郧西县							1	10	10			
竹山县							1	8	8			
竹溪县	15	17	17				1	6	5			
房县	20	66		20	66							
丹江口市	14	29	26	14	29	26	1	12	6			
市直												
宜昌市	**31**	**40**	**29**	**1**	**2**	**2**	**6**	**36**	**35**			
西陵区	1	1	1									
伍家岗区	1	1										
点军区	5	5										
猇亭区												
夷陵区	13	13	8				1	3	3			
远安县	1	2	2	1	2	2	1	6	6			
兴山县												
秭归县							1	5	5			
长阳自治县												
五峰治县							1					
宜都市	10	18	18				1	5	4			
当阳市												
枝江市							1	17	17			
市直												
襄阳市	**57**	**353**	**99**	**12**	**29**	**13**	**4**	**97**	**45**			

续表4

	乡级			其中:单设机构			农机化教育、培训机构			农机化大、中专		
	年末机构数(个)	年末人数(人)		年末机构数(个)	年末人数(人)		年末机构数(个)	年末人数(人)		年末机构数(个)	年末人数(人)	
		合计	其中:科技人员(教师)		合计	其中:科技人员(教师)		合计	其中:科技人员(教师)		合计	其中:科技人员(教师)
襄城区	3	10										
樊城区	2	7										
襄州区	13	99	38									
开发区	2	8		2	8							
南漳县												
谷城县	10	21	13	10	21	13	1	23	12			
保康县							1					
老河口市							1	35				
枣阳市	17	96	29				1	39	33			
宜城市	10	112	19									
襄北农场												
市直												
鄂州市	**21**	**27**	**27**	**5**	**5**	**5**						
梁子湖区	5	5	5	5	5	5						
华容区	5	7	7									
鄂城区	10	12	12									
开发区												
葛店开发区	1	1	1									
西山街办		2	2									
市直												
荆门市							**4**	**62**	**40**			
东宝区												
掇刀区							1	6	5			
京山县												
沙洋县							1	7	5			
钟祥市							1	41	24			
屈家岭							1	8	6			
沙洋农场												
漳河新区												
市直												
孝感市	**41**	**48**	**33**	**1**	**2**		**6**	**71**	**49**			
孝南区							1	9	6			
孝昌县							1	6	4			
大悟县							1	10	5			
云梦县												
应城市							1	1	1			
安陆市	15	22	7	1	2		1	15	8			
汉川市	26	26	26				1	30	25			
市直												
荆州市	**122**	**129**	**81**	**55**	**55**	**23**	**6**	**107**	**71**			
沙市区	5	5	4									
荆州区	9	9	9				1	16	12			
公安县	16	16	16				1	8	4			
监利县	23	23	5	21	21	5	1	13	12			
江陵县	13	13	13	13	13	13						

续表5

	乡级			其中:单设机构			农机化教育、培训机构			农机化大、中专		
	年末机构数(个)	年末人数(人)		年末机构数(个)	年末人数(人)		年末机构数(个)	年末人数(人)		年末机构数(个)	年末人数(人)	
		合计	其中:科技人员(教师)		合计	其中:科技人员(教师)		合计	其中:科技人员(教师)		合计	其中:科技人员(教师)
石首市	13	13	13				1	37	16			
洪湖市	23	23	5	21	21	5	1	13	12			
松滋市	16	27	16				1	20	15			
开发区	4											
市直												
黄冈市	**127**	**236**	**168**	**25**	**29**	**20**	**10**	**176**	**88**			
黄州区	4	4					1	42	15			
龙感湖区	7	7		7	7							
团风县	6	8	8	2	2		1	9	6			
红安县	12	27	25				1	19	12			
罗田县	12	12					1	13				
英山县	11	17	13				1	4	4			
浠水县	13	32	13				1	7	3			
蕲春县	15	30	27				1	12	12			
黄梅县	16	20	20	16	20	20	1	2	2			
麻城市	19	62	62				1	58	30			
武穴市	12	17					1	10	4			
市直												
咸宁市	**52**	**72**	**53**				**4**	**26**	**20**			
咸安区	14	14	14				1	9	5			
嘉鱼县	8	8	8				1	6	6			
通城县	11	19	11									
崇阳县	6	12	6									
通山县	1	7	2				1	7	5			
赤壁市	12	12	12				1	4	4			
市直												
随州市	**43**	**81**	**66**	**25**	**62**	**48**	**3**	**39**	**31**			
随县	19	47	33	19	47	33	2	20	15			
曾都区	7	17	16	6	15	15						
广水市	17	17	17				1	19	16			
市直												
恩施自治州	**90**	**305**	**214**	**24**	**133**	**129**	**7**	**80**	**57**			
恩施市	17	38					1	12	5			
利川市	14	82	82	14	82	82	1	26	19			
建始县	10	51	47	10	51	47	1	13	9			
巴东县	12	24					1	5	5			
宣恩县	9	35	35				1	2	2			
咸丰县	11	19	10				1	15	12			
来凤县	8	38	22				1	7	5			
鹤峰县	9	18	18									
市直												
仙桃市												
潜江市												
天门市	**27**	**27**	**20**				**1**	**16**	**14**			
神农架林区							**1**	**5**	**5**			
省直												

续表6

	农机化学校			农机化科研机构			省级			地级		
	年末机构数(个)	年末人数(人)		年末机构数(个)	年末人数(人)		年末机构数(个)	年末人数(人)		年末机构数(个)	年末人数(人)	
		合计	其中:科技人员(教师)		合计	其中:科技人员(教师)		合计	其中:科技人员(教师)		合计	其中:科技人员(教师)
湖北省	**63**	**827**	**535**	**2**	**122**	**94**	**1**	**68**	**58**	**1**	**54**	**36**
武汉市	**5**	**33**	**28**									
洪山区	1	3	3									
东西湖区												
汉南区												
蔡甸区	1	3	3									
江夏区	1	8	5									
黄陂区	1	14	14									
新洲区	1	5	3									
市直												
黄石市	**1**	**34**	**14**									
黄石港区												
西塞山区												
下陆区												
铁山区												
阳新县	1	34	14									
大冶市												
经济开发区												
市直												
十堰市	**5**	**45**	**38**		**16**	**16**					**16**	**16**
茅箭区												
张湾区												
郧县	1	9	9									
郧西县	1	10	10									
竹山县	1	8	8									
竹溪县	1	6	5									
房县												
丹江口市	1	12	6									
市直					16	16					16	16
宜昌市	**6**	**36**	**35**									
西陵区												
伍家岗区												
点军区												
猇亭区												
夷陵区	1	3	3									
远安县	1	6	6									
兴山县												
秭归县	1	5	5									
长阳自治县												
五峰治县	1											
宜都市	1	5	4									
当阳市												
枝江市	1	17	17									
市直												
襄阳市	**4**	**97**	**45**									

续表7

	农机化学校			农机化科研机构			省级			地级		
	年末机构数(个)	年末人数(人)		年末机构数(个)	年末人数(人)		年末机构数(个)	年末人数(人)		年末机构数(个)	年末人数(人)	
		合计	其中:科技人员(教师)		合计	其中:科技人员(教师)		合计	其中:科技人员(教师)		合计	其中:科技人员(教师)
襄城区												
樊城区												
襄州区												
开发区												
南漳县												
谷城县	1	23	12									
保康县	1											
老河口市	1	35										
枣阳市	1	39	33									
宜城市												
襄北农场												
市直												
鄂州市				**1**	**38**	**20**				**1**	**38**	**20**
梁子湖区												
华容区												
鄂城区												
开发区												
葛店开发区												
西山街办												
市直				1	38	20				1	38	20
荆门市	**4**	**62**	**40**									
东宝区												
掇刀区	1	6	5									
京山县												
沙洋县	1	7	5									
钟祥市	1	41	24									
屈家岭	1	8	6									
沙洋农场												
漳河新区												
市直												
孝感市	**6**	**71**	**49**									
孝南区	1	9	6									
孝昌县	1	6	4									
大悟县	1	10	5									
云梦县												
应城市	1	1	1									
安陆市	1	15	8									
汉川市	1	30	25									
市直												
荆州市	**6**	**107**	**71**									
沙市区												
荆州区	1	16	12									
公安县	1	8	4									
监利县	1	13	12									
江陵县												

续表8

	农机化学校			农机化科研机构			省级			地级		
	年末机构数(个)	年末人数(人)		年末机构数(个)	年末人数(人)		年末机构数(个)	年末人数(人)		年末机构数(个)	年末人数(人)	
		合计	其中:科技人员(教师)		合计	其中:科技人员(教师)		合计	其中:科技人员(教师)		合计	其中:科技人员(教师)
石首市	1	37	16									
洪湖市	1	13	12									
松滋市	1	20	15									
开发区												
市直												
黄冈市	**10**	**176**	**88**									
黄州区	1	42	15									
龙感湖区												
团风县	1	9	6									
红安县	1	19	12									
罗田县	1	13										
英山县	1	4	4									
浠水县	1	7	3									
蕲春县	1	12	12									
黄梅县	1	2	2									
麻城市	1	58	30									
武穴市	1	10	4									
市直												
咸宁市	**4**	**26**	**20**									
咸安区	1	9	5									
嘉鱼县	1	6	6									
通城县												
崇阳县												
通山县	1	7	5									
赤壁市	1	4	4									
市直												
随州市	**3**	**39**	**31**									
随县	2	20	15									
曾都区												
广水市	1	19	16									
市直												
恩施自治州	**7**	**80**	**57**									
恩施市	1	12	5									
利川市	1	26	19									
建始县	1	13	9									
巴东县	1	5	5									
宣恩县	1	2	2									
咸丰县	1	15	12									
来凤县	1	7	5									
鹤峰县												
市直												
仙桃市												
潜江市												
天门市	**1**	**16**	**14**									
神农架林区	**1**	**5**	**5**									
省直				**1**	**68**	**58**	**1**	**68**	**58**			

续表9

	农机试验鉴定机构			省级			地级		
	年末机构数(个)	年末人数(人)		年末机构数(个)	年末人数(人)		年末机构数(个)	年末人数(人)	
		合计	其中:科技人员(教师)		合计	其中:科技人员(教师)		合计	其中:科技人员(教师)
湖北省	**1**	**20**	**15**	**1**	**20**	**15**			
武汉市									
洪山区									
东西湖区									
汉南区									
蔡甸区									
江夏区									
黄陂区									
新洲区									
市直									
黄石市									
黄石港区									
西塞山区									
下陆区									
铁山区									
阳新县									
大冶市									
经济开发区									
市直									
十堰市									
茅箭区									
张湾区									
郧县									
郧西县									
竹山县									
竹溪县									
房县									
丹江口市									
市直									
宜昌市									
西陵区									
伍家岗区									
点军区									
猇亭区									
夷陵区									
远安县									
兴山县									
秭归县									
长阳自治县									
五峰治县									
宜都市									
当阳市									
枝江市									
市直									
襄阳市									

续表10

	农机试验鉴定机构			省级			地级		
	年末机构数(个)	年末人数(人)		年末机构数(个)	年末人数(人)		年末机构数(个)	年末人数(人)	
		合计	其中:科技人员(教师)		合计	其中:科技人员(教师)		合计	其中:科技人员(教师)
襄城区	1	20	15	1	20	15			
樊城区									
襄州区									
开发区									
南漳县									
谷城县									
保康县									
老河口市									
枣阳市									
宜城市									
襄北农场									
市直									
鄂州市									
梁子湖区									
华容区									
鄂城区									
开发区									
葛店开发区									
西山街办									
市直									
荆门市									
东宝区									
掇刀区									
京山县									
沙洋县									
钟祥市									
屈家岭									
沙洋农场									
漳河新区									
市直									
孝感市									
孝南区									
孝昌县									
大悟县									
云梦县									
应城市									
安陆市									
汉川市									
市直									
荆州市									
沙市区									
荆州区									
公安县									
监利县									
江陵县									

续表11

	农机试验鉴定机构			省级			地级		
	年末机构数(个)	年末人数(人)		年末机构数(个)	年末人数(人)		年末机构数(个)	年末人数(人)	
		合计	其中:科技人员(教师)		合计	其中:科技人员(教师)		合计	其中:科技人员(教师)
石首市									
洪湖市									
松滋市									
开发区									
市直									
黄冈市									
黄州区									
龙感湖区									
团风县									
红安县									
罗田县									
英山县									
浠水县									
蕲春县									
黄梅县									
麻城市									
武穴市									
市直									
咸宁市									
咸安区									
嘉鱼县									
通城县									
崇阳县									
通山县									
赤壁市									
市直									
随州市									
随县									
曾都区									
广水市									
市直									
恩施自治州									
恩施市									
利川市									
建始县									
巴东县									
宣恩县									
咸丰县									
来凤县									
鹤峰县									
市直									
仙桃市									
潜江市									
天门市									
神农架林区									
省直	1	20	15	1	20	15			

续表12

	农机化技术推广机构			省级			地级			县级		
	年末机构数(个)	年末人数(人)		年末机构数(个)	年末人数(人)		年末机构数(个)	年末人数(人)		年末机构数(个)	年末人数(人)	
		合计	其中:科技人员(教师)		合计	其中:科技人员(教师)		合计	其中:科技人员(教师)		合计	其中:科技人员(教师)
湖北省	**105**	**846**	**598**				**16**	**202**	**150**	**89**	**644**	**448**
武汉市	**7**	**54**	**41**				**1**	**11**	**7**	**6**	**43**	**34**
洪山区												
东西湖区	1	2								1	2	
汉南区	1	2	1							1	2	1
蔡甸区	1	2	1							1	2	1
江夏区	1	8	7							1	8	7
黄陂区	1	14	12							1	14	12
新洲区	1	15	13							1	15	13
市直	1	11	7				1	11	7			
黄石市	**3**	**61**	**47**				**1**	**10**	**9**	**2**	**51**	**38**
黄石港区												
西塞山区												
下陆区												
铁山区												
阳新县	1	20	20							1	20	20
大冶市	1	31	18							1	31	18
经济开发区												
市直	1	10	9				1	10	9			
十堰市	**8**	**43**	**37**				**1**	**10**	**8**	**7**	**33**	**29**
茅箭区												
张湾区	1	2	2							1	2	2
郧县	1	8	8							1	8	8
郧西县	1	4	4							1	4	4
竹山县	1	4	4							1	4	4
竹溪县	1	5	5							1	5	5
房县	1	3	3							1	3	3
丹江口市	1	7	3							1	7	3
市直	1	10	8				1	10	8			
宜昌市	**10**	**74**	**63**				**1**	**10**	**10**	**9**	**64**	**53**
西陵区												
伍家岗区												
点军区												
猇亭区												
夷陵区	1	9	8							1	9	8
远安县	1	2	2							1	2	2
兴山县	1	3	1							1	3	1
秭归县	1	6	6							1	6	6
长阳自治县	1	6	4							1	6	4
五峰治县	1	10	10							1	10	10
宜都市	1	8	5							1	8	5
当阳市	1	15	14							1	15	14
枝江市	1	5	3							1	5	3
市直	1	10	10				1	10	10			
襄阳市	**10**	**110**	**70**				**1**	**32**	**23**	**9**	**78**	**47**

续表13

	农机化技术推广机构			省级			地级			县级		
	年末机构数(个)	年末人数(人)		年末机构数(个)	年末人数(人)		年末机构数(个)	年末人数(人)		年末机构数(个)	年末人数(人)	
		合计	其中:科技人员(教师)		合计	其中:科技人员(教师)		合计	其中:科技人员(教师)		合计	其中:科技人员(教师)
襄城区												
樊城区												
襄州区	1	8	6							1	8	6
开发区	1	2								1	2	
南漳县	1	4	3							1	4	3
谷城县	1	11	7							1	11	7
保康县	1	10	8							1	10	8
老河口市	1	4								1	4	
枣阳市	1	16	8							1	16	8
宜城市	1	5	4							1	5	4
襄北农场	1	18	11							1	18	11
市直	1	32	23				1	32	23			
鄂州市	**11**	**22**	**21**				**1**	**5**	**5**	**10**	**17**	**16**
梁子湖区	1	2	2							1	2	2
华容区	6	10	10							6	10	10
鄂城区	1	1	1							1	1	1
开发区	1	1	1							1	1	1
葛店开发区	0	0	0									
西山街办	1	3	2							1	3	2
市直	1	5	5				1	5	5			
荆门市	**6**	**66**	**39**				**1**	**20**	**12**	**5**	**46**	**27**
东宝区	1	7	7							1	7	7
掇刀区												
京山县	1	9	9							1	9	9
沙洋县	1	3	3							1	3	3
钟祥市	1	23	4							1	23	4
屈家岭	1	4	4							1	4	4
沙洋农场												
漳河新区												
市直	1	20	12				1	20	12			
孝感市	**8**	**72**	**46**				**1**	**7**		**7**	**65**	**46**
孝南区	1	6	5							1	6	5
孝昌县	1	6	4							1	6	4
大悟县	1	15	11							1	15	11
云梦县	1	8	7							1	8	7
应城市	1	5	2							1	5	2
安陆市	1	18	10							1	18	10
汉川市	1	7	7							1	7	7
市直	1	7					1	7				
荆州市	**9**	**71**	**55**				**1**	**9**	**9**	**8**	**62**	**46**
沙市区	1	2	2							1	2	2
荆州区	1	6	6							1	6	6
公安县	1	7	3							1	7	3
监利县	1	9	8							1	9	8
江陵县	1	13	11							1	13	11

续表14

	农机化技术推广机构			省级			地级			县级		
	年末机构数(个)	年末人数(人)		年末机构数(个)	年末人数(人)		年末机构数(个)	年末人数(人)		年末机构数(个)	年末人数(人)	
		合计	其中:科技人员(教师)		合计	其中:科技人员(教师)		合计	其中:科技人员(教师)		合计	其中:科技人员(教师)
石首市	1	7	3							1	7	3
洪湖市	1	11	8							1	11	8
松滋市	1	7	5							1	7	5
开发区												
市直	1	9	9				1	9	9			
黄冈市	**12**	**112**	**67**				**1**	**23**	**18**	**11**	**89**	**49**
黄州区	1	4	2							1	4	2
龙感湖区	1	2								1	2	
团风县	1	7	3							1	7	3
红安县	1	14	13							1	14	13
罗田县	1	14								1	14	
英山县	1	4	4							1	4	4
浠水县	1	12	3							1	12	3
蕲春县	1	4	4							1	4	4
黄梅县	1	3	3							1	3	3
麻城市	1	10	10							1	10	10
武穴市	1	15	7							1	15	7
市直	1	23	18				1	23	18			
咸宁市	**6**	**51**	**26**							**6**	**51**	**26**
咸安区	1	6								1	6	
嘉鱼县	1	5	5							1	5	5
通城县	1	5	3							1	5	3
崇阳县	1	24	10							1	24	10
通山县	1	5	3							1	5	3
赤壁市	1	6	5							1	6	5
市直												
随州市	**4**	**28**	**24**				**1**			**3**	**28**	**24**
随县	1	2	2							1	2	2
曾都区	1	4	3							1	4	3
广水市	1	22	19							1	22	19
市直	1						1					
恩施自治州	**7**	**20**	**13**				**1**	**3**		**6**	**17**	**13**
恩施市												
利川市	1	3	3							1	3	3
建始县												
巴东县	1	3								1	3	
宣恩县	1	5	5							1	5	5
咸丰县	1	4	4							1	4	4
来凤县	1	2	1							1	2	1
鹤峰县	1									1		
市直	1	3					1	3				
仙桃市	**1**	**5**	**3**				**1**	**5**	**3**			
潜江市	**1**	**42**	**37**				**1**	**42**	**37**			
天门市	**1**	**10**	**7**				**1**	**10**	**7**			
神农架林区	**1**	**5**	**2**				**1**	**5**	**2**			
省直												

续表15

	农机安全监理机构			省级			地级			县级		
	年末机构数(个)	年末人数(人)		年末机构数(个)	年末人数(人)		年末机构数(个)	年末人数(人)		年末机构数(个)	年末人数(人)	
		合计	其中:科技人员(教师)		合计	其中:科技人员(教师)		合计	其中:科技人员(教师)		合计	其中:科技人员(教师)
湖北省	**108**	**1241**	**638**	**1**	**28**		**17**	**214**	**120**	**90**	**999**	**518**
武汉市	**7**	**63**	**30**				**1**	**7**	**3**	**6**	**56**	**27**
洪山区												
东西湖区	1	2	1							1	2	1
汉南区	1	4	1							1	4	1
蔡甸区	1	4	1							1	4	1
江夏区	1	18	10							1	18	10
黄陂区	1	14	4							1	14	4
新洲区	1	14	10							1	14	10
市直	1	7	3				1	7	3			
黄石市	**3**	**29**	**16**				**1**	**4**	**3**	**2**	**25**	**13**
黄石港区												
西塞山区												
下陆区												
铁山区												
阳新县	1	13	7							1	13	7
大冶市	1	12	6							1	12	6
经济开发区												
市直	1	4	3				1	4	3			
十堰市	**9**	**62**	**43**				**1**	**11**	**0**	**8**	**51**	**43**
茅箭区	1	3								1	3	
张湾区	1	2	2							1	2	2
郧县	1	9	9							1	9	9
郧西县	1	7	7							1	7	7
竹山县	1	9	9							1	9	9
竹溪县	1	5	5							1	5	5
房县	1	8	5							1	8	5
丹江口市	1	8	6							1	8	6
市直	1	11					1	11				
宜昌市	**11**	**80**	**56**				**1**	**14**	**11**	**10**	**66**	**45**
西陵区												
伍家岗区												
点军区												
猇亭区	1	2								1	2	
夷陵区	1	4	4							1	4	4
远安县	1	5	5							1	5	5
兴山县	1	4	1							1	4	1
秭归县	1	6	6							1	6	6
长阳自治县	1	12	7							1	12	7
五峰治县	1	7	5							1	7	5
宜都市	1	7	6							1	7	6
当阳市	1	8	6							1	8	6
枝江市	1	11	5							1	11	5
市直	1	14	11				1	14	11			
襄阳市	**12**	**188**	**69**				**1**	**18**	**14**	**11**	**170**	**55**

续表16

	农机安全监理机构			省级			地级			县级		
	年末机构数(个)	年末人数(人)		年末机构数(个)	年末人数(人)		年末机构数(个)	年末人数(人)		年末机构数(个)	年末人数(人)	
		合计	其中:科技人员(教师)		合计	其中:科技人员(教师)		合计	其中:科技人员(教师)		合计	其中:科技人员(教师)
襄城区	1	4								1	4	
樊城区	1	2								1	2	
襄州区	1	42	3							1	42	3
开发区	1	3								1	3	
南漳县	1	21	3							1	21	3
谷城县	1	17	10							1	17	10
保康县	1	13	13							1	13	13
老河口市	1	29								1	29	
枣阳市	1	18	10							1	18	10
宜城市	1	12	8							1	12	8
襄北农场	1	9	8							1	9	8
市直	1	18	14				1	18	14			
鄂州市	**3**	**15**	**15**				**1**	**10**	**10**	**2**	**5**	**5**
梁子湖区	1	4	4							1	4	4
华容区												
鄂城区												
开发区	1	1	1							1	1	1
葛店开发区												
西山街办												
市直	1	10	10				1	10	10			
荆门市	**7**	**74**	**38**				**1**	**20**	**3**	**6**	**54**	**35**
东宝区	1	9	9							1	9	9
掇刀区												
京山县	1	11	5							1	11	5
沙洋县	1	6	5							1	6	5
钟祥市	1	21	13							1	21	13
屈家岭	1	4								1	4	
沙洋农场	1	3	3							1	3	3
漳河新区												
市直	1	20	3				1	20	3			
孝感市	**8**	**117**	**52**				**1**	**5**	**0**	**7**	**112**	**52**
孝南区	1	14	14							1	14	14
孝昌县	1	13	11							1	13	11
大悟县	1	20	5							1	20	5
云梦县	1	8	4							1	8	4
应城市	1	19								1	19	
安陆市	1	18	7							1	18	7
汉川市	1	20	11							1	20	11
市直	1	5					1	5				
荆州市	**11**	**172**	**87**				**1**	**12**	**8**	**10**	**160**	**79**
沙市区	1	7	7							1	7	7
荆州区	1	26	20							1	26	20
公安县	1	8	4							1	8	4
监利县	1	35	15							1	35	15
江陵县	1	11	9							1	11	9

续表17

	农机安全监理机构			省级			地级			县级		
	年末机构数(个)	年末人数(人)		年末机构数(个)	年末人数(人)		年末机构数(个)	年末人数(人)		年末机构数(个)	年末人数(人)	
		合计	其中:科技人员(教师)		合计	其中:科技人员(教师)		合计	其中:科技人员(教师)		合计	其中:科技人员(教师)
石首市	1	21	6							1	21	6
洪湖市	1	30	11							1	30	11
松滋市	1	22	7							1	22	7
开发区	2									2		
市直	1	12	8				1	12	8			
黄冈市	**12**	**136**	**73**				**1**	**11**	**9**	**11**	**125**	**64**
黄州区	1	5	1							1	5	1
龙感湖区	1	2								1	2	
团风县	1	9	4							1	9	4
红安县	1	28	23							1	28	23
罗田县	1	10								1	10	
英山县	1	8	6							1	8	6
浠水县	1	13	4							1	13	4
蕲春县	1	6	6							1	6	6
黄梅县	1	9	9							1	9	9
麻城市	1	19	8							1	19	8
武穴市	1	16	3							1	16	3
市直	1	11	9				1	11	9			
咸宁市	**7**	**79**	**34**				**1**	**6**		**6**	**73**	**34**
咸安区	1	10	2							1	10	2
嘉鱼县	1	7	3							1	7	3
通城县	1	18	6							1	18	6
崇阳县	1	12	4							1	12	4
通山县	1	8	1							1	8	1
赤壁市	1	18	18							1	18	18
市直	1	6					1	6				
随州市	**4**	**38**	**28**				**1**			**3**	**38**	**28**
随县	1	9	4							1	9	4
曾都区	1	6	4							1	6	4
广水市	1	23	20							1	23	20
市直	1						1					
恩施自治州	**9**	**69**	**38**				**1**	**5**		**8**	**64**	**38**
恩施市	1	4	1							1	4	1
利川市	1	8	6							1	8	6
建始县	1	16	11							1	16	11
巴东县	1	8								1	8	
宣恩县	1	4	4							1	4	4
咸丰县	1	6	5							1	6	5
来凤县	1	11	5							1	11	5
鹤峰县	1	7	6							1	7	6
市直	1	5	0				1	5				
仙桃市	**1**	**13**	**8**				**1**	**13**	**8**			
潜江市	**1**	**38**	**15**				**1**	**38**	**15**			
天门市	**1**	**36**	**34**				**1**	**36**	**34**			
神农架林区	**1**	**4**	**2**				**1**	**4**	**2**			
省直	1	28		1	28							

农机化管理服务情况

	农机化培训	其中：培训农机管理人员	培训农机技术人员	培训农机监理人员	培训农机操作人员	农机维修	
						维修拖拉机	维修联合收获机
	人次	人次	人次	人次	人次	台次	台次
湖北省	**560816**	**9682**	**65044**	**2652**	**458852**	**565396**	**59631**
武汉市	**24121**	**269**	**1407**	**98**	**22168**	**10777**	**637**
洪山区	565	15	10	5	535	325	6
东西湖区	1213	8	5		1200	443	35
汉南区	1625	4	8	4	1609	610	92
蔡甸区	3200	30	150	10	3010	700	108
江夏区	4136	50	610	14	3283	3046	187
黄陂区	8465	102	321	42	8000	3000	70
新洲区	4722	58	110	23	4531	2515	136
市直	195	2	193			138	3
黄石市	**40251**	**325**	**2052**	**14**	**37860**	**6951**	**461**
黄石港区	4		2		2	4	
西塞山区	66		10		56	6	
下陆区							
铁山区							
阳新县	22000	200	1000		20800	5217	50
大冶市	18133	121	1000	12	17000	1721	411
经济开发区	2		2			3	
市直	46	4	38	2	2		
十堰市	**80387**	**4702**	**21091**	**843**	**53751**	**9684**	**246**
茅箭区	1950	60	240		1650		
张湾区	5060	42	311	38	4669	30	0
郧县	14114	55	5500	9	8550	370	15
郧西县	10600	785	1850	765	7200	80	25
竹山县	13320	810	3550	10	8950	1800	25
竹溪县	11133	750	2900	3	7480	2408	11
房县	12500	800	3240	8	8452	1796	110
丹江口市	11710	1400	3500	10	6800	3200	60
市直							
宜昌市	**30124**	**133**	**1424**	**169**	**28398**	**61194**	**6573**
西陵区	125				125		
伍家岗区	240				240		
点军区	523	1	222		300		
猇亭区	300	1	1	1	297	5	
夷陵区	7637	8	25	4	7600	5695	31
远安县	525	1	1	1	522	2289	122
兴山县	1500				1500	1090	
秭归县	2027		27		2000	5800	
长阳自治县	848		500		348	310	
五峰自治县	609	4	11	5	589	180	3
宜都市	**1641**		**62**	**4**	**1575**	**773**	**27**
当阳市	8139	25	220	32	7862	23282	930
枝江市	6010	93	355	122	5440	21770	5460
市直							

续表1

	农机化培训	其中：培训农机管理人员	培训农机技术人员	培训农机监理人员	培训农机操作人员	农机维修	维修拖拉机
						维修联合收获机	人次
	人次	人次	人次	人次	台次	台次	
襄阳市	**31264**	**536**	**4427**	**226**	**24545**	**171356**	**9563**
襄城区	345	5	30	10	300	3620	116
樊城区	351	20	26	5	300	580	30
襄州区	5146	50	35	11	5050	24800	3330
开发区	154	20	80	9	45	160	180
南漳县	2617	54	500	63	2000	2316	500
谷城县	2500	18	60	2	900	12000	1910
保康县	8000	258	1500	42	6200	9600	150
老河口市	3140	20	50	60	3000	50000	2100
枣阳市	3615		1931		1684	48365	785
宜城市	5005	13	189	3	4800	19800	410
襄北农场	391	78	26	21	266	115	52
市直							
鄂州市	**14519**	**761**	**4105**	**208**	**9035**	**12926**	**372**
梁子湖区	6583	130	1832	23	4279	5823	224
华容区	670	400	90	10	80	99	10
鄂城区	5850	200	1900	150	3600	5001	125
开发区	372	2	152	2	216	510	10
葛店开发区	334	4	26	3	300	28	3
西山街办	10	5	5			15	
市直	700	20	100	20	560	1450	
荆门市	**82430**	**485**	**4653**	**240**	**77052**	**61042**	**7537**
东宝区	8100				8100	8404	800
掇刀区	6116	120	316	120	5560	5845	674
京山县	18725	40	100	15	18570	14251	1985
沙洋县	18750	20	231		18499	16818	1629
钟祥市	23200	200	3223	22	19755	10323	1648
屈家岭	2800	8	400	6	2386	860	300
沙洋农场	320	25	15	12	268	98	59
漳河新区	3584	22	248		3314	4443	442
市直	835	50	120	65	600		
孝感市	**15633**	**121**	**2423**	**97**	**11930**	**34851**	**4856**
孝南区	2135	15	120		2000	1850	365
孝昌县	2600	35	900	40	1500	4200	320
大悟县	1612	6	500	6	1100	11200	265
云梦县	1460	4	36	3	1417	2712	95
应城市	2715	4	6	8	1760	5807	1708
安陆市	2358	20	816	22	1500	1782	360
汉川市	2753	37	45	18	2653	7300	1743
市直							
荆州市	**79588**	**758**	**12946**	**382**	**49661**	**37072**	**6266**
沙市区	2753	13	46	14	680	4530	128
荆州区	8027	9	9	9	4700	1920	158
公安县	13811	33	3410	8	9709	5524	1437
监利县	7880	3	1925	25	5228	4209	357
江陵县	4902	18	405	14	3814	1991	402
石首市	16263	300	5236	27	6300	2700	650

续表2

	农机化培训	其中：培训农机管理人员	培训农机技术人员	培训农机监理人员	培训农机操作人员	农机维修 维修联合收获机	维修拖拉机 人次
	人次	人次	人次	人次	台次	台次	
洪湖市	6912	80	871	81	2770	8612	2438
松滋市	15548	208	640	200	14500	6460	597
开发区	592	4	4	4	460	1100	10
市直	2900	90	400		1500	26	89
黄冈市	**78857**	**540**	**3335**	**130**	**74127**	**31884**	**3908**
黄州区	3510	1	130	5	3374	645	138
龙感湖区	275	3	120	0	150	431	120
团风县	4466	5	23	2	4436	151	97
红安县	6365	32	124	8	6201	1527	106
罗田县	5055	45	850	10	4150	1450	135
英山县	4567	30	27	10	4500	330	140
浠水县	8320	1	1	3	8200	5612	435
蕲春县	11287	212	387	36	10652	4156	182
黄梅县	12000	100	300	30	11000	15000	2000
麻城市	9665	62	1320	19	8264	1872	295
武穴市	12797	39	53	5	12700	710	260
市直	550	10		2	500		
咸宁市	**6090**	**34**	**1110**	**23**	**4914**	**5385**	**1643**
咸安区	910	2	56	2	850	1500	260
嘉鱼县	1047		7	1	1039	557	138
通城县	1036	12	93	2	921	811	183
崇阳县	450	0	24	6	420	462	380
通山县	490	12	20	5	453	920	290
赤壁市	2157	8	910	7	1231	1135	392
市直	0	0	0	0	0	0	0
随州市	**19696**	**148**	**1273**	**31**	**18242**	**45907**	**2137**
随县	12858	110	1176	17	11555	29160	1146
曾都区	4415	6	42	5	4362	7081	472
广水市	2423	32	55	9	2325	9666	519
市直	0	0	0	0	0	0	0
恩施自治州	**38770**	**278**	**911**	**42**	**33757**	**12836**	**567**
恩施市	521	57	4	3	456	54	
利川市	5674	82	82	1	4852	3248	486
建始县	2500				2500	850	15
巴东县	10000	45	640	22	9293	520	
宣恩县	3243	4	40	4	2300	1560	10
咸丰县	5899	35	60	4	5800	455	6
来凤县	6512	20	49	8	4206	5549	37
鹤峰县	4421	35	36		4350	600	13
市直							
仙桃市	**2780**	**90**	**60**	**30**	**2600**	**26600**	**1500**
潜江市	**6270**	**278**	**2957**	**38**	**2997**	**13219**	**1221**
天门市	**8830**	**200**	**750**	**72**	**6762**	**23712**	**12144**
神农架林区	**1206**	**24**	**120**	**9**	**1053**		
省直							

续表3

	维修水稻插秧机	维修运输机械	维修其它农机具	农机鉴定 推广鉴定证书当年发证数量	农机监理装备 监理车辆	其中:摩托车	安全检测设备	其中:拖拉机检测设备
	台次	台次	台次	件	辆	辆	套	套
湖北省	**20043**	**195016**	**997464**	**74**	**203**	**58**	**116**	**95**
武汉市	**281**	**5775**	**41187**	**7**	**10**		**13**	**12**
洪山区	8	65	1235		1		3	2
东西湖区			1380		1		1	1
汉南区		830	3492		1		4	4
蔡甸区	60	320	2015		1		1	1
江夏区	34	1064	20618		1		1	1
黄陂区	50	1600	1311		1		1	1
新洲区	129	1786	11076	7	2		1	1
市直		110	60		2		1	1
黄石市	**470**	**1237**	**11830**		**3**		**1**	**1**
黄石港区			21					
西塞山区			51					
下陆区								
铁山区								
阳新县	70	1237	3860		1			
大冶市	400		7868		1		1	1
经济开发区			30					
市直					1			
十堰市	**172**	**11412**	**40136**		**10**		**9**	**8**
茅箭区		410	320		1			
张湾区		92	320		1			
郧县	10	2850	12700		1		1	1
郧西县	10	385	11350		1		1	1
竹山县	40	3000	3500		2		1	1
竹溪县	7	1350	5760		1		1	
房县	65	1895	4786		1		4	4
丹江口市	40	1430	1400		2		1	1
市直								
宜昌市	**4033**	**39798**	**65257**		**9**		**14**	**4**
西陵区			210					
伍家岗区								
点军区			2055					
猇亭区								
夷陵区	107	2650	7200		1		1	1
远安县	8	1366	2356		1		1	1
兴山县		290	1500		1		1	1
秭归县		12700	37800		1		9	
长阳自治县		920	1550		1			
五峰自治县		350	750		1			
宜都市	**35**	**3134**	**5495**					
当阳市	137	2001	6341		1		1	1
枝江市	3746	16387			2		1	
市直								

续表4

	维修水稻插秧机	维修运输机械	维修其它农机具	农机鉴定	农机监理装备			
				推广鉴定证书当年发证数量	监理车辆	其中:摩托车	安全检测设备	其中:拖拉机检测设备
	台次	台次	台次	件	辆	辆	套	套
襄阳市	**1122**	**25591**	**320895**		**24**		**11**	**11**
襄城区	21	85	4300		1		1	1
樊城区	6				1		1	1
襄州区	150	9660	6210		7		1	1
开发区	26		280		1		1	1
南漳县	126	765	2500		2		1	1
谷城县	300	4300	36000		2		1	1
保康县	90	7400	22000		1		1	1
老河口市	200	2500	42000		4		1	1
枣阳市	183	523	165389		2		1	1
宜城市	20	350	42000		2		1	1
襄北农场		8	216		1		1	1
市直								
鄂州市	**666**	**11416**	**67860**	**2**	**5**		**5**	**3**
梁子湖区	328	4245	21400		1		1	1
华容区	20	88	80					
鄂城区	275	5300	41102		2		2	
开发区	2	160	310					
葛店开发区	1	23	150					
西山街办			18	2				
市直	40	1600	4800		2		2	2
荆门市	**3557**	**7057**	**47427**	**10**	**11**		**6**	**6**
东宝区	48	1809	10961		2		1	1
掇刀区	222		4202		1		1	1
京山县	1913	211	11230		2		1	1
沙洋县	696	1564	10792	8			1	1
钟祥市	579	1540	5178	2	2		2	2
屈家岭	22	13	320					
沙洋农场	5		159		3	3		
漳河新区	72	1920	4585					
市直					1			
孝感市	**1107**	**8136**	**61895**		**10**		**10**	**8**
孝南区	220	320	3900		1		1	1
孝昌县	95	950	3900		1			
大悟县	28	1280	25000		1		1	1
云梦县	12	1756	3625		1		1	1
应城市	315	688	4015		2		2	
安陆市	112	1300	12000		3		4	4
汉川市	325	1842	9455		1		1	1
市直								
荆州市	**1499**	**9887**	**45435**	**1**	**50**	**32**	**9**	**7**
沙市区	550	940	1660		1		1	1
荆州区	22	505	205		5			
公安县	59	1565	5357		17	16	1	1
监利县	99	130	24324		2		1	1
江陵县	79	610	2058		1			
石首市	100	725	4300		2		2	

续表 5

	维修水稻插秧机	维修运输机械	维修其它农机具	农机鉴定 推广鉴定证书当年发证数量	农机监理装备 监理车辆	其中:摩托车	安全检测设备	其中:拖拉机检测设备
	台次	台次	台次	件	辆	辆	套	套
洪湖市	351	4245	6759	1	16	16	2	2
松滋市	53	1042	432		4		1	1
开发区		100	100		1			
市直	186	25	240		1		1	1
黄冈市	2072	25404	41429		17	1	13	13
黄州区	42	386	523				1	1
龙感湖区	12	670	401		1		1	1
团风县	230	380	1260		2		1	1
红安县	560	1621	1178		3		1	1
罗田县	138	1650	1650		1		1	1
英山县	99	2350	14000		1		1	1
浠水县	273	2986	6271		1		2	2
蕲春县	103	2735	3562		1		1	1
黄梅县	200	5000	7000		1		1	1
麻城市	264	3026	2584		4	1	1	1
武穴市	151	4600	3000		1		1	1
市直					1		1	1
咸宁市	328	6097	13567	32	10	4	7	5
咸安区	120	1100	900		1		1	1
嘉鱼县	25	600	1050		1		1	
通城县	51	291	2086		1		1	1
崇阳县	30	1280	2850	32	5	4	2	1
通山县	32	1250	2860				1	1
赤壁市	70	1576	3821		2		1	1
市直								
随州市	954	4922	44890		3		2	2
随县	458	2012	21124		2		1	1
曾都区	156	1493	16727					
广水市	340	1417	7039		1		1	1
市直								
恩施自治州	131	22831	85573	22	9		9	8
恩施市		53	185		1		1	1
利川市	96	5954	10297		1			
建始县	4	2900	11000		1		1	1
巴东县	2	152	2841		1		1	1
宣恩县	8	5550	31000		1		1	1
咸丰县	8	920	5500		1		2	2
来凤县	12	6832	10750		1		1	1
鹤峰县	1	470	14000		1		1	1
市直				22	1		1	
仙桃市	990	6150	59200		20	18	3	3
潜江市	312	2180	2130		5		2	2
天门市	2349	7123	48753		6		1	1
神农架林区					1		1	1
省直								

农机化服务组织及人员

	一、农机化作业服务组织及农机户 1.农机化作业服务组织		(1)其中：拥有农机原值20-50万元(含20万元)的		拥有农机原值50万元(含50万元)以上的		(2)其中：农机专业合作社	
	年末机构数(个)	年末人数(人)	年末机构数(个)	年末人数(人)	年末机构数(个)	年末人数(人)	年末机构数(个)	年末人数(人)
湖北省	**7573**	**92340**	**3068**	**25367**	**1053**	**22974**	**1576**	**54014**
武汉市	**2446**	**9098**	**141**	**1249**	**52**	**727**	**128**	**1629**
洪山区	7	82	5	46			5	46
东西湖区	14	449	9	261	1	10	5	188
汉南区	24	589	7	286	2	88	9	92
蔡甸区	48	579	6	148	15	323	27	399
江夏区	1899	4780	26	245	9	153	22	342
黄陂区	106	539	57	128	21	134	34	186
新洲区	345	2055	31	135	4	19	26	376
市直	3	25						
黄石市	**70**	**893**	**33**	**187**	**4**	**39**	**33**	**670**
黄石港区	2	49	1	37			1	13
西塞山区	2	50	1	37			1	13
下陆区								
铁山区								
阳新县	20	70	17	53	3	19		
大冶市	45	607	14	60	1	20	30	527
经济开发区	1	117					1	117
市直								
十堰市	**116**	**2930**	**51**	**610**	**30**	**503**	**49**	**2077**
茅箭区								
张湾区	1	12					1	12
郧县	1	115					1	115
郧西县	25	620	12	60	4	30	11	560
竹山县	6	130	1	25	5	105	6	130
竹溪县	21	610	9	140	2	100	10	470
房县	17	603	9	45	1	8	7	550
丹江口市	45	840	20	340	18	260	13	240
市直								
宜昌市	**431**	**8185**	**127**	**1547**	**34**	**705**	**80**	**5091**
西陵区								
伍家岗区								
点军区	1	5					1	5
猇亭区	2	50	1	5			1	45
夷陵区	31	345	12	68	7	38	12	108
远安县	2	225			2	225	2	225
兴山县	6	1200					5	1200
秭归县	4	1200					4	1200
长阳自治县	11	450					11	450
五峰自治县	22	341	10	55	3	15	9	271
宜都市	**46**	**907**	**37**	**185**			**9**	**712**
当阳市	284	2273	58	617	22	427	13	303
枝江市	22	1189	9	617			13	572
市直								

续表1

	一、农机化作业服务组织及农机户 1.农机化作业服务组织		(1)其中:拥有农机原值20-50万元(含20万元)的		拥有农机原值50万元(含50万元)以上的		(2)其中:农机专业合作社	
	年末机构数(个)	年末人数(人)	年末机构数(个)	年末人数(人)	年末机构数(个)	年末人数(人)	年末机构数(个)	年末人数(人)
襄阳市	**992**	**7323**	**743**	**2198**	**102**	**1028**	**153**	**4322**
襄城区	5	236	2	80	1	90	5	236
樊城区	1	160					1	160
襄州区	25	780					25	780
开发区	8	180	2	40	6	65	8	180
南漳县	38	515					38	515
谷城县	29	1251	16	192	3	26	10	1033
保康县	22	289	4	40	3	48	4	151
老河口市	8	460					8	460
枣阳市	818	2835	719	1846	61	574	44	415
宜城市	10	392					10	392
襄北农场	28	225			28	225		
市直								
鄂州市	**60**	**1017**	**31**	**318**	**7**	**192**	**38**	**743**
梁子湖区	15	615	4	126	2	169	11	425
华容区	23	230	13	70	3	11	10	158
鄂城区	10	110	8	98	2	12	10	110
开发区	5	10	4	8			1	2
葛店开发区								
西山街办	6	40	1	4			5	36
市直	1	12	1	12			1	12
荆门市	**362**	**6472**	**150**	**1715**	**95**	**2681**	**305**	**5938**
东宝区	18	342					18	342
掇刀区	29	519	21	42			8	477
京山县	58	751					58	751
沙洋县	45	912	7	42	18	601	45	912
钟祥市	185	3426	121	1616	64	1810	162	3204
屈家岭	8	120					8	120
沙洋农场	14	285	1	15	13	270	1	15
漳河新区	5	117					5	117
市直								
孝感市	**486**	**4474**	**312**	**873**	**98**	**1669**	**121**	**3528**
孝南区	48	660	25	120	15	285	23	650
孝昌县	48	923	21	125	14	421	14	740
大悟县	30	248	15	55	11	52	5	147
云梦县	8	416			8	416	8	416
应城市	82	674	52	249	30	425	30	425
安陆市	183	1087	145	270	20	70	18	738
汉川市	87	466	54	54			23	412
市直								
荆州市	**489**	**17956**	**346**	**7510**	**83**	**4054**	**186**	**10873**
沙市区	85	837	77	258	4	19	8	637
荆州区	23	723			23	723	23	723
公安县	24	1617	14	128	3	94	17	1012
监利县	64	4128	4	150	11	190	47	3404
江陵县	208	5778	198	5494	10	250	16	250
石首市	24	1300	12	600	12	700	24	1300

续表2

	一、农机化作业服务组织及农机户		(1)其中：拥有农机原值20-50万元(含20万元)的		拥有农机原值50万元(含50万元)以上的		(2)其中：农机专业合作社	
	1.农机化作业服务组织							
	年末机构数(个)	年末人数(人)	年末机构数(个)	年末人数(人)	年末机构数(个)	年末人数(人)	年末机构数(个)	年末人数(人)
洪湖市	28	2632	17	773	11	1747	28	2632
松滋市	22	748	14	81	8	164	22	748
开发区	10	26	10	26				
市直	1	167			1	167	1	167
黄冈市	**303**	**9124**	**125**	**2801**	**115**	**3008**	**214**	**8451**
黄州区	29	278	25	234	1	7	4	85
龙感湖区	3	129			3	129	3	129
团风县	44	851	16	121	5	126	23	604
红安县	52	467	16	74	28	162	17	324
罗田县	22	1495	5	250	10	140	22	1495
英山县	8	190	4	90	4	100	8	190
浠水县	19	1685	15	1459	2	20	19	1685
蕲春县	48	1091	33	306	15	785	48	1091
黄梅县	26	1168	7	224	19	944	26	1168
麻城市	28	1222			8	90	20	1132
武穴市	24	548	4	43	20	505	24	548
市直								
咸宁市	**134**	**1929**	**78**	**356**	**26**	**772**	**41**	**1499**
咸安区	8	460			8	460	8	460
嘉鱼县	57	256	43	151	4	37	10	68
通城县	19	277	11	68	1	46	6	163
崇阳县	28	328	15	38	6	30	7	260
通山县	4	238	1	54	3	184	4	238
赤壁市	18	370	8	45	4	15	6	310
市直								
随州市	**73**	**721**	**28**	**149**	**9**	**74**	**44**	**632**
随县	27	179	12	36	2	8	13	135
曾都区	7	92			4	34	7	92
广水市	39	450	16	113	3	32	24	405
市直								
恩施自治州	**509**	**5452**	**367**	**2188**	**102**	**1678**	**62**	**2350**
恩施市	302	742	250	510	44	147	9	85
利川市	101	1514	62	785	26	405	14	340
建始县	15	740	3	35	1	8	12	156
巴东县	5	32	3	17	2	15	5	29
宣恩县	8	99	5	65	3	34	3	43
咸丰县	65	920	38	163	21	465	6	292
来凤县	5	320	2	74	3	246	5	320
鹤峰县	8	1085	4	539	2	358	8	1085
市直								
仙桃市	**35**	**455**	**8**	**56**	**6**	**42**	**21**	**255**
潜江市	**605**	**3613**	**281**	**1382**	**147**	**581**	**22**	**668**
天门市	**455**	**12659**	**242**	**2197**	**141**	**5213**	**72**	**5249**
神农架林区	**7**	**39**	**5**	**31**	**2**	**8**	**7**	**39**
省直								

续表3

	2.农机户		(1)其中:拥有农机原值20-50万元(含20)的		拥有农机原值50万元(含50)以上的		(2)其中:农机化作业服务专业户	
	年末机构数(个)	年末人数(人)	年末机构数(个)	年末人数(人)	年末机构数(个)	年末人数(人)	年末机构数(个)	年末人数(人)
湖北省	**1638158**	**2223447**	**10349**	**26890**	**1581**	**5760**	**280369**	**492443**
武汉市	**60547**	**79036**	**310**	**725**	**141**	**347**	**20134**	**27575**
洪山区	1853	2211					1853	2193
东西湖区	6985	6985	42	42	8	8	1210	1210
汉南区	7615	8384	2	4			822	853
蔡甸区	5977	5977	3	3			265	265
江夏区	11797	13920	33	58	5	7	4960	6270
黄陂区	7206	13062	175	495	105	295	6926	12272
新洲区	17012	26211	55	123	23	37	4029	4431
市直	2102	2286					69	81
黄石市	**1993**	**10195**	**182**	**525**	**20**	**57**	**1498**	**5779**
黄石港区	206	411	8	25	2	18	8	24
西塞山区	121	265	8	24	2	3	8	24
下陆区	85	159			2	2	81	153
铁山区								
阳新县	518	6543	119	329	9	19	390	2923
大冶市	951	2670	46	142	5	15	900	2513
经济开发区	112	147	1	5			111	142
市直								
十堰市	**39011**	**78036**	**472**	**1880**	**79**	**483**	**27642**	**58456**
茅箭区	442	604	1	3				
张湾区	1525	3175	18	56			1500	3100
郧县	6376	23362	258	1319	59	388	6058	21655
郧西县	9772	17785	20	82			2415	4130
竹山县	7275	8167	97	205	13	62	4365	5100
竹溪县	130	280					122	260
房县	4231	12263	48	145	1	7	4182	12111
丹江口市	9260	12400	30	70	6	26	9000	12100
市直								
宜昌市	**196467**	**230765**	**1123**	**2004**	**71**	**360**	**31194**	**45606**
西陵区	39	74	13	24	8	16	16	30
伍家岗区	1400	1620	20	32	10	22		
点军区	1470	1470	330	330			635	635
猇亭区	1480	1550	5	30			500	600
夷陵区	52723	53482	100	236	14	33	9079	9481
远安县	9800	9800	50	60	2	4	480	480
兴山县	7200	7454					544	583
秭归县	26500	27000	60	360	12	125	6200	11200
长阳自治县	11184	12940	2	2			365	576
五峰自治县	5820	6170					910	1810
宜都市	**7704**	**8232**	**159**	**406**	**13**	**135**	**1350**	**1635**
当阳市	40371	53565	201	341	7	20	4482	5446
枝江市	30776	47408	183	183	5	5	6633	13130
市直								

续表4

	2.农机户		(1)其中:拥有农机原值20-50万元(含20)的		拥有农机原值50万元(含50)以上的		(2)其中:农机化作业服务专业户	
	年末机构数(个)	年末人数(人)	年末机构数(个)	年末人数(人)	年末机构数(个)	年末人数(人)	年末机构数(个)	年末人数(人)
襄阳市	**260123**	**458254**	**1389**	**4142**	**34**	**130**	**16229**	**44129**
襄城区	180	208	5	5			120	145
樊城区	50	50	48	48	2	2		
襄州区	86600	129500	104	300	5	41	550	750
开发区								
南漳县	1810	3222	96	286			1714	2936
谷城县	15700	19643	55	87	1	2	65	117
保康县	42759	170107	51	161			4155	13570
老河口市	23000	27500	800	2800			2510	6200
枣阳市	7112	20305	168	393	16	55	6928	19857
宜城市	82715	87522			10	30	187	554
襄北农场	197	197	62	62				
市直								
鄂州市	**8890**	**16216**	**180**	**732**	**47**	**286**	**6648**	**12682**
梁子湖区	2395	4958	63	296	11	65	2293	4627
华容区	1435	2710	74	187	4	44	1357	2089
鄂城区	2873	5746	12	150	24	125	2873	5746
开发区	1050	1200						
葛店开发区	620	900	18	35			15	20
西山街办	457	582	13	64	8	52	50	80
市直	60	120					60	120
荆门市	**303620**	**317162**	**558**	**1412**	**79**	**257**	**5639**	**7249**
东宝区	24873	25817	68	204	1	10	1272	1767
掇刀区	15833	15941	21	42			1370	1457
京山县	41863	53018	135	311	46	142	92	282
沙洋县	72236	72236	169	515	18	62	1542	1542
钟祥市	147664	148737	126	259	14	43	647	1115
屈家岭	395	608	20	48			20	355
沙洋农场	46	46	5	5				
漳河新区	710	759	14	28			696	731
市直								
孝感市	**77723**	**102484**	**1191**	**3174**	**145**	**839**	**30625**	**43925**
孝南区	215	985	186	535	26	440	48	140
孝昌县	3735	7230	123	265	9	42	255	745
大悟县	2573	3025	186	420	25	65	2360	2550
云梦县	7020	21060	256	1024	43	172	3546	10638
应城市	1992	2796	124	176	2	8	1866	2612
安陆市	20612	25812	262	700	40	112	20310	25000
汉川市	41576	41576	54	54			2240	2240
市直								
荆州市	**345005**	**414006**	**1535**	**2790**	**190**	**767**	**25365**	**30800**
沙市区	13086	15703	85	226	2	11	457	830
荆州区	18330	21996	260	520	4	5	1249	1460
公安县	62564	75077	137	338	14	63	4935	6363
监利县	71719	86063	30	90	25	235	4670	5785
江陵县	29286	35143	128	522	8	45	1293	2255
石首市	30689	36827	150	150	21	150	1500	1800

续表5

	2.农机户		(1)其中:拥有农机原值20-50万元(含20)的		拥有农机原值50万元(含50)以上的		(2)其中:农机化作业服务专业户	
	年末机构数(个)	年末人数(人)	年末机构数(个)	年末人数(人)	年末机构数(个)	年末人数(人)	年末机构数(个)	年末人数(人)
洪湖市	81411	97693	620	682	106	228	1132	1247
松滋市	34322	41186	105	217	5	5	10059	10880
开发区	3598	4318	20	45	5	25	70	180
市直								
黄冈市	**124388**	**220401**	**960**	**2277**	**246**	**628**	**36791**	**71177**
黄州区	9035	32042	45	102			552	2208
龙感湖区	150	300	16	32			134	268
团风县	3362	3733	38	83	7	31	3317	3619
红安县	6815	7416	122	178	106	253	3364	3542
罗田县	4630	12500	81	183	25	50	1120	2320
英山县	7380	32770	160	700	20	70	7200	32000
浠水县	5310	6830	36	68			3285	5320
蕲春县	24175	33310	42	72	26	43	2127	2667
黄梅县	27693	31462	169	328	9	28	5989	6237
麻城市	26427	47123	41	66	3	9	552	690
武穴市	9411	12915	210	465	50	144	9151	12306
市直								
咸宁市	**32449**	**51443**	**246**	**1285**	**42**	**186**	**9892**	**27713**
咸安区	19215	19215	77	77	18	18	1120	1120
嘉鱼县		16012		305		37		16012
通城县	9466	11086	125	779	10	68	5099	5826
崇阳县	3530	4648	22	80	8	48	3500	4520
通山县	210	430	4	12	1	3	153	215
赤壁市	28	52	18	32	5	12	20	20
市直								
随州市	**43138**	**46755**	**648**	**894**	**52**	**186**	**6498**	**7436**
随县	2759	3635	79	133	10	27	2670	3475
曾都区	29675	30982	190	285	0	0	1483	1569
广水市	10704	12138	379	476	42	159	2345	2392
市直								
恩施自治州	**96997**	**128178**	**735**	**2562**	**197**	**702**	**35734**	**59080**
恩施市	1732	4796	225	590	48	97	330	758
利川市	19120	26243	241	959			3176	5728
建始县	4450	9750	7	15			4367	9598
巴东县	7863	9824					7863	9824
宣恩县	57480	68980					13860	25790
咸丰县	2235	3225					2235	3225
来凤县	3780	3920	24	68	50	95	3695	3741
鹤峰县	337	1440	238	930	99	510	208	416
市直								
仙桃市	**39650**	**47580**	**55**	**165**	**8**	**32**	**19680**	**29520**
潜江市	**522**	**1058**	**338**	**679**	**184**	**379**	**522**	**1058**
天门市	**7601**	**21733**	**397**	**1516**	**42**	**104**	**6244**	**20113**
神农架林区	**34**	**145**	**30**	**128**	**4**	**17**	**34**	**145**
省直								

续表6

	二、农机化中介服务组织		三、农机维修厂及维修点		其中：1.一级维修点		2.二级维修点	
	年末机构数(个)	年末人数(人)	年末机构数(个)	年末人数(人)	年末机构数(个)	年末人数(人)	年末机构数(个)	年末人数(人)
湖北省	**109**	**369**	**6523**	**19987**	**106**	**608**	**347**	**1122**
武汉市			**504**	**1514**	**32**	**89**	**44**	**140**
洪山区			2	4				
东西湖区								
汉南区			42	142				
蔡甸区			38	114				
江夏区			112	530				
黄陂区			77	151			8	24
新洲区			233	573	32	89	36	116
市直								
黄石市			**149**	**302**				
黄石港区								
西塞山区								
下陆区								
铁山区								
阳新县			116	230				
大冶市			33	72				
经济开发区								
市直								
十堰市	**2**	**6**	**635**	**2203**			**1**	**2**
茅箭区								
张湾区			11	22			1	2
郧县	2	6	281	1231				
郧西县			90	445				
竹山县			80	160				
竹溪县			10	22				
房县			41	85				
丹江口市			122	238				
市直								
宜昌市	**12**	**65**	**387**	**2839**	**2**	**23**	**4**	**18**
西陵区								
伍家岗区			2	7				
点军区			15	65				
猇亭区								
夷陵区			72	186	2	23		
远安县			12	46				
兴山县			20	20				
秭归县			49	243			1	11
长阳自治县								
五峰自治县			38	211				
宜都市			**20**	**39**			**2**	**4**
当阳市	11	55	145	223			1	3
枝江市	1	10	14	1799				
市直								

续表7

	二、农机化中介服务组织		三、农机维修厂及维修点		其中：1.一级维修点		2.二级维修点	
	年末机构数(个)	年末人数(人)	年末机构数(个)	年末人数(人)	年末机构数(个)	年末人数(人)	年末机构数(个)	年末人数(人)
襄阳市			**1071**	**3382**	**6**	**45**	**30**	**131**
襄城区			64	135			6	17
樊城区			4	15				
襄州区			295	710	4	20	16	68
开发区			6	40				
南漳县			13	50				
谷城县			66	134				
保康县			48	89				
老河口市			111	295				
枣阳市			354	1743	1	13	4	37
宜城市			105	153			4	9
襄北农场			5	18	1	12		
市直								
鄂州市	**12**	**29**	**101**	**373**	**12**	**57**	**34**	**98**
梁子湖区	11	27	16	34				
华容区			9	37			3	10
鄂城区	1	2	67	277	8	40	28	84
开发区			3	4	1	2	2	2
葛店开发区			1	2				
西山街办								
市直			5	19	3	15	1	2
荆门市	**2**	**7**	**992**	**1505**			**29**	**101**
东宝区			35	77			1	3
掇刀区			31	70			3	17
京山县			64	186				
沙洋县			95	168				
钟祥市	2	7	716	887			17	56
屈家岭			23	65			8	25
沙洋农场			7	20				
漳河新区			21	32				
市直								
孝感市	**55**	**68**	**426**	**1009**	**1**	**8**	**4**	**14**
孝南区			33	133	1	8		
孝昌县			20	72				
大悟县			27	56				
云梦县			34	71				
应城市			113	469			2	8
安陆市	17	30	10	19			2	6
汉川市	38	38	189	189				
市直								
荆州市			**256**	**603**	**1**	**10**	**6**	**24**
沙市区			23	55			4	12
荆州区			18	20				
公安县			91	226				
监利县								
江陵县			12	33				
石首市			16	42				

续表8

	二、农机化中介服务组织		三、农机维修厂及维修点		其中：1.一级维修点		2.二级维修点	
	年末机构数(个)	年末人数(人)	年末机构数(个)	年末人数(人)	年末机构数(个)	年末人数(人)	年末机构数(个)	年末人数(人)
洪湖市			83	154				
松滋市			12	67	1	10	2	12
开发区								
市直			1	6				
黄冈市	**6**	**68**	**799**	**2423**	**8**	**230**	**87**	**218**
黄州区			29	56				
龙感湖区			5	10			3	6
团风县			43	108				
红安县	3	6	77	572	1	160	1	13
罗田县	1	56	44	135			11	33
英山县			41	110				
浠水县			37	105				
蕲春县			31	102	2	15	2	7
黄梅县	2	6	183	416				
麻城市			100	294			3	16
武穴市			209	515	5	55	67	143
市直								
咸宁市			**214**	**718**	**4**	**39**	**30**	**195**
咸安区			16	22				
嘉鱼县			9	17	1	4		
通城县			13	21				
崇阳县			95	250	1	15	18	90
通山县			55	238			2	18
赤壁市			26	170	2	20	10	87
市直								
随州市	**6**	**17**	**218**	**1309**				
随县			87	1026				
曾都区	1	2	70	171				
广水市	5	15	61	112				
市直								
恩施自治州	**9**	**83**	**522**	**1201**	**40**	**107**	**78**	**181**
恩施市	9	83	108	260	40	107	68	153
利川市			81	167				
建始县			74	184				
巴东县			20	83				
宣恩县			32	58				
咸丰县			74	119				
来凤县			68	135			10	28
鹤峰县			65	195				
市直								
仙桃市			**47**	**122**				
潜江市			**3**	**12**				
天门市	**5**	**26**	**186**	**392**				
神农架林区			**13**	**80**				
省直								

续表9

	3.三级维修点		4.专项维修点		四、农机经销机构 1.农机经销企业		2.农机经销点		五、农机供油站（点）	
	年末机构数(个)	年末人数(人)	年末机构数(个)	年末人数(人)	年末机构数(个)	年末人数(人)	年末机构数(个)	年末人数(人)	年末机构数(个)	年末人数(人)
湖北省	**2646**	**7096**	**3078**	**8550**	**519**	**3274**	**3209**	**8476**	**838**	**1860**
武汉市	**220**	**485**	**208**	**800**	**9**	**89**	**172**	**381**	**1**	**2**
洪山区			2	4			2	4	1	2
东西湖区										
汉南区			42	142	1	38	12	21		
蔡甸区	2	12	36	102	2	2	18	18		
江夏区	21	85	91	445			29	65		
黄陂区	69	127			5	34	56	143		
新洲区	128	261	37	107	1	15	55	130		
市直										
黄石市	**116**	**230**	**33**	**72**	**7**	**14**	**44**	**93**	**0**	**0**
黄石港区										
西塞山区										
下陆区					5	10				
铁山区										
阳新县	116	230					26	48		
大冶市			33	72			18	45		
经济开发区					2	4				
市直										
十堰市	**191**	**640**	**443**	**1561**	**31**	**246**	**262**	**708**	**4**	**15**
茅箭区					10	30	10	30		
张湾区			10	20			2	4		
郧县			281	1231	1	7	105	362		
郧西县	90	445			1	12	78	180		
竹山县			80	160	5	23	23	45		
竹溪县	10	22					11	23		
房县	41	85			2	14	16	32	4	15
丹江口市	50	88	72	150	12	160	17	32		
市直										
宜昌市	**78**	**143**	**143**	**626**	**58**	**243**	**255**	**537**	**19**	**49**
西陵区										
伍家岗区							3	7		
点军区			15	65	5	13	5	10		
猇亭区					1	2	2	5	2	10
夷陵区	41	92	29	71	10	45	80	170		
远安县			12	46	3	12	9	30	10	20
兴山县	20	20	0	0	3	3	13	13		
秭归县			48	232	6	24	15	45		
长阳自治县					6	11	8	13		
五峰自治县			38	211	3	18	18	47	1	2
宜都市	**15**	**27**	**1**	**1**	**2**	**5**	**51**	**87**	**1**	**2**
当阳市	2	4			9	45	38	75		
枝江市					10	65	13	35	5	15
市直										

续表10

	3.三级维修点		4.专项维修点		四、农机经销机构 1.农机经销企业		2.农机经销点		五、农机供油站（点）	
	年末机构数(个)	年末人数(人)	年末机构数(个)	年末人数(人)	年末机构数(个)	年末人数(人)	年末机构数(个)	年末人数(人)	年末机构数(个)	年末人数(人)
襄阳市	**612**	**2031**	**319**	**900**	**47**	**551**	**474**	**1175**	**134**	**200**
襄城区	58	118			1	5	48	68	82	96
樊城区							3	6	1	2
襄州区	70	210	205	412			108	268		
开发区	4	30	2	10			9	15		
南漳县	11	44	2	6	7	146	40	85		
谷城县	4	8	62	126	1	69	38	65	2	4
保康县	48	89			13	85	25	99		
老河口市	11	35					45	140		
枣阳市	308	1359	41	334	13	182	85	319	48	93
宜城市	98	138	3	6	11	56	72	108		
襄北农场			4	6	1	8	1	2	1	5
市直										
鄂州市	**50**	**210**	**5**	**8**	**6**	**22**	**29**	**90**		
梁子湖区	13	30	3	4			8	21		
华容区	6	27			1	4	9	35		
鄂城区	30	151	1	2			5	20		
开发区					1	1	2	2		
葛店开发区	1	2			1	2	1	2		
西山街办							2	6		
市直			1	2	3	15	2	4		
荆门市	**443**	**718**	**519**	**676**	**104**	**394**	**337**	**785**	**249**	**500**
东宝区			34	74			25	51	3	9
掇刀区			28	53	9	45	26	55		
京山县	64	186			5	30	29	103		
沙洋县	74	140	20	28	10	60	44	122		
钟祥市	284	344	415	477	78	239	198	424	231	436
屈家岭	14	28	1	12	1	12	15	30	8	40
沙洋农场	7	20			1	8			7	15
漳河新区			21	32						
市直										
孝感市	**218**	**568**	**203**	**419**	**27**	**182**	**141**	**296**	**128**	**291**
孝南区	30	110	2	15	8	75	15	45	15	120
孝昌县	20	72					14	50		
大悟县	27	56					28	62		
云梦县	34	71			3	15	15	30		
应城市	41	191	70	270	5	60	5	12	43	101
安陆市	5	7	3	6	5	26	25	58		
汉川市	61	61	128	128	6	6	39	39	70	70
市直										
荆州市	**66**	**234**	**183**	**335**	**57**	**453**	**364**	**1344**	**35**	**96**
沙市区	8	27	11	16	5	11	4	7	6	20
荆州区	18	20			23	122	36	108	6	18
公安县	4	61	87	165	3	160	22	281		
监利县					4	30	121	490		
江陵县	12	33			13	42	28	93		
石首市	12	32	4	10	4	65	21	51		

续表11

	3.三级维修点		4.专项维修点		四、农机经销机构 1.农机经销企业		2.农机经销点		五、农机供油站（点）	
	年末机构数(个)	年末人数(人)	年末机构数(个)	年末人数(人)	年末机构数(个)	年末人数(人)	年末机构数(个)	年末人数(人)	年末机构数(个)	年末人数(人)
洪湖市	2	10	81	144	4	8	89	190	19	38
松滋市	9	45			1	15	43	124	4	20
开发区										
市直	1	6								
黄冈市	**376**	**1135**	**328**	**787**	**20**	**341**	**390**	**1146**		
黄州区	25	52	4	4			30	60		
龙感湖区			2	4			2	4		
团风县			43	108	3	57	37	161		
红安县	75	396			1	187	47	112		
罗田县	23	78	10	24			40	56		
英山县	8	30	33	80	3	17	35	72		
浠水县	11	37	26	68			31	47		
蕲春县	6	24	21	56			20	54		
黄梅县	40	130	143	286	7	32	26	57		
麻城市	97	278			6	48	42	102		
武穴市	91	110	46	157			80	421		
市直										
咸宁市	**73**	**232**	**107**	**252**	**13**	**165**	**131**	**422**	**15**	**27**
咸安区			16	22			23	37		
嘉鱼县	5	10	3	3	2	99	40	105		
通城县	13	21			4	29	13	48	11	22
崇阳县	36	105	40	40	4	15	17	51		
通山县	8	48	45	172	2	7	8	31		
赤壁市	11	48	3	15	1	15	30	150	4	5
市直										
随州市	**16**	**48**	**202**	**1261**	**31**	**85**	**120**	**233**	**168**	**352**
随县	12	36	75	990	18	40	66	128	128	260
曾都区	4	12	66	159	9	38	20	34		
广水市			61	112	4	7	34	71	40	92
市直										
恩施自治州	**179**	**374**	**144**	**333**	**97**	**312**	**277**	**598**	**24**	**69**
恩施市					40	107	68	153		
利川市	41	54	40	113	7	42	63	160	1	4
建始县	27	66	47	118	4	25	16	58	12	27
巴东县	20	83			10	31	17	35		
宣恩县			23	47	5	10	51	86		
咸丰县	48	84	26	35	5	22	29	48		
来凤县	43	87	8	20	5	27	33	58	11	38
鹤峰县					21	48				
市直										
仙桃市	**2**	**6**	**45**	**116**	**2**	**13**	**142**	**496**	**60**	**251**
潜江市	**3**	**12**			**4**	**44**	**26**	**60**	**0**	**0**
天门市	**3**	**30**	**183**	**324**	**5**	**117**	**42**	**102**	**1**	**8**
神农架林区			**13**	**80**	**1**	**3**	**3**	**10**		
省直										

续表12

	六、拖拉机驾驶培训机构		七、乡村农机从业人员	1.其中：初中(含初中)以上文化程度	2.其中：高中(含高中)以上文化程度	3.其中：拖拉机驾驶从业人员
	年末机构数(个)	年末人数(人)	年末人数(人)	年末人数(人)	年末人数(人)	年末人数(人)
湖北省	**81**	**803**	**2587887**	**1387413**	**762724**	**976470**
武汉市	**8**	**50**	**65333**	**42246**	**15825**	**19585**
洪山区	2	5	2211	1658	443	422
东西湖区	1	2	4525			1434
汉南区	1	5	1765	1412	353	1003
蔡甸区	1	10	7217	5929	1288	2625
江夏区	1	8	23426	19209	3514	5742
黄陂区	1	15	4866	2162	2704	2000
新洲区	1	5	18989	10790	7199	6084
市直			2334	1086	324	275
黄石市	**2**	**39**	**11428**	**6184**	**1386**	**4767**
黄石港区			543			132
西塞山区			54	19	12	19
下陆区			162	79	57	48
铁山区						
阳新县	1	34	4823	2928	961	1520
大冶市	1	5	5755	3140	350	3020
经济开发区			91	18	6	28
市直						
十堰市	**6**	**58**	**77532**	**43882**	**26148**	**31999**
茅箭区			696	240	456	71
张湾区			682	210	75	22
郧县	1	9	23158	15200	5862	21037
郧西县	1	8	17598	6782	10105	1880
竹山县	1	12	13535	6300	5130	2650
竹溪县	1	5	890	650	240	671
房县	1	8	5873			2618
丹江口市	1	16	15100	14500	4280	3050
市直						
宜昌市	**9**	**66**	**234223**	**135290**	**92631**	**43715**
西陵区			76	38	26	
伍家岗区			1620	1230	250	7
点军区						
猇亭区			1480	1050	200	200
夷陵区	1	3	53482	27429	12340	4115
远安县	1	6	9800	6236	3218	956
兴山县	1	6	7304	3768	1540	2746
秭归县	1	5	26000	14000	12000	1450
长阳自治县	1	9	13381	7077	4100	827
五峰自治县	1	4	6175	4258	1917	686
宜都市	**1**	**4**	**8903**	**4262**	**2211**	**1526**
当阳市	1	12	56371	52557	34114	3078
枝江市	1	17	49631	13385	20715	28124
市直						

续表13

	六、拖拉机驾驶培训机构		七、乡村农机从业人员	1.其中：初中（含初中）以上文化程度	2.其中：高中（含高中）以上文化程度	3.其中：拖拉机驾驶从业人员
	年末机构数（个）	年末人数（人）	年末人数(人)	年末人数（人）	年末人数（人）	年末人数（人）
襄阳市	**7**	**65**	**601250**	**405025**	**152554**	**273520**
襄城区			1230	1056	868	820
樊城区			11300	8500	1700	7500
襄州区	1	9	130930	130350	2580	13000
开发区			230	120	110	85
南漳县	1	4	21387	14236	7151	16750
谷城县	1	21	21116	14781	4223	10220
保康县	1	4	167605	118211	6849	2949
老河口市			28200	8440	19760	25895
枣阳市	1	12	131269	39381	91888	117991
宜城市	1	7	87522	69878	17284	78169
襄北农场	1	8	461	72	141	141
市直						
鄂州市	**1**	**5**	**15379**	**8939**	**5532**	**4200**
梁子湖区			6785	3000	3785	1542
华容区			2710	1850	320	280
鄂城区			3500	2089	1244	1653
开发区			760	560	35	160
葛店开发区			1020	1020	90	400
西山街办			384	202	56	0
市直	1	5	220	218	2	165
荆门市	**6**	**72**	**311905**	**176609**	**135504**	**184515**
东宝区	1	6	31410			23965
掇刀区	1	6	15603			13195
京山县	1	6	55870	40625	14675	31433
沙洋县	1	7	72236	70419	62912	66757
钟祥市	1	41	121400	64863	56307	37200
屈家岭	1	6	2800	489	1500	365
沙洋农场			360	213	110	280
漳河新区			12226			11320
市直						
孝感市	**7**	**60**	**105867**	**68642**	**26561**	**31348**
孝南区	1	6	6525	4980	150	3015
孝昌县	1	6	12410	7020	3110	2600
大悟县	1	10	8790	5300	1350	3050
云梦县	1	7	29000	13050	5800	4526
应城市	1	5	7812	5962	5621	1425
安陆市	1	6	27100	18200	8900	3983
汉川市	1	20	14230	14130	1630	12749
市直						
荆州市	**7**	**104**	**422319**	**119048**	**181528**	**120635**
沙市区			20298	6089	12179	8192
荆州区	1	15	40988	8430	16861	13386
公安县	1	8	63732	40101	23631	10944
监利县	1	13	82541			20014
江陵县			46021	13806	27613	18679
石首市	1	37	30797	9239	18478	4134

续表 14

	六、拖拉机驾驶培训机构		七、乡村农机从业人员	1.其中:初中(含初中)以上文化程度	2.其中:高中(含高中)以上文化程度	3.其中:拖拉机驾驶从业人员
	年末机构数(个)	年末人数(人)	年末人数(人)	年末人数(人)	年末人数(人)	年末人数(人)
洪湖市	1	12	94246	28274	56548	28893
松滋市	1	7	43696	13109	26218	16393
开发区						
市直	1	12				
黄冈市	**10**	**120**	**151432**	**72606**	**37649**	**32855**
黄州区			2679	1502	1156	1806
龙感湖区	1	2	1308	915	393	592
团风县	1	9	9036	973	261	532
红安县	1	26	9369	7546	940	2466
罗田县	1	12	11800	2670	9130	2530
英山县	1	4	6180	4310	1800	720
浠水县	1	5	16732	13138	741	7663
蕲春县	1	12	31901	19213	1326	6500
黄梅县	1	11	31462	2780	14100	6500
麻城市	1	29	17215	9629	3982	2596
武穴市	1	10	13750	9930	3820	950
市直						
咸宁市	**6**	**47**	**46684**	**24296**	**10439**	**15869**
咸安区	1	9	7190	4972	2218	3512
嘉鱼县	1	13	6930	5010	3000	3795
通城县	1	7	11023	3076	249	3954
崇阳县	1	6	10966	4800	2236	1200
通山县	1	7	1319	825	590	495
赤壁市	1	5	9256	5613	2146	2913
市直						
随州市	**2**	**24**	**154826**	**33476**	**9452**	**121308**
随县	2	24	103802			97508
曾都区			32991	23155	7475	19169
广水市			18033	10321	1977	4631
市直						
恩施自治州	**6**	**65**	**159140**	**76826**	**52360**	**10379**
恩施市			10749	3356	1678	1242
利川市	1	26	27850	12140	2119	1438
建始县			15252	9426	3624	508
巴东县	1	5	22640	19400	3240	1112
宣恩县	1	7	28763	9652	19111	1789
咸丰县	1	15	38834	15630	19680	2395
来凤县	1	7	15052	7222	2908	1895
鹤峰县	1	5				
市直						
仙桃市	**1**	**8**	**67366**	**63835**	**3310**	**19598**
潜江市	**1**	**7**	**32876**	**11322**	**314**	**25554**
天门市	**1**	**8**	**129756**	**99187**	**11526**	**36618**
神农架林区	**1**	**5**	**571**		**5**	**5**
省直						

续表15

	4.其中:联合收获机驾驶从业人员	5.其中:农用运输车驾驶从业人员	6.其中:农机维修人员	其中:获得农机职业技能鉴定证书人员	其中:修理工
	年末人数(人)	年末人数(人)	年末人数(人)	年末人数(人)	年末人数(人)
湖北省	**87087**	**195555**	**48772**	**2000**	**1279**
武汉市	**1530**	**14141**	**1969**	**80**	**47**
洪山区	9	135	4	21	21
东西湖区	138	2854	99		
汉南区	46	601	142		
蔡甸区	317	649	114		
江夏区	482	2088	578	12	2
黄陂区	246	2346	431	47	24
新洲区	290	3947	573		
市直	2	1521	28		
黄石市	**1026**	**4018**	**450**	**180**	**180**
黄石港区	14	152	26		
西塞山区	3	34			
下陆区		93			
铁山区					
阳新县	580	1720	114		
大冶市	425	2000	310	180	180
经济开发区	4	19			
市直					
十堰市	**295**	**12513**	**3266**		
茅箭区	1	405	85		
张湾区		350	25		
郧县	21	1248	1470		
郧西县	74	4230	515		
竹山县	25	2060	600		
竹溪县	6	610	97		
房县	126	1790	272		
丹江口市	42	1820	202		
市直					
宜昌市	**2883**	**25627**	**2796**	**4**	**4**
西陵区		60			
伍家岗区	2	1410	7		
点军区					
猇亭区		180	5		
夷陵区	49	2155	216		
远安县	302	1569	46	4	4
兴山县		543	21		
秭归县		3255	243		
长阳自治县	4	1276	97		
五峰自治县	8	648	83		
宜都市	**42**	**1887**	**56**		
当阳市	1137	1162	223		
枝江市	1339	11482	1799		
市直					

续表16

	4.其中：联合收获机驾驶从业人员	5.其中：农用运输车驾驶从业人员	6.其中：农机维修人员	其中：获得农机职业技能鉴定证书人员	其中：修理工
	年末人数(人)	年末人数(人)	年末人数(人)	年末人数(人)	年末人数(人)
襄阳市	**15885**	**29829**	**4565**	**3**	**3**
襄城区	750	230	135		
樊城区	340	200	15		
襄州区	3100	7820	1420		
开发区		110	40		
南漳县	1465	2764	408		
谷城县	763	2832	247		
保康县	111	3160	89		
老河口市	810	1200	295		
枣阳市	5661	5874	1743		
宜城市	2831	5639	155	3	3
襄北农场	54		18		
市直					
鄂州市	**230**	**2558**	**1441**	**13**	**7**
梁子湖区	23	734	33	13	7
华容区	115	390	86		
鄂城区	88	670	1071		
开发区	2	220	12		
葛店开发区	2	328	18		
西山街办		201	183		
市直		15	38		
荆门市	**13253**	**4672**	**1957**	**246**	**219**
东宝区	1329	1357	108		
掇刀区	929	906	121	72	72
京山县	3299	393	72		
沙洋县	2690		194	144	117
钟祥市	4114	1537	1374	2	2
屈家岭	446		25	10	10
沙洋农场	61	1	20		
漳河新区	385	478	43	18	18
市直					
孝感市	4641	10784	19384	16	6
孝南区	338	2645	185		
孝昌县	358	612	385		
大悟县	365	1900	240		
云梦县	425	2513	71		
应城市	612	608	36	16	6
安陆市	700	612	18162		
汉川市	1843	1894	305		
市直					
荆州市	**26480**	**15965**	**1905**	**277**	**186**
沙市区	562	2611	43	5	2
荆州区	1622	654	35		
公安县	4480	957	320	77	72
监利县	8654	3354	602		
江陵县	2930	1990	165	105	38
石首市	3102	2067	180	40	24

续表17

	4.其中:联合收获机驾驶从业人员	5.其中:农用运输车驾驶从业人员	6.其中:农机维修人员	其中:获得农机职业技能鉴定证书人员	其中:修理工
	年末人数(人)	年末人数(人)	年末人数(人)	年末人数(人)	年末人数(人)
洪湖市	2394	1517	310	33	33
松滋市	2736	2815	250	17	17
开发区					
市直					
黄冈市	**3877**	**24228**	**4392**	**468**	**250**
黄州区	125	756	108		
龙感湖区	147	559	10		
团风县	209	1873	415		25
红安县	148	1781	283	185	155
罗田县	300	3250	135		25
英山县	285	1730	107		
浠水县	480	1586	581		
蕲春县	213	1075	157		
黄梅县	1002	5300	416	283	45
麻城市	418	3118	1685		
武穴市	550	3200	495		
市直					
咸宁市	**3577**	**12160**	**1947**	**1**	**1**
咸安区	750	2891	37		
嘉鱼县	312	569	820		
通城县	645	1989	381		
崇阳县	960	1520	250		
通山县	290	296	238	1	1
赤壁市	620	4895	221		
市直					
随州市	**3777**	**5962**	**1763**	**12**	**6**
随县	2418	2755	1121	12	6
曾都区	743	2032	347		
广水市	616	1175	295		
市直					
恩施自治州	**393**	**19064**	**1145**	**637**	**307**
恩施市	71	4096	306	42	40
利川市	212	3115	56	54	30
建始县	25	1481	190	18	6
巴东县	1	4325	118	65	50
宣恩县	25	3846	255	86	60
咸丰县	24	1020	85	258	56
来凤县	35	1181	135	52	30
鹤峰县				62	35
市直					
仙桃市	**1210**	**4508**	**410**	**3**	**3**
潜江市	**1769**	**1212**	**881**	**60**	**60**
天门市	**6261**	**7743**	**421**		
神农架林区		**571**	**80**		
省直					

经营效益

	总收入(万元)		农机化作业收入(万元)		其中:田间作业收入(万元)		其中:跨区作业收入(万元)	
	合计	其中:农机户	合计	其中:农机户	合计	其中:农机户	合计	其中:农机户
湖北省	**2538279.13**	**2056148.77**	**2179280.36**	**1821855.38**	**1116282.48**	**944235.77**	**103498.22**	**88697.52**
武汉市	**170947.15**	**152076.35**	**160812**	**143129.5**	**72940.7**	**63381.5**	**4403.5**	**4187.5**
洪山区	10195	7080	10145	7030	9235	6855	160	
东西湖区	11971	11971	11801	11801	1550	1550	60	60
汉南区	10571	9807.5	9698.5	9386	3690.7	3533.5	462.5	462.5
蔡甸区	30505	30505	29098	29098	13319	13319	366	366
江夏区	26300	23407	22770	20273	7585	6753	845	842
黄陂区	37399.3	25300	35982	24224	13449	7259	213	160
新洲区	38581	38581	36396	36396	23367	23367	2297	2297
市直	5424.85	5424.85	4921.5	4921.5	745	745		
黄石市	**33985**	**27369**	**33255.3**	**26786.5**	**24113.7**	**18309**	**600.5**	**549.5**
黄石港区	55.3	53.8	37.9	36.6	7.3	6.9	5.8	5.8
西塞山区	158.3	153.6	143	139	28	27.3	1.7	1.7
下陆区	169.5	161.4	137.5	132.4	47.6	46.8		
铁山区								
阳新县	17636	16766	17251	16430	11743	11425	533	487
大冶市	15686.8	9962.7	15406.8	9777	12066.8	6587	60	55
经济开发区	279.1	271.5	279.1	271.5	221	216		
市直								
十堰市	**124035.7**	**94698**	**83925**	**64395**	**29653**	**21461**	**2054**	**1408**
茅箭区	5330	2890	4950	2510	2480	140	125	15
张湾区	6972	3618	3058	1530	70	36		
郧县	29150	29150	16320	16320	2550	2550	10	10
郧西县	23560	23560	15855	15855	6215	6215	933	933
竹山县	10430	10430	8500	8500	1900	1900	50	50
竹溪县	10700		6400					
房县	11953.7		8272		5018		506	
丹江口市	25940	25050	20570	19680	11420	10620	430	400
市直								
宜昌市	**169663.63**	**150863.88**	**135452.92**	**124370.39**	**48072.95**	**42224.85**	**7156**	**6175**
西陵区	805	805	505	505	355	355		
伍家岗区	9513	9513	9425	9425				
点军区	1461	1461	1369	1369	16	16		
猇亭区	2982	2640	1960	1850				
夷陵区	14443	13821	13815	13195	3623		82	
远安县	4305	2318	4240	2318	2335	1618	128	128
兴山县	3444	3444	3159	3159	667	667	0	0
秭归县	6171	6171	5180	5180	1650	1650		
长阳自治县	5375	5375	3324	3324	824	824	10	10
五峰治县	9335.42	6251.67	8448.2	6251.67	37.1			
宜都市	6133.21	6083.21	5267.72	5267.72	1211.85	1211.85	30	30
当阳市	46317	37343	32760	29733	15341	15042	2031	1828
枝江市	59379	55638	46000	42793	22013	20841	4875	4179
市直								
襄阳市	**385917**	**314682**	**359478**	**299569**	**207847.1**	**172089.1**	**7551.6**	**6810.6**

续表1

	总收入(万元)		农机化作业收入(万元)		其中:田间作业收入(万元)		其中:跨区作业收入(万元)	
	合计	其中:农机户	合计	其中:农机户	合计	其中:农机户	合计	其中:农机户
襄城区	5478	3808	5030	3546	3350	2165		
樊城区	6810	6810	6020	6020	2770	2770		
襄州区	137700	104000	131930	104000	75000	65000	2000	1900
开发区	530	530	490	490	450	450	410	410
南漳县	15309	10455	9106	7387	3986	3190	9	9
谷城县	11320	8700	10120	7740	4420	3840	1200	1100
保康县	17899	17899	13119	13119	4569	4569	220	220
老河口市	77440	75080	75640	74090	21930	21040	360	300
枣阳市	92804	66773	88649	63803	79663	57356	2405	1924
宜城市	18615	18615	17525	17525	10260	10260	810	810
襄北农场	2012	2012	1849	1849	1449.1	1449.1	137.6	137.6
市直								
鄂州市	**46884.3**	**43088.1**	**33856**	**31188**	**12891**	**11746.2**	**1938.7**	**1698.7**
梁子湖区	19900	18300	13800	12700	3900	3500	400	300
华容区	5082	4549	4013	3652	3188	2903	1428	1295
鄂城区	18334	16929	13106	12102	5068	4680	96	89
开发区	1150	1035	1035	931.5	375	337.5		
葛店开发区	432	390	337	313	75	68		
西山街办	1070	1060	910	900	32	30	10	10
市直	916.3	825.1	655	589.5	253	227.7	4.7	4.7
荆门市	**218331.5**	**198402.1**	**195872**	**178174**	**92394.1**	**87968.1**	**7625.8**	**7112.8**
东宝区	13476.5	13476.5	12642	12642	4910	4910	815	815
掇刀区	4712	4712	4630	4630	3870	3870	405	405
京山县	31741.8	31741.8	31103.1	31103.1	28562.8	28562.8	956.1	956.1
沙洋县	38099.4	35892	35337	33538	21908	21736	951	662
钟祥市	119830	104470	102580	88760	25800	23000	1684	1460
屈家岭	4203	3614	4018	3609	3564	3560	2564	2564
沙洋农场	1924	151	1821	151	1575	125	16	16
漳河新区	4344.8	4344.8	3740.9	3740.9	2204.3	2204.3	234.7	234.7
市直								
孝感市	**157551**	**155086**	**133844**	**132127**	**67749**	**66162**	**3103**	**3103**
孝南区	28975	27940	15750	14930	7620	6920	210	210
孝昌县	14000	13925	13200	13200	4000	4000	300	300
大悟县	8702	8702	8350	8350	3950	3950	176	176
云梦县	24934	24934	20724	20724	11053	11053	884	884
应城市	20755	20467	19675	19675	8425	8425	237	237
安陆市	33965	33140	32523	31698	16825	16000	816	816
汉川市	26220	25978	23622	23550	15876	15814	480	480
市直								
荆州市	**403295.75**	**280407.6**	**327426.75**	**247636.6**	**234356.75**	**192560.6**	**39517.15**	**32862.32**
沙市区	20192	12201	9908	6945	5810	4648	1331	1065
荆州区	45256.75	25086.6	31856.75	20986.6	15780.75	12624.6	3489.15	2791.32
公安县	67208	43409	55293	39491	38001	30401	8599	6879
监利县	103651	73113	93286	69895	74704	59763	2847	2277
江陵县	30320	20423	25468	18912	19529	15623	3005	2404

续表2

	总收入(万元)		农机化作业收入(万元)		其中:田间作业收入(万元)		其中:跨区作业收入(万元)	
	合计	其中:农机户	合计	其中:农机户	合计	其中:农机户	合计	其中:农机户
石首市	28045	19185	23159	17526	18956	15165	8625	6900
洪湖市	56434	36857	47165	33702	32783	26226	3332	2665
松滋市	47487	47487	37941	37941	26691	26691	7401	7401
开发区	4364	2646	3022	2238	1774	1419	600	480
市直	338		328		328		288	
黄冈市	**281464.51**	**249747.49**	**266223.71**	**238223.45**	**104404.02**	**90313.14**	**11426.38**	**8743.63**
黄州区	4873	4184	3483	3075	1950	1870	237	184
龙感湖区	9065	7765	8989	7689	5599	5599	2887.7	2887.7
团风县	17605	14281	16387	13578	4323	1923	335	67
红安县	9081	7139	8317	6508	4286	2843	126	86
罗田县	16365	13530	15950	13200	7680	7650	170	165
英山县	31550	23810	30000	23300	6400	5200	1600	1400
浠水县	20130.61	16104.49	19066.81	15253.45	13713.92	10971.14	2742.78	2495.93
蕲春县	16012.9	13786	15127.9	13375	9347.1	8502	872.9	675
黄梅县	42571	39679	39890	37974	14424	12360	1620	
麻城市	34262	31130	32643	29511	9845	8169	30	26
武穴市	79949	78339	76370	74760	26836	25226	805	757
市直								
咸宁市	**59612.68**	**39937.94**	**50892.68**	**34435.94**	**24738.68**	**19622**	**899**	**667**
咸安区	13280	13280	11615	11615	5223	5223	31	31
嘉鱼县	6552	6552	4497	4497	4317	4317	51	32
通城县	10797	10196	10471	10079	6660	6326	115	109
崇阳县	5480	5480	4610	4610	2390	2390	320	320
通山县	14195.68	4429.94	11095.68	3634.94	2277.68	1366	330	175
赤壁市	9308		8604		3871		52	
市直								
随州市	**75078**	**61366**	**56616**	**48664**	**34816**	**32283**	**6312**	**6212**
随县	38997	38997	29173	29173	21037	21037	2300	2300
曾都区	14161	7639	9789	7639	4465	4065	812	812
广水市	21920	14730	17654	11852	9314	7181	3200	3100
市直								
恩施自治州	**122650.91**	**92953.21**	**102037**	**77862**	**27505.48**	**15375.28**	**509.59**	**489.47**
恩施市	27606.14	7674	26266.8	7280	14813.8	3250.5	27.2	8.24
利川市	27154.77	25347.21	18405.2	18299	2520.68	2504.78	199.39	198.23
建始县	10220	9300	9200	8300	1520	1370	50	50
巴东县	9008	7015	8792	6825	593	427		
宣恩县	6288	6288	5418	5418	312	312	20	20
咸丰县	13685	8640	8235	6020	695	460	28	28
来凤县	14627	14627	12985	12985	1401	1401	185	185
鹤峰县	14062	14062	12735	12735	5650	5650		
市直								
仙桃市	**108090**	**60970**	**83315**	**59740**	**48280**	**43950**	**1920**	**1280**
潜江市	**70430**	**64026**	**56455**	**51322**	**24743**	**22493**	**7279**	**6617**
天门市	**105833**	**67777**	**95720**	**61547**	**60976**	**43554**	**1202**	**781**
神农架林区	**4509**	**2698.1**	**4099**	**2685**	**801**	**743**		
省直								

续表3

	农产品初加工作业收入(万元)		农机运输收入(万元)		其中:农业运输收入(万元)		农机维修收入(万元)	
	合计	其中:农机户	合计	其中:农机户	合计	其中:农机户	合计	其中:农机户
湖北省	**373228.95**	**262711.08**	**656914.5**	**589556.34**	**460404.24**	**420532.58**	**89356.65**	**72501.65**
武汉市	**7573**	**6237**	**79951**	**70339.5**	**59999.5**	**54566.5**	**5175.85**	**4683.85**
洪山区	735		175	175	105	105	42	42
东西湖区			10021	10021	10021	10021	170	170
汉南区	325	285	5567.5	5567.5	1572.5	1572.5	430.5	292.5
蔡甸区			15779	15779	15779	15779	286	286
江夏区	3388	3021	11797	10499	7867	7001	1755	1560
黄陂区	903	709	21628	16256	20823	16256	609	450
新洲区	2222	2222	10807	10807	3832	3832	1845	1845
市直			4176.5	1235			38.35	38.35
黄石市	**409.7**	**363**	**8730.2**	**8111**	**6249.9**	**5786.7**	**669.3**	**527.8**
黄石港区	21.3	20.8	9.3	8.9	8.7	8.7	12.2	12.2
西塞山区	2.9	2.5	110.4	105.7	9.1	8.7	4.1	3.9
下陆区	3.2	2.9	86.7	82.7	22.3	20.6		
铁山区								
阳新县	271	236	5237	4769	3483	3024	373	326
大冶市	100	90	3240	3100	2680	2680	280	185.7
经济开发区	11.3	10.8	46.8	44.7	46.8	44.7		
市直								
十堰市	**14744.3**	**11924**	**39417.5**	**30940**	**20165.7**	**15566**	**9785.8**	**5915**
茅箭区	220	200	2250	2100	1900	1900	180	180
张湾区	90	48	2898	1446			374	310
郧县	1960	1960	11810	11810	4870	4870	1050	1050
郧西县	4226	4226	5414	5414	2836	2836	1445	1445
竹山县	2900	2900	3700	3700	2800	2800	1080	1080
竹溪县	1600		4800		3250		1400	
房县	1158.3		1985.5		1349.7		2406.8	
丹江口市	2590	2590	6560	6470	3160	3160	1850	1850
市直								
宜昌市	**38576.6**	**29706.42**	**47676.37**	**45456.66**	**25245.68**	**24239.68**	**8198.53**	**7645.15**
西陵区			150	150	10	10		
伍家岗区	398	398	8992	8992	700	700	72	72
点军区	1136	1136	217	217	217	217	76	76
猇亭区	1050	910	850	820	540	420	2	
夷陵区	3007	790	7075	7075	5330	5330	53	51
远安县	860	320	1030	348	480	322	15	
兴山县	692	692	1800	1800	1800	1800	128	128
秭归县	1550	1550	1980	1980	1980	1980	95	95
长阳自治县	588	588	1912	1912	1339	1339	237	237
五峰治县	6239.16	4616.98	2171.94	1607.23	1026.08	1026.08	342.38	
宜都市	960.44	960.44	3095.43	2995.43	1423.6	1423.6	165.15	165.15
当阳市	9309	5585	8105	8105	5299	5299	2225	2225
枝江市	12787	12160	10298	9455	5101	4373	4788	4596
市直								
襄阳市	**21570**	**17544**	**111123.9**	**107709.9**	**99077.96**	**94646.96**	**9817**	**5379**

续表4

	农产品初加工作业收入(万元)		农机运输收入(万元)		其中:农业运输收入(万元)		农机维修收入(万元)	
	合计	其中:农机户	合计	其中:农机户	合计	其中:农机户	合计	其中:农机户
襄城区	330	172	1350	1209	1070	940	306	165
樊城区	1500	1500	1750	1750			280	280
襄州区	5500	5050	34000	33950	30000	27000	2970	
开发区							20	20
南漳县	978	816	2838	1358	1423	1185	968	813
谷城县	3000	1200	2700	2700	1400	1400	300	260
保康县	3850	3850	4700	4700	4000	4000	180	180
老河口市	600	600	53110	52450	51730	51400	910	540
枣阳市	5192	3736	3794	2711	2614	1881	2726	1964
宜城市	620	620	6645	6645	6645	6645	1090	1090
襄北农场			236.9	236.9	195.96	195.96	67	67
市直								
鄂州市	**7278**	**4062.5**	**12860**	**11912.5**	**7346.5**	**6773.6**	**5660.3**	**5153.5**
梁子湖区	3900	3400	5200	4800	2000	1800	2600	2400
华容区	145	132	662	604	632	577	703	577
鄂城区	2939	262	5098	4707	3130	2890	2126	1963
开发区	35	31.5	625	562.5	615	553.5	25	22.5
葛店开发区	102	95	160	150			50	45
西山街办	10	10	860	860	813	813	50	50
市直	147	132	255	229	156.5	140.1	106.3	96
荆门市	**44125**	**38470**	**58576.9**	**51684.9**	**47881.1**	**46739.1**	**4525.4**	**4279**
东宝区	967	967	6765	6765	4442	4442	286	286
掇刀区	123	123	637	637	637	637	82	82
京山县	1251.4	1251.4	1288.9	1288.9	1288.9	1288.9	125.1	125.1
沙洋县	3640	2660	9114	9108	8281	8275	1972.4	1954
钟祥市	37480	33200	39300	32560	33000	32000	1850	1710
屈家岭	400	5	54	44	14	14	65	5
沙洋农场			145	9	145	9	28	
漳河新区	263.6	263.6	1273	1273	73.2	73.2	116.9	116.9
市直								
孝感市	**16679**	**16649**	**47806**	**47706**	**31349**	**31199**	**10372**	**9974**
孝南区	2320	2300	5800	5700	1950	1800	4520	4410
孝昌县	500	500	7300	7300	6400	6400	400	400
大悟县	1110	1110	3290	3290	3200	3200	32	32
云梦县	756	756	8715	8715	4457	4457	3612	3612
应城市	5331	5331	5919	5919	957	957	616	328
安陆市	5386	5386	10312	10312	10020	10020	830	830
汉川市	1276	1266	6470	6470	4365	4365	362	362
市直								
荆州市	**82288**	**46236**	**10782**	**8839**	**8726**	**7164**	**2789**	**2238**
沙市区	3270	1635	828	662	467	374	380	304
荆州区	14996	7498	1080	864	1080	864	160	128
公安县	15812	7906	1480	1184	1184	947	687	550
监利县	15780	7890	2802	2242	2337	1869	218	174
江陵县	4874	2437	1065	852	790	632	111	89

续表5

	农产品初加工作业收入(万元)		农机运输收入(万元)		其中:农业运输收入(万元)		农机维修收入(万元)	
	合计	其中:农机户	合计	其中:农机户	合计	其中:农机户	合计	其中:农机户
石首市	3340	1670	863	691	620	496	388	310
洪湖市	13432	6716	950	760	920	736	749	599
松滋市	10184	10184	1066	1066	920	920	76	76
开发区	600	300	648	518	408	326	10	8
市直							10	
黄冈市	**54103.89**	**45122.31**	**104805.8**	**100065**	**77687.1**	**73409.84**	**8535.5**	**7473.8**
黄州区	603	515	929	689	557	331	203	195
龙感湖区	1600	300	1790	1790			76	76
团风县	5583	5360	6481	6295	2527	2383	402	384
红安县	1436	1032	2456	2281	1732	1438	503	385
罗田县	4500	3350	2600	1580	1600	1580	165	110
英山县	9000	5700	13000	11000	10000	8000	1000	300
浠水县	3410.39	2728.31	1942.5	1554	1864.8	1491.84	368.5	294.8
蕲春县	1483.5	938	4297.3	3935	3726.3	3258	363	326
黄梅县	7341	7341	18125	18125	15410	15410	1757	1705
麻城市	13013	11724	9785	9416	7270	6518	1619	1619
武穴市	6134	6134	43400	43400	33000	33000	2079	2079
市直								
咸宁市	**5055**	**3350**	**17307**	**9185**	**6805**	**1938**	**3466**	**2632**
咸安区	714	714	3622	3622	360	360	15	15
嘉鱼县	80	80	100	100	90	90	1535	1535
通城县	1090	1086	2666	2666	648	648	124	117
崇阳县	420	420	1800	1800	370	370	850	850
通山县	2150	1050	4987	997	1365	470	470	115
赤壁市	601		4132		3972		472	
市直								
随州市	7369	4783	14431	11598	10092	8572	6635	5967
随县	1902	1902	6234	6234	6234	6234	5719	5719
曾都区	802	802	4522	2772	1808	1308	547	
广水市	4665	2079	3675	2592	2050	1030	369	248
市直								
恩施自治州	**35316.46**	**25206.85**	**38982.83**	**36497.88**	**15760.8**	**15354.2**	**6512.97**	**5296.45**
恩施市	10019.57	3095.15	1415.2	424.36	109.18	33	801.34	234
利川市	4432.89	4412.7	11451.63	11381.52	4501.62	4474.2	634.63	630.45
建始县	1400	1400	6280	5530	3100	3100	420	400
巴东县	5267	3712	2817	2513	2306	2203	87	62
宣恩县	2815	2815	2192	2192	1704	1704	330	330
咸丰县	3620	2010	3920	3550	1760	1560	2800	2200
来凤县	3257	3257	8327	8327	2280	2280	628	628
鹤峰县	4505	4505	2580	2580			812	812
市直								
仙桃市	**19495**	**250**	**15540**	**15540**	**12430**	**12430**	**235**	**110**
潜江市	**13053**	**11866**	**16475**	**14977**	**10603**	**9639**	**5654**	**5140**
天门市	**4988**	**548**	**29756**	**17445**	**18292**	**10959**	**915**	**74**
神农架林区	**605**	**393**	**2693**	**1549**	**2693**	**1549**	**410**	**13.1**
省直								

续表6

	其他收入(万元)		其中:农机及油料经销收入(万元)		成本与费用(万元)		服务成本与费用(万元)	
	合计	其中:农机户	合计	其中:农机户	合计	其中:农机户	合计	其中:农机户
湖北省	**269642.12**	**161791.74**	**197610.27**	**103291.86**	**1688674.77**	**1348642.6**	**1349498.87**	**1120349.43**
武汉市	**4959.3**	**4263**	**1372**	**857**	**97718.15**	**90772.78**	**88048.93**	**82013.17**
洪山区	8	8	8		6955	4918	6215	4325
东西湖区					6510	6510	5430	5430
汉南区	442	129	442	129	6836.65	6132.28	5595.63	5165.37
蔡甸区	1121	1121			23116	23116	23116	23116
江夏区	1775	1574	114	102	16464	14557	13853	12228
黄陂区	808.3	626	808	626	15141	12844	14004.5	11914
新洲区	340	340			18360	18360	16289	16289
市直	465	465			4335.5	4335.5	3545.8	3545.8
黄石市	**60.4**	**54.7**	**4.5**	**4.2**	**21191.05**	**16599.53**	**17780.8**	**14140.7**
黄石港区	5.2	5			26.7	25.6	13.3	12.8
西塞山区	11.2	10.7	4.5	4.2	91.15	89.43	63.1	62.7
下陆区	32	29			53	50.9	46.2	45.1
铁山区								
阳新县	12	10			10361	9955	8646	8356
大冶市					10565	6388	8947	5600
经济开发区					94.2	90.6	65.2	64.1
市直								
十堰市	**30324.9**	**24388**	**17437.1**	**14645**	**84080.3**	**64764**	**63982.9**	**49792**
茅箭区	200	200	100	100	2925	2795	2730	2600
张湾区	3540	1778	0	0	6091	3118	2810	1510
郧县	11780	11780	9540	9540	18950	18950	12500	12500
郧西县	6260	6260	4655	4655	13038	13038	11182	11182
竹山县	850	850	350	350	8043	8043	6640	6640
竹溪县	2900		1900		8600		8090	
房县	1274.9		892.1		6933.3		4200.9	
丹江口市	3520	3520			19500	18820	15830	15360
市直								
宜昌市	**26012.18**	**18848.34**	**11104.46**	**6867.46**	**122707.68**	**107059.45**	**100318.96**	**88789.45**
西陵区	300	300	50	50	289	289	250	250
伍家岗区	16	16			7706	7706	6636	6636
点军区	16	16	6	6	1023	1023	714	714
猇亭区	1020	790	450	300	2470	2200	1350	1280
夷陵区	575	575	460	460	8825	8605	6397	6397
远安县	50		50		3070	1438	2960	1328
兴山县	157	157	80	80	2415	2415	1840	1840
秭归县	896	896	896	896	3676	3676	2936	2936
长阳自治县	1814	1814			3600	3600	3198	3198
五峰治县	544.84				6978.4	4376.17	4763.3	2863.79
宜都市	700.34	650.34	430.46	430.46	4381.28	4335.28	4210.66	4210.66
当阳市	11332	5385	6402	2561	35916	27237	31814	25236
枝江市	8591	8249	2280	2084	42358	40159	33250	31900
市直								
襄阳市	**16622**	**9734**	**14024**	**7055**	**300722**	**239011**	**264035.8**	**207442.8**

续表7

	其他收入(万元)		其中:农机及油料经销收入(万元)		成本与费用(万元)		服务成本与费用(万元)	
	合计	其中:农机户	合计	其中:农机户	合计	其中:农机户	合计	其中:农机户
襄城区	142	97	120	85	1917	1445	1702	1290
樊城区	510	510	510	510	4870	4870	3360	3360
襄州区	2800		2700		115107	82750	113547	82750
开发区	20	20			275	275	220	220
南漳县	5235	2255	4920	1235	11871	7981	9843	6264
谷城县	900	700	350	350	6070	5605	5100	4930
保康县	4600	4600	3800	3800	14035	14035	9765	9765
老河口市	890	450	790	450	54630	52550	36170	35210
枣阳市	1429	1006	756	547	80158	57711	73833	53158
宜城市					10269	10269	9242	9242
襄北农场	96	96	78	78	1520	1520	1253.8	1253.8
市直								
鄂州市	**7368**	**6746.6**	**3681.6**	**3157.2**	**29779.6**	**26875**	**25545.8**	**23259.2**
梁子湖区	3500	3200	1600	1250	13000	11400	11500	10300
华容区	366	320	340	298	2196	1978	1921	1735
鄂城区	3102	2864	1508	1392	12535	11574	10418	9619
开发区	90	81	90	81	183	164.7	118	106.2
葛店开发区	45	32			213	179.5	162	135
西山街办	110	110	70	70	920	920	800	800
市直	155	139.6	73.6	66.2	732.6	658.8	626.8	564
荆门市	**17934.1**	**15949.1**	**16640.6**	**15182.6**	**135932.8**	**122132.4**	**101855.7**	**92548.3**
东宝区	548.5	548.5	477	477	6971	6971	6177	6177
掇刀区					2015.8	2015.8	1637.8	1637.8
京山县	513.6	513.6	513.6	513.6	13800.1	13800.1	13451.9	13451.9
沙洋县	790	400	400	400	18727	17972	16903	16274
钟祥市	15400	14000	14800	13500	88680	77295	58600	51100
屈家岭	120		120		2108.8	1801.4	2052.4	1800
沙洋农场	75		38		1467	114	1021	95
漳河新区	487	487	292	292	2163.1	2163.1	2012.6	2012.6
市直								
孝感市	**13335**	**12985**	**3152**	**3152**	**87818**	**85864**	**73710**	**72712**
孝南区	8705	8600			8270	7250	3605	3405
孝昌县	400	325			9800	9775	8700	8690
大悟县	320	320	320	320	7411	7411	4590	4590
云梦县	598	598			10370	10370	9808	9808
应城市	464	464	227	227	12325	12325	11559	11559
安陆市	612	612	612	612	21874	21174	20723	20023
汉川市	2236	2066	1993	1993	17768	17559	14725	14637
市直								
荆州市	**73080**	**30533**	**66609**	**26611**	**353926.99**	**243867.74**	**257301.7**	**202063.36**
沙市区	9904	4952	4904	1471	17931	10874	12882	9403
荆州区	13240	3972	12240	3672	39770.99	23134.74	28868.7	19919.36
公安县	11228	3368	11128	3338	58322	37635	42879	33009
监利县	10147	3044	10086	3026	91991	63346	66129	50908
江陵县	4741	1422	4441	1332	26400	16997	19344	14892

续表 8

	其他收入(万元)		其中:农机及油料经销收入(万元)		成本与费用(万元)		服务成本与费用(万元)	
	合计	其中:农机户	合计	其中:农机户	合计	其中:农机户	合计	其中:农机户
石首市	4498	1349	4498	1349	24394	15715	17893	13774
洪湖市	8520	2556	8520	2556	49573	31806	36005	27717
松滋市	9470	9470	9470	9470	41512	41512	30297	30297
开发区	1332	400	1322	397	3808	2848	2784	2144
市直					225		220	
黄冈市	**6705.3**	**4050.24**	**3240**	**2414**	**138621.09**	**121735.33**	**114486.3**	**103099.14**
黄州区	1187	914	1017	681	2762	2213	1732	1417
龙感湖区					8160	7200	7960	7200
团风县	816	319	82	78	10740	8141	9260	7140
红安县	261	246	209	167	5940	4142	5017	3565
罗田县	250	220			4940	4843	4200	4130
英山县	550	210	230	140	17500	14900	9000	8000
浠水县	695.3	556.24			8795.41	7036.33	8696.42	6957.14
蕲春县	522	85	128		7400.68	6028	6378.88	5631
黄梅县	924		226		21165	20178	21084	20106
麻城市					18342	15512	14592	13575
武穴市	1500	1500	1348	1348	32876	31542	26566	25378
市直								
咸宁市	**5254**	**2870**	**3082**	**872**	**37132.58**	**25344**	**30435.58**	**22856**
咸安区	1650	1650			8920	8920	8920	8920
嘉鱼县	520	520	462	462	2520	2520	2365	2365
通城县	202		202		8652	8221	6917	6573
崇阳县	20	20			3818	3818	3600	3600
通山县	2630	680	2320	410	7534.58	1865	4662.58	1398
赤壁市	232		98		5688		3971	
市直								
随州市	**11827**	**6735**	**9611**	**5745**	**46677**	**35262**	**33610**	**25070**
随县	4105	4105	4105	4105	23721	23721	16510	16510
曾都区	3825		3636		8487	4234	6882	3067
广水市	3897	2630	1870	1640	14469	7307	10218	5493
市直								
恩施自治州	**14100.94**	**9794.76**	**11674.01**	**7519.4**	**66941.53**	**54369.97**	**50731.4**	**41546.31**
恩施市	538	160	426	128	14017.53	7006.95	12024.2	6012
利川市	8114.94	6417.76	7265.01	5573.4	19729	18132.02	15699.2	14600.31
建始县	600	600	600	600	5600	4900	4060	3530
巴东县	129	128			5084	4450	3554	3110
宣恩县	540	540	407	407	2749	2749	2385	2385
咸丰县	2650	420	2165		5020	2390	3120	2020
来凤县	1014	1014	811	811	7092	7092	6878	6878
鹤峰县	515	515			7650	7650	3011	3011
市直								
仙桃市	**24540**	**1120**	**23420**		**62330**	**40186**	**48280**	**36210**
潜江市	**8321**	**7564**	**3360**	**3054**	**49329**	**44844**	**38663**	**35148**
天门市	**9198**	**6156**	**9198**	**6156**	**51334**	**29301**	**39805**	**23456**
神农架林区					**2433**	**654.4**	**907**	**203**
省直								

续表9

	管理与财务费用(万元)		税金及附加(万元)		其他费用(万元)		利润总额(万元)	
	合计	其中：农机户	合计	其中：农机户	合计	其中：农机户	合计	其中：农机户
湖北省	**180345.11**	**105138.92**	**52804.57**	**37741.38**	**106026.22**	**85412.87**	**849604.36**	**707506.17**
武汉市	**3426.92**	**2998.69**	**2044.2**	**1926.32**	**4198.1**	**3834.6**	**73229**	**61303.57**
洪山区	215	205			525	388	3240	2162
东西湖区	320	320	250	250	510	510	5461	5461
汉南区	905.42	638.19	335.6	328.72			3734.35	3675.22
蔡甸区							7389	7389
江夏区	1006	905	732	657	873	767	9836	8850
黄陂区	500	450	180	144	456.5	336	22258.3	12456
新洲区	195	195	181	181	1695	1695	20221	20221
市直	285.5	285.5	365.6	365.6	138.6	138.6	1089.35	1089.35
黄石市	**997.5**	**818**	**222.25**	**170.33**	**2190.5**	**1470.5**	**12793.95**	**10769.47**
黄石港区	7.2	7	6.2	5.8			28.6	28.2
西塞山区	2.2	1.7	4.25	3.93	21.6	21.1	67.15	64.17
下陆区	1.8	1.2	3.8	3.6	1.2	1	116.5	110.5
铁山区								
阳新县	697	675	121	109	897	815	7275	6811
大冶市	275	120	87	48	1256	620	5121.8	3574.7
经济开发区	14.3	13.1			14.7	13.4	184.9	180.9
市直								
十堰市	**5901.8**	**4361**	**4265.1**	**2889**	**9930.5**	**7722**	**39955.4**	**29934**
茅箭区	160	160	35	35			2405	95
张湾区	83	40	98	48	3100	1520	881	500
郧县	1100	1100	2150	2150	3200	3200	10200	10200
郧西县	631	631	428	428	797	797	10522	10522
竹山县	850	850	78	78	475	475	2387	2387
竹溪县	60		250		200		2100	
房县	1317.8		1046.1		368.5		5020.4	
丹江口市	1700	1580	180	150	1790	1730	6440	6230
市直								
宜昌市	**11332.41**	**9690.5**	**3976.65**	**3408**	**7079.66**	**5171.5**	**46955.95**	**43804.43**
西陵区	10	10	4	4	25	25	516	516
伍家岗区	390	390	450	450	230	230	1807	1807
点军区	205	205	52	52	52	52	438	438
猇亭区	310	270	130	80	680	570	512	440
夷陵区			881	881	1547	1327	5618	5216
远安县	60	60			50	50	1235	880
兴山县			140	140	435	435	1029	1029
秭归县	740	740					2495	2495
长阳自治县	317	317	56	56	29	29	1775	1775
五峰治县	981.04	709.13	655.7	513.05	578.36	290.2	2357.02	1875.5
宜都市	75.37	29.37	15.95	15.95	79.3	79.3	1751.93	1747.93
当阳市	1102	560	552	231	2448	1210	10401	10106
枝江市	7142	6400	1040	985	926	874	17021	15479
市直								
襄阳市	**3766.5**	**2845.5**	**5540.7**	**3672.7**	**27379**	**25050**	**85195**	**75671**

续表10

	管理与财务费用(万元)		税金及附加(万元)		其他费用(万元)		利润总额(万元)	
	合计	其中：农机户	合计	其中：农机户	合计	其中：农机户	合计	其中：农机户
襄城区	75	55	140	100			3561	2363
樊城区	670	670			840	840	1940	1940
襄州区	230		900		430		22593	21250
开发区	10	10	35	35	10	10	255	255
南漳县	306	265	572	477	1150	975	3438	2474
谷城县	260	180	130	95	580	400	5250	3095
保康县	920	920	550	550	2800	2800	3864	3864
老河口市	300		360	340	17800	17000	22810	22530
枣阳市	897	647	2781	2003	2647	1903	12646	9062
宜城市					1027	1027	8346	8346
襄北农场	98.5	98.5	72.7	72.7	95	95	492	492
市直								
鄂州市	**1958.3**	**1721.5**	**855.5**	**683.5**	**1420**	**1210.8**	**17104.7**	**16213.1**
梁子湖区	478	360	332	200	690	540	6900	6900
华容区	166	149	65	58	44	36	2886	2571
鄂城区	1145	1057	369	341	603	557	5799	5355
开发区	40	36	13	11.7	12	10.8	967	870.3
葛店开发区	22	18	8	6.5	21	20	219	210.5
西山街办	50	50	50	50	20	20	150	140
市直	57.3	51.5	18.5	16.3	30	27	183.7	166.3
荆门市	**20289**	**17576**	**1862.5**	**1653.5**	**11925.6**	**10354.6**	**82398.7**	**76269.7**
东宝区	183	183	510.5	510.5	100.5	100.5	6505.5	6505.5
掇刀区					378	378	2696.2	2696.2
京山县					348.2	348.2	17941.7	17941.7
沙洋县	617	550	286	228	921	920	19372.4	17920
钟祥市	19350	16830	1050	915	9680	8450	31150	27175
屈家岭	45				11.4	1.4	2094.2	1812.6
沙洋农场	85	4	16		345	15	457	37
漳河新区	9	9			141.5	141.5	2181.7	2181.7
市直								
孝感市	**6772**	**6167**	**2931**	**2731**	**4405**	**4254**	**69733**	**69222**
孝南区	2855	2305	1305	1155	505	385	20705	20690
孝昌县	180	175	220	220	700	690	4200	4150
大悟县	2650	2650			171	171	1291	1291
云梦县	139	139	98	98	325	325	14564	14564
应城市	78	78	557	557	131	131	8430	8142
安陆市	410	410	31	31	710	710	12091	11966
汉川市	460	410	720	670	1863	1842	8452	8419
市直								
荆州市	**91674.29**	**40244.78**	**3398**	**1072**	**1553**	**487.6**	**49368.76**	**36539.86**
沙市区	4618	1385	226	45	205	41	2261	1327
荆州区	10349.29	3104.78	215	43	338	67.6	5485.76	1951.86
公安县	15372	4612	46	9	25	5	8886	5774
监利县	23707	11854	1530	459	625	125	11660	9767
江陵县	6935	2080	93	19	28	6	3920	3426

续表11

	管理与财务费用(万元)		税金及附加(万元)		其他费用(万元)		利润总额(万元)	
	合计	其中：农机户	合计	其中：农机户	合计	其中：农机户	合计	其中：农机户
石首市	6415	1924	26	5	60	12	3651	3470
洪湖市	12416	3725	960	192	192	172	6861	5051
松滋市	10861	10861	300	300	54	54	5975	5975
开发区	998	699	2		24	5	556	−202
市直	3				2		113	
黄冈市	**6852.86**	**4100.45**	**9072.94**	**7801.55**	**8208.99**	**6734.19**	**142843.42**	**128012.16**
黄州区			247	171	783	625	2111	1971
龙感湖区	150		50				905	565
团风县	135	29	453	386	892	586	6865	6140
红安县	453	316	342	249	128	12	3141	2997
罗田县	70	68	450	432	220	213	11425	8687
英山县	3500	3000	3000	2300	2000	1600	14050	8910
浠水县	18.06	14.45	51.94	41.55	28.99	23.19	11335.2	9068.16
蕲春县	456.8	289	122	42	443	66	8612.22	7758
黄梅县	36	36			45	36	21406	19501
麻城市	1702	162	1036	859	1012	916	15920	15618
武穴市	332	186	3321	3321	2657	2657	47073	46797
市直								
咸宁市	**1314**	**720**	**2129**	**1180**	**3254**	**588**	**22480.1**	**14593.94**
咸安区							4360	4360
嘉鱼县	20	20	100	100	35	35	4032	4032
通城县	482	457	860	817	393	374	2145	1975
崇阳县	80	80	120	120	18	18	1662	1662
通山县	320	163	452	143	2100	161	6661.1	2564.94
赤壁市	412		597		708		3620	
市直								
随州市	**1408**	**1045**	**580.5**	**296.5**	**11078.5**	**8850.5**	**28401**	**26104**
随县	210	210	96	96	6905	6905	15276	15276
曾都区	710	560	252.5	64.5	642.5	542.5	5674	3405
广水市	488	275	232	136	3531	1403	7451	7423
市直								
恩施自治州	**6796.53**	**5178.1**	**4423.23**	**3512.98**	**4990.37**	**4132.58**	**55709.38**	**38583.24**
恩施市	1762.33	880.65	162	80.3	69	34	13588.61	667.05
利川市	1877.2	1556.45	1103.23	1029.68	1049.37	945.58	7425.77	7215.19
建始县	990	900	350	290	200	180	4620	4400
巴东县	357	326	748	673	425	341	3924	2565
宣恩县	115	115	174	174	75	75	3539	3539
咸丰县	295		620		985	370	8665	6250
来凤县	88	88	64	64	62	62	7535	7535
鹤峰县	1312	1312	1202	1202	2125	2125	6412	6412
市直								
仙桃市	**8250**	**1240**	**5150**	**2486**	**650**	**250**	**45760**	**20784**
潜江市	**2458**	**2234**	**3141**	**2856**	**5067**	**4606**	**21101**	**19182**
天门市	**6346**	**3998**	**2912**	**1302**	**2271**	**545**	**54499**	**38476**
神农架林区	**801**	**200.4**	**300**	**100**	**425**	**151**	**2076**	**2043.7**
省直								

农机化投入情况

	一、农机化总投入	1.一般行政事业支出	2.基本建设	3.科研	4.推广培训	5.农业机械购置	6.其他
	万元	万元	万元	万元	万元	万元	万元
湖北省	**548768.65**	**19030.65**	**9851**	**88.2**	**2608.45**	**508888.45**	**8301.9**
武汉市	**24828.75**	**2424.72**	**2163**		**51.6**	**19974.43**	**215**
洪山区	281	25.5			5	250.5	
东西湖区	805.63					805.63	
汉南区	2619.82	24.52	1820			775.3	
蔡甸区	2704	457	20		16	2211	
江夏区	4587.7	825.7				3762	
黄陂区	7599	502	123			6974	
新洲区	6231.6	590	200		30.6	5196	215
市直							
黄石市	**18256.07**		**141**		**15**	**17524.75**	**575.32**
黄石港区	52.33					52.33	
西塞山区	23.4					23.4	
下陆区							
铁山区							
阳新县	10731		131		15	10583	2
大冶市	7435.34					6866.02	569.32
经济开发区							
市直	14		10				4
十堰市	**44890.11**	**1532.11**	**1085**	**46**	**348**	**39695**	**2184**
茅箭区	1027				3	490	534
张湾区	1160.5	61.5			19	1080	
郧县	14820	270	145	43	115	14117	130
郧西县	9535	95	800		85	7055	1500
竹山县	4419	190	140	3	16	4050	20
竹溪县	5661	251				5410	
房县	4178.61	139.61			5	4034	
丹江口市	4089	525			105	3459	
市直							
宜昌市	**39913.91**	**1426.21**	**496.5**		**459.9**	**35999.7**	**1531.6**
西陵区	41					29	12
伍家岗区	44					44	
点军区	661					661	
猇亭区	235				5	200	30
夷陵区	6686	131				6555	
远安县	3765.5	26	220		7.5	2250	1262
兴山县	1793.51	63.51				1730	
秭归县	1368	68			10	1280	10
长阳自治县	2710	110				2600	
五峰自治县	1980					1980	
宜都市	**4689.4**	**310.2**	**148.5**		**381.4**	**3670.7**	**178.6**
当阳市	11470.9	172.9	120		25	11116	37
枝江市	4019.6	94.6	8		31	3884	2
市直	450	450					

续表1

	一、农机化总投入	1.一般行政事业支出	2.基本建设	3.科研	4.推广培训	5.农业机械购置	6.其他
	万元	万元	万元	万元	万元	万元	万元
襄阳市	**67631.31**	**1317.19**	**209.8**	**1.2**	**169.48**	**65429.06**	**504.58**
襄城区	2054	12			2	2040	
樊城区	1682				2	1680	
襄州区	12541.6	216.6	55		18	12238	14
开发区	345				1	344	
南漳县	5383				10	5258	115
谷城县	4958.8	148.8	150		40	4620	
保康县	4118.86	193.86			62	3840	23
老河口市	6494	124				6370	
枣阳市	12919	287				12632	
宜城市	16535.29	58.43			6.28	16384	86.58
襄北农场	320.76	12.5	4.8	1.2	13.2	23.06	266
市直	279	264			15		
鄂州市	**11740.8**	**242.5**	**1700**	**10**	**82.2**	**9227.9**	**478.2**
梁子湖区	2397	2	181		2	2006	206
华容区	2524.57		26		2.2	2431.17	65.2
鄂城区	6053.73	35	1379		11.5	4442.23	186
开发区	196	1.5	103		5	65.5	21
葛店开发区	115.4	3.9	1		1.5	109	
西山街办	32	7	0			25	
市直	422.1	193.1	10	10	60	149	
荆门市	**39262.76**	**753.13**	**195**		**85.3**	**38071.33**	**158**
东宝区	2631.64	109.64	40			2412	70
掇刀区	2058.61	16.73			52.5	1989.38	
京山县	8446.65	27.75	50		11.9	8357	
沙洋县	10253.75	53.3	55		8.4	10135.05	2
钟祥市	9837.8	82.8	50		10	9625	70
屈家岭	3732.9					3732.9	
沙洋农场	1490					1490	
漳河新区	349.2	0.7			2.5	330	16
市直	462.21	462.21					
孝感市	**40904.8**	**1779.76**	**436**		**137.3**	**37303.74**	**1248**
孝南区	4795	155				4595	45
孝昌县	4226	120	35		23	4012	36
大悟县	3853.47	250.73				3602.74	
云梦县	3747.33	179.33	84		9	3434	41
应城市	7355	275	235		15	6104	726
安陆市	6713	210	82		30	6391	
汉川市	9868	296			7	9165	400
市直	347	293.7			53.3		
荆州市	**68308.53**	**860.73**	**514.5**		**82**	**66659.3**	**192**
沙市区	3410	23				3297	90
荆州区	5081	52				5029	
公安县	11965.71	156.71			15	11756	38
监利县	13565.1	128.1				13437	
江陵县	7728	19	85		6	7608	10
石首市	4614.58	116.28				4498.3	

续表2

	一、农机化总投入	1.一般行政事业支出	2.基本建设	3.科研	4.推广培训	5.农业机械购置
	万元	万元	万元	万元	万元	万元
洪湖市	11290	53	53		20	11164
松滋市	10036.14	109.64	376.5		30	9470
开发区	402	2				400
市直	216	201			11	
黄冈市	**65099.26**	**1964.11**	**746.6**	**20**	**323.25**	**61409.1**
黄州区	2033.06	142.06				1891
龙感湖区	4374	3			2	4366
团风县	4077	45	165		20	3481
红安县	7322	342.5	21.6		24.5	6869.7
罗田县	6230	135			20	6075
英山县	3398	90			10	3098
浠水县	7421.8	195.55		10	21.75	7191
蕲春县	5767	102			20	5645
黄梅县	7985	258	550		70	7107
麻城市	9857.4	194		10	130	9523.4
武穴市	6396	229			5	6162
市直	238	228	10			
咸宁市	**29495.47**	**649**	**61**	**1**	**148**	**28403.47**
咸安区	5019	139	20		35	4820
嘉鱼县	3921	121			30	3693
通城县	8637.82	125			23	8367.82
崇阳县	4420	62	22		30	4299
通山县	2675.65	130	15		24	2486.65
赤壁市	4822	72	4	1	6	4737
市直						
随州市	**19842.08**	**665.82**	**70**		**194.26**	**18832**
随县	9127.15	475.15				8647
曾都区	4959.55	84.29			44.26	4831
广水市	5729	80	70		150	5354
市直	26.38	26.38				
恩施自治州	**28377.16**	**1180.43**	**242**		**120.06**	**26753.67**
恩施市	6562.55	113.3			2.06	6447.19
利川市	5939.67	341.63	242		73	5283.04
建始县	2965.44	145				2820.44
巴东县	2642	110				2532
宣恩县	2770					2770
咸丰县	2087.5	68.5			5	2008
来凤县	2225	157				2013
鹤峰县	2925	45				2880
市直	260	200			40	
仙桃市	**9888**	**405.9**	**450**		**57.1**	**8960**
潜江市	**9613**	**394**			**2**	**9217**
天门市	**26411**	**1087**	**1204**		**302**	**23788**
神农架林区	**2165.2**	**207.6**	**136.6**	**10**	**31**	**1640**
省直	**2140.44**	**2140.44**				

续表3

	二、财政投入	(一)中央财政	1.一般行政事业支出	2.基本建设	3.科研	4.推广培训	5.农业机械购置	6.其他
	万元	万元	万元	万元	万元	万元	万元	万元
湖北省	**134420.81**	**107438.6**		**95**	**10**	**291**	**107000**	**42.6**
武汉市	**9424.32**	**6170**					**6170**	
洪山区	30.5							
东西湖区	390	390					390	
汉南区	674.52	330					330	
蔡甸区	1343	850					850	
江夏区	2079.7	1254					1254	
黄陂区	2412	1787					1787	
新洲区	2494.6	1559					1559	
市直								
黄石市	**3922.83**	**3276**					**3276**	
黄石港区	11.63							
西塞山区	5.2							
下陆区								
铁山区								
阳新县	1821	1821					1821	
大冶市	2071	1455					1455	
经济开发区								
市直	14							
十堰市	**9453.61**	**4986**					**4986**	
茅箭区	88.5	70					70	
张湾区	330.5	250					250	
郧县	1295	957					957	
郧西县	3790	830					830	
竹山县	1155	830					830	
竹溪县	961	710					710	
房县	884.61	740					740	
丹江口市	949	599					599	
市直								
宜昌市	**9186.91**	**7317.1**				**112.5**	**7197**	**7.6**
西陵区	26.5							
伍家岗区	33							
点军区	161	110					110	
猇亭区	50							
夷陵区	1116	985					985	
远安县	465.5	437.5				7.5	430	
兴山县	493.51	430					430	
秭归县	648	560					560	
长阳自治县	890	780					780	
五峰自治县	440	440					440	
宜都市	**1346.9**	**842.6**				**105**	**730**	**7.6**
当阳市	1860.9	1636					1636	
枝江市	1205.6	1096					1096	
市直	450							

续表4

	二、财政投入	(一)中央财政	1.一般行政事业支出	2.基本建设	3.科研	4.推广培训	5.农业机械购置	6.其他
	万元	万元	万元	万元	万元	万元	万元	万元
襄阳市	**13839.55**	**12349**				**70**	**12279**	
襄城区	552	540					540	
樊城区	400	400					400	
襄州区	3131.6	2848					2848	
开发区	131	130					130	
南漳县	1238	1213					1213	
谷城县	1088.8	940				40	900	
保康县	848.86	670				30	640	
老河口市	1394	1270					1270	
枣阳市	3069	2782					2782	
宜城市	1707.29	1556					1556	
襄北农场								
市直	279							
鄂州市	**2934**	**1291.5**		**25**	**0**	**1.5**	**1260**	**5**
梁子湖区	365	322					322	
华容区	446.27	406.27					406.27	
鄂城区	1596.23	443.23					443.23	
开发区	110	70		25		1.5	38.5	5
葛店开发区	30.4	24					24	
西山街办	17	10					10	
市直	369.1	16					16	
荆门市	**10532.43**	**9476**		**70**			**9386**	**20**
东宝区	903.64	704		20			684	
掇刀区	613.23	534					534	
京山县	2453.65	2414		50			2364	
沙洋县	2022.7	1959					1959	
钟祥市	2667.8	2475					2455	20
屈家岭	1040	1040					1040	
沙洋农场	350	350					350	
漳河新区	19.2							
市直	462.21							
孝感市	**10510.06**	**8572**					**8572**	
孝南区	1095	895					895	
孝昌县	1257	1127					1127	
大悟县	1302.73	1052					1052	
云梦县	1020.33	846					846	
应城市	1869	1576					1576	
安陆市	1431	1191					1191	
汉川市	2188	1885					1885	
市直	347							
荆州市	**16060.23**	**14437**				**35**	**14402**	
沙市区	943	830					830	
荆州区	1336	1284					1284	
公安县	2675.71	2481				15	2466	
监利县	3179.1	3051					3051	
江陵县	1369	1340					1340	
石首市	1356.28	1240					1240	

续表5

	二、财政投入	(一)中央财政	1.一般行政事业支出	2.基本建设	3.科研	4.推广培训	5.农业机械购置	6.其他
	万元	万元	万元	万元	万元	万元	万元	万元
洪湖市	2417	2311				20	2291	
松滋市	2466.14	1800					1800	
开发区	102	100					100	
市直	216							
黄冈市	**15905.36**	**13584**			**10**	**15**	**13559**	
黄州区	699.06	557					557	
龙感湖区	1080	1080					1080	
团风县	881	796					796	
红安县	1390.5	1073					1073	
罗田县	1030	860					860	
英山县	718	648					648	
浠水县	2039.8	1794					1794	
蕲春县	1709	1592					1592	
黄梅县	2125	1772				15	1757	
麻城市	2319	1970			10		1960	
武穴市	1676	1442					1442	
市直	238	0						
咸宁市	**6657**	**5696**				**47**	**5649**	
咸安区	1319	1105				15	1090	
嘉鱼县	1057	941					941	
通城县	1083	813					813	
崇阳县	1245	1106				12	1094	
通山县	729	579				16	563	
赤壁市	1224	1152				4	1148	
市直	0	0						
随州市	**5986.08**	**5091**					**5091**	
随县	2810.15	2335					2335	
曾都区	1235.55	1107					1107	
广水市	1914	1649					1649	
市直	26.38	0						
恩施自治州	**8086.79**	**7001**					**6991**	**10**
恩施市	1347.66	1220					1220	
利川市	1866.63	1460					1460	
建始县	1005	860					860	
巴东县	1203	1093					1093	
宣恩县	660	660					660	
咸丰县	887.5	798					798	
来凤县	672	510					500	10
鹤峰县	445	400					400	
市直								
仙桃市	**2969**	**2721**					**2721**	
潜江市	**2256**	**1860**					**1860**	
天门市	**3466**	**2951**				**10**	**2941**	**0**
神农架林区	**1090.2**	**660**					**660**	
省直	**2140.44**							

续表6

	(二)地方财政	1.一般行政事业支出	2.基本建设	3.科研	4.推广培训	5.农业机械购置	6.其他
	万元	万元	万元	万元	万元	万元	万元
湖北省	**26982.21**	**17343.15**	**3340.8**	**28**	**1448.15**	**1512.31**	**3309.8**
武汉市	**3254.32**	**2324.72**	**663**		**51.6**		**215**
洪山区	30.5	25.5			5		
东西湖区							
汉南区	344.52	24.52	320				
蔡甸区	493	457	20		16		
江夏区	825.7	825.7					
黄陂区	625	502	123				
新洲区	935.6	490	200		30.6		215
市直							
黄石市	**646.83**					**63.51**	**573.32**
黄石港区	11.63					11.63	
西塞山区	5.2					5.2	
下陆区							
铁山区							
阳新县							
大冶市	616					46.68	569.32
经济开发区							
市直	14		10				4
十堰市	**4467.61**	**1247.11**	**725**	**8**	**246.5**	**721**	**1520**
茅箭区	18.5				2.5	16	
张湾区	80.5	61.5			19		
郧县	338	270	5	8	20	25	10
郧西县	2960	95	600		85	680	1500
竹山县	325	185	120		10		10
竹溪县	251	251					
房县	144.61	139.61			5		
丹江口市	350	245			105		
市直							
宜昌市	**1869.81**	**1406.21**	**35.3**	**0**	**81.7**	**143.5**	**203.1**
西陵区	26.5					14.5	12
伍家岗区	33					33	
点军区	51					51	
猇亭区	50				5	45	
夷陵区	131	131					
远安县	28	26					2
兴山县	63.51	63.51					
秭归县	88	68			10		10
长阳自治县	110	110					
五峰自治县							
宜都市	**504.3**	**290.2**	**35.3**		**36.7**		**142.1**
当阳市	224.9	172.9			15		37
枝江市	109.6	94.6			15		
市直	450	450					

续表7

	(二)地方财政	1.一般行政事业支出	2.基本建设	3.科研	4.推广培训	5.农业机械购置	6.其他
	万元	万元	万元	万元	万元	万元	万元
襄阳市	**1490.55**	**1274.69**	**35**		**65.28**		**115.58**
襄城区	12	12					
樊城区							
襄州区	283.6	216.6	35		18		14
开发区	1				1		
南漳县	25				10		15
谷城县	148.8	148.8					
保康县	178.86	163.86			15		
老河口市	124	124					
枣阳市	287	287					
宜城市	151.29	58.43			6.28		86.58
襄北农场							
市直	279	264			15		
鄂州市	**1642.5**	**242**	**1111**	**10**	**67**	**144**	**68.5**
梁子湖区	43	2			1	40	
华容区	40		26			4	10
鄂城区	1153	35	1060		4		54
开发区	40	1	14		0.5	20	4.5
葛店开发区	6.4	3.9	1		1.5		
西山街办	7	7					
市直	353.1	193.1	10	10	60	80	
荆门市	**1056.43**	**753.13**	**20**		**85.3**	**60**	**138**
东宝区	199.64	109.64	20				70
掇刀区	79.23	16.73			52.5	10	
京山县	39.65	27.75			11.9		
沙洋县	63.7	53.3			8.4		2
钟祥市	192.8	82.8			10	50	50
屈家岭							
沙洋农场							
漳河新区	19.2	0.7			2.5		16
市直	462.21	462.21					
孝感市	**1938.06**	**1744.76**	**10**		**100.3**	**20**	**63**
孝南区	200	155					45
孝昌县	130	120					10
大悟县	250.73	250.73					
云梦县	174.33	154.33				20	
应城市	293	265	10		10		8
安陆市	240	210			30		
汉川市	303	296			7		
市直	347	293.7			53.3		
荆州市	**1623.23**	**860.73**	**429.5**		**41**	**100**	**192**
沙市区	113	23					90
荆州区	52	52					
公安县	194.71	156.71					38
监利县	128.1	128.1					
江陵县	29	19					10
石首市	116.28	116.28					

续表8

	(二)地方财政	1.一般行政事业支出	2.基本建设	3.科研	4.推广培训	5.农业机械购置	6.其他
	万元	万元	万元	万元	万元	万元	万元
洪湖市	106	53	53				
松滋市	666.14	109.64	376.5		30	100	50
开发区	2	2					
市直	216	201			11		4
黄冈市	**2321.36**	**1886.01**	**70**	**10**	**255.05**	**75**	**25.3**
黄州区	142.06	142.06					
龙感湖区							
团风县	85	45	20		15	5	
红安县	317.5	287.4			8.3		21.8
罗田县	170	135			20	15	
英山县	70	70					
浠水县	245.8	195.55		10	21.75	15	3.5
蕲春县	117	102				15	
黄梅县	353	258	40		55		
麻城市	349	194			130	25	
武穴市	234	229			5		
市直	238	228	10				
咸宁市	**961**	**612**	**32**		**79**	**80**	**158**
咸安区	214	139	20		20	30	5
嘉鱼县	116	86			24		6
通城县	270	125	0		23	0	122
崇阳县	139	60	12		12	50	5
通山县	150	130					20
赤壁市	72	72					
市直							
随州市	**895.08**	**665.82**	**20**		**194.26**		**15**
随县	475.15	475.15					
曾都区	128.55	84.29			44.26		
广水市	265	80	20		150		15
市直	26.38	26.38					
恩施自治州	**1085.79**	**980.43**			**72.06**	**25.3**	**8**
恩施市	127.66	113.3			2.06	12.3	
利川市	406.63	341.63			65		
建始县	145	145					
巴东县	110	110					
宣恩县							
咸丰县	89.5	68.5			5	10	6
来凤县	162	157				3	2
鹤峰县	45	45					
市直							
仙桃市	**248**	**155.9**	**50**		**27.1**		**15**
潜江市	**396**	**394**			**2**		
天门市	**515**	**455**			**60**		
神农架林区	**430.2**	**200.2**	**130**		**20**	**80**	
省直	**2140.44**	**2140.44**					

续表9

	三、单位和集体投入	1.一般行政事业支出	2.基本建设	3.科研	4.推广培训	5.农业机械购置	6.其他
	万元	万元	万元	万元	万元	万元	万元
湖北省	**11497.18**	**1687.5**	**3000.2**	**39.2**	**376.6**	**5742.68**	**651**
武汉市	**1625**	**100**	**1500**	**0**	**0**	**25**	**0**
洪山区	25					25	
东西湖区							
汉南区	1500		1500				
蔡甸区							
江夏区							
黄陂区							
新洲区	100	100					
市直							
黄石市	**148**		**131**		**15**		**2**
黄石港区							
西塞山区							
下陆区							
铁山区							
阳新县	148		131		15		2
大冶市							
经济开发区							
市直							
十堰市	**2074.5**	**285**	**180**	**38**	**41.5**	**1500**	**30**
茅箭区	36.5				0.5	36	
张湾区							
郧县	150		60	35	35		20
郧西县	1400		100			1300	
竹山县	64	5	20	3	6	20	10
竹溪县							
房县	144					144	
丹江口市	280	280					
市直							
宜昌市	**405**	**20**	**8**		**19**	**336**	**22**
西陵区							
伍家岗区							
点军区							
猇亭区							
夷陵区							
远安县							
兴山县							
秭归县							
长阳自治县							
五峰自治县							
宜都市	**43**	**20**			**3**		**20**
当阳市	336					336	
枝江市	26		8		16		2
市直							

续表10

	三、单位和集体投入	1.一般行政事业支出	2.基本建设	3.科研	4.推广培训	5.农业机械购置	6.其他
	万元	万元	万元	万元	万元	万元	万元
襄阳市	**491.7**	**42.5**	**4.8**	**1.2**	**34.2**	**120**	**289**
襄城区	2				2		
樊城区	2				2		
襄州区							
开发区							
南漳县	120					120	
谷城县							
保康县	70	30			17		23
老河口市							
枣阳市							
宜城市							
襄北农场	297.7	12.5	4.8	1.2	13.2		266
市直							
鄂州市	**318.8**	**0.5**	**216**		**10.7**	**90.4**	**1.2**
梁子湖区	32		1		1	30	
华容区	3.3				2.2	0.9	0.2
鄂城区	233.5		170		7.5	56	
开发区	50	0.5	45			3.5	1
葛店开发区							
西山街办							
市直							
荆门市	**1150**		**55**			**1095**	
东宝区							
掇刀区							
京山县							
沙洋县	55		55				
钟祥市							
屈家岭							
沙洋农场	1095					1095	
漳河新区							
市直							
孝感市	**435**	**35**	**87**		**37**	**230**	**46**
孝南区							
孝昌县	84		35		23		26
大悟县							
云梦县	84	25			9	30	20
应城市	15	10			5		
安陆市	252		52			200	
汉川市							
市直							
荆州市	**311**		**85**		**6**	**220**	
沙市区							
荆州区							
公安县							
监利县							
江陵县	291		85		6	200	
石首市							

续表11

	三、单位和集体投入	1.一般行政事业支出	2.基本建设	3.科研	4.推广培训	5.农业机械购置	6.其他
	万元	万元	万元	万元	万元	万元	万元
洪湖市							
松滋市	20						
开发区							
市直							
黄冈市	**1316.6**	**78.1**	**604.8**	**0**	**31.2**	**456.7**	**145.8**
黄州区							
龙感湖区	10	3			2	2	3
团风县	94		85		3		6
红安县	182.6	55.1	9.8		16.2	64.7	36.8
罗田县							
英山县	180	20			10	50	100
浠水县							
蕲春县							
黄梅县	750		510			240	
麻城市							
武穴市	100					100	
市直							
咸宁市	**83**	**37**			**19**	**25**	**2**
咸安区							
嘉鱼县	60	35			5	20	
通城县							
崇阳县	15	2			6	5	2
通山县	8				8		
赤壁市							
市直							
随州市	405		50			300	55
随县	5						5
曾都区							
广水市	400		50			300	50
市直							
恩施自治州	**1632.58**	**200**	**12**		**48**	**1344.58**	**28**
恩施市							
利川市	1205.58		12		8	1185.58	
建始县							
巴东县							
宣恩县							
咸丰县	156					156	
来凤县	11					3	8
鹤峰县							
市直	260	200			40		20
仙桃市	**340**	**250**	**60**		**30**		
潜江市							
天门市	**742**	**632**			**80**		**30**
神农架林区	**19**	**7.4**	**6.6**		**5**		
省直							

续表12

	四、农民个人投入	1.一般行政事业支出	2.基本建设	3.科研	4.推广培训	5.农业机械购置	6.其他
	万元	万元	万元	万元	万元	万元	万元
湖北省	**400643.86**		**3404**		**463.7**	**393886.66**	**2889.5**
武汉市	**13334.13**		**0**			**13334.13**	
洪山区	225.5					225.5	
东西湖区	415.63					415.63	
汉南区							
蔡甸区	1361					1361	
江夏区	2508					2508	
黄陂区	5187					5187	
新洲区	3637					3637	
市直							
黄石市	**14185.24**					**14185.24**	
黄石港区	40.7					40.7	
西塞山区	18.2					18.2	
下陆区							
铁山区							
阳新县	8762					8762	
大冶市	5364.34					5364.34	
经济开发区							
市直							
十堰市	**32773**		**180**		**60**	**32433**	**100**
茅箭区	368					368	
张湾区	830					830	
郧县	13375		80		60	13135	100
郧西县	4290		100			4190	
竹山县	3200					3200	
竹溪县	4700					4700	
房县	3150					3150	
丹江口市	2860					2860	
市直	0						
宜昌市	**30322**		**453.2**		**246.7**	**28323.2**	**1298.9**
西陵区	14.5					14.5	
伍家岗区	11					11	
点军区	500					500	
猇亭区	185					155	30
夷陵区	5570					5570	
远安县	3300		220			1820	1260
兴山县	1300					1300	
秭归县	720					720	
长阳自治县	1820					1820	
五峰自治县	1540					1540	
宜都市	**3299.5**		**113.2**		**236.7**	**2940.7**	**8.9**
当阳市	9274		120		10	9144	
枝江市	2788					2788	
市直							

续表13

	四、农民个人投入	1.一般行政事业支出	2.基本建设	3.科研	4.推广培训	5.农业机械购置	6.其他
	万元	万元	万元	万元	万元	万元	万元
襄阳市	**53300.06**		**170**			**53030.06**	**100**
襄城区	1500					1500	
樊城区	1280					1280	
襄州区	9410		20			9390	
开发区	214					214	
南漳县	4025					3925	100
谷城县	3870		150			3720	0
保康县	3200					3200	
老河口市	5100					5100	
枣阳市	9850					9850	
宜城市	14828					14828	
襄北农场	23.06					23.06	
市直							
鄂州市	**8477.5**		**341**		**3**	**7730**	**403.5**
梁子湖区	2000		180			1614	206
华容区	2075					2020	55
鄂城区	4224		149			3943	132
开发区	25.5		12		3		10.5
葛店开发区	85					85	
西山街办	15					15	
市直	53					53	
荆门市	**27580.33**		**50**			**27530.33**	
东宝区	1728					1728	
掇刀区	1445.38					1445.38	
京山县	5993					5993	
沙洋县	8176.05					8176.05	
钟祥市	7170		50			7120	
屈家岭	2692.9					2692.9	
沙洋农场	45					45	
漳河新区	330					330	
市直							
孝感市	**29241.74**		**339**			**28481.74**	**421**
孝南区	3700					3700	
孝昌县	2885					2885	
大悟县	2550.74					2550.74	
云梦县	2643		84			2538	21
应城市	4753		225			4528	
安陆市	5030		30			5000	
汉川市	7680					7280	400
市直							
荆州市	**51937.3**					**51937.3**	
沙市区	2467					2467	
荆州区	3745					3745	
公安县	9290					9290	
监利县	10386					10386	
江陵县	6068					6068	
石首市	3258.3					3258.3	

续表 14

	四、农民个人投入	1.一般行政事业支出	2.基本建设	3.科研	4.推广培训	5.农业机械购置	6.其他
	万元	万元	万元	万元	万元	万元	万元
洪湖市	8873					8873	
松滋市	7550					7550	
开发区	300					300	
市直							
黄冈市	**47789.3**		**71.8**		**2**	**47250.4**	**465.1**
黄州区	1334					1334	
龙感湖区	3284					3284	
团风县	3102		60		2	2680	360
红安县	5680.9		11.8			5664	5.1
罗田县	5200					5200	
英山县	2500					2400	100
浠水县	5382					5382	
蕲春县	4038					4038	
黄梅县	5110					5110	
麻城市	7538.4					7538.4	
武穴市	4620					4620	
市直							
咸宁市	**22735.47**		**25**			**22639.47**	**71**
咸安区	3700					3700	
嘉鱼县	2793					2722	71
通城县	7554.82					7554.82	
崇阳县	3160		10			3150	
通山县	1938.65		15			1923.65	
赤壁市	3589					3589	
市直							
随州市	**13451**					**13441**	**10**
随县	6312					6312	
曾都区	3724					3724	
广水市	3415					3405	10
市直							
恩施自治州	18597.79					18347.79	20
恩施市	5214.89					5214.89	
利川市	2867.46		230			2637.46	
建始县	1960.44					1960.44	
巴东县	1439					1439	
宣恩县	2110					2110	
咸丰县	1044					1044	
来凤县	1482					1462	20
鹤峰县	2480					2480	
市直							
仙桃市	**6579**		**340**			**6239**	
潜江市	**7357**					**7357**	
天门市	**22203**		**1204**		**152**	**20847**	
神农架林区	**780**					**780**	
省直							

续表15

	五、其他投入	1.一般行政事业支出	2.基本建设	3.科研	4.推广培训	5.农业机械购置	6.其他
	万元	万元	万元	万元	万元	万元	万元
湖北省	**2206.8**		**11**	**11**	**29**	**746.8**	**1409**
武汉市	**445.3**					**445.3**	
洪山区							
东西湖区							
汉南区	445.3					445.3	
蔡甸区							
江夏区							
黄陂区							
新洲区							
市直							
黄石市							
黄石港区							
西塞山区							
下陆区							
铁山区							
阳新县							
大冶市							
经济开发区							
市直							
十堰市	**589**					**55**	**534**
茅箭区	534						534
张湾区							
郧县							
郧西县	55					55	
竹山县							
竹溪县							
房县							
丹江口市							
市直							
宜昌市							
西陵区							
伍家岗区							
点军区							
猇亭区							
夷陵区							
远安县							
兴山县							
秭归县							
长阳自治县							
五峰自治县							
宜都市							
当阳市							
枝江市							
市直							

续表16

	五、其他投入	1.一般行政事业支出	2.基本建设	3.科研	4.推广培训	5.农业机械购置	6.其他
	万元	万元	万元	万元	万元	万元	万元
襄阳市							
襄城区							
樊城区							
襄州区							
开发区							
南漳县							
谷城县							
保康县							
老河口市							
枣阳市							
宜城市							
襄北农场							
市直							
鄂州市	**10.5**		**7**			**3.5**	
梁子湖区							
华容区							
鄂城区							
开发区	10.5		7			3.5	
葛店开发区							
西山街办							
市直							
荆门市							
东宝区							
掇刀区							
京山县							
沙洋县							
钟祥市							
屈家岭							
沙洋农场							
漳河新区							
市直							
孝感市	**718**						**718**
孝南区							
孝昌县							
大悟县							
云梦县							
应城市	718						718
安陆市							
汉川市							
市直							
荆州市							
沙市区							
荆州区							
公安县							
监利县							
江陵县							
石首市							

续表17

	五、其他投入	1.一般行政事业支出	2.基本建设	3.科研	4.推广培训	5.农业机械购置	6.其他
	万元	万元	万元	万元	万元	万元	万元
洪湖市							
松滋市							
开发区							
市直							
黄冈市	**88**				**20**	**68**	
黄州区							
龙感湖区							
团风县							
红安县	68					68	
罗田县							
英山县							
浠水县							
蕲春县	20				20		
黄梅县							
麻城市							
武穴市							
市直							
咸宁市	**20**		**4**	**1**	**3**	**10**	**2**
咸安区							
嘉鱼县	11				1	10	
通城县							
崇阳县							
通山县							
赤壁市			4	1	2		2
市直							
随州市							
随县							
曾都区							
广水市							
市直							
恩施自治州	**60**					**45**	**15**
恩施市							
利川市							
建始县							
巴东县							
宣恩县							
咸丰县							
来凤县	60					45	15
鹤峰县							
市直							
仙桃市							
潜江市							
天门市							
神农架林区	**276**			**10**	**6**	**120**	**140**
省直							

农业生产燃油消耗情况

	农业生产燃油消耗	其中：柴油	其中:用于农机抗灾救灾	农田作业	机耕	机播	机收	植保
	吨	吨	吨	吨	吨	吨	吨	吨
湖北省	**1495989.21**	**1291259.18**	**101458**	**749601.57**	**379502.67**	**53057.71**	**227175.5**	**49941.29**
武汉市	**81003.9**	**67843**	**3478**	**39923.4**	**25768.2**	**1989.2**	**6997**	**1871.5**
洪山区	1988	1752	165	1714	1135	38	493	33.5
东西湖区	4820	4700	210	3560	410	70	380	950
汉南区	4168.9	4031	110	946.4	564.2	80.2	217	
蔡甸区	12705	12705	125	9400	8000	200	1200	
江夏区	12756	12524	1098	5473	3948	274	845	186
黄陂区	21500	14500	1500	5100	2600	300	1000	200
新洲区	21687	16366	122	13110	8899	988	2667	384
市直	1379	1265	148	620	212	39	195	118
黄石市	**42210**	**37414**	**5529**	**27769**	**12228**	**3902**	**11204**	**389**
黄石港区	502	374	14	57	15		10	7
西塞山区	717	367	45	247	168	18	41	20
下陆区	343	235	29	53	18	10	20	
铁山区	131	21	6	6				
阳新县	21953	18937	5137	15581	5613	2345	7513	110
大冶市	18133	17050	270	11683	6344	1522	3570	247
经济开发区	431	430	28	142	70	7	50	5
市直								
十堰市	**127511**	**125164**	**4275**	**23717**	**11194**	**3608**	**3206**	**1207**
茅箭区	2500	2500		2500		2500		
张湾区	2373	2250	155	1230	1200	20		10
郧县	5685	5600	200	1015	880	10	20	15
郧西县	20304	20184	120	718	194	38	248	76
竹山县	20335	19000	320	1170	330	180	270	90
竹溪县	48880	48880	2100	4650	1050	200	100	200
房县	14300	13750	1100	7260	3300	550	2200	660
丹江口市	13134	13000	280	5174	4240	110	368	156
市直								
宜昌市	**204582**	**178689**	**9117**	**98948**	**57140**	**5001**	**20851**	**10712**
西陵区	122	112						
伍家岗区	2544	1826		8				8
点军区	979	979		306	78		28	200
猇亭区	1600	1600		700	500			
夷陵区	9500	8260	230	1710	1400	25	40	15
远安县	5360	5000	200	2500	1200	20	1060	200
兴山县	2270	1515	100	910	810			50
秭归县	1662	1293	450	523	318			205
长阳自治县	541	316		318	316		2	
五峰自治县	880	700	70	420	148	80	152	40
宜都市	**4895**	**4559**	**146**	**1898**	**880**	**91**	**352**	**361**
当阳市	75053	63795	6861	4104	2590	258	1108	148
枝江市	99176	88734	1060	85551	48900	4527	18109	9485
市直								

续表1

	农业生产燃油消耗	其中：柴油	其中:用于农机抗灾救灾	农田作业	机耕	机播	机收	植保
	吨	吨	吨	吨	吨	吨	吨	吨
襄阳市	**171231**	**153377**	**15018**	**111956**	**48257**	**9904**	**38426**	**9790**
襄城区	7170	5970	1200	4220	2000	500	1300	210
樊城区	3555	1810	380	2665	1285	145	1120	50
襄州区	22660	20100	3500	15250	5500	2320	3680	3250
开发区	2529	2300	300	2464	547	350	1530	9
南漳县	15942	11035	20	9971	4800	996	4000	55
谷城县	5890	2292	240	4870	2370	295	1785	180
保康县	10388	10000	2000	3388	1847	35	606	600
老河口市	23300	23000	5500	10900	4000	1200	2700	1500
枣阳市	49566	46734	668	34058	14158	2911	13025	2831
宜城市	28636	28636	1190	22625	11000	852	8200	1100
襄北农场	1595	1500	20	1545	750	300	480	5
市直								
鄂州市	**15213.5**	**11927**	**2387**	**11174.5**	**5533**	**1975**	**2780**	**552**
梁子湖区	5745	3200	1500	3590	1470	900	840	300
华容区	3097	2875	315	2421	920	640	720	31
鄂城区	4971	4617	410	4615	2739	410	1128	205
开发区	313	270	40	255	205	5	35	5
葛店开发区	55	50	2	18	15	0	2	1
西山街办	700	600	100	50	50	0	0	0
市直	332.5	315	20	225.5	134	20	55	10
荆门市	**79570.8**	**71680.8**	**3535**	**61118.7**	**28001.3**	**5059.8**	**19472.2**	**4287**
东宝区	6926.3	6587.3	339	4674.7	2262.3	154.8	2078.2	38
掇刀区	3900	3900	200	2730	1100	130	1150	
京山县	11009	10441	20	10344	6485	395	3425	24
沙洋县	13541	12141	151	9525	4859	310	3983	115
钟祥市	36200	31900	2700	27750	11000	3800	6000	4000
屈家岭	3881	2600	55	2821	925	100	1566	80
沙洋农场	1200	1198	10	1075	270	150	300	15
漳河新区	2913.5	2913.5	60	2199	1100	20	970	15
市直								
孝感市	**90740.6**	**72078**	**10378**	**50292.2**	**20410.9**	**3983.3**	**15705.7**	**5624.7**
孝南区	9549	9150	250	5892	2980	630	1295	485
孝昌县	9650	9300	2300	6500	1950	790	2507	1253
大悟县	9558	9196	1200	4787	1433	716	1480	248
云梦县	7188	6502	60	3350	1678	354	965	2
应城市	17274.6	7188	2506	9366.2	2795.9	759.3	2392.7	3359.7
安陆市	15693	14500	1300	11700	4750	630	3850	90
汉川市	21828	16242	2762	8697	4824	104	3216	187
市直								
荆州市	**92940**	**85986**	**3304**	**61877**	**35349**	**2776**	**23130**	**312**
沙市区	3298	3147	76	1558	866	62	618	6
荆州区	6763	6367	115	4342	2614	185	1511	16
公安县	14554	13601	321	10273	5943	495	3769	33
监利县	28491	25892	1407	18710	10214	918	7256	162
江陵县	7995	7439	290	5205	2914	206	2037	24
石首市	7671	7169	269	5263	3278	161	1774	25

续表2

	农业生产燃油消耗	其中：柴油	其中:用于农机抗灾救灾	农田作业	机耕	机播	机收	植保
	吨	吨	吨	吨	吨	吨	吨	吨
襄阳市	**12189**	**11074**	**541**	**8599**	**4753**	**468**	**3330**	**24**
襄城区	10223	9585	262	7458	4510	274	2634	20
樊城区	1744	1704	23	457	257	3	193	2
襄州区	12	8		12		4	8	
开发区	119147.87	99720.63	11654	63140.24	29839.8	7424.65	16733.3	5558.69
南漳县	4448	2680	292	2147	1045	262	371	198
谷城县	1365	1365	70	685	320	41	274	20
保康县	12257	10957	1300	2475	1620	35	810	10
老河口市	9401.6	6918	2166	4463	1865	617	608	1248
枣阳市	11236	11200	850	6656	2800	156	2000	200
宜城市	3695	2165	300	1895	680	35	960	110
襄北农场	18173.27	16374.03	1650	10677.54	6092.2	1682.55	2709.3	116.69
市直	7868	4393.6	385	4697.7	2478.6	480.1	1687	52
鄂州市	**17090**	**14200**	**1500**	**9875**	**3707**	**1460**	**2420**	**2150**
梁子湖区	11211	8526	1320	7194	4610	586	1564	419
华容区	22403	20942	1821	12375	4622	2070	3330	1035
鄂城区								
开发区	113008.53	78888.9	3633	51240.27	28366.97	2592.6	15726.3	3660.9
葛店开发区	10617	10458	26	3791	2312	424	971	84
西山街办	2044	2043	130	904	466		388	
市直	5472.7	4373.8	62	2510.3	1271	282.5	895.4	59.9
荆门市	**33796**	**4200**	**2800**	**18288**	**8215**	**485**	**6870**	**2218**
东宝区	7703.83	6179.1	290	2461.97	809.97	89.1	1284.9	68
掇刀区	53375	51635	325	23285	15293	1312	5317	1231
京山县								
沙洋县	179601.81	141758.85	13608	68482.06	33155	314.56	29293	3272
钟祥市	163229	126235	12596	59924	28459	162	25905	3205
屈家岭	8342.81	8193.85	312	4008.06	1896	52.56	1788	67
沙洋农场	8030	7330	700	4550	2800	100	1600	
漳河新区								
市直	75370.7	69503	13299	23708.7	16015	150.6	2614	1361.5
孝感市	**23288**	**20703**	**9373**	**13503**	**8240**	**103**	**1030**	**1030**
孝南区	7094	6838	200	757	301	31	325	48
孝昌县	4722	4367	30	1700	1250	1	105	84
大悟县	8175	8175	25	2285	2245	15	3	7
云梦县	739.7	720	21	21.7	12	0.6	6	2.5
应城市	2030	1980	310	845	685		140	20
安陆市	21202	18600	3340	1947	1182		455	170
汉川市	8120	8120		2650	2100		550	
市直								
荆州市	**35410**	**34790**	**1000**	**12810**	**7700**	**750**	**3050**	**210**
沙市区	26180	24200	770	23430	11440	440	11440	110
荆州区	42167	38176	434	19974	9086	3187	6547	1012
公安县	100.5	63	39	40.5	18.5			11
监利县								

续表3

	其他	农田排灌	农田基本建设	畜牧业生产	农产品初加工	农业运输	其他
	吨	吨	吨	吨	吨	吨	吨
湖北省	**39924.4**	**73958.1**	**149174.06**	**17330.1**	**71678.52**	**364900.56**	**69346.3**
武汉市	**3297.5**	**3933.8**	**6368**	**1350**	**2120**	**24630.2**	**2678.5**
洪山区	14.5	46.8	120		30	77.2	
东西湖区	1750	330	400		10	520	
汉南区	85	115	660		125	2195	127.5
蔡甸区		305	1000			2000	
江夏区	220	1502	1406	496	432	2918	529
黄陂区	1000	1250	2500	250	250	11000	1150
新洲区	172	359	96	556	1237	5522	807
市直	56	26	186	48	36	398	65
黄石市	**46**	**1887**	**2186**	**366**	**390**	**9262**	**350**
黄石港区	25	65	50	25	25	260	20
西塞山区		45	35	28	25	337	
下陆区	5	30				260	
铁山区	6	10				115	
阳新县		873	448	213	298	4320	220
大冶市	0	835	1583	95	37	3800	100
经济开发区	10	29	70	5	5	170	10
市直							
十堰市	**4502**	**2043**	**16420**	**1351**	**3838**	**54540**	**25602**
茅箭区							
张湾区		8	120	17	18	980	0
郧县	90	150	1050	80	175	3000	215
郧西县	162	130	5400	44	65	12960	987
竹山县	300	155	5800	60	1150	11000	1000
竹溪县	3100	520	530	280	750	20100	22050
房县	550	770	2200	440	880	2200	550
丹江口市	300	310	1320	430	800	4300	800
市直							
宜昌市	**5244**	**10415**	**46782**	**437**	**1821**	**43582**	**2597**
西陵区			41			81	
伍家岗区			2		4	2530	
点军区		15				655	3
猇亭区	200		500			400	
夷陵区	230	300	360	60	180	5650	1240
远安县	20	200	920	50	50	1280	360
兴山县	50	200	550		200	410	
秭归县		220	368		160	391	
长阳自治县		11	55		71	86	
五峰自治县			80		70	163	147
宜都市	**214**	**179**	**420**	**223**	**446**	**1506**	**223**
当阳市		235	43486	104	640	25860	624
枝江市	4530	9055				4570	
市直							

续表4

	其他	农田排灌	农田基本建设	畜牧业生产	农产品初加工	农业运输	其他
	吨	吨	吨	吨	吨	吨	吨
襄阳市	**5579**	**11767**	**12145**	**5973**	**8812**	**17507**	**3071**
襄城区	210	720	600	400	400	620	210
樊城区	65	120	110	80	200	380	
襄州区	500	1210	600			4600	1000
开发区	28	65					
南漳县	120	875	3385	51	500	1060	100
谷城县	240	120	480	60	60	180	120
保康县	300	2500	500		1000	3000	
老河口市	1500	1500	1500	800	1000	7000	600
枣阳市	1133	3964	4530	547	5408	165	894
宜城市	1473	673	420	4035	244	492	147
襄北农场	10	20	20			10	
市直							
鄂州市	**334.5**	**431**	**279.5**	**67**	**81**	**2925**	**255.5**
梁子湖区	80	280	50	25	30	1650	120
华容区	110	115	60	31	30	380	60
鄂城区	133	20.5	133	10.5	15.5	164	12.5
开发区	5	10	20		3	15	10
葛店开发区		3	10		1	21	2
西山街办						600	50
市直	6.5	2.5	6.5	0.5	1.5	95	1
荆门市	**4298.4**	**1628**	**5748**	**584**	**231**	**8578.6**	**1682.5**
东宝区	141.4	300	320	21	79	1496.6	35
掇刀区	350		420			650	100
京山县	15	32	65	13		405	150
沙洋县	258	321	663	480	97	2452	3
钟祥市	2950	800	4100			2350	1200
屈家岭	150	135	25	20	40	695	145
沙洋农场	340	10	45			30	40
漳河新区	94	30	110	50	15	500	9.5
市直							
孝感市	**4567.6**	**11030.8**	**10180.3**	**592.5**	**1703.4**	**14523.4**	**2418**
孝南区	502	372	245	162	761	912	1205
孝昌县		720	830		350	1250	
大悟县	910	2000	980	195	500	1000	96
云梦县	351	16	463	21	17	3261	60
应城市	58.6	4505.8	101.3	10.5	52.4	3238.4	
安陆市	2380	50	150	20	3	3700	70
汉川市	366	3367	7411	184	20	1162	987
市直							
荆州市	**310**	**3304**	**3375**	**248**	**315**	**20204**	**3617**
沙市区	6	76	26	4	3	1553	78
荆州区	16	115	39	18	62	2010	177
公安县	33	321	699	45	60	2775	381
监利县	160	1407	1540	53	60	5255	1466
江陵县	24	290	157	16	20	1997	310
石首市	25	269	185	26	20	1619	289

续表5

	其他	农田排灌	农田基本建设	畜牧业生产	农产品初加工	农业运输	其他
	吨	吨	吨	吨	吨	吨	吨
洪湖市	24	541	584	22	60	1782	601
松滋市	20	262	140	63	20	1998	282
开发区	2	23	5	1	10	1215	33
市直							
黄冈市	**3583.8**	**8434.5**	**7368.26**	**1855.9**	**6516.67**	**26630.3**	**5202**
黄州区	271	330	284	122	205	1058	302
龙感湖区	30	30	300		50	300	
团风县		32	720		50	7680	1300
红安县	125	1563	1250	15.6	450	1580	80
罗田县	1500	1300	580	250	300	1300	850
英山县	110	130	110	20	130	1300	110
浠水县	76.8	165.5	1522.56	85.3	1106.07	4325.3	291
蕲春县		448	123.7		102.6	2496	
黄梅县	138	1460	650	1242	1410	2318	135
麻城市	15	1162	28		789	2038	
武穴市	1318	1814	1800	121	1924	2235	2134
市直							
咸宁市	**893.5**	**7777**	**10788**	**834.2**	**3144.1**	**37368.26**	**1856.7**
咸安区		32	5000	26	18	1750	
嘉鱼县	50	160	35		15	60	870
通城县	1.5	62	246	8.2	25.1	2604.4	16.7
崇阳县	500	680	1128		1500	12000	200
通山县	210	280	1163	110	55	3123.86	510
赤壁市	132	6563	3216	690	1531	17830	260
市直							
随州市	**2447.5**	**6438**	**20713**	**2251.5**	**39858.35**	**31899.8**	**9959.1**
随县	2193	6007	19877	2250	39757	26713	8701
曾都区	204.5	321	576	1.5	91.35	3086.8	258.1
广水市	50	110	260		10	2100	1000
市直							
恩施自治州	**3567.6**	**1775**	**4847**	**1254**	**1964**	**33669**	**8153**
恩施市	3100	1030	2575	1030	1030	2060	2060
利川市	52	114	52	21	152	4686	1312
建始县	260	37	135	12	60	2763	15
巴东县	15	50	1100		210	4520	10
宣恩县	0.6	6	120	9	12	570	1
咸丰县		18	135	12	130	595	295
来凤县	140	520	180	110	260	13725	4460
鹤峰县			550	60	110	4750	
市直							
仙桃市	**1100**	**2000**	**1000**	**50**	**500**	**18550**	**500**
潜江市		**880**	**660**		**220**		**990**
天门市	**142**	**205**	**305**	**107**	**159**	**21008**	**409**
神农架林区	**11**	**9**	**9**	**9**	**5**	**23**	**5**
省直							

8 农村用电及化肥施用

农村电气化

项目	乡、村办水电站数（个）	装机容量（万千瓦）	发电量（万千瓦小时）	农村用电量（万千瓦）
湖北省	**637**	**1539.96**	**170016.1**	**1305983**
武汉市	**1**		**82**	**120729**
武汉市辖区				12968
汉南区				4210
蔡甸区				20808
江夏区				9206
黄陂区	1		82	51263
新洲区				22274
黄石市	**29**	**0.85**	**3037**	**112684**
黄石市辖区				10385
阳新县	27	0.8	3012	31025
大冶市	2	0.05	25	71274
十堰市	**144**	**32.22**	**88328.48**	**53103**
茅箭区				2152
张湾区				1351
郧县	15	0.59	59.48	10410
郧西县	9	1.14	567	7223
竹山县	12	4	2012	6176
竹溪县	45	21.86	61235	4047
房县	61	4.6	24356	10819
丹江口市	2	0.03	99	10925
宜昌市	**170**	**94.6**	**52889**	**101824**
宜昌市辖区				21945
夷陵区	24	38.7	4711	16481
远安县	13	0.6	2265	5031
兴山县	21	2.2	7101	4735
秭归县				6657
长阳自治县	46	40	10361	7063
五峰自治县	59	12.05	25989	4844
宜都市	7	1.05	2462	9949
当阳市				14849
枝江市				10270
襄阳市	**17**	**3.95**	**10450**	**93496.26**
襄阳市辖区				1614.4
襄城区				5458
樊城区				15895
襄州区	2	2.35	2930	15189
南漳县	1	0.02		7920.86
谷城县	1	0.01	16	5490
保康县	7	1.36	7084	4297
老河口市	6	0.21	420	5025
枣阳市				23131
宜城市				9476
鄂州市				**45042**
荆门市	**10**	**9.59**	**1233**	**95612.3**
东宝区	1	0.03	70	5958
掇刀区				2871
京山县	5	9.29	68	21080.3
沙洋县			25	23790
钟祥市	4	0.27	1070	41913
孝感市	**1**	**0.03**	**24**	**117278**
孝感市辖区				1596
孝南区				15217
孝昌县				7912

续表1

项目	乡、村办水电站数（个）	装机容量（万千瓦）	发电量（万千瓦小时）	农村用电量（万千瓦）
大悟县				11567
云梦县				10111
应城市	1	0.03	24	38238
安陆市				5864
汉川市				26773
荆州市	**1**	**0.15**	**270**	**148723**
荆州市辖区				2449
沙市区				10136
荆州区				13825
公安县				26391
监利县				29786
江陵县				11538
石首市				11029
洪湖市				20258
松滋市	1	0.15	270	23311
黄冈市	**121**	**25.65**	**4789**	**199119.8**
黄冈市辖区				6800
黄州区				18504.5
团风县	3	1	190	13798
红安县	22	0.2	229	17338
罗田县	39	0.52	1452	17475.9
英山县	18	0.32	900	8767.47
浠水县	13	0.17	480	17110
蕲春县	3	0.9	540	28338
黄梅县	12	22	500	35450
麻城市	11	0.54	498	21766
武穴市				13772
咸宁市	**101**	**12.24**	**7469.55**	**43367.38**
咸安区	9	0.15	131	5790.68
嘉鱼县				8792.8
通城县	45	0.97	2417.25	7806.9
崇阳县	12	0.18	812.3	6336
通山县	26	1.6	3310	6367
赤壁市	9	9.34	799	8274
随州市	**33**	**100.38**	**400.14**	**44877**
曾都区	13	100	5	12024
随县	16	0.17	65.14	19714
广水市	4	0.21	330	13139
恩施自治州	**1**	**1260**	**756**	**45530.92**
恩施市				11108.94
利川市				9012
建始县				4895.01
巴东县	1	1260	756	4994.47
宣恩县				4223.88
咸丰县				3940
来凤县				2128
鹤峰县				5228.62
仙桃市				**45915**
潜江市				**10856.41**
天门市	**5**	**0.22**	**223**	**26648.92**
神农架林区	**3**	**0.08**	**65**	**1176**

农村化肥施用

单位:吨

项目	农用化肥施用量(按折纯法计算)	氮肥	磷肥	钾肥	复合肥
湖北省	**3519336**	**1528189**	**646119**	**312662**	**1032366**
武汉市	**148704**	**56975**	**22513**	**16264**	**52952**
武汉市辖区	17649	3995	2214	1690	9750
汉南区	7684	2328	1147	469	3740
蔡甸区	14949	4581	1612	1308	7448
江夏区	20315	5602	3253	2035	9425
黄陂区	42613	16389	6269	6021	13934
新洲区	45494	24080	8018	4741	8655
黄石市	**54137**	**29044**	**9295**	**5248**	**10550**
黄石市辖区	625	228	101	89	207
阳新县	26370	13265	4895	1968	6242
大冶市	27142	15551	4299	3191	4101
十堰市	**142477**	**68767**	**25225**	**11358**	**37127**
茅箭区	934	330	47	89	468
张湾区	2948	803	327	340	1478
郧县	33272	14284	5702	3173	10113
郧西县	25467	7689	4142	3267	10369
竹山县	13592	9702	1981	1436	473
竹溪县	39084	18676	8143	1927	10338
房县	10044	7075	1718	774	477
丹江口市	17136	10208	3165	352	3411
宜昌市	**382015**	**139171**	**67651**	**31868**	**143325**
宜昌市辖区	15994	4798	2561	1874	6761
夷陵区	65833	22303	11946	5172	26412
远安县	8942	3872	1464	247	3359
兴山县	5769	1665	716	371	3017
秭归县	36779	13089	6533	2797	14360
长阳自治县	31052	14901	2473	367	13311
五峰自治县	29885	13732	6517	2196	7440
宜都市	18525	6991	1462	1846	8226
当阳市	93393	34634	20772	9045	28942
枝江市	75843	23186	13207	7953	31497
襄阳市	**592996**	**296075**	**106225**	**30527**	**160169**
襄阳市辖区	6603	3413	1664	206	1320
襄城区	62923	40168	11268	3955	7532
樊城区	47004	23208	8075	2227	13494
襄州区	112543	50463	23021	6603	32456
南漳县	59748	24224	17477	2662	15385
谷城县	68243	36910	17556	2428	11349
保康县	12493	4818	750	756	6169
老河口市	33251	12701	1911	828	17811
枣阳市	149754	79745	14085	8282	47642
宜城市	40434	20425	10418	2580	7011
鄂州市	**97560**	**42938**	**27302**	**10482**	**16838**
荆门市	**350343**	**115378**	**83728**	**34646**	**116591**
东宝区	14404	6055	3916	1461	2972
掇刀区	11579	4995	4052	961	1571
京山县	60333	19866	8464	8083	23920
沙洋县	144283	41844	32925	12774	56740
钟祥市	119744	42618	34371	11367	31388
孝感市	**208043**	**105232**	**36825**	**17980**	**48006**
孝感市辖区	3030	1067	357	96	1510
孝南区	31526	14708	5822	2554	8442
孝昌县	31880	14437	5419	3361	8663

续表 单位:吨

项目	农用化肥施用量(按折纯法计算)	氮肥	磷肥	钾肥	复合肥
大悟县	14837	9357	1298	633	3549
云梦县	13706	6207	1751	1493	4255
应城市	26568	11365	5745	2688	6770
安陆市	39238	23025	8021	2810	5382
汉川市	47258	25066	8412	4345	9435
荆州市	**360010**	**160385**	**65091**	**45234**	**89300**
荆州市辖区	936	326	162	158	290
沙市区	10917	2607	2107	2236	3967
荆州区	34940	14042	5536	5480	9882
公安县	69162	32241	13282	8498	15141
监利县	81701	36594	16634	10861	17612
江陵县	35278	17797	6966	3677	6838
石首市	27629	9771	5050	3752	9056
洪湖市	52146	26218	10030	5174	10724
松滋市	47301	20789	5324	5398	15790
黄冈市	**398268**	**178154**	**57167**	**30032**	**132915**
黄冈市辖区	6153	1106	160	365	4522
黄州区	22447	8557	4668	2398	6824
团风县	27674	13558	5247	2465	6404
红安县	45722	22560	9755	2597	10810
罗田县	18325	8495	1467	1967	6396
英山县	6425	2473	721	515	2716
浠水县	45795	24214	1820	2836	16925
蕲春县	41597	21551	5613	2561	11872
黄梅县	71326	25429	6484	3157	36256
麻城市	30277	10825	3157	3212	13083
武穴市	82527	39386	18075	7959	17107
咸宁市	**119384**	**42956**	**23281**	**14098**	**39049**
咸安区	30979	10629	6150	3050	11150
嘉鱼县	30540	9995	6156	4265	10124
通城县	18588	6372	2427	2102	7687
崇阳县	19280	7289	4379	2424	5188
通山县	6591	2722	997	784	2088
赤壁市	13406	5949	3172	1473	2812
随州市	**162441**	**84889**	**41017**	**11624**	**24911**
曾都区	46322	26752	9887	3439	6244
随县	87322	40835	24228	6232	16027
广水市	28797	17302	6902	1953	2640
恩施自治州	**283863**	**128095**	**46730**	**26198**	**82840**
恩施市	44647	20226	5066	3916	15439
利川市	63067	30272	10376	4824	17595
建始县	37059	18934	7974	2129	8022
巴东县	37892	17077	4454	3030	13331
宣恩县	26490	8550	4413	4084	9443
咸丰县	30970	15673	7145	2380	5772
来凤县	10906	4398	1612	2010	2886
鹤峰县	32832	12965	5690	3825	10352
仙桃市	**64984**	**28479**	**10342**	**5627**	**20536**
潜江市	**74844**	**22979**	**14930**	**10626**	**26309**
天门市	**75627**	**27571**	**8423**	**10420**	**29213**
神农架林区	**3640**	**1101**	**374**	**430**	**1735**

9 农业技术推行及应用

全省耕作制度状况

单位:千公顷

	面积		面积
一、三熟制耕地面积	508.03	1. 麦 玉	168.99
(一)水田三熟制面积	283.65	2. 麦 豆	20.74
1. 油稻稻	201.69	3. 麦 苕	16.84
其中:油杂杂	88.27	4. 麦 棉	130.93
2. 麦稻稻	10.94	5. 麦花生	38.08
3. 蚕豌豆稻稻	1.01	6. 麦 芝	19.54
4. 油豆稻	4.04	7. 麦 烟	2.15
5. 油瓜稻	6.82	8. 蚕豌豆玉	8.60
6. 油杂再生	10.50	9. 蚕豌豆棉	1.80
7. 薯稻稻	4.49	10. 蚕豌豆芝	1.78
8. 其 它	44.16	11. 薯 玉	60.2
(二)旱地三熟制面积	224.38	12. 油 玉	57.36
1. 麦玉豆	18.25	13. 油 苕	41.04
2. 麦玉苕	14.07	14. 油菜棉	87.21
3. 麦豆苕	4.73	15. 油花生	23.24
4. 薯玉豆	17.75	16. 油 芝	11.80
5. 麦豆棉	2.43	17. 花生玉	13.03
6. 麦菜棉	15.20	18. 蔬菜棉	16.47
7. 麦棉菜	5.14	19. 其 它	133.84
8. 菜豆棉	3.22	三、一熟制耕地面积	225.47
9. 菜瓜菜	12.18	(一)水田一熟制面积	140.87
10. 菜菜菜	41.20	1. 肥 稻	14.57
11. 其 它	90.21	2. 冬泡稻	37.52
二、二熟制耕地面积	2160.79	3. 冬板稻	34.68
(一)水田二熟制面积	1307.15	4. 冬炕稻	19.56
1. 麦 稻	493.32	5. 其 它	34.54
2. 油 稻	523.93	(二)旱地一熟制面积	84.6
3. 蚕豌豆稻	8.10	1. 高山油菜	8.35
4. 花生稻	9.03	2. 高山玉米	25.46
5. 玉 稻	6.08	3. 高山马铃薯	22.03
6. 大豆稻	1.87	4. 其 它	28.76
7. 薯 稻	16.36	附报:	
8. 中杂再生	15.56	1. 纯种麻类面积	2.25
9. 瓜 稻	10.18	2. 纯种蔬菜面积	92.6
10. 菜 稻	29.10	其中:高山纯蔬菜	25.86
11. 藕 稻	2.54	3. 农民自留地菜地面积	36.03
12. 肥稻稻	21.25	4. 冬泡田	47.92
13. 其 它	169.83	5. 冬板田	35.54
(二)旱地二熟制面积	853.64	6. 冬炕田	29.72

分县市耕作制度状况

单位：千公顷

项目	三熟制耕地面积	水田三熟制面积	1.油稻稻	其中：油杂杂	麦稻稻	油杂再生
全省合计	**508.03**	**283.65**	**201.69**	**88.27**	**10.94**	**10.50**
武汉市	**62.92**	**35.29**	**25.43**	**6.82**	**0.77**	**0.70**
新洲区	30.60	15.90	14.20			0.50
黄陂区	17.01	11.57	7.87	4.51	0.35	
江夏区	10.18	6.29	2.53	2.31		0.20
蔡甸区	3.64	1.53	0.83		0.42	
东西湖区						
汉南区	1.49					
黄石市	**36.59**	**27.26**	**24.18**	**13.22**	**1.78**	
黄石市辖区	0.30	0.26	0.24	0.22	0.02	
阳新县	15.90	11.71	9.65		0.76	
大冶市	20.39	15.29	14.29	13	1	
十堰市	**36.86**					
十堰市辖区						
郧县	7.20					
郧西县	8.75					
竹山县	4.20					
竹溪县	8.06					
房县	7.05					
丹江口市	1.60					
宜昌市	**26.15**	**1.61**	**0.80**	**0.13**	**0.07**	**0.07**
宜昌市辖区	0.45					
夷陵区	6.20					
宜都市	0.27					
枝江市	4.69	1.51	0.80	0.13	0.07	0.07
当阳市	5					
远安县	0.50	0.1				
兴山县	3.45					
秭归县	0.57					
长阳县	1.32					
五峰县	3.70					
襄阳市	**10.71**					
襄阳市辖区						
襄州区	3					
南漳县						
谷城县	2.30					
保康县	1.10					
老河口						
枣阳市						
宜城市	4.31					
鄂州市	**13.54**	**11.67**	**10**	**6.88**	**0.67**	**1**
荆门市	**16.32**	**7.16**	**3.6**	**0.68**	**0.54**	**0.37**
荆门市辖区						
屈家岭						
沙洋县	2.63	0.37				0.37
钟祥市	6.35	0.45				
京山县	7.34	6.34	3.60	0.68	0.54	
孝感市	**34.01**	**24.64**	**14.03**	**0.53**	**3.91**	
孝南区	7.65	6.11	2.60	0.20	1.60	

续表1 单位:千公顷

项目	三熟制耕地面积	水田三熟制面积	1.油稻稻	其中:油杂杂	麦稻稻	油杂再生
孝昌县	5.70	5.50	0.98	0.15	2.12	
大悟县	1.09	0.39				
云梦县	5.24	4.95	4.71		0.10	
应城市	6.05	5.52	5.24	0.06		
安陆市	0.13					
汉川市	8.15	2.17	0.50	0.12	0.09	
荆州市	**39.64**	**34.76**	**26.31**	**1.16**	**1.53**	**0.08**
荆州区						
沙市区	1.40					
开发区	0.077	0.05				
江陵县	0.45					
松滋市	12.37	10.37	9.21	1.16	1.03	0.08
公安县	10.34	10.34	7			
石首市	3	2	0.10			
监利县	11.50	11.50	10		0.50	
洪湖市	0.50	0.50				
黄冈市	**128.30**	**103.19**	**78.01**	**44.13**	**0.33**	**8.28**
黄冈市辖区						
黄州区	3.37	1.65	1.20	1.20		
团风县	8.51	8.09	6.64	6.64		0.42
红安县	9.90	8.99	6.05	2.56	0.23	
罗田县	0.90	0.60	0.20		0.10	0.20
英山县	1.78	0.93	0.82	0.82		
浠水县	25.92	24.68	16.48	6.66		5
蕲春县	20.84	16.99	13.33	9.33		1.33
黄梅县	24.78	15.12	9.15	7.52		
麻城市	15.13	9.27	9.27	0.6		
武穴市	17.17	16.87	14.87	8.80		1.33
咸宁市	**47.99**	**34.42**	**17.33**	**14.72**	**1.34**	
咸安区	21.21	14.59	1.05	0.92		
嘉鱼县	3.45	2.22	1.68		0.54	
赤壁市	6.17	5.58	5	4.30		
通城县	11.4	7.63	5.50	5.50	0.80	
崇阳县	5.41	4.30	4	4		
通山县	0.35	0.10	0.10			
随州市						
曾都区						
随县						
广水市						
恩施自治州	**36.72**	**0.80**				
恩施市	5.90					
利川市	5.30					
建始县						
巴东县	17.39					
宣恩县	2.06					
咸丰县	2.13					
来凤县	1.15	0.80				
鹤峰县	2.79					
仙桃市	**6.01**	**0.15**				
潜江市	**5.57**					
天门市	**6.70**	**2.70**	**2**			
神农架林区						

续表2 单位:千公顷

项目	旱地三熟制面积	麦玉豆	麦玉苕	薯玉豆	麦菜棉	菜瓜菜	菜菜菜
全省合计	**224.377**	**18.25**	**14.07**	**17.75**	**15.197**	**12.18**	**41.2**
武汉市	**27.63**	**0.66**		**0.03**	**2.22**	**2.20**	**5.88**
新洲区	14.70				1.30		
黄陂区	5.44	0.20				0.20	2.98
江夏区	3.89			0.03		0.88	1.80
蔡甸区	2.11	0.46			0.92	0.73	
东西湖区							
汉南区	1.49					0.39	1.10
黄石市	**9.33**	**0.84**	**1.61**	**1.50**	**0.17**	**0.35**	**1.35**
黄石市辖区	0.04	0.01			0.01	0.02	
阳新县	4.19	0.53	1.61		0.16	0.23	0.45
大冶市	5.10	0.30		1.50		0.10	0.90
十堰市	**36.86**	**9.39**	**7.75**	**4.35**			**3.66**
十堰市辖区							
郧县	7.20	2.40	2				
郧西县	8.75	3.59	1.80	0.45			
竹山县	4.20	0.60	2	1			
竹溪县	8.06	0.50	0.80	2.60			3.66
房县	7.05	1.50	0.35	0.30			
丹江口市	1.60	0.80	0.80				
宜昌市	**24.54**	**0.46**	**0.74**	**1.90**	**0.07**	**1.90**	**7.66**
宜昌市辖区	0.45			0.05			0.40
夷陵区	6.20						0.20
宜都市	0.27					0.12	0.15
枝江市	3.18	0.10	0.07	0.07	0.07	1.20	1.50
当阳市	5					0.5	4.50
远安县	0.40	0.04	0.15	0.06		0.02	
兴山县	3.45	0.05	0.05				
秭归县	0.57	0.07	0.07			0.06	0.31
长阳县	1.32			1.32			
五峰县	3.70	0.20	0.40	0.40			0.60
襄阳市	**10.71**	**0.02**	**1.52**		**0.50**	**0.85**	**2.30**
襄阳市辖区							
襄州区	3					0.50	0.80
南漳县							
谷城县	2.30					0.30	
保康县	1.10		0.50				
老河口							
枣阳市							
宜城市	4.31	0.02	1.02		0.50	0.05	1.50
鄂州市	**1.87**						
荆门市	**9.16**	**0.87**	**0.10**		**2.35**	**1.12**	**1.49**
荆门市辖区							
屈家岭							
沙洋县	2.26	0.07			0.13	0.32	0.44
钟祥市	5.90	0.60			2.20	0.80	1
京山县	1	0.20	0.10		0.02		0.05
孝感市	**9.37**	**0.23**	**0.01**	**0.06**	**4.50**	**1.68**	**1.84**
孝南区	1.54					0.44	1.10

续表3 单位：千公顷

项目	旱地三熟制面积	麦玉豆	麦玉苕	薯玉豆	麦菜棉	菜瓜菜	菜菜菜
孝昌县	0.20					0.03	
大悟县	0.70					0.20	0.50
云梦县	0.29					0.29	
应城市	0.53					0.16	0.24
安陆市	0.13						
汉川市	5.98	0.23	0.01	0.06	4.50	0.56	
荆州市	**4.88**		**0.26**		**0.54**		
荆州区							
沙市区	1.40						
开发区	0.03				0.01		
江陵县	0.45				0.20		
松滋市	2		0.26		0.33		
公安县							
石首市	1						
监利县							
洪湖市							
黄冈市	**25.11**	**0.61**	**0.53**	**0.11**	**1.60**	**1.48**	**3.53**
黄冈市辖区							
黄州区	1.72					0.12	1
团风县	0.42	0.01	0.01			0.09	
红安县	0.91		0.13			0.04	
罗田县	0.30	0.10				0.10	0.10
英山县	0.85	0.12	0.17	0.11			
浠水县	1.24	0.28	0.16		0.20	0.20	
蕲春县	3.85	0.10				0.42	1.33
黄梅县	9.66					0.21	0.30
麻城市	5.86		0.06		1.40	0.30	0.80
武穴市	0.30						
咸宁市	**13.57**	**0.62**	**0.13**	**1.25**		**1.87**	**6.90**
咸安区	6.62	0.17	0.09	1.25		1.12	2.96
嘉鱼县	1.23	0.02					0.86
赤壁市	0.59	0.03					0.50
通城县	3.77	0.40				0.18	2
崇阳县	1.11					0.36	0.58
通山县	0.25		0.04			0.21	
随州市							
曾都区							
随县							
广水市							
恩施自治州	**35.92**	**1.80**	**1.22**	**8.55**		**0.73**	**2.48**
恩施市	5.90		0.40				
利川市	5.30			5		0.30	
建始县							
巴东县	17.39	1.80	0.80	2.63		0.14	
宣恩县	2.06		0.02			0.04	
咸丰县	2.13			0.82		0.25	0.54
来凤县	0.35			0.10			0.25
鹤峰县	2.79						1.69
仙桃市	**5.86**	**1.55**	**0.20**				**4.11**
潜江市	**5.57**				**0.45**		
天门市	**4**	**1.20**			**2.80**		
神农架林区							

续表4

单位:千公顷

项目	二熟制耕地面积	水田二熟制面积	麦稻	油稻	薯稻	中杂再生	瓜稻	菜稻	肥稻稻
全省合计	**2160.79**	**1307.15**	**493.32**	**523.93**	**16.36**	**15.56**	**10.18**	**29.10**	**21.25**
武汉市	**69.73**	**43.81**	**0.66**	**12.46**	**0.01**	**2.75**	**1.56**	**1.40**	**1.78**
新洲区	19.44	13.32		3.50					
黄陂区	19.72	14.04	0.38	6.90			0.46	0.90	0.21
江夏区	18.97	12.32		2	0.01	1	1.10	0.50	1.57
蔡甸区									
东西湖区	5.47	3.77				1.75			
汉南区	6.13	0.36	0.28	0.06					
黄石市	**26.78**	**17.83**	**5.20**	**8.74**	**0.02**		**0.61**	**0.91**	
黄石市辖区	0.65	0.24	0.12	0.01	0.02				
阳新县	15.23	10.49	1.28	6.23			0.61	0.41	
大冶市	10.90	7.10	3.80	2.50				0.50	
十堰市	**117.10**	**35.14**	**11.97**	**13.80**	**2.30**			**2.64**	
十堰市辖区	1.10	0.42	0.14	0.11					
郧县	25.11	6.88	3.50	1.24				1.17	
郧西县	16.04	3.13	1.70	0.54					
竹山县	23.92	5.84	0.61	4	0.80			0.07	
竹溪县	19.30	6.27	0.20	2.70	1.50			0.80	
房县	14.83	6.10	2.40	2.70				0.60	
丹江口市	16.80	6.50	3.42	2.51					
宜昌市	**176.7**	**62.61**	**14.05**	**42.22**	**0.53**	**0.10**	**1**	**1.10**	**0.20**
宜昌市辖区	2.65	0.50	0.20	0.30					
夷陵区	21.66	6.04	0.04	4				0.50	
宜都市	8.99	4.30	0.83	2.57					
枝江市	25.02	11.90	2.20	7.80	0.30	0.10	1	0.30	0.20
当阳市	47.28	28.97	9.72	19.25					
远安县	8.80	6	0.50	4.80	0.20				
兴山县	11.38	2.06		1.56				0.30	
秭归县	14.11	0.52	0.24	0.25	0.03				
长阳县	22.06	2.22	0.32	1.59					
五峰县	14.75	0.10		0.10					
襄阳市	**406.17**	**195.26**	**157.07**	**19.48**				**0.01**	
襄阳市辖区	27.03	17.34	17.34						
襄州区	100.87	46.18	40	0.70					
南漳县	38.85	21.88	18.20	2					
谷城县	20.83	15.01	12.05	2.96					
保康县	14.42	3	1.16	1.83				0.01	
老河口	40.45	14.45	6.19	6.14					
枣阳市	106.61	45.9	43.63	0.07					
宜城市	57.11	31.50	18.50	5.78					
鄂州市	**22.14**	**9.60**		**4.34**	**1**		**0.53**		**1.53**
荆门市	**221.02**	**165.23**	**69.74**	**84.57**		**0.10**	**1.25**	**0.60**	**0.70**
荆门市辖区	27.41	25.70	7.30	17.30					
屈家岭	8.98	2.68	2.18	0.50					
沙洋县	73.67	61.23	20.51	38.54		0.10			
钟祥市	69.02	42.52	21	19.70					
京山县	41.94	33.1	18.75	8.53			1.25	0.60	0.70
孝感市	**196.73**	**155.16**	**61.86**	**52.28**	**3.16**		**0.68**	**8.88**	**0.34**
孝南区	26.20	22.51	5.42	10.91	0.16		0.29	2.32	0.10

续表5 单位：千公顷

项目	二熟制耕地面积	水田二熟制面积			薯 稻	中杂再生	瓜 稻	菜 稻	肥稻稻
			麦 稻	油 稻					
孝昌县	24.21	19.14	9.98	6			0.12		
大悟县	30.06	22.60	6.67	4.20				1.95	
云梦县	16.88	12.11	4.79	3.46	2.86		0.13		
应城市	24.88	20.33	7.20	8.80	0.14		0.12	0.06	0.22
安陆市	31.71	28.46	15.20	5.70				1.30	
汉川市	42.79	30.01	12.60	13.21			0.02	3.25	0.02
荆州市	**297.89**	**212.92**	**31.85**	**143.94**	**0.06**	**0.12**	**2.16**		**7.08**
荆州区	21.17	10.80		10			0.80		
沙市区	3.46	3.46		3.46					
开发区	0.14	0.03	0.01						
江陵县	28.10	21.01	7.01	14					
松滋市	39.63	20.92	3.83	14.98	0.06	0.12	0.86		0.50
公安县	30.98	18.30	3	11					
石首市	35.08	22.79		15.60					0.19
监利县	94.03	72.38		56.76					
洪湖市	45.30	43.23	18	18.14			0.50		6.39
黄冈市	**145.16**	**108.88**	**28.24**	**27.33**	**4.82**	**11.88**	**0.86**	**0.74**	**1.34**
黄冈市辖区	3.69	3.10	3.10						
黄州区	6.10	3.17	0.35	1.15			0.12	0.35	
团风县	7.23	5.01	0.96	0.91		1.28	0.19	0.39	
红安县	14.51	9.86	0.88	3.12		0.26	0.02		
罗田县	18.75	15.38	1	5		6.80			
英山县	12.06	10.12	2.08	5.17	2.82				0.05
浠水县	7.64	4.20		0.60		1.10			0.30
蕲春县	10.39	8.74	0.70	4.01	2	0.91	0.20		0.92
黄梅县	26.49	20.64	8.10						0.07
麻城市	29.89	23.86	10.8	4.17		1			
武穴市	8.41	4.80	0.27	3.20		0.53	0.33		
咸宁市	**67.04**	**53.89**	**1.97**	**17.74**	**1.77**		**1.53**	**4.29**	**5.68**
咸安区	11.78	11.55		10.72			0.25	0.24	0.12
嘉鱼县	13.28	11.11	1.66	3.26			0.65	3.08	
赤壁市	14.97	11.55	0.07	1.80	0.10			0.12	
通城县	8.88	8.30		1.19	0.97				3.34
崇阳县	13.26	9.76	0.24	0.40	0.7		0.63	0.35	1.99
通山县	4.87	1.62		0.37				0.50	0.23
随州市	**128.77**	**107.05**	**72.93**	**14.64**	**1.25**			**3.26**	
曾都区	22.20	16.77	13.2	2.32	1.25				
随县	72.05	61.66	42.53	4.79				3.26	
广水市	34.52	28.62	17.20	7.53					
恩施自治州	**89.28**	**21.88**	**0.20**	**8.98**	**1.44**			**3.26**	
恩施市	16.17	1.60		0.80	0.80				
利川市	19.30	8.10	0.20	3	0.50			2	
建始县	8.63	2.40		0.07					
巴东县	18.57	1.90		1.70	0.1				
宣恩县	9.60	2.60		0.80					
咸丰县	9.60	3.49		1.38				1.26	
来凤县	0.47	0.27		0.21	0.04				
鹤峰县	6.94	1.52		1.02					
仙桃市	**68.54**	**44.71**	**9.68**	**30.19**		**0.61**		**1.50**	**2.33**
潜江市	**60.60**	**37.59**	**14.90**	**21.48**				**0.51**	**0.22**
天门市	**66.42**	**35.59**	**13**	**21.74**					**0.05**
神农架林区	**0.72**								

项目	旱地二熟制面积	麦 玉	麦 豆	麦 苕	麦 棉	麦花生	麦 芝	薯 玉
全省合计	**853.64**	**168.99**	**20.74**	**16.84**	**130.93**	**38.08**	**19.54**	**60.20**
武汉市	**25.92**	**1.14**	**0.70**	**0.67**	**0.56**	**0.20**	**2.11**	**0.05**
新洲区	6.12							
黄陂区	5.68	0.12	0.13	0.67	0.30	0.20	1.02	
江夏区	6.65	0.14					1	0.05
蔡甸区								
东西湖区	1.70	0.88						
汉南区	5.77		0.57		0.26		0.09	
黄石市	**8.95**	**0.86**	**0.40**	**0.67**	**0.45**	**0.12**	**0.63**	**0.04**
黄石市辖区	0.41			0.06		0.03	0.02	0.04
阳新县	4.74	0.26		0.11	0.15	0.09	0.31	
大冶市	3.8	0.60	0.40	0.50	0.30		0.30	
十堰市	**81.96**	**16.46**	**3.97**	**6.82**	**0.13**	**1.79**	**5.05**	**3.48**
十堰市辖区	0.68	0.21	0.01	0.01		0.01	0.04	
郧县	18.23	3.96	0.45	2.76	0.07		1.50	
郧西县	12.91	2.90	0.40	2.16		0.48	1.20	
竹山县	18.08	2.27	0.76	0.64				1.08
竹溪县	13.03	0.56	0.35	0.30		0.30	0.60	2.40
房县	8.73	2.30	2	0.50				
丹江口市	10.3	4.26		0.45	0.06	1	1.71	
宜昌市	**114.09**	**6.09**	**1.19**	**1.59**	**13.21**	**2.15**	**0.30**	**30.32**
宜昌市辖区	2.15					0.04		
夷陵区	15.62	0.40						1.89
宜都市	4.69							0.15
枝江市	13.12	0.20		0.07	10.21			0.13
当阳市	18.31	1.30	0.50	0.70	3	2	0.30	1.39
远安县	2.80	0.70		0.10		0.01		0.60
兴山县	9.32	0.10						4.40
秭归县	13.59	1.80	0.50	0.33		0.10		2.30
长阳县	19.84	1.49	0.19	0.39				9.28
五峰县	14.65	0.10						10.18
襄阳市	**210.91**	**119.82**	**1.29**	**1.19**	**15.64**	**13.35**	**3.21**	
襄阳市辖区	9.69	6.26	0.40		0.55		0.70	
襄州区	54.69	25	0.25	0.50	5	10	1	
南漳县	16.97	13.50			0.18		0.42	
谷城县	5.82	3.60	0.32	0.10		0.50	0.20	
保康县	11.42	4.23				0.23	0.14	
老河口	26	12.3						
枣阳市	60.71	45.73	0.32	0.59	3.41	1.62	0.75	
宜城市	25.61	9.20			6.50	1		
鄂州市	**12.54**			**1**			**2.27**	
荆门市	**55.79**	**8.27**	**0.97**	**0.15**	**13.58**	**2.72**	**0.69**	**0.26**
荆门市辖区	1.71	0.20			1		0.10	0.06
屈家岭	6.30	1.19	0.50	0.03	3.81	0.17	0.16	
沙洋县	12.44	0.13	0.07		3.22	0.13		
钟祥市	26.50	2.50	0.40		5.20	2.30	0.30	
京山县	8.84	4.25		0.12	0.35	0.12	0.13	0.20
孝感市	**41.57**	**0.11**	**2.27**	**0.37**	**11.22**	**7.89**	**2.25**	**1.20**
孝南区	3.69				0.90	0.87	0.51	

续表7　　　　单位：千公顷

项目	旱地二熟制面积	麦 玉	麦 豆	麦 苕	麦 棉	麦花生	麦 芝	薯 玉
孝昌县	5.07		0.18	0.06		1.62	0.32	
大悟县	7.46	0.02	0.95		0.02	4.67	0.20	0.10
云梦县	4.77		0.35	0.01		0.16	0.26	1.10
应城市	4.55	0.04	0.40		1.70	0.30	0.30	
安陆市	3.25		0.19	0.29	0.50	0.22	0.50	
汉川市	12.78	0.05	0.20	0.01	8.10	0.05	0.16	
荆州市	**84.97**	**3.03**	**1.55**	**0.46**	**21.98**	**0.31**	**0.11**	
荆州区	10.37	0.50	0.50		9			
沙市区								
开发区	0.11	0.01			0.10			
江陵县	7.09	0.14			6.95			
松滋市	18.71	1.10	0.85	0.46	3.43	0.24	0.11	
公安县	12.68				2			
石首市	12.29				0.50			
监利县	21.65	0.78						
洪湖市	2.07	0.50	0.20			0.07		
黄冈市	**36.28**	**1.08**	**0.71**	**2.91**	**7.46**	**3.08**	**0.79**	**0.52**
黄冈市辖区	0.59				0.2			
黄州区	2.93	0.33			1.35		0.10	
团风县	2.22	0.01	0.01	0.03	0.42	0.07	0.15	
红安县	4.65					1.15		
罗田县	3.37				0.22	1.40		
英山县	1.94	0.27	0.03	0.30	0.10	0.46	0.30	
浠水县	3.44	0.30		0.10	0.50			
蕲春县	1.65							
黄梅县	5.85		0.60	0.92	0.34			0.52
麻城市	6.03	0.10		1.54	2		0.17	
武穴市	3.61	0.07	0.07	0.02	2.33		0.07	
咸宁市	**13.15**	**1.04**	**0.41**	**0.41**	**0.35**	**0.07**	**0.05**	**0.88**
咸安区	0.23							
嘉鱼县	2.17	0.59	0.36	0.05	0.25			
赤壁市	3.42	0.02	0.05	0.03				
通城县	0.58							
崇阳县	3.50	0.31		0.10	0.10	0.07	0.05	0.20
通山县	3.25	0.12		0.23				0.68
随州市	**21.72**	**6.46**	**0.20**	**0.41**	**7.76**	**3.94**	**1.19**	
曾都区	5.43	1.23		0.41	2.81	0.49	0.49	
随县	10.39	3.43	0.20		3.12	1.18	0.70	
广水市	5.90	1.80			1.83	2.27		
恩施自治州	**67.40**	**0.84**				**0.24**	**0.20**	**23.45**
恩施市	14.57	0.42						7.50
利川市	11.20	0.10						8
建始县	6.23					0.24		
巴东县	16.67	0.30					0.20	6.50
宣恩县	7	0.02						
咸丰县	6.11							1.25
来凤县	0.20							0.20
鹤峰县	5.42							
仙桃市	**23.83**	**1.87**	**0.83**		**13**			
潜江市	**23.01**	**0.32**	**0.75**		**7.59**	**0.22**	**0.25**	
天门市	**30.83**	**1.37**	**5.50**	**0.19**	**18**	**2**	**0.44**	
神农架林区	**0.72**	**0.23**						

续表8　　单位:千公顷

项目	油 玉	油 苕	油菜棉	油花生	油 芝	花生玉	蔬菜棉
全省合计	**57.36**	**41.04**	**87.21**	**23.24**	**11.8**	**13.03**	**16.47**
武汉市	**0.32**	**0.43**	**3.87**	**1.54**	**2.60**		**2.22**
新洲区			3.20				1.10
黄陂区	0.12	0.23	0.62	0.12	0.67		0.30
江夏区	0.20	0.20		1.42	1.90		
蔡甸区							
东西湖区							0.82
汉南区			0.05		0.03		
黄石市	**1.48**	**0.38**	**0.18**	**0.02**	**0.30**	**1.42**	**0.65**
黄石市辖区		0.08	0.01	0.02	0.10	0.01	
阳新县	1.48		0.17			1.11	0.65
大冶市		0.30			0.20	0.30	
十堰市	**6.85**	**5.59**		**2.54**	**3.71**	**5.33**	**0.01**
十堰市辖区	0.12	0.07		0.08			
郧县	1.20				1.20		
郧西县	0.90				0.80	1.18	
竹山县	2.33	2.27		1.33	0.33	2.50	
竹溪县	2.30	2.50		1.13	1.38	0.65	
房县						1	0.01
丹江口市		0.75					
宜昌市	**21.67**	**10.79**	**1.60**	**1.89**	**0.79**	**0.96**	**1.30**
宜昌市辖区				0.05		0.01	
夷陵区	5.42	1					
宜都市	0.90	3			0.04	0.12	
枝江市	0.13	0.07	1.10	0.07	0.07	0.07	1
当阳市	6	0.60	0.50	0.50	0.62		0.30
远安县	0.80	0.10		0.20	0.01		
兴山县	1.35				0.01		
秭归县	4.26	1.20		0.17			
长阳县	1.41	4.22		0.80	0.04	0.76	
五峰县	1.40	0.60		0.10			
襄阳市	**9.64**	**0.25**	**4.31**	**3.15**	**0.24**	**1.44**	**2.50**
襄阳市辖区	0.51		0.31		0.10	0.23	
襄州区	1.50		1.50			1	2
南漳县							
谷城县	0.50	0.05		0.20	0.14	0.21	
保康县	3.42			0.45			
老河口							
枣阳市			1				
宜城市	3.71	0.20	1.50	2.50			0.50
鄂州市			**4.33**		**0.80**		
荆门市	**4.32**	**0.07**	**6.71**	**4.19**	**0.30**	**2.10**	**1.72**
荆门市辖区						0.10	0.10
屈家岭	0.44						
沙洋县	0.12		1.56	0.07			0.22
钟祥市	3.60		5	4			1.20
京山县	0.16	0.07	0.15	0.12	0.30	2	0.20
孝感市	**0.10**	**0.22**	**2.94**	**2.97**	**0.93**	**0.14**	**5.74**
孝南区						0.06	1.35

续表9 单位：千公顷

项目	油 玉	油 茬	油菜棉	油花生	油 芝	花生玉	蔬菜棉
孝昌县		0.01	0.32	1.32	0.26		0.05
大悟县			0.02	0.62		0.06	
云梦县			0.28	0.11			2.50
应城市	0.05		0.80	0.24	0.30		0.06
安陆市	0.03	0.20	0.30	0.60	0.22		
汉川市	0.02	0.01	1.22	0.08	0.15	0.02	1.78
荆州市	**3.60**	**0.27**	**37.61**	**0.09**	**0.13**		
荆州区			0.30				
沙市区							
开发区							
江陵县							
松滋市	3.12	0.27	6.52	0.09	0.13		
公安县	0.18		8				
石首市			11.79				
监利县			10				
洪湖市	0.30		1				
黄冈市	**0.32**	**3.82**	**5.03**	**2.75**	**0.57**	**1.64**	**1.19**
黄冈市辖区			0.19				
黄州区							0.86
团风县	0.01	0.21	0.41	0.07	0.16		0.18
红安县	0.04	1.86		1.02	0.23	0.02	
罗田县		1.65					0.10
英山县	0.07		0.08	0.20	0.08		0.05
浠水县	0.20		0.60	1.46			
蕲春县			1.63				
黄梅县		0.08	0.32			0.38	
麻城市		0.02	0.80		0.10	1.24	
武穴市			1				
咸宁市	**0.96**	**1.94**	**0.07**	**0.52**	**0.12**		**0.10**
咸安区							
嘉鱼县	0.53	0.04					
赤壁市		0.20	0.07	0.11			0.10
通城县							
崇阳县	0.05	1.20			0.05		
通山县	0.38	0.50		0.41	0.07		
随州市			**1.36**				
曾都区							
随县			1.36				
广水市							
恩施自治州	**7.80**	**16.98**		**1.27**	**0.17**		
恩施市		5.51		0.17			
利川市	1	1		0.10			
建始县	1.33	1.33					
巴东县	1.50	6.30		0.90	0.17		
宣恩县	0.20	1		0.10			
咸丰县	1.38	1.84					
来凤县							
鹤峰县	2.39						
仙桃市			**8.13**				
潜江市			**11.07**	**0.42**	**0.34**		**1.04**
天门市		**0.30**		**1.89**	**0.80**		
神农架林区	**0.30**						

项目	一熟制耕地面积	水田一熟制面积				
			肥　稻	冬泡稻	冬板稻	冬炕稻
全省合计	**225.47**	**140.87**	**14.57**	**37.52**	**34.68**	**19.56**
武汉市	**13.24**	**12.05**	**0.72**	**7.67**	**1.92**	**0.42**
新洲区						
黄陂区	9.28	8.78	0.12	6.80	0.44	0.42
江夏区	3.96	3.27	0.60	0.87	1.48	
蔡甸区						
东西湖区						
汉南区						
黄石市	**5.60**	**4.94**	**0.14**	**0.33**	**1.33**	**1.14**
黄石市辖区	0.16	0.08		0.02	0.06	
阳新县	2.84	2.26	0.04	0.21	1.07	0.94
大冶市	2.60	2.60	0.10	0.10	0.20	0.20
十堰市	**14.29**	**3.45**	**0.76**	**0.44**	**0.40**	**1.18**
十堰市辖区						
郧县	0.07	0.01				0.01
郧西县	0.98	0.17				
竹山县	5.37	0.67				0.67
竹溪县	2.15	0.24		0.04	0.10	
房县	5.06	2.26	0.76	0.40	0.30	0.50
丹江口市	0.66	0.10				
宜昌市	**26.91**	**5.33**	**0.90**	**0.28**	**0.60**	**1.84**
宜昌市辖区						
夷陵区	0.60	0.60	0.20		0.10	0.30
宜都市						
枝江市	3.27	2.06	0.20	0.13	0.20	1.53
当阳市	0.89	0.89	0.20		0.29	
远安县	2.10	1.50	0.20			
兴山县	0.13	0.13	0.10	0.01	0.01	0.01
秭归县	3.07					
长阳县	15.81	0.01				
五峰县	1.04	0.14		0.14		
襄阳市	**12.54**	**6.49**		**2.11**	**1.66**	**2.10**
襄阳市辖区	1.07	1.07		0.81	0.26	
襄州区	5.72	2.72		1		1.5
南漳县						
谷城县	2.36	2		0.20	1.30	0.50
保康县	2.49					
老河口						
枣阳市						
宜城市	0.90	0.70		0.10	0.10	0.10
鄂州市	**4.73**	**4.73**	**1**	**2.33**	**1.40**	
荆门市	**6.23**	**5.97**	**0.64**	**1.30**	**1.01**	**1.12**
荆门市辖区	1.90	1.90				
屈家岭						
沙洋县	1.95	1.87	0.14		0.91	0.82
钟祥市						
京山县	2.38	2.20	0.50	1.30	0.10	0.30
孝感市	**25.67**	**24.27**	**0.37**	**10.62**	**5.74**	**0.96**
孝南区	0.90	0.90				

续表11　　　　　　　　　　　　　　　　　　　　　　单位：千公顷

项目	一熟制耕地面积	水田一熟制面积				
			肥 稻	冬泡稻	冬板稻	冬炕稻
孝昌县	1.80	1.46		0.65	0.66	
大悟县	5.03	4.08		0.72	1.58	0.56
云梦县	1.22	1.22	0.09	1.13		
应城市	6.26	6.15	0.06	0.02	2.80	0.30
安陆市	1	1	0.20		0.70	0.10
汉川市	**9.46**	**9.46**	**0.02**	**8.10**		
荆州市	18.40	16.53	3.45	2	1.06	3.03
荆州区	2.11	2.11	0.11			2
沙市区						
开发区						
江陵县						
松滋市	3.16	2.09			1.06	1.03
公安县	7	6.20				
石首市						
监利县	6.13	6.13	3.34	2		
洪湖市						
黄冈市	**18.24**	**12.39**	**0.93**	**0.59**	**3.65**	**1.63**
黄冈市辖区						
黄州区						
团风县	0.41	0.40	0.06	0.15	0.07	0.06
红安县	2.14	1.73			0.16	1.37
罗田县	6.23	4.91		0.10	0.30	0.20
英山县						
浠水县	3.92	0.99	0.37			
蕲春县	0.74	0.74	0.50	0.24		
黄梅县	3.36	2.52			2.52	
麻城市	0.77	0.60			0.60	
武穴市	0.67	0.50		0.10		
咸宁市	**16.56**	**13.52**	**3.40**	**1.68**	**1.99**	**0.70**
咸安区						
嘉鱼县	3.30	2.70	0.50	0.80	0.20	0.70
赤壁市	4.99	4.48				
通城县	1					
崇阳县	2.66	2.05	1	0.08	0.20	
通山县	4.61	4.29	1.90	0.80	1.59	
随州市	**6.40**	**6.40**	**2.14**		**3.33**	**0.93**
曾都区						
随县	1.78	1.78	1.52			0.26
广水市	4.62	4.62	0.62		3.33	0.67
恩施自治州	**53.79**	**23.76**		**8.17**	**9.72**	**4.51**
恩施市	2.68	2.68		1.12		0.50
利川市	11.40	7		2	2.50	2.50
建始县	16	1.20		1.20		
巴东县						
宣恩县	8.77	6.40		2.75	3	0.65
咸丰县	10.14	5.97		0.95	3.86	0.86
来凤县	0.60					
鹤峰县	4.20	0.51		0.15	0.36	
仙桃市	**0.87**	**0.87**			**0.87**	
潜江市	**0.10**	**0.10**	**0.10**			
天门市						
神农架林区	**1.90**	**0.07**	**0.02**			

续表12 单位:千公顷

项目	(二)旱地一熟制面积	高山油菜	高山玉米	高山马铃薯	附报:
全省合计	**84.6**	**8.35**	**25.46**	**22.03**	
武汉市	**1.19**	**0.20**			
新洲区					
黄陂区	0.50	0.20			
江夏区	0.69				
蔡甸区					
东西湖区					
汉南区					
黄石市	**0.66**	**0.45**	**0.21**		
黄石市辖区	0.08	0.02	0.06		
阳新县	0.58	0.43	0.15		
大冶市					
十堰市	**10.84**	**1.21**	**5.55**	**3.01**	
十堰市辖区					
郧县	0.06		0.05		
郧西县	0.81	0.41	0.40		
竹山县	4.70	0.50	2.60	1.60	
竹溪县	1.91		1.30	0.61	
房县	2.80	0.30	1.20	0.80	
丹江口市	0.56				
宜昌市	**21.58**	**1**	**2.50**	**3.40**	
宜昌市辖区					
夷陵区					
宜都市					
枝江市	1.21	0.87	0.20	0.14	
当阳市					
远安县	0.60	0.10	0.30	0.20	
兴山县					
秭归县	3.07	0.03	0.03	3.01	
长阳县	15.8		1.67		
五峰县	0.90		0.30	0.05	
襄阳市	**6.05**	**0.15**	**2.3**	**0.06**	
襄阳市辖区					
襄州区	3				
南漳县					
谷城县	0.36	0.10	0.20	0.06	
保康县	2.49	0.05	2.10		
老河口					
枣阳市					
宜城市	0.20				
鄂州市					
荆门市	**0.26**				
荆门市辖区					
屈家岭					
沙洋县	0.08				
钟祥市					
京山县	0.18				
孝感市	**1.40**				
孝南区					

续表13

单位：千公顷

项目	旱地一熟制面积				附报：
		高山油菜	高山玉米	高山马铃薯	
孝昌县	0.34				
大悟县	0.95				
云梦县					
应城市	0.11				
安陆市					
汉川市					
荆州市	**1.87**	**0.36**	**0.17**	**0.54**	
荆州区					
沙市区					
开发区					
江陵县					
松滋市	1.07	0.36	0.17	0.54	
公安县	0.80				
石首市					
监利县					
洪湖市					
黄冈市	**5.85**	**3.59**	**0.13**	**1.10**	
黄冈市辖区					
黄州区					
团风县	0.01				
红安县	0.41	0.13			
罗田县	1.32	1.32			
英山县					
浠水县	2.93	2	0.13	0.80	
蕲春县					
黄梅县	0.84			0.10	
麻城市	0.17	0.07		0.10	
武穴市	0.17	0.07		0.10	
咸宁市	**3.04**	**0.13**	**0.27**		
咸安区					
嘉鱼县	0.60				
赤壁市	0.51	0.01	0.01		
通城县	1				
崇阳县	0.61	0.04	0.02		
通山县	0.32	0.08	0.24		
随州市					
曾都区					
随县					
广水市					
恩施自治州	**30.03**	**1.26**	**12.50**	**13.92**	
恩施市					
利川市	4.40		4.40		
建始县	14.80	0.33	4.67	9.80	
巴东县					
宣恩县	2.37	0.02	1.20	1.10	
咸丰县	4.17	0.91	1.63	1.32	
来凤县	0.60		0.60		
鹤峰县	3.69			1.70	
仙桃市					
潜江市					
天门市					
神农架林区	**1.83**		**1.83**		

续表14 单位:千公顷

项目	纯种蔬菜面积	其中:高山纯蔬菜	农民自留地菜地面积	冬泡田	冬板田	冬炕田
全省合计	**92.60**	**25.86**	**36.03**	**47.92**	**35.54**	**29.72**
武汉市	**6.02**		**0.50**	**9.12**	**5.51**	**3.13**
新洲区						
黄陂区				8.60	3.40	2.20
江夏区	0.99		0.50	0.52	2.11	0.93
蔡甸区						
东西湖区	5.03					
汉南区						
黄石市	**2.11**	**0.52**	**1.42**	**1.23**	**2.12**	**3.23**
黄石市辖区	0.21		0.10	0.02	0.05	
阳新县	0.90	0.52	1.32	1.21	2.07	3.23
大冶市	1					
十堰市	**8.80**	**2.18**		**0.74**	**0.55**	**0.91**
十堰市辖区	0.79	0.10				
郧县	3.07	0.30				
郧西县	1.07	0.11		0.16	0.13	
竹山县	0.27	0.27				0.33
竹溪县						
房县	1.55	1		0.50	0.42	0.58
丹江口市	2.05	0.40		0.08		
宜昌市	**7.65**	**4.32**	**9.98**	**0.01**	**0.01**	**0.01**
宜昌市辖区	0.80	0.20				
夷陵区	0.50	0.20	3			
宜都市	2.40	0.62	1.98			
枝江市						
当阳市						
远安县						
兴山县	0.95	0.80		0.01	0.01	0.01
秭归县	3	2.50	5			
长阳县						
五峰县						
襄阳市	**6.68**	**2.78**	**3.70**	**0.86**	**0.26**	
襄阳市辖区	2.10			0.86	0.26	
襄州区						
南漳县	1	0.50	0.50			
谷城县	0.30		2.50			
保康县	3.28	2.28	0.70			
老河口						
枣阳市						
宜城市						
鄂州市						
荆门市			**1**	**1.35**	**1.01**	**1.12**
荆门市辖区						
屈家岭						
沙洋县					0.91	0.82
钟祥市						
京山县			1	1.35	0.10	0.30
孝感市	**10.60**			**10.62**	**5.90**	**8.02**
孝南区						

续表 15　　　　　　　　　　　　　　　　　　　　　　　　　　　　　　单位：千公顷

项目	纯种蔬菜面积	其中：高山纯蔬菜	农民自留地菜地面积	冬泡田	冬板田	冬炕田
孝昌县						
大悟县						
云梦县						
应城市						
安陆市						
汉川市						
荆州市	**5.30**		**0.67**			
荆州区	3.80					
沙市区	1.10					
开发区						
江陵县	0.40		0.67			
松滋市						
公安县						
石首市						
监利县						
洪湖市						
黄冈市	**5.54**	**0.10**	**2.17**	**0.95**	**4.34**	**2.06**
黄冈市辖区	0.27					
黄州区	1.35		0.25			
团风县			0.42	0.16	0.21	0.24
红安县			0.10		0.31	1.62
罗田县				0.10	0.30	0.20
英山县						
浠水县	0.50	0.10	0.50	0.35		
蕲春县				0.24		
黄梅县					2.52	
麻城市	3.42		0.90		1	
武穴市				0.10		
咸宁市	**9.36**	**0.50**	**2.05**	**2.40**	**2**	**1.99**
咸安区	1.15	0.20	0.46		0.10	0.12
嘉鱼县	6.26		0.50	0.80	0.20	
赤壁市	0.80					0.27
通城县						
崇阳县	0.45	0.10	0.33	0.10	0.20	
通山县	0.70	0.20	0.76	1.50	1.50	1.60
随州市	**5.80**			**3**	**3.33**	**1.67**
曾都区						
随县	5.80			3		1
广水市					3.33	0.67
恩施自治州	**20.89**	**15.46**	**12.81**	**17.64**	**10.51**	**7.58**
恩施市	6.30	5.10	3	1.01	1	0.49
利川市	7.60	5.60	4.50	8	2.50	2.50
建始县				1.53		
巴东县						
宣恩县	2	1.20	2	3	3	0.65
咸丰县	1.25	0.86	0.82	0.95	0.86	0.86
来凤县	2	1.20	2	3	3	0.65
鹤峰县	1.74	1.50	0.49	0.15	0.15	2.43
仙桃市						
潜江市	**3.85**		**1.73**			
天门市						
神农架林区						

全省农业技术推广情况

单位：千公顷

	面积		面积
一、水稻育秧生产技术(大田)	—	1. 油菜机械化播种面积	238.12
1. 早稻保温育秧面积	200.54	2. 油菜机械化收获面积	206.39
其中：工厂化育秧面积	78.26	十四、油菜秋冬发高产栽培面积	609.84
2. 杂交稻两段育秧面积	99.41	十五、脱毒薯类栽培面积	192.71
其中：旱育抛寄两段秧	75.26	其中：脱毒马铃薯面积	160.36
3. 水稻旱育秧面积	436.40	十六、微机优化模式栽培面积	152.14
(1)早稻旱育秧面积	54.54	1. 小 麦	36.50
(2)中稻旱育秧面积	348.16	2. 杂交水稻	58.63
(3)晚稻旱育秧面积	33.69	3. 杂交玉米	6.37
4. 壮秧剂应用面积	409.30	4. 棉 花	4.98
二、水稻抛栽面积	300.18	5. 油 菜	38.03
1. 早稻抛栽面积	44.48	6. 其 它	7.62
2. 中稻抛栽面积	223.06	十七、地膜覆盖栽培面积	755.59
3. 晚稻抛栽面积	32.64	1. 水 稻	98.45
三、水稻机插秧面积	405.55	2. 玉 米	193.47
1. 早稻机插秧面积	84.86	其中：大田地膜玉米	86.92
2. 中稻机插秧面积	281.56	地膜育苗移栽	69.57
3. 晚稻机插秧面积	39.12333	塑盘育苗移栽	19.14
四、水稻少免耕技术应用面积	211.27	3. 棉 花	154.23
1. 少免耕直播	161.15	其中：移栽地膜棉	109.09
2. 少免耕抛栽	50.12	直播地膜棉	8.97
五、再生稻生产面积(大田)	29.82	4. 花 生	30.25
其中：旱育抛栽再生稻面积	4.18	5. 烟 叶	45.99
六、小麦精量半精量播种面积	473.65	6. 蔬 菜	193.35
其中：机械条播面积	138.24	7. 其 它	39.85
七、套种玉米预留行面积	140.55	十八、秸秆覆盖栽培面积	235.59
1. 冬套蔬菜面积	79.43	1. 麦田	146.97
2. 小麦预留行面积	61.12	2. 油菜田	68.91
八、玉米机械化生产面积	110.61	3. 棉田	11.49
1. 玉米机械化播种面积	58.96	十九、秸秆还田面积	1238.31
2. 玉米机械化收获面积	51.65	二十、蔬菜遮阳网覆盖面积	50.74
九、吨粮田面积	675.65	二十一、蔬菜防虫网覆盖面积	22
十、双百棉面积	167.34	二十二、作物设施栽培面积	149.98
十一、棉田套种面积	78.487	1. 大棚栽培面积	66.96
1. 套种粮食面积	21.79	其中：蔬菜	43.82
其中：套种早大豆	7.71	西瓜	11.83
套种玉米或高粱	8.53	甜瓜	2.93
2. 套种油料面积	8.09	2. 中棚栽培面积	34.54
其中：套种花生	3.79	其中：蔬菜	27.85
套种芝麻	2.81	3. 小拱棚栽培面积	42.69
3. 间作套种蔬菜	28.94	其中：蔬菜	34.09
其中：春季套种	9.83	4. 日光温室栽培面积	5.78
夏季套种	12.28	其中：蔬菜	4.82
冬季预留行套菜	5.25	二十三、蔬菜良种繁育面积	66.26
4. 套种瓜类面积	17.49	二十四、配方施肥面积	5803.00
其中：套种西瓜	14.02	1. 小 麦	935.46
套种甜瓜	2.44	2. 早 稻	295.03
十二、棉花营养钵移栽面积	313.31	3. 中稻(一季晚稻)	1264.43
1. 麦林套栽面积	119.42	4. 双季晚稻	336.02
2. 麦油豆后移栽面积	193.90	5. 玉 米	454.62
十三、油菜机械化生产面积	444.51	6. 薯 类	228.97

	面积		面积
7. 棉 花	319.26	其中:棉 花	123.80
8. 油 菜	984.15	5. 生物有机肥	602.76
9. 花 生	105.45	其中:小 麦	99.91
10. 芝 麻	28.85	水 稻	226.22
11. 麻 类	0.03	玉 米	68.31
12. 蔬 菜	589.13	棉 花	49.18
13. 其 它	261.59	油 菜	114.97
二十五、化肥深施面积	1637.46	6. 棉花应用调节安面积	86.16
二十六、使用微量元素肥料面积	3621.18	7. 棉花应用壮苗素．床草净	91.61
1. 专用配方微肥	1196.42	8. 2.4–D	39.13
其中:小 麦	250.98	9. 坐果灵	63.20
水 稻	513.00	10. 赤霉素	53.70
棉 花	149.00	11. 其 它	48.44
蔬 菜	216.45	二十九、种子包衣面积	1378.68
2. 硼 肥	1458.76	1. 小 麦	301.68
其中:小 麦	30.68	2. 水 稻	327.07
水 稻	64.90	3. 玉 米	348.37
棉 花	221.88	4. 棉 花	324.57
油 菜	987.83	5. 油 菜	51.40
花 生	63.56	6. 其 它	25.60
芝 麻	6.73	三十、化学除草剂使用面积	4881.19
3. 锌 肥	714.07	1. 小 麦	886.94
其中:水 稻	589.04	2. 水 稻	1877.84
玉 米	52.01	3. 玉 米	354.31
棉 花	63.04	4. 棉 花	315.44
4. 钼 肥	78.42	5. 油 菜	909.14
其中:小 麦	16.96	6. 花 生	116.12
大 豆	15.09	7. 芝 麻	30
花 生	42.94	8. 麻 类	0.43
5. 硅 肥	114.13	9. 蔬 菜	225.88
其中:水稻	108.04	10. 其 它	165.07
6. 其 它	59.37	三十一、生物农药施用面积	1136.83
二十七、喷施磷酸二氢钾	2424.59	三十二、灯光诱蛾防治面积	306.43
1. 小 麦	615.76	1. 优质稻大田应用面积	146.95
2. 水 稻	855.08	2. 棉田应用面积	93.61
3. 棉 花	211.17	3. 蔬菜田(地)应用面积	65.87
4. 油 菜	496.08	三十三、节水灌溉技术应用面积	359.41
5. 花 生	24.81	其中:蔬菜滴管灌溉面积	56.18
6. 芝 麻	3.32	三十四、科技示范园(场)个数	934
7. 蔬 菜	156.19	面积	5273.08
8. 其 它	62.19	1. 县(市)科技示范园个数	305
二十八、化学调控面积	2937.54	面积	3944.65
1. 缩节安(助壮素)	372.01	2. 乡镇科技示范场个数	629
其中:小 麦	65.80	面积	1328.43
棉 花	282.08	三十五、科技示范户(户)	148678.40
2. 多效唑	1379.74	1. 小 麦	18293
其中:小 麦	155.82	2. 水 稻	43775
水 稻	631.48	3. 玉 米	9923
棉 花	91.10	4. 马铃薯	2780
油 菜	418.06	5. 棉 花	9465.20
花 生	32.06	6. 油 菜	13438
3. 乙烯利	66.62	7. 蔬 菜	22937.20
其中:棉花催熟	63.99	8. 中药材	2624
4. 802	134.17	9. 其 它	25443

分县市农业技术推广情况

项目	水稻育秧生产技术(大田)	早稻保温育秧面积	其中:工厂化育秧面积	杂交稻两段育秧面积	其中:旱育抛寄两段秧	水稻旱育秧面积	早稻旱育秧面积	中稻旱育秧面积	晚稻旱育秧面积
全省合计		**200.54**	**78.26333**	**99.411**	**75.26**	**436.3967**	**54.54333**	**348.1667**	**33.68667**
武汉市		**3.20**	**0.06**			**9.24**	**4.53**	**2.36**	**2.35**
新洲区						8.30	4.17	2.03	2.10
黄陂区		1.81	0.01			0.13		0.08	0.05
江夏区		1.16	0.01			0.81	0.36	0.25	0.20
蔡甸区		0.23	0.04						
东西湖区									
汉南区									
黄石市		**22.55**	**0.85**			**1.53**	**1.53**		
黄石市辖区		0.12	0.05						
阳新县		14.93	0.67			1.53	1.53		
大冶市		7.50	0.13						
十堰市				**14.21**	**0.96**	**15.46**		**15.46**	
十堰市辖区						0.06		0.06	
郧县				6.40	0.06	0.02		0.02	
郧西县	2.95			2.85		0.10		0.10	
竹山县	1.40			0.80	0.10	0.30		0.30	
竹溪县				1	0.80	4.70		4.70	
房县				3.16		5		5	
丹江口市	5.28					5.28		5.28	
宜昌市		**7**	**1.33**			**24.84**	**1.33**	**22.84**	**0.67**
宜昌市辖区	0.40					0.40		0.40	
夷陵区						8.40		8.40	
宜都市	4.45					0.45		0.45	
枝江市	28	7	1.33			4.67	1.33	2.67	0.67
当阳市						1		1	
远安县						4		4	
兴山县						2.18		2.18	
秭归县						2.44		2.44	
长阳县	1.10					1.10		1.10	
五峰县	0.20					0.20		0.20	
襄阳市						**63.95**		**63.95**	
襄阳市辖区						7.45		7.45	
襄州区						16		16	
南漳县	17					12.50		12.50	
谷城县						10		10	
保康县						1		1	
老河口									
枣阳市						12		12	
宜城市	6.50					5		5	
鄂州市		**2.67**	**2.67**			**2.67**	**1.33**	**1.34**	
荆门市		**1.39**	**1.10**			**44.13**	**0.62**	**43.01**	**0.50**
荆门市辖区	10.50					9.50		9.50	
屈家岭	3.30					1.40		1.40	
沙洋县	50.88	0.29				28.23	0.12	28.11	
钟祥市	32.50					2.50		2.50	
京山县	6.60	1.10	1.10			2.50	0.50	1.50	0.50
孝感市		**19.1**	**8.37**	**6.021**	**1.86**	**9.43**	**0.33**	**8.87**	**0.23**
孝南区		2.50	1			0.40	0.10	0.30	

续表1

项目	水稻育秧生产技术(大田)	早稻保温育秧面积	其中:工厂化育秧面积	杂交稻两段育秧面积	其中:旱育抛寄两段秧	水稻旱育秧面积	早稻旱育秧面积	中稻旱育秧面积	晚稻旱育秧面积
孝昌县		1.95	0.82	3.861	0.06	0.48	0.06	0.42	
大悟县		0.02		2.16	1.80	0.59	0.02	0.54	0.03
云梦县		3.80	3.80			0.15			0.15
应城市		8.85	1.33			6.05	0.15	5.85	0.05
安陆市	1.3					1.30		1.30	
汉川市		1.98	1.42			0.46		0.46	
荆州市		**56.92**	**30.36**			**78.16**	**21**	**46.05**	**11.11**
荆州区		1	1			4	1	3	
沙市区									
开发区						0.20		0.20	
江陵县		0.67	0.67			1.50		1.50	
松滋市		1.37	0.01			11.76	1.30	3.85	6.61
公安县		5				17.5	5.50	9	3
石首市		6.80							
监利县		34.04	26			38.7	13.2	25.5	
洪湖市		8.04	2.68			4.50		3	1.50
黄冈市		**60.78**	**18.66**	**12.95**	**6.21**	**57.19**	**17.10**	**26.93**	**13.16**
黄州区	1.95	1.50				0.15		0.15	
团风县	12.71	6.33	0.01			3.34	2.01	1.13	0.20
红安县		2.05	1.13			6.13	1.86	3.66	0.61
罗田县		0.50				3.40		3.40	
英山县		0.92	0.10			8.60	0.50	6.90	1.20
浠水县		3.94	0.42	8.42	1.68	5.49		1.24	4.25
蕲春县		17.08	0.70			13.67	7	4	2.67
黄梅县		9.80	9.80			2.50	2		0.50
麻城市		14.99	5.30			9.38	1.4	5.65	2.33
武穴市	16.93	3.67	1.20	4.53	4.53	4.53	2.33	0.8	1.4
龙感湖									
咸宁市		**11.41**	**6.54**			**4.03**	**1.44**	**0.68**	**1.91**
咸安区		1.75							
嘉鱼县		0.25	0.16			0.95	0.60	0.35	
赤壁市		1.50				0.97	0.17		0.80
通城县		3	1.67			2	0.67	0.33	1
崇阳县		4.71	4.71						
通山县		0.20				0.11			0.11
随州市				**66.23**	**66.23**	**34.16**		**34.16**	
曾都区						11.77		11.77	
随县				37.23	37.23	22.04		22.04	
广水市				29	29	0.35		0.35	
恩施自治州						**51.02**		**51.02**	
恩施市						1		1	
利川市						21.67		21.67	
建始县						3.33		3.33	
巴东县						1.20		1.20	
宣恩县						8.40		8.40	
咸丰县						8.32		8.32	
来凤县						5.68		5.68	
鹤峰县						1.42		1.42	
仙桃市		**2.33**	**1.33**			**14.96**	**1.33**	**9.87**	**3.76**
潜江市		**0.32**	**0.32**			**20.07**		**20.07**	
天门市		**12.87**	**6.67**			**5.50**	**4**	**1.50**	
神农架林区						**0.06**		**0.06**	

续表2

项目	壮秧剂应用面积	水稻抛栽面积				水稻机插秧面积			
			早稻抛栽面积	中稻抛栽面积	晚稻抛栽面积		早稻机插秧面积	中稻机插秧面积	晚稻机插秧面积
全省合计	**409.30**	**300.18**	**44.48**	**223.06**	**32.64**	**405.55**	**84.86**	**281.56**	**39.12**
武汉市	**8.22**	**10.95**	**4.93**	**2.47**	**3.55**	**42.78**	**16.58**	**11.30**	**14.90**
新洲区	6.60	2.50	1.92	0.58		6.50	3.60	1.20	1.70
黄陂区	0.98	0.62		0.31	0.31	36.1	12.80	10.10	13.20
江夏区	0.64	7.83	3.01	1.58	3.24	0.18	0.18		
蔡甸区									
东西湖区									
汉南区									
黄石市	**27.25**	**1.27**	**1.26**	**0.01**		**11.79**	**8.26**	**3.50**	**0.03**
黄石市辖区						0.23	0.20		0.03
阳新县	12.25	1.25	1.25			5.86	5.86		
大冶市	15	0.02	0.01	0.01		5.70	2.20	3.50	
十堰市	**10**	**2.11**		**2.11**		**0.20**		**0.20**	
十堰市辖区		0.06		0.06					
郧县	0.10	0.10		0.10					
郧西县									
竹山县	0.30	0.20		0.20		0.20		0.20	
竹溪县	5.60	0.35		0.35					
房县	4								
丹江口市		1.40		1.40					
宜昌市	**20.31**	**48.21**	**1.33**	**45.48**	**1.40**	**7.90**	**0.80**	**6.96**	**0.13**
宜昌市辖区		0.51		0.51					
夷陵区	8	8		8		0.40		0.40	
宜都市	4	2.60		2.6					
枝江市	3	7.40	1.33	4.67	1.40	3.27	0.8	2.33	0.133
当阳市		21.33		21.33		4		4	
远安县	5	5		5		0.10		0.10	
兴山县		1.85		1.85					
秭归县	0.31	0.22		0.22					
长阳县		1.10		1.10		0.13		0.13	
五峰县		0.20		0.20					
襄阳市	**21.95**	**32.51**		**32.51**		**28.63**		**28.63**	
襄阳市辖区		1.30		1.30		0.93		0.93	
襄州区		16		16		2		2	
南漳县	10	1		1		6.50		6.50	
谷城县	10	3.40		3.40					
保康县	0.45	0.01		0.01		1.20		1.20	
老河口		2		2		3		3	
枣阳市		7.60		7.60		10		10	
宜城市	1.50	1.20		1.20		5		5	
鄂州市	**2.67**	**1.90**	**1.20**	**0.70**		**2.67**	**1.33**	**1.34**	
荆门市	**58.26**	**46.18**	**0.82**	**44.86**	**0.50**	**48.83**	**5.50**	**39.03**	**4.30**
荆门市辖区	1	9.70		9.70		3.60		3.60	
屈家岭	1.90	1.18		1.18		0.90		0.90	
沙洋县	22.36	28.10	0.12	27.98		0.53		0.53	
钟祥市	30	3		3		10		10	
京山县	3	4.20	0.70	3	0.50	33.80	5.50	24	4.30
孝感市	**40.55**	**8.98**	**0.18**	**8.77**	**0.03**	**61.40**	**7**	**50.55**	**3.85**
孝南区	4.20					5	1.50	3.50	

续表3

项目	壮秧剂应用面积	水稻抛栽面积				水稻机插秧面积			
			早稻抛栽面积	中稻抛栽面积	晚稻抛栽面积		早稻机插秧面积	中稻机插秧面积	晚稻机插秧面积
孝昌县	1.82	0.18	0.06	0.12		20.43	2.10	16.23	2.10
大悟县	1.90	7.62	0.09	7.50	0.03	4.50		4.50	
云梦县						1.10	1.10		
应城市	7.23					11.09	2	8.45	0.64
安陆市	3.30	0.67		0.67		6.67		6.67	
汉川市	22.10	0.51	0.03	0.48		12.61	0.30	11.20	1.11
荆州市	**76.82**	**42.01**	**16.08**	**18.78**	**7.15**	**62.37**	**9.92**	**52.45**	
荆州区	6	3		3		8	1	7	
沙市区		0.30		0.30		2		2	
开发区		0.04		0.04		0			
江陵县	1	2.50		2.50		9.60	0.60	9	
松滋市	1.12	9.67	1.08	3.44	5.15	12.63	3.30	9.33	
公安县		130	6	5	2				
石首市	2	4.80	3.60	1.20		2	1	1	
监利县	38.70	8.70	5.40	3.30					
洪湖市	28					28.14	4.02	24.12	
黄冈市	**65.05**	**40.2**	**9.25**	**22.66**	**8.29**	**36.12**	**18.11**	**15.5**	**2.51**
黄州区	0.15	0.25		0.10	0.15	0.80	0.10	0.35	0.35
团风县	3.04								
红安县	4.12	6.15	2.07	2.78	1.30	1.53	1.23	0.25	0.05
罗田县	3.40	5.65		5.65		6.5		6.50	
英山县	9.20	6.70	0.30	6.30	0.10	1.25	0.05	1.10	0.10
浠水县	1.10	3.80	1	0.60	2.20	2.10	2.10		
蕲春县	13.67	6	4	2		7.87	3.33	3.33	1.21
黄梅县		0.45	0.15		0.30	7	7		
麻城市	23.50	8.20	0.40	4.10	3.70	6.60	3.10	2.70	0.80
武穴市	4.20	3	1.33	1.13	0.54	2.47	1.20	1.27	
龙感湖	2.67								
咸宁市	**1.48**	**22.62**	**8.03**	**2.87**	**11.72**	**10.52**	**4.73**	**3.89**	**1.90**
咸安区	1.38	0.28		0.12	0.16	3.07	1.20	1.31	0.56
嘉鱼县		0.95	0.85	0.10		0.25	0.20	0.05	
赤壁市	0.10	13.10	4.73	1.38	6.99	1.20		1.20	
通城县		3.33	2	0.33	1	6	3.33	1.33	1.34
崇阳县		4.73	0.45	0.71	3.57				
通山县		0.23		0.23					
随州市	**29.44**	**13.60**		**13.60**		**19.10**		**19.10**	
曾都区	5.90	1		1		5.90		5.90	
随县	22.04	12.60		12.60		13.20		13.2	
广水市	1.50								
恩施自治州	**13.93**	**20.08**		**20.08**		**6.24**		**6.24**	
恩施市		7.50		7.50		0.84		0.84	
利川市	2	5.30		5.30		1.75		1.75	
建始县	1.35	0.35		0.35		1.57		1.57	
巴东县	0.30	0.40		0.40					
宣恩县	1.50	2		2					
咸丰县	2.12	1.39		1.39		0.82		0.82	
来凤县	6.25	2		2		0.65		0.65	
鹤峰县	0.41	1.14		1.14		0.61		0.61	
仙桃市	**11.20**					**12.53**	**2.33**	**10.20**	
潜江市	**16.67**	**2.16**		**2.16**		**16.67**		**16.67**	
天门市	**5.50**	**7.40**	**1.40**	**6**		**37.80**	**10.30**	**16**	**11.50**
神农架林区									

续表4

项目	水稻少免耕技术应用面积	少免耕直播	少免耕抛栽	再生稻生产面积(大田)	其中:旱育抛栽再生稻面积	小麦精量半精量播种面积	其中:机械条播面积
全省合计	**211.27**	**161.15**	**50.12**	**29.82**	**4.18**	**473.6467**	**138.24**
武汉市	**33.07**	**31.36**	**1.71**	**1.66**	**0.24**	**7.64**	**1.18**
新洲区	9.10	8	1.10			5.10	
黄陂区	20	20				1.36	0.98
江夏区	3.63	3.02	0.61	1.66	0.24	0.58	
蔡甸区						0.60	0.20
东西湖区							
汉南区	0.34	0.34					
黄石市	**13.71**	**13.61**	**0.10**			**9.95**	**6.84**
黄石市辖区	0.35	0.25	0.10				
阳新县	12.86	12.86				5.65	2.54
大冶市	0.50	0.50				4.30	4.30
十堰市	**2.67**	**0.83**	**1.84**			**9.47**	
十堰市辖区						0.49	
郧县							
郧西县							
竹山县						2	
竹溪县	0.50		0.50			2.67	
房县	0.50	0.50				1.30	
丹江口市	1.67	0.33	1.34			3.01	
宜昌市	**4.53**	**1.70**	**2.83**	**0.20**	**0.20**	**6.85**	**2**
宜昌市辖区							
夷陵区							
宜都市							
枝江市	0.20		0.20	0.20	0.20	6.67	2
当阳市	1.33	1	0.33				
远安县	1.20	0.70	0.50				
兴山县	1.80		1.80			0.18	
秭归县							
长阳县							
五峰县							
襄阳市	**4.60**	**2.50**	**2.10**			**191.95**	**41.67**
襄阳市辖区						3.20	0.80
襄州区	2	2				60	10
南漳县	1		1			26	2
谷城县						10	
保康县						0.75	0.52
老河口						27	27
枣阳市						50	
宜城市	1.60	0.50	1.10			15	1.35
鄂州市				**2**	**0.33**		
荆门市	**3.53**	**2.53**	**1**			**34**	**17**
荆门市辖区	1	0.60	0.40			5	0.70
屈家岭	0.60	0.60				1.20	1.20
沙洋县	0.13	0.13				12.2	
钟祥市	0.20	0.10	0.10			13.5	13
京山县	1.60	1.10	0.50			2.10	2.10
孝感市	**28.8**	**25.66**	**3.14**			**34.20**	**12.20**
孝南区						3.50	0.80

续表5

项目	水稻少免耕技术应用面积	少免耕直播	少免耕抛栽	再生稻生产面积(大田)	其中:旱育抛栽再生稻面积	小麦精量半精量播种面积	其中:机械条播面积
孝昌县	2.40	1.20	1.20				
大悟县	2.55	1.15	1.40			8.20	2.40
云梦县	10.3	10.3				5.40	5.40
应城市	7.50	7.50				7.40	0.40
安陆市	0.30	0.30				3.30	
汉川市	5.75	5.21	0.54			6.40	3.20
荆州市	**0.76**	**0.34**	**0.42**	**6.40**		**44.54**	**8.86**
荆州区							
沙市区						5	
开发区							
江陵县							
松滋市	0.76	0.34	0.42	0.20		11.50	2.16
公安县							
石首市							
监利县				6.20		19.84	
洪湖市						8.20	6.70
黄冈市	**71.53**	**57.54**	**13.99**	**18.95**	**3.41**	**31.78**	**12.63**
黄州区	0.15	0.15				5	3.50
团风县				2.10	0.31	2.80	
红安县	1.48	1.23	0.25	0.05		0.89	
罗田县	6.80	2.30	4.50	7		3.20	1.20
英山县							
浠水县	2.10	1.35	0.75			0.33	0.33
蕲春县	19.33	17	2.33	8	2		
黄梅县	16	16		0.80	0.80	3	2
麻城市	10.30	7.40	2.90	1	0.30	13.20	4.30
武穴市	12.13	8.87	3.26				
龙感湖	3.24	3.24				3.36	1.30
咸宁市	**35.53**	**21.17**	**14.36**			**1.85**	
咸安区						0.10	
嘉鱼县	11.90	11	0.90				
赤壁市	19.74	6.67	13.07				
通城县	0.33	0.20	0.13			1.60	
崇阳县							
通山县	3.56	3.30	0.26			0.15	
随州市	**1.60**	**1.60**				**68.82**	**24.33**
曾都区						12.50	7.60
随县	1.60	1.60				41.32	8.73
广水市						15	8
恩施自治州	**6.83**		**6.83**			**0.50**	
恩施市	0.62		0.62			0.50	
利川市	2		2				
建始县	2		2				
巴东县							
宣恩县	0.50		0.50				
咸丰县	1.10		1.10				
来凤县	0.30		0.30				
鹤峰县	0.31		0.31				
仙桃市				**0.61**		**6.80**	**6.80**
潜江市						**20.30**	**0.73**
天门市	**4.10**	**2.30**	**1.80**			**5**	**4**
神农架林区	**0.01**	**0.01**					

续表6

项目	套种玉米预留行面积	冬套蔬菜面积	小麦预留行面积	玉米机械化生产面积	玉米机械化播种面积	玉米机械化收获面积	吨粮田面积	双百棉面积
全省合计	**140.55**	**79.43**	**61.12**	**110.61**	**58.96**	**51.65**	**675.65**	**167.34**
武汉市	**0.20**		**0.20**	**8.90**	**2.90**	**6**	**17.64**	**5.90**
新洲区							4.50	3.90
黄陂区	0.20		0.20				3.44	0.80
江夏区				0.20	0.10	0.10	9.70	
蔡甸区				6.50	1.50	5		1.20
东西湖区				2.20	1.30	0.90		
汉南区								
黄石市	**6.49**	**1.39**	**5.10**	**6.88**	**4.05**	**2.83**	**7.81**	**2.15**
黄石市辖区	0.04	0.04						
阳新县	6.45	1.35	5.10	5.28	3.25	2.03	7.81	2.15
大冶市				1.60	0.80	0.80		
十堰市	**39.74**	**14.39**	**25.35**				**15.45**	
十堰市辖区								
郧县	2.45		2.45				8.25	
郧西县	16.39	8.09	8.30					
竹山县	7	2	5				1	
竹溪县	5.70	2.30	3.40				3.20	
房县	6.20	2	4.20					
丹江口市	2		2				3	
宜昌市	**35.04**	**28.22**	**6.82**	**16.80**	**8**	**8.80**	**25.18**	**8.67**
宜昌市辖区	0.90	0.90						
夷陵区	1.40	1	0.40					
宜都市	10.87	10.87					0.71	
枝江市	4.60	1.47	3.13	1.80	1	0.80	2.27	5.67
当阳市				12	4	8	8	3
远安县	0.80	0.80						
兴山县	1.90	1.80	0.10				3.50	
秭归县	1.30	0.60	0.70				1.30	
长阳县	2.99	0.60	2.39				8	
五峰县	10.28	10.18	0.10	3	3		1.40	
襄阳市	**22.47**	**7.60**	**14.87**	**57.70**	**33.70**	**24**	**145.6**	**12**
襄阳市辖区	2.20	1.50	0.70	3.20	1.40	1.80	11	0.40
襄州区				10		10	65	3
南漳县	8		8	6	2	4	12	
谷城县	2	2		1	0.8	0.2		
保康县	3.82	1.50	2.32					
老河口	2.95	1.10	1.85	9.20	2	7.2	27	4.60
枣阳市				25	25			
宜城市	3.50	1.50	2	3.30	2.50	0.80	30.60	4
鄂州市								**0.80**
荆门市	**2.74**	**0.16**	**2.58**	**3.50**	**2**	**1.50**	**59.40**	**14.40**
荆门市辖区								0.30
屈家岭	1.20		1.20					1
沙洋县	0.54	0.16	0.38				21.10	3.10
钟祥市				3.50	2	1.50	11.30	4
京山县	1		1				27	6
孝感市	**0.51**	**0.04**	**0.47**	**2.26**	**1.12**	**1.14**	**61.76**	**8.46**
孝南区	0.10		0.10					4.20

续表 7

项目	套种玉米预留行面积	冬套蔬菜面积	小麦预留行面积	玉米机械化生产面积	玉米机械化播种面积	玉米机械化收获面积	吨粮田面积	双百棉面积
孝昌县				0.03	0.02	0.01	5.21	0.06
大悟县	0.06	0.02	0.04				9.20	
云梦县				1.96	0.98	0.98	7.30	1.10
应城市	0.04	0.02	0.02	0.12	0.02	0.10	22.50	2.40
安陆市							17.30	
汉川市	0.31		0.31	0.15	0.10	0.05	0.25	0.70
荆州市	**1.33**	**0.60**	**0.73**	**0.94**	**0.84**	**0.10**	**126.44**	**62.85**
荆州区								6
沙市区								
开发区	0.01	0.01						
江陵县	0.14	0.14					2	1
松滋市	0.68	0.15	0.53	0.64	0.64		6.18	2.07
公安县							66.92	28.48
石首市							3.80	8.50
监利县							36.04	11
洪湖市	0.50	0.30	0.20	0.30	0.20	0.10	11.50	5.80
黄冈市	**1.80**	**0.53**	**1.27**	**4.29**	**2.09**	**2.20**	**96.48**	**34.03**
黄州区	0.33		0.33	2	1	1	3.50	2.87
团风县							10.50	2.70
红安县								
罗田县	0.02		0.02				6.80	
英山县	0.45	0.20	0.25	0.30		0.30		
浠水县	1	0.33	0.67	0.14	0.14		38.66	5.40
蕲春县							9.11	1.32
黄梅县							16	11
麻城市				1.85	0.95	0.90	4.61	3.28
武穴市							3.30	6.67
龙感湖							4	0.79
咸宁市	**2.45**	**2.13**	**0.32**	**0.02**	**0.02**		**6.88**	
咸安区	0.17		0.17	0.02	0.02		1.68	
嘉鱼县								
赤壁市	0.25	0.25					2.2	
通城县	0.25	0.25					3	
崇阳县								
通山县	1.78	1.63	0.15					
随州市				**1.20**	**1**	**0.20**	**56.7**	**4.71**
曾都区				0.50	0.30	0.20		
随县				0.70	0.70		51.2	4.21
广水市							5.50	0.50
恩施自治州	**26.78**	**24.16**	**2.62**	**2.73**		**2.73**	**22.32**	
恩施市							1.40	
利川市	15.20	15.20						
建始县	0.33	0.33					10	
巴东县	3.20	0.60	2.60				7.50	
宣恩县	6.70	6.68	0.02				0.1	
咸丰县	1.35	1.35					0.83	
来凤县							0.14	
鹤峰县				2.73		2.73	2.35	
仙桃市	**0.75**	**0.18**	**0.57**	**2.05**	**1.57**	**0.48**	**8.33**	**2.13**
潜江市							**0.66**	**1.24**
天门市				**3.34**	**1.67**	**1.67**	**25**	**10**
神农架林区	**0.25**	**0.03**	**0.22**					

续表8

项目	棉田套种面积	套种粮食面积	其中:套种早大豆	套种玉米或高粱	套种油料面积	其中:套种花生	套种芝麻	间作套种蔬菜
全省合计	78.49	21.79	7.71	8.53	8.09	3.79	2.81	28.94
武汉市	10.60	4.60	0.95	3.45	1.05	0.44	0.58	2.80
新洲区	5.10	0.90	0.60	0.10	0.60	0.22	0.38	2.80
黄陂区	0.35	0.20	0.05	0.15	0.05	0.02		
江夏区								
蔡甸区	1	0.50	0.30	0.20	0.30	0.10	0.20	
东西湖区	1							
汉南区	3.15	3		3	0.10	0.10		
黄石市	**1.66**	**0.81**	**0.81**		**0.27**	**0.27**		**0.28**
黄石市辖区	0.08							0.06
阳新县	1.58	0.81	0.81		0.27	0.27		0.22
大冶市								
十堰市								
十堰市辖区								
郧县								
郧西县								
竹山县								
竹溪县								
房县								
丹江口市								
宜昌市	**7.10**	**1.13**	**0.13**	**1**	**0.53**	**0.47**	**0.07**	**3.02**
宜昌市辖区								
夷陵区	0.02							0.02
宜都市								
枝江市	6.27	0.53	0.13	0.40	0.53	0.47	0.07	2.80
当阳市	0.81	0.60		0.60				0.20
远安县								
兴山县								
秭归县								
长阳县								
五峰县								
襄阳市	**6.40**	**1.20**		**1.20**	**0.30**	**0.20**	**0.10**	**1.90**
襄阳市辖区	0.10				0.10		0.10	
襄州区	1.50							1.50
南漳县								
谷城县								
保康县								
老河口								
枣阳市	0.90							
宜城市	3.90	1.20		1.20	0.20	0.20		0.40
鄂州市	**0.54**	**0.33**	**0.33**					**0.07**
荆门市	**7.25**	**1.87**	**0.58**	**1.11**	**1.05**	**0.80**	**0.15**	**3.34**
荆门市辖区	0.04	0.03						
屈家岭	0.10							
沙洋县	0.43	0.19	0.03	0.06				0.19
钟祥市	5.60	1	0.40	0.60	0.80	0.60	0.10	3
京山县	1.08	0.65	0.15	0.45	0.25	0.20	0.05	0.15
孝感市	**3.24**	**0.62**	**0.53**	**0.09**	**0.41**	**0.26**	**0.15**	**1.76**
孝南区	1.40	0.15	0.10	0.05	0.05	0.02	0.03	1.10

续表9

项目	棉田套种面积	套种粮食面积	其中:套种早大豆	套种玉米或高粱	套种油料面积	其中:套种花生	套种芝麻	间作套种蔬菜
孝昌县	0.17	0.02	0.02		0.08	0.07	0.01	0.03
大悟县								
云梦县	0.60	0.10	0.10					0.50
应城市	0.45	0.10	0.10		0.14	0.04	0.10	0.13
安陆市	0.02	0.02	0.01	0.01				
汉川市	0.60	0.23	0.20	0.03	0.14	0.13	0.01	
荆州市	**16.07**	**4.50**	**0.46**	**0.52**	**0.88**	**0.08**	**0.67**	**5.50**
荆州区								
沙市区	1.40							1.40
开发区	0.18	0.07		0.01				0.05
江陵县								
松滋市	5.35	0.60	0.26	0.31	0.26		0.26	3.35
公安县	3.35	3.33			0.02		0.02	
石首市	1.60	0.10			0.10	0.01	0.09	0.30
监利县	1.99							
洪湖市	2.20	0.40	0.20	0.20	0.50	0.07	0.30	0.40
黄冈市	**7.36**	**2.70**	**0.69**	**0.36**	**1.63**	**0.20**	**0.19**	**2.56**
黄州区	1.23	0.43	0.10	0.33	0.20	0.10	0.10	0.50
团风县	1.40							1.21
红安县	0.35	0.14			0.06			0.15
罗田县	0.10	0.10	0.01					
英山县	0.15	0.05	0.05					0.10
浠水县	1.60	1	0.20					0.60
蕲春县								
黄梅县								
麻城市	0.03	0.02			0.01		0.01	
武穴市	1.74	0.36	0.33	0.03	1.23	0.10	0.08	
龙感湖	0.76	0.60			0.13			
咸宁市	**1.50**	**0.20**	**0.20**					
咸安区	0.20	0.20	0.20					
嘉鱼县								
赤壁市	1.30							
通城县								
崇阳县								
通山县								
随州市	**0.61**	**0.06**	**0.06**					
曾都区	0.20							
随县	0.41	0.06	0.06					
广水市								
恩施自治州								
恩施市								
利川市								
建始县								
巴东县								
宣恩县								
咸丰县								
来凤县								
鹤峰县								
仙桃市								
潜江市	**4.69**	**1.47**	**0.97**	**0.50**	**0.67**	**0.57**	**0.10**	**1.04**
天门市	**11.47**	**2.30**	**2**	**0.30**	**1.30**	**0.50**	**0.80**	**6.67**
神农架林区								

续表10

项目	其中:春季套种	夏季套种	冬季预留行套菜	套种瓜类面积	其中:套种西瓜	套种甜瓜	棉花营养钵移栽面积	麦林套栽面积	麦油豆后移栽面积
全省合计	**9.83**	**12.28**	**5.25**	**17.49**	**14.02**	**2.44**	**313.31**	**119.42**	**193.89**
武汉市	**1.20**		**1.60**	**2.15**	**2.03**	**0.12**	**15.49**	**1.52**	**13.97**
新洲区	1.20		1.60	0.80	0.70	0.10	11.67	1.50	10.17
黄陂区				0.10	0.08	0.02	0.32	0.02	0.30
江夏区									
蔡甸区				0.20	0.20		1.80		1.80
东西湖区				1	1				
汉南区				0.05	0.05		1.70		1.70
黄石市	**0.25**		**0.03**	**0.02**	**0.01**	**0.01**			
黄石市辖区	0.03		0.03	0.02	0.01	0.01			
阳新县	0.22								
大冶市									
十堰市							**0.12**	**0.11**	**0.01**
十堰市辖区									
郧县							0.04	0.03	0.01
郧西县									
竹山县									
竹溪县									
房县									
丹江口市							0.08	0.08	
宜昌市	**0.13**	**2.67**	**0.22**	**2.41**	**1.01**	**0.75**	**19.73**	**12.7**	**7.03**
宜昌市辖区									
夷陵区			0.02						
宜都市									
枝江市	0.13	2.47	0.20	2.40	1	0.75	14.93	12.20	2.73
当阳市		0.20		0.01	0.01		4.80	0.50	4.30
远安县									
兴山县									
秭归县									
长阳县									
五峰县									
襄阳市	**1.60**		**0.30**	**3**	**2.80**	**0.20**	**12.05**	**2.30**	**9.75**
襄阳市辖区							0.45		0.45
襄州区	1.50						7	1	6
南漳县							0.10	0.10	
谷城县									
保康县									
老河口									
枣阳市				0.90	0.80	0.10			
宜城市	0.10		0.30	2.10	2	0.10	4.50	1.20	3.30
鄂州市	**0.07**			**0.14**	**0.07**	**0.07**	**5**	**2**	**3**
荆门市	**0.66**	**2.10**	**0.55**	**0.96**	**0.61**	**0.14**	**25.81**	**15.19**	**10.62**
荆门市辖区				0.01			1.10	0.50	0.60
屈家岭				0.10	0.10		3.81	3.81	
沙洋县	0.06	0.05	0.05	0.05	0.01	0.04	4.90	1.88	3.02
钟祥市	0.50	2	0.5	0.80	0.50	0.10	8	2	6
京山县	0.10	0.05					8	7	1
孝感市	**0.56**	**0.60**	**0.60**	**0.45**	**0.43**	**0.02**	**16.15**	**6.02**	**10.13**
孝南区	0.50	0.60		0.10	0.10		0.65		0.65

续表11

项目	其中:春季套种	夏季套种	冬季预留行套菜	套种瓜类面积	其中:套种西瓜	套种甜瓜	棉花营养钵移栽面积	麦林套栽面积	麦油豆后移栽面积
孝昌县	0.03			0.04	0.04		0.30	0.12	0.18
大悟县									
云梦县			0.50				2	0.70	1.30
应城市	0.03		0.10	0.08	0.06	0.02	3.20	1.70	1.50
安陆市							0.80	0.40	0.40
汉川市				0.23	0.23		9.20	3.10	6.10
荆州市	**0.94**	**2.46**	**0.70**	**4.95**	**4.01**	**0.80**	**96.45**	**30.74**	**65.71**
荆州区							9	8	1
沙市区							3	1.40	1.60
开发区	0.04	0.01		0.06	0.05	0.01	0.13	0.13	
江陵县							7.4	7.4	
松滋市	0.40	2.35	0.60	1.14	1.14		13.34	9.01	4.33
公安县							28.48		28.48
石首市	0.30			1.10	0.72	0.38	7.5	0.30	7.20
监利县				1.75	1.50	0.25	20		20
洪湖市	0.20	0.10	0.10	0.90	0.60	0.16	7.60	4.50	3.10
黄冈市	**1.22**	**1.19**		**0.47**	**0.37**	**0.07**	**30.39**	**14.4**	**15.99**
黄州区		0.50		0.10	0.10		3.50	3.50	
团风县	0.62	0.59		0.19	0.18	0.01	1.14	0.61	0.53
红安县							0.02	0.01	0.01
罗田县							0.20	0.20	
英山县		0.10							
浠水县	0.60						0.90	0.30	0.60
蕲春县							4.20		4.20
黄梅县							12	5	7
麻城市							7.30	3.78	3.52
武穴市				0.15	0.09	0.06			
龙感湖				0.03			1.13	1	0.13
咸宁市							**0.20**		**0.20**
咸安区									
嘉鱼县									
赤壁市							0.20		0.20
通城县									
崇阳县									
通山县									
随州市				**0.23**	**0.13**	**0.10**	**10.20**	**2.81**	**7.39**
曾都区				0.20	0.10	0.10	2.10	0.71	1.39
随县				0.03	0.03		4.10	0.30	3.80
广水市							4	1.80	2.20
恩施自治州							**0.01**		**0.01**
恩施市							0.01		0.01
利川市									
建始县									
巴东县									
宣恩县									
咸丰县									
来凤县									
鹤峰县									
仙桃市							**22.46**	**3.73**	**18.73**
潜江市	**0.20**	**0.26**	**0.58**	**1.51**	**1.35**	**0.16**	**24.75**	**9.90**	**14.85**
天门市	**3**	**3**	**0.67**	**1.20**	**1.20**		**34.50**	**18**	**16.50**
神农架林区									

续表12

项目	油菜机械化生产面积	油菜机械化播种面积	油菜机械化收获面积	油菜秋冬发高产栽培面积	脱毒薯类栽培面积	其中:脱毒马铃薯面积
全省合计	**444.51**	**238.12**	**206.39**	**609.84**	**192.71**	**160.36**
武汉市	**15.80**	**7.60**	**8.20**	**31.44**	**1.77**	**0.64**
新洲区	1.50	0.60	0.90	9.50	0.40	
黄陂区	9.80	5.70	4.10	8.20	1.22	0.49
江夏区	0.20	0.20		10.74	0.15	0.15
蔡甸区	4.30	1.10	3.20	2.80		
东西湖区				0.20		
汉南区						
黄石市	**12.51**	**9.72**	**2.79**	**33.12**	**2.09**	**1.95**
黄石市辖区					0.24	0.10
阳新县	7.81	5.22	2.59	25.12	1.55	1.55
大冶市	4.70	4.50	0.20	8	0.30	0.30
十堰市				**30.13**	**24.1**	**10.67**
十堰市辖区						
郧县				2.75	0.45	0.45
郧西县				3.55	9.30	0.21
竹山县				10	3	3
竹溪县				9.33	5	5
房县				4.50	4	1.90
丹江口市					2.35	0.11
宜昌市	**9.93**	**2.87**	**7.06**	**54.31**	**33.07**	**26.14**
宜昌市辖区						
夷陵区	0.03	0.01	0.02	2	2	2
宜都市				6.20	4.43	4.43
枝江市	1.80	1.53	0.27	17.07	0.47	0.47
当阳市	8	1.33	6.67	13.67	0.10	0.10
远安县	0.10		0.10	3	0.30	0.30
兴山县				3.20	5.20	5.20
秭归县				4.67	3.67	3.33
长阳县				3	7.50	0.90
五峰县				1.50	9.40	9.40
襄阳市	**5.54**	**2.87**	**2.67**	**15.47**	**3.84**	**0.70**
襄阳市辖区	0.67	0.30	0.37	0.10	0.80	0.70
襄州区						
南漳县	0.50		0.50	1.50		
谷城县	1.20	1	0.20	1.50	0.50	
保康县				2	1.24	
老河口				1.87		
枣阳市	1.07	1.07				
宜城市	2.10	0.50	1.60	8.50	1.30	
鄂州市	**8.67**	**8**	**0.67**	**17.67**		
荆门市	**59.63**	**21.13**	**38.50**	**33.55**	**1.70**	**0.90**
荆门市辖区	11	7.50	3.50	2.05	0.80	
屈家岭						
沙洋县	0.13	0.13		22		
钟祥市	48.50	13.50	35	3.50	0.50	0.50
京山县				6	0.40	0.40
孝感市	**28.80**	**18.19**	**10.61**	**24.87**	**5.71**	**3.80**
孝南区	6.50	6	0.50	0.20	1	0.80

续表13

项目	油菜机械化生产面积	油菜机械化播种面积	油菜机械化收获面积	油菜秋冬发高产栽培面积	脱毒薯类栽培面积	其中:脱毒马铃薯面积
孝昌县	9.50	5.30	4.20	3.10	0.03	0.02
大悟县	1.10	1.10			1.50	0.80
云梦县	4.50	3.20	1.30	4.50	0.80	0.80
应城市	3.62	0.42	3.20	12.60	0.57	0.57
安陆市	1	0.67	0.33	2.67	1	
汉川市	2.58	1.50	1.08	1.80	0.81	0.81
荆州市	**133.44**	**75.95**	**57.49**	**186.56**	**3.29**	**1.90**
荆州区	2.70	1	1.70	16	1.50	1.50
沙市区				1.50		
开发区						
江陵县	6		6	2		
松滋市	24.85	14.2	10.65	20.98	0.77	
公安县	39.82	39.82		39.82	0.76	0.14
石首市	37.17	7.53	29.64	20	0.06	0.06
监利县				74.76	0.10	0.10
洪湖市	22.90	13.40	9.50	11.50	0.10	0.10
黄冈市	**33.98**	**21.76**	**12.22**	**103.53**	**16.86**	**14.16**
黄州区	1.72	0.86	0.86	3		
团风县	0.40	0.40		8.99		
红安县	4.60	3.20	1.40		0.08	0.08
罗田县				6.50	2.20	0.50
英山县	1.50	1.50		5.60	3.10	3.10
浠水县				27	3.8	3.80
蕲春县	3	2	1	7.80	3.33	3.33
黄梅县	7	5	2	15	2.50	1.50
麻城市	0.90	0.70	0.20	29.45	1.20	1.20
武穴市	14.67	8	6.67		0.65	0.65
龙感湖	0.19	0.10	0.09	0.19		
咸宁市	**23.84**	**18.9**	**4.94**	**21.49**	**6.32**	**5.55**
咸安区	10.63	10.32	0.31	5.65	2	2
嘉鱼县				3.60	0.35	
赤壁市				3	0.80	0.80
通城县	12	8	4	4.50	0.80	0.80
崇阳县				3.14	1.95	1.95
通山县	1.21	0.58	0.63	1.60	0.42	
随州市	**3.21**	**3.21**		**7.60**	**3.80**	**3.80**
曾都区					1	1
随县	0.21	0.21		4.26	2.80	2.80
广水市	3	3		3.34		
恩施自治州	**0.05**	**0.05**		**18.25**	**85.59**	**85.59**
恩施市				5.80	15	15
利川市	0.05	0.05		2.30	21	21
建始县					16.67	16.67
巴东县				3.30	14.10	14.10
宣恩县				1.20	4	4
咸丰县				3.21	7.87	7.87
来凤县				1.10	1.60	1.60
鹤峰县				1.34	5.35	5.35
仙桃市	**18**	**11.20**	**6.80**	**17.87**	**1.12**	**1.12**
潜江市	**34.11**	**10**	**24.11**	**13.98**	**0.95**	**0.95**
天门市	**57**	**26.67**	**30.33**		**2.50**	**2.50**
神农架林区						

续表14

项目	微机优化模式栽培面积	小 麦	杂交水稻	杂交玉米	棉 花	油 菜	其 它
全省合计	**152.14**	**36.50**	**58.63**	**6.37**	**4.98**	**38.0**	**7.62**
武汉市	**8.90**	**1.60**			**2.60**	**3.20**	**1.50**
新洲区	8.90	1.60			2.60	3.20	1.50
黄陂区							
江夏区							
蔡甸区							
东西湖区							
汉南区							
黄石市	**19.47**		**0.08**	**0.04**	**0.71**	**18.58**	**0.06**
黄石市辖区	0.25		0.08	0.04	0.03	0.04	0.06
阳新县	19.22				0.68	18.54	
大冶市							
十堰市	**6.60**	**0.20**	**0.60**	**2.20**		**1.60**	**2**
十堰市辖区							
郧县							
郧西县							
竹山县							
竹溪县	6.60	0.20	0.60	2.20		1.60	2
房县							
丹江口市							
宜昌市	**39.87**	**12.20**	**19.13**	**3.13**	**1.67**	**1.53**	**2.20**
宜昌市辖区							
夷陵区							
宜都市							
枝江市	39.87	12.20	19.13	3.13	1.67	1.53	2.20
当阳市							
远安县							
兴山县							
秭归县							
长阳县							
五峰县							
襄阳市	**3.90**	**2.70**					**1.20**
襄阳市辖区	1.90	1.70					0.20
襄州区							
南漳县							
谷城县							
保康县							
老河口							
枣阳市							
宜城市	2	1					1
鄂州市							
荆门市							
荆门市辖区							
屈家岭							
沙洋县							
钟祥市							
京山县							
孝感市							
孝南区							

续表15

项目	微机优化模式栽培面积	小 麦	杂交水稻	杂交玉米	棉 花	油 菜	其 它
孝昌县							
大悟县							
云梦县							
应城市							
安陆市							
汉川市							
荆州市	**9**					**9**	
荆州区	9					9	
沙市区							
开发区							
江陵县							
松滋市							
公安县							
石首市							
监利县							
洪湖市							
黄冈市	**48.40**	**3.80**	**38.82**	**1**		**4.12**	**0.66**
黄州区							
团风县							
红安县	0.84		0.82			0.02	
罗田县	16.50	3.50	10			3	
英山县	0.40					0.40	
浠水县	30	0.30	28	1		0.70	
蕲春县	0.66						0.66
黄梅县							
麻城市							
武穴市							
龙感湖							
咸宁市							
咸安区							
嘉鱼县							
赤壁市							
通城县							
崇阳县							
通山县							
随州市	**16**	**16**					
曾都区							
随县							
广水市	16	16					
恩施自治州							
恩施市							
利川市							
建始县							
巴东县							
宣恩县							
咸丰县							
来凤县							
鹤峰县							
仙桃市							
潜江市							
天门市							
神农架林区							

续表16

项目	地膜覆盖栽培面积	水稻	玉米	其中:大田地膜玉米	地膜育苗移栽	塑盘育苗移栽	棉花	其中:移栽地膜棉	直播地膜棉
全省合计	**755.59**	**98.45**	**193.47**	**86.92**	**69.57**	**19.14**	**154.23**	**109.09**	**8.97**
武汉市	**33.13**	**4.63**	**6.40**	**4.80**	**0.99**	**0.51**	**1.38**	**0.71**	**0.20**
新洲区	7.70	1.50	0.10	0.10					
黄陂区	3.98	1.74	0.81	0.40	0.41		0.81	0.66	0.15
江夏区	7.65	1.16	0.79	0.70	0.08	0.01			
蔡甸区	6.93	0.23	2.20	1.20	0.50	0.50			
东西湖区	3								
汉南区	3.87		2.50	2.40			0.57	0.05	0.05
黄石市	**32.24**	**17.21**	**6.87**	**6.75**	**0.12**		**1.97**	**1.12**	**0.85**
黄石市辖区	0.19		0.12		0.12				
阳新县	29.5	17.21	6.55	6.55			1.97	1.12	0.85
大冶市	2.55		0.20	0.20					
十堰市	**56.55**	**5.34**	**24.96**	**7.28**	**11.73**	**5.95**	**0.06**	**0.06**	
十堰市辖区	0.05								
郧县	7.10	0.10	0.35			0.35			
郧西县	2.82	0.10	0.75	0.55	0.20				
竹山县	8.40	0.80	3.50	1	2	0.50			
竹溪县	20	2.50	11.50	2.90	5	3.60			
房县	16.20	1.50	7.50	2.50	3.50	1.50			
丹江口市	1.98	0.34	1.36	0.33	1.03		0.06	0.06	
宜昌市	**77.95**		**39.38**	**22.90**	**9.64**	**4.43**	**0.83**	**0.3**	**0.53**
宜昌市辖区	4.10		2		0.90				
夷陵区	4.34		4.34	4	0.34				
宜都市	5.11		3.70		2.90	0.80			
枝江市	11.13		1.27	1	0.20	0.07	0.33	0.20	0.13
当阳市	7.60		1.40	0.40	0.50	0.50	0.50	0.10	0.40
远安县	0.20		0.20						
兴山县	7.23		3.30	0.80	1.20	0.20			
秭归县	3.14		1.67	0.70	0.60	0.37			
长阳县	19.30		14	11	1.50	1.50			
五峰县	15.80		7.50	5	1.50	1			
襄阳市	**63.71**	**1.23**	**16.82**	**12.80**	**2.42**	**1.60**	**13.28**	**10.28**	**3**
襄阳市辖区	5.02	0.20	2.30	1.80	0.40	0.10	0.42	0.32	0.10
襄州区	6.50						1.50	1	0.50
南漳县	5	1	4	3	1				
谷城县	6.80		3.50	3		0.50			
保康县	4.95	0.03	0.02		0.02				
老河口	13.38		1.50	1.50			5	4.70	0.30
枣阳市	2.26						1.06	1.06	
宜城市	19.8		5.50	3.50	1	1	5.30	3.20	2.10
鄂州市	**0.97**		**0.97**	**0.97**					
荆门市	**19.55**	**0.70**	**4.97**	**2.50**	**1.97**	**0.50**	**9.48**	**8.63**	**0.85**
荆门市辖区									
屈家岭	3.90	0.20	0.20	0.20			3.50	3.50	
沙洋县	2.25		0.67	0.10	0.37	0.20	0.38	0.34	0.04
钟祥市	4.75		1.80	0.20	1.60		1.30	0.50	0.80
京山县	8.65	0.50	2.30	2		0.30	4.30	4.29	0.01
孝感市	**28.02**	**0.28**	**0.50**	**0.44**	**0.06**		**4.64**	**2.30**	**0.80**
孝南区	3.30		0.10	0.10			0.50	0.30	0.20

续表 17

项目	地膜覆盖栽培面积	水稻	玉米	其中:大田地膜玉米	地膜育苗移栽	塑盘育苗移栽	棉花	其中:移栽地膜棉	直播地膜棉
孝昌县	2.59						0.04		
大悟县	12.15	0.28	0.01		0.01				
云梦县	2.90		0.10	0.10					
应城市	1.58		0.06	0.04	0.02				
安陆市	1.50						1.50		
汉川市	4		0.23	0.20	0.03		2.60	2	0.60
荆州市	**129.35**	**43**	**5.41**	**1.73**	**3.43**	**0.25**	**58.74**	**22.34**	**2.44**
荆州区	2.30	0.50	1	0.50	0.50				
沙市区									
开发区	0.58						0.18		
江陵县	7.60						7.40	7.40	
松滋市	11.25		3.61	0.63	2.83	0.15	0.54	0.54	
公安县	33.48						28.48		
石首市	4.50		0.10	0.10			2.20	2.20	
监利县	53.44	39					14.44	12	2.44
洪湖市	16.20	3.50	0.70	0.50	0.10	0.10	5.50	0.20	
黄冈市	**57.74**	**8.73**	**1.92**	**1.26**	**0.66**		**13.73**	**13.43**	**0.10**
黄州区	7.65	0.50	0.60	0.60			3.50	3.50	
团风县	4.24						1.32	1.22	0.10
红安县	19.3						0.02	0.02	
罗田县	2.10	0.20					0.20		
英山县	3.21		0.31	0.08	0.23				
浠水县	8.80	5.80	0.60	0.30	0.30		0.80	0.80	
蕲春县	0.91		0.13		0.13		0.50	0.50	
黄梅县	0.10		0.08	0.08			0.02	0.02	
麻城市	4.56	2.23					0.70	0.70	
武穴市	6.87		0.20	0.20			6.67	6.67	
龙感湖									
咸宁市	**13.468**	**2.75**	**5.01**	**3.62**					
咸安区	3.11	1.75	0.20	0.20					
嘉鱼县	1.40	0.20	1.20						
赤壁市	1.54	0.20	0.09						
通城县	2.20	0.30	0.20	0.10					
崇阳县	2.198		1.53	1.53					
通山县	3.02	0.30	1.79	1.79					
随州市	**7.96**		**0.20**		**0.20**		**2.40**	**2.40**	
曾都区									
随县	4.73		0.20		0.20		2.10	2.10	
广水市	3.23						0.30	0.30	
恩施自治州	**161.49**	**14.02**	**72.02**	**14.23**	**37.98**	**5.86**			
恩施市	52.70	8.90	20.30	3	17.30				
利川市	10.30	2.20	3	2	1				
建始县	21.30		13.90						
巴东县	37.99		20.1	5.30	9.70	5.10			
宣恩县	5.97	0.10	1.67	1.33	0.29	0..05			
咸丰县	18.80		8.78	1.26	7.52				
来凤县	7.12	2.82	1.60		1.50	0.10			
鹤峰县	7.31		2.67	1.34	0.67	0.66			
仙桃市	**24.80**		**2.33**	**2.33**			**22.47**	**22.47**	
潜江市	**37.58**	**0.54**	**0.67**	**0.45**	**0.22**		**24.75**	**24.75**	
天门市	**8.01**		**3.51**	**3.51**			**0.50**	**0.30**	**0.20**
神农架林区	**3.07**	**0.02**	**1.53**	**1.35**	**0.15**	**0.03**			

续表18

项目					秸秆覆盖栽培面积			
	花 生	烟 叶	蔬 菜	其 它		麦田	油菜田	棉田
全省合计	**30.25**	**45.99**	**193.35**	**39.85**	**235.59**	**146.97**	**68.91**	**11.49**
武汉市	**1.22**		**19.36**	**0.14**	**4.08**	**2.63**	**1.45**	
新洲区	0.60		5.50			2.50		
黄陂区	0.62					0.10	0.10	
江夏区			5.56	0.14	1.38	0.03	1.35	
蔡甸区			4.50					
东西湖区			3					
汉南区			0.80					
黄石市	**0.05**		**5.56**	**0.58**	**2.15**	**0.57**	**1.26**	**0.32**
黄石市辖区			0.05	0.02	0.09	0.03	0.05	0.01
阳新县			3.21	0.56	2.06	0.54	1.21	0.31
大冶市	0.05		2.30					
十堰市	**1.74**	**8.27**	**12.80**	**3.38**	**2.36**	**1.03**	**1.33**	
十堰市辖区								
郧县	0.22		6	0.43				
郧西县		1.77	0.20					
竹山县	0.80	2.20	0.50	0.60				
竹溪县	0.30	1.30	3.10	1.30	1.10	0.30	0.80	
房县	0.20	3	3	1	0.80	0.35	0.45	
丹江口市	0.22				0.46	0.38	0.08	
宜昌市	**0.40**	**6.20**	**26.84**	**4.30**	**17.94**	**5.16**	**5.53**	
宜昌市辖区			2.1					
夷陵区								
宜都市			1.41		0.31	0.11	0.20	
枝江市			9.53		4.87	3.47		
当阳市	0.40		4.50	0.80	5			
远安县					0.20			
兴山县		1.93	1.50	0.50	1.20	0.05	0.50	
秭归县		1.47			0.26	0.13	0.13	
长阳县		0.80	2.50	2	6.10	1.40	4.70	
五峰县		2	5.30	1				
襄阳市	**1.80**	**3.50**	**18.28**	**8.80**	**60.23**	**56**	**4.23**	
襄阳市辖区			2	0.10	0.40	0.20	0.20	
襄州区			3	2				
南漳县					5	5		
谷城县	0.30		2.50	0.50	10	6	4	
保康县		3.50	1.20	0.20	0.01		0.01	
老河口			6.88					
枣阳市			1.20		42.32	42.30	0.02	
宜城市	1.50		1.50	6	2.50	2.50		
鄂州市								
荆门市	**1.93**		**0.84**	**1.63**	**3.92**	**3.52**		
荆门市辖区								
屈家岭								
沙洋县	0.13		0.84	0.23	3.52	3.12		
钟祥市	1.50			0.15				
京山县	0.30			1.25	0.40	0.40		
孝感市	**8.07**		**13.53**	**1**	**11.65**	**7.30**	**4.15**	**0.20**
孝南区	0.20		2.50		0.80	0.20	0.40	0.20

续表19

项目					秸秆覆盖栽培面积			
	花生	烟叶	蔬菜	其它		麦田	油菜田	棉田
孝昌县	0.03		2.10	0.42				
大悟县	7.80		3.56	0.50	6.55	4.80	1.75	
云梦县			2.80		1	1		
应城市	0.04		1.40	0.08				
安陆市					3.30	1.30	2	
汉川市			1.17					
荆州市			**21.94**	**0.26**	**22.30**	**13.80**	**1.40**	**7.10**
荆州区			0.80		14	13	1	
沙市区								
开发区			0.40					
江陵县			0.20					
松滋市			6.84	0.26				
公安县			5					
石首市			2.20		6.50			6.50
监利县								
洪湖市			6.50		1.80	0.80	0.40	0.60
黄冈市	**12.87**		**14.64**	**5.85**	**23.30**	**12.17**	**10.06**	**1.07**
黄州区	0.05		2	1	2.90	2.90		
团风县	0.10		1.62	1.20	3.30	0.80	2.10	0.40
红安县	11.31		5.52	2.45				
罗田县	0.50		1.20		10.80	5.20	5.60	
英山县			1.70	1.20	4.50	2.60	1.90	
浠水县	0.60		1		0.60	0.60		
蕲春县	0.28							
黄梅县								
麻城市	0.03		1.60					
武穴市					0.53	0.07	0.46	
龙感湖					0.67			0.67
咸宁市	**0.42**		**3.67**	**1.618**	**1.05**	**0.20**	**0.28**	
咸安区	0.11		0.85	0.20	0.25		0.08	
嘉鱼县								
赤壁市			0.50	0.75				
通城县			1.20	0.50	0.80	0.20	0.20	
崇阳县			0.50	0.17				
通山县	0.31		0.62					
随州市	**0.13**		**4.30**	**0.93**	**16.28**	**15.53**	**0.75**	
曾都区					4.70	4.70		
随县	0.13		2.30		11.58	10.83	0.75	
广水市			2	0.93				
恩施自治州	**1.42**	**27.72**	**36.95**	**9.36**	**2.87**		**2.87**	
恩施市	1.30	8.20	14					
利川市			4.10	1				
建始县		3.20	3.20	1				
巴东县		4.99	6.30	6.60				
宣恩县		3	0.70	0.50				
咸丰县	0.12	3.26	6.38	0.26	0.86		0.86	
来凤县		1.10	1.60					
鹤峰县		3.97	0.67		2.01		2.01	
仙桃市					**52.66**	**18.76**	**33.60**	**0.30**
潜江市	**0.20**		**9.42**	**2**	**0.80**	**0.30**		**0.50**
天门市			**4**		**14**	**10**	**2**	**2**
神农架林区		**0.30**	**1.22**					

续表20

项目	秸秆还田面积	蔬菜遮阳网覆盖面积	蔬菜防虫网覆盖面积	作物设施栽培面积				
					大棚栽培面积	其中:蔬菜	西瓜	甜瓜
全省合计	**1238.31**	**50.74**	**22**	**149.98**	**66.97**	**43.82**	**11.83**	**2.93**
武汉市	**46.30**	**5.04**	**2.68**	**26.35**	**14.42**	**5.54**	**3.72**	**1.03**
新洲区	4.90	2.40	1.10	9.30	4.10			
黄陂区	6.70	0.09	0.07	1.82	0.52	0.42	0.04	0.03
江夏区	17.21	0.90	0.59	5.41	2.68	1.35	1.03	0.30
蔡甸区	11.50	0.50	0.30	6.50	4.70	1.40	2.60	0.70
东西湖区	1	0.80	0.50	2	2	2		
汉南区	4.99	0.35	0.12	1.32	0.42	0.37	0.05	
黄石市	**22.43**	**0.03**	**0.03**	**9.08**	**2.52**	**2.27**	**0.18**	**0.07**
黄石市辖区	0.01		0.01	0.99	0.04	0.03		0.01
阳新县	12.71			4.85	1.23	1.12	0.10	0.01
大冶市	9.71	0.03	0.02	3.24	1.25	1.12	0.08	0.05
十堰市	**26.31**	**1.71**	**0.71**	**7.07**	**3.13**	**2.58**	**0.10**	
十堰市辖区	0.19	0.01	0.01	0.43	0.34	0.34		
郧县	0.20	0.10		1.70	0.90	0.70		
郧西县				0.19	0.19	0.19		
竹山县	0.20	0.05		0.30	0.10	0.10		
竹溪县	14	1.40	0.70	2.75	0.90	0.60	0.05	
房县	5	0.15		1.70	0.70	0.65	0.05	
丹江口市	6.72							
宜昌市	**135.94**	**12.53**	**7.30**	**7.55**	**2.62**	**1.62**	**0.60**	**0.38**
宜昌市辖区		2.10	1.50					
夷陵区	6	0.20		0.63	0.50	0.20	0.30	
宜都市	1.41	1.20	1.10	0.14	0.12	0.08	0.03	0.01
枝江市	18	2.93	1.80	3.93	1.47	0.87	0.27	0.33
当阳市	75	0.20		1.80	0.30	0.25		0.04
远安县	6			0.03	0.02	0.01		
兴山县	14.50	0.20	0.10	0.90	0.10	0.10		
秭归县	0.03	5.70	2.80	0.01	0.01	0.01		
长阳县				0.10	0.10	0.10		
五峰县	15							
襄阳市	**242.95**	**1.77**	**1.23**	**18.89**	**5.64**	**4.93**	**0.40**	**0.10**
襄阳市辖区	17.75	0.20	0.10	2.83	0.83	0.63		
襄州区	90			2	1.20	1	0.20	
南漳县	15			0.03	0.03	0.02		
谷城县	10	0.07	0.03	4.08	2.48	2.48		
保康县	0.40	0.10		0.20	0.10	0.10		
老河口	19.80	0.30		2.10				
枣阳市	50			2	0.50	0.50		
宜城市	40	1.10	1.10	5.65	0.50	0.20	0.20	0.10
鄂州市								
荆门市	**87.24**	**0.20**	**0.20**	**3.15**	**1.71**	**1.06**	**0.20**	**0.10**
荆门市辖区	1			0.85	0.30			
屈家岭								
沙洋县	24.24			0.89	0.51	0.46		
钟祥市	60	0.20	0.20	1.41	0.90	0.60	0.20	0.10
京山县	2							
孝感市	**73.75**	**4.02**	**0.99**	**16.57**	**8.46**	**6.81**	**1.58**	**0.04**
孝南区	4.50	0.50	0.01	0.79	0.09	0.08		

续表21

项目	秸秆还田面积	蔬菜遮阳网覆盖面积	蔬菜防虫网覆盖面积	作物设施栽培面积				
					大棚栽培面积			
						其中:蔬菜	西瓜	甜瓜
孝昌县	7.20	0.32		3.02	0.14	0.12		
大悟县	8.50	1.20	0.65	1.32	0.42	0.35	0.07	
云梦县	10.4	1.55		4.60	2.40	2.40		
应城市	33.8	0.06		0.84	0.36	0.26	0.06	0.04
安陆市	6.67	0.30	0.30	0.55	0.30	0.20	0.10	
汉川市	2.68	0.09	0.03	5.45	4.75	3.4	1.35	
荆州市	**111.60**	**1.94**	**1.02**	**11.90**	**6.91**	**4.35**	**1.93**	**0.40**
荆州区	33	1.50	1	3.40	1.80	1.30	0.50	
沙市区	1.10			0.40	0.30	0.10	0.10	0.10
开发区								
江陵县	5	0.20		0.53	0.03	0.03		
松滋市	10			0.55	0.15	0.15		
公安县				3.07	2.17	0.77	1.10	0.30
石首市	21	0.02	0.02	0.35	0.20	0.20		
监利县		0.12		1.30	0.26		0.03	
洪湖市	41.50	0.10		2.30	2	1.80	0.20	
黄冈市	**149.54**	**7.45**	**1.97**	**15.29**	**7.90**	**4.12**	**0.80**	**0.13**
黄州区	3	1.10	0.68	2	1.30	1	0.15	0.06
团风县	22.6	1.20	0.20	2.20	1.10	0.84	0.26	
红安县	1.55	0.39		0.53	0.30	0.26	0.03	
罗田县	24.50	0.23	0.23	1	0.80	0.60		
英山县	5.80	0.08	0.04	0.90	0.30			
浠水县	25	2.80	0.80	2.80	2	1	0.33	0.07
蕲春县	42.40							
黄梅县	17.36	0.45		1.50	0.35	0.35		
麻城市		1.20	0.02	3.69	1.35			
武穴市								
龙感湖	7.33			0.67	0.40	0.07	0.03	
咸宁市	**11.26**	**7.24**	**3.17**	**13.87**	**3.07**	**1.91**	**0.96**	**0.20**
咸安区	7.26	0.55	0.02	1.68	0.50	0.50		
嘉鱼县		3.75	2.60	6.33	2.03	1.03	0.80	0.20
赤壁市		0.02	0.07	0.31	0.21	0.15	0.06	
通城县	4	0.2	0.07	2.50				
崇阳县		0.01	0.01	1.35	0.03	0.03		
通山县		2.71	0.40	1.70	0.30	0.20	0.10	
随州市	**113.27**	**2.47**	**1.20**	**5.03**	**1.21**	**1.04**	**0.08**	
曾都区	30	1.20	1.20	1	0.10	0.10		
随县	43.27	1.27		1.88	0.44	0.34	0.01	
广水市	40			2.15	0.67	0.60	0.07	
恩施自治州	**61.40**	**1.73**	**0.60**	**3.31**	**2.11**	**1.87**	**0.20**	**0.02**
恩施市		0.15	0.60					
利川市	21	0.30		0.30	0.20	0.20		
建始县				0.30	0.20	0.20		
巴东县	26.50	1		0.41	0.01	0.01		
宣恩县	2.20	0.05		0.10	0.06	0.04	0.02	
咸丰县	2.36	0.23		0.58	0.24	0.22		
来凤县	2.10			1.62	1.40	1.20	0.18	0.02
鹤峰县	7.24							
仙桃市	**9.63**			**1.53**	**1.16**	**1.16**		
潜江市	**44.59**	**1.11**		**2.83**	**1.57**	**1.23**	**0.28**	**0.06**
天门市	**102.10**	**3.50**	**0.90**	**7.53**	**4.53**	**3.33**	**0.80**	**0.40**
神农架林区				**0.03**				

续表22

项目	中棚栽培面积	其中:蔬菜	小拱棚栽培面积	其中:蔬菜	日光温室栽培面积	其中:蔬菜	蔬菜良种繁育面积	配方施肥面积
全省合计	**34.54**	**27.85**	**42.69**	**34.09**	**5.78**	**4.82**	**66.26**	**5803.00**
武汉市	**6.70**	**6.10**	**5.20**	**4.40**	**0.03**	**0.03**	**1.42**	**276.06**
新洲区	3.80	3.80	1.40	1.40			0.2	95
黄陂区	0.80	0.50	0.50	0.40			0.22	42.25
江夏区	1.20	1.10	1.50	1.30	0.03	0.03	1	67.33
蔡甸区			1.80	1.30				49.45
东西湖区								6.20
汉南区	0.90	0.70						15.83
黄石市	**2.66**	**1.18**	**3.75**	**3.11**	**0.15**	**0.15**	**0.17**	**187.65**
黄石市辖区	0.40	0.40	0.40	0.40	0.15	0.15	0.05	1.90
阳新县	0.77	0.57	2.85	2.21			0.12	91.68
大冶市	1.49	0.21	0.50	0.50				94.07
十堰市	**1.24**	**1.09**	**2.65**	**2.40**	**0.05**	**0.05**	**10.36**	**300.58**
十堰市辖区	0.04	0.04	0.05	0.05			0.01	3.98
郧县			0.80	0.80				64.3
郧西县								27.2
竹山县			0.20	0.20			10	67.67
竹溪县	0.60	0.50	1.20	1	0.05	0.05	0.35	60.4
房县	0.60	0.55	0.40	0.35				43
丹江口市								34.03
宜昌市	**2.10**	**2**	**2.49**	**2.35**	**0.33**	**0.27**	**0.57**	**439.03**
宜昌市辖区								7.50
夷陵区			0.13				0.10	58
宜都市			0.02	0.02			0.17	24.77
枝江市	1.40	1.40	0.73	0.73	0.33	0.27		72.93
当阳市	0.50	0.40	1	1			0.20	111.51
远安县			0.01					16.50
兴山县	0.20	0.20	0.60	0.60			0.10	28.75
秭归县								36.83
长阳县								48.10
五峰县								34.14
襄阳市	**4.47**	**4.14**	**8.23**	**4.13**	**0.55**	**0.05**	**3.30**	**748.89**
襄阳市辖区	0.60	0.50	1.40	1.20				49.90
襄州区	0.40	0.40	0.40	0.40				180.50
南漳县								76
谷城县	0.80	0.80	0.30	0.30	0.50			61.17
保康县	0.07	0.04	0.03	0.03				39.43
老河口	1.10	1.10	1	1			3.30	69.50
枣阳市			1.50	0.50				189.89
宜城市	1.50	1.30	3.60	0.70	0.05	0.05		82.50
鄂州市								
荆门市	**0.56**	**0.21**	**0.87**	**0.67**	**0.01**	**0.01**		**424.46**
荆门市辖区	0.35		0.20					56.80
屈家岭								6.50
沙洋县	0.21	0.21	0.17	0.17				111.73
钟祥市			0.50	0.50	0.01	0.01		148.20
京山县								101.23
孝感市	**1.83**	**1.44**	**3.28**	**3.10**	**3**	**2.60**	**13.21**	**478.19**
孝南区	0.30	0.25	0.40	0.38			1.20	56.42

续表23

项目	中棚栽培面积	其中:蔬菜	小拱棚栽培面积	其中:蔬菜	日光温室栽培面积	其中:蔬菜	蔬菜良种繁育面积	配方施肥面积
孝昌县	0.38	0.38			2.50	2.10	0.42	69.35
大悟县	0.48	0.41	0.42	0.30			0.35	69.94
云梦县			2.20	2.20				61
应城市	0.22	0.20	0.26	0.22				46
安陆市	0.25							72.46
汉川市	0.20	0.20			0.50	0.50	11.24	103.02
荆州市	**1.99**	**1.99**	**3**	**2.40**				**827.11**
荆州区	0.80	0.80	0.80	0.80				30
沙市区	0.10	0.10						13.30
开发区								0.76
江陵县	0.10	0.10	0.40	0.40				69.5
松滋市			0.40					136.43
公安县	0.45	0.45	0.45	0.45				171.73
石首市	0.10	0.10	0.05	0.05				53.43
监利县	0.24	0.24	0.80	0.60				269.92
洪湖市	0.20	0.20	0.10	0.10				82.04
黄冈市	**5.32**	**2.90**	**2.07**	**1.47**			**3.57**	**612.67**
黄州区	0.40	0.40	0.30	0.30			0.01	28.51
团风县	0.70	0.50	0.40	0.30				46.48
红安县	0.18		0.05					59.60
罗田县			0.20	0.20			3.20	53
英山县	0.45	0.35	0.15	0.10			0.06	49.60
浠水县	0.50	0.50	0.30	0.30			0.30	92.38
蕲春县								96.70
黄梅县	0.95	0.95	0.20	0.20				76.32
麻城市	1.94		0.40					51.43
武穴市								51.08
龙感湖	0.20	0.20	0.07	0.07				7.57
咸宁市	**2.26**	**1.80**	**7.04**	**6.25**	**1.50**	**1.50**	**0.63**	**218.03**
咸安区	0.12		1.06	1.05			0.01	43.88
嘉鱼县	1.80	1.50	1	1	1.50	1.50	0.56	42.50
赤壁市			0.10	0.10				37.20
通城县			2.50	2.50			0.06	35.83
崇阳县	0.02	0.02	1.30	1.30				36.66
通山县	0.32	0.28	1.08	0.30				21.96
随州市	**2.16**	**2.12**	**1.50**	**1.50**	**0.16**	**0.16**	**0.03**	**269.61**
曾都区	0.60	0.60	0.20	0.20	0.10	0.10		52.21
随县	0.62	0.58	0.76	0.76	0.06	0.06	0.03	140.53
广水市	0.94	0.94	0.54	0.54				76.87
恩施自治州	**0.87**	**0.62**	**0.33**	**0.14**			**33**	**515.40**
恩施市								139.53
利川市	0.10	0.10					33	123.66
建始县	0.10	0.10						37.13
巴东县	0.20	0.10	0.20	0.10				56
宣恩县	0.02	0.02	0.02	0.02				41.89
咸丰县	0.32	0.22	0.02	0.02				31.78
来凤县	0.13	0.08	0.09					38.51
鹤峰县								46.90
仙桃市			**0.37**	**0.37**				**147.49**
潜江市	**0.37**	**0.25**	**0.89**	**0.78**				**151.19**
天门市	**2**	**2**	**1**	**1**				**204.63**
神农架林区	**0.01**	**0.01**	**0.02**	**0.018**				**2.01**

续表24

项目	小 麦	早 稻	中稻(一季晚稻)	双季晚稻	玉 米	薯 类	棉 花	油 菜	花 生
全省合计	**935.46**	**295.03**	**1264.43**	**336.02**	**454.62**	**228.97**	**319.26**	**984.15**	**105.45**
武汉市	**18.61**	**30.42**	**25.67**	**32.56**	**11.77**	**2.82**	**12.99**	**41.30**	**7.29**
新洲区	8.80	19	5	18			5	21	1.60
黄陂区	4.07	3.10	3.77	4.43	0.84	2.10	1.90	6.60	3.01
江夏区	1.84	7.32	6.45	9.03	3.62	0.44		10.74	1.89
蔡甸区	2.40	1	10.10	1.10	4.30	0.28	2.10	2.70	0.64
东西湖区									
汉南区	1.50		0.35		3.01		3.99	0.26	0.15
黄石市	**13.02**	**28.27**	**18.16**	**31.17**	**10.19**	**9.20**	**3.91**	**37.62**	**2.82**
黄石市辖区	0.12	0.30	0.10	0.30		0.24	0.08	0.08	0.05
阳新县	5.78	12.68	9.68	14.52	6.03	3.52	2.23	20.18	0.52
大冶市	7.12	15.29	8.38	16.35	4.16	5.44	1.60	17.36	2.25
十堰市	**66.19**		**34.87**		**64.18**	**20.46**		**40.38**	**13.52**
十堰市辖区	0.65		0.25		0.56	0.14			
郧县	20		6.30		15	4.8		4.50	0.40
郧西县	13.47		2.23		6.20			5.30	
竹山县	6.67		6.33		13.33	9.33		10	10.67
竹溪县	3.70		5.70		11.60	5.50		10	2
房县	9		8		11			7	0.30
丹江口市	12.70		6.06		6.49	0.69		3.58	0.15
宜昌市	**29.12**	**6.73**	**62.57**	**7.33**	**80.82**	**33.92**	**16.40**	**87.93**	**0.71**
宜昌市辖区	0.30		0.55		2.15			1.20	
夷陵区			9		14	7		10	
宜都市			4.30		10.87			8.10	
枝江市	12.33	6.73	11.47	7.33	2.73		11.87	16.93	
当阳市	14.10		26.87		10.87		4.53	27.07	
远安县	0.50		7		3			6	
兴山县	0.15		2.10		6.20	6.80		3.80	0.20
秭归县	1.74		1.04		6	1.32		4.53	0.31
长阳县					14	8.80		7.60	
五峰县			0.24		11	10		2.70	0.20
襄阳市	**312.42**		**178.51**		**129.01**	**4**	**21.20**	**32.87**	**13.92**
襄阳市辖区	22.80		15.70		4	0.60	0.20	0.30	0.10
襄州区	70		44		30		9	3.50	10
南漳县	33		22.8		15	0.20		2.20	0.40
谷城县	23.12		17.01		9.01	0.50		4	1.30
保康县	7.50		3		15	1		5.80	0.50
老河口	29		11		11		4.50	6	
枣阳市	92		45		40	1.20	2.50	1.07	1.62
宜城市	35		20		5	0.50	5	10	
鄂州市									
荆门市	**80.60**	**5.50**	**146.70**	**2.70**	**13.29**	**0.93**	**23.49**	**106.22**	**9.60**
荆门市辖区	**5**		**23.40**		**0.37**	**0.32**	**1.70**	**19.50**	**1.20**
屈家岭			2.30		1.20		3		
沙洋县	15.10	0.30	43.40	0.10	2.12	0.21	4.26	35.72	1.4
钟祥市	32		45.30		4.50		9.80	38.60	5
京山县	28.50	5.20	32.30	2.60	5.10	0.40	4.73	12.40	2
孝感市	**86.90**	**18.82**	**146.31**	**21.27**	**0.32**	**9.24**	**26.02**	**65.56**	**23.29**
孝南区	7.20	3.30	19.50	4.50	0.02		2.50	11	0.20

续表25

项目	小 麦	早 稻	中稻(一季晚稻)	双季晚稻	玉 米	薯 类	棉 花	油 菜	花 生
孝昌县	13.22	3.20	20.18	3.20	0.03	1.42	1.20	10.2	3
大悟县	12.30	0.16	20.10	0.22	0.12	2.65	0.10	5.10	18.50
云梦县	5.47	4.61	13.13	4.75		3.89	2.52	8.40	
应城市	5	6	13	7			3	8.50	
安陆市	19.04		29.40		0.15	1.28	1.50	7.16	1.59
汉川市	24.67	1.55	31	1.6			15.20	15.20	
荆州市	**85.83**	**77.44**	**220.64**	**84.6**	**6.51**	**2.46**	**87.32**	**218.64**	**0.42**
荆州区			15				6	8	
沙市区	4		5.30				1	2	
开发区	0.08		0.20				0.18		
江陵县	14		27				6.50	22	
松滋市	14.01	11	21.64	11.95	5.85	1.70	13.34	35.49	0.33
公安县	24.47	17.35	30.57	19	0.26	0.76	28.48	39.82	0.09
石首市	1.63	6.30	14.60	7			7.20	16.7	
监利县	20.17	37.12	77.93	39.72			18.22	76.76	
洪湖市	7.47	5.67	28.40	6.93	0.40		6.40	17.87	
黄冈市	**42.62**	**87.24**	**99.53**	**107.85**	**2.71**	**29.41**	**35.9**	**138.24**	**17.56**
黄州区	4.60	1.50	2.07	1.80	1	0.13	4.60	3.39	0.12
团风县	3.32	7.65	6.03	8.61	0.05	1.27	2.86	8.60	1.77
红安县	1.02	11.29	6.18	10.98		0.66	0.32	14.10	14.04
罗田县	10	0.50	19.50	0.60	0.10	2.20	0.10	9.50	1
英山县	4.10	0.80	10	1.80	0.70	6.80	0.20	7.70	0.3
浠水县		16	6	24.06	0.30	5.72	4.30	28	
蕲春县	1.01	22.78	9.69	25.22		10.50	4	23.5	
黄梅县	7.33	10	20	15.1	0.29		9.6	14	
麻城市	6.35	9.52	11.76	7.61			3.66	12.53	
武穴市	1.53	7.20	5.07	12.07	0.27	2.13	5.47	16.73	0.33
龙感湖	3.36		3.23				0.79	0.19	
咸宁市	**3.49**	**26.34**	**51.63**	**31.20**	**8.09**	**5.07**	**0.11**	**39.63**	**1.82**
咸安区	0.27	1.31	18.06	1.83	1.65	0.20	0.11	17.17	0.66
嘉鱼县			8.90	2.50	2			2.80	
赤壁市		7	11.30	6.20				3.20	
通城县	1.33	10	1	12	0.40	0.30		7.50	0.60
崇阳县	1.74	7.56	5.67	8.10	2.11	0.95		6.10	
通山县	0.15	0.47	6.70	0.57	1.93	3.62		2.86	0.56
随州市	**91.29**		**102.37**		**5.45**	**4.36**	**12.34**	**15.47**	**6.81**
曾都区	19.01		16.77		1.23	1.76	2.81	2.32	0.49
随县	53.61		57.60		3.12	2.60	5.43	7.32	1.65
广水市	18.67		28		1.10		4.10	5.83	4.67
恩施自治州	**4.25**		**52.89**		**110.08**	**105.5**		**41.64**	**2.70**
恩施市	1.02		9		19.60	34.41		10.78	0.70
利川市	0.30		20		29.84	30.2		6.62	0.70
建始县	0.33		2.30		15			5.70	
巴东县	2.60		1.50		18	12.10		6.20	1.30
宣恩县			4.30		9.60			2	
咸丰县			5.21		4.23	5.26		2.12	
来凤县			8.60		6.51	11.8		5	
鹤峰县			1.98		7.3	11.73		3.22	
仙桃市	**23.27**	**1.08**	**51.50**	**2.75**	**5**		**20.33**	**33**	**0.08**
潜江市	**28.94**	**0.32**	**37.49**	**0.22**	**2.62**	**1.60**	**24.75**	**34.45**	**1.02**
天门市	**48.75**	**12.87**	**35.54**	**14.37**	**3.51**		**34.50**	**51.20**	**3.89**
神农架林区	**0.16**		**0.05**		**1.07**				

续表26

项目					化肥深施面积	使用微量元素肥料面积		
	芝麻	麻类	蔬菜	其它			专用配方微肥	其中:小麦
全省合计	**28.85**	**0.03**	**589.13**	**261.59**	**1637.46**	**3621.18**	**1196.42**	**250.98**
武汉市	**5.60**		**75.24**	**11.79**	**89.83**	**200.58**	**58.70**	**2.32**
新洲区	0.80		12	3.80	6.20	63		
黄陂区			11.02	1.41	22.10	56.40	28.70	0.32
江夏区	4		22		52	51.13	24.90	1.90
蔡甸区	0.57		17.88	6.38	5.10	20.68	3.10	0.10
东西湖区			6	0.20	0.80	2	2	
汉南区	0.23		6.34		3.63	7.37		
黄石市	**4.67**		**26.43**	**2.19**	**37.95**	**154.59**	**95.09**	**7.12**
黄石市辖区			0.01	0.62		0.50	0.28	0.27
阳新县	1.85		13.14	1.55	37.95	94.03	55.31	5.35
大冶市	2.82		13.28	0.02		60.06	39.50	1.50
十堰市	**5.77**		**39.61**	**15.60**	**153.99**	**130.7**	**56.43**	**29.18**
十堰市辖区			2.38		1.40			
郧县	1.80		9.50	2	33	21.50	18	13
郧西县						6.65	3.93	1
竹山县	0.67		10.67		60	29.67	11	7.48
竹溪县	2.20		6.70	13	12.40	38	12.50	2.20
房县	0.10		7	0.60	27	24	11	5.50
丹江口市	1		3.36		20.19	10.88		
宜昌市	**0.10**		**75.73333**	**37.66**	**181.60**	**170.32**	**35.73**	**2.63**
宜昌市辖区			2.80	0.50				
夷陵区			18		40	6	2	
宜都市			1.50		4.50	15.70	6.40	
枝江市			3.53		19.20	69.27	12.33	2.53
当阳市			13	15.07	80	48	8	
远安县						5.50		
兴山县	0.10		6.60	2.80	7.90	5.15	0.60	
秭归县			7.60	14.29				
长阳县			17.70			10.70	1.40	0.10
五峰县			5	5	30	10	5	
襄阳市	**3.01**		**46.22**	**7.73**	**188.3**	**343.52**	**201.20**	**61.26**
襄阳市辖区	0.20		5.80	0.20	12.50	10.56	5.80	3
襄州区	1		10	3		68	44	20
南漳县	0.40			2	50	47.30	35	
谷城县	0.56		5.67		37.09	50.40	45.80	23.12
保康县	0.10		6	0.53	43.21	8.06	1.60	0.14
老河口			8		35	5.50		
枣阳市	0.75		5.75		5.50	17	12	
宜城市			5	2	5	136.70	57	15
鄂州市								
荆门市	**1.98**		**23.30**	**10.15**	**41.71**	**230.47**	**40.39**	**5.92**
荆门市辖区	0.18			5.13		33	6.80	
屈家岭						8.70	2.50	1.20
沙洋县	0.70		8.20	0.22		63.86	20.39	4.52
钟祥市			8.20	4.80	2.30	87.70		
京山县	1.10		6.90		39.41	37.21	10.70	0.20
孝感市	**2.69**	**0.01**	**66.03**	**11.73**	**91.72**	**254.73**	**58.08**	**12**
孝南区	0.20		6	2	10.80	28.14	14.40	3.20

续表27

项目					化肥深施面积	使用微量元素肥料面积		
	芝麻	麻类	蔬菜	其它			专用配方微肥	其中:小麦
孝昌县	0.90		7.60	5.20	40.12	47.61	11.53	2
大悟县	0.21	0.01	9.85	0.62	33.20	61.42	15.15	6.30
云梦县			18.23			13.8	5.50	
应城市			3.50		7.60	29.50	11	0.50
安陆市	1.38		9.25	1.71		7.66	0.50	
汉川市			11.60	2.20		66.60		
荆州市	**0.56**		**33**	**9.69**	**205.07**	**748.10**	**161.16**	**46.65**
荆州区			1		16	23.80		
沙市区			1		1	9.75		
开发区			0.30					
江陵县					2	50.50		
松滋市	0.40		12.43	8.29	13.07	106.17	11.21	1.18
公安县	0.16		10.77			131.25	52.95	24.47
石首市					23	40.50		
监利县					40	250.53		
洪湖市			7.50	1.40	110	135.60	97	21
黄冈市	**2.38**		**31.32**	**17.91**	**292.52**	**601.14**	**200.76**	**16.99**
黄州区			6.50	2.80	26	25.52	15.23	1.71
团风县	1		3.72	1.60	42.10	63.05	21.40	1.20
红安县				1.01	2.22	74.29	16.50	1.32
罗田县	1		8.50		10.15	17.20	10.80	3
英山县	0.10		4.60	12.50	35.30	63.51	22.31	4.40
浠水县			8		3.50	63	30	1
蕲春县					86	114.73	40	1
黄梅县					70	36.60	5.80	
麻城市						35.71		
武穴市	0.28				9.33	83.26	31.06	
龙感湖					7.92	21.07	7.66	3.36
咸宁市			**34.31**	**16.34**	**69.9**	**98.84**	**37.08**	**0.16**
咸安区			2.39	0.23	2.10	27.20	0.55	
嘉鱼县			13.56	12.74	33.50	36	24	
赤壁市			7.10	2.40	24.10	8.18	2.58	0.01
通城县			2.70		5	7.60		
崇阳县			3.46	0.97	5.20	8.14	1.64	
通山县			5.10			11.72	8.31	0.15
随州市	**0.82**		**30.7**		**43.32**	**63.89**	**48.83**	**18**
曾都区	0.82		7		27	49.28	41.5	18
随县			9.20		16.32	7.28		
广水市			14.50			7.33	7.33	
恩施自治州		**0.02**	**81.62**	**116.70**	**92.34**	**119.72**	**33.09**	
恩施市		0.02	14	50		11	8.60	
利川市			30	6		36.20	18.20	
建始县			9.20	4.60		14.90	2.50	
巴东县			7.50	6.80	76	16.80		
宣恩县			5.33	20.66	15	16.5	3	
咸丰县			5.12	9.84		9.37		
来凤县			3.70	2.90		8.25	0.79	
鹤峰县			6.77	15.90	1.34	6.70		
仙桃市	**0.68**		**9.20**	**0.60**	**149.21**	**56.32**		
潜江市	**0.59**		**15.69**	**3.50**		**130.51**	**10**	
天门市						**317.75**	**159.88**	**48.75**
神农架林区			**0.73**					

续表28

项目				硼 肥				
	水 稻	棉 花	蔬 菜		其中:小 麦	水 稻	棉 花	油 菜
全省合计	**512.99**	**148.20**	**216.45**	**1458.76**	**30.68**	**64.90**	**221.89**	**987.83**
武汉市	**20.85**	**0.63**	**34.89**	**87.98**	**0.63**	**6**	**15.10**	**37.48**
新洲区				34			11	23
黄陂区	10.55	0.33	17.49	25.50	0.33			
江夏区	10		13	19.64	0.30	6		10.74
蔡甸区	0.30	0.30	2.40	4.58			0.15	3.43
东西湖区			2					
汉南区				4.26			3.95	0.31
黄石市	**55.42**	**1.21**	**15.34**	**44.75**				**35.61**
黄石市辖区	0.01							
阳新县	38.41	1.21	10.34	27.39				18.25
大冶市	17		5	17.36				17.36
十堰市	**14.22**		**13.03**	**46.47**	**0.50**	**2.70**		**32.08**
十堰市辖区								
郧县	5			3		1.20		1.80
郧西县	1		1.93	2.72				2.70
竹山县	1.52		2	16.67				10
竹溪县	4.70		5.60	12.70				10
房县	2		3.50	6.50	0.50	1.50		4
丹江口市				4.88				3.58
宜昌市	**9.533333**	**1.466667**	**22.1**	**93**	**0.2**	**0.066667**	**14.13333**	**73.33**
宜昌市辖区								
夷陵区	2			2				2
宜都市	4.30		2.10	6.90				6.90
枝江市	3.13	1.47	5.20	31.40	0.20	0.07	11.13	19.03
当阳市			8	32			3	27
远安县				4.50				4.50
兴山县			0.60	4				4
秭归县								
长阳县	0.10		1.20	7.20				7.20
五峰县			5	5				2.70
襄阳市	**70.12**	**15.20**	**18.62**	**58.89**	**0.20**	**14.20**	**7.10**	**32.89**
襄阳市辖区	1.30	0.20	1.30	2.56	0.20	0.20	0.10	1.76
襄州区	5	6	3	9			5	3.3
南漳县	15			2				2
谷城县	17.01		5.67	4.10				4.10
保康县	0.81		0.65	5.23				5.23
老河口				5.50				5.50
枣阳市	0	4	3	5		4		1
宜城市	31	5	5	25.50		10	2	10
鄂州市								
荆门市	**12.61**	**11.03**	**6.24**	**153.34**	**12.70**	**0.50**	**21.31**	**91.22**
荆门市辖区	4.70	1.70	0.40	21.15			1.70	12
屈家岭		1.30		4.10			3.40	0.70
沙洋县	6.62	4.41	4.84	42.57			4.21	37.52
钟祥市				61.5	12.5		9	40
京山县	1.29	3.62	1	24.02	0.20	0.50	3	1
孝感市	**23.65**	**3.33**	**18.10**	**115.98**	**1.83**	**2.01**	**14.24**	**69.70**
孝南区	5.80	0.80	4.60	11.90			0.50	11.20

续表29

项目				硼 肥				
	水 稻	棉 花	蔬 菜		其中:小 麦	水 稻	棉 花	油 菜
孝昌县	6.10	0.23	3.20	12.36	0.42	0.36	0.72	9.40
大悟县	5.35		3.50	26.26	1.41	1.65	0.02	4.64
云梦县			5.50	7.10				7.10
应城市	6.40	1.80	1.30	16				150
安陆市		0.50		7.16				7.16
汉川市				35.20			13	15.20
荆州市	**63.16**	**38.70**	**12.65**	**319.92**		**6**	**74.05**	**239.20**
荆州区				23		6		17
沙市区				6.25			3	3.25
开发区								
江陵县				22				22
松滋市	5.16	3.22	1.65	40.89			9.95	30.27
公安县		28.48		68.30			28.48	39.82
石首市				40.50			12.40	28.10
监利县				94.98			18.22	76.76
洪湖市	58	7	11	24			2	22
黄冈市	**130.62**	**27.63**	**25.52**	**246.34**	**7.82**	**22.65**	**26.60**	**168.72**
黄州区	4.82	4.60	4.10	8.19			4.60	3.39
团风县	14.50	2.60	3.10	14.07			2.70	8.60
红安县	10.02	0.21	4.95	38.11	1.16	8.21	0.11	15.38
罗田县	5	0.30	2.50	4.20	1	1	0.20	1
英山县	12.91	0.20	4.80	21.90	2.30	10.20	0.20	7.70
浠水县	21	6	2	27			0.50	26
蕲春县	34.60	4.40		31			4	26
黄梅县		2.80	3	26.80			5	21.80
麻城市				32.23			2.37	29.86
武穴市	24.53	5.73	0.80	35.26			6.13	28.80
龙感湖	3.24	0.79	0.27	7.58	3.36	3.24	0.79	0.19
咸宁市	**21.83**		**14.99**	**43.79**		**4**		**36.97**
咸安区	0.30		0.25	25.04				24.69
嘉鱼县	12.80		11.2	5		3.80		
赤壁市	2.50		0.07	0.03				
通城县				6.50		0.20		6
崇阳县	0.97		0.57	4.10				3.62
通山县	5.26		2.90	3.12				2.66
随州市	**16**	**4.50**	**10.33**	**9.60**			**0.60**	**9**
曾都区	16	2.50	5	2.32				2.32
随县				7.28			0.60	6.68
广水市		2	5.33					
恩施自治州	**12.2**		**10.79**	**45.18**		**6.77**		**28.88**
恩施市				2.4				
利川市	8.20		10	8		3		5
建始县	2.30		0.20	10.40		2.70		3.20
巴东县				9.80				9.80
宣恩县	1		0.50	3.50		0.50		2.50
咸丰县				2.68				2.25
来凤县	0.70		0.09	3.04		0.23		2.78
鹤峰县				5.36		0.34		3.35
仙桃市				**56.32**			**4**	**47.10**
潜江市		**10**		**66**	**6.80**		**24.75**	**34.45**
天门市	**62.78**	**34.50**	**13.85**	**71.20**			**20**	**51.20**
神农架林区								

续表30

项目			锌肥				钼肥	
	花生	芝麻		其中:水稻	玉米	棉花		其中:小麦
全省合计	**63.56**	**6.73**	**714.07**	**589.04**	**52.01**	**63.04**	**78.42**	**16.96**
武汉市	**2.50**	**1.10**	**23.33**	**14.35**	**2.62**	**6.36**	**12.40**	**9**
新洲区			12	7.40		4.60	8	7
黄陂区								
江夏区	2	0.60	3.72	2.45	1.27		1.90	0.30
蔡甸区	0.50	0.50	4.50	4.50			2.50	1.70
东西湖区								
汉南区			3.11		1.35	1.76		
黄石市	**0.61**		**12.32**	**10.3**	**1.17**		**1.13**	**0.01**
黄石市辖区			0.11	0.09	0.02		0.01	0.01
阳新县	0.61		10.21	8.21	1.15		1.12	
大冶市			2	2				
十堰市	**9.87**	**1.10**	**15.10**	**6.68**	**5.96**		**9.90**	
十堰市辖区								
郧县			0.50	0.50				
郧西县								
竹山县	6.67						2	
竹溪县	1.60	1.10	6.20	3	3.20		4.10	
房县	0.50		3.20	2.30	0.90		3	
丹江口市	1.10		5.20	0.88	1.86		0.80	
宜昌市	**2.67**	**0.07**	**39.03**	**19.40**	**9.50**	**10.13**	**1.41**	
宜昌市辖区								
夷陵区			2	1	1			
宜都市			2.40	1.30	1.10			
枝江市	0.67	0.07	24.33	11	5.20	8.13	0.07	
当阳市	2		8	5	1	2		
远安县			1	1				
兴山县			0.10	0.10			0.45	
秭归县								
长阳县			1.20		1.20		0.90	
五峰县								
襄阳市	**3.70**	**0.10**	**57.93**	**43.15**	**8.78**	**4**	**4**	**0.70**
襄阳市辖区	0.20	0.10	1.20	0.80	0.40		1	0.70
襄州区			11	6	3			
南漳县			5	5			0.30	
谷城县			0.50	0.50				
保康县			1.23	0.85	0.38			
老河口								
枣阳市								
宜城市	3.50		39	30	5	4	2.70	
鄂州市								
荆门市	**2.49**		**33.44**	**32.39**		**1.05**	**3.30**	**1.20**
荆门市辖区			5.05	4		1.05		
屈家岭			2.10	2.10				
沙洋县	0.84						0.90	
钟祥市			25	25			1.20	1.20
京山县	1.65		1.29	1.29			1.20	
孝感市	**20.32**	**0.28**	**40.49**	**33.80**	**0.02**	**5.07**	**16.93**	**0.85**
孝南区	0.10	0.10	0.64	0.54		0.10	1.20	0.10

续表31

项目			锌 肥				钼 肥	
	花 生	芝 麻		其中:水 稻	玉 米	棉 花		其中:小 麦
孝昌县	1.30	0.16	1.53	1.36		0.17	2.74	
大悟县	18.52	0.02	3.92	3.90	0.02		12.59	0.75
云梦县			1.20	1.20				
应城市	0.40		1.80	1.60		0.20	0.40	
安陆市								
汉川市			31.40	25.20		4.60		
荆州市	**0.30**	**0.37**	**265.07**	**249.82**	**5.48**	**9.77**	**0.60**	
荆州区								
沙市区			3.50	3.50				
开发区								
江陵县			28.50	28.50				
松滋市	0.30	0.37	53.12	40.05	4.30	8.77	0.50	
公安县			10	10				
石首市								
监利县			155.55	154.77	0.78			
洪湖市			14.40	13	0.40	1	0.10	
黄冈市	**17.62**	**1.73**	**109.31**	**96.78**	**1.18**	**10.88**	**18.52**	**5.20**
黄州区	0.10	0.10	1.90	0.31	0.23	1.36	0.20	0.10
团风县	1.77	1	25.11	22.2	0.05	2.86	2.47	0.50
红安县	13.25		1.98	1.85	0.13		7.45	
罗田县	0.50	0.50	2.20	2		0.20	2	1
英山县	0.30		12.7	11.80	0.70	0.20	3.50	2.10
浠水县	0.50		3.50	3.50			2.50	1.50
蕲春县	1		35	34		1	0.40	
黄梅县			2	2				
麻城市			3.48	3.48				
武穴市	0.20	0.13	16.94	12.40	0.07	4.47		
龙感湖			4.50	3.24		0.79		
咸宁市	**1.79**		**3.33**	**3.33**			**1.65**	
咸安区	0.35		0.85	0.85			0.34	
嘉鱼县	0.20							
赤壁市								
通城县	0.30		0.50	0.50			0.60	
崇阳县	0.48		1.80	1.80			0.60	
通山县	0.46		0.18	0.18			0.11	
随州市			**5**	**5**			**0.46**	
曾都区			5	5			0.46	
随县								
广水市								
恩施自治州	**0.96**		**35.91**	**16.01**	**17.30**		**3.52**	
恩施市								
利川市			8	4	4		2	
建始县			1.50	0.60	0.50		0.50	
巴东县			6	0.30	3.50			
宣恩县	0.50		9.50	5	4.50		0.50	
咸丰县	0.43		5.52	2.89	2.63		0.30	
来凤县	0.03		4.05	2.55	1.50		0.22	
鹤峰县			1.34	0.67	0.67			
仙桃市	**0.73**	**1.98**						
潜江市			**53.81**	**38.03**		**15.78**	**0.70**	
天门市			**20**	**20**			**3.89**	
神农架林区								

续表32

项目			硅肥		其它	喷施磷酸二氢钾		
	大豆	花生		其中:水稻			小麦	水稻
全省合计	**15.09**	**42.94**	**114.13**	**108.04**	**59.37**	**2424.59**	**615.76**	**855.08**
武汉市	**0.70**	**2.70**	**0.97**	**0.97**	**17.20**	**176.62**	**16.46**	**68.66**
新洲区		1			9	105.20	10	45
黄陂区					2.2			
江夏区	0.70	0.90	0.97	0.97		23.34	2.60	10
蔡甸区		0.80			6	38.30	2.40	13.50
东西湖区								
汉南区						9.78	1.46	0.16
黄石市		**1.12**	**1.24**	**1.20**	**0.06**	**62.91**	**12.36**	**7.75**
黄石市辖区			0.04		0.06	0.09		
阳新县		1.12				34.84	5.24	4.25
大冶市			1.20	1.20		27.98	7.12	3.50
十堰市	**3.50**	**3.40**	**1.50**	**1.50**	**1.30**	**66.77**	**30.70**	**5.70**
十堰市辖区						1.80	0.30	0.10
郧县						13.70	8.50	1.20
郧西县						17.97	13.30	
竹山县	1	1				10	5	
竹溪县	2.10	2	1.50	1.50	1	18.50	3	3.10
房县					0.30	4.80	0.60	1.30
丹江口市	0.40	0.40						
宜昌市	**0.37**	**1.05**	**1.13**	**1.13**		**152.19**	**35.42**	**38.00**
宜昌市辖区								
夷陵区						4		2
宜都市						16.20		4.30
枝江市	0.07		1.13	1.13		82.67	14.80	21.47
当阳市						24	16	5
远安县						3.60	0.60	3
兴山县	0.30	0.15				2.70	0.10	0.80
秭归县						9.92	2.92	1.20
长阳县		0.90				6.80	0.30	0.20
五峰县						2.30	0.70	
襄阳市	**0.30**	**2.90**	**17.50**	**17.50**	**4**	**322.59**	**204.58**	**87.71**
襄阳市辖区	0.10	0.10				29.24	15.26	11.98
襄州区					4	86	70	6
南漳县		0.30	5	5		53	33	20
谷城县						47.83	23.12	17.01
保康县						6.52	1.20	2.72
老河口						22	22	
枣阳市								
宜城市	0.20	2.50	12.50	12.50		78	40	30
鄂州市								
荆门市	**0.24**	**1.86**				**129.89**	**31.98**	**67.12**
荆门市辖区						12.50	4.50	6.30
屈家岭						1.80		1.20
沙洋县	0.24	0.66				44.19	9.88	16.62
钟祥市						71.40	17.60	43
京山县		1.20						
孝感市	**1.46**	**14.62**	**16.40**	**13.40**	**6.85**	**195.09**	**46.83**	**79.53**
孝南区	0.20	0.90				29.90	7	9.60

续表33

项目			硅 肥		其 它	喷施磷酸二氢钾		
	大 豆	花 生		其中:水稻			小 麦	水 稻
孝昌县	0.32	2.42	16.20	13.20	3.25	15.12	2.68	6.23
大悟县	0.64	11.20			3.50	44.17	11.65	12.10
云梦县						27.60	4.30	7.20
应城市	0.30	0.10	0.20	0.20	0.10	9.50		7.50
安陆市						6.70		6.70
汉川市						62.10	21.20	30.20
荆州市	**0.50**	**0.07**	**1.35**	**1.35**		**520.76**	**65.62**	**228**
荆州区			0.80	0.80				
沙市区						17.80	5	5
开发区								
江陵县						71	14	28.50
松滋市	0.50		0.45	0.45		90.36	14.01	31.23
公安县						54.39	12.24	8
石首市						3.60		
监利县						270.41	20.17	154.77
洪湖市		0.07	0.10	0.10		13.20	0.20	0.50
黄冈市	**3.34**	**9.88**	**10.96**	**8.06**	**15.25**	**219.10**	**15.75**	**91.11**
黄州区	0.10					15.88	1.70	3
团风县	0.20	1.77				21.17	0.72	8.10
红安县	0.24	7.21			10.25			
罗田县	0.50	0.50	1.20	0.80		5.30	1.20	1.30
英山县	1.10	0.20	3.10	2.60		39.30	4.40	11.80
浠水县	0.80	0.20				26.90	1.70	13.10
蕲春县	0.40		3.33	3.33	5	4.80		3
黄梅县			2			43.70		26.10
麻城市								
武穴市						54.21	2.67	21.47
龙感湖			1.33	1.33		7.84	3.36	3.24
咸宁市	**0.71**	**0.94**	**0.10**	**0.10**	**12.89**	**22.74**	**1.78**	**11.21**
咸安区	0.11	0.23	0.10	0.10	0.32	5.96	0.27	4.01
嘉鱼县					7			
赤壁市					5.57	6.26	0.01	2.50
通城县	0.30	0.30				4.50	1.50	
崇阳县	0.30	0.30				3.56		2.91
通山县		0.11				2.46		1.79
随州市	**0.46**					**81.24**	**64.30**	**10**
曾都区	0.46					30.10	18	10
随县						45.30	45.30	
广水市						5.84	1	
恩施自治州	**3.11**	**0.21**	**0.20**	**0.05**	**1.82**	**66.90**	**4.83**	**19.33**
恩施市						3		1
利川市	2					27.5		4.20
建始县	0.30					3.15		1.90
巴东县					1	9.19	4.49	1.10
宣恩县	0.30	0.20				8		4
咸丰县	0.30		0.05	0.05	0.82	10.34		3.63
来凤县	0.21	0.01	0.15			4.71		3.50
鹤峰县						1.01	0.34	
仙桃市						**76.45**	**7.36**	**46.33**
潜江市	**0.40**	**0.30**				**130.01**	**28.88**	**31.86**
天门市		**3.89**	**62.78**	**62.78**		**201.12**	**48.75**	**62.78**
神农架林区						**0.21**	**0.16**	**0.02**

续表34

项目									
	棉花	油菜	花生	芝麻	蔬菜	其它	化学调控面积	缩节安(助壮素)	其中:小麦
全省合计	**211.17**	**496.08**	**24.81**	**3.32**	**156.19**	**62.19**	**2937.54**	**372.01**	**65.80**
武汉市	**18.27**	**37.28**	**1.20**	**0.13**	**32.42**	**2.20**	**94.55**	**14.38**	
新洲区	11	23	1.20		15		57.10	7.20	
黄陂区							6.19		
江夏区		10.74					8.94		
蔡甸区	2.80	3.40			14	2.20	10.65	2.50	
东西湖区									
汉南区	4.47	0.14		0.13	3.42		11.67	4.68	
黄石市	**0.17**	**40.21**	**0.01**	**1.21**	**0.02**	**1.18**	**103**	**1.55**	
黄石市辖区	0.06		0.01		0.02		3.37		
阳新县	0.11	22.85		1.21		1.18	91.63	1.55	
大冶市		17.36					8		
十堰市		**15.47**	**2.40**	**1.10**	**9.30**	**2.10**	**109.51**	**2.20**	**1.38**
十堰市辖区		0.20			1.20				
郧县		1			3		36.90		
郧西县		4.67					20.95		
竹山县		2	1		2		1		
竹溪县		5.60	1.10	1.10	2.60	2	28.30	0.80	0.50
房县		2	0.30		0.50	0.10	12		
丹江口市							10.36	1.40	0.88
宜昌市	**15.47**	**31.30**	**0.20**	**0.07**	**28.07**	**3.70**	**156.50**	**22.70**	**0.83**
宜昌市辖区									
夷陵区					2		2	2	
宜都市		7.90			2.10	1.90	23.90		
枝江市	15.47	19	0.20	0.07	11.67		84.28	15.20	0.33
当阳市					2	1	11.57	5.50	0.50
远安县							2		
兴山县		0.70			0.60	0.50	12.75		
秭归县					5.80		10.1		
长阳县		3.10			3.20		4.90		
五峰县		0.60			0.70	0.30	5		
襄阳市		**4.70**			**11.61**	**13.99**	**175.59**	**22.01**	**4.50**
襄阳市辖区		0.20			1.80		10.48	0.91	
襄州区						10	54	10	2
南漳县							25		
谷城县		4.10			2.80	0.80	12.60		
保康县		0.40			2.01	0.19	2.51		
老河口							19.30	3.10	
枣阳市							21	3	
宜城市					5	3	30.70	5	2.50
鄂州市									
荆门市	**15.27**	**11.56**	**0.24**		**2.92**	**0.80**	**186.69**	**15.70**	
荆门市辖区		1.70					23.70	1.70	
屈家岭	0.60						5.40		
沙洋县	4.67	9.86	0.24		2.92		49.49	1.80	
钟祥市	10					0.80	84.20	10.20	
京山县							23.90	2	
孝感市	**12.22**	**21.88**	**13.36**	**0.51**	**15.86**	**4.90**	**187.36**	**26.40**	**4.23**
孝南区	1.50	8.50	0.20	0.10	2.50	0.50	19.76	4	2.20

续表35

项目	棉 花	油 菜	花 生	芝 麻	蔬 菜	其 它	化学调控面积	缩节安(助壮素)	其中:小麦
孝昌县	0.30	2.13	0.86	0.31	2.21	0.4	14.77	0.35	
大悟县	0.02	4.95	12.3	0.10	1.85	1.20	42.21	1.55	1.53
云梦县	1.60	5.70			8.80		11.93	1.20	0.50
应城市	0.60	0.60			0.50	0.30	15.10	3.30	
安陆市							16.99		
汉川市	8.20					2.50	66.60	16	
荆州市	**49.69**	**170.46**	**0.49**		**6.50**		**723.53**	**92.36**	**1.70**
荆州区							59	9	
沙市区	3	2.80			2		15.80	2.80	
开发区									
江陵县	6.50	22					71	6.50	
松滋市	5.13	35.49			4.50		99.73	15.04	1.70
公安县	14.24	19.91					134.89	28	
石首市	2.10	1.50					13	12.80	
监利县	18.22	76.76	0.49				288.14	18.22	
洪湖市	0.50	12					41.97		
黄冈市	**26.96**	**57.08**	**1.69**	**0.30**	**13.77**	**12.44**	**332.17**	**46.28**	**5.88**
黄州区	2.82	2.82			5	0.54	14.10	4.36	
团风县	1.32	7.40	0.32		2.91	0.40	20.55	2.20	
红安县							2.64	0.07	0.02
罗田县		2			0.80		35.80	2.50	2.50
英山县	0.20	7.70	0.30		3.40	11.50	29.20	0.10	
浠水县	1	10	0.10		1		45.8	1.80	
蕲春县	1		0.50	0.30			64.34	2.50	
黄梅县	14.10	3.50					19.01	14.86	
麻城市							14.29	5.89	
武穴市	5.73	23.47	0.47		0.40		68.67	6.80	
龙感湖	0.79	0.19			0.26		17.77	5.20	3.36
咸宁市		**5.36**	**0.11**		**0.50**	**3.78**	**50.33**	**1**	**0.80**
咸安区		1.15			0.43	0.10	3.54		
嘉鱼县									
赤壁市					0.07	3.68	25.2		
通城县		3					15.61	1	0.80
崇阳县		0.65					4.23		
通山县		0.56	0.11				1.75		
随州市	**3.60**				**3.34**		**29.54**	**4.50**	
曾都区	2.10						7.81		
随县							4.33		
广水市	1.50				3.34		17.40	4.50	
恩施自治州		**7.11**	**1.22**		**19.45**	**14.96**	**104.59**	**1.60**	**1.30**
恩施市					2		27		
利川市		3			10.30	10	17.20		
建始县		0.25			1		20.30		
巴东县		1.50	1			1.10	11.30	1.60	1.30
宣恩县		0.20			1.80	2	15.20		
咸丰县		1.26	0.21		3.68	1.56	6.06		
来凤县		0.90	0.01			0.30	3.51		
鹤峰县					0.67		4.02		
仙桃市	**10.27**	**12.49**					**369.08**	**42.08**	**25.18**
潜江市	**24.75**	**29.98**			**12.40**	**2.14**	**152.57**	**24.75**	
天门市	**34.50**	**51.20**	**3.89**				**162.33**	**54.50**	**20**
神农架林区					**0.03**		**0.20**		

续表36

项目	棉 花	多效唑	其中:小麦	水 稻	棉 花	油 菜	花 生	乙烯利	其中:棉花催熟
全省合计	**282.08**	**1379.74**	**155.81**	**631.48**	**91.10**	**418.06**	**32.06**	**66.62**	**63.99**
武汉市	**14.38**	**18.79**	**1.26**	**3.10**	**0.13**	**13.80**	**0.50**	**2.66**	**2.66**
新洲区	7.20	12	1.20			10.30	0.50		
黄陂区									
江夏区		4.50	0.01	2.49		2			
蔡甸区	2.50	2.05	0.05	0.50		1.50			
东西湖区									
汉南区	4.68	0.24		0.11	0.13			2.66	2.66
黄石市	**1.55**	**29.85**	**4.14**	**23.36**	**1.85**		**0.50**	**1.33**	**1.33**
黄石市辖区									
阳新县	1.55	26.85	4.14	20.86	1.85			1.33	1.33
大冶市		3		2.50			0.50		
十堰市		**22.65**	**2.98**	**8.20**		**8.20**	**1.70**	**0.60**	
十堰市辖区									
郧县		4.30		3.50		0.80			
郧西县		3.90		1.50		2.40			
竹山县		1	1						
竹溪县		8.40		3.20		4.20	1		
房县		2.60	1.10			0.80	0.70	0.60	
丹江口市		2.45	0.88						
宜昌市	**19.87**	**37.08**	**3.37**	**8.67**	**0.07**	**16.80**	**4.17**	**0.27**	**0.07**
宜昌市辖区									
夷陵区									
宜都市		7.90		3.80		4.10			
枝江市	14.87	6.68	0.07	0.47	0.07	5.20	0.87	0.07	0.07
当阳市	5	6				3	3		
远安县		2	0.30	1		0.50			
兴山县		1.50		0.20		0.50		0.20	
秭归县		5.10	3	2.10					
长阳县		4.90		1.10		3.50	0.30		
五峰县		3							
襄阳市	**15.51**	**60.58**	**12.50**	**17.01**	**4.70**	**9.40**	**7.90**	**1.20**	**1.20**
襄阳市辖区	0.91	2.17		1.20		0.80	0.10	0.20	0.20
襄州区	6	32	8	6		3	6		
南漳县									
谷城县		3.50		0.80		2.10	0.60		
保康县		0.01		0.01					
老河口	3.10	3.20			3.20			1	1
枣阳市	3	9	3	5		1			
宜城市	2.50	10.70	1.50	4	1.50	2.50	1.20		
鄂州市									
荆门市	**15.70**	**141.90**	**24.18**	**53.30**	**9.87**	**52.22**	**2.33**	**4.95**	**4.62**
荆门市辖区	1.70	22	1	10		11			
屈家岭		5.40	3.30	2.10					
沙洋县	1.80	42.80	4.48	18.20	0.87	18.42	0.83	1.35	1.32
钟祥市	10.2	66.3	15	18	9	22.8	1.50	1.50	1.50
京山县	2	5.40	0.40	5				2.10	1.80
孝感市	**18.17**	**112.18**	**22.91**	**36**	**15.52**	**8.11**	**12.94**	**1.96**	**1.05**
孝南区	1.80	11.30	1.50	5.80	1.20	2.60	0.20	0.20	

续表37

项目	棉花	多效唑	其中:小麦	水稻	棉花	油菜	花生	乙烯利	其中:棉花催熟
孝昌县	0.35	9.89	0.42	7	0.32	1.23	0.92	0.43	0.35
大悟县	0.02	34.30	3.60	17.20		1.68	11.82		
云梦县	0.70	6.70	0.60	3.50		2.60		0.43	
应城市	3.30	2.80	0.30	2.50				0.90	0.70
安陆市		16.99	16.49		0.50				
汉川市	12	30.20			13.50				
荆州市	**77.86**	**486.99**	**46.69**	**256.48**	**34.48**	**149.27**	**0.07**	**28.60**	**28.60**
荆州区	9	44	6	20	6	12			
沙市区	2.80	13	6	7					
开发区									
江陵县	6.50	64.5	14	28.50		22			
松滋市	13.34	34.33	0.52	15.21		18.60		0.60	0.60
公安县	28	48.39			28.48	19.91		28	28
石首市									
监利县	18.22	251.7	20.17	154.77		76.76			
洪湖市		31.07		31			0.07		
黄冈市	**38.39**	**161.84**	**7.79**	**86.61**	**0.65**	**52.48**	**1.62**	**1.98**	**1.98**
黄州区	4.36	7.85		4.15		3.39		0.67	0.67
团风县	2.10	3.40		2.45			0.67	0.31	0.31
红安县	0.05	1.23			0.25	0.23	0.75		
罗田县		12	3	5.50		3.50			
英山县	0.10	14.9		11.20	0.10	3.50	0.10		
浠水县	1.50	32		13	0.30	6.50	0.10		
蕲春县	2.50	37		22		15		1	1
黄梅县	14.30	0.50				0.50			
麻城市	5.89	4.20				4.20			
武穴市	6.80	41.97	1.43	25.07		15.47			
龙感湖	0.79	6.79	3.36	3.24		0.19			
咸宁市		**17.54**	**0.30**	**8.79**		**5.63**	**0.30**	**0.27**	
咸安区		1.28		0.28		0.90	0.10		
嘉鱼县									
赤壁市		2.52							
通城县		11.5	0.30	7		4	0.20	0.10	
崇阳县		1.90		1.17		0.73			
通山县		0.34		0.34				0.17	
随州市	**4.50**	**7.81**		**5**	**2.81**			**0.20**	**0.20**
曾都区		7.81		5	2.81				
随县									
广水市	4.50							0.20	0.20
恩施自治州		**15.38**		**7.74**		**5.94**	**0.03**		
恩施市		6		3		3			
利川市		2		1		1			
建始县		2		0.80		0.20			
巴东县									
宣恩县		2.70		1.50		1.20			
咸丰县		0.50		0.24		0.26			
来凤县		1.51		1.20		0.28	0.03		
鹤峰县		0.67							
仙桃市	**16.90**	**141.74**	**8.33**	**63.73**	**21.92**	**45.66**			
潜江市	**24.75**	**55.41**	**1.37**	**23.49**		**30.55**		**22.60**	**22.28**
天门市	**34.50**	**70**	**20**	**30**		**20**			
神农架林区									

续表38

项目	4.802	其中:棉花	生物有机肥	其中:小麦	水稻	玉米	棉花	油菜
全省合计	**134.17**	**123.80**	**602.76**	**99.91**	**226.22**	**68.31**	**49.18**	**114.97**
武汉市	**1.80**	**1.80**	**35.45**	**1.02**	**14.98**	**3.32**	**2.33**	**10**
新洲区	0.70	0.70	25	0.80	9.40		1	10
黄陂区								
江夏区			4.05		3.28	0.77		
蔡甸区	1.10	1.10	3.50		2.30	1.20		
东西湖区								
汉南区			2.90	0.22		1.35	1.33	
黄石市	**1.19**	**1.19**	**31.49**	**3.78**	**8.97**	**3.73**	**0.78**	**9.23**
黄石市辖区	0.01	0.01	0.45		0.35			0.10
阳新县	1.18	1.18	26.04	3.78	8.62	3.73	0.78	9.13
大冶市			5					
十堰市			**68.76**	**25.31**	**10.99**	**20.91**		**8.10**
十堰市辖区								
郧县			27.10	16.5	3.50	6.50		0.60
郧西县			16.35	4.83	1.52	6.90		2.40
竹山县								
竹溪县			14.60	1.50	3.50	5.10		4.50
房县			6.20	1.60	1.90	1.50		0.60
丹江口市			4.51	0.88	0.57	0.91		
宜昌市	**18.13**	**10.13**	**47.40**	**5.67**	**12.33**	**9.30**	**6.60**	**11.80**
宜昌市辖区								
夷陵区								
宜都市			16	0.50	3.70	5.60		6.20
枝江市	18.13	10.13	20.20	2.07	5.93	0.80	6.60	4.80
当阳市								
远安县								
兴山县			4.20	0.10	0.70	0.90		0.80
秭归县			5	3	2			
长阳县								
五峰县			2			2		
襄阳市	**1**	**1**	**59.80**	**22.62**	**29.71**	**4.05**	**1.10**	**2.22**
襄阳市辖区			5	2	2	0.50	0.10	0.30
襄州区								
南漳县			25	10	15			
谷城县			4.30	0.60	1.80	1.30		0.60
保康县			2.50	0.02	0.91	0.25		1.32
老河口			7	3	2	2		
枣阳市			6	3	3			
宜城市	1	1	10	4	5		1	
鄂州市								
荆门市	**5.16**	**5.12**	**5.52**	**0.60**	**2.50**		**0.50**	
荆门市辖区								
屈家岭								
沙洋县	1.26	1.22	1.32					
钟祥市	2.60	2.60						
京山县	1.30	1.30	4.20	0.60	2.50		0.50	
孝感市	**13.52**	**11.60**	**8.80**	**0.75**	**3.20**		**3.33**	**1.52**
孝南区	0.02		3.20	0.50	1.20		0.30	1.20

续表39

项目	4.802	其中:棉花	生物有机肥	其中:小 麦	水 稻	玉 米	棉 花	油 菜
孝昌县			0.43		0.08		0.03	0.32
大悟县			0.77	0.25	0.52			
云梦县								
应城市	1.40	1.40	1.80		1.40		0.40	
安陆市								
汉川市	12.10	10.20	2.60				2.60	
荆州市	**61.66**	**61.66**	**21.03**	**0.88**	**14.20**	**1.32**	**1.58**	**3.05**
荆州区								
沙市区								
开发区								
江陵县								
松滋市	13.34	13.34	17.83	0.88	11	1.32	1.58	3.05
公安县	28	28						
石首市								
监利县	18.22	18.22						
洪湖市	2.10	2.10	3.20		3.20			
黄冈市	**5.66**	**5.25**	**80.19**	**11.68**	**35.44**	**2.05**	**6.85**	**19.77**
黄州区			0.55			0.55		
团风县	0.86	0.86	6.90		4.80		0.40	1.60
红安县			0.81	0.25			0.02	0.54
罗田县			15.50	5	7			3.50
英山县			14.20	1.60	5.10	0.30	0.10	3.60
浠水县			12	1.70	3	1	3	3
蕲春县			8	0.30	5	0.20	1	1
黄梅县	3.60	3.60						
麻城市								
武穴市			19.90	1.50	9.87		2.13	6.40
龙感湖	1.20	0.79	2.33	1.33	0.67		0.20	0.13
咸宁市			**24**	**1.40**	**18.76**	**0.20**		**2.17**
咸安区			2.26		1.32	0.20		0.37
嘉鱼县								
赤壁市			16.30		15.2			
通城县			1.90	0.30	1			0.60
崇阳县			2.30	1.10				1.20
通山县			1.24		1.24			
随州市	**1.30**	**1.30**	**7.23**	**1.20**	**1.83**		**1.20**	**3**
曾都区								
随县	1.30	1.30	3.03	1.20	1.83			
广水市			4.20				1.20	3
恩施自治州			**56.46**		**14.95**	**18.43**		**11.11**
恩施市			14		2	3		1
利川市			13.20		5	5		3.20
建始县			12.30		3	2		4
巴东县			5.10		0.50	3.80		0.80
宣恩县			6.50		3	3		0.50
咸丰县			0.59		0.23	0.24		0.12
来凤县			1.42		0.55	0.72		0.15
鹤峰县			3.35		0.67	0.67		1.34
仙桃市			**147.29**	**23.27**	**55.33**	**5**	**20.33**	**33**
潜江市	**24.75**	**24.75**	**6.01**	**1.73**	**3.03**		**1.25**	
天门市			**3.33**				**3.33**	
神农架林区								

续表40

项目	棉花应用调节安面积	棉花应用壮苗素．床草净	2.4-D	坐果灵	赤霉素	其 它
全省合计	**86.16**	**91.61**	**39.13**	**63.20**	**53.69**	**48.44**
武汉市	**4.53**	**0.90**	**0.37**	**4.96**	**10.51**	**0.20**
新洲区	3.20				9	
黄陂区	1.33	0.90	0.33	2.10	1.33	0.20
江夏区				0.21	0.18	
蔡甸区				1.50		
东西湖区						
汉南区			0.04	1.15		
黄石市	**1.81**	**0.78**	**21.72**	**5.26**	**6.82**	**1.20**
黄石市辖区	0.03			1.58	0.10	1.20
阳新县	1.78	0.78	21.72	3.68	6.72	
大冶市						
十堰市				**6.70**	**2**	**6.60**
十堰市辖区						
郧县				4	0.50	1
郧西县				0.70		
竹山县						
竹溪县					1.50	3
房县						2.60
丹江口市				2		
宜昌市	**14.87**	**0.13**	**9.18**	**3.40**	**1.13**	**2.20**
宜昌市辖区						
夷陵区						
宜都市						
枝江市	14.87	0.13	8.53	0.13	0.33	
当阳市				0.07		
远安县						
兴山县			0.65	3.20	0.80	2.20
秭归县						
长阳县						
五峰县						
襄阳市	**9.10**	**7.10**	**1**	**9.50**	**1.80**	**2.50**
襄阳市辖区	0.10	0.10	1	1		
襄州区	5	2		3		2
南漳县						
谷城县				2.50	1.80	0.50
保康县						
老河口		4		1		
枣阳市	3					
宜城市	1	1		2		
鄂州市						
荆门市	**5.22**	**0.44**		**4.20**	**3.60**	
荆门市辖区						
屈家岭						
沙洋县	0.62	0.34				
钟祥市	3.60					
京山县	1	0.10		4.20	3.60	
孝感市	**7.12**	**4.40**	**0.35**	**3.83**	**3.18**	**5.62**
孝南区	0.40	0.40	0.05	0.08	0.06	0.05

续表41

项目	棉花应用调节安面积	棉花应用壮苗素．床草净	2.4-D	坐果灵	赤霉素	其 它
孝昌县	0.02			0.82	1.63	1.20
大悟县				2.63	1.34	1.62
云梦县	1.20					2.40
应城市	3.20	0.80	0.30	0.30	0.15	0.15
安陆市						
汉川市	2.30	3.20				0.20
荆州市	**22.72**	**3.63**	**2.66**	**2.17**	**1.21**	**0.50**
荆州区	6					
沙市区						
开发区						
江陵县						
松滋市	11.12	3.43	1.66	1.67	0.71	
公安县			1	0.50	0.50	0.50
石首市		0.20				
监利县						
洪湖市	5.60					
黄冈市	**10.22**	**3.51**		**0.67**	**7.84**	**13.98**
黄州区				0.67		
团风县	2.62	2.56			0.50	1.20
红安县	0.01	0.01				0.51
罗田县	0.10	0.10				5.60
英山县						
浠水县						
蕲春县	2.50				6.67	6.67
黄梅县		0.05				
麻城市	4.20					
武穴市						
龙感湖	0.79	0.79			0.67	
咸宁市			**0.31**	**0.33**	**0.70**	**6.18**
咸安区						
嘉鱼县						
赤壁市				0.20		6.18
通城县			0.31	0.13	0.67	
崇阳县					0.03	
通山县						
随州市	**4.50**	**3.20**	**0.30**	**0.50**		
曾都区						
随县						
广水市	4.50	3.20	0.30	0.50		
恩施自治州			**2**	**15.15**	**4.54**	**9.46**
恩施市				4		3
利川市				1	1	
建始县				3		3
巴东县			2	1	0.60	1
宣恩县				6		
咸丰县				0.03	2.58	2.36
来凤县				0.12	0.36	0.10
鹤峰县						
仙桃市	**3.05**	**18.29**		**6.33**	**10.30**	
潜江市	**3.02**	**14.73**	**1.14**	**0.10**	**0.06**	
天门市		**34.50**				
神农架林区			**0.10**	**0.10**		

续表42

项目	种子包衣面积	小 麦	水 稻	玉 米	棉 花	油 菜	其 它
全省合计	**1378.68**	**301.68**	**327.07**	**348.37**	**324.57**	**51.40**	**25.60**
武汉市	**106.34**	**3.80**	**60.13**	**12.16**	**20.97**	**7.93**	**1.35**
新洲区	18.37	2.20			11.67	4.50	
黄陂区	62.93		60.13	0.67	1.33		0.80
江夏区	2.75			2.75			
蔡甸区	13.90	1.60		5.39	2.98	3.43	0.50
东西湖区							
汉南区	8.39			3.35	4.99		0.05
黄石市	**17.92**	**4.03**	**1.60**	**8.53**	**3.46**		**0.30**
黄石市辖区	1.07	0.03	0.61	0.06	0.08		0.30
阳新县	8.25			6.47	1.78		
大冶市	8.60	4	1	2	1.60		
十堰市	**78.70**	**20.59**	**10.20**	**36.21**		**5.20**	**6.50**
十堰市辖区	0.84	0.49		0.35			
郧县	13	9.50		3.50			
郧西县	10.25	4.40		5.85			
竹山县							
竹溪县	23.30	2	3.20	11		3	4.10
房县	25	4.20	7	9.20		2.20	2.40
丹江口市	6.31			6.31			
宜昌市	**147.29**	**14.33**	**20.62**	**84.87**	**19.84**	**2.97**	**4.67**
宜昌市辖区							
夷陵区	12			12			
宜都市	10.87			10.87			
枝江市	46.67	12.13	12.47	5.47	14.47	1.47	0.67
当阳市	27.67	1.80	1	16.50	5.37		3
远安县	10		7	3			
兴山县	6.70			6.70			
秭归县							
长阳县	16.60	0.10	0.15	16.35			
五峰县	16.78	0.30		13.98		1.50	1
襄阳市	**259.34**	**120.50**	**35.34**	**79.13**	**20.77**		**3.60**
襄阳市辖区	15.10	12.50	0.33	1.90	0.37		
襄州区	59	20	5	250	6		3
南漳县	10.10		10		0.10		
谷城县	49.02	23	17.01	9.01			
保康县	13.22			13.22			
老河口	21	5	3	8	5		
枣阳市	66.30	50		12	4.30		
宜城市	25.60	10		10	5		0.60
鄂州市							
荆门市	**30.90**	**4.40**	**2.80**	**6.30**	**16.80**		**0.60**
荆门市辖区							
屈家岭	4.50	1.20		0.40	2.90		
沙洋县	3				2.40		0.60
钟祥市	20.40	3.20	2.80	4.90	9.50		
京山县	3			1	2		
孝感市	**42.30**	**7.72**	**12.98**	**0.02**	**21.03**	**0.20**	**0.35**
孝南区	13.02	4.30	7.50	0.02	1	0.20	

续表43

项目	种子包衣面积	小 麦	水 稻	玉 米	棉 花	油 菜	其 它
孝昌县	1.21				0.86		0.35
大悟县	1.22	0.62	0.58		0.02		
云梦县	8.75	2.80	4.10		1.85		
应城市	4.10		0.80		3.30		
安陆市	1				1		
汉川市	13				13		
荆州市	**191.22**	**30.22**	**51.15**	**2.46**	**89.31**	**17.43**	**0.65**
荆州区	61	13	23		9	16	
沙市区	6.57	3.50			3.07		
开发区							
江陵县							
松滋市	22.15	0.82	4.15	1.76	13.34	1.43	0.65
公安县	28.48				28.48		
石首市	12	1.60			10.4		
监利县	18.22				18.22		
洪湖市	42.80	11.30	24	0.70	6.80		
黄冈市	**119.98**	**7.94**	**61.79**	**1.67**	**41.08**	**3.29**	**4.21**
黄州区	7.18			0.55	4.53	2.10	
团风县	25.81	0.15	22.75	0.05	2.86		
红安县	2.54	1.33					1.21
罗田县	0.40			0.20	0.20		
英山县	0.60	0.10		0.30	0.20		
浠水县	0.40			0.30	0.10		
蕲春县	38.47	1	28.8	0.27	4.40	1	3
黄梅县	14				14		
麻城市	7.20				7.20		
武穴市	15.80	2	7		6.80		
龙感湖	7.58	3.36	3.24		0.79	0.19	
咸宁市	**9.55**	**1.11**	**1.74**	**2.54**	**0.53**	**2.63**	**1**
咸安区	1.35		0.27	0.40	0.15		0.53
嘉鱼县	1.10	0.25	0.05	0.21	0.06	0.53	
赤壁市	2.07	0.10				1.50	0.47
通城县	1.15	0.50	0.50	0.15			
崇阳县	0.53			0.21	0.32		
通山县	3.35	0.26	0.92	1.57		0.60	
随州市	**57.39**	**43.31**	**1.70**	**3.53**	**8.85**		
曾都区	2.20				2.20		
随县	50.19	43.31	1.70	2.53	2.65		
广水市	5			1	4		
恩施自治州	**157.40**	**0.10**	**47.71**	**98.70**		**9.10**	**1.79**
恩施市	30		8	14		8	
利川市	38.60	0.10	10	28.50			
建始县	3.33		1.80			1.10	0.43
巴东县	25.83		1.90	23.93			
宣恩县	18.10		8.57	9.53			
咸丰县	15.68		6.84	7.48			1.36
来凤县	15.15		8.63	6.52			
鹤峰县	10.71		1.97	8.74			
仙桃市	**45.04**	**17.29**		**5.07**	**22.68**		
潜江市	**71.54**	**22.81**	**19.13**	**1.62**	**24.75**	**2.65**	**0.58**
天门市	**41.49**	**3.33**	**0.15**	**3.51**	**34.50**		
神农架林区	**2.28**	**0.20**	**0.03**	**2.05**			

续表44

项目	化学除草剂使用面积	小 麦	水 稻	玉 米	棉 花	油 菜	花 生	芝 麻
全省合计	**4881.19**	**886.94**	**1877.85**	**354.31**	**315.44**	**909.14**	**116.12**	**30**
武汉市	**288.61**	**20.49**	**145.53**	**14.45**	**18.72**	**56.44**	**11.51**	**7.75**
新洲区	90.80	10	41		9	22	1.50	0.80
黄陂区	97.04	4.06	60.13	0.86	1.93	20.67	7.33	2.06
江夏区	53.01	1.75	30	4.53		10.74	1.99	4
蔡甸区	35.66	2.80	13.96	5.30	2.80	2.70	0.50	0.60
东西湖区								
汉南区	12.10	1.88	0.44	3.76	4.99	0.33	0.19	0.29
黄石市	**156.06**	**10.39**	**86.52**	**10.33**	**2.78**	**39.39**	**1.05**	**1.92**
黄石市辖区	1.84	0.10					0.02	0.16
阳新县	83.95	3.17	46.49	6.17	1.18	22.03	1.03	1.76
大冶市	70.27	7.12	40.03	4.16	1.60	17.36		
十堰市	**133.41**	**42.73**	**20.44**	**28.33**		**16.56**	**1.90**	**1**
十堰市辖区	0.65	0.26	0.08	0.31				
郧县	30	16.50	4.50	5.50				
郧西县	26.07	13.27	3	2.60		5.60		
竹山县								
竹溪县	34.90	2.60	5.20	9.20		8.20	1.50	1
房县	32	7	7.60	9		2.60	0.40	
丹江口市	9.79	3.10	0.06	1.72		0.16		
宜昌市	**331.12**	**32.33**	**74.99**	**81.45**	**17.73**	**68.08**	**5.73**	**1.10**
宜昌市辖区								
夷陵区	44		9	16		8	1	
宜都市	23.15		4.30	9.80		8.35		
枝江市	62.20	13.33	20.67	2.20	14.73	10.13	0.73	0.20
当阳市	122.76	16	29.46	16	3	24	3.50	0.80
远安县	17.2	0.60	7	3.60		6		
兴山县	17.05	0.15	2.10	6.50		3.60		
秭归县	0.60						0.50	0.10
长阳县	28.82	1.65	2.22	16.35		6.50		
五峰县	15.34	0.60	0.24	11		1.50		
襄阳市	**636.95**	**280.32**	**142.34**	**112.96**	**22.45**	**30.58**	**20.87**	**2.32**
襄阳市辖区	57.60	25.66	16.98	6.30	0.30	2.26	0.60	
襄州区	180.50	70	40	34	9	3.50	11	1
南漳县	72.15	34	22.90	12	0.15	2.30	0.40	0.40
谷城县	55.01	23.12	17.01	9.01		4.10	0.67	
保康县	11.09	3.54	2.95	2.65		0.42	0.20	0.02
老河口	53	24		11	5	6	2	
枣阳市	98	60	12	23	3			
宜城市	109.60	40	30.50	15	5	12	6	0.90
鄂州市								
荆门市	**395.55**	**93.58**	**164.92**	**9.70**	**19.74**	**91.36**	**6.74**	**1.02**
荆门市辖区	45.4	6.10	22.7	0.33	1.50	13.67	1	0.10
屈家岭	16.18	8.06	2.68	1.40	3.50	0.34	0.10	0.10
沙洋县	104.12	15.42	45.74	0.97	3.24	36.45	0.64	0.42
钟祥市	126.20	32	42.80	5	8.50	32.90	4	0.20
京山县	103.65	32	51	2	3	8	1	0.20
孝感市	**373.92**	**80.23**	**172.32**	**0.39**	**20.04**	**46.68**	**22.34**	**2.05**
孝南区	55	7.20	26.50	0.10	2.50	10.20	0.60	0.40

续表45

项目	化学除草剂使用面积	小麦	水稻	玉米	棉花	油菜	花生	芝麻
孝昌县	41.56	13.23	17.2	0.02	0.42	7.50	1.32	0.65
大悟县	61.38	11.20	21.42	0.02	0.02	5.30	19.52	0.20
云梦县	39.45	4.60	18.70			5.60		
应城市	58.50	7.50	28	0.10	3.10	12	0.3	0.60
安陆市	49.13	16.20	24.90	0.15	1	6.08	0.60	0.20
汉川市	68.90	20.30	35.60		13			
荆州市	**818.40**	**104.43**	**383.32**	**9.25**	**83.52**	**206.36**	**0.79**	**2.70**
荆州区	61	13	23	1	9	13		
沙市区	23.93	6.60	8.68		3.07	3.46		
开发区								
江陵县	71	14	28.50		6.50	22		
松滋市	116.66	14.01	42.22	5.85	13.34	35.18	0.21	0.35
公安县	80.12	12	33.46	0.26	14.24	19.91	0.09	0.16
石首市	57.30	1.20	31.50		12	12.60		
监利县	271.19	20.17	154.77	0.78	18.22	76.76	0.49	
洪湖市	137.20	23.45	61.19	1.36	7.15	23.45		2.19
黄冈市	**591.42**	**55.82**	**265.30**	**3.55**	**39.5**	**160.74**	**33.58**	**4.57**
黄州区	19.99	5.50	5.40	1	4.30	3.39	0.10	0.10
团风县	41.03	3.32	22.7	0.05	2.86	8.60	1.70	1
红安县	59.02	3.91	20.05		0.52	14.16	16.25	
罗田县	49.10	9.20	18.50	0.20	0.20	9.50	1.50	1.20
英山县	32.80	4.40	11.90	0.70	0.20	7.70	0.20	0.10
浠水县	32.85	1	6.85		1.80	23		
蕲春县	94.47	1	57	0.27	4.40	26	0.50	0.30
黄梅县	81.36	4.90	48.76		10.30	17.40		
麻城市	121.76	16	48.60	1	7.330	32	13.33	1.87
武穴市	51.46	3.23	22.30	0.33	6.80	18.8		
龙感湖	7.58	3.36	3.24		0.79	0.19		
咸宁市	**187.50**	**1.35**	**115.59**	**6.76**	**0.50**	**31.08**	**3.74**	**2.23**
咸安区	47.91	0.16	21.33	1.12	0.10	17.58	2.36	1.38
嘉鱼县	39.33		19	0.90		3.80	0.17	0.66
赤壁市	21.92		18.70	0.12		1.70	0.19	0.19
通城县	38.85	1	27	0.40	0.15	6	0.80	
崇阳县	34.15		24.87	3.87	0.25	2	0.16	
通山县	5.34	0.19	4.69	0.35			0.06	
随州市	**235.90**	**89.17**	**102.67**	**5.23**	**13.24**	**14.57**	**3.16**	**1.65**
曾都区	40.51	19.01	16	1	2.50	2		
随县	136.27	53.49	57.32	3.56	6.24	7.24	3.16	1.65
广水市	59.12	16.67	29.35	0.67	4.50	5.33		
恩施自治州	**231.88**	**1.40**	**40.94**	**59.83**		**17.69**	**0.14**	
恩施市	44		9			10		
利川市	40.50		6	9		1		
建始县	21.50		2.50	7				
巴东县	24.60	1.40	1.60	15				
宣恩县	16.30		8	7		0.50		
咸丰县	23.23		7.63	8.64		0.34	0.12	
来凤县	14.22		4.20	4.40		2.50	0.02	
鹤峰县	47.53		2.01	8.79		3.35		
仙桃市	**140.99**		**64.10**	**6.12**	**22.68**	**48.09**		
潜江市	**122.11**	**25.94**	**36.07**	**0.45**	**20.04**	**30.32**	**0.68**	**0.45**
天门市	**235.34**	**48.75**	**62.78**	**3.51**	**34.50**	**51.20**	**3.89**	**1.24**
神农架林区	**2.03**	**0.01**	**0.02**	**2**				

续表46

项目				生物农药施用面积	灯光诱蛾防治面积	优质稻大田应用面积	棉田应用面积	蔬菜田(地)应用面积
	麻 类	蔬 菜	其 它					
全省合计	**0.43**	**225.88**	**165.07**	**1136.83**	**306.43**	**146.95**	**93.61**	**65.87**
武汉市		**11.22**	**2.50**	**142.41**	**8.76**		**2.70**	**6.06**
新洲区		6.50		30.50	5.20		2.40	2.80
黄陂区				78.79	1.10		0.30	0.80
江夏区				18	0.84			0.84
蔡甸区		4.50	2.50	14.50	1.50			1.50
东西湖区								
汉南区		0.22		0.62	0.12			0.12
黄石市		**3.68**		**13.72**	**5.09**	**0.90**	**1.21**	**2.98**
黄石市辖区		1.56			0.28		0.08	0.20
阳新县		2.12		10.22	2.91		1.13	1.78
大冶市				3.50	1.90	0.90		1
十堰市		**4.20**	**18.25**	**47.32**	**21.46**	**7.20**		**14.26**
十堰市辖区				0.33	0.10			0.10
郧县			3.50	13	9.60			9.60
郧西县			1.60					
竹山县					0.02			0.02
竹溪县		2.20	5	16.50	7	5		2
房县		2	3.40	10.80	4.20	2.20		2
丹江口市			4.75	6.69	0.54			0.54
宜昌市		**26.50**	**23.20**	**154.53**	**20.60**	**5.70**	**3.73**	**11.17**
宜昌市辖区								
夷陵区		10		10	1.50	1		0.50
宜都市		0.70		2.50	1.60			1.60
枝江市		0.20		25.80	1.80	0.87	0.73	0.20
当阳市		10	20	95	7	3.33	3	0.67
远安县				0.30	0.50	0.50		
兴山县		3.50	1.20	6.60	3.20			3.20
秭归县				3.33				
长阳县		2.10			3			3
五峰县			2	11	2			2
襄阳市		**17.31**	**7.80**	**57.82**	**3.90**		**0.50**	**3.40**
襄阳市辖区		5	0.50	8.20	0.10			0.10
襄州区		7	5					
南漳县								
谷城县		0.30	0.80	25.10	0.80			0.80
保康县		0.01	1.30	0.52				
老河口		5		12.50	1		0.50	0.50
枣阳市								
宜城市			0.20	11.50	2			2
鄂州市								
荆门市		**6.24**	**2.25**	**12.10**	**11.29**		**10.73**	**0.56**
荆门市辖区				10				
屈家岭					0.60		0.60	
沙洋县		1.24			0.19		0.13	0.06
钟祥市			0.80	1.10	9.50		9	0.50
京山县		5	1.45	1	1		1	
孝感市		**27.87**	**2**	**53.55**	**28.17**	**7.80**	**13.80**	**6.57**
孝南区		7	0.50	2.50	7.10	5.20	1.50	0.40

续表47

项目	麻类	蔬菜	其它	生物农药施用面积	灯光诱蛾防治面积	优质稻大田应用面积	棉田应用面积	蔬菜田(地)应用面积
孝昌县		0.42	0.80	8.65				
大悟县		3.50	0.20	4.50	0.67			0.67
云梦县		10.55		35.80	3.70	1.20		2.50
应城市		6.40	0.50	1.80	1.60	1.40		0.20
安陆市				0.30	1.30			1.30
汉川市					13.80		12.30	1.50
荆州市		**21.31**	**6.72**	**103.2**	**97.34**	**44.85**	**49.98**	**2.51**
荆州区		2						
沙市区		2.10	0.02	10.20	0.20			0.20
开发区								
江陵县				1.50	1.10	0.50	0.50	0.10
松滋市		5.50		78.10	36.87	26.67	10	0.20
公安县					28.48		28.48	
石首市					12		10	2
监利县					16	15	1	
洪湖市		11.71	6.70	13.40	2.69	2.68		0.01
黄冈市	**0.03**	**7.90**	**20.43**	**180.70**	**65.92**	**50.94**	**10.36**	**4.62**
黄州区				19.80	1.02		0.42	0.60
团风县			0.70	25.60	14.80	13.60		1.20
红安县			4.13	20.14				
罗田县		5.80	3	8.20	6	4		2
英山县			7.60	56.34	0.30			0.30
浠水县		0.20		5.50	5	4	1	
蕲春县			5	20	6.67	6.67		
黄梅县				6.80	23.30	20	3.30	
麻城市	0.03	1.60						
武穴市				10.40	5.10		4.85	0.25
龙感湖				7.92	3.73	2.67	0.79	0.27
咸宁市	**0.40**	**20.52**	**5.33**	**34.34**	**10.83**	**5.68**	**0.40**	**4.75**
咸安区		3.52	0.36	0	3.15	3.15		
嘉鱼县	0.40	10.50	3.90	7	2.60			2.60
赤壁市			1.02	7.20	2.05	2		0.05
通城县		3.50		14.30	0.53	0.53		
崇阳县		3		2.70	2.50		0.40	2.10
通山县		0	0.05	3.14				
随州市		**4.91**	**1.30**	**29.20**	**2.13**			**2.13**
曾都区								
随县		2.31	1.30	29.20	2.13			2.13
广水市		2.6						
恩施自治州		**52.21**	**59.67**	**56.85**	**6.86**			**6.86**
恩施市		15	10					
利川市		14.50	10	20	4.10			4.10
建始县		8	4		0.50			0.50
巴东县		2.60	4					
宣恩县			0.80	2.50	0.50			0.50
咸丰县		3.68	2.82	13.26	0.56			0.56
来凤县		2.50	0.60	3.11	1.20			1.20
鹤峰县		5.93	27.45	17.98				
仙桃市				**89.29**	**3.88**	**3.88**		
潜江市		**8.16**		**0.60**	**0.20**		**0.20**	
天门市		**13.85**	**15.62**	**159.88**	**20**	**20**		
神农架林区				**1.32**				

续表48

项目	节水灌溉技术应用面积	其中:蔬菜滴管灌溉面积	科技示范园(场)个数	面积	县(市)科技示范园个数	面积	乡镇科技示范场个数	面积
全省合计	**359.43**	**56.18**	**934**	**5273.08**	**305**	**3944.65**	**629**	**1328.43**
武汉市	**43.92**	**10.67**	**113**	**1826.62**	**46**	**1806.85**	**67**	**19.77**
新洲区	3	1.80	62	6.80	20	4	42	2.80
黄陂区	26		15	1816	4	1800	11	16
江夏区	5	1	24	3.56	17	2.59	7	0.97
蔡甸区	3.50	2.50	2	0.23	2	0.23		
东西湖区	6	5	8		1		7	
汉南区	0.42	0.37	2	0.03	2	0.03		
黄石市	**12.77**	**5.51**	**27**	**7.27**	**4**	**4.23**	**23**	**3.04**
黄石市辖区	2.60	0.30	1	0.11			1	0.11
阳新县	10.17	5.21	25	7.05	3	4.12	22	2.93
大冶市			1	0.11	1	0.11		
十堰市	**46.48**	**1.69**	**78**	**0.85**	**21**	**0.25**	**57**	**0.60**
十堰市辖区	0.16	0.11	2	0.20			2	0.20
郧县	28		6	0.04	1	0.01	5	0.03
郧西县			1	0.01	1	0.01		
竹山县	1.04	0.04	6		2		4	
竹溪县	2	0.20	2	0.27	1	0.10	1	0.17
房县	13.60		35		8		27	
丹江口市	1.68	1.34	26	0.33	8	0.13	18	0.20
宜昌市	**15.77**	**1.97**	**118**	**216.06**	**34**	**201.57**	**84**	**14.49**
宜昌市辖区								
夷陵区	0.20	0.20	1	0.10	1	0.10		
宜都市	1		55	1.88	20	0.78	35	1.10
枝江市	1.87	1.47	6	0.50	4	0.30	2	0.20
当阳市	4.85		2	2.02	1	0.02	1	2
远安县			2	0.03	2	0.03		
兴山县	6.85	0.10	1	0.05	1	0.05		
秭归县			37	1.36	2	0.17	35	1.19
长阳县			13	10.12	2	0.12	11	10
五峰县	1	0.20	1	200	1	200		
襄阳市	**42.86**	**6.91**	**65**	**20.65**	**18**	**0.87**	**47**	**19.78**
襄阳市辖区	0.66	0.41	7	0.60	4	0.60	3	
襄州区								
南漳县								
谷城县	0.20		12	7.45	1	0.08	11	7.37
保康县			32		7		25	
老河口	7	5	2	12			2	12
枣阳市	5	1	6	0.10	5	0.09	1	0.01
宜城市	30	0.50	6	0.50	1	0.10	5	0.40
鄂州市								
荆门市	**5.40**	**2.30**	**32**	**0.32**	**2**	**0.04**	**30**	**0.28**
荆门市辖区								
屈家岭	1.40	0.30	3	0.10			3	0.10
沙洋县			14	0.16	1	0.03	13	0.13
钟祥市								
京山县	4	2	15	0.06	1	0.01	14	0.05
孝感市	**64.19**	**16.34**	**90**	**6.89**	**33**	**3.94**	**57**	**2.95**
孝南区	6.20		13	2.22	1	0.31	12	1.91

续表49

项目	节水灌溉技术应用面积	其中:蔬菜滴管灌溉面积	科技示范园(场)个数	面积	县(市)科技示范园个数	面积	乡镇科技示范场个数	面积
孝昌县			8	1.60	3	0.98	5	0.62
大悟县	6.15		45	0.15	15	0.05	30	0.10
云梦县	15.80		7	2.10	7	2.10		
应城市	0.04	0.04	10	0.42	4	0.30	6	0.12
安陆市			7	0.40	3	0.20	4	0.20
汉川市	36	16.30						
荆州市	**2.41**	**0.23**	**57**	**16.38**	**29**	**12.33**	**28**	**4.05**
荆州区			2	0.20			2	0.20
沙市区	0.10	0.10	4	0.30	4	0.30		
开发区								
江陵县	0.02	0.02	1	0.02			1	0.02
松滋市	2.28	0.10	20	1.72	7	0.95	13	0.77
公安县			11	9	11	9		
石首市			4	0.14	2	0.08	2	0.06
监利县								
洪湖市	0.01	0.01	15	5	5	2	10	3
黄冈市	**56.44**	**4.67**	**150**	**20.24**	**67**	**12**	**83**	**8.24**
黄州区	1.50	0.70	5	2.68	5	2.68		
团风县	16.90	0.80	4	0.45	1	0.24	3	0.21
红安县	3.52	2.55	18	0.59	8	0.18	10	0.41
罗田县	20	0.50	24	3	20	2.50	4	0.50
英山县	0.05	0.05	61	7.20	21	4.10	40	3.10
浠水县	2		6	3.33	2	1.33	4	2
蕲春县	3							
黄梅县			6	0.70	3	0.50	3	0.20
麻城市			26	2.29	7	0.47	19	1.82
武穴市	9.40							
龙感湖	0.07	0.07						
咸宁市	**51.13**	**0.01**	**81**	**3150.92**	**12**	**1900.12**	**69**	**1250.80**
咸安区	0.01	0.01						
嘉鱼县	45		14	3150	4	1900	10	1250
赤壁市								
通城县			15	0.40	4	0.10	11	0.30
崇阳县			12	0.40			12	0.40
通山县	6.12		40	0.12	4	0.02	36	0.10
随州市	**8.42**	**2.75**	**14**	**1.84**	**8**	**1.22**	**6**	**0.62**
曾都区	2	2						
随县	6.42	0.75	11	1.34	5	0.72	6	0.62
广水市			3	0.50	3	0.50		
恩施自治州	**7.83**	**1.80**	**59**	**2.55**	**23**	**0.87**	**36**	**1.68**
恩施市			20	0.03	9	0.01	11	0.02
利川市	2	1.80	16	1.70	1	0.20	15	1.50
建始县			4	0.15	3	0.10	1	0.05
巴东县			3				3	
宣恩县	2		4	0.20	4	0.20		
咸丰县	1.38		4	0.33	4	0.33		
来凤县	2.45		4	0.05	1	0.02	3	0.03
鹤峰县			4	0.09	1	0.01	3	0.08
仙桃市			**1**	**0.02**	**1**	**0.02**		
潜江市	**1.80**	**1.33**	**21**	**0.16**	**1**	**0.03**	**20**	**0.13**
天门市			**27**	**2.30**	**5**	**0.30**	**22**	**2**
神农架林区			**1**	**0.01**	**1**	**0.01**		

续表50

项目	科技示范户(户)	小 麦	水 稻	玉 米	马铃薯	棉 花	油 菜	蔬 菜	中药材	其 它
全省合计	**148678.40**	**18293**	**43775**	**9923**	**2780**	**9465.2**	**13438**	**22937.2**	**2624**	**25443**
武汉市	**5062**	**96**	**1348**	**223**	**13**	**315**	**367**	**718**	**14**	**1968**
新洲区	1390	18	240			180	312	160		480
黄陂区	852	3	27	5			10	25		782
江夏区	765	15	544	30			30	137		9
蔡甸区	740	30	537	28	13	27	15	64	14	12
东西湖区	736	30		50		20		286		350
汉南区	579			110		88		46		335
黄石市	**5180**	**280**	**2753**	**76**	**102**	**200**	**1500**	**249**	**10**	**10**
黄石市辖区	140	70	3	26	2			39		
阳新县	4340	210	2100	50	100	200	1500	160	10	10
大冶市	700		650					50		
十堰市	**33750**	**8940**	**3894**	**4292**	**500**		**1795**	**9618**	**1470**	**3241**
十堰市辖区	400	20	30	30			20	100		200
郧县	18370	6300	2100	1700			300	7500	50	420
郧西县	6510	1260	640	1200			360	1200	900	950
竹山县	980		134	117				78		651
竹溪县	5120	270	750	1000	500		1000	620	420	560
房县	1070	90	240	245			115	120	100	160
丹江口市	1300	1000								300
宜昌市	**8647**	**30**	**1023**	**748**	**265**	**240**	**726**	**1109**	**70**	**4436**
宜昌市辖区	230			25				140		65
夷陵区										
宜都市	1200		13	15	5		6	30		1131
枝江市	1300	30	280			240	180	110		460
当阳市	1420		480				320	120		500
远安县	880		130	60			100			590
兴山县	970		120	250	120		80	250	20	130
秭归县	1200			60			40	50	50	1000
长阳县	357			178				179		
五峰县	1090			160	140			230		560
襄阳市	**19924**	**4268**	**3623**	**2670**	**82**	**349**	**1491**	**3160**	**250**	**4031**
襄阳市辖区	1963	668	495	200				420		180
襄州区										
南漳县										
谷城县	6500	1150	1200	1000	50		500	1800		800
保康县	2700	120	80	100	30		120	100	250	1900
老河口	5321	1130	1108	1370	2	119	871	710		11
枣阳市	2000	1200	300			230		130		140
宜城市	1440		440							1000
鄂州市										
荆门市	**5706**	**912**	**2797**	**200**	**200**	**386**	**636**	**28**		**547**
荆门市辖区	434		274			36	96	28		
屈家岭	832	412	363							57
沙洋县	1790		660			150	490			490
钟祥市										
京山县	2650	500	1500	200	200	200	50			
孝感市	**12228**	**485**	**6030**	**32**	**3**	**1622**	**683**	**1433**	**1**	**1939**
孝南区	2828	285	1345	12		62	313	576	1	234

续表51

项目	科技示范户(户)	小麦	水稻	玉米	马铃薯	棉花	油菜	蔬菜	中药材	其它
孝昌县	640		560				80			
大悟县	1100		400							700
云梦县	1400		520			110	130	530		110
应城市	1460		680				160	150		470
安陆市	1200		775							425
汉川市	3600	200	1750	20	3	1450		177		
荆州市	**6836.40**	**327**	**2746**	**37**	**15**	**1564.20**	**846**	**391.20**	**1**	**909**
荆州区	720		460			120	80	60		
沙市区	950		100			100	100	150		500
开发区										
江陵县	600	140	140			140	100	80		
松滋市	760	135	366	30	15	75	78	50	1	10
公安县	1200	50	410	5		675	40	20		
石首市	1300		300			300	280	30		390
监利县	1260		960			150	150			
洪湖市	46.4	2	10	2		4.2	18	1.2		9
黄冈市	**18392**	**1801**	**7272**	**121**	**487**	**2424**	**2337**	**1258**	**291**	**2401**
黄州区	810	45	190	50		110		230		185
团风县	5590	650	1700		400	1200	900	300	40	400
红安县	73	4	18			2	16	8		25
罗田县	1030		418					60	132	420
英山县	1556	110	800	30	52	4	47	16	117	380
浠水县	4682	62	2200	40	32	500	1000	510	2	336
蕲春县										
黄梅县	2500		1000			450	300	100		650
麻城市	186	40	56	1	3	38	24	19		5
武穴市										
龙感湖	1965	890	890			120	50	15		
咸宁市	**11646**	**15**	**7348**	**472**	**50**		**1915**	**1521**	**70**	**255**
咸安区	3335		2150	165			870	150		
嘉鱼县	1060		433				100	400		127
赤壁市	3893		3270	22			503	48		50
通城县	303	15	110	10	50		46	54	8	10
崇阳县	1900		1000	50			250	600		
通山县	1155		385	225			146	269	62	68
随州市	**3320**	**730**	**830**		**210**			**210**		**1340**
曾都区	600	300	200		100					
随县	1520	230	350		110					830
广水市	1200	200	280					210		510
恩施自治州	**9140**		**1150**	**840**	**830**		**530**	**1770**	**400**	**3620**
恩施市	1000				120			250		630
利川市	1280		410					410		460
建始县	1100		200	100	300		100	200		200
巴东县	1000			200	200		120	200	200	80
宣恩县	2100		210	200			300	300	200	890
咸丰县	900		150	100	100		10	90		450
来凤县	760		180	130				160		290
鹤峰县	1000			110	110			160		620
仙桃市	**1894**	**139**	**657**	**9**	**12**	**85**	**372**	**167**		**453**
潜江市	**1460**	**260**	**300**			**280**	**240**	**150**		**230**
天门市	**5050**		**2000**	**50**		**2000**		**1000**		
神农架林区	**443**	**10**	**4**	**153**	**11**			**155**	**47**	**63**

全省经济作物技术推广情况

	计量单位	数值
一、低产园改造面积	公顷	43460.13
1.果树低产园改造面积	公顷	22389.13
其中:柑 桔	公顷	16285.02
2.茶树低产园改造面积	公顷	20251
3.桑树低产园改造面积	公顷	820
二、育苗面积	公顷	7732.34
1.果树育苗面积	公顷	1663.90
其中:柑 桔	公顷	433.95
2.茶树无性系育苗面积	公顷	1268.94
其中:苗 圃	公顷	877.40
其中:露地苗	公顷	294.30
穴盘苗	公顷	54.10
母本园	公顷	301.50
3.桑树育苗面积	公顷	349
4.中药材育苗面积	公顷	1770.80
5.花卉育苗面积	公顷	2679.70
三、出圃苗数	万株	94407.25
1.果树出圃苗数	万株	11508.95
(1)柑 桔	万株	2718.55
(2)桃 子	万株	4199.70
(3)梨 子	万株	681.10
(4)其 它	万株	3909.60
2.茶树出圃苗数	万株	62446
(1)福鼎大白茶	万株	13184.50
(2)鄂茶1号	万株	17311
(3)鄂茶10号	万株	14598
(4)金观音	万株	260
(5)铁观音	万株	603
(6)槠叶齐	万株	1425
(7)中茶108	万株	4468
(8)其它	万株	10596.50
3.桑苗出圃苗数	万株	255.25
其中:湖 桑	万株	1
杂交桑	万株	129.25
4.中药材出圃苗数	万株	11665.65
其中:木 本	万株	5376.60
草 本	万株	5799.05
5.花卉出圃苗数	万株	8531.40
四、果树高接换种	万株	1089.75
其中:柑 桔	万株	782.05
梨	万株	114.75
五、果园秸杆覆盖栽培面积	公顷	71995.10
其中:柑桔园覆草栽培面积	公顷	51180.10
六、柑桔贮藏保鲜量	吨	403764
其中:通风库贮藏	吨	265296
冷库贮藏	吨	103468
七、果树设施栽培面积	公顷	4025.31
八、果实套袋数	万个	10961.77

续表1

	计量单位	数值
九、果品商品化处理	—	×
1. 商品化处理生产线	条	405
2. 时处理能力	吨/小时	9686
3. 商品化处理数量	吨	1183025
十、果汁加工生产线	条	104
生产量	吨	492037
十一、水果罐头加工生产线	条	38
生产量	吨	482868
其中:桔瓣罐头加工生产线	条	23
生产量	吨	373350
十二、茶园行间覆草面积	公顷	28407.5
十三、茶园病虫害防治	—	×
其中:太阳能杀虫灯	盏	23093
粘虫板	张	1714581
十四、机械化采摘和修剪茶园面积	公顷	83639.5
十五、采茶机数量	台	25698
十六、修剪机数量	台	35664
十七、茶叶冷藏保鲜库	立方米	23075
十八、名优茶机械数量	台	35896
十九、名优茶产量	吨	79695.9
其中:机制名优茶	吨	71544.4
二十、有机茶园面积	公顷	17314.7
有机茶产量	吨	10612.86
二十一、中药深加工厂	个	118
中药材加工产量	吨	97970
二十二、遮阳网覆盖面积	公顷	2395.14
二十三、大棚面积(不含蔬菜瓜类花卉)	公顷	289.01
其中:水果	公顷	99.01
茶叶	公顷	78
二十四、花卉保护地栽培	公顷	143.25
1. 温室	公顷	10.55
2. 大中小棚	公顷	95.2
3. 遮荫棚	公顷	37.5
二十五、花卉生产经营实体	—	×
1. 花卉市场	个	451
2. 花卉企业	个	260
其中:大型企业	个	29
3. 从业人员	人	39953
其中:花农	人	35092
专业技术人员	人	1336
二十六、省力化养蚕张数	万张	3.8
产量	吨	1395
二十七、小蚕共育张数	万张	3.1
产量	吨	1039
二十八、方格簇应用片数	万片	222.5

分县市经济作物技术推广情况

单位:公顷、万株

	低产园改造面积	果树低产园改造面积	其中:柑桔	茶树低产园改造面积	出圃苗数	果树出圃苗数	柑桔
全省合计	**43460.13**	**22389.13**	**16285.02**	**20251**	**94407.25**	**11508.95**	**2718.55**
武汉市	**100**			**100**	**226**	**38**	**6**
新洲区	100			100	226	38	6
黄陂区							
江夏区							
蔡甸区							
黄石市	**188**	**150**	**55**	**28**	**227**	**65**	**40**
黄石市辖区							
阳新县	188	150	55	28	227	65	40
大冶市							
十堰市	**4153**	**2704**	**2338**	**1439**	**4490**	**2820**	**301.5**
十堰市辖区	60	30	20	30	120	100	0
郧县	1500	1500	1500		380	260	160
郧西县	150	30		110			
竹山县	3			3	1000		
竹溪县	1066			1066			
房县	48	18	18	30	2800	2300	1.5
丹江口市	1326	1126	800	200	190	160	140
宜昌市	**22307**	**12491**	**12384**	**9781**	**5215.6**	**990.5**	**844.5**
市辖区	30	20	20	10	4.1	2	1.5
夷陵区	4100	2100	2000	2000	313	13	13
宜都市	2026	1334	1334	667	2110	60	60
枝江市	6500	6500	6500		730	730	600
当阳市	1667	1667	1667				
远安县	84	40	33	34	25.5	25.5	20
兴山县	230	160	160	70	1075	20	10
秭归县	670	670	670		113	100	100
长阳县					45	40	40
五峰县	7000			7000	800		
襄阳市	**3039.1**	**1045.1**	**60**	**1794**	**12872.2**	**3387.7**	**80.2**
襄阳市辖区	0.1	0.1			380	220	80
襄州区	700	700			4	2	
南漳县	850	50	50	800	150		
谷城县	700			700	100		
保康县	544	100		244	9170	100	
老河口	105	105			465	465	
枣阳市					2600	2600	
宜城市	140	90	10	50	3.2	0.7	0.2
鄂州市	**2**	**2**	**1.5**	**0**	**38**	**26**	**23**
荆门市	**1864**	**1694**	**11**	**170**	**250.1**	**46.1**	**22.1**
荆门市辖区	1830	1680		150	38	30	20
屈家岭							
沙洋县					186		
钟祥市	4	4	1		6.1	6.1	2.1
京山县	30	10	10	20	20	10	
孝感市	**1525**	**330**	**2**	**1195**	**4074**	**507.5**	**21**

续表1

单位：公顷、万株

	低产园改造面积	果树低产园改造面积	其中：柑桔	茶树低产园改造面积	出圃苗数	果树出圃苗数	柑桔
孝南区	235	120	0	115	836	35.5	12
孝昌县	330	210	2	120	170	24	6
大悟县	960			960	3020	420	
云梦县					12		
应城市					6		
安陆市					30	28	3
汉川市							
荆州市	450.03	450.03	450.02		359	139	130
荆州区							
沙市区							
开发区							
江陵县							
松滋市	450	450	450		300	90	90
公安县					59	49	40
石首市							
监利县	0.03	0.03	0.02				
洪湖市							
黄冈市	**1709**	**531**	**303.5**	**613**	**8486.65**	**108.65**	**29.25**
黄州区							
团风县	21	21	6.5				
红安县							
罗田县	660	110	7	80	11.5	11.5	
英山县	400			305	6870		
浠水县	1			1	65	60	5
蕲春县	80	40	10	40	1520	20	10
黄梅县	60	40	30	20			
麻城市	220	60		160	5.15	2.15	1.25
武穴市	267	260	250	7	15	15	13
龙感湖							
咸宁市	**2825**	**1125**	**380**	**1700**	**4845.7**	**122.5**	**105**
咸安区	245	45	15	200	968		
嘉鱼县	100	30	10	70	10	10	7
赤壁市	510	160	55	350			
通城县	510	380	110	130	500		
崇阳县	460	310	130	150	221	6	
通山县	1000	200	60	800	3146.7	106.5	98
随州市	**1500**	**900**		**600**	**990**	**310**	
曾都区							
随县	1300	800		500	990	310	
广水市	200	100		100			
恩施自治州	**3577**	**746**	**254**	**2831**	**46283**	**2898**	**1111**
恩施市	230	75		155	8741	21	16
利川市	324	12		312	3550	150	
建始县	350	82		268	6000	2500	1000
巴东县	400			400	8000	60	50
宣恩县	534	200	200	334	12003	48	15
咸丰县	872	310		562	3416	56	
来凤县	130			130	1273	63	30
鹤峰县	737	67	54	670	3300		
仙桃市	**63**	**63**	**35**				
潜江市	**158**	**158**	**11**		**6050**	**50**	**5**
天门市							
神农架林区							

续表2

单位：公顷、万株

	桃子	梨子	茶树出圃苗数	福鼎大白茶	鄂茶1号	鄂茶10号	金观音	铁观音	槠叶齐
全省合计	**4199.7**	**681.1**	**62446**	**13184.5**	**17311**	**14598**	**260**	**603**	**1425**
武汉市	**22**	**3**	**143**	**61**	**52**	**0**	**0**	**0**	**0**
新洲区	22	3	143	61	52	0	0	0	0
黄陂区									
江夏区									
蔡甸区									
黄石市	**10**	**5**	**45**	**12**	**15**	**10**			
黄石市辖区									
阳新县	10	5	45	12	15	10			
大冶市									
十堰市	**1.5**	**0**	**1000**	**800**	**100**	**100**			
十堰市辖区									
郧县									
郧西县									
竹山县			1000	800	100	100			
竹溪县									
房县	1.5								
丹江口市									
宜昌市	**101.5**	**31**	**4169.5**	**1301**	**600**		**50**		
市辖区			1.5	1					
夷陵区			300				50		
宜都市			2050	800	600				
枝江市	100	30							
当阳市									
远安县	1.5	1							
兴山县			1000	500					
秭归县			13						
长阳县			5						
五峰县			800						
襄阳市	**2300.2**	**401.1**	**3750**	**1550**	**590**	**100**	**10**	**600**	
襄阳市辖区	100	40							
襄州区		1							
南漳县			150		50	100			
谷城县			100	50	40		10		
保康县			3500	1500	500			600	
老河口	200	260							
枣阳市	2000	100							
宜城市	0.2	0.1							
鄂州市	**1**	**1**							
荆门市	**6.2**	**6.5**	**18**	**1**	**5**	**4**			
荆门市辖区	5	5	8						
屈家岭									
沙洋县									
钟祥市	1.2	1.5							
京山县			10	1	5	4			
孝感市	**470**	**10**	**3514.5**	**534.5**	**1238**	**100**			

续表3

单位：公顷、万株

	桃子	梨子	茶树出圃苗数	福鼎大白茶	鄂茶1号	鄂茶10号	金观音	铁观音	楮叶齐
孝南区	22		800.5	500.5	200	100			
孝昌县	18		114	34	38				
大悟县	420		2600		1000				
云梦县									
应城市									
安陆市	10	10							
汉川市									
荆州市	4	4							
荆州区									
沙市区									
开发区									
江陵县									
松滋市									
公安县	4	4							
石首市									
监利县									
洪湖市									
黄冈市	**12.9**	**32**	**7537**	**1500**	**4304**			**3**	
黄州区									
团风县									
红安县									
罗田县									
英山县			6530	1500	3300				
浠水县	2	31	5		2			3	
蕲春县	10		1000		1000				
黄梅县									
麻城市	0.4	0.5	2		2				
武穴市	0.5	0.5							
龙感湖									
咸宁市	**7.4**	**3.5**	**3584**	**1565**	**131**				
咸安区			184	65	51				
嘉鱼县	2	0							
赤壁市									
通城县			400	300	80				
崇阳县	2	2							
通山县	3.4	1.5	3000	1200					
随州市	**210**								
曾都区									
随县	210								
广水市									
恩施自治州	**1033**	**174**	**38685**	**5860**	**10276**	**14284**	**200**		**1425**
恩施市	1		6360	150	3800	80			
利川市		150	3400		200	300	200		
建始县	1000		3500	1500		2000			
巴东县			7940	1300	2510	4130			
宣恩县	16	12	11955	1455	2976	7324			
咸丰县			2820	90	300	300			1200
来凤县	16	12	1210	390	340	150			
鹤峰县			1500	975	150				225
仙桃市									
潜江市	**20**	**10**							
天门市									
神农架林区									

续表4

单位：公顷、万株

	中茶108	桑苗出圃苗数			花卉出圃苗数	果树高接换种	果园秸秆覆盖栽培面积	柑桔贮藏保鲜量		
			木 本	草 本					通风库贮藏	冷库贮藏
全省合计	**4468**	**255.25**	**5376.6**	**5799.05**	**8531.4**	**1089.75**	**71995.1**	**403764**	**265296**	**103468**
武汉市			**20**	**25**	**0**	**0**	**0**	**0**	**0**	**0**
新洲区			20	25						
黄陂区										
江夏区										
蔡甸区										
黄石市		**2**	**75**	**25**	**15**	**2**	**40**	**600**	**500**	**100**
黄石市辖区										
阳新县		2	75	25	15	2	40	600	500	100
大冶市										
十堰市		**55**	**50**	**305**	**110**	**12**	**1640**	**800**	**800**	
十堰市辖区					20					
郧县		55			65		1000	600	600	
郧西县										
竹山县							120			
竹溪县										
房县			50	300			250	100	100	
丹江口市				5	25	12	270	100	100	
宜昌市			**5**	**25**	**25.6**	**550.4**	**49175**	**349500**	**234500**	**82000**
市辖区					0.6	0.8				
夷陵区						10	20000	30000	20000	10000
宜都市						1.5	6925	21000	21000	0
枝江市						150	13000	15000	13000	2000
当阳市						333	2000	180000	140000	40000
远安县						0.1	250	500	500	
兴山县			5	25	25	15	2000			
秭归县						40	5000	63000		30000
长阳县								40000	40000	
五峰县										
襄阳市		**70**	**2000.1**	**3000.9**	**663.5**	**216.1**	**1.5**			
襄阳市辖区					160	20				
襄州区					2					
南漳县						1				
谷城县										
保康县		70	2000	3000	500	150				
老河口						42				
枣阳市						3				
宜城市			0.1	0.9	1.5	0.1	1.5			
鄂州市					**12**	**2**	**1**	**20000**	**12000**	**8000**
荆门市					**186**	**24.8**	**106.6**	**2600**	**1100**	**1500**
荆门市辖区						18		2000	800	1200
屈家岭										
沙洋县					186		6.6			
钟祥市						1.8	100			
京山县						5		600	300	300
孝感市	**1600**		**1**	**2**	**49**	**7.35**	**360**	**2130**	**1562**	**68**

续表5

单位：公顷、万株

	中茶108	桑苗出圃苗数			花卉出圃苗数	果树高接换种	果园秸秆覆盖栽培面积	柑桔贮藏保鲜量		
			通风库贮藏	冷库贮藏					木本	草本
孝南区							10	500		
孝昌县					32	0.35	350	1630	1562	68
大悟县	1600									
云梦县					12					
应城市			1	2	3					
安陆市					2	7				
汉川市										
荆州市					220	1	1820	1500		
荆州区							**1000**			
沙市区										
开发区										
江陵县										
松滋市					210	1	700	1500		
公安县					10					
石首市							120			
监利县										
洪湖市										
黄冈市			**100.15**	**400.85**		**20.6**	**770**	**1000**	**1000**	
黄州区										
团风县										
红安县										
罗田县										
英山县										
浠水县						20	20			
蕲春县			100	400			50	1000	1000	
黄梅县										
麻城市			0.15	0.85		0.1				
武穴市						0.5	700			
龙感湖										
咸宁市	**1888**	**128.25**	**10.35**	**500.3**	**500.3**	**102**	**15800**	**14600**	**12800**	**1800**
咸安区	68			392	392	15	600	500	400	100
嘉鱼县						15	500	1500	1200	300
赤壁市						16	2000	1400	1400	0
通城县	20	100				16	1500	1200	800	400
崇阳县		15		100	100	20	5200	2000	1500	500
通山县	1800	13.25	10.35	8.3	8.3	20	6000	8000	7500	500
随州市			**115**	**235**	**330**	**4**				
曾都区										
随县			115	235	330					
广水市						4				
恩施自治州	**980**		**3000**	**1280**	**420**	**120**	**1954**	**10400**	**400**	**10000**
恩施市			1504	646	210	2	1600			
利川市	950					20				
建始县						15	130			
巴东县							120	10000		10000
宣恩县						56	60	200	200	
咸丰县	30		56	274	210	0.8	10			
来凤县						25				
鹤峰县			1440	360		1.2	34	200	200	
仙桃市						**7.5**	**327**	**634**	**634**	
潜江市					**6000**	**20**				
天门市										
神农架林区										

续表6

单位:公顷、吨

	果树设施栽培面积	果实套袋数(万个)	果品商品化处理		
			商品化处理生产线	时处理能力(吨/小时)	商品化处理数量
全省合计	**4025.31**	**10961.77**	**405**	**9686**	**1183025**
武汉市	**20**	**48**			
新洲区	20	48			
黄陂区					
江夏区					
蔡甸区					
黄石市	**42**	**45**	**1**		**200**
黄石市辖区					
阳新县	42	45	1		200
大冶市					
十堰市	**2**	**16**	**28**	**6000**	**5**
十堰市辖区					
郧县		16			5
郧西县					
竹山县					
竹溪县					
房县					
丹江口市	2		28	6000	
宜昌市	**806**	**4387**	**344**	**3543**	**1074000**
市辖区			16	65	53000
夷陵区			68	700	420000
宜都市		6	102	450	100000
枝江市		4000	85	850	
当阳市	3		15	1000	200000
远安县	20	1	2	8	6000
兴山县	750	380	7	250	35000
秭归县	33		49	220	260000
长阳县					
五峰县					
襄阳市	**80.1**	**2013.5**	**2**	**10**	**60000**
襄阳市辖区		10			
襄州区		10			
南漳县		20			
谷城县					
保康县	80	16			
老河口		1806	2	10	60000
枣阳市		150			
宜城市	0.1	1.5			
鄂州市		**100**			
荆门市		**362**	**3**		**500**
荆门市辖区			3		
屈家岭		12			
沙洋县					
钟祥市		300			
京山县		50			500
孝感市		**41.21**			

续表7

单位:公顷、吨

	果树设施栽培面积	果实套袋数(万个)	果品商品化处理	商品化处理生产线	时处理能力(吨/小时)	商品化处理数量
孝南区						
孝昌县		5.21				
大悟县						
云梦县						
应城市		36				
安陆市						
汉川市						
荆州市	37.01	300		16	110	45000
荆州区	**2**					
沙市区						
开发区						
江陵县						
松滋市	35	300		16	110	45000
公安县						
石首市						
监利县	0.01					
洪湖市						
黄冈市	**34**	**660.06**				
黄州区						
团风县						
红安县		10.06				
罗田县	30					
英山县						
浠水县						
蕲春县		600				
黄梅县						
麻城市		50				
武穴市	4					
龙感湖						
咸宁市	**2150**	**39**		**7**	**12**	**1500**
咸安区	90	2				
嘉鱼县	60	8		3	3	
赤壁市	300	10		3	3	
通城县	700	5				
崇阳县	600	12				
通山县	400	2		1	6	1500
随州市	8.2	170				
曾都区		0				
随县	8.2	170				
广水市						
恩施自治州	**736**	**2580**		**4**	**11**	**1820**
恩施市	400					
利川市		85				
建始县		75				
巴东县						
宣恩县	6	740		1	5	1200
咸丰县		1680		3	6	620
来凤县	320					
鹤峰县	10					
仙桃市						
潜江市	**110**	**200**				
天门市						
神农架林区						

全省主要粮食作物良种面积

单位：千公顷

	面积
一、水稻	2198.17
(一)常规品种	302.35
1. 早 稻	131.91
(1)鄂早17	25.53
(2)鄂早18	46.9
(3)嘉育948	10.55
(4)中嘉早17	4.66
(5)华早糯1003	0.24
(6)其 它	44.32
2. 中 稻	106.45
(1)扬稻6号	3.91
(2)鉴真2号	7.01
(3)鄂糯7号	7.16
(4)鄂糯9号	8.71
(5)鄂中5号	8.42
(6)黄华占	26.98
(7)扬辐糯4号	4.97
(8)其 它	51.97
3. 晚 稻	63.99
(1)鄂晚11	4.2
(2)鄂晚15	10.01
(3)鄂晚17	22.33
(4)鄂粳912	3.24
(5)其 它	24.8
(二)杂交组合	1895.82
1. 早 稻	237.44
(1)两优6号	6.3
(2)两优17	3.55
(3)两优25	2.71
(4)两优42	23.34
(5)两优287	104.61
(6)两优302	7.25
(7)两优9168	1.3
(8)华两优103	0.3
(9)陆两优17	
(10)W两优3418	
(11)金优402	43.73
(12)金优1176	2.88
(13)荆楚优42	5.31
(14)中9优547	1.83
(15)其 它	42.01
2. 中 稻	1322.24
(1)川丰2号	1.78
(2)国丰1号	4.5
(3)Ⅱ优725	16.202
(4)Ⅱ优1259	0.75
(5)Ⅱ优明86	16.67
(6)冈优188	4.74
(7)冈优725	21.81

续表1 单位：千公顷

	面积
(8)珞优8号	47.08
(9)Q优6号	41.44
(10)天优8号	20.54
(11)天优华占	10.92
(12)皖稻121	8.61
(13)宜香107	17.2
(14)两优036	6.77
(15)两优234	11.92
(16)两优289	18.38
(17)两优1528	8.69
(18)两优6326	14.56
(19)两优培九	61.74
(20)苯两优9号	2.34
(21)苯两优639	4.25
(22)C两优396	6.49
(23)丰两优1号	27.15
(24)丰两优4号	25.21
(25)丰两优香1号	144.02
(26)广两优15	11.72
(27)广两优96	6.45
(28)广两优272	11.59
(29)广两优476	85.18
(30)广两优558	12.65
(31)广两优香66	68.2
(32)荆两优10号	17.38
(33)6两优9366	16.33
(34)培两优3076	4.21
(35)深两优5814	73.52
(36)天两优616	8.697
(37)新两优6号	58.69
(38)新两优223	41.4
(39)新两优343	5.27
(40)新两优6380	2.57
(41)Y两优1号	53.59
(42)Y两优9918	7.41
(43)扬两优6号	95.74
(44)中9优2040	26.37
(45)中9优8012	0.1
(46)其 它	206.01
3. 晚 稻	336.14
(1)A优338	5.74
(2)鄂粳杂3号	9.2
(3)荆楚优148	27.45
(4)荆楚优754	2.95
(5)金优38	44.23
(6)金优207	20.67
(7)金优928	63.11
(8)T优207	7.55
(9)五优308	15.62

续表2　　单位：千公顷

	面积
(10)岳优9113	17.7
(11)中9优288	53.77
(12)其　它	82.97
二、小　麦	1101.31
1. 鄂麦14	16.14
2. 鄂麦18	54.57
3. 鄂麦23	61.72
4. 鄂麦24	19.79
5. 鄂麦25	30.03
6. 鄂麦352	16.49
7. 鄂麦596	51.12
8. 华麦13	11.12
9. 华麦2152	4.43
10. 荆楚麦701	1.02
11. 瑞星1号	11.86
12. 襄麦25	93.28
13. 襄麦55	42.93
14. 扬麦158	10.84
15. 郑麦9023	509.41
16. 其　它	166.56
三、大麦良种	15.43
1. 鄂大麦6号	3.58
2. 鄂大麦7号	3.22
3. 鄂大麦8号	2.45
4. 华大麦1号	0.19
5. 华大麦2号	0.72
6. 华大麦3号	1.99
7. 其　它	3.28
四、玉米良种	580.38
(一)特用玉米	32.73
1. 彩甜糯6号	1.98
2. 鄂甜玉3号	5.31
3. 华甜玉3号	13.37
4. 金中玉	3.26
5. 其　它	8.81
(二)普通玉米	547.65
1. 帮豪玉108	2.58
2. 汉单777	0.2
3. 登海9号	55.99
4. 鄂玉18	22.25
5. 鄂玉20	4.98
6. 鄂玉23	6.92
7. 鄂玉25	24.15
8. 鄂玉26	14.24
9. 鄂玉30	7.51
10. 康农玉108	18.46
11. 康农玉901	7.12
12. 临奥1号	4.81
13. 蠡玉16	52.63

续表3 单位：千公顷

	面积
14. 腾龙1号	28.46
15. 宜单629	52.17
16. 湘玉10号	36.08
17. 正大12	2.62
18. 正大999	11.8
19. 中农大451	21.52
20. 其 它	173.16
五、高粱良种	1.41
1. 卢糯8号	0.1
2. 卢糯13号	0.2
3. 两糯粱2号	0
4. 其 它	1.11
六、马铃薯良种	282.01
1. 鄂马铃薯3号	32.71
2. 鄂马铃薯4号	11.01
3. 鄂马铃薯5号	112.46
4. 鄂马铃薯7号	0.8
5. 鄂马铃薯10号	4.37
6. 克新4号	7.14
7. 早大白	19.82
8. 中薯3号	10.82
9. 中薯5号	3.38
10. 其 它	79.5
七、红薯良种	165.8
1. 鄂薯6号	10.96
2. 鄂薯7号	4.89
3. 鄂薯8号	9.42
4. 鄂薯9号	3.79
5. 鄂薯10号	5.8
6. 其 它	130.94
八、大豆良种	129.57
1. 鄂豆4号	9.51
2. 鄂豆8号	25.78
3. 荆豆2号	2.36
4. 中豆8号	11.64
5. 中豆30	5.53
6. 中豆33	10.37
7. 中黄13	7.23
8. 其 它	57.15
九、蚕豆良种	20.77
1. 启豆50号	3.23
2. 青皮豆	4.99
3. 日本大板	0.49
4. 其 它	12.06
十、豌豆良种	21.155
1. 中豌6号	10.655
2. 秦选1号	0.77
3. 其它	9.73

分县市主要粮食作物良种面积

单位：千公顷

	水稻	常规品种									
			早稻				中稻		晚稻		
				鄂早17	鄂早18	嘉育948		黄华占		鄂晚15	鄂晚17
全省合计	**2198.17**	**302.35**	**131.91**	**25.53**	**46.9**	**10.55**	**106.45**	**26.98**	**63.99**	**10.01**	**22.33**
武汉市	**132.38**	**57.23**	**25.53**	**3.27**	**8.55**	**0.22**	**3.52**	**0.8**	**28.18**	**3.3**	**14.5**
新洲区	45.7	28.7	15.2	1.8	4.2				13.5		10.4
黄陂区	50.79	24.88	7.72	1.1	3.22		3.18	0.56	13.98	3.3	4.1
江夏区	33.7	3.65	2.61	0.37	1.13	0.22	0.34	0.24	0.7		
蔡甸区											
东西湖区	1.75										
汉南区	0.44										
黄石市	**89.17**	**10.53**	**2.45**	**0.3**	**2**		**7.28**	**0.97**	**0.8**		
黄石市辖区	1.75	0.12		0.3			0.12	0.12			
阳新县	47.4	6.74	0.16		0.1		6.58	0.35			
大冶市	40.02	3.67	2.29		1.9		0.58	0.5	0.8		
十堰市	**36.19**	**2.39**					**2.39**	**0.3**			
十堰市辖区	0.25										
郧县	6.54	0.01					0.01				
郧西县	3										
竹山县	6.35	0.35					0.35				
竹溪县	5.84										
房县	8.16	2.01					2.01	0.3			
丹江口市	6.05	0.02					0.02				
宜昌市	**86.15**	**7.01**	**2.61**	**0.6**	**1.55**		**1.93**	**0.34**	**2.47**		**1.4**
宜昌市辖区	0.45										
夷陵区	9.14										
宜都市	4.3										
枝江市	28.29	5.42	2.61	0.6	1.55		0.34	0.34	2.47		1.4
当阳市	29.46	1.46					1.46				
远安县	7.43	0.13					0.13				
兴山县	2.18										
秭归县	2.44										
长阳县	2.22										
五峰县	0.24										
襄阳市	**198.1**										
襄阳市辖区	18.47										
襄州区	46.18										
南漳县	22.91										
谷城县	17.01										
保康县	3										
老河口	12.33										
枣阳市	47.18										
宜城市	31.02										
鄂州市	**44.18**	**11.71**	**8.4**		**6.5**				**3.31**	**0.5**	**0.31**
荆门市	**192.65**	**21.62**	**2.82**	**0.85**	**1.62**		**18.4**	**0.68**	**0.4**		
荆门市辖区	25.3	0.35					0.35				
沙洋县	63.11	7.51	0.17		0.12		7.2		0.14		
屈家岭	2.68	0.58					0.58	0.58			
钟祥市	46.7										
京山县	54.86	13.18	2.65	0.85	1.5		10.27	0.1	0.26		

续表1

	水稻	常规品种	早稻				中稻		晚稻		
				鄂早17	鄂早18	嘉育948		黄华占		鄂晚15	鄂晚17
孝感市	**212.5**	**72.46**	**20.85**	**2.2**	**8.59**	**1.75**	**36.82**	**2.36**	**14.79**	**2.53**	**4.95**
孝南区	31.36	16.96	4.61		1.8	1.2	7.81	0.1	4.54	1.2	2.1
孝昌县	26.5	7.4	2.66		2.3		2.12	0.6	2.62	0.45	0.62
大悟县	18.85	1.48	0.01		0.01		1.3	0.7	0.17		0.17
云梦县	23.09	13.86	3.7			0.32	6.66	0.83	3.5		0.7
应城市	41.25	29.52	7.85	2.2	2.8		18		3.67	0.8	1.3
安陆市	29.4										
汉川市	42.05	3.24	2.02		1.68	0.23	0.93	0.13	0.29	0.08	0.06
荆州市	**419.11**	**30.82**	**29.26**	**13.66**		**6.2**	**0.87**	**0.87**	**0.69**		
荆州区	20										
沙市区	8.1										
开发区	0.2										
江陵县	29.1										
松滋市	44.59	8.83	8.15	1.31		0.3	0.68	0.68			
公安县	66.92										
石首市	34.24	7.14	6.26	2.2		1.9	0.19	0.19	0.69		
监利县	154.77	14.85	14.85	10.15		4					
洪湖市	61.19										
黄冈市	**319.7**	**62.96**	**28.06**	**3.65**	**11.89**		**21.8**	**13.63**	**13.1**	**3.68**	**0.92**
黄州区	5.81										
团风县	22.59	0.43	0.3		0.26		0.13	0.05			
红安县	42.93	3.48	2.12				0.44		0.92		
罗田县	21.55	0.65	0.04	0.02	0.02		0.6		0.01		
英山县	12.91	0									
浠水县	16.76	1.76	1	1			0.76	0.76			
蕲春县	57.69	13.76	9.1	1.33	3.33		1.33	0.67	3.33	1.33	
黄梅县	33.28	15.65	2.15		0.8		12.1	7.3	1.4		
麻城市	53.64	11.74	5.69		4.98		0.02	0.02	6.03	2.35	0.92
武穴市	49.3	12.25	7.65	1.3	2.5		3.19	1.6	1.41		
龙感湖	3.24	3.24	0.01				3.23	3.23			
咸宁市	135.66	10.98	8.39		3.99	2.05	2.34	2.25	0.25		0.25
咸安区	**26.53**	**3.26**	**0.92**		**0.53**		**2.34**	**2.25**			
嘉鱼县	12.78	0.25							0.25		0.25
赤壁市	33.33	3.77	3.77		2						
通城县	29.16	3.03	3.03		1	2.03					
崇阳县	24.87	0.67	0.67		0.46	0.02					
通山县	8.99										
随州市	**105.35**	**5.77**					**5.77**	**1.45**			
曾都区	16.77	4.17					4.17	1.3			
随县	59.23	0.25					0.25	0.15			
广水市	29.35	1.35					1.35				
恩施自治州	**62.49**										
恩施市	9.12										
利川市	21.67										
建始县	3.2										
巴东县	1.9										
宣恩县	8.57										
咸丰县	7.43										
来凤县	8.63										
鹤峰县	1.97										
仙桃市	**63.73**										
潜江市	**38.03**										
天门市	**62.78**	**8.87**	**3.54**	**1**	**2.21**	**0.33**	**5.33**	**3.33**			
神农架林区											

续表2

	杂交组合	早稻				中稻				
			两优42	两优287	金优402		Ⅱ优725	Ⅱ优明86	冈优725	珞优8号
全省合计	**1895.82**	**237.44**	**23.34**	**104.61**	**43.73**	**1322.24**	**16.202**	**16.67**	**21.81**	**47.08**
武汉市	**75.15**	**21.81**	**0.67**	**11.25**	**4.73**	**26.64**	**0.25**	**0.52**	**0.36**	**3.43**
新洲区	17	4.4		2.6		6		0.52	0.05	0.75
黄陂区	25.91	6.98		3.34	3.22	12.07				2.22
江夏区	30.05	10.43	0.67	5.31	1.51	6.38	0.25		0.31	0.46
蔡甸区										
东西湖区	1.75					1.75				
汉南区	0.44					0.44				
黄石市	**78.64**	**29.56**	**1.06**	**5.81**	**12.52**	**16.01**				**2**
黄石市辖区	1.63	0.79	0.06	0.1	0.02	0.16				
阳新县	40.66	15.77	1	2.21	6	8.05				1
大冶市	36.35	13		3.5	6.5	7.8				1
十堰市	**33.8**					**33.8**	**0.8**		**1.5**	**3.35**
十堰市辖区	0.25					0.25	0.4		0.5	1.45
郧县	6.53					6.53			0.5	1
郧西县	3					3			0.5	
竹山县	6					6				0.5
竹溪县	5.84					5.84				
房县	6.15					6.15	0.4			0.4
丹江口市	6.03					6.03				
宜昌市	**79.14**	**4.4**	**0.93**	**1**	**1.53**	**68.87**	**0.3**	**0.7**	**0.5**	**5.76**
宜昌市辖区	0.45					0.45				
夷陵区	9.14					9.14	0.2	0.4	0.3	0
宜都市	4.3					4.3				2.53
枝江市	22.87	4.4	0.93	1	1.53	12.6				1.13
当阳市	28					28		0.2		2
远安县	7.3					7.3	0.1	0.1	0.2	0.1
兴山县	2.18					2.18				
秭归县	2.44					2.44				
长阳县	2.22					2.22				
五峰县	0.24					0.24				
襄阳市	**198.1**					**198.1**	**4.6**	**10.3**	**9.28**	**4.9**
襄阳市辖区	18.47					18.47				
襄州区	46.18					46.18			6.18	3.4
南漳县	22.91					22.91		1	0.4	1
谷城县	17.01					17.01		9.3		
保康县	3					3				
老河口	12.33					12.33				
枣阳市	47.18					47.18	4.6		2.7	
宜城市	31.02					31.02				0.5
鄂州市	**32.47**	**6.88**		**2**	**2**	**12.34**				**0.5**
荆门市	**171.03**	**6.38**	**2**	**3**	**0.1**	**156.78**	**0.1**	**0**	**0.1**	**1.2**
荆门市辖区	24.95					24.95				0
沙洋县	55.6	0.36				55.14				1.2
屈家岭	2.1					2.1				
钟祥市	46.7					46.7				
京山县	41.68	6.02	2	3	0.1	27.89	0.1		0.1	

续表3

	杂交组合	早稻				中稻				
			两优42	两优287	金优402		Ⅱ优725	Ⅱ优明86	冈优725	珞优8号
孝感市	**140.04**	**3.01**	**0.16**	**1.8**	**0.7**	**125.4**	**5.09**	**1.75**	**5.13**	**7.15**
孝南区	14.4	0.2		0.2		13		0.2		0.3
孝昌县	19.1	0.38	0.13	0.1	0.03	18.26				4.23
大悟县	17.37	0.2				17.05	1.69	1.35	1.68	
云梦县	9.23	1.11		0.6	0.51	6.67		0.2	0.15	0.52
应城市	11.73	1		0.9	0.1	4.32	0.1			
安陆市	29.4					29.4	3.3		3.3	
汉川市	38.81	0.12	0.03		0.06	36.7				2.1
荆州市	**388.29**	**56.98**	**6.96**	**45.41**	**0.2**	**242.68**				**0.3**
荆州区	20	2		1		18				
沙市区	8.1					8.1				
开发区	0.2		0.25			0.2				
江陵县	29.1	1.03		1.03		28.07				
松滋市	35.76	2.85	0.51	1.53		20.96				
公安县	66.92	17.35		17.35		30.57				
石首市	27.1	2.1		1.8	0.2	17				0.3
监利县	139.92	22.27	2	18.1		77.93				
洪湖市	61.19	9.38	4.2	4.6		41.85				
黄冈市	**256.74**	**68.49**	**6.31**	**21.98**	**15.15**	**96.36**	**1.1**	**2.93**	**1.01**	**0.86**
黄州区	5.81	1.64		0.33		2.07				
团风县	22.16	7.49	3.26			6.14				
红安县	39.45	12	0.23	3.55	3.62	8.39		0.03	0.01	0.56
罗田县	20.9	0.8	0.3	0.3	0.1	19.2	0.5	1	0.5	
英山县	12.91	0.92	0.32	0.4	0.2	10.07		1.1		
浠水县	15	7	1.2	4		6.7	0.6	0.8	0.5	
蕲春县	43.93	13.68	1	4.67	3.33	8.36				0.3
黄梅县	17.63	5.33		5.33		9				
麻城市	41.9	9.3			6.1	21.3				
武穴市	37.05	10.33		3.4	1.8	5.13				
龙感湖										
咸宁市	124.68	27.28	3.25	5.84	6.67	58.52	0.43	0.47	0.73	7.86
咸安区	**23.27**	**1.73**		**0.51**	**0.78**	**18.92**	**0.23**	**0.47**	**0.4**	**3.07**
嘉鱼县	12.53					9.33				
赤壁市	29.56	6.15	2.5	2.7		13.69				3.1
通城县	26.13	10.2		2	5.2	2.16				0.26
崇阳县	24.2	8.65	0.75	0.43	0.34	6.57				0.93
通山县	8.99	0.55		0.2	0.35	7.85	0.2		0.33	0.5
随州市	**99.58**					**99.58**	**3.5**		**3.2**	**9.1**
曾都区	12.6					12.6				5
随县	58.98					58.98				1.3
广水市	28					28	3.5		3.2	2.8
恩施自治州	**62.49**					**62.49**				
恩施市	9.12					9.12				
利川市	21.67					21.67				
建始县	3.2					3.2				
巴东县	1.9					1.9				
宣恩县	8.57					8.57				
咸丰县	7.43					7.43				
来凤县	8.63					8.63				
鹤峰县	1.97					1.97				
仙桃市	**63.73**	**3**		**2.2**		**56.97**				
潜江市	**38.03**	**0.32**		**0.32**		**37.49**				
天门市	**53.91**	**9.33**	**2**	**4**	**0.13**	**30.21**				**0.67**
神农架林区							**0.032**			

续表4

	中稻											
	Q优6号	天优8号	天优华占	宜香107	两优234	两优289	两优6326	两优培九	丰两优1号	丰两优4号	丰两优香1号	广两优15
全省合计	**41.44**	**20.54**	**10.92**	**17.2**	**11.92**	**18.38**	**14.56**	**61.74**	**27.15**	**25.21**	**144.02**	**11.72**
武汉市	**2.61**	**0.6**			**0.45**	**1.75**	**1.02**	**1.78**		**0.4**	**1.53**	
新洲区	0.5	0.6								0.4		
黄陂区	2.11							1.78			0.54	
江夏区					0.45		1.02				0.99	
蔡甸区												
东西湖区						1.75						
汉南区												
黄石市	**0.5**			**0.01**		**0.01**		**4**	**0.6**			
黄石市辖区				0.01		0.01						
阳新县								0.5				
大冶市	0.5							3.5	0.6			
十堰市	**9.48**	**2.3**	**0.7**	**0.6**							**0.05**	
十堰市辖区	2.86	1		0.3							0.05	
郧县	2	1										
郧西县	0.5											
竹山县	1.2	0.3	0.7									
竹溪县	0.1											
房县	0.76			0.3								
丹江口市	2.06											
宜昌市	**3.7**	**0.87**	**2.56**	**0.7**	**0.6**	**0.33**	**0.33**	**0.73**	**0.43**	**2**	**2.1**	**0.4**
宜昌市辖区	0.1	0.15										
夷陵区	1	0.05	0.1	0.1								
宜都市	0.23											
枝江市	0.54	0.67	0.33		0.27			0.63			1.33	0.2
当阳市	1.33		1.33		0.33	0.33	0.33		0.33	2	0.67	0.2
远安县	0.1		0.8					0.1	0.1		0.1	
兴山县	0.4			0.6								
秭归县												
长阳县												
五峰县												
襄阳市	**5.7**	**4.6**	**2.92**		**2.5**		**3.6**	**11.6**	**5.7**	**2.8**	**12**	**0.8**
襄阳市辖区		0.2	0.3				0.1		0.7	0.3		0.8
襄州区	3.5	3.3						8	3.5			
南漳县	1.2	1.1									1.6	
谷城县	1											
保康县												
老河口											8.9	
枣阳市			2.1					3.6				
宜城市			0.52		2.5		3.5		1.5	2.5	1.5	
鄂州市		**0.5**						**0.5**	**3**	**2.34**	**3**	
荆门市	**0.1**	**0**	**0**	**0.1**	**0.1**	**12.1**	**0.1**	**0.3**	**1.3**	**0.3**	**16.76**	**2.92**
荆门市辖区										0.2	1.55	
沙洋县											10.21	2.42
屈家岭									0.3			
钟祥市						12						
京山县	0.1			0.1	0.1	0.1	0.1	0.3	1	0.1	5	0.5

续表5

	中稻											
	Q优6号	天优8号	天优华占	宜香107	两优234	两优289	两优6326	两优培九	丰两优1号	丰两优4号	丰两优香1号	广两优15
孝感市	**3.32**	**0.3**	**2.1**	**0.1**	**0.84**		**0.2**	**0.94**	**4.18**	**2.1**	**3.64**	**0.3**
孝南区	0.5							0.8	0.2	0.3	0.2	
孝昌县	1	0.2	2.1		0.84					0.7	0.4	
大悟县	1.2								0.5	0.8	0.83	
云梦县	0.52								0.56			
应城市	0.1	0.1		0.1			0.2	0.14	0.32		0.22	
安陆市									0.3	0.3		0.3
汉川市									2.3		1.99	
荆州市	**1.7**	**0.83**			**1.28**	**0.43**	**3.19**	**31.07**	**1.95**	**4.2**	**77.79**	**4.08**
荆州区								0.5				
沙市区											2	
开发区											1.8	1.7
江陵县							1				21	
松滋市		0.83			0.48	0.43	0.39		0.45		4.39	0.38
公安县								30.57				
石首市					0.8					1.2	8.6	
监利县											35	
洪湖市	1.7						1.8		1.5	3	5	2
黄冈市	**4.38**	**7.35**	**1**		**1.6**	**3.76**	**2.57**	**8.65**	**2.2**	**2.1**	**4.72**	**0.2**
黄州区			0.1		0.1	0.1	0.1		0.1	0.1	0.2	0.2
团风县											1.15	
红安县	0.38	3.25				2.06		1.08				
罗田县	0.5	1.5			0.5	1		1.5	1	1.5	0.5	
英山县	3.2							1.5	0.3			
浠水县					1	0.6	1.8					
蕲春县	0.3	0.3	0.3				0.67	0.3	0.3			
黄梅县								1	0.5	0.5		
麻城市		2.3						2.17			2.17	
武穴市			0.6					1.1			0.7	
龙感湖												
咸宁市	3.85	2.52			2.6			1.94	1.83	1.4	4.4	
咸安区	**0.2**				**0.4**			**0.52**	**0.53**			
嘉鱼县		2.52						0.3			1.9	
赤壁市					2.1				1.2	1.3		
通城县	0.5										1	
崇阳县	3.15							1.12				
通山县					0.1				0.1	0.1	1.5	
随州市	**5.1**								**1.2**	**3.5**		
曾都区	3											
随县	2.1								1.2	3.5		
广水市												
恩施自治州	**0.5**		**1.64**	**15.69**								
恩施市				5.4								
利川市	0.5											
建始县				2								
巴东县												
宣恩县				4.2								
咸丰县			1.6	3.2								
来凤县												
鹤峰县			0.04	0.89								
仙桃市	**0.5**				**1.75**		**2.55**	**0.22**		**2.74**	**4.81**	**1.69**
潜江市									**3.76**		**11.22**	
天门市		**0.67**			**0.2**		**1**		**1**	**1.33**	**2**	**1.33**
神农架林区								**0.01**				

续表6

	中稻											
	广两优272	广两优476	广两优558	广两优香66	荆两优10号	两优9366	深两优5814	新两优6号	新两优223	Y两优1号	扬两优6号	中9优2040
全省合计	**11.59**	**85.18**	**12.65**	**68.2**	**17.38**	**16.33**	**73.52**	**58.69**	**41.4**	**53.59**	**95.74**	**26.37**
武汉市		**0.06**		**0.77**	**0.08**		**1.79**			**1.73**	**4.81**	
新洲区							0.86			0.75	0.92	
黄陂区											3.49	
江夏区				0.77			0.93			0.98	0.22	
蔡甸区												
东西湖区												
汉南区		0.06			0.08						0.18	
黄石市		1.03		1	0.5		1.5	1	0.03		1.1	0
黄石市辖区		0.03							0.03			0
阳新县		1		1	0.5		1	1			1	0
大冶市							0.5				0.1	0
十堰市		**0.6**			**0.5**			**3.45**			**0.8**	**0**
十堰市辖区		0.3						1.42			0.4	0
郧县								1.03			0.4	
郧西县					0.5			0.7				
竹山县												
竹溪县												
房县		0.3						0.3				
丹江口市												
宜昌市	**1.33**	**1.33**	**0.2**	**5.11**	**0.97**		**6.1**	**1.9**	**1.53**	**4.97**	**2.72**	
宜昌市辖区				0.2								
夷陵区				0.2			2.5	0.1		3	0.05	
宜都市				1.54								
枝江市	1.33			1	0.3		0.8	1.13	0.2		1	
当阳市		1.33	0.2	1.67	0.67		2	0.67	1.33	0.67	0.67	
远安县				0.5			0.8			0.8	1	
兴山县												
秭归县												
长阳县										0.5		
五峰县												
襄阳市	**3.7**	**21.9**	**3**	**6.5**	**0.5**		**22.9**	**7**		**19.1**	**5.63**	
襄阳市辖区		2.3		0.3			2.4	1.1		3.3		
襄州区		3	3				3.5	3.5			3.6	
南漳县		8		3.5			0.7			2		
谷城县				1.2								
保康县								0.8			0.2	
老河口								1.6			1.83	
枣阳市	2.7	3.6					11.3			10.3		
宜城市	1	5		1.5	0.5		5			3.5		
鄂州市				**0.5**			**0.5**			**0.5**	**0.5**	
荆门市	**0.8**	**13.66**	**0.5**	**6.9**	**0.5**	**7.8**	**6.6**	**7.46**	**4.86**	**6**	**16.2**	**0.1**
荆门市辖区							0.7		0.6			
沙洋县		5.66						7.46	4.26		7.8	
屈家岭	0.3	0.3					0.3				0.4	
钟祥市		7.2		6.4		7.8	5.6			5		
京山县	0.5	0.5	0.5	0.5	0.5					1	8	0.1

续表7

	中稻											
	广两优272	广两优476	广两优558	广两优香66	荆两优10号	两优9366	深两优5814	新两优6号	新两优223	Y两优1号	扬两优6号	中9优2040
孝感市	**1.32**	**12.7**		**15.58**	**5.1**		**4**	**12.82**	**1.68**	**1.97**	**11.58**	
孝南区				2.5	0.4			0.5			1.5	
孝昌县				3.49	1.2		2	0.8	0.5		0.6	
大悟县	0.65	1.35		1.37				1.1	1.18	1.1	1.2	
云梦县											1.8	
应城市		0.65		0.72	0.2			0.16		0.2	0.8	
安陆市	0.67	4		4	3.3		2			0.67		
汉川市		6.7		3.5				10.26			5.68	
荆州市	**0.8**	**16.02**	**0.33**	**3.4**	**7.92**	**4.49**	**5.05**	**5.6**	**24.01**	**4.53**	**14.9**	
荆州区		10						3			0.5	
沙市区											1.4	
开发区												
江陵县									1			
松滋市	0.5	1.02	0.33		0.42	4.49	3.05	0.6	0.51	0.63		
公安县												
石首市	0.3			0.4						0.9		
监利县		5			5				20	1.5	8	
洪湖市				3	2.5		2	2	2.5	1.5	5	
黄冈市	**0.5**	**0.97**		**3.43**			**4.25**	**5.37**	**1.93**	**3.38**	**11.9**	**0.2**
黄州区		0.1		0.1			0.1		0.1	0.1	0.27	
团风县				0.95				1.14			1.33	
红安县												
罗田县							0.5	0.5	0.5	0.5	1	0.2
英山县										1.6	1.8	
浠水县		0.2										
蕲春县		0.67		1.33			1.33		1.33	0.3		
黄梅县	0.5			0.5			2	0.5		0.5	1.5	
麻城市								3.23			5.8	
武穴市				0.55			0.32			0.38	0.2	
龙感湖												
咸宁市	0.2	4.53		5.93	0.1		1.43	7.93	0.1	0.2	6.7	
咸安区		**4.13**		**2.93**			**0.53**	**0.52**			**0.6**	
嘉鱼县								3.8			6	
赤壁市				2.5			0.9	2.7				
通城县		0.2		0.2								
崇阳县								0.91				
通山县	0.2	0.2		0.3	0.1				0.1	0.2	0.1	
随州市		**9.2**		**12.3**			**18.2**	**3.7**		**8.1**	**2.4**	
曾都区										4	0	
随县		6.2		2.3			14.2	3.7		4.1	0.9	
广水市		3		10			4				1.5	
恩施自治州												
恩施市												
利川市												
建始县												
巴东县												
宣恩县												
咸丰县												
来凤县												
鹤峰县												
仙桃市	**2.81**	**3.05**	**0.84**	**5.78**	**0.21**	**3.17**		**0.79**		**2.11**	**6.48**	
潜江市			**7.58**						**5.79**		**7.35**	
天门市	**0.13**	**0.13**	**0.2**	**1**	**1**	**0.87**	**1.2**	**1.67**	**1.47**	**1**	**2.67**	**26.07**
神农架林区												

续表8

	晚稻	荆楚优148	金优38	金优207	金优928	五优308	岳优9113	中9优288	小麦
全省合计	**336.14**	**27.45**	**44.23**	**20.67**	**63.11**	**15.62**	**17.7**	**53.77**	**1101.31**
武汉市	**26.7**	**1.52**	**3.74**	**1.59**	**2.07**	**1.39**	**1.79**	**4.29**	**21.95**
新洲区	6.6		0.85	0.9	0.2		0.5	2.2	10.68
黄陂区	6.86		1.32						4.37
江夏区	13.24	1.52	1.57	0.69	1.87	1.39	1.29	2.09	2.89
蔡甸区									1.28
东西湖区									0.85
汉南区									1.88
黄石市	**33.07**	**2**	**9.52**	**2.5**	**4.5**	**0**	**0.5**	**10**	**14.13**
黄石市辖区	0.68	0	0.02	0	0	0	0	0	0.27
阳新县	16.84	2	5	2	0	0	0.5	6	6.74
大冶市	15.55	0	4.5	0.5	4.5	0	0	4	7.12
十堰市									**74.15**
十堰市辖区									0.65
郧县									22.36
郧西县									17.34
竹山县									7.48
竹溪县									4.11
房县									9.51
丹江口市									12.7
宜昌市	**5.87**	**0.6**	**1.43**	**0.8**	**0.3**	**0.64**			**35.76**
宜昌市辖区									0.3
夷陵区									
宜都市									0.83
枝江市	5.87	0.6	1.43	0.8	0.3	0.64			10.33
当阳市									16.89
远安县									1
兴山县									0.2
秭归县									3.17
长阳县									2.39
五峰县									0.65
襄阳市									**327.59**
襄阳市辖区									24.9
襄州区									68
南漳县									34.56
谷城县									23.12
保康县									7.5
老河口									31.19
枣阳市									98.32
宜城市									40
鄂州市	**13.25**	**3**	**4**					**3**	**5.65**
荆门市	**7.87**	**0.5**	**0.4**	**3**	**1**			**0.1**	**119.1**
荆门市辖区									10.17
沙洋县	0.1								28.47
屈家岭									8.06
钟祥市									36.47
京山县	7.77	0.5	0.4	3	1			0.1	35.93

续表9

	晚稻	荆楚优148	金优38	金优207	金优928	五优308	岳优9113	中9优288	小麦
孝感市	**11.63**	**0.94**	**0.46**	**0.98**	**4.2**	**0**	**0.2**	**0.45**	**100.71**
孝南区	1.2								8.9
孝昌县	0.46		0.04		0.04				13.44
大悟县	0.12		0.12						11.31
云梦县	1.45								5.67
应城市	6.41	0.6	0.3	0.5	4.1		0.2	0.45	13.23
安陆市									19.04
汉川市	1.99	0.34		0.48	0.06				29.12
荆州市	**88.63**	**9.56**	**2.5**	**3.91**	**44**	**5.92**	**1.4**	**5.34**	**120.73**
荆州区									13
沙市区									6.69
开发区									0.08
江陵县									14.25
松滋市	11.95	3.04		0.71		4.62		1.74	14.01
公安县	19				19				24.47
石首市	8	0.2		1		1.3	1.4	2.1	4.26
监利县	39.72	4.52			25				20.17
洪湖市	9.96	1.8	2.5	2.2				1.5	23.8
黄冈市	**91.89**	**1.47**	**15**	**6.1**	**2.74**	**7.67**	**9.58**	**18.52**	**69.02**
黄州区	2.1		0.21			0.63	0.21	0.42	5.68
团风县	8.53		2.16		0.48			2.45	3.32
红安县	19.06		5.5	4.8	0	2.09		3.68	5.82
罗田县	0.9		0.3	0.2	0.3			0.1	8.84
英山县	1.92	0.3	0.2	1.1					4.42
浠水县	1.3	0.5	0.6						1.6
蕲春县	21.89	0.67	1.33			3.33	0.67	0.67	1.01
黄梅县	3.3					1.5			14.88
麻城市	11.3		4.7		1.54				16.67
武穴市	21.59				0.42	0.12	8.7	11.2	3.42
龙感湖									3.36
咸宁市	38.88	5.38	5.51	1.72	4.3		3.9	10.9	6.45
咸安区	**2.62**	**0.21**	**0.75**					**1.03**	**0.27**
嘉鱼县	3.2		1.22		0.5			0.4	
赤壁市	9.72	3.1					1.7	1.4	0.57
通城县	13.77	2.07	2		1.4		2.2	6.1	1.93
崇阳县	8.98		1.54	1.52	2.3			1.87	3.22
通山县	0.59			0.2	0.1			0.1	0.46
随州市									**95.32**
曾都区									19.01
随县									55.71
广水市									20.6
恩施自治州									**7.55**
恩施市									1.32
利川市									0.36
建始县									0.35
巴东县									4.49
宣恩县									0.06
咸丰县									0.03
来凤县									
鹤峰县									0.94
仙桃市	**3.76**	**2.15**						**0.84**	**25.18**
潜江市	**0.22**								**28.94**
天门市	**14.37**	**0.33**	**1.67**	**0.07**			**0.33**	**0.33**	**48.75**
神农架林区									**0.33**

续表10

	鄂麦14	鄂麦18	鄂麦23	鄂麦24	鄂麦25	鄂麦352	鄂麦596	华麦13	瑞星1号
全省合计	**16.14**	**54.57**	**61.72**	**19.79**	**30.03**	**16.49**	**51.12**	**11.12**	**11.86**
武汉市	**2.3**	**3.79**	**1.74**	**2.47**	**0.1**	**1.07**	**0.09**		**3.25**
新洲区	2.3	2.41		1.86					3.25
黄陂区		0.78	0.86	0.31					
江夏区		0.51		0.3	0.1				
蔡甸区		0.09	0.03			1.07	0.09		
东西湖区			0.85						
汉南区									
黄石市		**1.62**		**0.02**	**0.5**	**0.05**	**0.02**	**0.5**	**0.02**
黄石市辖区		0.12		0.02		0.05	0.02		0.02
阳新县		0.5			0.5			0.5	
大冶市		1							
十堰市	**1.4**	**5.85**	**6.66**		**1.02**	**0.5**	**4.01**		**0.24**
十堰市辖区		0.25							0.24
郧县			2						
郧西县		1.5	2.6		0.52				
竹山县	0.6	1.2			0.5				
竹溪县		1.3							
房县	0.8	1.6				0.5	0.6		
丹江口市			2.06				3.41		
宜昌市	**0.83**	**2.55**	**0.2**		**2.23**	**0.26**	**2.84**		**0.1**
宜昌市辖区		0.2							
夷陵区									
宜都市		0.2	0.2			0.16	0.27		
枝江市	0.73				2.13		1.47		
当阳市		2					1		
远安县						0.1	0.1		0.1
兴山县		0.05							
秭归县									
长阳县									
五峰县	0.1	0.1			0.1				
襄阳市	**3.1**	**7.7**	**17.6**	**3**	**3.4**	**3**	**14.7**	**3.2**	**4.5**
襄阳市辖区		0.3			0.5				1
襄州区		2	3	3	2	2	2		
南漳县			3.2			1	5.6	2.5	
谷城县									
保康县	3.1	1.3	1						
老河口			5.84						
枣阳市		4.1	4.56		0.9		2.1	0.7	
宜城市							5		3.5
鄂州市			**2**	**1**					**0**
荆门市		**7.2**	**3.8**	**3**			**6.1**		**0**
荆门市辖区									0
沙洋县		4.2	3.8						
屈家岭							2.1		
钟祥市							4		
京山县		3		3					

续表11

	鄂麦14	鄂麦18	鄂麦23	鄂麦24	鄂麦25	鄂麦352	鄂麦596	华麦13	瑞星1号
孝感市	**1.26**	**3.8**	**10**	**1.6**	**6.2**	**3.11**	**14.64**	**2.3**	**3.3**
孝南区		0.2	0.2			0.2	0.3		
孝昌县	1.26	0.85	4.1	0.8		0.65	0.65	0.75	
大悟县		1.7				2.26	1.75		
云梦县		0.05	0.2						
应城市		1	2.2	0.8			0.54	0.32	
安陆市			3.3				1.3		3.3
汉川市					6.2		10.1	1.23	
荆州市		**8**	**2.08**	**2**	**5.26**	**3**	**1**		
荆州区		1							
沙市区									
开发区			0.08						
江陵县					1		1		
松滋市					2.26				
公安县									
石首市									
监利县		5				3			
洪湖市		2	2	2	2				
黄冈市	**4.57**	**11.44**	**2.75**	**3.67**	**4.43**	**1.63**	**2.1**	**3.71**	**0.15**
黄州区		0.29		0.57					
团风县	0.17	0.55	0.15	0.12					
红安县	3.73								
罗田县	0.67	0.67		1.5		1.5	1		
英山县		0.8	1.1						
浠水县		0.5	0.3	0.3			0.1	0.1	0.15
蕲春县		0.2	0.2	0.1	0.1				
黄梅县		2	1	1	3		1		
麻城市		4.28						3.61	
武穴市		2.15		0.08		0.13			
龙感湖					1.33				
咸宁市	0.37	1.14		0.53					
咸安区									
嘉鱼县									
赤壁市		0.17							
通城县	0.27	0.67		0.53					
崇阳县	0	0							
通山县	0.1	0.3							
随州市	**2.1**	**1.2**	**2.5**	**2.5**	**4.5**	**3.2**	**2.3**		**0.3**
曾都区			2.5		4.5				
随县	2.1	1.2		2.5		3.2	2.3		0.3
广水市									
恩施自治州	**0.13**	**0.28**	**0.2**		**0.39**		**1.32**		
恩施市							1.32		
利川市									
建始县	0.1				0.2				
巴东县			0.2						
宣恩县	0.03								
咸丰县									
来凤县									
鹤峰县		0.28			0.19				
仙桃市								**1.41**	
潜江市			**8.86**						
天门市			**3.33**		**2**	**0.67**	**2**		
神农架林区	**0.08**								

续表12

					大麦良种	玉米良种	特用玉米		
	襄麦25	襄麦55	扬麦158	郑麦9023				彩甜糯6号	鄂甜玉3号
全省合计	**93.28**	**42.93**	**10.84**	**509.41**	**15.43**	**580.38**	**32.73**	**1.98**	**5.31**
武汉市				**5.79**	**0.65**	**14.84**	**3.96**	**0.05**	**0.27**
新洲区				0.86	0.02	0.12	0.06		0.06
黄陂区				1.31	0.55	0.6	0.4		0.2
江夏区				1.74		4.6	0.24	0.05	0.01
蔡甸区						2.89			
东西湖区					0.03	2.87	2.87		
汉南区				1.88	0.05	3.76	0.39		
黄石市			**2.5**	**8.02**	**0.21**	**13.58**	**1.93**		**0.05**
黄石市辖区				0.02	0.1	0.14	0.07		0.05
阳新县				5		9.28	1.76		
大冶市			2.5	3	0.11	4.16	0.1		
十堰市	**4.16**	**3.4**		**36.59**		**82.54**	**0.8**		**0.1**
十堰市辖区						0.56			
郧县	3.36	3		14		16.9			
郧西县				8.9		16.69			
竹山县				2.15		15.04			
竹溪县				1.5		12.3	0.3		0.1
房县	0.8	0.4		3.4		14.56	0.5		
丹江口市				6.64		6.49			
宜昌市	**1.3**	**1.95**		**13.26**	**1.51**	**100.39**	**3.83**	**0.62**	**1**
宜昌市辖区				0.1		1.8	1	0.2	0.5
夷陵区						16.52	0.1		
宜都市						10.87			
枝江市	1.2	1.8		2.47					
当阳市				5	1.11	16.79	1.33	0.2	0.4
远安县	0.1	0.1		0.3	0.4	5.2			
兴山县		0.05		0.1		6.72	0.2		0.1
秭归县				2.8		12.16			
长阳县				2.39		16.35	1.2	0.22	
五峰县				0.1		13.98			
襄阳市	**36.15**	**18.7**		**174.4**	**1.43**	**152.86**	**6.5**	**0.1**	**2.2**
襄阳市辖区	1.5	1.3		11.6		6.17	0.1	0.1	0
襄州区	5	2		43	1.24	34.89	6		2
南漳县	7	3.3		8	0.09	15.12	0.2		0.2
谷城县	5.6	5.8		9.5		9.01			
保康县	0.6			1.3		15.13			
老河口	5.85			19.5		12.5			
枣阳市	6.6	1.3		62		45.73			
宜城市	4	5		19.5	0.1	14.31	0.2		
鄂州市				**2.65**		**0.97**	**0.73**		**0.33**
荆门市	**7.5**			**69.13**	**0.09**	**25.97**	**0.93**		**0.2**
荆门市辖区				4.5		2.56			
沙洋县				9.2		3.52	0.09		
屈家岭				4.7		1.63	0.1		0.1
钟祥市	7.5			22.6	0.09	8.84	0.54		
京山县				28.13		9.42	0.2		0.1

续表13

					大麦良种	玉米良种	特用玉米		
	襄麦25	襄麦55	扬麦158	郑麦9023				彩甜糯6号	鄂甜玉3号
孝感市	**9.95**	**7.85**	**0.32**	**30.01**	**1.62**	**3.04**	**0.82**	**0.01**	**0.14**
孝南区		1.55		4.8	0.3	0.32	0.1		
孝昌县	2.23	0.36	0.32	1.35	0.24	0.06	0.04	0.01	0.02
大悟县		2.3		3.3	0.8	0.17	0.1		0.1
云梦县				5.42		1.21	0.2		
应城市	0.12	0.34		7.64		0.22	0.02		
安陆市	3.3	3.3		4	0.12	0.15			
汉川市	4.3			3.5	0.16	0.91	0.36		0.02
荆州市	**4.38**	**3.76**	**1**	**78.34**	**3.95**	**10.59**	**2.93**	**1.2**	**0.2**
荆州区				12	0.2	2	1.5	0.8	0.2
沙市区				5					
开发区					0.05				
江陵县	1	1	1	3	0.3	0.14			
松滋市	2.32	2.76		6.67	1.81	5.85	0.67		
公安县				24.47	0.99	0.26	0.26		
石首市	1.06			3.2	0.34	0.2	0.2	0.1	
监利县				10	0.26	0.78			
洪湖市				14		1.36	0.3	0.3	
黄冈市	**4.49**	**1**	**6.35**	**16.75**	**1.3**	**7.97**	**3.64**		**0.61**
黄州区	0.56		0.85	2.27		1.52	0.6		
团风县				1.44		0.07	0.03		
红安县				2.09	0.09	1.11	1.1		
罗田县				2	0.1	0.45	0.2		0.1
英山县				2.3		0.97			
浠水县			0.15		0.3	1.32	0.5		0.05
蕲春县				0.3		0.27	0.05		0.01
黄梅县	1	1	3	0.5		0.9	0.9		0.3
麻城市	2.93			5.85	0.8	1.03	0.16		0.15
武穴市			0.32		0.01	0.33	0.1		
龙感湖			2.03						
咸宁市				2.82		14.47	1.89		0.1
咸安区				**0.23**		**2.77**	**0.2**		**0.1**
嘉鱼县				0					
赤壁市				0.4		0.59			
通城县				0.46		1.41			
崇阳县				1.67		5.94	1.13		
通山县				0.06		3.76	0.56		
随州市	**4.3**	**4.6**		**27.3**	**1.89**	**11.24**			
曾都区	3	2.5		6		1.23			
随县	1.3	2.1		1.3	1.89	8.51			
广水市				20		1.5			
恩施自治州				**1.5**		**127.6**	**0.38**		**0.11**
恩施市						20.72			
利川市						29.84			
建始县						18.67	0.03		
巴东县				1.5		23.93			
宣恩县						9.6	0.03		
咸丰县						9.58	0.16		
来凤县						6.52	0.1		0.1
鹤峰县						8.74	0.06		0.01
仙桃市	**8.78**			**12.88**	**2.34**	**6.12**	**3**		
潜江市	**10.27**			**9.81**	**0.27**	**2.62**	**0.06**		
天门市	**2**	**1.67**	**0.67**	**20**	**0.17**	**3.51**	**1.33**		
神农架林区				**0.16**		**2.07**			

续表14

	华甜玉3号	金中玉	其 它	登海9号	鄂玉18	鄂玉25	鄂玉26	康农玉108	蠡玉16
全省合计	**13.37**	**3.26**	**8.81**	**55.99**	**22.25**	**24.15**	**14.24**	**18.46**	**52.63**
武汉市	**3.32**	**0.16**	**0.16**	**4.62**	**0.96**	**0.48**			**3.29**
新洲区									
黄陂区	0.1	0.1							
江夏区	0.16	0.01	0.01	2.43	0.31	0.05			0.61
蔡甸区					0.65	0.43			1.74
东西湖区	2.87								
汉南区	0.19	0.05	0.15	2.19					0.94
黄石市	**1.02**	**0.5**	**0.36**	**3.52**	**1**	**1.01**	**0.02**		**3**
黄石市辖区	0.02			0.02		0.01	0.02		
阳新县	1	0.5	0.26	2	1	1			3
大冶市			0.1	1.5					
十堰市	**0.5**	**0.2**		**0.8**	**9.04**	**8.27**	**2.7**	**4.8**	**7.4**
十堰市辖区					0.18	0.17			
郧县					2	4			2
郧西县					2.1	2.4	2.4		3.5
竹山县					1.2	0.8	0.3	1.2	1.3
竹溪县		0.2			2			2.8	
房县	0.5			0.8		0.9		0.8	0.6
丹江口市					1.56				
宜昌市	**0.67**	**0.35**	**1.19**	**2.4**	**1.5**	**2.67**	**1**	**8**	**9.87**
宜昌市辖区			0.3						0.5
夷陵区			0.1	0.3				1	0.2
宜都市						0.85			4.57
枝江市									
当阳市	0.4		0.33	2	1				2
远安县					0.1			0.1	0.4
兴山县	0.1			0.1	0.4	1.32		1.5	0.4
秭归县									
长阳县	0.17	0.35	0.46					3.9	1.3
五峰县						0.5	1	1.5	0.5
襄阳市	**2**		**2.2**	**29.25**	**4.3**	**6.21**	**7.1**		**17.7**
襄阳市辖区				0.65		0.68			0.7
襄州区	2		2	7	1	1	1		4
南漳县				1.1			2.5		2
谷城县						2			2.5
保康县					0.5				2.5
老河口				3	2.8	2.53	2		
枣阳市				15			1.6		3
宜城市			0.2	2.5					3
鄂州市	**0.3**	**0.1**			**0.1**				
荆门市	**0.16**		**0.57**	**2.57**	**2.22**	**0.2**	**0.2**		**4.62**
荆门市辖区				0.2					0.2
沙洋县	0.06		0.03	0.87	0.22				0.42
屈家岭				0.5					0.3
钟祥市			0.54						3.5
京山县	0.1			1	2	0.2	0.2		0.2

续表15

	华甜玉3号	金中玉	其 它	登海9号	鄂玉18	鄂玉25	鄂玉26	康农玉108	蠡玉16
孝感市	**0.33**	**0.32**	**0.02**	**0.81**	**0.11**	**0.12**	**0.08**	**0.1**	
孝南区	0.1			0.1	0.02				
孝昌县			0.01		0.01				
大悟县									
云梦县	0.2			0.5					
应城市	0.01		0.01	0.04	0.02				
安陆市				0.15					
汉川市	0.02	0.32		0.02	0.06	0.12	0.08	0.1	
荆州市	**1.03**	**0.5**		**0.5**	**0.4**		**0.46**	**0.4**	**2.85**
荆州区		0.5							
沙市区									
开发区									
江陵县									
松滋市	0.67						0.46	0.4	2.65
公安县	0.26								
石首市	0.1								
监利县					0.3				
洪湖市				0.5	0.1				0.2
黄冈市	**0.98**	**1.1**	**0.95**	**0.04**	**0.02**	**1.37**	**0.1**		**0.2**
黄州区	0.5		0.1						
团风县	0.03								
红安县		1.1							
罗田县			0.1				0.1		
英山县						0.3			0.2
浠水县	0.15		0.3	0.01		0.2			
蕲春县			0.04		0.02				
黄梅县	0.3		0.3						
麻城市			0.01			0.87			
武穴市			0.1	0.03					
龙感湖									
咸宁市	0.66		1.13	5.68	0.9	1	0.41		0.36
咸安区	**0.1**			**1.35**					**0.36**
嘉鱼县									
赤壁市				0.4					
通城县						1	0.41		
崇阳县			1.13	2.43					
通山县	0.56			1.5	0.9				
随州市				**3.53**					
曾都区				1.23					
随县				2.3					
广水市									
恩施自治州	**0.01**	**0.03**	**0.23**	**0.44**	**1.7**	**2.1**	**1.97**	**4.4**	**0.6**
恩施市									
利川市									
建始县			0.03					1.2	
巴东县					1.2			1.3	
宣恩县			0.03				1.57		
咸丰县			0.16				0.4	0.6	
来凤县				0.44	0.5	2.1			0.6
鹤峰县	0.01	0.03	0.01					1.3	
仙桃市	**2.33**		**0.67**	**1.36**					**1.43**
潜江市	**0.06**			**0.47**		**0.55**		**0.3**	**0.78**
天门市			**1.33**					**0.33**	**0.53**
神农架林区						**0.17**	**0.2**	**0.13**	

续表16

						高粱良种	马铃薯良种			
	腾龙1号	宜单629	湘玉10号	正大999	中农大451			鄂马铃薯3号	鄂马铃薯4号	鄂马铃薯5号
全省合计	**28.46**	**52.17**	**36.08**	**11.8**	**21.52**	**1.41**	**282.01**	**32.71**	**11.01**	**112.46**
武汉市		**0.28**			**0.29**		**1.08**	**0.18**		**0.18**
新洲区										
黄陂区					0.1		0.5	0.1		0.18
江夏区		0.21			0.19		0.58	0.08		
蔡甸区		0.07								
东西湖区										
汉南区										
黄石市						**0.72**	**3.52**		**0.5**	**0.01**
黄石市辖区						0.01	0.01			0.01
阳新县						0.64	3.01		0.5	
大冶市						0.07	0.5			
十堰市	**0.5**	**13.63**		**1.2**	**5.04**		**20.82**	**0.4**	**2.5**	**3.77**
十堰市辖区										
郧县		7			1.9		0.92			
郧西县		0.5			0.75		3.96		2	
竹山县	0.5	0.83		0.5	0.4		4.68			1.27
竹溪县		3.2					7.11			2.2
房县		2.1		0.7	1.2		3.58	0.4	0.5	0.3
丹江口市					0.79		0.57			
宜昌市	**1.1**	**23.01**	**0.5**	**3.23**	**3.03**		**46.68**	**11.13**	**1.83**	**16.3**
宜昌市辖区							0.8	0.5		
夷陵区	0.1	3	0	0	0.2		4.14	2		0.01
宜都市		4.12			1.33		4.43		1.4	1.6
枝江市							0.73	0.13	0.13	0.13
当阳市		1.33		1.33	1		1.6	0.2	0.2	0.2
远安县		0.4			0.4		1.4	0.1	0.1	
兴山县		0.2		0.1	0.1		7.01	1.5		3.5
秭归县		12.16					5.34			3.06
长阳县		0.8		0.8			10.6	4.7		4.8
五峰县	1	1	0.5	1			10.63	2		3
襄阳市		**8.4**		**2.3**	**6.47**	**0.02**	**12.6**	**3.77**	**1.5**	**2.1**
襄阳市辖区							0.77			
襄州区		2		1	1		5	1	0.5	1.5
南漳县		4		1.3	0.3	0.02				
谷城县							0.08	0.02		
保康县		2.4					6	2	1	0.6
老河口					2.17					
枣阳市					3		0.75	0.75		
宜城市										
鄂州市							**1.31**			**0.3**
荆门市		**3**		**2.2**	**3**		**4.38**	**1.52**	**1**	**0.2**
荆门市辖区							0.65			
沙洋县							0.15			
屈家岭		0.1								
钟祥市		2.8		2			2.68	1.42	0.8	
京山县		0.1		0.2	3		0.9	0.1	0.2	0.2

续表17

						高粱良种	马铃薯良种			
	腾龙1号	宜单629	湘玉10号	正大999	中农大451			鄂马铃薯3号	鄂马铃薯4号	鄂马铃薯5号
孝感市		**0.02**	**0.03**		**0.05**	**0.01**	**10.79**	**0.43**	**1.22**	**1.39**
孝南区							2.2		0.5	
孝昌县							1.42			0.6
大悟县						0.01	0.8		0.3	0.4
云梦县							4.09			
应城市		0.02			0.01		0.57		0.12	0.2
安陆市							0.79	0.3	0.3	0.19
汉川市			0.03		0.04		0.92	0.13		
荆州市					**0.66**		**1.47**	**0.1**	**0.21**	
荆州区							1			
沙市区										
开发区										
江陵县							0.06			
松滋市					0.66					
公安县							0.14		0.14	
石首市							0.07		0.07	
监利县							0.1	0.1		
洪湖市							0.1			
黄冈市		**0.1**				**0.26**	**30.59**	**2.18**	**1.25**	**1.65**
黄州区										
团风县						0.02	1.11			
红安县							3.08			
罗田县		0.1					0.55		0.15	0.15
英山县							6.9		0.6	1.5
浠水县										
蕲春县						0.17	10.66	1.33		
黄梅县							1.77		0.5	
麻城市							5.87	0.85		
武穴市						0.07	0.65			
龙感湖										
咸宁市		0.1			1.81		6.89	0.3	0.42	
咸安区		**0.1**			**0.1**		**2**			
嘉鱼县										
赤壁市							0.55			
通城县							1.67			
崇阳县					1.71		1.95			
通山县							0.72	0.3	0.42	
随州市						**0.12**	**8.79**			
曾都区						0.05	1.35			
随县						0.07	7.29			
广水市							0.15			
恩施自治州	**26.76**	**2.7**	**35.55**	**2.67**		**0.2**	**127.24**	**12.5**		**86.01**
恩施市	20.72					0.04	23.87			23.87
利川市						0.03	27.58	10		17.58
建始县		2.4	9.52	1		0	21.42			18.5
巴东县	0.5	0.3	10.93			0.09	14.45	1.5		10.2
宣恩县			8			0	9.57	1		4
咸丰县	3.8		2.1	0.8		0	15.25			4.26
来凤县			2.4			0.04	8.47			3.3
鹤峰县	1.74		2.6	0.87			6.63			4.3
仙桃市		**0.2**					**1.65**			
潜江市						**0.08**	**1.42**		**0.58**	**0.55**
天门市		**0.33**			**0.67**		**2.78**	**0.2**		
神农架林区	**0.1**	**0.4**		**0.2**	**0.5**					

续表18

			红薯良种			大豆良种			蚕豆良种	豌豆良种
	早大白	中薯3号		鄂薯6号	鄂薯8号		鄂豆8号	中豆8号		
全省合计	**19.82**	**10.82**	**165.8**	**10.96**	**9.42**	**129.57**	**25.78**	**11.64**	**20.77**	**21.155**
武汉市		**0.06**	**3.56**	**0.54**	**0.06**	**6.98**	**1.46**		**1.93**	**1.18**
新洲区			0.45	0.2		0.9			0.5	0.3
黄陂区			1.52			0.93	0.33		0.4	0.28
江夏区		0.06	1.55	0.3	0.06	4.36	1.13		1.03	0.4
蔡甸区										
东西湖区			0.04	0.04						
汉南区						0.79				0.2
黄石市	**0.7**		**8.01**	**0.5**		**3.8**	**0.35**	**0.02**	**1.26**	**0.78**
黄石市辖区			0.13			0.07	0.05	0.02	0.03	0.01
阳新县	0.5		5.38	0.5		2.08	0.2		0.37	0.14
大冶市	0.2		2.5			1.65	0.1		0.86	0.63
十堰市	**2.5**		**22.95**	**2**	**0.4**	**21.22**	**5.05**	**3.06**	**0.5**	**3.94**
十堰市辖区			0.14			0.07				
郧县			4.94			2.89				
郧西县			5.34			3.62	1.5			1.05
竹山县	2.5		3.51	1.5		4.51	1.35	1.16		2.41
竹溪县			4.1	0.2		5.43	1.6	1.2		
房县			2.39	0.3	0.4	3.82	0.6	0.7	0.5	0.38
丹江口市			2.53			0.88				0.1
宜昌市	**0.93**	**6.48**	**18.05**	**1.07**	**2.37**	**7.12**	**1.71**	**0.5**	**2.55**	**0.65**
宜昌市辖区			0.6	0.2		0.02			0.02	0.01
夷陵区	0.33	0.67								
宜都市		1.1	3.7		2.1	0.45			0.35	0.24
枝江市		0.13	0.21	0.07	0.07					
当阳市			1.2	0.2		1.6	0.6	0.5	0.3	0.12
远安县	0.1	0.3	0.7	0.1		0.2			0.1	
兴山县		1.5				0.83			0.3	0.15
秭归县		2.28	3.33			1.15			0.8	0.13
长阳县			5.45			1.51	0.91		0.6	
五峰县	0.5	0.5	2.86	0.5	0.2	1.36	0.2		0.08	
襄阳市	**1.37**	**1.5**	**7.31**	**3.29**		**5.3**	**3.04**	**0.42**	**0.85**	
襄阳市辖区	0.77		0.04			0.51		0.12	0.02	
襄州区		1	0.6			1.25	1		0.24	
南漳县			0.39			0.23	0.1		0.05	
谷城县			0.56	0.2		0.7	0.4	0.3	0.14	
保康县	0.6	0.5	1.24	0.5		0.73	0.5		0.15	
老河口			2.39	1.8		0.64			0.2	
枣阳市			0.59	0.59		1.04	1.04		0.01	
宜城市			1.5	0.2		0.2			0.04	
鄂州市	**0.2**		**1.64**		**0.5**	**1.72**			**0.73**	**0.94**
荆门市		**0.1**	**2.42**	**0.1**	**0.3**	**11.38**	**1.06**	**3.13**	**1.02**	**0.27**
荆门市辖区			1.03			0.31		0.01	0.14	
沙洋县			0.32			1.79	0.46	0.52	0.25	
屈家岭			0.4		0.2	0.5	0.1			
钟祥市			0.28			7.3		2.5	0.4	
京山县		0.1	0.39	0.1	0.1	1.48	0.5	0.1	0.23	0.27

续表19

			红薯良种			大豆良种			蚕豆良种	豌豆良种
	早大白	中薯3号		鄂薯6号	鄂薯8号		鄂豆8号	中豆8号		
孝感市	**3.55**	**0.38**	**3.5**	**0.4**	**0.1**	**7.15**	**2.14**	**0.86**	**2.02**	**2.22**
孝南区			0.21			0.41	0.1	0.2	0.3	
孝昌县			0.26			0.52	0.08	0.06	0.68	0.12
大悟县			2.5	0.2		0.8	0.2	0.3	0.2	
云梦县	3.43	0.1				1.17	0.46		0.03	
应城市						1.46	0.5		0.1	0.95
安陆市			0.49	0.2	0.09	1.5	0.5	0.3	0.5	0.1
汉川市	0.12	0.28	0.04		0.01	1.29	0.3		0.21	1.05
荆州市	**1**	**0**	**0.99**	**0.56**		**8.5**	**3.37**	**0.1**		**5.72**
荆州区	1					0.8	0.8			
沙市区										
开发区										
江陵县						1.1				
松滋市			0.99	0.56		0.65		0.1		0.22
公安县						0.85	0.85			
石首市						0.62				0.56
监利县						2.32	1.72			3.64
洪湖市						2.16				1.3
黄冈市	**6.15**	**1.63**	**15.5**	**1.2**	**2.39**	**8.77**	**1.65**	**0.35**	**0.93**	**1.1**
黄州区			0.13			0.12			0.06	0.02
团风县	0.28		0.28		0.09	0.36	0.12		0.05	0.15
红安县	2.06		3.97			0.26	0.25			
罗田县	0.1		2	0.2	0.3	2.5	0.3	0.3		0.3
英山县		0.3	2.12	0.1		1.45	0.2			
浠水县										
蕲春县	3.33	1.33	2.47			1.17		0.05	0.43	0.28
黄梅县			1	0.6		0.65				
麻城市	0.38		1.94		1.2	1.4	0.58		0.08	0.13
武穴市			1.59	0.3	0.8	0.86	0.2		0.31	0.22
龙感湖										
咸宁市	2.72	0.67	10.51	0.9	2.5	5.06	0.93	2.01	3.05	0.525
咸安区	**1.72**		**1.2**			**0.62**			**0.85**	**0.05**
嘉鱼县										
赤壁市			1			1.1		0.8	1.2	0.2
通城县	1	0.67	0.9	0.9		0.93	0.93		0.2	0.26
崇阳县			4.24			2.41		1.21	0.8	0.015
通山县			3.17		2.5					
随州市			**3.76**			**2.17**			**0.9**	**3.07**
曾都区			0.41			0.46				1.34
随县			2.75			0.91			0.3	1.73
广水市			0.6			0.8			0.6	
恩施自治州			**66.7**		**0.8**	**24.26**	**0.25**		**3.06**	**0.16**
恩施市			10.54			5.5				0.05
利川市			13.99			5.08			1.45	0.01
建始县			6.92			3.1				
巴东县			8.92		0.8	3.29			1	0.03
宣恩县			7.11			2.48			0	0.02
咸丰县			11.21			3.5			0.06	
来凤县			4.91			0.68	0.25		0.55	0.05
鹤峰县			3.1			0.63				
仙桃市	**0.57**		**0.23**			**4.61**	**1.95**	**1.19**	**1.48**	**0.6**
潜江市			**0.18**			**2.32**	**1.82**		**0.15**	
天门市	**0.13**		**0.49**	0.4		**9.21**	**1**		**0.34**	
神农架林区										

全省主要油料作物良种面积

单位:千公顷

油料良种面积合计	1528.25
一、花生良种	180.25
1. 鄂花6号	31.31
2. 天府11号	15.29
3. 远杂9102	9.39
4. 中花5号	9.87
5. 中花6号	31.11
6. 中花7号	4.43
7. 中花8号	20.85
8. 中花10号	6.95
9. 中花16号	11.67
10. 其它	39.38
二、芝麻良种	76.7
1. 鄂芝1号	8.47
2. 鄂芝4号	3.79
3. 鄂芝6号	5.6
4. 中芝11	9.74
5. 中芝13	4.64
6. 中芝15	5.59
7. 中芝16	5.55
8. 其 它	33.32
三、油菜良种面积	1206.04
(一)常规品种	321.65
1. 富油668	0.74
2. 阳光2009	47.02
3. 华双4号	21.06
4. 华双5号	21.66
5. 浙油28	4.15
6. 中双8号	4.55
7. 中双9号	62.35
8. 中双10号	44.93
9. 中双12号	36.34
10. 中油589	13
11. 其 它	65.85
(二)杂交品种	884.39
1. 楚油杂79	2.57
2. 大地55	11.15
3. 丰油701	8.28
4. 沣油520	9.02
5. 沣油5103	14.41
6. 富油杂108	7.15

分市州主要油料作物良种面积

单位：千公顷

	油料良种面积	花生良种	鄂花6号	天府11号	中花6号	中花8号	中花16号	芝麻良种	鄂芝1号	中芝11	油菜良种	常规品种	阳光2009	华双4号	华双5号	中双9号	中双10号	中双12号	中油589
全省	1528.25	180.25	31.31	15.29	31.11	20.85	11.67	76.7	8.47	9.74	1206.04	321.65	47.02	21.06	21.66	62.35	44.93	36.34	13
武汉市	80.72	12.63	1.38	1.6	0.77	1.88	0.28	8.78	0.04	0.77	55	31.73	1.51	0.03	2.88	10.57	5.72	5.71	0
黄石市	56.95	4.04	1.17	0	1.7	0.2	0.02	7.66	0	0.03	45.25	29.32	0	4.5	3.03	4.65	4.25	5.5	0
十堰市	79.72	19.7	2	0.08	2.2	1.78	7.11	13.2	2.01	1.06	45.74	1.02	0	0	0	0	0.4	0.4	0.02
宜昌市	106.23	9.25	0	0.57	1.07	1.6	0.5	2.4	0.1	0.02	94.37	12.36	1.1	1.3	1.6	2.8	1.96	2.2	0
襄阳市	70.76	24.42	4.43	0.5	1.33	3.02	2	6.77	1.98	1.65	39.45	0	0	0	0	0	0	0	0
鄂州市	30.07	1.21	0.41	0	0	0.4	0	3.46	0	1.15	25.4	13.54	2.67	0	4.67	5.33	0.67	0.1	0.1
荆门市	143.05	16.22	1.75	5.62	1.93	0.64	0.24	4.33	0.6	1.2	121.02	11.08	0	0	0	2.47	2.7	1.2	0.6
孝感市	160.87	24.57	1.16	6.63	10.28	0.9	0.52	4.69	0.88	0.74	80.85	6.57	0.62	0.35	0.87	0.52	1.53	0.44	0.3
荆州市	262.3	1.64	0.05	0	0.16	0.49	0	4.89	0	1.82	255.77	46.5	20.6	0.75	0.91	17.02	5.33	0.52	0.41
黄冈市	218.91	35.96	13.78	0.29	4.3	4.41	0	6.91	1.45	0.15	169.34	124.03	13.11	10.53	6.37	12.26	19.72	8.5	8.77
咸宁市	78.74	6.22	1.51	0	0.08	1.56	0	4.32	0.31	0.75	67.94	27.41	6.08	1.33	0	3.2	1.25	9.77	2.8
随州市	32.66	10.51	0	0	5.51	2.7	0	4.67	0	0	17.47	0.75	0	0	0	0	0	0	0
恩施自治州	63.59	8.29	2.16	0	0.75	0.7	0	0.6	0.1	0	54.7	5.15	0	0	0	0	0	0	0
仙桃市	50.93	0.66	0	0	0	0.2	0	2.18	0	0	48.09	0	0	0	0	0	0	0	0
潜江市	36.06	1.02	0.31	0	0.34	0.37	0	0.59	0	0.4	34.45	5.2	0	1.6	0	2.2	1.4	0	0
天门市	56.33	3.89	1.2	0	0.69	0	1	1.24	1	0	51.2	6.99	1.33	0.67	1.33	1.33	0	2	0
神农架林区	0.36	0.02	0	0	0	0	0	0.01	0	0	0	0	0	0	0	0	0	0	0

续表

单位：千公顷

	杂交品种	大地55	禾盛油555	禾盛油868	华油杂6号	华油杂8号	华油杂9号	华油杂10号	华油杂12	华油杂13	华油杂14	华油杂15	华油杂62	广源58	希望528	中农油2008	中油杂11	中油杂12	中油杂7819
全省合计	884.39	11.15	15.59	50.82	44.53	23.84	112.07	23.45	58.2	77.41	21.76	13.01	58.32	12.23	19.95	14.36	39.36	49.87	33.46
武汉市	23.27	0	0.05	0	0.47	0	0.64	1.82	5.91	0.73	0.01	0.02	2.08	0	2.21	0	0.02	2.15	0
黄石市	15.93	0	0.01	0.01	1	0	2.5	1	0.02	0	0	0	4	0	0	0	4.5	0	0
十堰市	44.72	0	0	1.8	0.73	1.6	3.1	1.5	1.44	4.02	2	0	3.91	0	0	0	0.6	6.5	7.76
宜昌市	82.01	3	4.9	1.4	1.53	2.3	4.87	3.1	2.53	3.3	1.57	2.4	8.2	3.42	2.33	2.76	3.02	5.64	1.34
襄阳市	39.45	0	0	0	3	2.57	4	2.3	6.53	1.4	0	1	2	0.9	0	0	4.33	3.6	0
鄂州市	11.86	0	0	0	0	0	0	1	0	3	0	0	3	0	0	0	2.5	2.36	0
荆门市	109.94	0	0	20	1.6	9.7	13.8	1.8	8.5	3.4	0	0	13.3	0	5.6	0	4.82	7.3	0.6
孝感市	74.28	0	1	1.84	2.88	1.01	9.67	2.9	8.88	2.99	0.95	0.32	3.42	0.42	0	0.63	3.03	4.82	5.79
荆州市	209.27	5.7	7.03	21.22	7.57	3.18	46.26	2.13	13.41	47.77	6	1.32	8.05	2.53	6.5	5	6.85	6.5	2.3
黄冈市	45.31	0	0.5	1.1	3.36	0.85	0.7	1.9	1.65	0	0.5	0.5	1.48	1.6	0.3	0.2	3.8	1.46	0.61
咸宁市	40.53	0	1.15	0	8.18	0.53	4.47	4	1.88	0.51	0	0	1.88	1.32	0	0	0	0	11.02
随州市	16.72	0	0	0	0	2.1	3.5	0	1.6	0	0	0	0	0	0	2.6	0.52	0	0
恩施自治州	49.55	0	0	0	13.45	0	9.41	0	0	0	0	0	0.43	0	0	0	3.7	6.22	0
仙桃市	48.09	1.78	0.95	1.45	0.23	0	3.97	0	5.85	0	2.31	1.41	4.57	1.37	3.01	1.17	0	1.65	2.37
潜江市	29.25	0	0	0	0	0	4.38	0	0	7.62	5.75	6.04	0	0	0	0	0	0	0
天门市	44.21	0.67	0	2	0.53	0	0.8	0	0	2.67	2.67	0	2	0.67	0	2	1.67	1.67	1.67
神农架林区	0	0	0	0	0	0	0	0	0	0	0	0	0	0	0	0	0	0	0

全省棉花良种面积

棉花良种面积合计	397.41
一、常规品种	16.34
1. 鄂棉24	2.9
2. 鄂抗棉11	3.89
3. 鄂抗棉12	1.65
4. 科抗棉1号	0.73
5. 其它	7.17
二、杂交品种	381.07
1. 鄂杂棉9号F1	20.13
2. 鄂杂棉10号F1	55.08
3. 鄂杂棉11 F1	62.34
4. 鄂杂棉23 F1	15.54
5. 鄂杂棉24 F1	9.03
6. 鄂杂棉26 F1	26.10
7. 鄂杂棉28 F1	9.99
8. 鄂杂棉29 F1	25.03
9. EK288 F1	17.20
10. 冈杂棉8号F1	12.38
11. 华惠4号	7.13
12. 绿亿棉11 F1	2.07
13. 铜杂411 F1	18.15
14. 中棉所63	11.12
15. 中棉所71	6.43
16. C111	2.45
17. 其 它	80.90

分县市棉花良种面积

单位：千公顷、吨

	棉花良种面积合计	常规品种	鄂棉24	鄂抗棉11	鄂抗棉12	杂交品种	鄂杂棉9号F1	鄂杂棉10号F1
全省合计	**397.41**	**16.34**	**2.9**	**3.89**	**1.65**	**381.07**	**20.13**	**55.08333**
武汉市	**18.89**	**3.61**	**0.95**	**0.98**	**0.25**	**15.28**	**0.49**	**3.93**
新洲区	9.63	3.03	0.95	0.65	0.25	6.6	0.21	3.51
黄陂区	2.16	0.58		0.33		1.58		
江夏区								
蔡甸区	4.32					4.32	0.15	0.23
东西湖区	0.13					0.13	0.13	
汉南区	2.65					2.65		0.19
黄石市	**4.15**	**0.03**		**0.03**		**4.12**		**0.44**
黄石市辖区	0.08	0.03		0.03		0.05		0.02
阳新县	2.47					2.47		0.42
大冶市	1.6					1.6		
十堰市								
郧县								
郧西县								
竹山县								
竹溪县								
房县								
丹江口市								
宜昌市	**21.4**	**1.96**	**0.27**	**0.3**	**0.37**	**19.44**		**2.5**
宜昌市辖区								
夷陵区								
宜都市	0.02	0.02						
枝江市	16.01	1.94	0.27	0.3	0.37	14.07		2
当阳市	5.37					5.37		0.5
远安县								
兴山县								
秭归县								
长阳县								
五峰县								
襄阳市	**30.25**	**0.23**	**0.05**			**30.02**	**2.7**	**9.52**
襄阳市辖区	0.96	0.05	0.05			0.91		0.32
襄州区	9.46					9.46		3
南漳县	0.18	0.18						
谷城县								
保康县								
老河口	4.95					4.95	1.1	2.1
枣阳市	5.4					5.4	1.6	2.1
宜城市	9.3					9.3		2
鄂州市	**5.44**	**0.27**		**0.27**		**5.17**	**0.47**	**1**
荆门市	**35.14**	**2.6**	**0.4**	**0.4**	**0.3**	**32.54**	**1.5**	**4.97**
荆门市辖区	3.4	0.2				3.2		0.75
屈家岭	3.81	1.41	0.3	0.3		2.4		1.2
沙洋县	6.7	0.69			0.2	6.01		1.22
钟祥市	14.93					14.93		
京山县	6.3	0.3	0.1	0.1	0.1	6	1.5	1.8
孝感市	**29.41**	**1.66**	**0.22**	**0.22**	**0.26**	**27.75**	**1**	**7.99**
孝南区	4.5	0.6	0.1	0.1	0.1	3.9	0.2	0.5

续表1 单位:千公顷、吨

	棉花良种面积合计	常规品种	鄂棉24	鄂抗棉11	鄂抗棉12	杂交品种	鄂杂棉9号F1	鄂杂棉10号F1
全省合计	**397.41**	**16.34**	**2.9**	**3.89**	**1.65**	**381.07**	**20.13**	**55.08333**
孝昌县	1.31	0.11	0.08		0.02	1.2	0.08	0.03
大悟县	0.17					0.17		0.04
云梦县	2.78					2.78		0.65
应城市	3.31	0.31	0.04	0.12	0.14	3	0.22	1.24
安陆市	1.5					1.5	0.5	0.3
汉川市	15.84	0.64				15.2		5.23
荆州市	99.04	1.72	0.95		0.37	97.32	2	11.55
荆州区	**8.8**					**8.8**	**1**	**1**
沙市区	3.07					3.07		0.57
开发区	0.18					0.18		
江陵县	7.4					7.4		
松滋市	13.34	0.32	0.15		0.17	13.02	0.5	1.48
公安县	28.48					28.48		
石首市	12.4	1.4	0.8		0.2	11		
监利县	18.22					18.22		8
洪湖市	7.15					7.15	0.5	0.5
黄冈市	**53.36**	**1.54**	**0.06**	**0.28**	**0.1**	**51.82**	**10.3**	**6.28**
黄州区	4.6					4.6		0.64
团风县	2.93	0.29	0.06		0.05	2.64		0.18
红安县	0.91	0.05				0.86		0.22
罗田县	0.33					0.33		0.05
英山县	0.28					0.28		
浠水县	10					10	10	
蕲春县	4.41	0.21		0.05	0.05	4.2	0.3	0.67
黄梅县	14.73	0.43				14.3		3
麻城市	7.33	0.23		0.23		7.1		0.4
武穴市	7.05	0.33				6.72		0.33
龙感湖	0.79					0.79		0.79
咸宁市	**4.02**	**1.56**		**1.41**		**2.46**		**1.4**
咸安区	0.2					0.2		0.09
嘉鱼县	1.56	1.41		1.41		0.15		
赤壁市	1.3					1.3		0.5
通城县	0.26					0.26		0.26
崇阳县	0.7	0.15				0.55		0.55
通山县		0				0		
随州市	**14.38**	**1.16**				**13.22**	**1**	**1.5**
曾都区	2.81	0.31				2.5	1	
随县	6.72					6.72		1.5
广水市	4.85	0.85				4		
恩施自治州								
恩施市								
利川市								
建始县								
巴东县								
宣恩县								
咸丰县								
来凤县								
鹤峰县								
仙桃市	**22.68**					**22.68**	**0.67**	**2.67**
潜江市	**24.75**					**24.75**		
天门市	**34.5**					**34.5**		**1.33**
神农架林区								

续表2 单位：千公顷、吨

	鄂杂棉11 F1	鄂杂棉23 F1	鄂杂棉24 F1	鄂杂棉26 F1	鄂杂棉28 F1	鄂杂棉29 F1	EK288 F1	冈杂棉8号F1	铜杂411 F1	中棉所63
全省合计	**62.34**	**15.54**	**9.03**	**26.10333**	**9.99**	**25.02667**	**17.20333**	**12.38**	**18.14667**	**11.12**
武汉市	**1.22**	**0.51**	**0.32**	**0.2**	**0.14**	**0.09**	**0.14**	**0.78**	**1**	
新洲区	0.68	0.15	0.32	0.2	0.14	0.09		0.15		
黄陂区		0.36								
江夏区										
蔡甸区	0.26							0.53	0.69	
东西湖区										
汉南区	0.28						0.14	0.1	0.31	
黄石市	**0.01**			**0.2**	**0.4**		**0.32**	**0.01**		**0.2**
黄石市辖区	0.01							0.01		
阳新县				0.2	0.4		0.32			0.2
大冶市										
十堰市										
郧县										
郧西县										
竹山县										
竹溪县										
房县										
丹江口市										
宜昌市	**0.9**	**1.5**	**0.3**	**1.6**		**2**	**0.01**	**1.5**	**1**	**1.3**
宜昌市辖区										
夷陵区										
宜都市										
枝江市	0.4		0.3	1.6		2	0.01	1.5	0.5	0.8
当阳市	0.5	1.5							0.5	0.5
远安县										
兴山县										
秭归县										
长阳县										
五峰县										
襄阳市	**1**	**3**	**0.5**	**3**	**1**	**1.6**	**2.09**	**1.5**	**0.57**	
襄阳市辖区							0.09		0.07	
襄州区		2		2	1			1		
南漳县										
谷城县										
保康县										
老河口										
枣阳市				0.5		0.6				
宜城市	1	1	0.5	0.5		1	2	0.5	0.5	
鄂州市	**1**	**0.4**	**0.4**	**1**		**0.3**	**0.3**	**0.3**		
荆门市	**0**	**1.64**	**2.1**	**9**		**0.2**	**0.5**		**3.33**	**1.6**
荆门市辖区						0.2			0.27	0.1
屈家岭							0.5		0.3	0.2
沙洋县		1.64		0.8					0.46	
钟祥市				8.2					2.3	1.1
京山县			2.1							0.2
孝感市	**4.21**	**1.52**	**0.62**	**2.09**	**3.52**	**0.64**	**0.03**	**1.52**	**0.32**	**0.3**
孝南区	0.6	0.2	0.3		0.2	0.3			0.2	0.3

续表3　　　　单位：千公顷、吨

	鄂杂棉11 F1	鄂杂棉23 F1	鄂杂棉24 F1	鄂杂棉26 F1	鄂杂棉28 F1	鄂杂棉29 F1	EK288 F1	冈杂棉8号F1	铜杂411 F1	中棉所63
全省合计	**62.34**	**15.54**	**9.03**	**26.10**	**9.99**	**25.03**	**17.20**	**12.38**	**18.15**	**11.12**
孝昌县	0.06	0.04	0.02	0.05	0.08	0.28		0.14		
大悟县						0.06	0.03			
云梦县			0.1						0.1	
应城市	0.12	0.16		0.42	0.22			0.1	0.02	
安陆市	0.2	0.3	0.2							
汉川市	3.23	0.82		1.62	3.02			1.28		
荆州市	37.26	1.72	2.26	4.37	1.65	5.61	3.63	1.82	8.05	5.22
荆州区	**2**	**1**	**1**						**0.8**	
沙市区	0.4			0.6		1				
开发区	0.08					0.05				0.05
江陵县	1					2		1	0.5	2
松滋市	1.5	0.52	0.66	0.97	0.45	0.76	0.93	0.32	1.95	1.67
公安县	28.48									
石首市				2.3	0.8	1	1.2		1.2	1
监利县	3						1.5		3	
洪湖市	0.8	0.2	0.6	0.5	0.4	0.8		0.5	0.6	0.5
黄冈市	**4.94**	**2.05**	**1**	**1.85**	**1.81**	**4.07**	**7.85**	**4.28**	**1.37**	**0.5**
黄州区	0.32					1.98	0.32			
团风县	0.35				0.55					
红安县		0.18			0.21			0.13		
罗田县				0.05	0.05			0.05		
英山县										
浠水县										
蕲春县	0.67	0.67		0.67		0.3			0.3	
黄梅县	1	1	1	1	1	1	2	1	1	0.5
麻城市	2.4						1.6	2.7		
武穴市	0.2	0.2		0.13		0.79	3.93	0.4	0.07	
龙感湖										
咸宁市									**0.51**	
咸安区									0.06	
嘉鱼县									0.15	
赤壁市									0.3	
通城县										
崇阳县										
通山县										
随州市	**2.2**	**1.2**		**1.6**						
曾都区										
随县	1.4									
广水市	0.8	1.2		1.6						
恩施自治州										
恩施市										
利川市										
建始县										
巴东县										
宣恩县										
咸丰县										
来凤县										
鹤峰县										
仙桃市	**2**	**1**	**0.2**	**0.4**	**0.27**	**1.33**	**1.33**	**0.67**	**1.33**	**0.67**
潜江市	**6.2**					**7.52**				
天门市	**1.4**	**1**	**1.33**	**0.33**	**1.2**	**1.67**	**1**		**0.67**	**1.33**
神农架林区										

全省经济作物良种面积产量

单位:公顷、吨

	面积	产量
一、茶叶无性系良种	112870	
1. 福鼎大白茶	36795.2	
2. 鄂茶1号	13572	
3. 鄂茶10号	10049	
4. 金观音	5267	
5. 铁观音	3074	
6. 槠叶齐	20	
7. 中茶108	6713	
8. 其它	37379.8	
二、水果	359405	5419348
(一)柑桔	229620	3848381
其中:温州蜜柑	100743	1172804
椪柑	42846	597518
锦橙	1753	3694
脐橙	26326.6	337672
其中:纽荷尔	17013	151717
夏橙	1571	23904
桃叶橙	207	6068
柚	10723.4	100244
(二)梨	33285	547150
其中:丰水梨	1290.7	4206
华梨	1691	45668
黄花梨	7070	182118
金水梨	1558	21043
湘南梨	1419	40768
(三)其它水果	96500.02	1023817
其中:苹果	1086	9834
桃	40788	655715
其中:油桃	2000	30846
猕猴桃	3053	9115
葡萄	15054.02	226935
枣	966.7	31905
其中:冬枣	21	188
李	156	1444
柿	1714.1	44347
其中:甜柿	182	1595
三、西瓜良种	71.2	
(一)无籽西瓜	20.07	
1. 鄂西瓜7号	0.84	
2. 鄂西瓜8号	6.1	
3. 鄂西瓜12	1.45	
4. 黑蜜5号	3.57	
5. 黄宝石	1.34	
6. 雪峰黑马王子	0.61	
7. 雪峰无籽304	0.45	
8. 其 它	5.71	
(二)有籽西瓜	38.39	
1. 鄂西瓜10号	1.95	
2. 鄂西瓜13	2.8	
3. 黑美人	13.39	
4. 红冠龙	1.34	
5. 嘉年华	1.02	
6. 庆发12号	0.7	
7. 西农8号	5.24	
8. 新红宝	3.81	
9. 其 它	8.14	

续表1　　单位:公顷、吨

	面积	产量
四、魔芋产加销情况		
1. 魔芋	18720.88	293275
2. 魔芋加工量		155801
(1)芋角		50780
(2)精粉		34030
(3)食品		14166
(4)保健品		20000
(5)其它		36825
3. 加工产值(万元)	756275	
五、桑(公顷)	7744.43	
其中:湖桑顷)	7229.33	
六、养蚕(万张)	7130.23	4378
1. 春蚕(万张)	3084.6	2094
2. 夏蚕(万张)	2200.11	375.5
3. 秋蚕(万张)	1845.52	1908.5
七、一代杂交蚕种(万张)	0.29	
八、中药材	127.37	372433
1. 黄连	32.99	36986
2. 党参	6.06	8776
3. 贝母	0.5	1450
4. 茯苓	2.55	22322
5. 天麻	4.06	31534
6. 黄姜	7.89	121572
7. 麦冬	1.18	4000
8. 白术	7.83	17978
9. 杜仲(万株)	10329	18047
10. 厚朴(万株)	10214.1	14017
11. 黄柏(万株)	5081.5	6410
12. 其它=	64.31	89341
九、特种花卉生产情况		
1. 食用与药用花卉面积(公顷)		
2. 工业及其他用花卉面积(公顷)	1110	30
3. 种子用花卉面积(公顷)	1262.04	17
4. 种苗用花卉面积	2280	
销售量(万株)	35	
5. 种球用花卉面积(公顷)	0.5	
销售量(万粒)		91

续表3

主要经济作物良种

单位:公顷、吨

	茶叶无性系良种面积	福鼎大白茶	鄂茶1号	鄂茶10号	水果		柑桔		其中:温州蜜柑面积
					面积	产量	面积	产量	
全省合计	112870	36795.2	13572	10049	359405	5419348	229620	3848381	100743
武汉市	899	100	3		2175	28568	415	5172	27
黄石市	20	10	5	2	9145	41801	6014	36193	4292
十堰市	4050	2898	10	5	49917	363799	35506	335616	29785
宜昌市	11952	1721.2	370		129257	2740309	125608	2698334	62967
襄阳市	6323	3470	1410	113	32970	588649	2387	52473	85
鄂州市					5662	37863	3118	28017	
荆门市	373	100	20	20	20690	384050	5369	110100	240
孝感市	10551	7878	1766	306	14804	177554	1140	21664	83
荆州市	437	419	9	8	23445.02	441885	18075	280399	562
黄冈市	9885	3171	3609	50	8031	111005	4115	51471	2394
咸宁市	7487	3150	1830	1710	14375	39056	5104	28580	178
随州市	2000	1300			10482	135841	876	7023	
恩施自治州	58893	12578	4540	7835	35377	251496	20993	177665	130
仙桃市					1164	26072	471	10268	
潜江市					1294	34761	71	1666	
天门市					617	16639	358	3740	
神农架林区									

续表3

单位：公顷、吨

	温州蜜柑产量	椪柑		脐橙		夏橙		梨	
		面积	产量	面积	产量	面积	产量	面积	产量
全省合计	1172804	42846	597518	26326.6	337672	1571	23904	33285	547150
武汉市	1100							499	5606
黄石市	25141	403	2271	663	2932			578	1419
十堰市	242365	1400	510	2275	12365			136	469
宜昌市	872457	24873	443001	19941	289558	1570	23900	1186	26110
襄阳市	3435	732	11910					6430	125848
鄂州市								1550	1651
荆门市	5240			3	28			8228	225841
孝感市	1185	2	40					2003	27557
荆州市	12280	11706	116699	383.6	4400			662	10493
黄冈市	1543			30	119			853	17947
咸宁市	1282	81	36	100	78			1269	3698
随州市								1077	12872
恩施自治州	6776	3649	23051	2931	28192	1	4	7649	52150
仙桃市								362	8120
潜江市								632	15897
天门市								171	11472
神农架林区									

续表4 单位:公顷、吨

	苹果		桃		葡萄		西瓜良种		
	面积	产量	面积	产量	面积	产量	面积	无籽西瓜	有籽西瓜
全省合计	1086	9834	40788	655715	15054.02	226935	71.2	20.07	38.39
武汉市			826	12325	348	5433	10.45	3.03	7.42
黄石市	27	30	983	2104	178	641	1.86	0.69	1.17
十堰市	122	804	853	8683	509	957	0.91		0.16
宜昌市	73	447	832	9973	79	1186	1.07	0.07	0.09
襄阳市	254	1664	21554	381739	414	9865	13.4	2.07	10.17
鄂州市			758	3645	228	2617	1.82		
荆门市	11	300	2292	18323	510	11032	6.49	2.45	3.49
孝感市	52	727	2079	87624	6170	11895	6.49	2.11	4.38
荆州市	8	113	651	3972	3803.02	145472	11.74	1.77	4.01
黄冈市	133	809	1048	27135	346	1360	2.66	0.85	1.33
咸宁市			1346	4090	200	372	4.69	3.52	0.94
随州市	204	1615	5887	82741	1160	14037	2.18	1.3	
恩施自治州	202	3325	1391	5171	478	4417	1.08	0.73	0.35
仙桃市			174	4212	150	3374	2.42	0.4	2.02
潜江市			106	2894	468	14130	2.26	0.58	1.68
天门市			8	1084	13	147	1.68	0.5	1.18
神农架林区									

续表5 单位：公顷、吨

	魔芋产加销情况				桑园面积	养蚕		中药材	
	魔芋面积	鲜芋产量	魔芋加工量	加工产值		发种量（万张）	产茧量	面积	总产量
全省合计	18720.88	293275	155801	756275	7744.43	7130.23	4378	127.37	372433
武汉市								0.87	
黄石市					135	0.09	36	0.32	182
十堰市	5334.68	68323	40950	14815	1776.1	1	440	22.71	161753
宜昌市	6158.2	128568	99000	47000	3826	2.25	993	1.9	3936
襄阳市					1000	7120	811	2.21	4000
鄂州市									
荆门市								0.66	
孝感市								2.16	3984
荆州市								0.01	
黄冈市					1007.33	6.89	2098	33.56	71971
咸宁市									1880
随州市									
恩施自治州	7228	96384	15851	694460				62.23	124727
仙桃市									
潜江市									
天门市									
神农架林区									

全省杂交生产情况

单位:千公顷、吨

	面积	产量
一、杂交水稻		
1. 推广	1958.749	15301210
(1)早杂	253.66	1524561
(2)中杂	1330.139	11404120
(3)晚杂	374.95	2372529
2. 制种	0.76	3232
其中:春制	0.14	889
夏制	0.38	1543
3. 亲繁	0.01	20
二、杂交玉米		
1. 推广	577.93	2854367
2. 制种		
3. 亲繁		
三、杂交棉花推广	381.41	532028.4
其中:抗虫杂交棉推广	191.331	253177.7
四、杂交油菜		
1. 推广	894.29	1949748
2. 制种	0.33	360
五、杂交再生稻推广	44.05	182943

分县市杂交生产情况

	杂交水稻		早杂		中杂		晚杂	
	推广面积	产量	面积	产量	面积	产量	面积	产量
全省合计	**1958.749**	**15301210**	**253.66**	**1524561**	**1330.139**	**11404120**	**374.95**	**2372529**
武汉市	**78.37**	**557200**	**21.81**	**141686**	**29.17**	**234728**	**27.39**	**180786**
新洲区	17	111411	4.4	25938	6	46170	6.6	39303
黄陂区	29.13	213031	6.98	42999	14.6	121912	7.55	48120
江夏区	30.05	214919	10.43	72749	6.38	48807	13.24	93363
蔡甸区								
东西湖区	1.75	14951			1.75	14951		
汉南区	0.44	2888			0.44	2888		
黄石市	**78.642**	**425630.3**	**29.56**	**157412.3**	**16.012**	**98818**	**33.07**	**169400**
黄石市辖区	1.63	3593	0.79	1580	0.16	763	0.68	1250
阳新县	40.662	219477.3	15.77	80552.34	8.052	49300	16.84	89625
大冶市	36.35	202560	13	75280	7.8	48755	15.55	78525
十堰市	**33.8**	**251938**			**33.8**	**251938**		
十堰市辖区	0.25	1300			0.25	1300		
郧县	6.53	43323			6.53	43323		
郧西县	3	24348			3	24348		
竹山县	6	48654			6	48654		
竹溪县	5.84	52601			5.84	52601		
房县	6.15	38000			6.15	38000		
丹江口市	6.03	43712			6.03	43712		
宜昌市	**79.26**	**481795**	**4.4**	**3234**	**68.99**	**474161**	**5.87**	**4400**
宜昌市辖区	0.57	2181			0.57	2181		
夷陵区	9.14	72705			9.14	72705		
宜都市	4.3	29069			4.3	29069		
枝江市	22.87	19541	4.4	3234	12.6	11907	5.87	4400
当阳市	28	257000			28	257000		
远安县	7.3	62400			7.3	62400		
兴山县	2.18	12143			2.18	12143		
秭归县	2.44	12415			2.44	12415		
长阳县	2.22	13204			2.22	13204		
五峰县	0.24	1137			0.24	1137		
襄阳市	**198.1**	**1881103**			**198.1**	**1881103**		
襄阳市辖区	18.47	151749			18.47	151749		
襄州区	46.18	494950			46.18	494950		
南漳县	22.91	210700			22.91	210700		
谷城县	17.01	142325			17.01	142325		
保康县	3	22267			3	22267		
老河口	12.33	109771			12.33	109771		
枣阳市	47.18	446841			47.18	446841		
宜城市	31.02	302500			31.02	302500		
鄂州市	**32.47**	**185843**	**6.88**	**45845**	**12.34**	**80460**	**13.25**	**59538**
荆门市	**171.93**	**1770164**	**6.38**	**48120**	**157.68**	**1668772**	**7.87**	**53272**
荆门市辖区	24.95	190214			24.95	190214		
沙洋县	55.6	582765	0.36	2970	55.14	578970	0.1	825
屈家岭	2.1	18733			2.1	18733		
钟祥市	47.6	588010			47.6	588010		
京山县	41.68	390442	6.02	45150	27.89	292845	7.77	52447

续表1

	杂交水稻		早杂		中杂		晚杂	
	推广面积	产量	面积	产量	面积	产量	面积	产量
孝感市	**143.13**	**1254937**	**3.01**	**20451**	**128.47**	**1155033**	**11.65**	**79453**
孝南区	14.4	92341	0.2	1311	13	85120	1.2	5910
孝昌县	19.1	150242	0.38	2554	18.26	144893	0.46	2795
大悟县	20.46	199564	0.2	1153	20.12	197721	0.14	690
云梦县	9.23	75684	1.11	7717	6.67	58459	1.45	9508
应城市	11.73	94260	1	6900	4.32	41820	6.41	45540
安陆市	29.4	256000			29.4	256000		
汉川市	38.81	386846	0.12	816	36.7	371020	1.99	15010
荆州市	**391.31**	**3087749**	**57.14**	**425384**	**242.77**	**1984587**	**91.4**	**677778**
荆州区	23.02	132929	2.16	12415	18.09	104519	2.77	15995
沙市区	8.1	48300			8.1	48300		
开发区	0.2	1392			0.2	1392		
江陵县	29.1	204253	1.03	6394	28.07	197859		
松滋市	35.76	213169	2.85	15390	20.96	131420	11.95	66359
公安县	66.92	542885	17.35	114521	30.57	280202	19	148162
石首市	27.1	155091	2.1	11970	17	96800	8	46321
监利县	139.92	1218481	22.27	190104	77.93	710671	39.72	317706
洪湖市	61.19	571249	9.38	74590	41.85	413424	9.96	83235
黄冈市	**308.13**	**1898192**	**84.55**	**468456**	**96.36**	**646246**	**127.22**	**783490**
黄州区	5.81	32845	1.64	7301	2.07	12468	2.1	13076
团风县	22.24	99412	7.49	27700	6.14	31482	8.61	40230
红安县	39.45	169244	12	45200	8.39	45542	19.06	78502
罗田县	20.9	195700	0.8	4500	19.2	183200	0.9	8000
英山县	12.91	78759	0.92	2174	10.07	63371	1.92	13214
浠水县	49.31	400002	20.06	141282	6.7	62680	22.55	196040
蕲春县	43.93	356970	13.68	70657	8.36	103923	21.89	182390
黄梅县	34.63	149603	8.33	29315	9	81000	17.3	39288
麻城市	41.9	182907	9.3	75227	21.3	20230	11.3	87450
武穴市	37.05	232750	10.33	65100	5.13	42350	21.59	125300
龙感湖								
咸宁市	**124.68**	**718974**	**27.28**	**111654**	**58.52**	**378031**	**38.88**	**229289**
咸安区	23.27	136167	1.73	9915	18.92	112100	2.62	14152
嘉鱼县	12.53	95100			9.33	73500	3.2	21600
赤壁市	29.56	138691	6.15	2905	13.69	89172	9.72	46614
通城县	26.13	153681	10.2	52429	2.16	14024	13.77	87228
崇阳县	24.2	142739	8.65	43596	6.57	42736	8.98	56407
通山县	8.99	52596	0.55	2809	7.85	46499	0.59	3288
随州市	**99.577**	**929716**			**99.577**	**929716**		
曾都区	12.6	114156			12.6	114156		
随　县	58.977	543560			58.977	543560		
广水市	28	272000			28	272000		
恩施自治州	**63.62**	**384494**			**63.62**	**384494**		
恩施市	9.12	42234			9.12	42234		
利川市	21.67	129000			21.67	129000		
建始县	3.2	22128			3.2	22128		
巴东县	1.9	9432			1.9	9432		
宣恩县	8.57	45849			8.57	45849		
咸丰县	8.56	66173			8.56	66173		
来凤县	8.63	54630			8.63	54630		
鹤峰县	1.97	15048			1.97	15048		
仙桃市	**63.73**	**625885**	**3**	**22175**	**56.97**	**573535**	**3.76**	**30175**
潜江市	**38.03**	**369481**	**0.32**	**3144**	**37.49**	**364309**	**0.22**	**2028**
天门市	**53.91**	**477633**	**9.33**	**77000**	**30.21**	**297713**	**14.37**	**102920**
神农架林区	**0.06**	**476**			**0.06**	**476**		

续表2

	杂交玉米		杂交棉花		杂交油菜		杂交再生稻	
	推广面积	产量	推广面积	产量	推广面积	产量	推广面积	产量
全省合计	**577.93**	**2854367**	**381.41**	**532028.4**	**894.29**	**1949748**	**44.05**	**182943**
武汉市	**8.6**	**57778**	**15.34**	**17891**	**29.43**	**63050**	**5.01**	**40616**
新洲区			6.6	8316	5	11100	1.6	19440
黄陂区	0.7	7120	1.64	2377	14.39	31299		
江夏区	4.14	30615			8.43	17071	1.66	6225
蔡甸区			4.32	4216	1.28	2816		
东西湖区			0.13				1.75	14951
汉南区	3.76	20043	2.65	2982	0.33	764		
黄石市	**12.6**	**44701**	**4.12**	**7400**	**15.93**	**30384.8**	**2.15**	**25302**
黄石市辖区	0.14	498	0.05	230	0.04	450		
阳新县	9.28	35238	2.47	3650	4.09	7584.8	2.15	25302
大冶市	3.18	8965	1.6	3520	11.8	22350		
十堰市	**82.54**	**368187**	**0.06**	**34**	**45.01**	**62646**		
十堰市辖区	0.56	2236			0.38	573		
郧县	16.9	51027			5.49	5192		
郧西县	16.69	62876			6.28	5076		
竹山县	15.04	86646			11.67	17607		
竹溪县	12.3	94533			10.01	16859		
房县	14.56	51801			7.6	10930		
丹江口市	6.49	19068	0.06	34	3.58	6409		
宜昌市	**105.51**	**456754**	**19.44**	**30677**	**82.74**	**141412**	**0.2**	**126**
宜昌市辖区	2.77	3525			1.33	2370		
夷陵区	16.2	85104			10.94	21930		
宜都市	10.87	59863			8.35	18810		
枝江市	4.47	2479	14.07	22577	14.87	4906	0.2	126
当阳市	16.79	121780	5.37	8100	23.47	51000		
远安县	5.2	21820			6	11900		
兴山县	6.72	26311			1.8	3200		
秭归县	12.16	38405			5.92	11875		
长阳县	16.35	46359			8.06	11621		
五峰县	13.98	51108			2	3800		
襄阳市	**155.06**	**800227**	**30.02**	**40915**	**39.45**	**109048**		
襄阳市辖区	7.58	54697	0.68	1894	2.33	11481		
襄州区	34.89	183031	9.46	14282	3.72	11791		
南漳县	15.12	76548			2.33	6164		
谷城县	9.01	40505			4.13	8504		
保康县	15.13	71592			5.8	8923		
老河口	12.5	73149	4.95	6034	6.14	14794		
枣阳市	45.73	210605	5.4	8922	1.07	4246		
宜城市	15.1	90100	9.3	9783	13.93	43145		
鄂州市	**0.73**	**4566**	**5.17**	**6618**	**11.86**	**24416**	**2**	**7576**
荆门市	**22.75**	**149987**	**32.54**	**44454.85**	**110.06**	**264286**	**0.47**	**2467**
荆门市辖区	2.56	11231	3.2	3069	18.82	47250		
沙洋县	2.15	15480	6.01	9736	36.64	101676	0.47	2467
屈家岭	1.2	10732	2.4	2712	0.6			
钟祥市	8.84	58544	14.93	20237.85	38	85760		
京山县	8	54000	6	8700	16	29600		

续表3

	杂交玉米		杂交棉花		杂交油菜		杂交再生稻	
	推广面积	产量	推广面积	产量	推广面积	产量	推广面积	产量
孝感市	**3**	**21411**	**27.76**	**39221**	**76.58**	**144441**		
孝南区	0.3	1051	3.9	5764	11.3	13176		
孝昌县	0.05	500	1.2	1440	13.33	22394		
大悟县	0.16	1697	0.18	289	5.54	8585		
云梦县	1.21	5515	2.78	3537	8.7	19318		
应城市	0.22	1000	3	4080	14.67	27930		
安陆市	0.15	100	1.5	1065	7.16	14929		
汉川市	0.91	11548	15.2	23046	15.88	38109		
荆州市	**10.44**	**53943**	**97.52**	**135371**	**209.27**	**495432**	**6.4**	**29480**
荆州区	2.05	12554	9	13598	17.17	54626		
沙市区			3.07	4320	3.45	8519		
开发区			0.18	272				
江陵县	0.14	1075	7.4	10382	22.02	69882		
松滋市	5.85	26936	13.02	15230	28.39	59903	0.2	480
公安县	0.26	1598	28.48	40273	39.82	125799		
石首市			11	16335	7.5	1576		
监利县	0.78	4512	18.22	25004	59.8	92740	6.2	29000
洪湖市	1.36	7268	7.15	9957	31.12	82387		
黄冈市	**6.76**	**32310.3**	**51.83**	**69789**	**45.31**	**182772**	**27.21**	**69751**
黄州区	1.52	3439	4.6	9818	1.53	5421		
团风县	0.07		2.64	5448	5.91	16460	2.1	10800
红安县	1.01	4088	0.87	1630	1.88	3612	0.35	1572
罗田县	0.4	1200	0.33	348	6.55	15841	7	26540
英山县	0.97	978	0.28	181				
浠水县	1.47	11600	10	12225	8.5	58950	6.1	
蕲春县			4.2	7650	2	3840	8	12750
黄梅县	0.29	3611	14.3	19734	4.75	26419	0.8	10000
麻城市	1.03	7394.3	7.1	11760	6	51832	1	8089
武穴市			6.72		8		1.86	
龙感湖			0.79	995	0.19	397		
咸宁市	**17.21**	**63157**	**2.46**	**3661.5**	**40.53**	**47968**		
咸安区	2.81	12770	0.2	227	14.55	20079		
嘉鱼县	2.6	9800	0.15	190	6.45	8338		
赤壁市	0.1	207	1.3	2332	6.58	10725		
通城县	1.41	6604	0.26	284	8	3829		
崇阳县	5.94	18083	0.55	628.5	1.59	1268		
通山县	4.35	15693			3.36	3729		
随州市	**10.81**	**52072**	**13.22**	**17738**	**16.72**	**17773**		
曾都区	0.8	6012	2.5	3368	1.6	3675		
随　县	8.51	37360	6.72	8519	7.62			
广水市	1.5	8700	4	5851	7.5	14098		
恩施自治州	**127.6**	**652030**			**49.55**	**66705**		
恩施市	20.72	91223			9.12	14299		
利川市	29.84	140300			6.62	8794		
建始县	18.67	102704			3.5	6004		
巴东县	23.93	110505			13.4	13369		
宣恩县	9.6	37763			2.81	3813		
咸丰县	9.58	95993			5.51	9820		
来凤县	6.52	30437			5.25	6309		
鹤峰县	8.74	43105			3.34	4297		
仙桃市	**6.12**	**56259**	**22.68**	**29259**	**48.09**	**123794**	**0.61**	**7625**
潜江市	**2.62**	**23760**	**24.75**	**39733**	**29.25**	**91698**		
天门市	**3.51**	**17225**	**34.5**	**49266**	**44.21**	**83556.9**		
神农架林区	**2.07**				**0.3**	**365**		

10 水利建设

泵站工程

单位:处

	小计	大(1)型	大(2)型	中型	小(1)型	小(2)型
全省合计	15400	6	40	307	3675	11372
武汉市	1363		13	45	516	789
黄石市	376	1	1	13	152	209
十堰市	245			1	25	219
宜昌市	284		1	11	135	137
襄阳市	3228			22	236	2970
鄂州市	316	1		8	121	186
荆门市	742			22	212	508
孝感市	1089		9	34	394	652
荆州市	2212	2	8	93	797	1312
黄冈市	1120		3	20	354	743
咸宁市	767		1	13	109	644
随州市	251			2	58	191
恩施州	31				11	20
仙桃市	1007	1	3	4	184	815
潜江市	378	1	1	8	222	146
天门市	1991			11	149	1831

除涝面积

单位:千公顷

	合　计	3～5年一遇标准	5～10年一遇标准	10年以上一遇标准
全省合计	1287.23	211.09	504.65	571.49
武汉市	153.53	14.15	27.90	111.48
黄石市	47.39	21.95	25.44	
宜昌市	51.47	13.64	33.42	4.41
襄阳市	31.44	24.38	6.26	0.80
鄂州市	26.89	5.77	9.79	11.33
荆门市	66.50	16.80	34.40	15.30
孝感市	102.66	11.37	46.12	45.17
荆州市	404.62	17.40	111.00	276.22
黄冈市	95.56	19.60	42.59	33.37
咸宁市	40.61	13.58	11.12	15.91
恩施州	13.56	12.85	0.71	
仙桃市	94.10	9.60	37.00	47.50
潜江市	66.90		66.90	
天门市	92.00	30.00	52.00	10.00

全省灌溉面积及灌区数量

	总灌溉面积(千公顷)						年度实际灌溉面积(万亩)
	小计	耕地灌溉面积	林地灌溉面积	园地灌溉面积	牧草地灌溉面积	其他灌溉面积	
全省合计	3039.99	2791.40	68.99	71.49	5.65	102.46	2175.43
武汉市	196.82	183.13	3.54	3.77	1.90	4.48	96.31
黄石市	72.77	52.68	0.21	0.04		19.85	
十堰市	52.00	48.85	0.34	0.21		2.60	40.95
宜昌市	174.89	137.98	16.51	16.97		3.43	126.62
襄阳市	294.15	279.29	1.35	4.99	0.02	8.50	245.02
鄂州市	44.60	41.88	1.04	1.10		0.58	41.88
荆门市	254.21	235.11	8.97	6.44		3.69	168.93
孝感市	375.33	361.22	1.12	4.25		8.74	361.22
荆州市	593.39	571.20	5.05	8.27		8.87	542.32
黄冈市	337.08	284.11	14.74	10.76		27.47	200.51
咸宁市	130.85	122.20	4.39	0.41	1.11	2.74	109.14
随州市	113.47	100.56	3.28	1.44	0.09	8.10	
恩施州	92.07	77.68	4.18	4.27	2.53	3.41	43.61
仙桃市	157.86	113.53	3.40	6.80			90.21
潜江市	74.44	73.28		1.15			
天门市	109.80	108.32	0.87	0.61			108.32
神农架林区	0.39	0.39					0.39

	节水灌溉面积(千公顷)				灌区数量(处)						
	小计	喷灌面积	微灌面积	低压管灌面积	小计	50万亩以上	30～50万亩	10～30万亩	5～10万亩	1～5万亩	0.2～1万亩
全省合计	115.64	81.64	3.71	30.29	1180	15	25	63	67	393	617
武汉市	15.82	1.74	0.93	13.15	156		2	6	2	30	116
黄石市					95		1	1	3	37	53
十堰市	4.71	4.06	0.02	0.63	40				2	23	15
宜昌市	9.16	5.91	0.44	2.81	84	1		4	5	25	49
襄阳市	3.87	2.44	0.51	0.92	107	1	4	4	7	42	49
鄂州市	0.60	0.05	0.02	0.53	34			1	2	11	20
荆门市	0.16			0.16	97	1	4	2	3	31	56
孝感市	0.16	0.16			115		1	17	14	56	27
荆州市	0.00				59	6	7	12	8	17	9
黄冈市	5.26	1.68	0.52	3.06	149	1	3	11	15	55	64
咸宁市	5.84	0.40	0.48	4.96	100		2	1	4	24	69
随州市	0.00				47	2	1	1		20	23
恩施州	3.99	0.16		3.83	76					12	64
仙桃市	64.45	64.45			9	1		1		4	3
潜江市					4	1			1	2	
天门市	1.56	0.55	0.77	0.24	8	1		2	1	4	
神农架林区	0.06	0.04	0.02								

农村供水工程

	工程处数(处)				
	农村集中式供水工程				农村分散式供水
	小计	城镇管网延伸	联村供水	单村供水	
全省合计	21667	1409	2685	17573	1228942
武汉市	198	38	19	141	7796
黄石市	528	29	61	438	32293
十堰市	2966	125	396	2445	83716
宜昌市	2553	164	50	2339	47297
襄阳市	1502	111	202	1189	137556
鄂州市	13	8	1	4	
荆门市	335	180	55	100	201742
孝感市	1904	58	135	1711	
荆州市	223	44	167	12	142141
黄冈市	4447	53	571	3823	3133
咸宁市	1887	238	187	1462	95151
随州市	369	43	47	279	213880
恩施州	4470	204	708	3558	13544
仙桃市	161	43	58	60	
潜江市	42	7	27	8	48517
天门市	29	24	1	4	201987
神农架林区	40	40			189

续表1

	供水人口(万人)				
	农村集中式供水工程				农村分散式供水
	小计	城镇管网延伸	联村供水	单村供水	
全省合计	1921.2	783.12	795.37	342.71	557.64
武汉市	147.26	56.34	85.24	5.68	3.3
黄石市	37.69	13.58	21.68	2.43	22.24
十堰市	118.97	19.96	38.56	60.45	52.87
宜昌市	124.29	47.66	19.84	56.79	62.34
襄阳市	177.62	58.42	70.99	48.21	26.7
鄂州市	35.52	32.9	2.2	0.42	
荆门市	106.68	50.57	49.37	6.74	32.22
孝感市	142.36	77.11	60.45	4.8	
荆州市	271.8	128.07	140.94	2.79	61.21
黄冈市	234.66	53.09	147.08	34.49	41.97
咸宁市	111.29	52.55	18.89	39.85	41.87
随州市	47.4	38.48	3.71	5.21	90.23
恩施州	125.49	26.77	46.55	52.17	27.25
仙桃市	106.91	40.03	55.14	11.74	
潜江市	52	8.43	33.73	9.84	20
天门市	80.34	78.24	1	1.1	73.18
神农架林区	0.92	0.92			2.26

续表2

	供水量(万吨)				
	农村集中式供水工程				农村分散式供水
	小计	城镇管网延伸	联村供水	单村供水	
全省合计	112398.53	44760.08	30214.34	37424.11	50519.56
武汉市	6554.12	2293.1	4029.26	231.76	
黄石市	2192.75	697.57	1423.58	71.6	766.7
十堰市	9865.68	2317.67	2398.19	5149.82	28012.86
宜昌市	3523.52	1544.45	650.25	1328.82	557.18
襄阳市	6553.4	4010.2	1620.87	922.33	1416.63
鄂州市	1193.31	1106.79	80.13	6.39	
荆门市	2089.8	1574.94	402.34	112.52	946.29
孝感市	4478.17	972.75	2999.61	505.81	1197.31
荆州市	7822.79	2602.96	5150.83	69	725.4
黄冈市	35575.93	16079.81	4458.36	15037.76	6166.67
咸宁市	18427.81	5530.55	3579.24	9318.02	6595.48
随州市	1270.2	1006.92	191.34	71.94	980
恩施州	3987.27	968.76	841.41	2177.1	777.88
仙桃市	3665.52	1461.65	386.03	1817.84	
潜江市	3055	495.5	1981	578.5	252.23
天门市	1760.26	1713.46	21.9	24.9	1166.93
神农架林区	383	383			958

农村小水电工程数量

单位:处

	小计	大(1)型	大(2)型	中型	小(1)型	小(2)型
全省合计	1449	5	3	17	119	1305
武汉市						
黄石市	9				1	8
十堰市	277		3	7	16	251
宜昌市	496	3		1	16	476
襄阳市	142			4	4	134
鄂州市						
荆门市	9				6	3
孝感市	5					5
荆州市	8				1	7
黄冈市	79				1	78
咸宁市	117				2	115
随州市	13					13
恩施州	201	2		5	67	127
潜江市	1				1	
天门市	4					4
神农架林区	88				4	84

水土流失治理情况

单位：千公顷

	水土流失综合治理面积		新增水土流失综合治理面积							
	小计	其中：小流域综合治理面积	小计	基本农田	水土保持林	经济林	种草	封禁治理	其他	其中：新增小流域综合治理面积
全省合计	5179.03	1722.29	316.72	112.59	30.83	9.5	2.76	149.9	11.14	192.1
武汉市	156.77	99.77	2.34	0.11	1.49	0.11	0.07	0.11	0.45	2.27
黄石市	146.97	27.34	6.46	0.37	1.23	0.47	0.1	4.23	0.06	1.8
十堰市	866.9	374.33	15.97	0.13	1.33	0.56		10.25	3.7	6.81
宜昌市	999.28	439.88	5.59	0.61	0.67	0.04		2.27	2	3.37
襄阳市	599.92	358.5	26.63	9.94	8.2	0.66	0.09	7.63	0.11	17.51
鄂州市	15.99									
荆门市	47.75	2.54	0.13	0.08	0.04	0.01				0.13
孝感市	168.61		4.29	2.05	0.83	0.04	0.09	1.28		
荆州市	121.39	35.12	0.28	0.28						0.28
黄冈市	297.5	46.38	10.81	2.38	2.12	1.15	0.02	4.49	0.65	2.28
咸宁市	268.32	37.48	4.89	0.47	0.1	0.05	0.05	0.05	4.17	4.17
随州市	375.41	2.96	88.1	88.1						2.96
恩施州	988.95	263.03	144.89	7.64	14.16	6.3	2.34	114.45		140.77
仙桃市	4.54	3.75		0.35						3.75
潜江市	10.98									
天门市	5.02	5.02								
神农架林区	104.73	26.2		6	0.67	0.11		5.14		6

11 农垦和监狱系统农场

农垦基本情况

指　　标	单位	2012年	2013年	增减数	增减%
一、农场组织情况					
农场个数	个	53	53		
分场个数	个	201	201	0	0.0
国有及国有控股工业	个	108	101	–7	–6.5
国有及国有控股建筑业	个	14	16	2	14.3
国有及国有控股商业	个	18	16	–2	–11.1
生产队个数	个	2,233	2,230	–3	–0.1
二、乡(镇)情况					
乡(镇)政权数	个	7	7		
村民委员会数	个	177	180		
三、农垦人口与收入					
总户数	户	455,656	460,411	4,755	1.0
年末人口	人	1,739,815	1,450,114	–289,701	–16.7
年内平均人口	人	1,433,825	1,444,961	11,136	0.8
年内出生人口	人	18,300	17,295	–1,005	–5.5
年内死亡人口	人	7,281	6,490	–791	–10.9
年末住房面积	万平米	4,877	5,050	173	3.5
劳平纯收入	元	17,450	19,381	1,931	11.1
人平纯收入	元	10,500	12,300	1,800	17.1
农垦创造税收	亿元	97.56	130.00	32.44	33.3
农垦创造利润	亿元	1.44	2.10	0.66	45.8
四、农垦土地情况					
土地总面积	公顷	346,355	346,421	66	0.0
耕地	公顷	137,617	135,946	–1,671	–1.2
林地	公顷	50,784	51,329	545	1.1
水面	公顷	58,136	57,171	–965	–1.7
茶果桑园	公顷	7,008	7,495	487	6.9
五、农机及水利化肥					
农业机械总动力	千瓦	1,630,628	1,762,444	131,816	8.1
大中型拖拉机	台	8,885	7,861	–1,024	–11.5
小型拖拉机	台	45,460	48,783	3,323	7.3
联合收获机	台	2,942	3,091	149	5.1
当年实际机耕面积	公顷	161,864	173,078	11,214	6.9
当年实际机播面积	公顷	40,462	61,677	21,215	52.4
当年机械收割面积	公顷	139,162	145,473	6,311	4.5
农业用电量	万度	37,976	46,287	8,311	21.9
农药施用量	吨	8,221	8,484	263	3.2
化学除草面积	公顷	92,995	90,273	–2,722	–2.9
化肥施用折纯量	吨	155,673	162,813	7,140	4.6
有效灌溉面积	公顷	117,243	114,673	–2,570	–2.2
排灌站数量	座	1,083	1,231	148	13.7

续表

指　标	单 位	2012年	2013年	增减数	增减%
六、工业及固定资产投资					
国有及规模以上工业企业	个	571	674	103	18.0
工业年末从业人数	人	139,092	153,646	14,554	10.5
固定资产原值年末数	万元	4,824,801	5,092,842	268,041	5.6
产品销售收入	万元	9,351,335	11,590,524	2,239,189	23.9
企业利润总额	万元	984,714	941,854	−42,860	−4.4
农垦固定资产投资	万元	4,520,000	5,863,076	1,343,076	29.7
第一产业	万元	213,963	351,869	137,906	64.5
第二产业	万元	3,194,671	4,163,655	968,984	30.3
第三产业	万元	1,111,366	1,347,552	236,186	21.3
七、农垦从业及社保情况					
社会平均从业人数	人	746,229	789,711	43,482	5.8
第一产业	人	354,151	349,304	−4,847	−1.4
第二产业	人	239,152	280,000	40,848	17.1
第三产业	人	152,926	160,407	7,481	4.9
国有单位从业人员	人	403,657	399,914	−3,743	−0.9
国有单位从业人员报酬	万元	707,710	782,155	74,445	10.5
参加社保缴费人数	人	345,299	301,773	−43,526	−12.6
参加社保领退休费人数	人	233,199	244,533	11,334	4.9
八、文教卫生及物质消耗					
科研单位	个	31	36	5	16.1
科技人员	人	369	394	25	6.8
科研经费	万元	2,813	2,825	12	0.4
学　校	所	270	271	1	0.4
普通中学	所	80	80	0	0.0
小学	所	186	186	0	0.0
教师人数	人	10,215	10,173	−42	−0.4
在校学生	人	132,428	128,827	−3,601	−2.7
医疗单位	个	597	571	−26	−4.4
医院	个	85	84	−1	−1.2
病床	张	5,929	6,923	994	16.8
医生	人	2,689	2,774	85	3.2
物资消耗					
钢材	吨	364,038	382,552	18,514	5.1
木材	立方米	367,591	391,126	23,535	6.4
水泥	吨	703,629	738,451	34,822	4.9
化肥	吨	446,125	597,837	151,712	34.0
电力	万度	226,073	293,819	67,746	30.0

农垦种植业生产情况

	播种面积(公顷)			总产量(吨)		
	2012年	2013年	增减%	2011年	2013年	增减%
农作物合计	304,469	302,316	−0.7			
粮豆合计	162,737	165,405	1.6	877,350	950,419	8.3
夏粮小计	82,836	84,699	2.2	344,876	362,729	5.2
小麦	79,679	80,834	1.4	334,365	349,120	4.4
大麦	1,758	2,188	24.5	4,225	8,043	90.4
蚕豆	1,060	1,283	21.0	3,683	3,594	−2.4
秋粮小计	79,901	80,706	1.0	532,474	587,690	10.4
稻谷	47,916	50,179	4.7	368,100	427,664	16.2
早稻	2,580	2,349	−9.0	15,850	14,769	−6.8
中稻	42,049	44,986	7.0	331,454	393,563	18.7
晚稻	3,287	2,844	−13.5	20,796	19,332	−7.0
玉米	24,687	24,687	0.0	128,690	134,044	4.2
黄豆	4,538	4,389	−3.3	13,632	9,676	−29.0
棉花(皮花)	50,254	47,546	−5.4	82,889	66,732	−19.5
油料合计	32,944	32,346	−1.8	93,763	93,601	−0.2
花生	4,946	4,842	−2.1	26,297	28,851	9.7
芝麻	4,091	3,930	−3.9	7,410	6,634	−10.5
油菜籽	23,854	23,520	−1.4	59,982	58,004	−3.3
麻类	53	46	−13.2	57	42	−26.3
甘蔗	136	97	−28.7	10,240	7,605	−25.7
药材	413	491	18.9	824	1,771	114.9
蔬菜瓜类	45,535	45,107	−0.9	1,629,181	1,913,816	17.5

农垦农作物播种面积

单位：公顷

单位名称	小麦	稻谷	玉米	棉花	油料	单位名称	小麦	稻谷	玉米	棉花	油料
全省合计	80,834	50,179	23,334	47,546	32,346	清 河	1,294	1,146	171	7	118
东西湖	852	1,746	2,871	1,930	594	随 阳	843	354	369	92	101
汉 南	1,879	443	3,761	4,988	808	龙感湖	4,046	3,248		786	209
桐 湖	400	200	200	200	140	万丈湖	907	2,135	67	65	818
涨渡湖	375	513	14	255	424	八里湖	39	957		309	618
龙王咀	72	230	10	9	232	南 湖	143	152	24	185	146
武 湖	73	78	22	185	124	龟 山	217	371		74	508
金 水	80	967	27	27	103	林 店	60	278		15	174
人民大垸	7,023	2,127	230	5,692	1,791	军 垦	380	1,094	150	380	339
大同湖	913	401	178	1,005	1,785	阳新综合	247	694	198	39	439
大沙湖	2,274	253	229	1,864	1,328	半壁山	391	809	151	205	169
三 湖	3,452	2,520		2,071	696	荆头山	172	1,078	45	182	299
菱角湖	2,266	53	854	975	80	江 北					
六合垸	1,873	1,518	7	596	199	花 湖					
太 湖	1,911	1,069	554	1,271	864	东 风	68	464	12	2	260
荒 湖	2,768	1,000		2,733	735	头 墩	193	639	100	186	100
小 港	109	401		6	331	黄盖湖	133	529	90	330	349
沙市农场	147	303	36	305	430	中洲垸	3,030	1,672	306	1,179	65
总 口	4,839	2,655	665	2,290	585	朱 湖	567	1,758	288	466	576
西大垸	2,000	2,000		1,134	666	华 严	329	260	162	469	370
运粮湖	2,333	1,983	320	1,333	267	五 三	8,058	3,133	2,700	3,807	1,269
熊 口	2,100	533		1,333	453	官庄湖	1,584	173	187	1,245	813
后 湖	2,400	2,000	12	1,467	886	万福店	1,655	1,246	305	446	258
周 矶	363	407	47	136	179	蒋 湖	1,762	202	221	1,369	1,113
王 集	751	432	602	316	5,524	草埠湖	5,167	193	4,165	1,337	316
张 集	6,143	2,339	2,734	1,065	2,676	长 港	1,000	667	7	1,000	830
车 河	1,100	747	179	185	129	竹溪综合	53	9	64		60

农垦畜牧、水产、林业生产情况

指　标	单位	2012年	2013年	增减数	增减%
水　果					
年末茶园面积	公顷	972	969	-3	-0.3
干毛茶产量	吨	531	486	-45	-8.5
年末水果面积	公顷	6,603	7,502	899	13.6
当年水果总产量	吨	90,509	94,404	3,895	4.3
桃子	吨	21,520	30,209	8,689	40.4
梨子	吨	22,448	20,715	-1,733	-7.7
柑桔	吨	34,901	29,466	-5,435	-15.6
林　业					
当年造林面积(公顷)	公顷	3,730	3,954	224	6.0
木材采伐量	立方米	70,640	74,957	4,317	6.1
毛楠竹采伐量	万根	45	47	2	4.4
板栗	吨	341	580	239	70.1
油茶籽	吨	107	112	5	4.7
畜牧业					
年末大牲畜	头	40,002	40,338	336	0.8
#牛	头	40,002	40,338	336	0.8
肉类总产量	吨	186,159	194,659	8,500	4.6
年内出栏肥猪	头	1,979,075	2,059,855	80,780	4.1
猪肉	吨	158,326	164,788	6,462	4.1
牛肉	吨	4,207	4,332	125	3.0
羊肉	吨	1,17	1,226	51	4.3
禽肉	吨	21,909	23,630	1,721	7.9
牛奶	吨	30,411	28,234	-2,177	-7.2
禽蛋	吨	46,027	51,426	5,399	11.7
水产品					
水产养殖面积	公顷	48,028	47,870	-158	-0.3
#养鱼面积	公顷	40,727	40,047	-680	-1.7
水产品产量	吨	379,302	414,460	35,158	9.3
#鲜鱼产量	吨	347,198	379,343	32,145	9.3

农垦主要工业产品产量

指　标	单 位	2012年	2013年	增减数	增减%
大 米	吨	422,103	427,880	5,777	1.4
小麦粉	吨	74,834	73,140	–1,694	–2.3
配合饲料	吨	498,661	723,033	224,372	45.0
混合饲料	吨	539,208	677,770	138,562	25.7
食用植物油	吨	729,880	944,568	214,688	29.4
再制蛋	万枚	22,672	24,534	1,862	8.2
糖 果	吨	37,786	37,000	–786	–2.1
酸 奶	吨	90,814	165,591	74,777	82.3
罐 头	吨	55,147	62,904	7,757	14.1
饮料酒	吨	423,013	322,519	–100,494	–23.8
#啤酒	吨	342,248	307,881	–34,367	–10.0
软饮料	吨	1,474,749	1,815,229	340,480	23.1
精制茶	吨	320	393	73	22.8
自来水	万吨	3,600	4,577	977	27.1
棉 纱	吨	267,380	291,852	24,472	9.2
机织布	万 M2	28,749	30,557	1,808	6.3
人造板	立方米	78,437	215,411	136,974	174.6
复合地板	万平米	120	196	76	63.3
服 装	万件	3,954	4,092	138	3.5
运动鞋	万双	7.1	8.3	1	16.9
机制纸及纸版	吨	54,180	107,314	53,134	98.1
印刷品	万令	41	338	297	730.5
磷肥折纯量	吨	40,472	55,248	14,776	36.5
塑料制品	吨	203,499	204,219	720	0.4
水 泥	吨	2,379,745	3,087,704	707,959	29.7
青红砖	万块	275,370	321,189	45,819	16.6
红 瓦	万块	10,905	12,019	1,114	10.2
玻 璃	标准箱	8,500,000	12,488,601	3,988,601	46.9
铸造件	吨	17,807.0	9,757.0	–8,050.0	–45.2
家 具	件	801,745.0	701,072.0	–100,673.0	–12.6
发电量	万度	13,220	14,370	1,150	8.7

农垦产值、增加值、出口情况

指　标	单位	2012年	2013年	增减数	增减%
农业总产值(现价)	万元	1,653,875	1,820,746	166,871	10.1
种植业产值(现价)	万元	811,577	892,845	81,268	10.0
林业产值(现价)	万元	21,526	25,281	3,755	17.4
牧业产值(现价)	万元	401,217	430,184	28,967	7.2
渔业产值(现价)	万元	387,126	436,735	49,609	12.8
工业企业合计(含个体私营)	个	2,710	2,909	199	7.3
现行价产值	万元	11,200,000	15,454,027	4,254,027	38.0
食品加工业	个	513	524	11	2.1
现行价产值	万元	2,000,443	2,859,604	859,161	42.9
食品制造业	个	157	165	8	5.1
现行价产值	万元	597,125	919,548	322,423	54.0
饮料制造业	个	145	153	8	5.5
现行价产值	万元	771,106	797,354	26,248	3.4
纺织业	个	194	193	–1	–0.5
现行价产值	万元	970,085	1,106,273	136,188	14.0
医药制造业	个	30	32	2	6.7
现行价产值	万元	258,526	367,938	109,412	42.3
非金属矿物制品业	个	179	203	24	13.4
现行价产值	万元	387,582	493,299	105,717	27.3
农垦生产总值(当年价)	万元	5,880,000	7,350,000	1,470,000	21.8
第一产业	万元	765,343	855,740	90,397	9.0
第二产业	万元	3,761,292	4,866,564	1,105,272	25.7
第三产业	万元	1,353,365	1,627,696	274,331	16
出口供货商品总金额	万元	281,510	342,078	60,568	21.5
直接出口金额	万元	225,457	263,258	37,801	16.8
出口工业品金额	万元	229,838	265,827	35,989	15.7
种子生产企业	个	19	18	–1	–5.3
种子生产基地面积	公顷	3,184	1,580	–1,604	–50.4
种子生产量	吨	11,332	4,698	–6,634	–58.5
种畜禽场(站)	个	11	15	4	36.4
认证的绿色食品	个	52	60	8	15.4
认证的有机食品	个	5	15	10	200.0
认证的无公害食品	个	16	25	9	56.3
开发莫桑比克水稻生产	公顷	7,000	7,000	0	
开发津巴布韦烟叶生产	公顷	250	300	50	

监狱系统农场基本情况

项目	单位	合计	其中:			
			沙洋办事处	襄北公司	江北公司	襄南公司
职工人数	人	38557	26758	5758	1034	5007
农场科技人员	人	1722	760	663	195	104
#农业	人	439	220	64	96	59
工程	人	757	520	93	99	45
耕地面积	公顷	22235	12887	4687	3536	1125
#水田	公顷	12353	8182	593	3459	119
果园面积	公顷	30	10	5	14	1
茶园面积	公顷	23	23			
养殖面积	公顷	1452	1116	195	141	
固定资产投资	万元	43533	35601	2890	650	4392
#生产性	万元	11113	4360	1783	650	4320
在固定资产投资中						
拨款	万元	6266	5964		230	72
贷款	万元					
自筹	万元	22026	14396	2890	420	4320
其他	万元	15241	15241			
农业机械总动力	千瓦	55866	25542	15851	10489	3984
农业用电量	万千瓦时	2058	1300	256	485	17
农用动力机械	台	513	266	168	79	
#电动机	台	447	243	128	76	
柴油机	台	63	23	40		
农用排灌机械	台	299	138	85	76	
农用加工机械	台	214	128	83	3	
大中型拖拉机	台	435	140	149	59	87
小型拖拉机	台	48	11	3	8	26
农用水泵	台	207	77	54	76	
谷物烘干机	台	34	30	1	3	
大中型机引农具	台	1484	400	485	277	322
联合收割机	台	123	36	52	22	13
机动脱粒机	台	2		2		
农用运输车	辆	1	1			
机耕面积	公顷	27803	11113	9012	6553	1125
机播面积	公顷	22972	12237	9012	736	987
机收面积	公顷	30371	13873	9012	6553	933
有效灌溉面积	公顷	14387	8665	1800	3459	463
机电排灌面积	公顷	14338	9191	1333	3351	463
旱涝保收面积	公顷	10669	5863	1093	3250	463
水库	个	18	4	8		6
化肥施用折纯量	吨	11666	10063	1223		380
农药施用量	吨	644	479	50	113	2

注:2003年起所有监狱农场均更名为公司,2012年黄湖公司没有农业生产活动。

监狱系统农场农业总产值、增加值

单位：万元

项目	合计	其中：			
		沙洋办事处	襄北公司	江北公司	襄南公司
按当年价格计算					
农林牧渔业总产值	89507.0	55936.0	15392.0	15816.0	2363.0
1、农业	57446.0	35704.0	7821.0	11588.0	2333
2、林业	1109.0	347.0	4.0	758.0	
3、牧业	22641.0	14882.0	6820.0	939.0	
4、渔业	6258.0	4353.0	447.0	1458.0	
5、农林牧渔服务业	2053.0	650.0	300.0	1073.0	30
按当年价格计算					
农林牧渔业增加值	38259.0	24025.0	7142.0	6094.0	998.0
1、农业	29258.0	19254.0	4317.0	4708.0	979
2、林业	626.0	310.0		316.0	
3、牧业	4756.0	2261.0	2467.0	28.0	
4、渔业	2699.0	1920.0	208.0	571.0	
5、农林牧渔服务业增加值	920.0	280.0	150.0	471.0	19

注：2003年起所有监狱农场均更名为公司，2012年黄湖公司没有农业生产活动。

监狱系统农场生产情况

项目	单位	合计	其中			
			沙洋办事处	襄北公司	江北公司	襄南公司
全年农作物总播面	公顷	41378	23117	9327	6987	1947
全年粮食作物总播面	公顷	37958	21191	9107	6727	933
全年粮食总产量	吨	197074	119607	31690	42147	3630
#夏粮播面	公顷	18886	10329	4630	3327	600
夏粮产量	吨	84306	46661	19375	15390	2880
秋粮播面	公顷	19071	10862	4476	3400	333
秋粮产量	吨	112768	72946	12315	26757	750
棉花播面	公顷	1125	258		67	800
棉花产量	吨	853	317		80	456
油料播面	公顷	1426	990	163	193	80
油料产量	吨	4914	3479	700	495	240
#油菜籽播面	公顷	379	185		167	27
油菜籽产量	吨	917	462		375	80
茶叶产量	吨	2	2			
水果产量	吨	3062	32	30		3000
水产品产量	吨	6275	4779	350	1146	
大牲畜年末存栏	头	56	56			
#耕牛	头	56	56			
羊年末存栏	只	0				
家禽年末存栏	万只	2		2		
生猪年末存栏	头	94051	66261	23040	4750	
肥猪出栏	头	139678	98233	35402	6043	
家禽出栏	万只	3		3		
肉类产量	吨	9186	5969	2703	514	
禽蛋产量	吨	260		260		
造林面积	公顷	3530	3530			
#当年造林面积	公顷	150	150			

注:2003年起所有监狱农场均更名为公司,2012年黄湖公司没有农业生产活动。